GOVERNO BOLSONARO

RETROCESSO DEMOCRÁTICO E DEGRADAÇÃO POLÍTICA

LEONARDO AVRITZER
FÁBIO KERCHE
MARJORIE MARONA
(ORGS.)

GOVERNO BOLSONARO

RETROCESSO DEMOCRÁTICO E DEGRADAÇÃO POLÍTICA

2ª REIMPRESSÃO

autêntica

EDITORAS RESPONSÁVEIS
Rejane Dias
Cecília Martins

PRÉ-EDIÇÃO
Carolina Ribeiro
Priscila Carvalho

REVISÃO
Mariana Faria
Aline Sobreira

CAPA
Diogo Droschi (sobre imagem de Elena Menkova/Shutterstock)

DIAGRAMAÇÃO
Waldênia Alvarenga

Projeto Democracia Participativa

INCT Instituto da Democracia e da Democratização da Comunicação

Dados Internacionais de Catalogação na Publicação (CIP)
(Câmara Brasileira do Livro, SP, Brasil)

Governo Bolsonaro : retrocesso democrático e degradação política / Leonardo Avritzer, Fábio Kerche, Marjorie Marona (orgs.). -- 1. ed.; 2. reimp. -- Belo Horizonte : Autêntica, 2026.

Vários colaboradores.
ISBN 978-65-5928-023-0

1. Bolsonaro, Jair Messias, 1955- 2. Brasil - Política e governo - Século 21 3. Eleições - Brasil 4. Extremistas de direita - Brasil 5. Política - Brasil 6. Presidentes - Brasil I. Avritzer, Leonardo. II. Kerche, Fábio. III. Marona, Marjorie.

21-55515 CDD-320.98106

Índices para catálogo sistemático:
1. Brasil : Política e governo 320.98106

Maria Alice Ferreira - Bibliotecária - CRB-8/7964

GRUPO **AUTÊNTICA**

Belo Horizonte
Rua Carlos Turner, 420
Silveira . 31140-520
Belo Horizonte . MG
Tel.: (55 31) 3465 4500

São Paulo
Av. Paulista, 2.073, Conjunto Nacional
Horsa I . Sala 309 . Cerqueira César
01311-940 . São Paulo . SP
Tel.: (55 11) 3034 4468

www.grupoautentica.com.br
SAC: atendimentoleitor@grupoautentica.com.br

SUMÁRIO

Instituições do sistema de justiça, burocracia e militares

Políticas públicas

Imprensa e opinião pública

Apresentação

Em janeiro de 2021, o governo Bolsonaro completou dois anos. Para fazer uma análise sobre esse período, convidamos pesquisadores de diferentes áreas das ciências humanas. Antropólogos, sociólogos, cientistas políticos, economistas e especialistas em relações internacionais das principais universidades brasileiras aceitaram o desafio de escrever sobre o governo em seus diferentes aspectos. Embora as abordagens metodológicas e teóricas sejam diversas, é possível afirmar que os diagnósticos convergiram no sentido de apontar que o período foi marcado pelo retrocesso político e institucional. Não há um só aspecto, da economia às políticas públicas, passando pela relação com a imprensa, o sistema de Justiça, as relações internacionais e o convívio com os movimentos sociais, em que estejamos melhores do que no passado recente. Se havia alguma expectativa de que a crise política iniciada no impeachment de Dilma Rousseff poderia ser superada com a eleição de um novo governo, os mais de trinta capítulos aqui reunidos apontam em sentido inverso. A pandemia parece ter agravado o cenário, mas as marcas do desarranjo já existiam independentemente da covid-19 e serão escrutinadas ao longo das seis seções que compõem a presente obra.[1]

A primeira apresenta uma discussão mais geral, que confronta o bolsonarismo com sua dupla natureza: movimento e forma de governo.

[1] Agradecemos o apoio técnico de Priscila Carvalho e Carolina Ribeiro na pré-edição deste livro.

Na segunda seção, o leitor encontrará um conjunto de capítulos dedicados a analisar o governo Bolsonaro a partir de sua relação com o Congresso Nacional, os partidos políticos e o Supremo Tribunal Federal, passando pelas as novas dinâmicas federativas. Na terceira, especialistas dedicam-se à análise de duas importantes instituições do sistema de Justiça – a Polícia Federal e o Ministério Público –, abordando, ainda, questões relacionadas à rede de *accountability*, à burocracia e à ostensiva presença de militares no Palácio do Planalto e adjacências.

Já na quarta seção, estão agregadas análises no campo das políticas públicas, com atenção à saúde, educação, meio ambiente, segurança pública, distribuição de renda, direitos humanos e minorias, política externa e econômica e as reformas trabalhista e previdenciária.

As novas formas de representação e o destino da participação política, bem como as inflexões dos movimentos sociais, são tema da quinta seção da obra, que contempla, ademais, a análise de importantes elementos de cultura política, como o bolsonarismo e a nova direita no Brasil, valores democráticos e autoritarismo, preferências políticas, religião e novas lideranças evangélicas. Por fim, dedica-se a sexta seção para a relação de Bolsonaro com a imprensa, as redes sociais, a disseminação de *fake news* e a opinião pública.

É comum que na apresentação de obras como esta sejam incluídos votos de uma boa leitura. No caso de uma obra sobre o governo Bolsonaro, no entanto, este é um desejo difícil de ser realizado. Os capítulos que compõem este livro são densos, as análises são precisas e os diagnósticos, necessários, mas o cenário não é otimista, nem apresenta perspectivas promissoras para a segunda metade da presidência de Bolsonaro. Por isso, o desejo mais apropriado aos leitores talvez seja o de coragem. Que estas análises ajudem no fortalecimento de uma concepção crítica da política, tão importante para a recuperação das práticas democráticas e a reconstrução de políticas públicas efetivas de que o Brasil tanto precisa.

Bolsonarismo: movimento ou forma de governo?

Política e antipolítica nos dois anos de governo Bolsonaro

Leonardo Avritzer

Jair Bolsonaro chega à presidência como o terceiro *outsider* que a direita brasileira levou ao cargo em sessenta anos. Nesse período, a direita chegou ao poder pela via eleitoral três vezes: com Jânio Quadros, com Fernando Collor e, recentemente, com Bolsonaro. Os dois primeiros eram *outsiders* do sistema político, isto é, seus partidos não compunham uma base eleitoral conservadora com forte expressão no Congresso. O sucesso de suas eleições derivou de relações com parcelas expressivas do eleitorado, formadas em torno de questões como o combate à corrupção. Todos tinham certa agenda liberal na economia: Jânio Quadros falava em controlar a inflação depois da gastança patrocinada por Juscelino Kubitschek, já Collor adotava a agenda privatizante que se seguiu à crise da dívida externa e à hiperinflação dos anos 1980. Jair Bolsonaro parece ser a continuação dessa tendência, mas com novidades muito relevantes, que dão fôlego ao bolsonarismo depois de dois anos de governo com forte oposição ao Congresso Nacional, ao poder Judiciário e a partes da opinião pública. São elas: a preocupação zero com a governabilidade, expressa na nomeação de cargos para o seu ministério e na forma como ele enfrentou a pandemia do novo coronavírus; a relação de oposição e cooptação com o sistema político, fazendo com que a oposição a ele no Legislativo não se manifeste como forma de instabilidade política; e a ampla base ratificadora de suas posições nas redes sociais, que lhe permite relativizar a oposição midiática por ele enfrentada.

Jair Bolsonaro chega à presidência não como um líder político, e, sim, como um líder de um movimento capaz de destruir políticas e políticos. Esse foi o princípio que orientou a construção de sua equipe. O capitão montou um ministério no qual pouquíssimos ministros tinham relações com partidos ou eram técnicos nas suas especialidades, fatos ressaltados por ele como positivos. Entre os políticos nomeados para o ministério de Bolsonaro, cabe destacar Gustavo Bebianno, que não chegou a durar dois meses como ministro-chefe da Secretaria-Geral da Presidência da República; Osmar Terra foi demitido por motivos pessoais; Marcelo Álvaro Antônio foi demitido em dezembro de 2020, sendo fritado desde o início do governo; e Luiz Henrique Mandetta adquiriu protagonismo durante a crise do coronavírus, o que gerou uma guerra entre ele e o presidente, culminando em sua demissão em meio à pandemia. Já com algum poder, sobrevive Tereza Cristina, à frente do Ministério da Agricultura, Pecuária e Abastecimento.

A concepção de antigovernabilidade do capitão ganhou forma durante o primeiro ano de seu mandato devido à sua capacidade de destruir políticas. Foi em ministérios-chave, como os da Educação, do Meio Ambiente e da Mulher, da Família e dos Direitos Humanos, que a concepção de (des)governo se expressou melhor. Seus ministros foram nomeados pela capacidade de tensionar com a respectiva área de políticas públicas, ou de desfazer políticas bem-estabelecidas, ou de criar tensões com burocracias e membros de comunidades de políticas públicas nessas áreas. Setores consolidados como a educação e o meio ambiente foram desestruturados por ministros que estabeleceram fortes conflitos com profissionais, organizações não governamentais ou organizações internacionais, como as Nações Unidas. Alguns exemplos: o controle de queimadas na Amazônia, cuidadosa e diligentemente elaborado, foi simplesmente desmontado pela ação do ministro do Meio Ambiente. O ministro e o presidente questionaram dados de um sistema de monitoramento de queimadas em tempo real e trocaram os cientistas encarregados de administrá-lo. Essa é a concepção de governo do capitão que se expressa também em outras esferas.

No Ministério da Educação, o presidente indicou um fundamentalista da guerra cultural. É interessante entender que não há elementos meritocráticos no processo de indicação de ministros na Educação, assim como para gestão da pós-graduação pela Coordenação de Aperfeiçoamento de Pessoal de Nível Superior (Capes). Não são políticas menores. Pelo contrário, ambas constituíam áreas nas quais o

Brasil conseguiu oferecer respostas positivas às fortes deficiências que tinha. Porém, a proposta de Bolsonaro era destruir essas áreas. As crises produzidas por seus ministros foram ignoradas ou até mesmo comemoradas pelo presidente. Até o início de 2020, havia uma lógica nessa loucura: essas políticas não eram necessárias ao país ou não interessavam à base de sustentação do capitão. Assim, não só a política de destruição da governabilidade no meio ambiente, como também os cortes de recursos para educação superior, atenderam a uma visão regressiva da política que, como sabemos, o bolsonarismo representa bem.

Com o início da pandemia, a lógica de destruição de políticos e de políticas se acentuou. Bolsonaro resolveu lançar todas as fichas na negação da gravidade do coronavírus e, como resultado da estratégia de radicalização de sua posição, entrou em rota de colisão com os governadores, com o Supremo Tribunal Federal (STF), com o ministro da Saúde e com uma parte significativa do seu ministério. Pela primeira vez, desde 2018, ele não conseguiu tornar hegemônica sua concepção de antigovernabilidade e antipolítica. Diante do fracasso, resolveu dobrar a aposta: passou a radicalizá-la, tornando-a uma estratégia pública antivida. Bolsonaro participou de mais de uma aglomeração por semana desde o dia 15 de março até meados de maio de 2020, quando o Brasil já contabilizava 20 mil mortes pela covid-19. As atitudes do presidente tornaram insustentável a permanência do ministro da Saúde, Luiz Henrique Mandetta. Sua demissão deixou o país acéfalo na pandemia, mas não desgastou Bolsonaro na sua própria base política, que responde bem à lógica da antipolítica defendida pelo presidente.

Por fim, temos a antipolítica no campo da economia. A ideia de Bolsonaro em 2018 foi flertar com a reivindicação de reformas feita pelo assim chamado "mercado". Surpreende que as forças do mercado tenham optado por um presidente sem capacidade alguma de gerar estabilidade e previsibilidade, já que a boa teoria econômica, de direita ou de esquerda, reconhece essa necessidade. Jair Bolsonaro é um presidente que produz imprevisibilidade absoluta enquanto caminha do Palácio da Alvorada para a cerca na qual profere absurdos lógicos, insulta jornalistas e políticos e, dependendo da ocasião, seus próprios ministros. Seria de se esperar que essa instituição abstrata chamada "mercado" gostasse da estabilidade e da previsibilidade, e se preocupasse com ela. Mas não.

O mercado trocou a previsibilidade por reformas que não passam de uma desoneração de empresas, que não lidam com a ideia de produtividade e não se interessam pela infraestrutura que pode ser oferecida pelo Estado para a eficiência e o desenvolvimento econômico. Entretanto, o mercado tem um limite que é sua oposição a desequilíbrios fiscais, área que atrai cada vez mais o capitão.

É possível definir a antipolítica bolsonarista nesses quase dois anos de governo. A antipolítica proposta pelo presidente implica três tipos de ações conjugadas: em um primeiro campo, destroem-se estruturas existentes do Estado brasileiro nas áreas de educação, meio ambiente e direitos humanos, sob o argumento de que elas incentivam uma política progressista de esquerda; em um segundo âmbito, desmantela-se a política pública de saúde durante a pandemia, que, se exitosa, corria o risco de reabilitar a política e um centro político; e, em uma terceira linha, intimidam-se os demais poderes de modo que a antipolítica não seja interrompida por decisões legislativas ou judiciais quando buscam impor limites à política de destruição.

Em meio à crise do coronavírus, o capitão descobriu uma nova arma para conseguir o apoio da população de baixa renda: a extensão do auxílio emergencial, que propôs relutantemente durante o mês de março de 2020, com um valor inicial de 200 reais, sendo aumentado pelo Congresso Nacional para 600 reais. Após alguns meses de pandemia, os magos da comunicação do Palácio do Planalto perceberam que uma troca interessante poderia ser feita na base de apoio do governo. A troca envolveria substituir a base de classe média no Sudeste e Sul, que vinha minguando, por uma nova base que tem em comum carências econômicas e que, por isso, tende a ser mobilizada por meio de benefícios econômicos. O crescimento da aprovação do presidente no segundo semestre de 2020, em especial na região Nordeste, aponta, então, para uma novidade importante: uma aproximação de Bolsonaro na direção da população de baixa renda da região onde conquistou menos votos em 2018.

O presidente, então, passou a defender a expansão do Bolsa Família, renomeado Renda Brasil. Tal virada só pode ser entendida pela torção dos propósitos redistributivos do primeiro programa, agora guiado por intenções personalistas. A operação, porém, encontrou um problema sério: a equipe econômica vem dos rincões mais neoliberais do mercado financeiro e acabou por inviabilizar o programa Renda Brasil em meados de setembro de 2020. Isso não quer dizer que o bolsonarismo não possa propor no curto prazo um programa com bases similares, uma vez que ele parece aderir ao que poderíamos chamar de "populismo de demanda" – para dialogar com os termos de Cas Mudde e Cristóbal Kaltwasser (2017). A demanda, nesse caso, passa pela existência de um grupo disposto a apoiar o presidente em troca de benefícios financeiros de curto prazo. Assim, a aliança entre o capitão e as forças de mercado parecem estremecidas e a maneira como essa relação irá caminhar será fundamental para a segunda metade do governo. Ou seja, Bolsonaro pode vir a estender sua estratégia de desgoverno para o campo da economia e, nesse caso, o Brasil viverá tempos caóticos.

A estratégia bolsonarista de desgoverno tem ainda dois elementos: o primeiro passa pelas redes sociais e o outro, pelo seu ministério e pelo Congresso. Bolsonaro adota uma tática para (des)governar que está relacionada à ampla base construída nas redes sociais, que lhe permite estabelecer um canal próprio de comunicação com seus apoiadores. Esse parece ser o motivo que estabilizou a queda na popularidade do presidente, que começou a cair no momento da sua posse. O bolsonarismo degrada as instituições a partir de uma rede impressionante de geração de *fake news*. Por meio dela, consegue atacar o sistema político, o STF e até mesmo o carnaval do Rio de Janeiro. Esses ataques reduzem a legitimidade das instituições políticas – que já era baixa desde 2014 e tornou-se baixíssima em 2018. Apenas 1% dos brasileiros confia muito em partidos políticos e um número um pouco superior no Congresso Nacional, de acordo com dados das pesquisas realizadas pelo Instituto da Democracia e da Democratização da Comunicação (INTC). Ao reforçar o ataque a essas instituições, Bolsonaro cria um caldo de cultura para pressioná-las. Manifestações de rua defendem o fechamento do Congresso e isso aumenta a capacidade do presidente de constranger instituições e políticos para a implementação da sua agenda.

O segundo elemento da estratégia do presidente em relação às instituições políticas é o que a cultura popular chama de "morde e sopra", algo que Bolsonaro realiza muito bem com o Centrão. Esse grupo, vilipendiado por ele diversas vezes, aceitou uma composição com o capitão quando este se sentiu pressionado na crise do coronavírus. Políticos como Ciro Nogueira, Gilberto Kassab e Arthur Lira passaram a deter uma forte influência sobre o presidente, que aceitou reformar sua ideia de perfil de ministro do STF. Dessa forma, Bolsonaro desgasta as instituições políticas, ao desprezá-las, ao mesmo tempo que as coopta, utilizando aquilo que elas têm de pior, o clientelismo de plantão, sempre aberto a uma nomeação de segundo escalão. Assim, quando Bolsonaro atua institucionalmente, ressalta o que tem de pior no sistema político.

Por fim, o bolsonarismo constitui um tipo raro de associação entre governo não virtuoso e conservadorismo. O conservadorismo no Brasil tentou historicamente constituir-se em uma forma envergonhada de defesa do *status quo*. Desde o período abolicionista até o final da ditadura militar, essa foi a postura hegemônica: ser conservador e tentar passar uma imagem de progressista para o mundo. Assim, o regime militar se importou com as críticas na área de direitos humanos, do mesmo modo como Collor demarcou terras indígenas e dialogou com forças na área do meio ambiente. O bolsonarismo representa uma nova forma de conservadorismo: ideológico e anti-institucional, que abandona a premissa de governo virtuoso em troca da ideia de destruição das estruturas sociais do Estado e das bases públicas de uma política de esquerda. No entanto, pode o Brasil sobreviver a esse processo de destruição?

As eleições municipais de novembro de 2020 e os conflitos em torno da vacinação contra a covid-19 ajudam a pensar a perspectiva de sobrevivência de Bolsonaro. De um lado, dados da pesquisa realizada no final de outubro de 2020 [1] pelo INCT mostram que mais de 60% dos respondentes avaliaram o desempenho do presidente na pandemia como "ruim" ou "péssimo" e, ao que tudo indica, esse é um dos motivos pelos quais os candidatos mais fortemente apoiados pelo clã presidencial tiveram desempenho ruim em todas as capitais – com exceção de Vitória, Espírito Santo.

[1] A pesquisa "A cara da democracia: Eleições 2020", do Instituto da Democracia e da Democratização das Comunicações (INCT) foi realizada por telefone, em uma amostra de 2.000 respondentes, com representatividade para todas as regiões do país, índice de confiança 95% e margem de erro 2,2%. As entrevistas foram aplicadas entre 24 de outubro e 4 de novembro de 2020.

Começa a haver um enfraquecimento do bolsonarismo com base na débil atuação do presidente durante a pandemia. Entretanto, um paradoxo chega a reger a relação entre a opinião pública e o bolsonarismo: ao mesmo tempo que o cidadão não aprova o desempenho do capitão negacionista na pandemia e não se mostra disposto a votar nos candidatos indicados por ele, parte substancial da cidadania continua aprovando seu governo. Parece haver uma disjunção entre o discurso ideológico do capitão, que continua sendo aprovado por muitos, e a avaliação de suas políticas.

Tal fato coloca em questão se a passagem da disputa em torno do isolamento social para a disputa em torno da vacinação será positiva ou negativa para o bolsonarismo. A disputa em torno do isolamento social reforçou alguns elementos do bolsonarismo como movimento: a ideia do homem forte *versus* o fraco, ou da liberdade enquanto atributo individual de reação à intervenção do governo. Nesse sentido, havia elementos de compatibilidade entre o discurso anti-Estado e antipolítico e o negacionismo do capitão, mesmo que, ao final, a posição negacionista jamais tenha conquistado a maioria da opinião pública.

Na batalha pela vacina, o presidente está tendo de enfrentar seus adversários no campo em que ele tem maior dificuldade: o da capacidade de governar. Tal como mostrei anteriormente, Bolsonaro é um excelente destruidor de políticas, de políticos e de instituições, mas, exatamente porque seu foco não é a construção, ele tem dificuldades para organizar o governo. Na verdade, ele prescinde das pessoas capazes de fazê-lo. O general Eduardo Pazuello, ministro da Saúde desde maio de 2020, nos mostra isso todos os dias. As dificuldades que o capitão encontra para governar eram visíveis no final de 2020. O governo Bolsonaro não tinha um plano de aprovação de vacinas que fosse marcado por suas rivalidades políticas com o governador de São Paulo; ele não tinha um plano de vacinação com os elementos básicos requeridos pela logística. Bolsonaro chegou ao momento que era esperado o início da vacinação sem ter, ao menos, um plano de compra de seringas e agulhas.

Na medida em que esses elementos vão ficando evidentes para a opinião pública, o presidente resvala, mais uma vez, nos seus índices de aprovação, que são baixos se considerarmos a aprovação de outros presidentes na Nova República; mas são altos, se considerarmos os processos de destruição que ele capitaneou em áreas como o meio ambiente, a educação superior e a saúde. Assim, tudo indica que Jair Bolsonaro perderá a guerra da vacina, porque ele terá de travá-la em um campo que não é o seu, o da organização do governo.

A pergunta sobre até onde Bolsonaro poderá ir tem de ser respondida pelas elites políticas e econômicas do país. O bolsonarismo é, ao mesmo tempo, um projeto situado fora dos parâmetros não só do liberalismo, mas também do conservadorismo na modernidade. Seu principal elemento é a negação da ideia de qualquer forma de governo – não apenas do bom governo. Essa concepção só não leva ao colapso total do país porque o governo é amparado por centristas no Congresso e pelas forças do mercado, que aceitam compor e estabilizar o governo do capitão em seus momentos mais vulneráveis.

O mercado é a principal das forças de estabilização do bolsonarismo, uma vez que, desde 2018, ele aceitou trocar a racionalidade de longo prazo da política econômica por pequenos benefícios econômicos por ele denominados "reformas". Apesar de as poucas reformas não terem tido qualquer impacto econômico, é possível afirmar que Bolsonaro sobreviverá à destruição que ele mesmo patrocina enquanto as forças de mercado e seus aliados no sistema político não se retirarem da aliança antigoverno e antipolítica que se instaurou no Brasil em 2018.

A ascensão de Bolsonaro e as classes populares

Camila Rocha
Esther Solano

A eleição de Jair Bolsonaro não foi um raio em céu azul, mas fruto do encontro entre dois acontecimentos distintos, porém relacionados: a consolidação paulatina de uma nova direita brasileira entre os anos de 2006 e 2018, e o surgimento de um novo fenômeno populista no país a partir de 2014: o bolsonarismo. Tais acontecimentos, no entanto, ainda que tenham se apoiado de modo intenso em mobilizações digitais, não se espraiaram para as classes populares somente pela ingenuidade de vítimas da desinformação em massa, mas, como procuraremos apontar, isso se deu em virtude de processos sociais e políticos específicos que atravessaram o país em anos recentes.

Nessa perspectiva, na primeira seção deste capítulo abordaremos de forma breve a formação de uma nova direita brasileira a partir de 2006. Na segunda parte, trataremos da construção do bolsonarismo a partir de 2014, e, por fim, apontaremos os principais elementos que fizeram com que parte significativa das classes populares optasse pelo ex-militar nas eleições de 2018.

O surgimento da nova direita brasileira

A nova direita brasileira começou a se organizar a partir de fóruns de discussão na internet logo após a reeleição de Lula em 2006, buscando romper com os limites do pacto democrático de 1988 que condicionaram a atuação da direita tradicional desde então.[1] Em 2006,

---

[1] O pacto democrático de 1988 ao qual fazemos referência aqui, que passou a balizar a política brasileira desde então, está baseado na combinação entre a Constituição de

boa parte dos analistas políticos considerava que Lula não sairia vitorioso das eleições, tendo em vista o impacto do escândalo de corrupção que ficou conhecido popularmente como Mensalão. Ainda que o escândalo tenha custado a permanência de importantes quadros petistas no governo e manchado a imagem do partido, que desde sua fundação, nos anos 1980, advogava pela ética na política, Lula foi reeleito com base em uma votação expressiva da população mais pobre do país. Durante seu segundo mandato, o ex-metalúrgico tornou-se cada vez mais popular em virtude de um pequeno milagre econômico (Carvalho, 2018) baseado no ciclo de alta das *commodities*, nos aumentos reais do salário mínimo e na criação e expansão de programas de combate à pobreza, fazendo com que milhões de pessoas melhorassem significativamente seus patamares de renda e consumo (Pochmann, 2012).

Nessa época, a popularidade de Lula era tal que grupos e movimentos posicionados à direita do espectro político tentaram protestar contra o governo nas ruas e foram alvo de desdém e escárnio até mesmo de políticos de oposição à gestão petista. Sem se sentirem representados pela oposição institucional ao Partido dos Trabalhadores (PT), os descontentes passaram a frequentar a internet em busca de um ambiente no qual pudessem se expressar livremente contra o governo e a esquerda. Nesses espaços digitais, buscavam conhecer pessoas que pensassem parecido, seja porque defendessem o livre-mercado, punições mais severas para criminosos, a instauração de um novo regime militar ou mesmo da volta da monarquia. Desses encontros começaram a surgir novos grupos de estudo e atuação política nas universidades, organizações civis, ideias de novos partidos, movimentos sociais e lideranças intelectuais e políticas nos quais se destacou o papel desempenhado pelo escritor Olavo de Carvalho.

Desde a metade de 1990, Carvalho defendia, por meio de livros e artigos de jornais e revistas, a ideia de que o país foi tomado por uma hegemonia cultural esquerdista após a redemocratização. Essa hegemonia, que remete ao pacto democrático de 1988, seria refletida por meio da influência exercida por intelectuais de esquerda, que ocuparam posições

1988 e o arranjo de governabilidade conhecido na ciência política brasileira como "presidencialismo de coalizão".

de prestígio em editoras de livro, nas redações dos principais veículos de comunicação nacional e nos cursos de humanidades das principais universidades do país, mais notadamente na Universidade de São Paulo (USP). De acordo com Carvalho, esses intelectuais seriam incapazes de realizar reflexões profundas sobre o Brasil que se destacassem no panorama intelectual mundial e, portanto, contentavam-se em repetir, de modo irrefletido, chavões inspirados nas últimas modas intelectuais vindas dos Estados Unidos. Para ele, um exemplo dessa reprodução de modismos era a defesa de lutas contra opressões de gênero e raça, conhecidas popularmente como "pautas identitárias". Extremamente ativo na internet, ainda em 1998 Carvalho passou a divulgar suas ideias em um blog e, mais tarde, em 2002, em um site colaborativo. No ano de 2004, ele já era tema de pelo menos quatro comunidades de discussão na falecida rede social Orkut, além de ministrar aulas em cursos on-line e realizar transmissões de áudio pelo site Blog Talk Radio, análogas ao que hoje se conhece como *podcast*.

A propagação em meios digitais da ideia de que estaria vigente no país uma hegemonia esquerdista unificou os descontentes com o governo petista, a despeito de suas diferenças, e influenciou de modo direto ou indireto boa parte da nova direita em gestação (Rocha, 2019). A influência de Carvalho também se fez presente por meio de uma estratégia contra-hegemônica radical baseada no uso de uma performatividade disruptiva e do choque intencional, denominados pelo crítico literário Michael Warner (2002) como contrapublicidade. Bastante ilustrativo nesse sentido é um texto publicado no Facebook no qual Carvalho (2013) defende conscientemente o uso do palavrão com o objetivo de chocar, ao romper com o decoro que condiciona o debate público *mainstream*, compreendido pelo autor como uma "camisa de força":

> O USO DO PALAVRÃO
> Eu uso esses palavrões porque são NECESSÁRIOS.
> São necessários no contexto brasileiro para demolir essa linguagem polida que é uma camisa-de-força que prende as pessoas, obrigando-as a respeitar o que não merece respeito.
> Então, às vezes, quando você discorda de um sujeito, mas discorda respeitosamente, você está dando mais força pra ele do que se

> concordasse. Porque você está indo contra a ideia dele, mas você está reforçando a autoridade dele. A autoridade é a respeitabilidade. O problema dessas pessoas, desses bandidos de que eu estou falando, não são as ideias. É justamente o fato de que são canalhas.
> São canalhas, são bandidos, são ladrões.
> V-Ã-O T-O-D-O-S T-O-M-A-R N-O C-U!

Assim, as sementes da nova direita já estavam espalhadas pela internet e fora dela quando, após a eleição de Dilma Rousseff, em 2010, a economia começou a dar seus primeiros sinais de desgaste, e movimentos anticorrupção passaram a se expressar em várias capitais do país em 2011 e em 2012, ano do julgamento do Mensalão. Desse modo, durante os grandes protestos que levaram multidões às ruas contra a classe política, em junho de 2013, grupos ligados à nova direita puderam crescer e florescer no âmbito da sociedade civil, perdendo o receio que possuíam até então de se manifestar em público.

A ascensão de Jair Bolsonaro

Ao mesmo tempo que a nova direita se fortalecia, o bolsonarismo nascia a partir de uma reação conservadora mais ampla a uma série de avanços do campo progressista que ocorreram durante o primeiro mandato de Rousseff. Em 2011, foi criada a Comissão Nacional da Verdade para investigar crimes praticados durante a ditadura militar; em 2011 o Supremo Tribunal Federal (STF) reconheceu a união entre pessoas do mesmo sexo e, em 2012, a vigência das cotas raciais em universidades públicas e o aborto de fetos anencéfalos. Além disso, em 2014, foi sancionada a "Lei da Palmada", que proíbe castigos físicos no tratamento de crianças e adolescentes. Ao mesmo tempo, os movimentos negro e de Lésbicas, Gays, Bissexuais, Travestis e Transexuais (LGBT) conquistavam maior destaque no debate público. Também entre 2011 e 2012, surgiam as Marchas das Vadias em todo o país, e discussões a respeito de gênero tornaram-se cada vez mais frequentes nas mídias tradicionais e na internet.

Nessa época, a internet já era um meio extremamente popular de disseminação de conteúdos que antes circulavam de forma mais restrita. Imagens de militantes protestando com os seios de fora ou em performances sacrílegas nas ruas, com destruição de santas católicas, introdução de crucifixos no ânus, bem como cenas de apropriações da figura de Jesus Cristo como homossexual ou transexual, circularam no Brasil, chocando grande parte da população cristã, tornando o cenário propício para a ascensão de políticos conservadores, como Jair Bolsonaro.

Capitão da reserva e contumaz defensor da ditadura militar, Bolsonaro iniciou sua carreira política no Congresso Nacional nos anos 1990, com o apoio de militares de baixa patente do estado do Rio de Janeiro, bem como de famílias de militares que perderam influência e prestígio após a redemocratização, base que posteriormente se ampliou para abarcar forças policiais. Desse modo, assim que a Comissão da Verdade foi criada, o capitão da reserva se tornou um de seus maiores opositores no Congresso. Seu histórico de posicionamentos contrários aos direitos humanos também o gabaritou para exercer, ao lado de lideranças políticas cristãs conservadoras, um papel de destaque no contra-ataque aos avanços de pautas LGBT, como, por exemplo, a pressão para barrar a distribuição de cartilhas escolares de combate à homofobia, pejorativamente popularizadas como "Kit Gay".

Assim como Olavo de Carvalho e a nova direita emergente, Bolsonaro e seus filhos também investiram na contrapublicidade como forma de chamar atenção para as suas pautas na esfera pública que, na percepção dele, eram menosprezadas no debate público *mainstream*. Tal menosprezo seria um sinal de que a manifestação de determinadas visões de mundo e modos de vida estariam sob ameaça iminente, o que justificaria o emprego da contrapublicidade (Rocha; Medeiros, 2020). Em 2012, durante uma *live*,[2] Flávio Bolsonaro entregou a Olavo de Carvalho a Medalha Tiradentes, honraria concedida pela Assembleia do Estado do Rio de Janeiro, e discursou:

> Eu que penso de uma forma contrária, não tenho espaço nenhum, espaço nenhum na imprensa, é aí fica a explicação do que, muitas pessoas nos criticam, e certamente o criticam também, Olavo, pela

[2] A *live* pode estar diponível em: https://youtu.be/Cb0JGA80iLo. Acesso em 19 mar. 2021.

> forma como coloca algumas discussões. *Porque é preciso criar o fato, chamar a atenção, chocar, sobre determinados assuntos para que isso tenha espaço na imprensa e a população como um todo tenha acesso a essa discussão.* A maior prova disso é o famoso "Kit Gay". Se não fosse uma atuação mais ostensiva do deputado Jair Bolsonaro, jamais estaríamos sabendo que crianças, por enquanto das escolas públicas, a gente não sabe qual será o próximo passo, pode atingir as escolas particulares, porque tenho certeza que as classes médias e as classes altas se engajam também nessa discussão, nós jamais saberíamos que havia esse incentivo à sexualidade, seja para o lado homossexual ou pro lado heterossexual, Olavo, para crianças de seis anos de idade.

Em resposta, Olavo de Carvalho afirmou: "Eles querem fazer clientela para os pedófilos, quem é que não percebe isso aí?".

Ao final do primeiro mandato de Rousseff, em 2014, em meio à reação conservadora que ganhava cada vez mais apelo entre a população, Bolsonaro se reelegeu deputado federal com quase meio milhão de votos e começou a ser cultuado por milhares de pessoas atraídas pela radicalidade de seus posicionamentos e pela autenticidade que transmitia em suas aparições públicas. Rousseff também havia sido reeleita, no entanto, passados apenas seis dias de sua vitória, movimentos ligados à nova direita, organizados dentro e fora da internet, convocaram o primeiro protesto de rua pedindo seu impedimento. A manifestação contou com a participação de um dos filhos de Jair Bolsonaro, Eduardo Bolsonaro, eleito pela primeira vez para a Câmara Federal em 2014, ao pegar carona no sucesso eleitoral do pai (Rocha, 2019).

Os protestos pela derrubada de Rousseff se repetiram até que, no início de 2015, alimentados pela indignação contra os novos escândalos de corrupção divulgados pela operação Lava Jato, conseguiram reunir, segundo estimativas da Polícia Militar, quase dois milhões de pessoas, em sua maioria vestidas de verde e amarelo. Entre os manifestantes não era difícil flagrar pessoas com camisetas ou cartazes com os dizeres: "Olavo tem razão", em alusão ao escritor que havia se tornado um *best-seller* ao ter suas obras reeditadas poucos anos antes. No entanto, a maioria dos participantes dos protestos não eram refratários apenas ao PT, mas também a todos os partidos e lideranças políticas tradicionais, incluindo os de oposição ao governo, de modo que Jair Bolsonaro era um dos poucos políticos, senão o único, que conseguia aprovação daqueles que protestavam nas ruas (Solano; Ribeiro; Ortellado, 2016). O militar direitista, atento ao clima de opinião da época, que se radicalizava à medida que as crises política e econômica se aprofundavam, adotou um discurso antissistema e surfou na onda que lhe parecia favorável, anunciando oficialmente sua candidatura à presidência ainda em março de 2016, poucos meses antes da derrubada de Rousseff do poder.

Naquele mesmo ano, Bolsonaro filiou-se ao Partido Social Cristão (PSC), que reunia lideranças cristãs conservadoras e militantes da nova direita, oriunda dos fóruns de internet, movimentos e organizações da sociedade civil. No entanto, o militar não era um consenso entre os membros da nova direita mais alinhados à defesa radical do livre mercado; afinal, Bolsonaro era conhecido por defender o intervencionismo estatal praticado durante a ditadura militar. Por esse motivo, o pré-candidato à presidência decidiu se aliar ao economista Paulo Guedes, radical defensor do liberalismo econômico, selando, dessa forma, uma aliança política entre aqueles que pregam pela radicalidade de mercado e setores que defendem o conservadorismo nos costumes e punições mais severas para criminosos.

Bolsonarismo e classes populares

Inicialmente, o discurso de Bolsonaro possuía um apelo significativo, especialmente entre as classes médias e altas. Afinal, eram justamente as pessoas desses estratos que frequentavam os fóruns de internet desde a metade dos anos 2000 e compareceram em massa aos protestos pelo impedimento de Rousseff, além de expressarem simpatia pela política econômica defendida por Paulo Guedes. No entanto, com o tempo, parte significativa das classes populares passou a se interessar pela figura de Bolsonaro. Para entender tal fenômeno em maior profundidade, nos últimos anos, procuramos investigar os anseios da maior parte dos eleitores de Bolsonaro que compõem o que denominamos bolsonarismo popular moderado. Popular, porque corresponde àqueles que pertencem às faixas C e D de renda, ou seja, à multidão de trabalhadores precarizados e nanoempreendedores de si mesmos, na formulação da socióloga Ludmila Costhek Abílio (2019), e que compõe a maior parte da população brasileira. E moderado em contraste com bolsonaristas radicalizados, movidos por uma identificação profunda com o militar que não é apenas de ordem política, mas sobretudo emocional e existencial.

Assim, nos últimos anos, entrevistamos dezenas de pessoas que enxergaram em Bolsonaro uma possibilidade de mudança profunda do cenário político nacional.[3] Descontentes com a atuação do PT e do sistema político em sua totalidade, essas pessoas sentiram-se representadas por sua retórica antissistema, anticorrupção, antipetista, antiesquerdista, militar e patriótica, e por seu apelo à valorização da família, da ordem e dos bons costumes. O militar era visto como uma saída para as crises política e econômica, bem como para o que percebiam como uma crise moral, como procuraremos apontar a seguir.

Bolsonaro como resposta à crise política

As ideias que apareciam com maior insistência nas entrevistas com eleitores de Bolsonaro das classes populares eram as de "mudança" e "esperança". Para os entrevistados, o militar representaria "alguém diferente", um *outsider*, um candidato antissistema capaz de enfrentar uma institucionalidade percebida como completamente corrompida. Bolsonaro seria um político diferente, na visão das pessoas, porque seria honesto e autêntico:

> Essa eleição foi uma grande mudança. Trouxe esperança de mudança na política. Antes era só mais do mesmo (Mulher, São Paulo).
>
> Eu votei nele porque ele é diferente e acho que é o único que vai mudar. A gente tem esperança (Mulher, Porto Alegre).
>
> Ele é verdadeiro, e ele, às vezes, não tem papas na língua. Ele não tem que fazer pose. Eu acho que isso é um valor importante, mesmo que doa que a verdade seja colocada (Mulher, São Paulo).

---

[3] Os dados utilizados neste capítulo fazem referência a pesquisas realizadas com o apoio da Fundação Friedrich Ebert em 2019 e 2020, bem como à pesquisa "O conservadorismo e as questões sociais", realizada em 2019 pelo Plano CDE, com apoio da Fundação Tide Setúbal. Os relatórios completos das pesquisas encontram-se disponíveis nos sites de ambas as fundações.

Para os entrevistados, Bolsonaro seria alguém firme o suficiente para não se deixar levar pela lógica dos partidos tradicionais, percebidos como indistintos, fisiológicos e preocupados apenas com os próprios privilégios. Daí sua capacidade de capturar o voto de protesto, frustração e raiva contra um sistema político percebido como velho frente à novidade política representada pelo militar, a qual aparecia como um valor em si mesma.

Nesse contexto, a corrupção situa-se no centro dos argumentos do menosprezo pelo sistema. A criminalização da política e do Estado foi enfatizada sobretudo durante a condução da operação Lava Jato, por meio da qual seu principal representante, o juiz Sergio Moro, ex-ministro da Justiça do governo Bolsonaro, impôs uma estratégia anticorrupção baseada em processo penal moralista, punitivista e regido pela lógica do espetáculo (Casara, 2016), em que a política e o Estado figuravam como inimigos do povo. Desse modo, havia entre os entrevistados uma percepção generalizada de que não só os políticos profissionais seriam corruptos, como também o próprio fazer político despertava afetos negativos:

> É tudo igual, PT, PSDB, tudo corrupto. [...] É o jeitinho brasileiro, não tem jeito. Brasileiro é corrupto mesmo (Homem, Porto Alegre).
>
> Política é aquela coisa: você acredita, mas não confia (Homem, São Paulo).
>
> Política *é* engano e corrupção. Você nunca acredita 100% num candidato (Homem, São Paulo).

A negação da política como atividade coletiva também era acompanhada por um sentimento de frustração muito intenso com o PT que era expresso com vergonha e tristeza. Afinal, vários eleitores de Bolsonaro haviam votado no PT anteriormente, porém sentiam que o partido lhes havia traído a confiança e, portanto, não seria mais merecedor de seu voto:

> Eu votei no Lula porque parecia um político diferente na época, falava a língua da gente e dizia que ia acabar com a corrupção (Homem, São Paulo).

> Eu sempre fui PT, mas pela corrupção, essa vergonha toda no Brasil, o PT me deixou muito chateada, muito insatisfeita, e eu caí naquela de votar no Bolsonaro. Foi uma eleição assim: a favor do PT *versus* contra o PT, foi bem difícil (Mulher, São Paulo).
>
> O PT liderava e, querendo ou não, muita coisa mudou com o PT, principalmente pra classe mais baixa, hoje em dia a gente queria mudança mesmo devido à roubalheira que foi demonstrada, então eu dei um voto de confiança para o Bolsonaro (Homem, 42 anos, São Paulo).

Bolsonaro como resposta à crise econômica

Na retórica utilizada por vários integrantes da operação Lava Jato e por Bolsonaro, o Estado seria intrinsecamente corrupto e ineficaz, de modo que a saída, não apenas política, mas também econômica, passaria pela substituição das prerrogativas do Estado pela iniciativa privada. Essa lógica teve uma penetração não desprezível entre as classes populares:

> O Estado não funciona. Olha as empresas públicas, todo corrupto e não tem competitividade. Tinha que privatizar um monte de coisas e ia funcionar melhor (Homem, Porto Alegre).

Contudo, ainda que fosse comum a percepção de que serviços privados funcionariam melhor do que os serviços públicos, a totalidade dos entrevistados apontava que a gratuidade deveria ser mantida, considerando que a maioria da população brasileira é pobre e não teria como arcar com saúde e educação privadas. Ainda que a privatização de empresas e serviços fosse desejada de forma mais enfática por alguns entrevistados, a maioria possuía certa desconfiança na venda irrestrita de estatais e apostava que a saída para a crise econômica passaria necessariamente pela geração de emprego e renda, combinada com a adesão a uma ética empreendedora, individualizante e meritocrática.

Para os entrevistados que possuíam condições financeiras mais estáveis, ou eram mais jovens, o empreendedorismo como complemento de renda, e/ou forma flexível de trabalho e sem patrões, era visto com bons olhos. Na percepção desse grupo, a renda gerada dependeria principalmente do esforço do indivíduo, e tal comportamento deveria ser incentivado na sociedade.

Já para as pessoas mais empobrecidas, empreender era uma forma de sobrevivência para a qual se era empurrada por uma situação econômica desfavorável. Esse estrato preferia ter uma renda mais estável e acesso a trabalhos com carteira assinada:

> Emprego de carteira assinada mesmo tá cada vez mais difícil, tanto que o povo tá optando pelo que agora? Trabalhar por conta própria, porque se for esperar melhor não tem mesmo, não. Você sai toda a vez de madrugada pra arrumar emprego e as portas tão fechadas. Tá difícil mesmo. Hoje você anda na rua e vê as casas todas fazendo lojinha pra trabalhar por conta própria, porque é um meio de sobreviver, senão vai morrer de fome, porque não tem melhora (Mulher, Rio de Janeiro).

Segundo dados do IBGE, em 2019 o desemprego atingiu 13,2 milhões de trabalhadores, e, em 2018, 11,2 milhões de brasileiros atuavam na informalidade. Os dados revelaram ainda que 3,8 milhões de brasileiros têm em aplicativos como Rappi, Uber e iFood sua principal fonte de renda. No entanto, ainda que os trabalhadores entrevistados afirmassem que se encontram desprotegidos do ponto de vista trabalhista, segundo dados do ICJBrasil de 2017, só 29% dos brasileiros confia nos sindicatos.

Tais elementos têm como consequência imediata o sofrimento psíquico dos trabalhadores e uma enorme insegurança existencial relacionada a uma dinâmica de desintegração de estruturas de sociabilidade e desfiliação (Castel, 2005). Porém, ainda que para a quase totalidade dos eleitores de Jair Bolsonaro das classes populares que entrevistamos a desigualdade social seja o principal problema do país, o sofrimento social não é percebido como algo coletivo, produzido pelo capitalismo contemporâneo, e, sim, como um fenômeno de ordem individual. Essa leitura dá lugar a sentimentos de fracasso e culpa, de modo que a ética da meritocracia toma o lugar da politização do sofrimento (Coelho, 2013), apontando para o diagnóstico produzido por Dardot e Laval (2016) acerca do neoliberalismo como uma razão totalizante da vida social:

> Se tiver perseverança, muda a realidade. [...] Minha avó passou por coisa bem mais precária. Hoje tem mais oportunidade. Hoje os pobres conseguem mudar a própria situação (Homem, Recife).
>
> Para combater a pobreza, tem que gerar empregos para ganhar dignamente seu dinheiro, dar dinheiro, não. A pessoa tem que lutar (Homem, São Paulo).

Bolsonaro como resposta à "crise moral"

Por fim, também era muito comum entre os entrevistados uma visão saudosista de um passado romantizado no qual haveria mais ordem, no qual os valores morais seriam mais importantes e se viveria melhor. Na atualidade, a sensação experimentada é de desordem e decadência, sobretudo no âmbito da família:

> O que a gente vê hoje é uma decadência da vida familiar (Homem, São Paulo).
>
> A estrutura familiar caiu drasticamente. Pessoas despreparadas colocam filhos no mundo e as crianças crescem revoltadas. [...] O mundo precisa de pessoas boas, de mães que cuidem direito dos filhos (Homem, São Paulo).
>
> Os valores da família estão perdidos, as pessoas perderam o elo familiar. Falta conversa, contato (Mulher, São Paulo).

Os entrevistados acreditam que recuperar a convivência familiar para reestabelecer a ordem na sociedade é fundamental. Contudo, a percepção de desordem e decadência também está relacionada à sensação de piora nos âmbitos da economia e da segurança pública nos últimos anos que, por sua vez, está atrelada à expressão de sentimentos de vulnerabilidade, insegurança e abandono por parte do poder público. Tais sentimentos estão conectados à dicotomia, expressa por vários entrevistados, entre batalhadores *versus* bandidos, lógica muito utilizada para ordenar relações sociais, ilustrada com casos concretos do cotidiano:

> Eu já fui trabalhar, cheguei em casa e minha casa tinha sido invadida, duas vezes [...] e eu moro praticamente atrás da delegacia.

> [...] Não é só na rua, [...] me sinto indefesa em qualquer lugar (Mulher, Rio de Janeiro).
>
> Eu não deixo meus filhos saírem sozinhos. A gente vai "no" shopping junto e até para ir "no" shopping fico com medo. Aqui do lado, mataram um outro dia. Não dá para sair mais à noite (Mulher, Porto Alegre).
>
> Cidadão de bem é aquela divisão. É quem trabalha, não pratica crime, tem família. O outro lado é o bandido (Mulher, São Paulo).

Os "batalhadores", termo também utilizado pelo sociólogo Jessé Souza (2012) para se remeter a essa população, são, na visão dos entrevistados, aqueles que se esforçam para alcançar seus objetivos e superar os muitos obstáculos do cotidiano. Eles possuem valores e pagam impostos, em contraposição aos bandidos, que seriam pessoas corrompidas, com mau-caráter, que buscam facilidades na vida. Em sua percepção, o espaço público estaria se tornando cada vez mais perigoso, especialmente para crianças e jovens, sensação relacionada ao aumento da violência e à sensação de insegurança, o que também se somava à percepção de que o espaço público teria se tornado palco de práticas imorais, como troca de afeto entre pessoas do mesmo sexo, sexualização precoce, protestos de rua em que haveria nudez, pornografia e desrespeito a símbolos religiosos. Além disso, há um entendimento compartilhado de que o feminismo degradaria as mulheres e de que o afeto entre casais homossexuais, tido como obsceno, não deveria ser demonstrado em público, principalmente na frente de crianças:

> Não vou ter marido, não vou ter filho. [...] Por que tem que ser tão ao pé da risca? [As feministas] querem tirar a identidade da mulher (Mulher, Recife).
>
> Ver homem na rua de mãos dadas me incomoda. Eu não me importo, mas longe de mim. Tem alguns que sãos baixos, exagerados, agridem as famílias e as crianças (Homem, Porto Alegre).

Embora todos reconheçam que ainda existe muito preconceito e violência contra pessoas negras, mulheres e LGBTs, e que fossem abundantes os relatos de casos sofridos pelos próprios entrevistados, ou por familiares e conhecidos, o entendimento partilhado é que tais episódios não estariam relacionados a questões estruturais, mas principalmente à falta de educação e respeito de certos indivíduos. Há ainda, entre os entrevistados, um sentimento de rechaço a setores progressistas, os quais consideram a defesa de valores tradicionais estúpida e fascista. Esses aspectos somados contribuem para que várias pessoas rejeitem as políticas afirmativas e os setores que as defendem.

Tendo tudo isso em vista, a opção por Bolsonaro se justificaria na medida em que o militar representaria a recuperação de valores tradicionais, da segurança e da disciplina nos âmbitos público e privado a partir da promoção das ideias de ordem, autoridade e hierarquia. Desse modo, na visão dessas pessoas, a superação das desigualdades, preconceitos e violências estaria relacionada à ação do Estado apenas em duas dimensões: (1) estímulo à geração de empregos para os mais pobres; e (2) incentivo para que, no âmbito do privado, as famílias possam proporcionar a seus filhos uma educação baseada em valores cristãos para que possam vir a ser cidadãos respeitosos, esforçados e resilientes – justamente o que propõe o governo do capitão de reserva.

Do governo-movimento ao pacto militar-fisiológico

Cláudio Gonçalves Couto

É antigo e reiterado, na história democrática brasileira, o contubérnio entre direitismo, discurso de combate à corrupção, autoritarismo e populismo. Em nossa primeira experiência poliárquica, entre 1945 e 1964, tal combinação expressou-se no udenismo autêntico de Carlos Lacerda, e na sua versão abastardada, com Jânio Quadros e sua vassoura. A ditadura militar, implantada sob a justificativa de não só drenar o bolsão comunista, como também aniquilar a corrupção, encerrou sua trajetória tendo como candidato oficialista no último colégio eleitoral um símbolo tanto do direitismo autoritário como da malversação do bem público: Paulo Maluf.

Como a direita brasileira, associada à ditadura militar, não se desvencilhou das más práticas patrimonialistas, deu à esquerda, por algum tempo, a oportunidade de empunhar a bandeira da moralização. Essa foi uma marca forte do Partido dos Trabalhadores (PT) em sua primeira década de vida, ao ponto de Leonel Brizola o alcunhar, mordazmente, de "a UDN de macacão". Tal estilo foi mantido nos anos 1990, quando o PT, oposição em plano nacional, bancou o algoz moral de seguidos governos à sua direita – a começar pelo de Fernando Collor de Mello, também eleito com a promessa de combater a corrupção, mas derrubado sob acusações de se lambuzar com esta.

Com frequência esse apego petista ao discurso anticorrupção levou muitos no partido a ver com simpatia o novo papel desempenhado pelos atores emergentes do sistema de Justiça pós-autoritário – mormente o Ministério Público – no combate diligente a tudo que fosse notado como malfeito. Não tardou para que outros percebessem que esse novo ator não era necessariamente um aliado e poderia inclusive converter-se num feroz adversário – primeiramente devido à politização de atores do sistema de justiça e ao abuso da posição institucional para o cumprimento de agendas próprias.

Ademais, após sua chegada ao governo federal, os seguidos escândalos que atingiram o PT, começando pelo Mensalão ainda no primeiro mandato de Lula, culminando com a Lava Jato já no segundo e abreviado mandato de Dilma, minaram de vez a credencial anticorrupção que o partido acalentou quando era apenas oposição nacional. Mais do que isso, a agremiação não só perdeu a bandeira da luta anticorrupção, mas também foi estigmatizada por seus críticos e adversários como inerentemente corrupta, abrindo espaço para que novamente o amálgama entre antiesquerdismo e moralismo se viabilizasse – dessa feita de forma avassaladora, com o *impeachment* de Dilma, a debacle eleitoral petista nas disputas municipais de 2016 e a condenação de Lula sob a acusação de corrupção, seguida de sua prisão e seu impedimento eleitoral.

O continuado processo de associação simbólica entre o PT e a corrupção, nos anos 2000, cevou o antipetismo e, com ele, a própria antipolítica. Nas jornadas de 2013, era comum a ostentação de faixas com dizeres genericamente antipartidários, como "meu partido é meu país", ou "o povo unido não precisa de partido". Tais dizeres, posteriormente, estamparam camisetas amarelas envergadas por representantes da direita mais radical, entre os quais membros da família Bolsonaro. Uma pesquisa do Datafolha realizada com manifestantes num protesto na cidade de São Paulo, no meio de junho de 2013, mostrava que 84% dos presentes não tinham preferência partidária alguma e 24% estavam ali "contra os políticos" (Em protesto..., 2013).

Nesse processo, o PT, marca partidária mais forte em meio a diversas agremiações do pulverizado sistema partidário brasileiro, tornou-se em grande medida a metonímia do sentimento antipolítico e antipartidário, seu símbolo mais vistoso e, *ipso facto*, o alvo preferencial.

O desgaste de já ter sido governo durante pouco mais de treze anos e o fiasco da política econômica de Dilma Rousseff naturalmente tornariam o PT alvo nas eleições de 2018. Contudo o antipetismo tornou-se ativo político importante bem antes disso: eclodiu com força em 2013; ameaçou a reeleição de Dilma em 2014; alimentou o ambiente que destruiu sua popularidade em 2015; e culminou em seu *impeachment*, em 2016 – quando a agremiação também sofreu uma rotunda derrota eleitoral, perdendo cerca de 60% de seus prefeitos e vereadores país afora.

Assim, o antipetismo tornava-se o cerne não apenas da antipolítica em seu viés anti-institucional, mas também da disputa eleitoral de forma mais ampla. Fosse apenas o antipetismo a valer, talvez o Partido da Social Democracia Brasileira (PSDB), antagonista nacional desde os anos 1990, pudesse ser o beneficiário eleitoral. Contudo o elemento da antipolítica ampliou-se, levando tanto à derrocada do candidato do partido, Geraldo Alckmin, na disputa presidencial de 2018 quanto à associação – ainda que oportunista – de candidatos dessa e de outras agremiações pelo país com aquele que personificou de forma mais radical a lógica não só antiesquerdista, como também antissistema: Jair Bolsonaro.

A polarização simétrica entre a esquerda socialdemocrata do PT e a centro-direita liberal do PSDB deu lugar a uma polarização assimétrica, entre o mesmo PT – estigmatizado não só como inescapavelmente corrupto, mas também radical, bolivariano, comunista etc. – e a extrema direita representada por Bolsonaro – que, espantosamente, foi normalizada por boa parte do *establishment* liberal conservador e, em especial, pela imprensa tradicional. Grandes veículos de mídia relutaram em denominar Bolsonaro como o extremista que sempre foi, da mesma maneira que persistiram em tratar como simétrico o antagonismo entre ele e o PT. Especialmente por seu aceno às ideias liberais de mercado (e somente de mercado), com a convocação do *Chicago boy* Paulo Guedes para liderar sua política econômica, o ex-capitão do Exército pareceu, para boa parte dos setores que se opuseram ao petismo, como um mal menor a ser tolerado em nome de reformas estruturais e do banimento do PT da vida pública.

A formação do governo

Após a eleição, Bolsonaro paulatinamente anunciou os ministros do novo governo. Uma das novidades era a disposição de não formar uma coalizão que lhe desse sustentação no Congresso, a despeito das características institucionais de nosso sistema político, que tem como um de seus traços definidores, justamente, o presidencialismo de coalizão. Dando consequência ao discurso antipartidário usado durante a campanha, o presidente eleito anunciava que governaria não com alianças partidárias, mas sim negociando pontualmente com o Legislativo e entendendo-se com as três mais conhecidas frentes parlamentares em operação no parlamento: a da segurança pública (também conhecida como bancada da bala), a evangélica (da bíblia) e a da agropecuária (ruralista ou "do boi").

A opção de governar com tais bancadas não prosperou, como poderia imaginar qualquer um minimamente versado nas características institucionais da democracia brasileira. Afinal, tais frentes parlamentares (eram nada menos que 335 na atual legislatura, o que dá a razão de uma frente para cada 1,5 deputado) carecem de coesão e não dispõem dos recursos institucionais que são utilizados pelos partidos políticos para organizar e disciplinar seus membros no Congresso. Desse modo, sequer seria viável construir uma coalizão com elas, quanto mais tentar governar dessa forma. Bolsonaro desprezava o fato de que o presidencialismo de coalizão não é uma escolha presidencial, e sim uma contingência institucional de nosso sistema político.

De qualquer modo, ao montar seu ministério, o governante desconsiderou o balanço de forças partidário no Legislativo por completo e compôs seu gabinete levando em consideração outros critérios. Em sua composição inicial, o governo era formado por cinco grupos não completamente distintos, já que em alguma medida eram superpostos: (1) os economistas ortodoxos, liderados por Paulo Guedes no superministério da Economia, que absorveu diversas pastas antes existentes; (2) os militares, que desde o início já eram um dos mais numerosos; (3) os políticos, recrutados com base nas lealdades pessoais e no pertencimento às frentes temáticas, em vez de considerar as bancadas partidárias; (4) os cruzados ideológicos, cujas credenciais eram antes mais seu apego a certas crenças estruturantes do bolsonarismo do que suas competências políticas ou técnicas; e (5) os burocratas, que embora leais às posições do presidente, tinham como credencial sua *expertise* e/ou trajetória profissionais.

Os quadros a seguir resumem essa distribuição na formação inicial do governo.

Quadro 1 – Composição inicial do governo de Jair Bolsonaro: economistas e militares

Economista		Militares	
Paulo Guedes	Economia	Augusto Heleno	Segurança Institucional
Roberto Campos Neto	Banco Central	Bento Albuquerque	Minas e Energia
		Carlos Santos Cruz	Secretaria de Governo
		Fernando Silva	Defesa
		Marcos Pontes	Ciência e Tecnologia

Fonte: Presidência da República.

Quadro 2 – Composição inicial do governo de Jair Bolsonaro: políticos, ideológicos e burocratas

Políticos		Ideológicos		Burocratas	
Gustavo Bebianno	Secretaria Geral da Presidência	Damares Alves	Mulher, Família e Direitos Humanos	Sergio Moro	Justiça e Segurança Pública
Onyx Lorenzoni	Casa Civil	Ernesto Araújo	Relações Exteriores	Tarcísio Gomes de Freitas*	Infraestrutura
Marcelo Álvaro Antônio	Turismo	Ricardo Salles	Meio Ambiente	André Mendonça	Advocacia Geral da União
Tereza Cristina	Agricultura	Ricardo Vélez Rodríguez	Educação	Wagner Rosário*	Transparência e CGU
Osmar Terra	Cidadania			Gustavo Canuto	Desenvolvimento Regional
Luiz Henrique Mandetta	Saúde				

*Foram militares antes de ingressar em carreiras civis do serviço público.
Fonte: Presidência da República.

A composição inicial do governo pode ser explicada pelas preocupações de Bolsonaro em: (1) levar adiante certas agendas; (2) assegurar o apoio de grupos leais; e (3) demonstrar credibilidade em algumas frentes. A preocupação com o terceiro ponto se explicita na convocação dos economistas e dos burocratas, personalizados em Paulo Guedes e Sergio Moro. No caso do primeiro, o presidente sinalizava aos agentes de mercado compromisso com uma política econômica alinhada à ortodoxia, desregulação, privatizações e rigor fiscal. No caso do segundo, acenava para aqueles preocupados com a pauta anticorrupção pela qual o juiz de Curitiba havia se tornado um ícone, apesar de seu desprezo pelo respeito ao devido processo e à imparcialidade, algo esperado de um magistrado. Os demais convocados, dado seu perfil tecnocrático, sugeriam uma administração menos pautada pela política do que pela gestão.

Mas havia ainda os outros dois pontos.

A segunda preocupação, o apoio de grupos leais, explica a convocação de tantos militares – carreira de origem do presidente, seara na qual ele se sente mais à vontade e tem amigos de longa data – e de políticos cuja indicação advinha antes dos laços pessoais com o presidente do que de sua capacidade para representar forças políticas congressuais. Assim, Bebianno, um advogado bolsonarista e admirador pessoal de Bolsonaro, a quem se referia sempre como "capitão", engajado de primeira hora na sua candidatura, foi nomeado (durante o período eleitoral) presidente do partido pelo qual se deu a disputa presidencial, o Partido Social Liberal (PSL). Passada essa, ingressou no governo num dos postos de maior proximidade com o chefe de governo – a Secretaria-Geral da Presidência.

Essa mesma lealdade pessoal explica também a nomeação de Onyx Lorenzoni, um secundário deputado do Democratas (DEM) gaúcho, para o principal ministério não econômico da Esplanada – a Casa Civil. Lorenzoni, que foi também relator e entusiasta do projeto de lei das "10 medidas contra a corrupção", patrocinado pela força-tarefa da Lava Jato, engajou-se precocemente na pré-candidatura presidencial de Bolsonaro; fez isso quando eram poucos os que a levavam a sério. Foi premiado com a principal pasta do gabinete.

Coincidentemente, tanto Bebianno como Lorenzoni foram substituídos por militares posteriormente. O advogado caiu em desgraça após divergências públicas em declarações dele, de Bolsonaro e de seu filho 02, Carlos Bolsonaro, relativas ao problema do uso pelo PSL de candidaturas femininas de fachada para o desvio de verbas do financiamento eleitoral – as chamadas "candidatas laranja". O primeiro ministro de Bolsonaro a cair, seu amigo pessoal, foi tragado por uma rede de intrigas de corrupção e laços familiares. Entrou em seu lugar o general Floriano Peixoto Vieira Neto, que depois seguiu para a presidência dos Correios, cedendo o lugar a outro amigo do presidente, um policial militar aposentado, Jorge Antônio de Oliveira Francisco (que seria depois agraciado com uma indicação para o Tribunal de Contas da União).

Já Onyx Lorenzoni permaneceu no governo (ao menos até o momento em que este capítulo é redigido), porém foi escanteado do núcleo decisório principal, removido para um ministério menos importante (Cidadania) e substituído pelo general Walter Braga Netto – chefe da intervenção federal no Rio de Janeiro em 2018, devido à crise na segurança pública.

Essa dança de cadeiras, envolvendo as pastas sob comando de políticos, que cederam a vez a militares, deflagrou um processo de crescente militarização do governo. Não que militares também não fossem atingidos: o general Carlos Alberto Santos Cruz, da Secretaria de Governo, foi outro alvo do filho 02 do presidente ao tentar interferir na área de comunicação – sob forte influência de Carlos Bolsonaro. Inviabilizado, pediu demissão e tornou-se um crítico vocal do governo que integrou. Mesmo a ida de Floriano Peixoto para os Correios passou pela demissão vexaminosa de outro general, que presidia a companhia: Juarez de Paula Cunha, acusado de agir como um "sindicalista" à frente da estatal. Naquela mesma semana, houve ainda a demissão de um terceiro general, Franklimberg Freitas, que presidia a Fundação Nacional do Índio (Funai) (Agostini; Weterman, 2019).

Essas quedas de ministros, civis ou militares, revelava dois aspectos fundamentais do governo Bolsonaro: o primeiro era a existência de um sexto grupo governamental, marcado não pela posse formal de pastas ministeriais, mas sim pelo exercício efetivo de poder junto do presidente da República: *o núcleo familiar*. Carlos, embora vereador no Rio de Janeiro, era presença constante no gabinete do pai, em Brasília, consistindo na principal eminência parda do governo. Apesar de atuar sobretudo na área de comunicação, quase como um ministro informal da pasta, extrapolava esse setor, como evidenciado por seu papel central na demissão dos ministros Santos Cruz e Bebianno. O filho mais jovem, Eduardo Bolsonaro, chamado pelo pai de 03, foi durante muito tempo bastante influente na política externa – quase uma espécie de chanceler informal – e por pouco não foi indicado ao principal posto diplomático do Brasil no exterior, a embaixada em Washington. Ao perceber o risco de a indicação do filho naufragar no Senado, o presidente abortou a missão.

O filho mais velho, senador Flávio Bolsonaro (o 01), também teve um papel vital na administração. Embora menos claramente envolvido na definição de certas áreas governamentais – como a comunicação e a política externa –, viu-se como peça central de um esquema de malversação de recursos públicos e lavagem de dinheiro oriundo do desvio de salários de funcionários (muitos deles fantasmas) empregados por seu gabinete quando deputado na Assembleia Legislativa do Rio de Janeiro. As investigações sobre o chamado "esquema das 'rachadinhas'" produziram um cerco ao filho 01 no âmbito da Justiça estadual, levando-o a uma árdua batalha jurídica para invalidar provas e fazer valer sua condição de senador, transferindo o processo para os tribunais superiores da Justiça federal. Um dos reflexos disso foi o tensionamento da relação entre Bolsonaro e o governador fluminense, Wilson Witzel, que teria interesse em fazer avançar as investigações ou, ao menos, não teria interesse em estancá-las.

O segundo aspecto revelado pela tendência autofágica do governo é a preponderância de uma lógica de movimento sobre a busca da implementação bem-sucedida de políticas governamentais. Mais que priorizar determinadas áreas de políticas públicas, Bolsonaro imprimia à sua gestão uma dinâmica voltada à constante busca do conflito com os demais poderes, governos subnacionais, imprensa, movimentos sociais, organizações da sociedade civil, setores vinculados às áreas de cultura, ciência e artes, assim como governantes estrangeiros e organizações multilaterais.

O governo-movimento

Essa priorização da produção constante do conflito a partir do próprio governo denomino governo-movimento. Trata-se de um modo de funcionamento que foca no enfrentamento de outros atores políticos e na agitação contínua da base mais apaixonada do chefe. Mais que resultados práticos, o que o mobiliza é essa produção de ruído que ativa seus simpatizantes, a criação constante de inimigos e a deslegitimação de instituições, atores e políticas.

Esse *modus operandi* evidencia-se em diversos momentos: na desestruturação de políticas e instituições longamente construídas; no ataque verbal virulento a adversários e críticos, motivando contra eles violência real ou simbólica; na mobilização de hordas de apoiadores para a intimidação e para a deslegitimação de poderes constituídos; na perseguição de funcionários públicos que, no cumprimento de suas atribuições legais, produzem resultados que desagradam o governante e seu círculo; na negação de evidências, dados e conhecimento científico, aos quais se contrapõem crenças subjetivas ou "verdades reveladas" do líder; na guerra cultural contra formas de expressão, perspectivas de mundo ou modos de vida divergentes dos preconizados pelo capitão.

Nessa dinâmica, têm importância crucial os membros do grupo governamental dos cruzados ideológicos. A devastação do meio ambiente e dos mecanismos de proteção ambiental; a desqualificação das políticas educacionais pretéritas e de seu legado, bem como a gestão educacional destrutiva e belicosa; a política externa voltada à desqualificação de organismos multilaterais, à intromissão em assuntos domésticos de outros países e à instrumentalização partidária do aparato diplomático, posto a serviço da ideologia presidencial; o desfiguramento das políticas de direitos humanos e cultura; tudo isso ficou a cargo do grupo de ministros classificados anteriormente como "ideológicos".

É evidente que tal classificação não implica afirmar que os demais membros do governo sejam desprovidos de ideologia ou estranhos ao posicionamento político geral do gabinete em que integram. O ponto é outro: a atuação prioritária na batalha ideológica (ou na guerra cultural) promovida pelos cruzados é o que lhes distingue e credencia ao posto que ocupam. O resultado que precisam entregar não concerne a ganhos aferíveis por meio da avaliação convencional de políticas públicas; trata-se, antes, de verificar se sua performance (inclusive na acepção teatral do termo) produziu efeitos favoráveis ao governo em seu enfrentamento contra os vários inimigos ideológicos: ambientalistas, cientistas, professores, feministas, artistas, ativistas da sociedade civil, jornalistas, esquerdistas dos mais variados matizes.

Essa forma de atuação foi explicitada no vídeo da reunião ministerial de 22 de abril de 2020, divulgado por determinação do Supremo Tribunal Federal (STF), em decorrência da investigação sobre a tentativa de interferência do presidente na República na Polícia Federal como forma de proteger sua família. Nela, o presidente não só cobrava lealdade pessoal de seus ministros, mas também os elogiava pela atuação na batalha ideológica e pela lealdade pessoal. E os ministros da ala ideológica eram claros em demonstrar seu comprometimento. A ministra da Mulher, da Família e dos Direitos Humanos, Damares Alves, alertava o novo titular da pasta da Saúde, o breve Nelson Teich, de que seu ministério estava repleto de feministas, mas que aquele era "um governo pró-família"; o da Educação, Abraham Weintraub, invocava sua condição de ser "do grupo dos ministros mais ligados com a militância" e que continuava militando; o das Relações Exteriores, Ernesto Araújo, enfatizava a importância de uma politica externa calcada na questão dos "valores"; o do Meio Ambiente, Ricardo Salles, defendia o desmonte regulatório da área ambiental, aproveitando para "ir passando a boiada", uma vez que a imprensa se ocupava com a pandemia de covid-19.

A figura central do governo-movimento, contudo, é o próprio presidente da República. Ele produz tal dinâmica em suas *lives* semanais pela internet, nos discursos que faz periodicamente a seus apoiadores em frente ao Palácio da Alvorada, nas declarações ultrajantes que – ainda quando deputado – tornaram-no célebre e o converteram no "mito", e que – já como chefe de governo – ainda atiçam seus seguidores e repercutem na imprensa e nas redes sociais, e – talvez o mais importante – em suas aparições públicas de prestígio a manifestações não apenas em seu favor, mas também em ataque a instituições do Estado democrático de direito, como o Congresso Nacional, o Supremo Tribunal Federal e a própria ordem constitucional.

Numa das mais significativas aparições desse tipo, ocorrida em 19 de abril de 2020 (apenas três dias antes da mencionada reunião ministerial), Jair Bolsonaro foi ao encontro de manifestantes que se reuniam em frente ao Quartel-General do Exército, em Brasília.

Ali, faixas pediam "intervenção militar já com Bolsonaro", enquanto os presentes bradavam pelo fechamento do Congresso e do STF, assim como clamavam por um novo Ato Institucional n.º 5 – a mais draconiana medida tomada pela ditadura militar. De cima de uma caminhonete, o presidente da República disse a seus apoiadores:

> Eu estou aqui porque acredito em vocês. Vocês estão aqui porque acreditam no Brasil. Nós não queremos negociar nada. Nós queremos é ação pelo Brasil. O que tinha de velho ficou para trás. Nós temos um novo Brasil pela frente. Todos, sem exceção, têm que ser patriotas e acreditar e fazer a sua parte para que nós possamos colocar o Brasil no lugar de destaque que ele merece. Acabou a época da patifaria. É agora o povo no poder.

E ainda complementou:

> Todos no Brasil têm que entender que estão submissos à vontade do povo brasileiro. Tenho certeza, todos nós juramos um dia dar a vida pela pátria. E vamos fazer o que for possível para mudar o destino do Brasil. Chega da velha política! (Bolsonaro..., 2020).

Nesse episódio, além de respaldar o ataque à ordem democrática promovido por seus seguidores, o presidente da República se colocou como aquele que poderia levar adiante a legítima vontade do povo brasileiro, desrespeitada pela "velha política". Por isso mesmo não poderia "negociar nada" com aqueles que a encarnavam. Tratava-se, antes, de submetê-los a essa vontade popular, expressa pelos que nele acreditavam e por ele assumida. Assim, acabar-se-ia com a patifaria por meio do "povo no poder". Esse evento é quase uma síntese perfeita do populismo autoritário. A ameaça de Bolsonaro, porém, não se cumpriu. O "Cavalão" (como era chamado por seus companheiros de farda) refugou.

A reação das instituições, o recuo

O governo-movimento é uma estratégia de alto custo: destrói aliados, desgasta o governo perante amplos setores da população e da comunidade internacional, de modo a isolá-lo. Não se trata, como muitas vezes se supõe, de mera cortina de fumaça. Não são as atitudes estapafúrdias que ocultam as reais políticas públicas perpetradas pelo governo, ainda que impopulares, como na área econômica. Na verdade, tais políticas são que conferem algum aspecto de normalidade a uma política destrutiva. Ou seja, se há uma cortina de fumaça, ela parece operar no sentido contrário do que se habitualmente supõe.

A estratégia de alto custo, porém, pode se mostrar autodestrutiva. Isolado politicamente e sem resultados palpáveis, o governo tende a sucumbir. No caso de Jair Bolsonaro, além disso, havia ainda o fator familiar. Com os filhos encurralados por investigações, que poderiam inclusive chegar ao patriarca, o presidente se viu diante de uma reação conjunta dos atores políticos atacados, em diversas frentes institucionais. No Congresso, além do fracasso na agenda legislativa – com um número crescente de medidas provisórias caducadas, vetos presidenciais derrubados e iniciativas legislativas paralisadas – Bolsonaro se via às voltas com a crescente ameaça de *impeachment* e o andamento de uma Comissão Parlamentar Mista de Inquérito (CPMI) sobre uma rede de produção de *fake news* associada à sua campanha antes da eleição e articulada em seu gabinete, após a posse.

No STF, avançavam as investigações sobre o mesmo esquema das *fake news* e sobre sua conexão com grupos de extrema direita responsáveis pela organização dos atos antidemocráticos prestigiados pelo presidente. Prisões de militantes bolsonaristas e operações de busca e apreensão em seus endereços ocorreram no mesmo contexto da divulgação, em maio de 2020, da íntegra da reunião ministerial de 22 de abril. Não apenas ministros como Abraham Weintraub estavam na berlinda, mas também as conexões dos grupos extremistas com os filhos 02 e 03 de Bolsonaro eram conhecidas e abertamente comentadas na imprensa e no Congresso.

O filho 01, por sua vez, era cada vez mais acossado pelas investigações do inquérito das rachadinhas, cujo ápice foi a prisão no dia 18 de junho de 2020 – em operação conjunta das polícias do Rio de Janeiro e de São Paulo – do operador financeiro da família Bolsonaro, Fabrício Queiroz. Ele estava escondido na casa de um advogado do clã, Frederick Wassef, na cidade paulista de Atibaia. A presença do desaparecido Queiroz na casa do advogado dos Bolsonaro, que sempre negavam saber qualquer coisa sobre seu paradeiro, foi bombástica. Constrangeu não apenas os membros do clã, mas também o círculo militar em torno do presidente, cuja participação no governo havia se tornado cada vez maior e cujo pretenso compromisso com a pauta anticorrupção era tisnado pelos laços criminosos da família de seu chefe.

Como consequência, Bolsonaro se recolheu. Ficava claro que sua investida contra a institucionalidade democrática não só produzira uma forte reação, como também se ressentia de fragilidades sérias que o tornavam um alvo fácil. Concomitantemente a isso, mesmo depois de ter, em abril, repudiado a chamada velha política e dito que não negociaria nada, iniciou tratativas com os partidos de adesão no Congresso Nacional (chamados Centrão, no léxico político jornalístico), sinalizando pela primeira vez a intenção de construir algo similar a um governo de coalizão.

O primeiro passo mais decidido nessa direção ocorreu ainda uma semana antes da prisão de Queiroz, quando Bolsonaro recriou o Ministério das Comunicações e nomeou para dirigi-lo o deputado Fábio Faria, do Partido Social Democrático (PSD) potiguar, que, além de membro importante de um dos principais partidos de adesão, era genro do animador de auditórios Sílvio Santos, proprietário do governista Sistema Brasileiro de Televisão (SBT). Com a prisão do ex-assessor e amigo dos Bolsonaro, a escalada da negociação com o Centrão se acelerou: líderes do governo nas duas casas do Congresso, eleitos pelo PSL, cederam lugar a congressistas dos partidos de adesão. O ministro-chefe do Gabinete de Segurança Institucional, general Augusto Heleno, militar de alta patente mais próximo do presidente, teve de conviver com um grupo de políticos que, para ele, era sinônimo de um bando de ladrões.[1]

O pacto militar-fisiológico

Quando o acordo com o Centrão foi construído, os militares já haviam saltado de cinco para oito ministros, pouco mais de um terço do

[1] Na Convenção do PSL que sacramentou a chapa presidencial Jair Bolsonaro-Hamilton Mourão, Heleno cantarolou: "Se gritar pega Centrão, não fica um meu irmão", em alusão a "Reunião de bacanas", famoso samba dos anos 1980, que traz o verso "Se gritar pega ladrão, não fica um meu irmão", de Ari do Cavaco e Bebeto de São João, imortalizada pelo grupo Exporta Samba.

total. Ademais, ocupavam um posto-chave como a Casa Civil (apesar de seu nome supor não estar a cargo de um militar) e o Ministério da Defesa, concebido para justamente submeter os militares a um comando civil.

Até mesmo a Saúde foi ocupada por militares – o termo é aqui usado no plural, pois não apenas o ministro – sem qualquer experiência na área sanitária – passou a ser um fardado, mas também a maior parte de seus assessores diretos. Em meio à maior pandemia em um século, Bolsonaro desautorizou dois ministros de formação médica até se livrar deles, substituindo-os no posto por um general da área de logística que confessou desconhecer o Sistema Único de Saúde e dirigiu o órgão interinamente por três meses e meio antes de ser efetivado. Em outubro de 2020, justificou um recuo em decisão relativa ao desenvolvimento de uma vacina, após levar bronca do presidente, com a seguinte explicação: "É simples assim, um manda e outro obedece". Bolsonaro colocou um fardado servil na área de saúde para não ser contrariado em suas opiniões sobre o que deveria ou não ser feito ali. Até mesmo o uso de um medicamento de eficácia não comprovada no combate à covid-19 (a hidroxicloroquina), e não aceito pelos antecessores, foi acatado pelo dócil general Eduardo Pazuello.

Apesar de obterem apenas um ministério, os partidos de adesão nomearam um grande número de correligionários para o segundo e terceiro escalões do governo. Ironicamente, o presidente que jurara por fim à "velha política" da troca de apoio por cargos não só a levou adiante, mas também a realizou apenas no nível menos visível do âmbito abaixo do cargo de ministro: secretarias, empresas estatais, autarquias, fundos etc. Essa incorporação de indicados dos partidos de adesão deu a Bolsonaro algum conforto no Congresso, pois reduziu as chances de que prosperasse um pedido de *impeachment*, assim como investigações mais agudas em comissões parlamentares de inquérito.

De um lado, o presidente escorava-se em seus antigos colegas de farda, que beneficiou corporativamente com melhorias da carreira e ganhos salariais, confundindo outra vez o papel das forças armadas com a política no país – e, em especial, com seu governo. De outro, amparou-se nos partidos de adesão, que embora lhe assegurem proteção no curto prazo, de pouco lhe servirão diante de uma forte maré de impopularidade e do fracasso de políticas governamentais. Diz um adágio político brasileiro que o Centrão ninguém compra, apenas aluga. Seu compromisso com os governos não passa pela partilha de projetos comuns de largo prazo, mas por ganhos políticos imediatos. Se o governo for a pique, os adesistas não se sacrificarão para salvá-lo do naufrágio. Mais provável é que saltem do barco em busca de outro, mais seguro e rentável.

Eleito na onda da antipolítica e inaugurando um governo caótico e de movimento, Jair Bolsonaro viu-se obrigado a mudar de rumo, tão logo percebeu que ele e sua família corriam sérios riscos. Ironicamente, no momento em que redijo este capítulo, um certo bafejo de popularidade – auferido com o ganho de renda dos mais pobres, produto do auxílio emergencial pago durante a pandemia – e a segurança que lhe dá o Centrão incentivam o presidente a novos arroubos de seu velho estilo belicoso, investindo contra governadores, imprensa, comunidade internacional e sociedade civil. Trata-se de ver se, com isso, não porá a perder as próprias condições que lhe dão confiança para ser o que sempre foi. Paradoxalmente, um governo-movimento só tem sucesso se produzir um retumbante fracasso. O problema para o governante é que, com isso, tende a ser tragado também.

Governo Bolsonaro: a calamidade triunfal

Ricardo Musse

O caminho que pavimentou a ascensão de Jair Bolsonaro – de deputado sem destaque positivo à Presidência da República –, tudo indica, iniciou-se com as manifestações de 2013, as chamadas "Jornadas de Junho". Convocadas a partir de pautas que reivindicavam a ampliação de direitos, o fortalecimento de um incipiente Estado do bem-estar social e a implantação de uma efetiva mobilidade social, as passeatas se converteram em demonstrações contrárias ao governo e em atos de repúdio ao marco legal da Constituição de 1988. Na prática, o processo desencadeado desde então configurou o término do pacto social e político denominado "Nova República", instalado como resultado de uma transição lenta e gradual da ditadura militar para um regime democrático (Faoro, 2018; Debrun, 1983; Saes, 2001).

Uma das consequências dessa mudança de regime político sem rupturas foi a convocação de um Congresso Constituinte em lugar da pretendida Assembleia Constituinte soberana, bandeira empunhada por amplos setores da oposição durante os anos de combate à ditadura. A possibilidade de uma Constituinte exclusiva foi inviabilizada com a derrota, em 1984, da emenda por eleições presidenciais diretas, a despeito da presença de milhões de pessoas nos eventos da campanha Diretas Já.

A eleição do Congresso Constituinte em 1986, no bojo do Plano Cruzado – um caso clássico de estelionato eleitoral –, foi, a princípio, encarada com ceticismo no campo da esquerda. Apesar de contar com poucos representantes no parlamento, a esquerda, todavia, fez valer sua força social por meio de intensas mobilizações em defesa de suas pautas históricas, tarefa facilitada por uma conjuntura que combinava crise econômica e ascensão das lutas da classe trabalhadora e dos movimentos sociais. O resultado, a Constituição de 1988, na medida em que atendeu a demandas em si contraditórias de quase todos os setores da sociedade, agradou e ao mesmo tempo desagradou a todos.

A instabilidade do pacto constitucional foi assumida no próprio corpo da Constituição com a inclusão de um apêndice denominado "Ato das Disposições Constitucionais Transitórias", no qual entre outras medidas se estabelecia que: "No dia 7 de setembro de 1993 o eleitorado definirá, através de plebiscito, a forma (república ou monarquia constitucional) e o sistema de governo (parlamentarismo ou presidencialismo) que devem vigorar no País" (Brasil, 1988). Além disso, instituiu-se uma *revisão constitucional* que redundou na aprovação em 1994 de seis Emendas constitucionais de revisão.

Na verdade, o conflito estava instalado no núcleo do texto constitucional. É nítido o descompasso entre as determinações de ordem econômica, orientadas segundo as premissas de uma concepção de Estado liberal, e a garantia de uma pletora de direitos sociais, alicerces do Estado de bem-estar (Cerqueira, 2001; Vieira, 2018).[1] Na dinâmica desencadeada por esse antagonismo, a concepção liberal prevaleceu por meio da aprovação, na década de 1990, de uma série de emendas constitucionais e de leis infraconstitucionais. As modificações na legislação foram justificadas – sucessivamente – como necessidade de adequação (1) à "nova ordem mundial" decorrente da queda do Muro de Berlim; (2) à emergência do fenômeno da globalização; (3) ao desenvolvimento de um novo (neoliberal) ambiente de negócios.

Durante esse processo de consolidação da supremacia do liberalismo econômico no corpo constitucional, os partidários do polo oposto passaram a denunciar as sucessivas modificações como uma distorção e mesmo como uma inversão do *espírito* e da *letra* da Constituição de 1988. As reclamações não se restringiam, no entanto, à ordem econômica,

[1] Marcello Cerqueira resume assim o lugar dos direitos na Carta Magna: "A Constituição de 1988, para além de retomar e ampliar a ordem democrática, antes ferida de morte pela ditadura militar, consolida como direitos – e também os amplia – aquilo que era um misto de conquistas populares e concessões das elites na esfera social. Ela adiciona à cidadania civil e política a dimensão social" (CERQUEIRA, 2001) Para uma descrição pormenorizada desse embate, ver Vieira (2018).

alcançavam também a regulamentação do sistema político – acusado de favorecer o poder oligárquico –, assim como a própria "harmonia" entre os poderes, desequilibrada pela primazia do Executivo.

Na coletânea *O debate sobre a Constituição de 1988* (2001), organizada por Demian Fioccae Eros Roberto Grau, uma série de veredictos expressam o desencanto manifestado por proeminentes defensores do pacto constitucional. Carmen Lúcia Antunes Rocha ressalta a parcialidade dos esforços de complementação da lei constitucional, indicando que a Constituição de 1988 "[...] não obteve, na parte relativa à ordem econômica a sua inteira regulamentação. Mais grave ainda, chegou a ser alterada e a ter alguns de seus dispositivos revogados" (Rocha, 2001, p. 30).

Celso Antônio Bandeira de Melo alerta que, na comemoração dos dez anos da Constituição, assiste-se aos seus "discretos funerais", pois ela,

> [...] de um lado, sofreu um processo de desfiguração por via de emendas que lhe subtraíram características básicas, amputando aspectos fundamentais de seu projeto. De outro, foi sistematicamente afrontada no que tinha de mais elementar; isto é, em seu comprometimento com os valores democráticos substanciados na tripartição do exercício do poder (Melo, 2001, p. 35).

Eros Roberto Grau corrobora essa avaliação. Depois de comentar as emendas constitucionais promulgadas a partir de agosto de 1995, conclui:

> A Constituição moderna é, deveras, também um instrumento da sociedade contra o abuso de poder. Destruído o ideal de solidariedade que anima a coesão social no Estado social – alvo maior do neoliberalismo – agora se empenham os maravilhados na redução das liberdades democráticas, mesmo porque da insegurança social e individual, depende a fluência dos mecanismos de competição nos mercados (Grau, 2001, p. 75).

Fábio Konder Comparato destaca uma recorrência histórica, o fato de que, no Brasil, "as constituições republicanas duraram pouco". E enuncia profeticamente: "algo de semelhante está em vias de suceder com a Constituição Federal de 5 de outubro de 1988. Ela continuará a fazer parte, materialmente do mundo dos vivos, mas será um corpo sem alma" (Comparato, 2001, p. 77).

José Afonso da Silva considera que "a crise do Estado brasileiro" – configurada na debilidade da organização do poder, do sistema representativo, do mecanismo eleitoral e do funcionamento do Estado – decorre do fracasso da Constituição em promover uma reforma do Estado. Assim, o jurista avalia que "ela deixou praticamente intacta a estrutura arcaica de poderes. Não eliminou o clientelismo, nem o cartorialismo, nem o corporativismo" (Silva, 2001, p. 90).

Em um artigo redigido em parceria, Luiz Gonzaga de Mello Belluzzo e Eros Roberto Grau advertem para os riscos do descolamento da interpretação judicial da norma constitucional:

> O direito moderno/direito formal já não merece mais crédito de parte da sociedade e esta, na busca de uma razão de conteúdo [no direito] nos coloca sob o risco de substituição da racionalidade formal do direito – com sacrifício da legalidade e do procedimento legal – por uma racionalidade de conteúdo construída a partir da ética (qual ética?!), à margem do direito (Belluzzo; Grau, 2001, p. 112).

O risco maior, não hesitam em apontar, encontra-se nos procedimentos da mídia vitaminando o movimento que "fatal e irremediavelmente, será resolvido, no bojo da díade violência/direito pelo primado do primeiro termo" (p. 112).

No interregno dos governos de Luiz Inácio Lula da Silva, o debate arrefeceu, renascendo com força no bojo dos impactos sociais provocados pela crise econômica de 2008, cujos efeitos só se fizeram sentir no Brasil a partir de 2012.[2] Desencadeadas a partir de uma demanda específica – a revogação do aumento das passagens do transporte público paulistano decretadas em comum acordo pelos governos do estado (Partido da Social Democracia Brasileira – PSDB) e do município (Partido dos Trabalhadores – PT) – as manifestações de 2013 transformaram a crise econômica e social em crise política. As disputas em

[2] Para um balanço dos governos do PT e análises sobre o esgotamento do lulismo, ver Singer (2018); Singer e Loureiro (2016); Ricci (2013); e Arcary (2011).

torno da Constituição tomaram as ruas, transbordando "da arma da crítica à crítica das armas".

As ruas foram ocupadas, primeiro, por movimentos sociais insatisfeitos com a indisposição demonstrada pela coalizão no poder – comandada pelo PT – em revogar as revisões das Disposições Transitórias da Constituição, que levaram ao predomínio do Estado liberal sobre o Estado do bem-estar social.[3] Em seguida, prevaleceu na miríade de reivindicações a pauta – reiterada à exaustão na narração em tempo real dos eventos pela mídia corporativa – da direita neoliberal: preconizava-se simultaneamente a redução do Estado e o fortalecimento de suas instâncias de controle e repressão. O predomínio das bandeiras da oposição ao governo vigente se consolidou como parte de uma narrativa que atribuía todas as mazelas do país à corrupção empreendida por um único tipo de agente, os políticos profissionais. Tratava-se evidentemente de uma construção imaginária, tonificada pela memória recente das transmissões ao vivo das sessões do julgamento do Mensalão pelo Supremo Tribunal Federal (STF), ocorridas no segundo semestre de 2012 (Bucci, 2016; Maricato, 2013).

Atônita, a presidenta Dilma Rousseff convocou, no dia 24 de junho de 2013, governadores e prefeitos das capitais para uma reunião no Palácio do Planalto durante a qual propôs cinco pactos genéricos e uma proposta concreta – a convocação de um plebiscito para deliberar sobre a convocação de um processo constituinte, destinado exclusivamente a fazer a reforma política –, sugestão imediatamente rechaçada pelo Congresso Nacional.

Por meio dessa combinação de movimentos, tornaram-se tangíveis os temores expostos por aquela plêiade de juristas ao longo das comemorações dos dez anos da Constituição. Com funerais públicos e réquiens festivos, a Constituição tornou-se, desde então, efetivamente "um corpo sem alma". A racionalidade formal do direito, a legalidade

---

3 Na síntese de Marcelo Cerqueira, "A Constituição de 1988 consagrou, especificamente em seu capítulo II, direitos como a educação pública e gratuita, o sistema público de saúde, as várias formas de previdência e seguridade. As 'reformas' constituem um esforço regressivo de remercantilização das relações de trabalho. Tornam-se mercantis as prestações de educação, a previdência comandada por fundos de pensão, apenas para citar alguns exemplos. Os direitos sociais são substituídos pelo perfil da demanda de serviços em um mercado em expansão" (CERQUEIRA, 2001, p. 124).

e o procedimento legal foram substituídos por uma "racionalidade de conteúdo", assentada na ideologia imposta pela classe dominante sob o disfarce de uma ética, de um senso comum, que conquistou os corações e as mentes da maioria da população.

Essa situação foi intensificada pela opção da presidenta Dilma Rousseff em priorizar as demandas vocalizadas pela mídia em detrimento das reivindicações de sua base social. Na sequência, o governo ampliou a dotação orçamentária da Polícia Federal, da Receita Federal e do Ministério Público (reorganizado sob a forma de gigantescas forças-tarefas), e adotou medidas para fortalecer a capacidade de investigação desses órgãos, ampliando seus âmbitos de atuação e, *last but not least*, reforçando seus poderes legais com a regulamentação de práticas importadas do direito norte-americano, como o instituto da "delação premiada". Criou-se, assim, o arsenal institucional e jurídico que possibilitou o surgimento, em 2014, da autodenominada operação Lava Jato.

A violência, no entanto, só eclipsou efetivamente o direito quando novos atores entraram em cena. Os militares – agora liderados pela parcela que resistiu à transição para o regime democrático – participaram ativamente das manifestações convocadas, a partir de 2014, contra o governo.[4] Em pouco tempo, passaram a ditar o tom e o conteúdo desses atos, cujo estandarte adquiriu a forma de uma contestação do espírito e da letra da Constituição de 1988.

A historiografia sobre o período da ditadura nem sempre destaca, embora tampouco ignore em seus relatos, a inflexão do regime militar brasileiro ocasionada pela vitória de Jimmy Carter nas eleições presidenciais de 4 de novembro de 1976. A "política dos direitos humanos", pedra de toque da Doutrina Carter, configurou um novo paradigma para a intervenção, direta ou indireta, do poder militar norte-americano. A justificativa para ações de proteção, em escala mundial, do domínio da classe capitalista – ponto central da diplomacia norte-americana desde o discurso dos 14 pontos do presidente Wilson em 1918 – dei-

4 Embora os participantes ativos das manifestações fossem apenas militares aposentados, que proclamavam expressar o sentimento das tropas, essas declarações não foram desmentidas pelos comandantes das Forças Armadas.

xou de ser o "combate ao comunismo", tornando-se paulatinamente a "preservação da democracia liberal".

Diante desse novo cenário, a luta pelo comando das Forças Armadas brasileiras polarizou-se entre dois grupos: o partidário da abertura "lenta, segura e gradual" e o que preconizava a manutenção da vigência do padrão instaurado pelo Ato Institucional n.º 5 (AI-5). O predomínio do primeiro grupo se consolidou com a demissão, em 12 de outubro de 1977, do ministro do Exército, o general Sylvio Frota, pelo general-presidente Ernesto Geisel, e com o fracasso da tentativa de "golpe dentro do golpe" ensaiada pelas tropas adeptas do que então se denominava "linha dura".

Uma parte dos militares da base de apoio de Sylvio Frota, em especial os que atuavam diretamente nos órgãos de repressão e combate à guerrilha, não aceitou esse desfecho. Eles continuaram agindo nos subterrâneos com o mesmo *modus operandi*, como ficou evidente no episódio do atentado do Riocentro, em 30 de abril de 1981. Uma parcela desse grupo estabeleceu vínculos orgânicos com o crime organizado, alguns inclusive ocupando postos de comando na contravenção e inserindo-se, também, nas milícias que disputam o comando dos morros e das periferias do Rio de Janeiro com o tráfico. Não prescindiram tampouco da atuação na política convencional, elegendo representantes nas câmaras municipais, nas assembleias legislativas estaduais e no Congresso Nacional. Na Câmara dos Deputados, constituem o núcleo organizador da Frente Parlamentar de Segurança Pública, mais conhecida como "bancada da bala".

Com a reeleição de Dilma Rousseff, o movimento em favor da deposição da presidenta galvanizou apoio na classe média, no empresariado, na maioria da representação parlamentar no Congresso Nacional e daí em seu órgão consultivo, o Tribunal de Contas da União (TCU). Seus desdobramentos configuraram uma autêntica "contrarrevolução preventiva" (Mascaro, 2018), cuja compreensão não pode ignorar os legados da história social do Brasil (a escravidão, a inquisição, o patriarcado, o patrimonialismo), a recorrência de governos ditatoriais desde a Proclamação da República e, tampouco, as tendências autoritárias inerentes à sociabilidade capitalista.[5]

---

[5] Para um relato sobre o papel da classe trabalhadora na construção da democracia moderna, ver Eley (2005).

A partir do golpe do *impeachment*, em 2016, que retirou do poder – sem qualquer comprovação de crime de responsabilidade – uma presidenta legitimamente eleita, o Brasil tornou-se efetivamente uma pseudodemocracia (Proner, 2016).

Apesar da manutenção de alguns direitos próprios da ordem democrática, como as liberdades de expressão, de reunião, de organização e de manifestação, falta o decisivo: a igualdade de condições no jogo político e na competição eleitoral. O partido – vitorioso em quatro eleições sucessivas – que governou o país durante treze anos (assim como os setores coligados que lhe deram sustentação) foi submetido a um incessante processo de *lawfare* (Martins; Martins; Valim, 2019).

A representação política, ainda que heterogênea, dos interesses da classe trabalhadora tornou-se o alvo prioritário do aparato repressivo do Estado (Judiciário; Ministério Público, Polícia Federal, Receita Federal, Forças Armadas), em conluio com agências de segurança norte-americanas (Viana; Neves, 2020). Desencadeou-se, assim, uma série de ações *justificadas* por meio de uma campanha de *criminalização* desenvolvida no espaço público pela imprensa corporativa (os grandes jornais, as maiores revistas, a maioria das emissoras de rádio e a totalidade da mídia televisiva) e nas redes sociais, por uma poderosa indústria de *fake news* (financiada por empresários avulsos, *think tanks*, corporações nacionais e estrangeiras).

No bojo desse processo, Jair Bolsonaro replicou, no Brasil, o modelo de organização da direita neofascista do hemisfério norte. Para tanto, contou com o apoio explícito de *think tanks* dos Estados Unidos, como a rede Atlas Network e o Instituto Ludwig von Mises,[6] de organizações como a American Conservative Union (ACU),[7] de teóricos como Matt Schlapp e de Steve Bannon. Este último, operador da empresa Cambridge Analytica, famosa pelas suspeitas de manipulação de dados tanto na eleição de Donald Trump quanto no Brexit.

---

[6] Kátia Gerab Baggio relata, com precisão e acuidade, os vínculos d*o Atlas Network* com os organizadores dos protestos contra o governo de Dilma Rousseff no artigo, *postado no site A Terra é Redonda, "Atlas Network e o ultraneoliberalismo".*

[7] Eduardo Bolsonaro organizou no Brasil, em outubro de 2019, a reunião anual para a América Latina da União Conservadora Americana (ACU), a *Conservative Political Action Conference* (CPAC), com financiamento da Fundação Índigo (Instituto de Inovação e Governança), ligada ao PSL. Para um relato do evento, ver Ferreira (2019).

A coalizão eleitoral que elegeu Jair Bolsonaro foi composta pelos segmentos mais poderosos da política e da economia brasileira. Uma aliança assentada, sobretudo, em dois pontos de um programa comum: (1) excluir ou tornar inoperante a ação da classe trabalhadora, bem como de seus partidos e sindicatos; (2) implantar um novo choque, em registro *hard*, de neoliberalismo (Paulani, 2019). O acordo em relação a esses dois pontos gerou uma inédita convergência entre a oligarquia política e as diversas frações da classe capitalista, a agrária, a industrial e a financeira; os grupos associados ao setor externo e os voltados para o mercado interno; o grande, o médio e o pequeno empresariado.

Essa associação, construída no decorrer dos mandatos de Dilma Rousseff, cristalizou-se com o golpe que derrubou a presidenta. O governo de Michel Temer seguiu à risca o programa anunciado meses antes da deposição da petista num documento denominado "Uma Ponte para o Futuro" (PMDB, 2015). Instalado no Palácio do Planalto, Temer comandou a aprovação pelo Congresso de uma *reforma trabalhista*, concebida como um instrumento de revogação de direitos inscritos na Constituição de 1988.[8] A solda final nessa aliança se deu no segundo turno das eleições de 2018, sob a forma de uma frente compacta contra o candidato do Partido dos Trabalhadores (Mascaro, 2019).

A partir de janeiro de 2019, essa coalizão passou a ocupar os postos centrais de comando do país. No exercício do poder, logo afloraram antagonismos decorrentes de interesses heterogêneos, de tal forma que a própria composição do governo pode ser descrita como uma situação de equilíbrio instável permanente. As contradições latentes entre os participantes do "condomínio do golpe" gestaram uma disputa, acirrada e ainda não decidida, entre os diversos círculos em torno da determinação das diretrizes e do gerenciamento da condução do governo.

O caso mais flagrante das dificuldades em unificar tendências políticas e ideológicas divergentes presentes no amálgama bolsonarista talvez seja a dança das cadeiras no Ministério da Educação (MEC). Ricardo Vélez Rodriguez permaneceu no cargo por pouco mais de três

---

[8] Para uma descrição dos direitos inscritos na Constituição ver Ramalho, 2008. Para uma descrição dos resultados da *reforma trabalhista* ver Souto Maior, 2019.

meses. Seu sucessor, Abraham Bragança de Vasconcellos Weintraub, durou pouco mais de um ano. Carlos Alberto Decotelli da Silva, o breve, foi nomeado, mas não chegou sequer a tomar posse. O último – o pastor Milton Ribeiro – assumiu o cargo em julho de 2020. Os sinais da instabilidade vão além desse rodízio de ministros, já que movimento idêntico ocorreu nos principais órgãos da estrutura organizacional do MEC. Ali o embate, nem sempre visível nas demais instâncias do governo, ocorre a céu aberto. Militares, quadros do bolsonarismo (os ditos "olavistas") e tecnocratas oriundos do mercado financeiro travam um combate sem quartel.

A paralisia e a descoordenação administrativa – saudada pelos setores esclarecidos da oposição – decorre da disputa, para além de cobiçados cargos do butim, pelo sentido da orientação da política educacional. Não há convergência possível entre (1) neoliberais que procuram remercantilizar a educação, confiando no controle do imaginário pelo mercado; (2) militares saudosos da educação moral e cívica (e da censura política) da época do regime autoritário; e (3) neoconsevadores, que consideram o sistema estatal de ensino um aparelho ideológico imprescindível em sua guerra declarada aos valores culturais da modernidade, agrupados pejorativamente no *slogan* "marxismo cultural".[9]

Essa instabilidade estrutural adquiriu novos contornos com a chegada ao país da pandemia do coronavírus. Jair Bolsonaro e seu grupo de seguidores fiéis identificaram, na crise sanitária, econômica e social, a oportunidade de acelerar o acalentado projeto de implantação de um governo autoritário.

A dinâmica da contrarrevolução preventiva engendrou uma série de procedimentos que solaparam paulatinamente as bases institucionais da democracia. Iniciado com o desrespeito à letra e ao espírito da Constituição, o processo deslegitimou o sistema de contrapesos entre os três poderes, eixo central da democracia moderna, colocando como ameaça no horizonte o bonapartismo ou o neofascismo (Bignotto, 2020). Nesse cenário, faz sentido que Jair M. Bolsonaro se movimente

---

[9] Para uma análise do neoconservadorismo no hemisfério norte, ver Habermas (2015). Para uma descrição das concepções de Olavo de Carvalho, o principal ideólogo desse movimento no Brasil, ver Musse (2007).

para instaurar um governo (e no limite, um regime) autoritário. A dimensão antissistema de seus discursos e sua orientação *antiestablishment* – referendada pelo voto de uma parcela expressiva da população – se cristalizaram, na prática, como uma negação do marco legal instaurado pela Constituição de 1988.

Nessa direção, em um jantar na residência do embaixador do Brasil em Washington, em 18 de março de 2019, diante da nata da extrema direita norte-americana, Bolsonaro afirmou: "O Brasil não é um terreno aberto onde nós pretendemos construir coisas para o nosso povo [...] nós temos é que desconstruir muita coisa" (Bolsonaro, 2019). Pouco mais de um ano depois, na reunião ministerial de 22 de abril de 2020, cujo vídeo foi liberado por uma decisão do ministro do STF, Celso de Melo, Bolsonaro pregou a desobediência aos poderes institucionais reafirmando: "eu quero todo mundo armado" (Bolsonaro, 2020a).

O modelo de poder autoritário visado não tem um figurino determinado. Trata-se de algo a ser definido nos embates com as forças opositoras. É possível, no entanto, identificar simpatias em Bolsonaro e nos integrantes de seu círculo íntimo por várias formas de regime não democrático, o poder soberano do governante do antigo regime, o permanente Estado de exceção do nazifascismo, a ditadura militar brasileira sob a égide do AI-5.

Esse movimento brusco, a tentativa meio atabalhoada de ampliar o controle do Executivo sobre a vida política, econômica e social, causou dissensões e fragmentações que intensificaram o processo – já em curso desde a posse – de desagregação e reconfiguração do bloco no poder.

Os principais momentos desse desdobramento foram a saída do governo do ministro da Saúde, Henrique Mandetta, uma indicação do Democratas (DEM) e de um expressivo grupo de deputados; e, na sequência, a demissão do ministro Sergio Moro, o maior representante do lavajatismo e que conta com apoios importantes no Judiciário, na mídia corporativa e na classe média tradicional. Um deslocamento do sistema político em relação ao governo se fez notar nas discordâncias sobre as formas de condução da pandemia entre o governo central e a maioria dos governadores e prefeitos.

A resistência à ampliação do poder concentrado nas mãos do presidente se intensificou entre parlamentares, veículos da imprensa, movimentos sociais, órgãos da sociedade civil, bem como na cúpula do Poder Judiciário. Com o distanciamento da direita tradicional em relação ao governo Bolsonaro, abriu-se caminho para a instalação simultânea de três investigações sobre a indústria de *fake news*: uma Comissão Parlamentar de Inquérito (CPI) no Congresso Nacional; um inquérito, no STF, conduzido pelo ministro Alexandre de Moraes e outra, no bojo de ações em trânsito no Tribunal Superior Eleitoral (TSE).

Acuado, sem poder continuar jogando com a suspeita (blefe desmentido pelo general comandante do Exército) de que a pregação antidemocrática de seus seguidores e de suas redes sociais contava com o respaldo das Forças Armadas, Bolsonaro ensaiou um recuo tático, cedendo os postos de ministros palacianos aos militares, considerados, não se sabe bem por que, como guardiões da institucionalidade,[10] e a condução política do governo, ao conglomerado de partidos fisiológicos conhecido como "Centrão".[11]

Na negociação com os membros do Centrão – muitos deles descendentes diretos da Aliança Renovadora Nacional (Arena), braço político de sustentação do regime militar, e/ou antigos companheiros do presidente em seus anos de limbo no baixo clero do Congresso –, Bolsonaro cedeu cargos e verbas que permitiram a esses partidos, nas eleições municipais de 2020, aumentar significativamente o número de votos e de vereadores e prefeitos eleitos. Em troca, ele recebeu a garantia de que as movimentações visando a sua destituição cessariam. Um dos selos da união foi o interesse comum em enfraquecer a operação Lava Jato que, mesmo após a saída de Sergio Moro para ocupar o cargo de Ministro da Justiça, continuava pairando sobre a cabeça dos políticos como uma ameaça.

A coabitação com os políticos do Centrão amplia o arco de apoios do presidente. O governo Bolsonaro é sustentado, em última instância, por adeptos incondicionais ao autoritarismo e por grupos indiferentes ao exercício dessa forma de poder. Pode se identificar

---

[10] São eles: o general do Exército, Walter Souza Braga Netto (Casa Civil); o general da reserva do Exército, Augusto Heleno (Gabinete de Segurança Institucional); o general do Exército, Luiz Eduardo Ramos (Secretaria de Governo) e o major da reserva da Polícia Militar do Distrito Federal, Jorge Oliveira (Secretaria-Geral).

[11] Os principais fiadores do acordo são os deputados Artur Lira (Progressistas), Fábio Faria (PSD) e Ricardo Barros (Progressistas).

na sua base, em outro registro, tanto setores pautados pela busca consciente de interesses econômicos como indivíduos motivados por compensações de ordem psíquica ou imaginária. O bolsonarismo é predominante em basicamente quatro grupos sociais ou culturais: os agentes da repressão, os fundamentalistas religiosos, o empresariado e a classe média tradicional.

Os membros das forças coercitivas (dos generais aos vigilantes da segurança privada), executores do monopólio da violência estatal e paraestatal, reforçaram sua adesão a Bolsonaro quando este escolheu a arma como símbolo de sua campanha eleitoral, sinalizando uma licença para matar. Mesmo que visivelmente hipócrita, o discurso do conservadorismo moral atraiu fundamentalistas de todas as religiões.[12] O empresariado visualizou, no seu governo, a realização da pauta ultraliberal de desmonte de direitos trabalhistas e sociais.

A identificação com Bolsonaro de uma massa de indivíduos (personalidades autoritárias, presentes em todos os segmentos sociais, embora majoritárias apenas no âmbito da classe média) passa pela mobilização de afetos como o medo, o ódio e o ressentimento social (Adorno, 2019; Freud, 2020). Como condutor de um movimento neofascista, ele estimula mecanismos inconscientes valendo-se de um repertório de procedimentos miméticos, provenientes de uma tradição iniciada com Mussolini e Hitler, e aclimatada no continente no pós-guerra por uma série de agitadores fascistas norte-americanos (Adorno, 2015). Esse arsenal foi recentemente atualizado pela imitação da atitude de pastor no púlpito televisivo e do comportamento do apresentador de programas de auditório. Enquanto Bolsonaro demonstra, por meio de *lives* diárias ou semanais, o domínio de técnicas radiofônicas e televisivas, seus colaboradores, valendo-se do uso cientificamente programado de algoritmos, disseminam toneladas de *fake news* nas redes sociais.

O bolsonarismo frutificou-se no solo adubado pelo movimento cultural dito pós-modernista e pela reconfiguração da subjetividade, e da identidade individual promovida pela sociabilidade neoliberal. Os teóricos do pós-modernismo disseminaram a ideia de que qualquer

---

[12] Para uma análise do ativismo religioso conservador, ver Biroli, Machado e Vaggione (2020).

forma de saber, inclusive o discurso científico, constitui apenas uma narrativa sujeita à disputa. Assim, embaralhando as esferas dissociadas ao longo da modernidade, transformaram tudo em luta pelo poder, logo, em política (embora se anunciem como uma antipolítica) (Lyotard, 1992; Anderson, 1999). As formas determinantes de configuração das identidades, nesse período de hegemonia neoliberal, hipertrofiaram a ação individual num mundo hobbesiano de cada um para si (e deus contra), destruindo os últimos resquícios dos vínculos sociais comunitários (Dardot; Laval, 2008).

O terraplanismo, o desprezo pela técnica, pelo especialista, pela ciência, pelo raciocínio e pela ação racional mostraram sua insuficiência de forma inequívoca nas orientações da condução pelo governo da emergência sanitária provocada pela disseminação da covid-19. O descaso de Bolsonaro diante dos mortos pela pandemia, cristalizado em sua fala "E daí? Lamento. Quer que eu faça o quê?" (Bolsonaro, 2020b), seu incentivo ao autossacrifício permite inferir que se trata de uma política *genocida*. Assim, na conjunção entrelaçada a diversas crises – sanitária, econômica, política, cultural, social – no solo da terra devastada, resultante do projeto de desconstrução implantado pelo bolsonarismo, ergue-se uma *calamidade triunfal*.

Formas de governo, relação entre os poderes e federalismo

Poder Executivo: presidência e gabinete

Magna Inácio

O poder Executivo é a terra incógnita do presidente Jair Bolsonaro. Desde a transição presidencial, a formação do governo e a reorganização do Executivo evidenciaram o caráter errático e voluntarista das políticas administrativas e de coordenação do gabinete.

Crises políticas sucessivas, colapsos administrativos e problemas de coordenação interna do gabinete, com potencial implosivo da autoridade executiva e da liderança do governo, são as marcas dos dois primeiros anos do mandato de Bolsonaro. Para muitos, estas são efeitos do imobilismo do governo. De forma diversa, argumento que esse desempenho resulta de ativismo presidencial ao perseguir seletivamente, inação e reorientação de políticas públicas por meio da politização radical do Executivo e do unilateralismo presidencial. O imobilismo e a desarticulação do governo na arena legislativa (Almeida, 2020) apontam, antes de tudo, para a escolha presidencial de fazer do Executivo seu campo de batalha.

Poderes administrativos são valiosos para reorientar ou paralisar políticas, controlar burocracias e mudar marcos regulatórios, alterando os efeitos distributivos das ações governamentais. Tais poderes permitem movimentos não triviais na implementação da agenda presidencial. Nomeações, reestruturações organizacionais e decisões infralegais dão ao presidente a chance de, *silenciosamente*, mudar políticas nas franjas e nos vácuos das leis vigentes ou mesmo arriscar mudanças do *status quo* que podem, ou não, ser revogadas. O objetivo deste capítulo é entender a condução do Executivo sob a presidência de Jair Bolsonaro nos dois primeiros anos de mandato presidencial a partir dessa chave analítica.

Erguendo a muralha do Executivo

Inexperiente em cargos no Executivo, minoritário no Congresso e sem a retaguarda de um partido presidencial forte, Bolsonaro antecipou os riscos que um governo multipartidário colocaria à sua liderança. O esgarçamento de vínculos partidários transitou do apelo às bancadas temáticas do Congresso para a posição de *presidente sem partido*, num movimento em direção a um gabinete de cooptação e fortemente centrado no personalismo presidencial.

Em contrapartida, o presidente empunhou a caneta presidencial, ergueu muralhas em volta do Executivo e obstruiu as pontes políticas e institucionais com o Congresso e o Judiciário no processo de tomada de decisões. Bolsonaro tornou o Executivo sua arena principal, na qual opera para mudar, tacitamente, o *status quo* de políticas por meio de decisões administrativas. Em alguns casos, essas ações unilaterais acabam por emparedar o Congresso, criando uma zona de impasse entre parlamentares, elevando os custos de reversão dessas medidas, o que dá ao Executivo tempo para governar unilateralmente em tais matérias. Ademais, a antecipação de conflitos com as burocracias públicas, em face das agendas extremistas de reformas em áreas de políticas salientes para o presidente, tem reforçado o recurso às decisões administrativas para microgestão dos *opositores internos*.

O gabinete formado cristaliza a politização do Executivo e o unilateralismo administrativo como principais estratégias do presidente. Para que suas ordens adentrem o Executivo, Bolsonaro recorreu a uma estratégia radical de politização: nomeações políticas com reestruturação organizacional e jurisdicional de suas estruturas. Dessa forma, o presidente escolhe os agentes, mas dosa sua discricionariedade: enquanto os mais leais ganham maior autonomia, outros são cerceados. Essa regulação da autoridade executiva dos dirigentes antecipa os riscos de um gabinete formado por uma mistura de grupos com interesses potencialmente conflitantes e sem ancoragem em mecanismos de coordenação internos ou intermediários, como partidos ou organizações políticas.

Recuando da promessa eleitoral de quinze ministérios, Bolsonaro formou o gabinete inaugural com 22 pastas, ampliado com a recriação do Ministério das Comunicações em 2020. A presidência manteve-se compacta, com o assessoramento restrito e marcado por conflitos entre aqueles admitidos ao círculo íntimo do presidente, como será discutido adiante.

No desenho do gabinete, duas mudanças principais reforçam a estratégia de reorganizar as estruturas administrativas para politizá-las (Lewis, 2008). Primeiro, a criação de superministérios com a fusão das pastas existentes e o recrutamento de auxiliares com reputação e credibilidade pessoal para viabilizar coalizões pró-reformas em setores estratégicos. As áreas da economia, da justiça, da infraestrutura e da agricultura foram os alvos principais. O segundo tipo de mudanças, complementar ao anterior, abarca fusões e realocação jurisdicional de competências administrativas nas áreas de políticas das quais o presidente diverge (Guerra, 2019; Inácio; Lamounier, 2020; Araújo, 2020). O Serviço Florestal Brasileiro foi transferido do Ministério do Meio Ambiente (MMA) para o Ministério da Agricultura, Pecuária e Abastecimento (MAPA), assim como as competências pela demarcação de terras indígenas e quilombolas, de competência da Fundação Nacional do Índio (Funai),[1] localizada no Ministério da Justiça, foram realocadas no MAPA. Essas alterações foram objeto de insistência presidencial, após rejeição pelo Congresso Nacional e subsequente judicialização.[2] Esse impasse em relação ao gabinete inaugural já sinalizava o potencial de conflito das decisões administrativas do governo, desafiadas de forma crescente no Judiciário.

---

[1] A reestruturação ministerial (MP n.º 870, de 1de janeiro de 2019) transferiu a Fundação Nacional do Índio (Funai), agência responsável pela política de proteção às populações indígenas, para o Ministério da Mulher, da Família e dos Direitos Humanos, porém sem a competência de demarcar terras indígenas e de quilombolas.

[2] Os partidos Socialista Brasileiro (PSB), Rede Sustentabilidade, dos Trabalhadores (PT) e Democrático Trabalhista (PDT) ajuizaram ações diretas de inconstitucionalidade da medida provisória n.º 886, de 2019 (ADIs 6062, 6172, 6173 e 6174). O STF suspendeu os efeitos dessa MP por ser inconstitucional a edição de MP ou lei decorrente de MP cujo conteúdo normativo deriva da reedição, na mesma sessão legislativa, de medida provisória anteriormente rejeitada.

Quadro 1 – Gabinetes presidenciais dos governos Temer e Bolsonaro: reestruturações dos portfólios ministeriais (Brasil)

Governo Temer	Governo Bolsonaro
Ministério do Planejamento, Desenvolvimento e Gestão Ministério da Fazenda Ministério da Industria, Comércio Exterior e Serviços Ministério do Trabalho, Emprego e Previdência	Ministério da Economia
Ministério da Justiça e Cidadania Ministério Extraordinário da Segurança Pública	Ministério da Justiça e da Segurança Pública
Ministério dos Transportes Ministério das Cidades	Ministério da Infraestrutura
Ministério do Desenvolvimento Social e Agrário Ministério do Esporte Ministério da Cultura	Ministério da Cidadania e Ação Social
Ministério da Saúde	Ministério da Saúde
Ministério da Defesa	Ministério da Defesa
Ministério da Educação	Ministério da Educação
Ministério da Agricultura, Pecuária e Abastecimento	Ministério da Agricultura, Pecuária e Abastecimento
Ministério da Integração Nacional	Ministério do Desenvolvimento Regional
Ministério da Transparência e Controladoria-Geral da União	Controladoria-Geral da União
Ministério das Relações Exteriores	Ministério das Relações Exteriores
Ministério de Minas e Energia	Ministério de Minas e Energia

Ministério do Turismo	Ministério do Turismo*
Ministério dos Direitos Humanos	Ministério da Mulher, Família e Direitos Humanos
Ministério do Meio Ambiente	Ministério do Meio-Ambiente
Ministério da Ciência, Tecnologia, Inovações e Comunicações	Ministério da Ciência, Tecnologia, Inovações e Comunicações Ministério das Comunicações (Recriado em jun. 2020)
Estrutura da Presidência	
Casa Civil	Casa Civil
Secretaria de Governo	Secretaria do Governo
Secretaria de Segurança Institucional	Gabinete de Segurança Institucional
Secretaria-Geral	Secretaria-Geral
Advogado-Geral da União	Advogado-Geral da União

Fonte: Biblioteca da Presidência (PLANALTO, 2020).
* A Secretaria da Cultura foi transferida para o Ministério do Turismo em novembro de 2019 (Decreto n.º 10.107, de 6 de novembro de 2019)

Gabinete e a politização do Executivo

O poder de nomeação confere ao presidente considerável flexibilidade para controlar administrativamente ministros e burocracias públicas, bem como promover patronagem entre apoiadores e aliados (Lewis, 2008; Praça *et al.*, 2012; Lamounier, 2019).

Como estratégia administrativa para dar direcionamento ao governo, a politização requer capacidade de selecionar e mecanismos para coordenar, de forma consistente, o comando do Executivo. Duas condições ausentes no núcleo presidencial que deram uma dinâmica *flip-flop* à politização, liderada pelos *homens do presidente* e sob a pressão cruzada dos diferentes grupos de apoiadores em disputa pelas posições abertas no Executivo. Parte da estratégia de personalização do governo e de mobilização permanente de seus eleitores, seleção e exoneração de autoridades tornaram-se parte dos apelos públicos do presidente (*going public*), produzindo uma sucessão de *quase ministros* ou ministros com curta sobrevivência no cargo.

Sem base sólida em partidos ou em outras organizações, a formação e a recomposição do gabinete têm enfrentado riscos expressivos de seleção adversa, dadas as fragilidades das alianças eleitorais que levaram Bolsonaro à vitória. De um lado, apoiadores ideologicamente alinhados, mobilizados pela retórica conservadora e populista do presidente, mas extremistas e inexperientes política e administrativamente; de outro lado, quadros mais qualificados e experientes, vinculados aos setores econômicos e às corporações pró-mercado e anticorrupção, mas vistos com reservas pelo presidente. A confiança de Bolsonaro no núcleo familiar e nos assessores leais, incluindo parte dos militares, para coordenar esse gabinete heterogêneo, consagrou essa estratégia de politização.

Dessa forma, o gabinete inaugural foi formado por três grupos distintos: (1) ideológicos ou apoiadores conservadores, com posições extremistas em relação ao *status quo* em suas áreas de políticas; (2) técnicos e especialistas, recrutados no setor privado ou estatal, alinhados com as agendas pró-mercado e de desregulamentação econômica; e (3) militares crescentemente mobilizados para maior participação no governo. Escolhas que demonstram a recusa presidencial em ampliar sua base política por meio da formação do governo, seja entre os partidos políticos, seja entre os segmentos sociais. Políticos profissionais vinculados a setores econômicos ou próximos do presidente foram nomeados, mas sem acordos partidários (Amorim Neto; Alves Pimenta, 2020).

Com custos de coordenação elevados e sem liderança presidencial e de governo, o gabinete experimenta um processo de reacomodação desde a posse, com uma inflexão importante em maio de 2020, diante de sua atonia política e administrativa para responder a demandas e pressões externas.

No primeiro ano de governo, a seleção e a exoneração de ministros e assessores buscaram mobilizar politicamente eleitores radicais, além de sinalizar compromissos com políticas sensíveis tanto para setores econômicos quanto para movimentos políticos com vínculos mais frágeis com o presidente. Conservadores e *outsiders* foram recrutados nas áreas de políticas públicas salientes para os eleitores radicais, principalmente nas pastas de direitos humanos, educação, cidadania, cultura, política externa e meio ambiente. A politização dessas estruturas atingiu as posições gerenciais e de comando político no segundo e no terceiro escalões. Foi usada para o controle das burocracias, assim como para patronagem presidencial. Contrários ao *status quo*, esses ministros e assessores assumiram a linha de frente dos conflitos com parlamentares, burocracias e grupos de interesses atuantes nas áreas de políticas sob suas jurisdições. Saídas de ministros e assessores desse grupo ganharam força na medida em que as disputas internas entre os apoiadores nomeados e os conflitos entre poderes se acirraram.[3]

De forma importante, as nomeações buscaram sinalizar o compromisso do governo com agendas de reformas econômicas, legais e regulatórias sinalizadas na eleição, mas pouco alinhadas ao histórico parlamentar de Bolsonaro. Especialistas, politicamente alinhados, foram selecionados para ganhos reputacionais. Na retórica presidencial, os superministros, o investidor Paulo Guedes, na Economia, e Sergio Moro, ex-juiz da operação Lava Jato, eram as credenciais do reformismo apartidário de seu governo. Entretanto, as divergências de preferências e a elevada assimetria informacional em relação a tais ministros levaram o presidente a monitorar ostensivamente as iniciativas desses ministros, mediante veto, revisão ou protelação de suas iniciativas, inclusive proposições legislativas.

Os custos dessa estratégia de politização, sem âncora em um programa de governo ou mecanismos de coordenação vertical e horizontal do Executivo, vieram à tona no fim de 2019. O pífio crescimento econômico do país, os "apagões administrativos"[4] e as turbulências políticas, deflagradas endogenamente pelo presidente e pelo círculo presidencial, aprofundaram o pessimismo com o governo e levaram à queda de sua popularidade.

---

[3] Como ocorrido no Ministério da Educação, com a saída dos ministros Velez e Weintraub, e na Secretaria de Cultura, marcada por exonerações sucessivas dos cargos de direção.

[4] Expressão que tem sido utilizada para descrever inação e ineficiências em serviços como o enfrentamento de crises ambientais (desmatamento, queimadas, derramamento de óleo nas praias) e a concessão de auxílios previdenciários pelo Instituto de Seguridade Social (INSS).

O recrudescimento do populismo autoritário foi a resposta. O presidente inflamou a retórica populista de bloqueio do governo pelas elites políticas, impulsionando mobilizações antidemocráticas por parte de seus apoiadores radicais. Com o agravamento da pandemia da covid-19, o presidente aliou a posição negacionista da emergência nacional a demandas por expansão dos poderes presidenciais, num movimento de confrontação institucional com o Congresso, o Judiciário e os governos subnacionais.

O cenário, porém, revelou-se adverso para o presidente. O protagonismo e o controle horizontal do Congresso e do Judiciário[5] bem como as investigações judiciais envolvendo o presidente, membros do gabinete e grupos de apoiadores extremistas,[6] exponenciaram o isolamento político de Bolsonaro. Premido pelos *checks and balances* e pelas incertezas decorrentes da pandemia, o presidente tacitamente recuou da confrontação institucional. Para reduzir riscos políticos, ele se moveu para formar uma coalizão legislativa cimentada em patronagem, não só para aprovar a agenda do governo, mas também para evitar o bloqueio de suas ações unilaterais.

Esse movimento levou à inflexão da política de gabinete a partir de maio de 2020. O redesenho do ministério e as mudanças na coordenação política sinalizam uma segunda fase do governo. Demissões motivadas por divergências acerca de políticas, como a do superministro da Justiça e Segurança Pública e de dois ministros da Saúde no auge da pandemia, abriram espaço para a recomposição do gabinete. O presidente restringiu a discricionariedade da equipe econômica na definição de políticas, incluindo

---

5 O protagonismo do Congresso e do Judiciário cresceu diante de inação legislativa e descoordenação do governo no Congresso, por um lado; de outro, pelo unilateralismo presidencial e pela judicialização de atos governamentais. Tal quadro se acentuou com o agravamento da pandemia da covid-19, quando o governo protelou ações emergenciais e demandou expansão dos poderes presidenciais. Nesse meio tempo, o presidente acionou o STF para ampliar os poderes emergenciais (ADPF 663, de 24 de março de 2020; ADI 6.357, de 26 de março de 2020).

6 Em abril e maio de 2020, o STF instaurou o inquérito n.º 828 para investigar a organização de atos antidemocráticos envolvendo apoiadores e deputados aliados de Bolsonaro, e o inquérito n.º 4831, instaurado para a apuração de interferência política de Bolsonaro na Polícia Federal, como denunciado pelo ex-ministro da Justiça e Segurança Pública, Sergio Moro.

a do superministro da Economia, Paulo Guedes, levando à saída de vários assessores de alto escalão. Tarefas de coordenação foram centralizadas na presidência nas mãos dos militares da reserva ou da ativa, que passaram a controlar dez posições com status ministerial: Saúde; Defesa; Infraestrutura; Ciência, Tecnologia e Inovações; Secretaria de Governo; Controladoria-Geral da União; Minas e Energia; Secretaria-Geral da Presidência; Casa Civil; e Gabinete de Segurança Institucional. Paralelamente, grupos de parlamentares foram beneficiados pela patronagem presidencial, inclusive com a recriação do Ministério das Comunicações.

Presidência sob a politização radical do Executivo

A presidência, órgão de comando do Executivo, tem configurações e funções variáveis a depender da política de gabinete do mandatário da República. No Brasil, tem oscilado entre uma organização compacta, de assessoramento pessoal ao presidente, e uma estrutura hipertrofiada e centralizadora (Inácio, 2018b). Problemas de coordenação de gabinetes multipartidários têm sido um dos principais fatores indutores da expansão dessa estrutura no Brasil (Inácio; Llanos, 2016).

Sem coalizão ou partido presidencial, os problemas de coordenação do governo decorrem da politização radical do Executivo. A heterogeneidade dos grupos políticos e as posições extremistas de parte deles alimentam conflitos entre os membros do gabinete e do governo, tanto com as burocracias públicas quanto com governos subnacionais. O incremento da assimetria informacional no interior do Executivo e dos custos de tomada de decisão são crescentes, com recuos frequentes de propostas e ações governamentais.

Para lidar com tais problemas, endogenamente criados, Bolsonaro tornou a presidência uma estrutura reativa e fortemente personalizada dentro do Executivo, voltada para proteger a palavra final do presidente. Um púlpito para manifestações agressivas e autoritárias – inclusive reprimendas públicas de iniciativas ministeriais – para sinalização de suas posições para os membros do governo, dos demais poderes e grupos externos. Essa postura defensiva transformou a presidência em um *bunker*, controlado pelo círculo íntimo do presidente: familiares, assessores leais e, mais recentemente, militares.

Seguindo a lógica da politização do gabinete, as mudanças na presidência são de pessoas e, residualmente, de estruturas. A presidência no governo Bolsonaro é estrutura fortemente politizada mas compacta, preservando a configuração herdada de Temer. Reativa e centrada na imagem presidencial, limita-se aos órgãos com jurisdições voltadas para a coordenação e para o assessoramento, sem unidades dedicadas à implementação de políticas públicas, como existentes em governos anteriores (Inácio, 2018b).

Na primeira fase do gabinete, os conflitos internos entre os assessores presidenciais aumentaram os déficits de informação e a desconfiança política do presidente em relação ao próprio *staff*, alimentando sucessivas demissões de assessores presidenciais. Os titulares da Secretaria-Geral, Gustavo Bebianno, também coordenador da campanha eleitoral, e o general de reserva, Carlos Santos Cruz, foram demitidos após 62 e 162 dias no cargo, respectivamente, depois de conflitos com o presidente.

O acirramento dos problemas de coordenação interna e o isolamento político do governo abriram espaço para a crescente influência dos militares na presidência a partir de 2020. Além do controle da Secretaria de Governo e do Gabinete de Segurança Institucional, os militares passaram a controlar os principais cargos da presidência, como a Casa Civil, com o general Braga Netto. Um ex-assessor parlamentar, com histórico militar e ligado à família Bolsonaro, Jorge Oliveira, foi nomeado para a Secretaria-Geral. O presidente centralizou o Conselho Nacional da Amazônia Legal, vinculado ao Ministério do Meio Ambiente, na vice-presidência da República, sob a direção do general Hamilton Mourão.

Expressão do fortalecimento dos militares na alta direção do Executivo, essa inflexão no gabinete e na presidência aumentou o recrutamento desse segmento para cargos destinados a civis. Um general da ativa, Eduardo Pazuello, foi nomeado como ministro da Saúde, além de outros militares para cargos nessa pasta, após a demissão de dois ministros por divergências quanto ao enfrentamento da pandemia no país.

Esse movimento particular do governo Bolsonaro de incorporar os militares à dinâmica da politização e sujeitá-los ao imperativo da lealdade, ainda que em detrimento de decisões técnicas, reconfigura e tensiona as relações civis-militares de forma inédita no pós-redemocratização.

Efeitos da politização radical

Os custos da politização do gabinete são altos no governo Bolsonaro. Presidentes usam tal estratégia não apenas para se apoiar em assessores leais, mas também para assegurar eficiência na gestão. As posições extremistas de Bolsonaro obliteraram esse último movimento. Os conflitos entre os membros do gabinete ou entre ministros e presidentes que evoluem para a exoneração dos assessores, em geral, são politicamente desgastantes. Sem estruturas de coordenação horizontal dos portfólios e de articulação interministerial, embates chegam ao Twitter do presidente e dos ministros antes de serem mediados pelo governo. Até o início de 2020, entradas e saídas de ministros sofreram forte influência do círculo íntimo do presidente, formado pelos filhos e por assessores especiais lotados na presidência.[7]

O preço dessa politização radical é a instabilidade ministerial ainda na fase de lua de mel do governo. Ao fazer da exoneração a válvula de escape dos conflitos intragabinete, o volume de saídas ministeriais, no governo Bolsonaro, é o maior entre os presidentes em primeiro mandato. Foram nomeados 31 ministros e 35,5% deles deixaram o gabinete ao longo dos primeiros dezoito meses. Esse patamar é bastante superior ao observado no governo Collor (23,3%) antes do seu impedimento, Rousseff I (21,7%), Lula I (14,52%) e Cardoso I (9,76%).

Riscos de perda de eficiência da gestão em áreas importantes tendem a refrear estratégias presidenciais de politização de agências especializadas, altamente dependentes da expertise das suas burocracias (Lewis, 2008). No governo Bolsonaro, ao contrário, tais riscos não o impediram a politizar agências especializadas para reorientar suas políticas, contornar suas burocracias ou mesmo paralisar suas ações. Em parte, ministros alinhados às posições extremistas do presidente foram nomeados para implementar uma política de inação deliberada (Mcconnell; 'T Hart, 2019), como observado nos ministérios do

---

7 Esse círculo tem sido identificado como o "gabinete do ódio" por ex-ministros e ex-aliados do presidente, os quais atribuíram suas saídas como resultado de campanhas de desinformação e mobilização midiática dos apoiadores de Bolsonaro, liderados por assessores e filhos do presidente.

Meio Ambiente, da Educação e, mais recentemente, no da Saúde. Essa política tem fragilizado as redes entre *policy communities* e burocracias públicas, com a restrição da participação de movimentos organizados e com o funcionamento de colegiados em diferentes áreas de políticas públicas. Unilateralmente, o presidente editou o Decreto n.º 9.759, de 2019, para a extinção de colegiados do Executivo federal, parcialmente suspenso pelo STF por extinguir conselhos criados pela legislação e não passíveis de suspensão por decreto. Tais movimentos ecoam a retórica populista de Bolsonaro, que busca desacreditar e impor perdas reputacionais aos burocratas, para silenciá-los ou forçar sua saída.[8]

Refratário ao recrutamento de assessores fora de sua coalizão eleitoral, Bolsonaro expandiu a nomeação de militares para cargos civis do governo. Em levantamento realizado a pedido do Tribunal de Contas da União (TCU), havia 6.157 militares lotados em cargos civis na administração pública federal em meados de 2020, um aumento de 108,2% em comparação ao ano de 2016. A nomeação para cargos de confiança, cargos no ministério da Saúde e para contratos temporários no Instituto Nacional de Seguridade Social (INSS) respondem por esse incremento. Importa salientar que essa "militarização" do Executivo toma curso em meio a tensões entre o presidente e os militares, com eventos conflitivos que culminaram na saída de alguns deles de postos ministeriais e de alta direção na presidência.[9] Além disso, a inflexão mais recente do gabinete, com a nomeação de indicados pelos partidos legislativos, indica focos potenciais de tensão entre esses dois grupos, militares e aliados partidários, beneficiados pela patronagem presidencial.

---

[8] Um caso emblemático foi a exoneração do físico Ricardo Galvão, diretor do Instituto Nacional de Pesquisas Espaciais (INPE), por ordem direta do presidente, após questionar os dados divulgados pelo órgão sobre a evolução do desmatamento no país.

[9] Assessores exonerados – generais de reserva Santos Cruz (Secretaria de Governo) e Otávio do Rêgo Bastos (porta-voz da Presidência) – tornaram-se vocais de críticas à relação entre o presidente e os militares, e aos impactos negativos dessa participação em funções civis sobre as instituições de Defesa. Segundo levantamento do jornal *Folha de S.Paulo*, 21 militares de altas patentes foram exonerados de postos de alta direção até novembro de 2020 (SASSINE, 2020).

Unilateralismo administrativo em um Executivo politizado

Minoritário e recalcitrante em formar uma coalizão legislativa em bases estáveis, Bolsonaro tem recorrido às medidas infralegais, como decretos regulamentares e autônomos, para promover mudanças significativas na regulamentação e na implementação de políticas públicas.[10] Referências ao poder da "Bic presidencial" são recorrentes, conforme relato do próprio presidente sobre o diálogo que teve com o presidente da Câmara dos Deputados. "Com a caneta eu tenho muito mais poder do que você. Apesar de você, na verdade, fazer as leis. Eu tenho o poder de fazer decretos. Logicamente, decretos com fundamento" (Bolsonaro..., 2019), afirmou durante o lançamento da Frente Parlamentar Mista da Marinha Mercante Brasileira, em maio de 2019.

Unilateralismo presidencial se refere às ações diretas do chefe do Executivo na condução das ações de governo para além da discricionariedade delegada ao presidente. Em países com mandatários dotados de amplos poderes legislativos, como o Brasil, o termo abarca o uso de decretos constitucionais ou delegados, como a medida provisória, na produção de leis. Nesses países, o unilateralismo na esfera administrativa tem recebido menos atenção. Embora constitucionalmente delimitado, a edição de medidas infralegais tem considerável potencial de ampliar, para além da delegação original, a discricionariedade presidencial na tomada de decisão. Certo grau de unilateralismo presidencial chega a ser recorrente no país, cuja estrutura decisória é centrada em um Executivo, que conta com forte delegação de poderes aos presidentes. Chefes do Executivo e seus agentes reformulam políticas, reestruturam órgãos e suas competências ou realocam burocratas para além das competências delegadas, aproveitando imprecisões e indefinições das leis ou interpretando-as ao seu sabor.

Obviamente, o unilateralismo na esfera administrativa é limitado se decisões legislativas são necessárias e o Congresso é inevitável. Entretanto, o presidente pode usar os poderes administrativos para pautar agendas legislativas e forjar coalizões de apoio, assim como

---

[10] Estabelecidos na Constituição da República Federativa do Brasil, no art. 84, incisos IV (decretos regulamentares) e VI (decretos autônomos), modificado pela Emenda Constitucional n.º 32.

acirrar conflitos e divisões entre os parlamentares, e, com isso, protelar os efeitos de suas ações unilaterais até que tais impasses sejam superados.

Desde o início do governo Bolsonaro, a reorientação da agenda governamental foi sinalizada por meio de decretos administrativos, regulamentares e autônomos, e normativas infralegais. Diversas mudanças nas políticas públicas mobilizaram o Congresso e foram judicializadas, como mudanças na regulamentação da política de controle de armas (Decreto n.º 9.685, de 2019, e subsequentes), a extinção de colegiados da Administração Pública Federal (Decreto n.º 9.759, de 2019), mudanças nas regras de designação para cargos comissionados com impacto nas nomeações em universidade públicas (Decreto n.º 9.794, de 2019).

O número de decretos administrativos nos diz pouco sobre o valor estratégico das ações diretas do chefe do Executivo (COOPER, 2014). Embora mais visíveis dada à inação legislativa do governo, o unilateralismo no governo Bolsonaro não se distingue pelo volume de decretos administrativos.[11] Considerando os dois primeiros anos no cargo, Bolsonaro editou, em média, 440,5 decretos, número superior apenas ao de Rousseff I (428,5), Rousseff II (424,0) e Temer (380,0).

Para avaliar a relevância do unilateralismo administrativo no governo Bolsonaro, importa considerar as oscilações ao longo do mandato e a natureza das decisões implementadas por meio dessa estratégia. Como se observa no Graf. 2, a média mensal de decretos oscilou consideravelmente. Em 2019, o presidente editou por mês, em média, 44,0, decrescendo para 31,0, em 2020. O ativismo administrativo foi mais intenso entre junho e julho de 2019, quando diversos decretos procederam mudanças na regulamentação de leis e deram diretivas para projetos prioritários do governo. Foram principalmente decretos relativos a organização interna e carreiras do Executivo, indicativos do ativismo presidencial na implementação da agenda de redução do Estado.

[11] O número médio inclui decretos numerados e não numerados (extintos em 2018). A média de decretos dos dois primeiros anos do governo Bolsonaro inclui, portanto, apenas os decretos numerados.

Gráfico 1 – Média mensal de decretos administrativos no governo Bolsonaro (Brasil, 2019-2020)

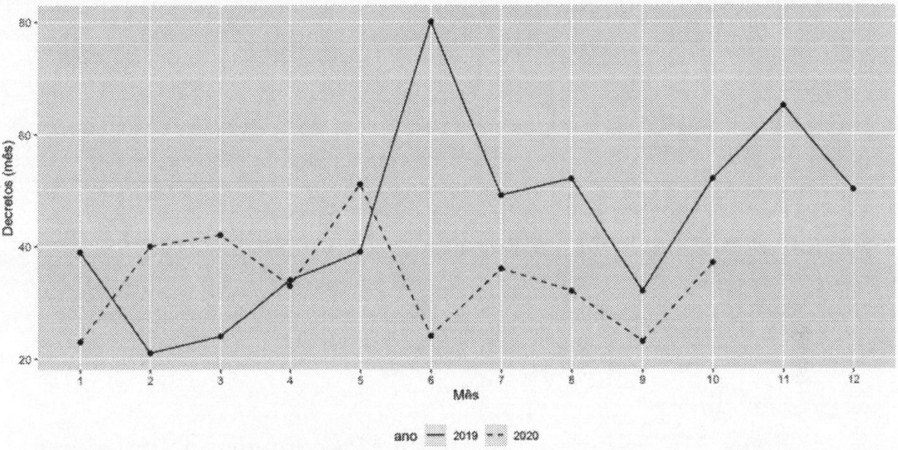

Fonte: Projeto Prila, UFMG, 2020.

Para a caneta presidencial, decretos são uma ferramenta para alvejar diversas políticas e grupos por elas afetados. Analisando as ementas dos decretos, Inácio e Recch[12] estimaram a prevalência de diferentes temáticas nas decisões administrativas dos presidentes.[13] Como não mudaram de forma significativa desde 1988, os poderes presidenciais não explicam as variações no tema dos decretos, indicando que as agendas dos presidentes podem influenciar mais. Desde Sarney, há variações importantes nas decisões tomadas por meio de decretos administrativos. No caso de Bolsonaro, três áreas de políticas se destacam, indicando uma agenda mais concentrada, como observado no governo Temer e distinto dos governos anteriores: (1) regulamentação de novas leis ou mudança das regulamentações existentes; (2) reestruturações administrativas e de carreiras do Executivo federal; e (3) relações exteriores. É notável a prevalência dos decretos conexos às mudanças nas regulamentações

[12] "Decretos e unilateralismo presidencial", artigo apresentado nos Seminários do Departamento de Ciência Politica da USP, São Paulo, 10 out. 2019. Versão atualizada.

[13] Os autores estimaram a prevalência de tópicos nas ementas dos decretos editados pelos presidentes a partir da aplicação do *Structural Topic Modelling* (STM), uma ferramenta computacional para análise de textos e produção de dados para análises quantitativas, inclusive com o uso de meta-dados na estimação dos tópicos.

vigentes, reiterando que a atenção presidencial é canalizada para o ativismo administrativo enquanto se desmobiliza na esfera legislativa.

No governo Bolsonaro, os agentes que a politização levou para a linha de frente são mobilizados pelo unilateralismo presidencial. Isso amplificou os poderes administrativos do presidente nos diferentes níveis do Executivo federal, por meio de atos de ministros e dirigentes governamentais[14] (Araújo, 2020; Lima; Albuquerque, 2019).

Por fim, o unilateralismo presidencial e a politização radical do Executivo dão o tom da presidência de Bolsonaro em seus dois primeiros anos de mandato. Ainda que de forma errática e voluntarista, são essas estratégias administrativas que informam a organização e a dinâmica do poder Executivo com a ascensão de um governo populista de extrema direita.

De um lado, a politização radical tem permitido ao presidente intervir nas áreas de políticas públicas das quais diverge por meio de política de inação deliberada, diligentemente conduzida por seus leais. De outro lado, Bolsonaro mostra-se ativo em conduzir mudanças unilaterais de marcos regulatórios de políticas públicas, desestruturar setores governamentais, atender a demandas particularistas de grupos de apoiadores e perseguir suas prioridades.

Esse unilateralismo presidencial e a politização radical, porém, aprofundaram a fragilidade política do presidente em debilidade de gestão, erodindo a capacidade de o governo atuar como formulador, implementador ou administrador em um sistema no qual o sistema decisório é fortemente centrado no Executivo. Tem-se um gabinete conflituoso e um presidente confortável sob o unilateralismo administrativo que, juntos, colapsam as condições para estabelecer compromissos críveis e construir bases estáveis de governança. Na direção inversa, o presidente ergueu muralhas para fazer do Executivo sua fortaleza, mas tornou-se aprisionado à sua própria debilidade.

[14] Após advogar, em reunião ministerial, as condições propícias para empreender mudanças regulatórias em abril de 2020 ou "passar a boiada", o ministro do Meio Ambiente obteve a aprovação para a revogação de normas de proteção de mangues e restingas pelo Conselho Nacional do Meio Ambiente (Conama), órgão reestruturado em 2019 com redução da participação da sociedade civil. Tal decisão foi suspensa liminarmente pelo STF, sob pena de promover revogação de normas sem a devida substituição ou atualização delas.

Bolsonaro e o Congresso: a caminho da estabilidade?

Fabiano Santos
Leonardo Martins Barbosa

O resultado eleitoral de 2018 abalou os alicerces da democracia brasileira. Senão por outro motivo, porque o crescimento da extrema direita, militarizada e fundamentalista, defensora da ditadura e inimiga da ciência, levou à Presidência da República um candidato que abertamente prega contra os princípios inscritos na Constituição de 1988. A eleição do antigo capitão do exército, entretanto, é apenas um ponto, não menos importante, de uma ampla desestruturação do sistema político que se insinua desde 2015, quiçá antes. Neste capítulo, vamos examinar como se tem desenvolvido a relação entre o presidente Jair Bolsonaro e o Congresso Nacional, em busca de pistas sobre as consequências (e os riscos) desse novo cenário para a democracia brasileira.[1]

Começamos nossa análise chamando atenção para aspectos que se tornaram definidores da política brasileira na Nova República, e que parecem ter se perdido, ao menos momentaneamente. O Partido dos Trabalhadores (PT) e o Partido da Social Democracia Brasileira (PSDB), que, desde 1994, passaram a polarizar a contenda presidencial e contribuir para ordenar a disputa política no país (Melo; Câmara, 2012), enfrentam graves crises. Pagando o preço por ter liderado a perigosa aventura golpista, pela primeira vez, desde 1989, um candidato

[1] Os dados utilizados neste capítulo foram coletados no âmbito do Núcleo de Estudos sobre o Congresso (Necon) e do Observatório do Legislativo Brasileiro (OLB), ambos sediados no IESP-UERJ, e apresentados em boletins citados no corpo do texto. Parte deles foi publicado no âmbito do projeto Congresso Remoto, fruto de parceria entre OLB, Dado Capital e Pulso Público. Os dados referentes às bancadas são disponibilizados nos sites da Câmara dos Deputados e do Senado.

do PSDB deixa de estar no segundo turno presidencial. Com uma bancada reduzida à de partidos médios na Câmara dos Deputados, esse partido encontra-se em um limbo no Congresso: não é protagonista no governo, nem na oposição, mas flutua incerto entre esses dois polos, sendo incapaz de exercer qualquer tipo de liderança política, ao menos no Legislativo. O PT, por sua vez, massacrado pela operação Lava Jato, desde 2015 perde lideranças, votos e governos. O fato de o partido ter formado a maior bancada do Congresso não deve iludir os militantes mais afoitos. Os 54 deputados e deputadas petistas não superam sequer sua bancada de 1998, último ano em que esteve na oposição.

É inegável, entretanto, que o PT ainda ocupe posição determinante no âmbito da esquerda. O partido é responsável por 40% das bancadas somadas do Partido Socialista Brasileiro (PSB), do Partido Democrático Trabalhista (PDT), do Partido Comunista do Brasil (PCdoB), do Partido Socialismo e Liberdade (PSOL) e do próprio, que, juntos, elegeram 131 deputados e deputadas. Em 2014, esses mesmos partidos somavam 138 representantes, dos quais cerca de metade (69) era petista. Assim, se no âmbito eleitoral o PT parece ter perdido sua capacidade de aglutinar esse grupo de partidos em torno de seu projeto, sendo também testemunha do crescimento de lideranças de outros partidos em algumas das principais praças eleitorais, no Congresso sua coordenação ainda é imprescindível. Seus parlamentares ocupam posições estratégicas em comissões ao mesmo tempo que se revezam, de forma relativamente harmônica e amistosa, com outros partidos nas lideranças da minoria e da oposição.

Em contraposição, na presente legislatura, temos a presença significativa da chamada nova direita. O Partido Social Liberal (PSL), adotado pelo então candidato Jair Bolsonaro, elegeu 52 parlamentares. De forma mais difusa, um movimento semelhante pode ser observado com a eleição, em número recorde, de 73 ex-policiais e militares, mais da metade dos quais abrigados na legenda. Passou-se pouco tempo, entretanto, para que a frágil base partidária dessas novas lideranças fosse escancarada. Mesmo com o movimento decidido de preferência pela direita e rejeição à esquerda em geral – e ao petismo, em particular – o PSL elegeu apenas 52 parlamentares, bancada menor que a do PT em 2018, e pouco mais que a metade do número de deputados e deputadas petistas eleitos para a legislatura do primeiro mandato de Lula (2003-2006). Além disso, não tardou para que Jair Bolsonaro deixasse a agremiação que o abrigou, como desdobramento de uma disputa com o presidente do partido, Luciano Bivar, pelo controle do fundo partidário, em clara demonstração que legendas de aluguel não combinam com governos longevos. Com essa cisão, o PSL tem hoje 41 membros na Câmara, de igual tamanho, portanto, ao Partido Liberal (PL), com 41 e ao Partido Progressista (PP), com 40.

Como outra face do Congresso, inversa a essa incipiente polarização entre esquerda e nova direita, temos a legislatura mais fragmentada da história, com o índice de fracionalização de 0,94 (sendo 1 o máximo de fracionalização) na Câmara, com 29 partidos eleitos, e de 0,926 no Senado, com 22 partidos eleitos, a maior parte sem clara posição ideológica e afeitos ao fisiologismo. A soma das três maiores bancadas eleitas representa apenas 29% da Câmara e 34% do Senado, em contraste com as respectivas percentagens de 49% e 68%, em 2002.[2] Como mostraremos, nos dois primeiros anos de Bolsonaro, graças, principalmente, à desorganização política e partidária da nova direita, a lógica da fragmentação prevaleceu sobre a da polarização, e, com isso, também os partidos e lideranças tradicionais deram as cartas, habituados a organizar os partidos do Centrão em blocos voláteis, ora mais próximos, ora mais distantes do Planalto, conforme o interesse de ocasião.[3]

Nesse sentido, a montagem do governo apresentou duas novidades centrais no que tange à relação entre Executivo e Legislativo no Brasil, se considerados os padrões institucionalizados na Nova República e popularizados com o nome presidencialismo de coalizão (Figueiredo; Limongi, 1999; Santos, 2003). Em primeiro lugar, o presidente ignorou a representatividade das bancadas partidárias no Congresso em seu ministério,[4] escolhendo nomes de sua confiança. Em segundo lugar, e complementarmente, o presidente militarizou o primeiro e o segundo escalões da Esplanada dos Ministérios, revertendo de forma brusca o lento processo de avanço civil na condução das coisas públicas,

---

[2] Esses dados foram apresentados e analisados em Barbosa (2018).

[3] Sobre a tendência ao governismo de boa parte do Congresso brasileiro, ver Zucco (2009).

[4] A respeito do índice de coalescência, ver Amorim Neto (2000).

que vinha desde o restabelecimento da democracia (Amorim Neto; Acácio, 2020).

Ao mesmo tempo, Bolsonaro abriu mão de formar uma coalizão mínima com a qual pudesse garantir o controle da agenda legislativa. Poucos foram os ministros de filiação partidária, sendo os principais Onyx Lorenzoni (Casa Civil), Tereza Cristina (Agricultura) e Luiz Henrique Mandetta (Saúde), pelo Democratas (DEM); Gustavo Bebianno (Secretaria-Geral) e Marcelo Álvaro Antônio (Turismo), pelo PSL; Osmar Terra (Cidadania), pelo Movimento Democrático Brasileiro (MDB); e Damares Alves (Ministério da Mulher, da Família e dos Direitos Humanos), pelo PP. Esse formato inicial foi, em larga medida, resultado da liderança exercida por Onyx Lorenzoni, que vislumbrou uma possível coalizão entre PSL e DEM para servir de pilar ao governo, em torno da qual orbitariam as famosas bancadas conservadoras da Câmara: da bala, do boi e da bíblia.

Em pouco tempo, contudo, as engrenagens dessa coalizão mostraram-se falhas, principalmente pela incapacidade política do governo. Em momento algum as lideranças do Planalto se sobrepuseram, no âmbito do Legislativo, àquela exercida por Rodrigo Maia (DEM). Por um lado, a interlocução de Lorenzoni com o Congresso, inclusive com o próprio partido, logo se revelou extremamente frágil, o que causou seu deslocamento da Casa Civil para o Ministério da Cidadania, esvaziando seu papel de articulador e retirando o único representante do DEM no Planalto. Por outro lado, a demissão de Gustavo Bebianno (PSL) antecipou em alguns meses a crise derradeira entre presidente e seu partido, e deixou claro o papel marginal que viria a ser exercido pela elite civil no governo Bolsonaro.

Assim, em contraposição à prematura derrocada do projeto de coalizão DEM-PSL, o que se observou foi o crescimento incessante da presença militar na gestão política e administrativa. Os militares, desde o início do mandato já com presença ostensiva na Esplanada, estando à frente, entre outros, do Ministério da Infraestrutura, de Minas e Energia, e do Gabinete de Segurança Institucional, assumiram completamente a organização do governo com as indicações dos generais Walter Braga Netto, para a Casa Civil, e Luiz Eduardo Ramos, para a Secretaria de Governo. O mesmo padrão de substituir lideranças civis e políticas em benefício dos militares seria repetido dali em diante, em outras áreas que, por razões conhecidas, tornaram-se críticas. Exemplo emblemático foram as sucessivas demissões na Saúde durante a pandemia, até a indicação para o cargo do general Eduardo Pazuello. Outro caso foi a designação do general e vice-presidente, Hamilton Mourão, para coordenar o monitoramento das queimadas da Amazônia, em visível descaso *vis-à-vis* com as políticas públicas ardorosamente erguidas nas últimas décadas para a região. Jair Bolsonaro escolheu, assim, de crise em crise, a interventoria militar como estratégia para seguir seu governo. Vejamos, pois, como, a partir disso, evoluiu sua relação com o Congresso.

O frágil equilíbrio governista

Como era de se esperar de uma articulação política débil em cenário tão desafiador, os primeiros meses apresentaram sinais de relação turbulenta entre Presidência e Congresso. No início de 2020, apenas 78 projetos de lei ordinária iniciados no Executivo haviam sido aprovados, apontando a pior taxa de sucesso nos últimos cinco mandatos presidenciais. Além disso, apenas 20 medidas provisórias (MPs) foram publicadas, a menor quantidade em vinte anos.[5] O Congresso protocolou 343 projetos de decreto legislativo (PDL) com vista a sustar decretos executivos, que sintomaticamente sofreram aumento expressivo em relação ao primeiro ano de mandato dos presidentes anteriores. Exemplo desse embate foi a revogação do Decreto Executivo n.º 9.785, sobre porte de armas pelo Planalto, ante a derrota iminente no Congresso, tendo sido questionado por nada menos que 20 PDLs.[6] Todos esses dados são compatíveis com os sucessivos episódios de atritos entre as lideranças do Congresso e o Planalto durante o ano de 2019.

Nem de perto, entretanto, configurou-se uma situação de quase *impeachment*. Alguns índices calculados para a Câmara, Casa em que o pedido é acolhido e o processo, iniciado, nos ajudam a perceber isso. Embora a taxa média de apoio ao governo em votações nominais na Câmara – se considerado apenas o primeiro um ano e meio de mandato

---

[5] Dados apresentados e analisados em Canello, Gershon e Barbosa (2020a).

[6] Dados apresentados e analisados em Canello e Barbosa (2019).

– tenha sido menor no governo Bolsonaro (72,8%) do que nos dois mandatos de Lula (77,4% e 77,7%) e no primeiro de Dilma (76,2%), tal índice não se compara àquele do segundo mandato da petista (58,2%). Por sua vez, o percentual de votações nominais que obtiveram apoio de menos de 50% dos parlamentares, no primeiro um ano e meio de mandato de Bolsonaro (7%) foi mais próximo, considerado período equivalente àqueles dois primeiros mandatos de Lula e ao primeiro de Dilma (respectivamente, 0%, 3% e 6%) do que o ao segundo mandato de Dilma, quando, em 27% das votações, o governo não atingiu a marca de apoio da metade dos deputados e deputadas.[7]

Como explicar, então, os evidentes sinais de mal-estar entre os dois poderes e o comportamento agregado relativamente afável ao governo? Para examinar esse ponto, cabe um olhar mais detido sobre as bancadas partidárias no Congresso e a maioria política que se formou nesse início de governo. Ao analisar as matérias que foram à votação nominal e geraram algum tipo de dissenso entre as bancadas, ou seja, aquelas que não foram unânimes, é possível atribuir notas aos parlamentares (entre 0 e 10) e, assim, distribuí-los de acordo com suas preferências legislativas. Tradicionalmente, no Brasil, o principal fator a estabelecer clivagens entre os parlamentares é o conflito governo *versus* oposição, não tendo sido diferente no primeiro ano de Bolsonaro: quanto mais próximo da nota dez, mais o parlamentar alinhou-se ao governo.[8]

Novamente vemos que uma maioria sólida se alinhou ao governo Bolsonaro no primeiro ano de mandato. Nada menos que 73,4% dos deputados e deputadas tiveram nota maior que 7. No Senado, o número é ainda mais significativo: quase 50% dos parlamentares tiveram nota acima de 9. A divisão nessa Casa é muito clara entre os partidos que apoiam o governo e os oposicionistas. PSL, PSC (Partido Social Cristão, Partido Liberal (PL), PP e DEM apresentaram notas médias acima de 9. Somados a MDB, PSDB, Republicanos e Partido Social Democrático (PSD), que tiveram notas médias acima de 8, formaram um bloco que tendeu a votar

---

[7] Dados apresentados e analisados em Canello, Gershon e Barbosa (2020a).

[8] O algoritmo utilizado para tanto foi o WNominate, consolidado na Ciência Política. Os dados que se seguem foram apresentados e analisados em Meireles, Gershon e Barbosa (2020).

de forma consistente junto do governo. Na oposição, o PT destacou-se, com nota 0,32, acompanhado dos também oposicionistas, embora mais moderados, PDT, Cidadania e Rede Sustentabilidade.

Na Câmara, contudo, a distribuição das notas nos ajuda a perceber as nuances desse comportamento governista e a entender como se organizou a maioria política no Congresso. No extremo governista, temos o PSL e o Novo, respectivamente, com notas médias de 9,76 e 9,74. O PT, por sua parte, estabeleceu a baliza da oposição, com nota média de 4,02. Já o PSOL apresentou posição mais aguerrida, com a nota de 0,75. PCdoB (5,13), Rede (5,48), PSB (5,93) e PDT (6,13), por sua vez, mostraram-se mais abertos ao diálogo com o governo, ainda que definitivamente oposicionistas. A chave para a interpretação do comportamento da Câmara no primeiro ano de governo, contudo, está no imenso bloco composto por partidos com notas entre 8 e 9, envolvendo, entre outros, DEM, MDB, PSDB, PP, PSD e Republicanos, que se diferenciaram tanto do comportamento fiel de PSL e Novo quanto da postura oposicionista.[9]

Trata-se de uma maioria de centro-direita, que acolhe propostas do governo, uma vez que compartilha a visão ortodoxa do ministro Paulo Guedes no âmbito econômico, mas o faz processando os múltiplos interesses representados em suas bancadas. Esse comportamento, entretanto, é sempre dependente de uma liderança hábil, dada a natureza fragmentada e heterogênea dessa coalizão. No caso, ela foi exercida nos dois primeiros anos da atual legislatura por Rodrigo Maia (DEM-RJ), então presidente da Câmara dos Deputados, que não se esquiva, inclusive, de dialogar com a oposição de esquerda. A tramitação da reforma da Previdência foi emblemática do comportamento desse grupo. A aprovação do projeto, que poderia ter sido considerada uma vitória expressiva do governo, ocorreu após intensa costura no Congresso, a partir da qual o projeto foi amplamente modificado, incorporando, inclusive, algumas preocupações de partidos de esquerda – como a manutenção do Benefício de Prestação Continuada (BPC).

No contexto da pandemia, a autonomia dessa maioria congressual tornou-se mais evidente não apenas na Câmara, como também no Senado. O contexto extraordinário levou o Congresso a suspender as sessões pre-

[9] Dados apresentados e analisados em Meireles, Gershon e Barbosa (2020).

senciais e o funcionamento das comissões permanentes e de quase todas as temporárias, habilitando, de forma paralela, a votação remota (Santos; Gershon, 2020). Para além dessa reorganização técnica, chamamos atenção também para o modo como as lideranças da Câmara e do Senado, em particular a maioria de centro-direita a que nos referimos, organizaram-se nas mesas de cada uma das Casas e nos colégios de líderes, para mitigar os efeitos da liderança errática vinda do Planalto. Esse comando pouco articulado do governo pode ser simbolizado pelas sucessivas demissões de ministros da Saúde e pela guerra declarada aos governadores de São Paulo e Rio de Janeiro, por causa das medidas restritivas por eles adotadas e, mais tarde, também em razão do programa de desenvolvimento de vacina financiado pelo governador paulista, João Doria (PSDB).

Com efeito, verificamos que, durante a pandemia, a taxa de governismo caiu não apenas na Câmara, mas também no Senado, Casa que se mostrou aparentemente mais alinhada ao governo durante o ano de 2019. Enquanto, na primeira, a queda foi de 74,3% para 68,3%, na segunda, saiu de 74,7% para 59,3%. Igualmente significativo, ao passo que o grau de consenso entre os parlamentares caiu ligeiramente na Câmara após a eclosão da pandemia, no Senado, essa realidade manteve-se praticamente estável, tanto antes e quanto depois.[10]

A interpretação desses números passa necessariamente pelas ações do bloco majoritário a que nos referimos e pela diferença de seu comportamento em relação aos parlamentares da nova direita, encontrados principalmente no PSL (mesmo após a cisão com o presidente) e no Novo, que se mantiveram alinhados ao governo. Assim, o que se observou durante a pandemia na Câmara foi um distanciamento do bloco de centro-direita do Planalto desses dois partidos, o que diminuiu o grau de consenso na Casa e tornou mais evidente a diferença entre esses dois grupos de direita. Entretanto, se esses parlamentares constituem um grupo relativamente numeroso na Câmara, a mesma situação não ocorre no Senado, onde o bloco majoritário distanciou-se como um todo do governo, impactando a taxa de governismo de modo significativo. Além disso, o movimento pode ter refletido a sensibilidade

[10] Os dados foram apresentados e analisados em Canello, Gershon, Barbosa, 2020a e em Canello, Gershon, Barbosa, 2020b.

da Casa nos interesses dos estados, atingidos pela postura hostil do presidente em relação aos governadores do Nordeste e do Sudeste. Principalmente, o movimento da maioria mostrou, tanto no Senado quanto na Câmara, que era ilusória a ideia de que o governo lograra formar uma maioria sólida.

Assim, as altas taxas de governismo no primeiro ano de Bolsonaro retrataram antes a proximidade entre as agendas do Executivo e Legislativo do que os feitos da articulação política do Planalto, não tardando para que fosse revelada a fragilidade do governo no Congresso. Novamente, o período da pandemia é exemplar. Em que pese os evidentes prejuízos em termos de transparência e participação no processo legislativo, decorrentes do funcionamento remoto do Congresso, isso não se traduziu em maior ascendência do governo sobre a agenda legislativa. A maior parte das matérias apreciadas foi relativa à própria pandemia, não tendo se concretizado a temida "boiada" – termo referente à eventual aprovação de pautas de interesse do governo e, muitas vezes, danosas ao regime de direitos, valendo-se para tanto da situação excepcional – ao menos no que diz respeito às decisões que dependem do Legislativo (Gershon; Barbosa, 2020; Canello; Gershon; Barbosa, 2020b).

Com efeito, as duas matérias mais importantes votadas durante a pandemia contaram com ação determinante do Congresso, em direção contrária à que fora sugerida pela Presidência da República: a renovação do Fundo Nacional de Desenvolvimento da Educação Básica (Fundeb) e a aprovação do auxílio emergencial no valor de 600 reais, muito superior à proposta pelo Ministério da Economia. A maior vitória legislativa do governo nesse período foi a aprovação da MP n.º 868, de 2018, que regularizou as concessões das empresas públicas de saneamento básico à iniciativa privada. Entretanto, e conforme expusemos até aqui, essa aprovação deve-se, provavelmente, muito mais ao respaldo que a matéria tinha entre lideranças no Congresso do que à vontade do presidente da República e de sua equipe.

Entre os militares e o Centrão

O período da pandemia serviu para expor as entranhas da conturbada relação entre Bolsonaro e o Congresso, desfazendo quaisquer ilusões sobre a possibilidade de, mantidos os padrões que analisamos, o presidente conseguir um relacionamento mais harmônico com o parlamento e evitar, assim, mais percalços nos dois últimos anos de seu mandato. Por isso, sob a condução do Secretário de Governo, o general Luiz Eduardo Ramos, o Planalto tomou a iniciativa de se aproximar de partidos do Centrão, a maior parte dos quais compunha a maioria liderada por Maia, com o intuito de trazê-los à órbita do governo.

O objetivo é claro: aproveitar a eleição que se aproxima para as Mesas Diretoras da Câmara e do Senado para tentar, enfim, organizar uma maioria política no Congresso, dessa vez genuinamente governista. Com esse propósito, o Ministério das Comunicações foi recriado e destinado a Fábio Faria (PSD), a candidatura de Arthur Lira (PP) para a Presidência da Câmara tem sido abertamente defendida pela gestão Bolsonaro, Ricardo Barros (PP) foi escolhido novo líder do governo na mesma Casa, e nomeações para o segundo escalão têm seguido o pragmatismo usualmente adotado pelos partidos do Centrão.

Ao mesmo tempo, devido à extensão do auxílio emergencial, o início do segundo semestre testemunhou a recuperação da imagem do presidente, abalada no início da pandemia, inclusive em regiões que lhe foram opositoras no pleito de 2018, notadamente o Nordeste e em classes sociais de menor renda. Pesquisas apontaram que a aprovação do governo, que caíra para algo em torno de 25% a 30%, voltou ao patamar de 40%. Esses fatos podem gerar a impressão de que, após momento desafiador, o governo finalmente colhe os louros do aprendizado político e, assim, rumará para uma segunda metade de mandato mais estável.

Previsão não é exatamente o ponto forte da ciência política. Entretanto, não podemos deixar de apontar algumas fragilidades latentes desse cenário de voo de cruzeiro para o presidente. A mais notória é a incerteza quanto à recuperação da popularidade de Bolsonaro. Amplamente lastreada nos efeitos benéficos do auxílio emergencial, é de se supor que o fim do programa e o retorno à agenda de rigor fiscal defendida pelo ministro da Economia, Paulo Guedes, possa ter efeitos perversos sobre os indicadores sociais, atingindo com particular crueldade os setores que mais se beneficiaram do programa. Por outro lado, em algumas das praças eleitorais nas quais Bolsonaro conquistou apoio decisivo para a sua vitória em 2018, como São Paulo, a rejeição a seu governo beira os 50%.

Com relação ao Legislativo, é seguramente um exagero considerar o embarque de partidos do Centrão no governo como o passo definitivo para a organização de uma base de sustentação consistente. Embora o pragmatismo seja traço marcante do presidencialismo de coalizão brasileiro, e a despeito de Bolsonaro conhecer bem essa prática após décadas de experiência no Rio de Janeiro e em Brasília, certamente não é medida suficiente para dar ao governo o apoio necessário para dois anos mais amenos no Congresso.[11] A liderança política é componente fundamental na condução da agenda legislativa e, até o presente, Bolsonaro mostrou-se incapaz de exercê-la para além do contexto eleitoral. O segundo ano de mandato se conclui sem que o país saiba qual direção tomará nos próximos anos na economia ou quais reformas, afinal, serão apresentadas pelo governo. Particularmente desconhecida é a reforma tributária, em que as tímidas indicações do Ministério da Economia não estão nem perto de solucionar os dilemas federativos, que há anos a impedem de avançar.

O avanço do governo sobre o Centrão e sobre a Mesa Diretora da Câmara dos Deputados, desse modo, produz mais riscos, por exemplo, o de desorganizar a maioria legislativa, que propiciou algum espaço de debate e estabilidade nos dois primeiros anos de mandato, ao invés de organizar uma nova maioria, mais leal ao governo. Pouco preocupado com isso, o presidente apega-se ao único caminho que trilhou com constância desde que chegou ao poder: ocupar Brasília com cada vez mais militares e ex-policiais. Nesse aspecto, os sinais emitidos pelo Congresso foram claros: a reestruturação da carreira militar passou quase sem oposição, em franco contraste com a generalizada contenção de gastos. Entre a política, as ameaças e os recuos, Bolsonaro recorre sistematicamente aos últimos para driblar os efeitos desestabilizadores de sua rotina de ofensas às instituições democráticas. Resta saber por quanto tempo essa relação conturbada entre Executivo e Legislativo se manterá, e se, em 2022, a centro-direita se manterá passiva diante de uma liderança tão claramente confusa.

---

[11] O exemplo recente do Projeto de Lei das *Fake News* mostra isso (FERES JÚNIOR, 2020).

A Câmara dos Deputados pós-2018: o que mudou?

Carlos Ranulfo Melo

Sob muitos aspectos, a eleição de 2018 mudou a configuração política do Congresso Nacional. A maré conservadora que varreu o país fez com que os partidos perfilados à direita superassem os de centro e os de esquerda, e se tornassem o maior bloco nas duas casas, conquistando mais de 50% das cadeiras tanto na Câmara dos Deputados como no Senado Federal. Uma legenda até então inexpressiva, o Partido Social Liberal (PSL), tornou-se a segunda maior bancada da Câmara, enquanto o Partido da Social Democracia Brasileira (PSDB) e o Movimento Democrático Brasileiro (MDB) viram sua força reduzida à metade. Essa mesma onda provocou uma renovação de 52% na Câmara e de 85% no Senado (Diap, 2018). Minoritário, o presidente eleito alardeava sua aversão à "velha política" e à tradição de coalizões do presidencialismo brasileiro. No que se refere à dinâmica congressual e à relação entre os poderes Executivo e Legislativo, parecíamos estar entre o desastre total e um novo modo de fazer política. Conforme este capítulo pretende mostrar, não aconteceu nem uma coisa, nem outra.

A análise terá como foco a Câmara dos Deputados. As próximas seções irão tratar de ideologia. A primeira examinará a distribuição de deputados e partidos na dimensão esquerda-direita e a segunda, na progressista-conservador. A terceira seção aborda a relação Executivo-Legislativo nos primeiros vinte meses de mandato de Bolsonaro. À luz do que foi dito, ao fim discute-se a tentativa do presidente da República de construir uma base parlamentar.

Esquerda e direita na Câmara dos Deputados

Nos últimos anos, muito se tem discutido sobre a validade da dimensão esquerda-direita para a análise da competição partidária nas democracias. As opiniões variam, indo daqueles que consideram que a dimensão se mantém até os que procuram mostrar que ela já não existe, ou encontra-se em vias de ser superada por novas divisões na sociedade. De toda forma, prevalece certo consenso de que, pelo menos nas democracias mais longevas, conflitos em torno da imigração e dos padrões de autoridade têm polarizado tanto os cidadãos quanto as elites partidárias, levando a competição política para além do que se pode captar com base em uma análise unidimensional (Mair, 2007; Haupt, 2010; Albright, 2010; Dalton; Farrell; Mcallister, 2013; Dalton, 2017; Norris, 2019).

Sem pretender transplantar mecanicamente o debate para o Brasil, mas levando em conta o peso do conservadorismo no resultado das eleições de 2018, pretende-se analisar a atual legislatura em duas dimensões: esquerda-direita e, na falta de melhor designação, progressista-conservador. Os dados são provenientes do projeto, "Representação política e qualidade da democracia: um estudo das elites parlamentares da América Latina", conduzido pelo Centro de Estudos Legislativos, do Departamento de Ciência Política da UFMG.[1]

Essa seção analisa a distribuição dos deputados e deputadas na dimensão esquerda-direita. Nas entrevistas, foi solicitado que cada parlamentar se autoposicionasse, posicionasse o seu e os demais partidos em uma escala, na qual "1" significava esquerda e "10", direita. As respostas foram categorizadas em "esquerda" (posições 1-2); "centro-esquerda" (3-4); "centro" (5-6); "centro-direita" (7-8) e "direita" (9-10). O Graf. 1

[1] A pesquisa vem sendo conduzida desde 2005 pelo Centro de Estudos Legislativos em conjunto com a Câmara, por meio de *surveys* aplicados a uma amostra de deputados e deputadas estratificada por partido. Foram cobertas cinco legislaturas, daquela iniciada em 2003 até a atual, com uma média de 125 entrevistas em cada uma. A iniciativa integra esforço da pesquisa coordenada pelo Instituto de Iberoamérica da Universidade de Salamanca na América Latina e contou, em suas diversas fases no Brasil, com o apoio do Conselho Nacional de Desenvolvimento Científico e Tecnológico (CNPq) e da Fundação de Amparo à Pesquisa do Estado de Minas Gerais (Fapemig).

mostra o autoposicionamento dos deputados e deputadas, da legislatura 2003-2007 à atual (2019-2023) na Câmara dos Deputados.

Gráfico 1 – Esquerda-direita na Câmara dos Deputados. Auto posicionamento (%)

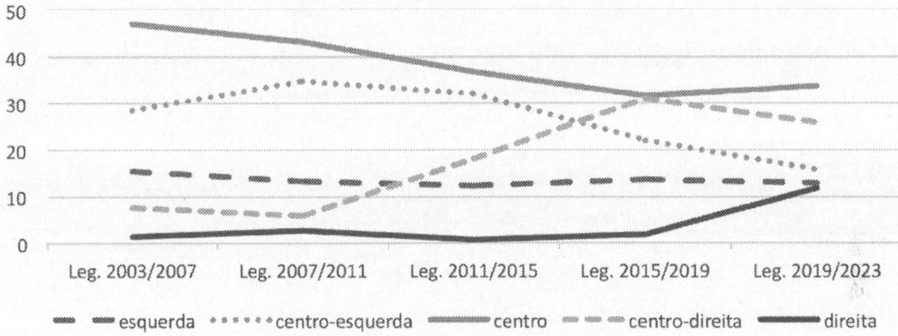

Fonte: Centro de Estudos Legislativos do Departamento de Ciência Política da UFMG.

Os dados revelam uma redução no percentual de deputados e deputadas que se autoposicionam do centro para a esquerda. O recuo foi maior entre os de centro-esquerda, que, após chegar a 34,8% na legislatura 2007-2011, recuaram para 15,8% após 2018. Os que se posicionam ao centro partiram de 47%, na primeira legislatura, e terminaram a série com 33,7%. Por um lado, o percentual daqueles mais resolutamente posicionados à esquerda (posições 1-2) sofreu menor variação, indo de 15,4% para 11,9%. Por outro lado, houve forte aumento no percentual dos que se colocam nas posições de centro-direita e direita. Somando-se os dois grupos, o salto impressiona: de 9,2% para 37,7%.

Esses índices mostram que o Brasil virou à direita de forma radical nesse período? Não. Houve, é certo, um aumento na representação dos partidos usualmente considerados de direita na Câmara, que passaram de 40% das cadeiras, na legislatura 2003-2007, para 54,4%, após 2018.[2] A explicação para o salto registrado no Graf. 1, porém, vem de

[2] Aqui são levadas em conta as bancadas na posse dos (as) deputados (as), tal como informado pelo site da Câmara. Foram consideradas legendas de direita, na atual legislatura: Partido Trabalhista Brasileiro (PTB), Republicanos (antigo Partido Republicano Brasileiro), Partido Liberal (PL, antigo Partido da República – PR), Partido Social Democrático (PSD), DEMOCRATAS (DEM), PROGRESSISTAS (antigo Partido

uma *mudança na postura dos deputados e deputadas situados à direita*. Na verdade, o baixo percentual de respondentes autoposicionados à direita, nas primeiras três legislaturas, está no que a literatura chamou de "direita envergonhada" (Power; Zucco, 2011; Melo; Santos; Câmara, 2020), ou seja, na tendência de tais parlamentares posicionarem-se ao centro.

Com o tempo, deputados e deputadas de direita passaram a se situar de forma mais congruente com as posições de seus partidos. O percentual dos que se situaram na centro-direita, entre as legislaturas 2007-2011 e 2015-2019, subiu de 5,9% para 30,9%, e a porcentagem dos que se colocaram nas posições 9 e 10 da escala foi de 1,9% para 11,9% entre a legislatura iniciada em 2015 e 2019. Mas, feitas as contas, parlamentares eleitos para as legislaturas 2015-2019 e 2019-2023 posicionam-se de forma semelhante. Houve um recuo de 7% no somatório de esquerda e centro-esquerda, um leve aumento ao centro e um acréscimo de 5% quando são agregadas as posições de centro-direita e direita.

Persiste, ainda que tenha diminuído sensivelmente, um descompasso entre o mencionado percentual de cadeiras controladas pelos partidos de direita, na legislatura 2019-2023 (54,4%) e o percentual dos que se posicionam ao centro-direita e à direita (37,7%). Levando-se em conta essa diferença e o crescimento observado entre os que se colocam nas posições 9 e 10 da escala, pode-se dizer que a direita na Câmara, na legislatura 2019-2023, engloba desde deputados e deputadas com posições mais moderadas, próximas ao centro propriamente dito, até uma minoria mais radicalizada. No outro lado do espectro, o quadro é diferente: o percentual dos que se colocaram nas posições 1-2 e 3-4 (28,7%) é semelhante ao das cadeiras conquistadas pelos partidos de esquerda em 2018 (26,1%).[3]

Progressista – PP), /PODEMOS (antigo Partido Trabalhista Nacional – PTN), Partido Social Cristão (PSC), /AVANTE (antigo Partido Trabalhista do Brasil – PT do B), Partido Humanista da Solidariedade (PHS), Partido Republicano Progressista (PRP), Partido da Mobilização Nacional (PMN), Partido Trabalhista Cristão (PTC), /DC (Democracia Cristã, antigo Partido Social Democrata Cristão), PSL (Partido Social Liberal), Partido Novo e PATRIOTAS (antigo Partido Ecológico Nacional – PEN).

[3] Foram considerados de esquerda: Partido Socialismo e Liberdade (PSOL), Partido Comunista do Brasil (PC do B), PT, PDT, PSB Partido Rede Sustentabilidade (REDE).

Cabe agora examinar como os parlamentares localizam os partidos na mesma escala. Nesse caso, a atenção será colocada apenas na legislatura 2019-2023. A cada parlamentar, foi solicitado que se classificasse uma lista contendo os nove maiores partidos da Câmara. O Graf. 2 mostra o resultado. Os índices obtidos de cada partido correspondem à média das opiniões aferidas.[4] O ordenamento coincide com o utilizado na literatura nacional, distinguindo-se Partido dos Trabalhadores (PT), Partido Socialista Brasileiro (PSB) e Partido Democrático Trabalhista (PDT) à esquerda e DEM e PSL, à direita. Entre eles, situam-se MDB, PSDB, PSD e PP, com pequena diferença entre os dois primeiros, geralmente classificados como de centro, e os outros dois, considerados usualmente como de direita.

Gráfico 2 – Os partidos na escala esquerda-direita. Legislatura 2019-2023

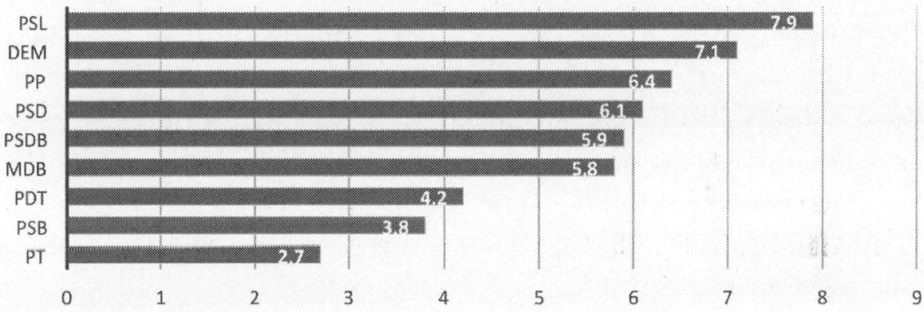

Fonte: Centro de Estudos Legislativos do Departamento de Ciência Política da UFMG.

Por fim, resta verificar se as posições assumidas na escala esquerda-direita guardam relação, como sustenta a literatura (Dalton, 2019), com as respostas dadas por deputados e deputadas a questões relativas ao papel do Estado na sociedade.[5] Com esse objetivo, foram verificadas:

---

[4] Foram realizadas 125 entrevistas na legislatura 2019-2023.

[5] Foram utilizadas três questões, sempre com uma escala de 1 a 10, em que "1" indica máxima presença do Estado e "10", máxima presença do mercado. São elas: (1) No debate econômico, o (a) Sr. (a) poderia me dizer se é mais favorável a uma economia regulada pelo Estado ou pelo mercado?; (2) Na opinião do (a) Sr. (a), qual o nível de controle que o Estado deve ter sobre a gestão de serviços públicos como água, eletricidade ou transporte, dentre outros; (3) Na opinião do (a) Sr. (a), qual o nível de controle o Estado deve ter sobre os recursos naturais como gás, petróleo ou os minerais?

(1) a correlação existente entre as posições assumidas pelos parlamentares na escala esquerda-direita e nas questões acima referidas; e (2) a posição dos partidos nas mesmas questões. O posicionamento de cada parlamentar com relação ao papel do Estado foi definido como a média das posições assumidas, na escala de 1 a 10, em cada uma das questões. A correlação encontrada foi de ,617** (significativa a 0,01), indicando que, quanto mais à esquerda estiver o deputado ou a deputada, mais favorável será, como seria de se esperar, à presença do Estado.

No caso dos partidos, a posição em cada uma das questões foi definida com base nas respostas dadas por seus representantes eleitos, extraindo-se daí a média, que é o valor associado a cada legenda no Graf. 3. O quadro apresentado é visualmente semelhante ao do Graf. 2, indicando que partidos situados à direita (representados pela opinião de parcela de seus representantes na Câmara) colocam mais ênfase na ação do mercado do que na presença do Estado. Mas há diferenças importantes. PSB e PDT deixam o PT relativamente isolado à esquerda. Já o PSL deixa o posto de "mais neoliberal" da turma para o DEM. Se analisadas as distribuições de preferências dos parlamentares em cada partido, nota-se maior variação no PSB e no PDT do que no PT. O mesmo cenário acontece quando se compara o PSL com PP, PSD ou DEM: são partidos ideologicamente menos coesos.

Gráfico 3 – Média das posições estado/mercado por partido. Câmara dos Deputados (2019-2023)

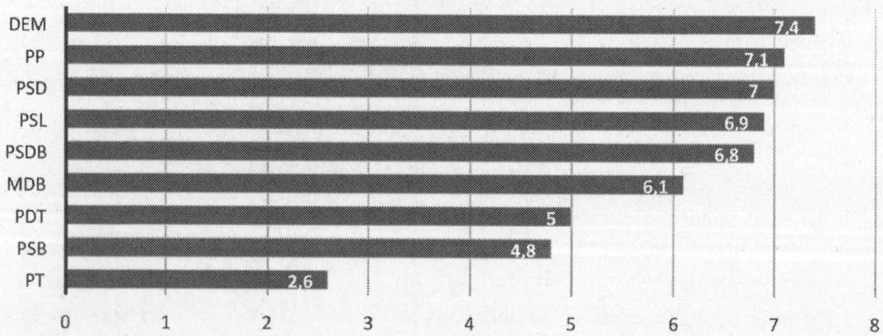

Fonte: Centro de Estudos Legislativos do Departamento de Ciência Política da UFMG.

Progressistas e conservadores

O foco agora se volta para a dimensão de valores. É fato que o resultado das eleições de 2018 pode, em boa medida, ser explicado pela onda conservadora que desarticulou o sistema partidário que vinha se estruturando no país. Mas qual foi o impacto de tal onda sobre a Câmara? Qual a diferença em relação às legislaturas anteriores?

Para responder, novamente se utilizam os dados do projeto "Representação política e qualidade da democracia", com questões relativas à redução da maioridade penal, união homoafetiva, pena de morte, descriminalização do uso de drogas, proibição da venda de armas e aborto. Para cada uma, os deputados e deputadas foram convidados a se posicionar em uma escala na qual "1" significava "a favor" e "10", "contra". Para facilitar a visualização, no entanto, duas delas foram invertidas – redução da maioridade penal e pena de morte –, de forma que os valores mais altos correspondessem às posturas mais conservadoras.

O passo seguinte foi posicionar os parlamentares. Para tanto, foi considerada a média de suas respostas às seis questões, com intuito de se constituir uma escala de cinco pontos: "progressista"; "moderadamente progressista"; "nem progressista nem conservador"; "moderadamente conservador" e "conservador".[6] O Graf. 4 mostra o resultado para as legislaturas 2011-2015, 2015-2019 e 2019-2023, nas quais foram feitas as seis perguntas.

[6] Em uma escala de 1 a 10, a distribuição ficou assim: 1-2,6 (progressista); 2,7-4,4 (moderadamente progressista); 4,5-6,2 (nem progressista, nem conservador); 6,3-8,0 (moderadamente conservador); 8,1-10 (conservador).

Gráfico 4 – Progressistas e conservadores em três legislaturas na Câmara dos Deputados (%)

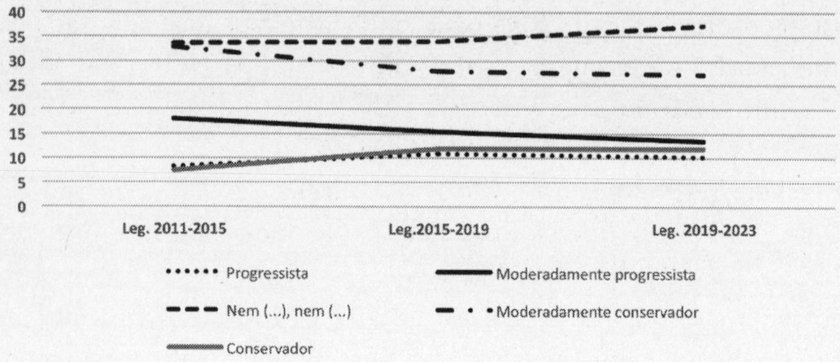

Fonte: Centro de Estudos Legislativos do Departamento de Ciência Política da UFMG.

Os dados mostram que a Câmara eleita em 2018 é majoritariamente conservadora, mas isso não é propriamente uma novidade. Se consideramos as três legislaturas, o maior grupo é dos deputados e deputadas "nem progressistas, nem conservadores" – como se trata de uma média, isso tanto pode significar um posicionamento próximo ao centro da escala em todas as questões quanto posicionamentos extremos que se compensam. Em seguida, vem o dos "moderadamente conservadores", mas a distância entre os dois grupos aumentou consideravelmente entre 2011-2015 e 2019-2023: enquanto o primeiro grupo subiu de 33,6% para 37,3%, o segundo caiu de 32,8% para 27,1%. Por outro lado, os "moderadamente progressistas" recuaram de 18% para 13,5%, queda que não chegou a ser compensada pelo crescimento dos "progressistas" – que foram de 8,2% para 10,2%. Por fim, a ala *hardcore* do conservadorismo ficou 4,5 pontos percentuais mais forte, passando de 7,4% para 11,9%. Feitas as contas, na legislatura 2011-2015, os conservadores, moderados ou não, superavam os progressistas, moderados ou não, por uma diferença de 14 pontos percentuais. Duas legislaturas depois, a diferença passou para 15,2. Se forem comparadas apenas as duas últimas legislaturas, *a Câmara é quase a mesma* – a maior variação aconteceu entre os "nem progressistas, nem conservadores", enquanto o percentual dos "conservadores" manteve-se idêntico.

Examinando apenas a atual legislatura, a distribuição das respostas dos parlamentares mostra o seguinte resultado na escala de 1 a 10: aborto (6,95); descriminalização do uso de drogas (6,43); redução da maioridade penal (6,36); proibição da venda de armas (5,68); união homoafetiva (4,68); e pena de morte (3,5). Seguindo a escala adotada, o posicionamento médio da Câmara eleita em 2018 vai de "moderadamente conservador", nas três primeiras questões, a "moderadamente progressista", nas duas últimas.

Resta ver como ficam os partidos na escala. No Graf. 5, como seria de se esperar, o PSL é o que mais pontua. A surpresa, se é que se pode dizer isso, está no fato de o PSDB se mostrar tão ou pouco mais conservador do que partidos tradicionalmente considerados como tais no Brasil. Todos eles, porém, de acordo com a escala aqui adotada, podem ser considerados "moderadamente conservadores". A afirmativa pode causar estranheza, mas até o mais conservador da turma, o PSL, tem entre os 15 entrevistados representantes com perfil progressista, moderado ou não: são dois na questão da proibição da venda de armas de fogo; seis, quando a pergunta é sobre a pena de morte; sete, no que se refere à união homoafetiva; e um, na questão da redução da maioridade penal. Os partidos MDB, PSB e PDT não são "nem progressistas, nem conservadores", ainda que o PDT se situe no limite do progressismo. Apenas o PT atende os requisitos para ser considerado progressista, ainda que no limite superior da categoria (2,6).

Gráfico 5 – Os partidos na escala progressista-conservador. Câmara dos Deputados (2019-2023)

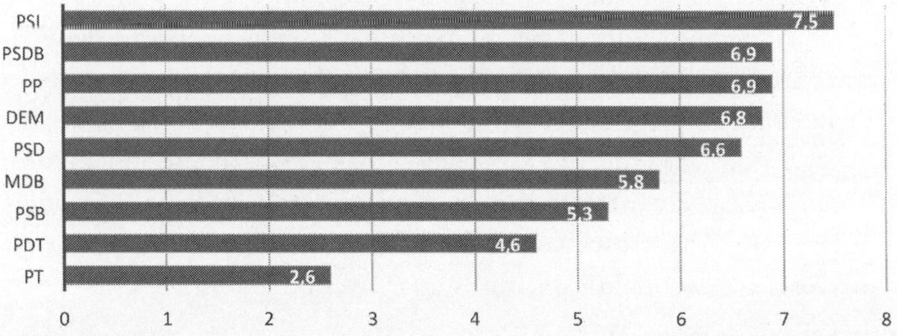

Fonte: Centro de Estudos Legislativos do Departamento de Ciência Política da UFMG.

Novamente observa-se uma semelhança visual, agora entre o Graf. 5, o Graf. 2 e o Graf. 3, anteriormente apresentados. As maiores diferenças são a posição mais ao centro do PSL, no Graf. 3 (posição dos partidos quanto ao papel do Estado), a posição mais conservadora do PSDB, no Graf. 5, e a menor distância entre PT e PDT/PSB, no Graf. 2 (posição dos partidos na escala esquerda-direita). Isso sugere um razoável grau de superposição entre as escalas esquerda-direita e progressista-conservador. De fato, é o que acontece. A correlação entre as posições dos deputados e deputadas nas duas escalas é forte e significativa, chegando a ,755** para a legislatura 2019-2023.[7] Em outras palavras, para a Câmara dos Deputados, a escala esquerda-direita dá conta do recado: quanto mais à esquerda estiver um parlamentar, maior a chance de se observar um comportamento progressista.

O presidente minoritário e autoritário *versus* um Congresso autônomo

Segundo mostram Cheibub, Przeworski e Saiegh (2002), governos de minoria não são necessariamente ineficazes no presidencialismo. Eles podem funcionar se partidos que não integram o ministério avaliam ter ganhos políticos ao votar com o presidente. Nesse caso, pode haver uma coalizão legislativa diferente da governamental ou da ministerial. Se o partido do presidente está politicamente próximo dos partidos com os quais constitui maioria legislativa, a formação de uma coalizão ministerial majoritária pode não ser necessária; e o presidente poderá, cedendo na política, manter todas ou a maioria das pastas sob seu controle.

Como dito anteriormente, partidos de direita ocupam a maioria das cadeiras na Câmara, e 37,7% dos deputados e deputadas se autoposicionaram à direita, enquanto apenas 28,7% se colocaram à esquerda. Além disso, trata-se de uma casa predominantemente conservadora. Isso torna possível a condução bem-sucedida de um governo conservador minoritário. Para tanto, a condição é a existência de coalizão legislativa disposta a apoiar politicamente as iniciativas do Executivo, o que, por

[7] Para as legislaturas 2011-2015 e 2015-2019, a correlação se mantém significativa embora perca um pouco de sua força (,568** e ,628**, respectivamente).

sua vez, exige deste último um reconhecimento da distância entre suas preferências e de seus aliados, bem como disposição para negociar e capacidade de articulação política.

Como se sabe, esses atributos são escassos no governo Bolsonaro, sendo algo que, em boa parte dos primeiros vintes meses de mandato, contribuiu para acentuar, ao invés de atenuar, as diferenças entre o governo e o mediano da Câmara. Com um "posto Ipiranga" mais neoliberal e um presidente da República, e vários ministros muito mais autoritários e conservadores que o padrão da Casa, sobraram propostas como a capitalização da Previdência Social, o fim do Benefício de Prestação Continuada (BPC) ou o auxílio emergencial de 200 reais. Houve ainda recomendações de abstinência sexual como solução para gravidez precoce; utilização de símbolos fascistas em referência à cultura; ataques sistemáticos às universidades públicas; e apoio a manifestações claramente antidemocráticas. Por outro lado, faltaram articulação política e disposição para negociar, enquanto funcionava a todo vapor um "gabinete do ódio" e permaneciam as críticas do presidente à "velha política" para alimentar suas bases. Não satisfeito, Bolsonaro, ao perceber que não tinha o controle do PSL, provocou um racha no partido.

À notória incapacidade do governo, veio somar-se uma mudança no quadro institucional, na direção de um maior protagonismo do Congresso, que, desde 2008 (Almeida, 2018; 2020), passou a superar o Executivo na produção legislativa, invertendo o quadro prevalecente desde a redemocratização. A inépcia do atual governo apenas intensificou o tal protagonismo, provocando um *gap* ainda maior entre as iniciativas dos dois poderes.

O quadro tornou-se mais complexo, dado que a Câmara é hoje povoada por partidos de porte médio (Melo, 2019), detentores de algo entre 5% e 10% das cadeiras. Na ausência de grandes bancadas, esses partidos passaram a ser igualmente importantes e aumentaram seu poder de chantagem, de forma a tornar ainda mais custosa a coordenação eficiente da base governista, caso o Executivo se dispusesse a mantê-la. Ao contrário do que sempre ocorreu, na atual Câmara, os maiores partidos ficaram relativamente isolados. Detentores das maiores bancadas até o racha no partido que elegeu Bolsonaro, PT e PSL tiveram baixíssima, se alguma, influencia na agenda de votações. O jogo congressual passou a depender menos da força parlamentar e mais da capacidade de articulação e negociação das lideranças.

Não é de estranhar, portanto, que, excluindo-se as leis orçamentárias – por definição constitucional, de iniciativa exclusiva do Executivo –, o número de leis promulgadas em 2019 com origem no Executivo tenha sido o menor se comparado a todos os governos anteriores para o mesmo tempo de mandato. Isso vale para o total de iniciativas legislativas/mês produzidas pelo governo (Almeida, 2020).

Nesse contexto, o protagonismo do Congresso mostrou-se indiscutível. Aprovou uma reforma da Previdência mais próxima de sua preferência, fez avançar o alcance do Orçamento Impositivo e legislou sobre o Fundo de Manutenção e Desenvolvimento da Educação Básica e de Valorização dos Profissionais da Educação (Fundeb) à revelia do governo e ainda o fez recuar de sua tentativa de desviar parte dos recursos para a Assistência Social. Durante a pandemia, forçou o Executivo a elevar o auxílio de emergencial, reduziu drasticamente o prazo de votação de medidas provisórias para agilizar o processo legislativo e, diante da ausência de propostas do governo, foi responsável, segundo levantamento realizado pela *Folha de São Paulo*, pela maiorias das mudanças introduzidas na legislação sobre saúde (Kapáz; Lacombe, 2020).

Isso não significa que o governo não tenha aprovado nada. Sem qualquer tipo de coalizão e com notório déficit de articulação e negociação, o Executivo alcançou, nas votações nominais na Câmara, um índice de apoio de 72,5% até 30 de junho de 2020, segundo boletim do Observatório do Legislativo Brasileiro (OLB, 2020b).[8] Um percentual semelhante, mesmo que pouco menor, ao obtido nos dois mandatos de Lula e no primeiro de Dilma. Ainda segundo o boletim, os partidos da Câmara apresentaram as seguintes taxas de apoio às iniciativas do Executivo, alguns deles com variação entre o período anterior e posterior à pandemia: PT (9%); PSB (42% e 26%); PDT (42% e 30%); PSD e MDB (89%); DEM (90% e 83%); PP e PL (90%); Republicanos (91%); PSDB (91% e 80%); e PSL (98% e 92%). Um levantamento relativo apenas ao ano de 2019 (OLB, 2020a), mostra o PSOL com taxa de apoio mais baixa que a do PT; enquanto PC do B e Rede ficam

[8] O apoio foi maior antes da pandemia (74,3%) do que depois (68,5%).

próximos do PSB. Do outro lado, o NOVO rivaliza com o governismo do PSL.

Um paradoxo? Nem tanto. Por um lado, os 72,5% de apoio ao governo nas votações refletem as preferências de parlamentares e seus partidos. Para dizer o óbvio: políticos interessam-se por políticas e tendem a votar com o que concordam. Não é surpreendente que um Legislativo majoritariamente de direita e conservador vote com Bolsonaro.

Por outro lado, é preciso destacar que o governo só foi até onde os legisladores permitiram, com o presidente da Câmara sempre se prontificando a dizer o que poderia ou não passar. O governo nunca controlou o processo legislativo. Diversas de suas *vitórias* dependeram de uma articulação independente no Congresso, como no episódio em que Rodrigo Maia articulou a manutenção do veto ao reajuste dos servidores públicos, após ele ter sido derrubado no Senado. Foram muitos os indicadores de uma relação conflituosa. Nunca tantas iniciativas do Executivo tiveram de ser submetidas à votação nominal (OLB, 2020a). O atual presidente é o que mais tentou governar por medidas provisórias (MPs) no primeiro um ano e meio de mandato, embora quase nunca tenha se empenhado em aprová-las (Bolsonaro..., 2020). Não surpreende que sua taxa de aprovação de MPs seja a mais baixa em vinte anos e suas iniciativas tenham caducado a uma taxa nunca vista. Seus decretos, tentativa de passar aspectos mais reacionários de sua agenda, foram bombardeados e seguidamente derrubados por decretos legislativos.[9] Levantamento feito pelo jornal *O Estado de São Paulo* mostra que, até agosto de 2020, 24 vetos interpostos por Bolsonaro haviam sido derrubados, número maior que todos os reveses sofridos por Lula e FHC em dezesseis anos (Waterman; Behnke, 2020).

Mesmo na área econômica, com toda a boa vontade do Congresso, as MPs claudicaram. Levantamento da *Folha de São Paulo* revelou que Guedes, em 2019, aprovou apenas 50% das medidas provisórias enviadas ao Congresso, índice muito inferior aos obtidos por Henrique Meirelles

---

[9] No primeiro ano de governo, foram 343 projetos de decretos legislativos iniciados na Câmara com objetivo de derrubar decretos presidenciais. Dilma teve 130 decretos contrários em seu segundo mandato e 22, no primeiro. Lula teve 30 e 10, respectivamente (OLB, 2020a).

(Temer), Joaquim Levy e Guido Mantega (Dilma) ou Antonio Palocci (Lula) (Caram; Pupo, 2019). Por fim, como mostraram Gershon, Meireles e Feres Júnior (2020), na área de "costumes" apenas nove proposições foram submetidas a voto. Das seis transformadas em leis, cinco eram da área de segurança.

Em busca de uma coalizão legislativa

Este capítulo utilizou as opiniões de deputados e deputadas para mostrar que a Câmara eleita em 2018 não é tão diferente da anterior. Mostrou, também, que o governo obteve um índice de apoio superior a 70% para suas iniciativas, mas que tal apoio não se explica pela montagem de uma base de apoio legislativa, e sim pela atuação autônoma de um Legislativo que decidia o que e até onde apoiar as demandas enviadas pelo Executivo.

A opção feita por Bolsonaro de governar sem base de apoio parlamentar, e manter um posicionamento que privilegiava sua base mais radical, em detrimento do diálogo com o Congresso, gerou uma situação inédita no país: a formação de um bloco legislativo majoritário, de centro-direita, não vinculado ao governo. Uma coalizão que excluía o presidente da República, no sentido de atuar com autonomia frente ao chefe do Executivo.

Acuado por pesquisas que mostravam uma avaliação ruim de seu governo, Bolsonaro iniciou a aproximação com os partidos do chamado "Centrão". O movimento inicialmente defensivo – tratava-se de afastar qualquer possibilidade de um *impeachment* – logo ganhou contornos de uma ação mais ampla, com o objetivo de constituir uma coalizão legislativa, ainda que não uma coalizão ministerial, de apoio ao governo. Partidos do Centrão ganharam posições no segundo e no terceiro escalões. Em junho, Fábio Faria (PSD) foi nomeado Ministro das Comunicações. Em agosto, Ricardo Barros (PP) assumiu a liderança do governo na Câmara. Em setembro, foram trocadas dez vice-lideranças na Casa, contemplando dez partidos diferentes e desalojando cinco parlamentares do PSL.

Quando este capítulo passava por sua revisão final, esse movimento do governo, complementado por um afastamento tático das posturas mais reacionárias, conquistou uma vitória na eleição para a presidência da Câmara dos Deputados. Com Artur Lira (PP-AL), Bolsonaro ganha um aliado estratégico, avança na construção de uma coalizão legislativa, aumenta a blindagem contra a crescente pressão pela abertura de um processo de impeachment e, de sobra, vê estabelecido um dissenso entre MDB, PSDB e DEM, partidos que, até então, discutiam uma alternativa de centro-direita para 2022. Mas é preciso considerar que os 302 votos de Lira são dele, e não de Bolsonaro – a eleição para a Câmara reflete, também, questões próprias da casa e não pode ser utilizada como régua para medir a base de apoio ao governo. Em segundo lugar, o Centrão é um aliado essencialmente pragmático. Diante de um governo fragilizado pelo desastroso desempenho na pandemia e pela falta de rumo no enfrentamento da crise social e econômica, seus líderes vão cobrar um preço alto pelo apoio. E não oferecerão garantias – a depender da evolução dos acontecimentos, podem pular do barco. Nisso são verdadeiros experts.

Partidos políticos e o governo Bolsonaro

Oswaldo E. do Amaral

Começar um texto sobre partidos políticos com a famosa citação de Schattschneider (1942) sobre a importância dessas organizações para o funcionamento dos regimes democráticos contemporâneos é quase um clichê.[1] Responsáveis por dar inteligibilidade à competição eleitoral, conduzir os governos e estruturar os trabalhos legislativos, os partidos políticos ainda não foram substituídos por nenhuma forma mais eficiente de organização política nas democracias representativas contemporâneas. Os clichês, no entanto, têm alguma razão de ser. No caso do governo Bolsonaro, o vínculo entre partidos e democracia pode nos ajudar a entender como foi a relação do presidente da República com as agremiações políticas no biênio 2019-2020.

Se pelo menos desde 1995 os presidentes pertenciam a partidos estruturados e se esforçaram, obtendo maior ou menor sucesso, em formar coalizões estáveis que permitissem a aprovação de medidas importantes no início de seu mandato e compartilharam o poder com as agremiações aliadas, Jair Bolsonaro não fez nada disso nos dois primeiros anos do próprio governo. O presidente abandonou a sigla pela qual foi eleito, sua administração preferiu não construir uma coalizão e se aproximou das Forças Armadas. No dia a dia do governo, a relação oscilou entre o distanciamento e o desprezo a uma das instituições mais importantes para o funcionamento dos regimes democráticos.

---

[1] A citação, contida na obra *Party Government: American Government in Action*, é a seguinte: "*political parties created democracy and modern democracy is unthinkable save in terms of parties*" (SCHATTSCHNEIDER, 1942, p. 1).

Para tentar entender o comportamento do governo Bolsonaro com relação aos partidos políticos, faço uma análise bastante heterodoxa em que combino uma interpretação da história e da percepção políticas do presidente e de seu entorno direto com o enredo que o levou à presidência. Sendo assim, não tenho nenhuma pretensão de que este seja um texto científico, no sentido estrito do termo.

A história importa

Jair Messias Bolsonaro não é e nunca foi um democrata. Em 1999, em uma entrevista concedida ao programa *Câmera Aberta*, da TV Bandeirantes,[2] a qual hoje é considerada anedótica e hiperbólica por muitos, ele revelou bastante de sua forma de entender o regime democrático. Disse o então deputado federal, quando perguntado se daria um golpe na presidência: "Não há a menor dúvida. Eu daria golpe no mesmo dia. [O Congresso] não funciona e tenho certeza que pelo menos 90% da população ia fazer festa e bater palmas".

Em outra passagem, sobre qual seria a solução para o Brasil, Bolsonaro afirmou:

> Através do voto você não vai mudar nada nesse país, absolutamente nada. Só vai mudar, infelizmente, quando um dia nós partirmos para uma guerra civil aqui dentro. E fazendo um trabalho que o regime militar não fez, matando uns 30 mil, começando pelo FHC. [...] Se vai morrer alguns inocentes, tudo bem. Em tudo quanto é guerra morrem inocentes.

Durante o processo de viabilizar sua candidatura à presidência, falou à rádio Jovem Pan, em 2016: "Pau de arara funciona. Sou favorável à tortura, tu sabe (*sic*) disso. E o povo é favorável também". E seguiu: "não houve golpe militar em 1964". Já presidente, defendeu que a data do Golpe de 1964 fosse comemorada como "um novo Sete de Setembro". Sem contar as inúmeras menções elogiosas a Carlos Alberto Brilhante Ustra, reconhecido

---

2 Programa veiculado no dia 23 de maio de 1999. Os trechos citados podem ser encontrados no seguinte link: bit.ly/3aN53iM. Acesso em 02 fev. 2021. Reproduções completas do programa podem ser facilmente encontradas no YouTube.

pela Comissão Nacional da Verdade pelo desaparecimento ou pela morte de ao menos 45 presos políticos durante o regime autoritário (1964-1985).

Ir além é aborrecer o leitor. Vamos ao comportamento do capitão reformado com relação aos partidos políticos. Em 1988, foi eleito vereador pelo Partido Democrata Cristão (PDC). Dois anos depois, chegou à Câmara também pelo PDC. Depois passou por PPR/PPB, PTB, PFL, voltou ao PP (ex-PPB) e PSC. Em 2018, já na disputa eleitoral, filiou-se ao Partido Social Liberal (PSL). Vendo a dificuldade de transformar o PSL em um partido próprio, completamente comandado por ele, abandonou a sigla em novembro de 2019. Tornou-se um presidente sem partido.

A partir daí, começou a ventilar a possibilidade de criar uma nova agremiação, o Aliança pelo Brasil. A falta de empenho e coordenação foi tão grande que, em caso raro na história, um presidente foi incapaz de criar um partido político para chamar de seu em dois anos de mandato. Em agosto de 2020, fez um comentário digno de quem nunca nem ao menos pensou em ser um verdadeiro "empreendedor" partidário. Em *live* na internet, declarou: "Difícil formar um partido, não é impossível, mas é difícil, burocracia enorme. [...] Então, não posso investir 100% no Aliança, em que pese o esforço de muita gente pelo Brasil" (Trindade, 2020).

Durante o período no Congresso Nacional, nunca ocupou um cargo importante, mesmo quando esteve em partidos relevantes. Não fez carreira no parlamento. Preocupou-se apenas em agradar seu nicho eleitoral e ser reconduzido a uma vaga como deputado federal, e em impulsionar a carreira dos filhos, em que foi extremamente bem-sucedido.

Nesses dois primeiros anos de administração, o presidente Jair Bolsonaro e seu entorno mais imediato demonstraram, mais de uma vez, que seguem com a maioria de suas crenças e percepções sobre o regime democrático e sobre os partidos políticos, embora agora em um ambiente no qual as restrições institucionais são maiores: o governo.

Ataques verbais ao Supremo Tribunal Federal (STF) e ao Congresso, além de denúncias vazias sobre supostas fraudes nas eleições de 2018 foram constantes nesses primeiros 24 meses de administração. Até mesmo sua coordenação política no parlamento foi, mais de uma vez, bombardeada por membros do próprio gabinete ministerial e pelo entorno familiar do presidente. Se é recurso de retórica ou não, isso não importa muito. Existiriam várias formas de manter sua base unida sem cotidianamente tentar deslegitimar alguns dos pilares da democracia representativa, como a separação de poderes e o fato de que, no sistema presidencialista, existe uma legitimidade dual, na qual Congresso e presidente foram, ambos, eleitos diretamente pelo povo (Linz, 1991).

Chegamos, então, à primeira proposta de explicação para a forma com que o governo Bolsonaro lidou com os partidos políticos na primeira metade de seu mandato. Bolsonaro não vê na democracia representativa um regime normativamente superior ou mesmo funcionalmente mais eficaz do que qualquer outro. Pelo contrário, o presidente e muitos no seu governo repetem na mídia e nas redes sociais que "quem manda é ele" e que ele recebeu a maioria dos votos para implementar o programa para o qual foi eleito. Ao fazerem isso, dão vazão a uma visão hobbesiana de democracia, na qual a maioria dos votos válidos lhes daria a legitimidade para fazer o que quisessem, sem nenhum tipo de controle horizontal (O'Donnel, 1995) ou negociação necessária. Tudo é tratado como um entrave para a realização da suposta vontade popular, os partidos políticos incluídos.

Poderia ser diferente?

Por que um presidente sem nenhum apreço ou maior compreensão acerca da natureza e do funcionamento do regime democrático valorizaria sua relação e a de seu governo com os partidos políticos?

É possível pensar algumas possibilidades: (1) a compreensão de que as estruturas partidárias são importantes para a manutenção de seu projeto político; (2) o cálculo para conseguir aprovar medidas importantes que garantam o apoio popular e a reeleição.

Ou seja, parto da ideia de que algumas estruturas institucionais exercem incentivos nada desprezíveis para a acomodação do comportamento político. Nesse caso, o governo Bolsonaro seria impelido a lidar com os partidos de maneira mais ou menos parecida com a da maioria de seus antecessores. Isso significaria uma agenda de negociação com uma base aliada sólida no interior do Congresso Nacional.

Nessa primeira metade da administração Bolsonaro, porém, esses incentivos não se mostraram capazes de alterar substancialmente o comportamento do governo. Parte da resposta pode derivar do fato de que sua candidatura não precisou de forte estrutura partidária para ser bem-sucedida em 2018. Em um partido nanico, sem capilaridade nacional ou recursos abundantes, Bolsonaro aproveitou muito bem uma conjuntura política que lhe foi extremamente favorável nos anos anteriores e em uma estratégia de campanha digital, que prescindiu de grande estrutura partidária.

Também contribui o fato de que, como dissemos, o presidente e seus filhos não enxergam nos partidos políticos interlocutores críveis e legítimos do sistema representativo nos partidos políticos. Nenhum dos filhos do presidente, por exemplo, buscou se aproveitar das imensas vantagens competitivas de estar próximo do governo federal para fortalecer uma sigla existente ou articular o surgimento de uma nova. Também não buscaram costurar alianças sólidas no Congresso que implicassem negociação ou compartilhamento de agendas. A lealdade pessoal ao chefe, dessa forma, é mais valorizada do que o compartilhamento de poder de maneira institucionalizada.

Contribuiu para essa percepção o fato de que o governo Bolsonaro encontrou uma organização capaz de suprir, ao menos do ponto de vista administrativo, os partidos políticos: as Forças Armadas. Diante da dificuldade de montar a máquina governamental sem recorrer de maneira formal aos partidos, o presidente aproximou-se de militares da ativa e da reserva como forma de preencher o vazio administrativo. Entre 1990 e 2016, a atuação dos militares da ativa esteve restrita ao Ministério da Defesa, à vice-presidência e ao Gabinete de Segurança Institucional (GSI), vinculado à presidência. No governo Temer, houve um pequeno avanço em áreas como o Ministério da Economia. Entre 2019 e julho de 2020, o número de militares da ativa em cargos de confiança saltou de 1.925 para 2.558 e atingiu 18 órgãos da administração federal (Bragon; Mattoso, 2020). Levando em consideração militares da reserva, em meados de 2020, 9 dos 23 ministros tinham origem nas Forças Armadas.

O governo Bolsonaro também entrou em uma cilada na qual as próprias forças que o levaram ao poder ajudaram a criar: a armadilha da nova política. Não há uma definição clara sobre o que seria essa nova política. No entanto, ela parece estar baseada em uma visão um tanto distorcida de que toda negociação entre o Executivo e o Legislativo no Brasil acontece a partir do toma lá, dá cá, que seria, basicamente, a compra de apoio do Legislativo por parte do Executivo com recursos do governo federal. Segundo essa interpretação, a velha política seria caracterizada por partidos e políticos sem nenhum interesse na formulação de políticas públicas em um sistema no qual haveria a subjugação completa do parlamento. Como mostra a ciência política, essa não é uma interpretação correta (Freitas, 2016). Porém isso não importa. Setores do judiciário, da imprensa e da opinião pública conseguiram transformar a velha política em algo que deveria acabar, e foram apoiados por forças de todos os pontos do espectro ideológico.

Como filho da nova política, apesar da experiência legislativa de décadas do presidente, o governo Bolsonaro se viu refém de seu próprio discurso. Nesse sentido, costurar apoios sólidos com os partidos ganhou um custo adicional, o de incorrer no risco de alienar sua base mais fiel de apoiadores e de perder o apelido de "mito" – ou aquele que foi escolhido "para acabar com tudo que está aí".

Ainda seria possível imaginar que, mesmo sendo filho da nova política, o governo Bolsonaro poderia desenvolver uma base de apoio formal com alguns partidos tendo em vista aprovar medidas importantes para a formulação de políticas públicas e de um plano de governo visando à reeleição em 2022. No entanto, não foi isso o que aconteceu nos dois primeiros anos de mandato. Com exceção da reforma da Previdência, não houve outra medida importante que contou com forte empenho e coordenação do Executivo para a sua aprovação no Congresso. Isso se deve também ao fato de que, na prática, o governo Bolsonaro chegou ao poder sem clareza do que efetivamente gostaria de implantar e aprovar no Legislativo. Em um jantar realizado em Washington, nos Estados Unidos, em março de 2019, que reuniu uma série de lideranças conservadoras, o presidente declarou: "O Brasil não é um terreno aberto onde nós pretendemos construir coisas para o nosso povo. Nós temos é que desconstruir muita coisa. Desfazer muita coisa. Para depois nós começarmos a fazer. Que eu sirva para que, pelo menos, eu possa ser um ponto de inflexão, já estou muito feliz" (Nós..., 2019).

Diante da ausência de programas claros para o país e da armadilha discursiva autoimposta, a preferência do governo deu-se por não investir na coordenação política com os partidos no Congresso. A aposta recaiu sobre a manutenção de uma base social de apoio mobilizada e em uma eventual recuperação econômica, a partir de medidas que não necessitassem de forte coordenação junto do Legislativo para serem aprovadas. Nem mesmo o avanço da pandemia provocada pelo novo coronavírus fez com que a estratégia mudasse. A principal medida aprovada no período, que estabeleceu o auxílio emergencial, foi discutida e pactuada no interior do Congresso.

Diante desse quadro, a administração Bolsonaro é a que tem a pior taxa de sucesso em aprovação de propostas, quando comparada à de seus antecessores com o mesmo período de governo desde 1995. Das 282 propostas legislativas enviadas pelo Executivo ao Congresso, apenas 117 foram aprovadas (41%) entre 1º de janeiro de 2019 e 19 de outubro de 2020. Apenas como medida de comparação, no mesmo período, a primeira administração de Fernando Henrique Cardoso tinha apresentado 538 propostas e aprovado 393 (73%). Já no primeiro governo Lula, o executivo enviou 639 propostas e obteve sucesso em 543 (85%).

Tabela 1 – Taxa de sucesso do Executivo no Congresso (22 meses iniciais)

Governo	Sucesso
FHC	0,73
FHC II	0,72
Lula	0,85
Lula II	0,81
Dilma	0,79
Dilma II*	0,83
Temer	0,75
Bolsonaro	0,41

Fonte: Banco de Dados do Legislativo do CEBRAP.
* Dados relativos até maio/2016.

Por fim, é importante destacar que a coordenação dos partidos no interior do Congresso continuou existindo. Em 2019, a taxa média de apoio ao governo Bolsonaro na Câmara foi de 70%, número compatível com o encontrado em administrações anteriores. Ou seja, se a gestão

Bolsonaro não aprovou mais medidas no período não foi por obstrução dos partidos políticos no Legislativo, mas sim por falta de coordenação e negociação por parte do Executivo.[3]

Não é simples entender o governo Bolsonaro

Assim como não é tarefa simples entender a chegada de Jair Bolsonaro ao poder, tampouco é fácil explicar alguns elementos de sua administração no biênio 2019-2020. Não é diferente quando se observa a relação do governo com os partidos políticos nesse período. Para tentar compreendê-la, neste texto, parti de uma abordagem um tanto quanto heterodoxa. Não acredito que seja possível entender a relação de distanciamento e desprezo do governo Bolsonaro com os partidos políticos no biênio 2019-2020 sem levar em consideração alguns aspectos da trajetória do grupo que chegou à presidência em 2018, bem como suas percepções sobre democracia e instituições representativas. Nesse sentido, parece-me importante compreender que a racionalidade dos atores está amparada, também, por sua visão de mundo. De que adianta imaginar uma negociação entre o presidente e os partidos políticos se ele não enxerga que essas sejam instituições que mereçam atenção? São sinais contrários. O governo Bolsonaro, apesar de muito ruim do ponto de vista da construção de políticas públicas, traz algo muito interessante para os analistas: incentivos institucionais devem ser analisados também a partir de outras dinâmicas, como a história, a capacidade administrativa e as preferências ideacionais dos líderes políticos. Dessa forma, sugerimos que regras iguais não levarão, necessariamente, a resultados iguais. Afinal, como os atores veem as regras também faz parte do jogo.

A eleição de 2020 e o cenário para 2022

Em meio a pandemia e uma forte crise econômica, os brasileiros foram às urnas, em novembro de 2020, para escolher prefeitos e vereadores

[3] Gostaria de agradecer a Joyce Luz pela organização dos dados disponíveis no Banco de Dados do Legislativo do CEBRAP.

em todo o país. As campanhas e os resultados dão alguns sinais de como pode ser o cenário político-partidário até 2022.

Primeiro, vamos aos resultados: nas disputas para as câmaras de vereadores e para as prefeituras, os principais vencedores foram os partidos tradicionais de direita. Democratas (DEM), Progressistas (PP) e Partido Social Democrático (PSD) apresentaram forte crescimento com relação a 2016, passando a ser, respectivamente, a quinta, a segunda e a terceira legendas com mais representantes nos Legislativos municipais e em número de prefeitos eleitos. O Movimento Democrático Brasileiro (MDB) e o Partido da Social Democracia Brasileira (PSDB) tiveram leve declínio, mas continuaram bem posicionados no primeiro e no quarto lugares entre os partidos com mais vereadores e prefeitos eleitos. No campo da esquerda, o Partido Democrático Trabalhista (PDT), o Partido Socialista Brasileiro (PSB) e o Partido dos Trabalhadores (PT) perderam espaço com relação a 2016.

Embora tenha havido uma clara reacomodação do eleitorado à direita, o presidente Jair Bolsonaro não foi um dos vencedores do pleito. A maior parte dos candidatos apoiados por ele não teve o desempenho esperado, em especial nas capitais. O presidente pagou o preço por não ter investido em uma marca partidária e pela gestão da pandemia e da economia em 2020.

A onda do "contra tudo isso que está aí", tão importante nas eleições de 2018, não se repetiu em 2020. Nos grandes centros urbanos, os temas sociais, como saúde e educação, predominaram. Em várias capitais, candidaturas da centro-direita à esquerda sinalizaram para a necessidade de ampliar a rede de proteção social em um contexto de alta do desemprego e de pressão sobre os sistemas de saúde e de ensino públicos. Os eleitores pareceram escolher os candidatos que consideraram mais aptos para lidar com esses temas complexos e de difícil resolução, ao mesmo tempo que sinalizaram estar cansados de lideranças com perfil mais populista.

A política que sai das urnas em 2020 aumenta a pressão para que o governo Bolsonaro transforme um pouco sua relação com os partidos políticos em 2021-2022, pois as legendas tradicionais de direita ganharam força e poder de barganha para as próximas eleições gerais.

A reeleição de Jair Bolsonaro parece, cada vez mais, depender de uma retomada da atividade econômica. Para isso, o governo vai precisar investir mais na coordenação política e na aproximação com partidos de centro-direita e direita no Congresso Nacional. Esse seria o esperado. Como vimos, porém, o esperado nem sempre é o mais provável nesse governo.

Guerra e paz? O Supremo Tribunal Federal nos dois primeiros anos do governo Bolsonaro

Marjorie Marona
Lucas Magalhães

O arco que cobre a análise acerca do desempenho do Supremo Tribunal Federal (STF) no governo Bolsonaro vai desde a declaração do filho do presidente – em tom de ameaça de fechamento institucional –, que antecede sua vitória eleitoral, até a primeira indicação do ex-capitão para a mais alta corte do país. Nesse período, a relação entre o Supremo e o Palácio do Planalto desenha uma curva que parte de um ponto de grande tensão, se amplia até as raias do desarranjo institucional completo para, então, entrar em queda com o arrefecimento dos ânimos e com a retomada da harmonia mambembe entre os poderes da República.

Variações no padrão de atuação de cortes constitucionais são comumente explicadas a partir de mudanças institucionais capazes de impactar sua independência e sua capacidade institucional (Rosenberg, 1991). Contudo, instituições não atuam no vácuo, de modo que seu impacto é mediado pelos contextos político, social, econômico e ideológico (Ríos-Figueroa, 2011). Eis o pressuposto que justifica a análise da variação no padrão de atuação do STF em um período tão curto de tempo, pouco mais de dois anos desde que Jair Bolsonaro chegou à presidência da República.

Mantido constante o *framework* institucional – regras de indicação, permanência e remoção dos ministros e instrumentos de poder alocados individual ou colegiadamente – o ambiente político e o contexto social e econômico sofreram grande variação, tanto quando se compara o governo Bolsonaro com os anteriores, como quando se considera a recente trajetória do atual governo, atravessado pela maior crise sanitária do século: a pandemia de covid-19. O STF, em 2019, teve de lidar com um quadro de continuado e crescente ataque de sua posição institucional por parte de aliados fiéis e apoiadores ardorosos do governo Bolsonaro – quadro que se agravou após a chegada do coronavírus ao país e só começou a arrefecer na segunda metade do ano seguinte. Esse movimento acompanhou, de resto, a curva de estabilização do próprio governo Bolsonaro.

Vale a pena retroceder às vésperas do segundo turno das eleições de 2018, quando o então deputado federal Eduardo Bolsonaro antecipava as tensões que se estabeleceriam entre o STF e o Planalto ao declarar que, "se quiser fechar o STF", basta ordenar a "um soldado e um cabo" (Filho de..., 2018). Eleito, Jair Bolsonaro ignorou a solução de governabilidade adotada desde a redemocratização, expressa na fórmula do presidencialismo de coalizão, e avançou numa estratégia de unilateralismo presidencial que estressou as relações entre o Executivo e o Legislativo, redundando na crescente demanda, perante o Supremo Tribunal Federal, por contenção dos arroubos individuais/autoritários do presidente da República. Findo o primeiro ano do governo Bolsonaro, havia no STF quase setenta ações questionando iniciativas do Planalto, entre medidas provisórias, decretos e portarias, às quais se somaram pelo menos outras duas dezenas que, embora não tivessem relação com medidas oficiais, se vinculavam à agenda do governo eleito. Tudo sob o eco da bravata do filho do presidente e deputado pelo estado de São Paulo.

O Supremo, por sua vez, não respondeu nem vigorosa nem imediatamente, impondo a primeira derrota ao governo apenas em junho de 2020, ao decidir que o presidente não pode, por meio de decreto, extinguir conselhos que tenham sido criados por lei, sinalizando alguma resistência à estratégia de Bolsonaro de governar a despeito do Legislativo. No mesmo sentido, em agosto, voltou a evitar manobra do executivo nacional que pretendia, por meio da reedição de trecho de medida provisória rejeitada pelo Congresso, transferir a demarcação de terras indígenas da Fundação Nacional do Índio (Funai) para o Ministério da Agricultura. O STF atuou ainda para reverter a medida provisória editada pelo governo que dava fim ao seguro obrigatório de veículos (DPVAT). Especulava-se à época que a iniciativa tenha tido motivações pessoais do presidente da República (Lobel, 2019). Inúmeras outras pautas de interesse do governo, no entanto, não foram enfrentadas pela Corte. Discussões sobre questões ambientais, armamento da população e corte de verbas de universidades públicas, por exemplo, estiveram à disposição dos ministros como oportunidade de restabelecimento dos valores constitucionais mais fundamentais diante do avanço de uma agenda que se constituía sob a base das máximas da "escola sem partido", do "bandido bom é bandido morto" e do "índio não é gente".

A explicação para a contida atuação do STF, mesmo diante de um quadro institucional que lhe adjudica ampla independência judicial – pelos anteparos institucionais previstos constitucionalmente, tais como a vitaliciedade, o método complexo de seleção e a proteção salarial – e extensa capacidade institucional, considerando o rol de competências da Corte, deve ser buscada em elementos conjunturais. Manejando com bastante cuidado as relações com os poderes da República, em que se alocam os atores com condições reais de retaliação, o STF não pode arriscar perder o apoio difuso da opinião pública, fundamental para resguardá-lo de pretensões de ingerência política ilegítima.

O Supremo já havia enfrentado forte reação de parte do Congresso logo nos primeiros meses do governo, quando um grupo de parlamentares eleitos na esteira da operação Lava Jato, que ostentam um discurso de moralização da política, propôs a abertura de uma Comissão Parlamentar de Inquérito (CPI) sobre o Judiciário (alcunhada de Lava Toga). Os legisladores apresentaram também projetos de lei com regras para o funcionamento da Corte, que restringiam o nível de discricionariedade dos ministros, e novos pedidos de *impeachment* contra os integrantes do Supremo. Além disso, a criminalização da homofobia e a reversão de algumas decisões na seara criminal, com reflexos na Lava Jato, também havia colocado o STF em uma posição mais delicada diante da opinião pública, exigindo que gastasse parte de seu estoque de legitimidade (Clark, 2010).

O que parecia uma tendência de acomodação das relações do STF com o governo e com o Congresso, expressa também pela definição do calendário de julgamentos para 2020, que relegou a chamada "pauta dos costumes" para um segundo plano, e pelas manifestações e ações do então presidente da Corte, Dias Toffoli, só seria revertida com a chegada da pandemia de covid-19 ao Brasil. A partir daí, o STF tornou-se um dos principais pontos de contenção do governo Bolsonaro. Ainda que agendas importantes do governo tenham passado ilesas pelo escrutínio da Corte, principalmente na área econômica,[1] inúmeras foram as decisões (não só individuais, por meio de liminares, mas também colegiadamente) que visavam empurrar o presidente para o quadro democrático constitucional.

A primeira derrota durante a pandemia foi imposta pelo ministro do Supremo Alexandre de Moraes em uma decisão liminar que suspendia os efeitos da medida provisória que restringia a Lei de Acesso à Informação (LAI). Ainda em março de 2020, outro ministro, Luís Roberto Barroso, atendendo a um pedido do partido Rede Sustentabilidade, vetou, também monocraticamente, a campanha publicitária da Secretaria Especial de Comunicação Social (Secom) denominada "O Brasil não pode parar". A campanha estimulava a população a retornar às atividades e minimizava os efeitos do coronavírus. Barroso atendeu ainda a um pedido do deputado Paulo Pimenta (PT), e suspendeu uma ordem do governo federal de expulsar diplomatas venezuelanos em meio à pandemia.

O avanço do STF sobre a agenda do governo, porém, não se deu apenas a partir de ações isoladas dos ministros, mas também colegiadamente. Em abril, o Supremo reafirmou a autonomia dos governadores de estado e dos prefeitos para determinar medidas restritivas e definir os serviços essenciais, o que, na prática, esvaziou os poderes do governo para forçar um retorno das atividades econômicas. No mês seguinte, a Corte deu uma interpretação restritiva à Medida Provisória (MP) n.º 966 de 2020, explicitando a possibilidade de responsabilização de agentes públicos que adotassem medidas contrárias a recomendações médicas e científicas.

Em paralelo com essas derrotas no campo de políticas públicas, o governo sofreu ainda com decisões na esfera criminal. Após o midiático pedido de exoneração de Sergio Moro, ex-ministro da Justiça, Celso de Mello acolheu a solicitação da Procuradoria-Geral da República (PGR)

[1] De forma exemplar, o STF validou a MP n.º 936 de 2020, que permitia acordos individuais entre empregados e trabalhadores para reduzir temporariamente o salário, a jornada ou a suspensão dos contratos.

e autorizou a abertura de inquérito para investigar a denúncia, feita por Moro, de que o presidente Bolsonaro havia tentado interferir na Polícia Federal (PF). Dois dias depois, Alexandre de Moraes, levando em consideração a decisão do decano, suspendeu a nomeação de Alexandre Ramagem para o comando da PF, por entender que o ato do presidente incorria em um desvio de finalidade. Por decisões desse mesmo ministro, o governo sofreu, ainda, com mandados de busca e apreensão efetuados contra empresários e blogueiros aliados de Bolsonaro no inquérito das *fake news*, e com a quebra do sigilo fiscal de parlamentares próximos ao presidente na investigação do financiamento de manifestações antidemocráticas.

Em resposta à sequência de derrotas, o governo passou a escalar a crise político-institucional. Flertou com quase todo o leque de opções de retaliação: de pedidos de *impeachment* de ministros à redução do teto de idade, bem como o aumento do número de ministros do STF. O ex-capitão e seus aliados, porém, não contavam com o apoio do Legislativo e da opinião pública para efetivamente avançar contra o Supremo. Restaram os mecanismos informais de retaliação: ações e pressões, diretas ou sutis, com diversos níveis de severidade, mas, sobretudo, sem amparo em disposições legais (Llanos *et al.*, 2015). São exemplos desses mecanismos informais, as ameaças de violência e os ataques retóricos ou físicos, a comunicação não oficial entre os juízes de uma Corte Constitucional e o alto escalão do executivo, e, ainda, a cobrança de decisões judiciais favoráveis ao governo, como pagamento de obrigações devidas a vínculos sociais ou subornos. Essa parece ter sido a linha adotada pelo governo, diante da conjuntura política que tanto indicava uma profunda crise de governabilidade, quanto inviabilizava a mobilização de mecanismos institucionais de retaliação. Daí que passamos a observar uma série de manifestações – desde abril de 2020 – favorável à intervenção militar no STF.

A escala do conflito entre o Planalto e o STF se deu, portanto, no campo da informalidade. De um lado, Bolsonaro não parecia cogitar render-se diante da frente institucional de resistência democrático-constitucional que o STF conduziu ao lado de importantes lideranças políticas. De outro, o Supremo mergulhava em um conflito interno, que inúmeras vezes opunha as ações e declarações de harmonização de Dias Toffoli, então presidente da Corte, com as decisões vigorosas de Alexandre de Moraes e Celso de Mello, relatores de procedimentos criminais que colocavam o governo Bolsonaro e sua base de sustentação sob suspeição. As retaliações do governo tornaram-se mais diretas e o nível de severidade aumentou: Bolsonaro chegou a afirmar publicamente que a determinação de Alexandre de Moraes (de suspender a nomeação de Ramagem) foi política e quase gerou uma crise institucional, lançando suspeitas sobre o processo de nomeação do próprio ministro que, segundo o presidente, tinha traços de pessoalidade, tendo em vista sua amizade com o ex-presidente Temer (Mazui, 2020).

No domingo daquela mesma semana, durante mais uma manifestação flagrantemente antidemocrática em Brasília, Bolsonaro pediu a "Deus que não tenhamos problemas nesta semana, porque chegamos no limite", afirmando que as Forças Armadas estavam ao seu lado e que não seriam mais admitidas interferências (Bolsonaro..., 2020). No dia seguinte, Mourão, seu vice, deu uma declaração asseverando que o STF havia ultrapassado seus limites e que os poderes deveriam "buscar se harmonizar mais e entender o limite da responsabilidade de cada um", mas contemporizou destacando seu compromisso com a democracia (Carvalho, 2020).

O quadro de aberto atrito entre o Supremo e o Planalto seguiu se agravando durante as ações no curso dos inquéritos das *fake news* e dos atos antidemocráticos. No final de maio, Alexandre de Moraes determinou o cumprimento pela PF de mandados de busca e apreensão contra empresários e blogueiros aliados de Bolsonaro. No dia seguinte, o presidente compartilhou, em suas redes sociais, um vídeo no qual o jurista Ives Gandra defendia a possibilidade de as Forças Armadas atuarem como "poder moderador" e, além disso, exclamou diante de jornalistas: "Acabou, porra! Me desculpem o desabafo. Acabou! Não dá para admitir mais atitudes de certas pessoas individuais, tomando de forma quase que pessoal certas ações" (Acabou..., 2020). Mas não havia acabado. Duas semanas depois, Moraes determinou a quebra do sigilo fiscal de parlamentares apoiadores de Bolsonaro no inquérito que investiga o financiamento de manifestações antidemocráticas, o que levou novamente a uma reação imediata por parte do presidente: "Eles estão abusando, isso está a olhos vistos. [...] Está chegando a hora de colocar tudo em seu devido lugar" (Eles..., 2020, [s.p.]).

Outro capítulo da novelesca tensão entre o Executivo e o Judiciário foi protagonizado pelo então decano da Corte, Celso de Mello, no final do mês de maio de 2020. No contexto das investigações sobre a suposta interferência do Bolsonaro na PF, o Partido Socialista Brasileiro (PSB), o Partido Verde (PV) e o Partido Democrático Trabalhista (PDT) requereram a apreensão do celular do presidente. Antes de tomar qualquer decisão, o decano remeteu o pedido à PGR, para manifestação. Todavia apesar de se tratar de um procedimento de praxe, a mera possibilidade de se apreender o celular de Bolsonaro foi suficiente para disparar um gatilho no Palácio do Planalto. Segundo informações dos bastidores, o presidente ficou transtornado com a notícia e convocou seus ministros militares para uma reunião em seu gabinete, anunciando sua decisão: "Vou intervir [no STF]!" (Gugliano, 2020).

Não houve interferência, mas o STF não saiu totalmente ileso desse confronto. Embora Bolsonaro tenha sido dissuadido de seu plano de intervenção direta, acertou-se na reunião que o governo daria uma resposta ao STF, o que veio no formato de uma nota assinada pelo General Heleno, ministro-chefe do Gabinete de Segurança Institucional (GSI), na qual foi dito que a apreensão do celular do presidente "é uma evidente tentativa de comprometer a harmonia entre os poderes e poderá ter consequências imprevisíveis para a estabilidade nacional" (Mazui, 2020, [s.p.]). Em apoio a essa nota, seguiu-se uma carta assinada por militares da reserva, manifestando "a mais completa, total e irrestrita solidariedade" ao general e criticando o STF, cujas sucessivas arbitrariedades "trazem ao país insegurança e instabilidade, com grave risco de crise institucional com desfecho imprevisível, quiçá, na pior hipótese, guerra civil" (Junqueira, 2020, [s.p.]).

Note-se que as derrotas no STF, capazes de mobilizar, em termos de frequência e intensidade, as reações de retaliação de Bolsonaro, nada têm a ver com políticas públicas ou com a agenda do governo propriamente, mas sim com as investigações criminais que tanto afetavam ele quanto seus familiares e aliados diretos. Talvez na interseção entre as necessidades de assegurar sua proteção e de sua família, e de retomar minimamente a governabilidade, foi que Bolsonaro avançou negociações com o Centrão inaugurando uma nova etapa não apenas de seu governo, mas também de suas relações com o Supremo. Nessa chave, pode ser lida a recente indicação de Kassio Nunes para ocupar a vaga de Celso de Mello, aposentado em outubro de 2020, pouco antes do previsto pela compulsória, ao completar 75 anos de idade. Em lugar das ameaças e bravatas públicas, as negociações e palavras de reconhecimento do esforço de Dias Toffoli na manutenção do diálogo e da harmonia, nas relações com o Planalto, passaram a ocupar a cena pública (Amorim, 2020).

De fato, o protagonismo judicial – e a correlata centralidade do STF na vida política nacional – induziu a crescente preocupação dos governos com o processo de indicação dos ministros, objeto de planejamento estratégico por parte dos presidentes e assessores. No caso de Bolsonaro, o STF recebe especial atenção não apenas porque na Corte aportam temas associados à sua agenda ultraconservadora no campo dos costumes, mas também porque pairam sobre o governo e sobre os aliados de primeira linha suspeições que podem disparar o exercício da competência penal do tribunal. Não por acaso, o ex-capitão chegou a declarar que sua indicação para o STF seria de um nome "terrivelmente evangélico" (Calgaro; Mazui, 2019), mas em outra oportunidade manifestou intenção de nomear para o cargo o procurador-geral da República, Augusto Aras, que tem se mantido fiel ao governo, pelas razões bastante bem escrutinadas na presente obra (ver Kerche, neste livro).

O modelo de indicação dos ministros do STF pela presidência da República é um dos mecanismos institucionais fundamentais para permitir a influência dos outros dois ramos de poder sobre o Judiciário. O processo de indicação de um ministro é uma operação complexa, que envolve a capacidade de o presidente antecipar os humores do Congresso, lidando, ao mesmo tempo, com a pressão da sociedade, das associações de classe, dos próprios ministros; e considerando, ainda, outras variáveis referentes à representatividade, tais como idade, sexo, cor/raça, carreira de origem e região dos candidatos. Ademais, importa a rede informal de sociabilidade dos postulantes, e contam os cálculos de política menor, pequenos agradecimentos, idiossincrasias do presidente, marketing político, padrinhos poderosos, além de relações de confiança pessoal com o presidente da República.

É possível, ainda, identificar-se, da parte dos candidatos, estratégias de *lobby* que trazem para a cena alguns atores que são, via de regra, tomados como coadjuvantes em uma dinâmica na qual ganham protagonismo, além do próprio presidente, as lideranças políticas no Congresso, o ministro da Justiça e a elite jurídica nacional, especialmente organizada nas associações de juristas. Por outro lado, os próprios ministros não costumam se envolver na construção do nome do indicado, mas ressalvam algum poder de veto. De todo modo, chama atenção o fato de que o processo parece ser fortemente atravessado pela conjuntura. É a partir daí que se pode ler a indicação de Kassio Nunes para o Supremo, que se deu no rescaldo de uma enorme crise política, econômica e sanitária, que colocou na defensiva o presidente Bolsonaro (e em xeque sua capacidade de fixar aliados politicamente leais e ideologicamente alinhados com o governo).

Bolsonaro se viu obrigado a abrir mão de suas preferências mais sinceras em favor do restabelecimento de parâmetros mínimos de governabilidade e para resguardar a necessidade de proteção de seus familiares e aliados. Essas questões demandaram negociações políticas menos heterodoxas e envolveram atores políticos tradicionais. Na linha do que aponta a literatura, parece que o Senado Federal operou desde o primeiro momento na construção do nome de Kassio Nunes para o STF. Isso porque é pouco provável que Bolsonaro não tenha testado o nome do ministro da Justiça e do secretário-geral da Presidência com lideranças políticas, antes de se mover na direção do desembargador do Tribunal Regional Federal da 1ª Região (TRF1). De fato, nos bastidores, os nomes de Jorge Oliveira e André Mendonça apareceriam como favoritos, notadamente numa conjuntura em que o presidente estivesse politicamente forte, dado os custos de negociação com o Senado e com as elites jurídicas nacionais que a falta de robustez de suas trajetórias profissionais poderia implicar.

O acumulado de embates entre o governo e o STF também pesou negativamente em relação a ambos os candidatos preferenciais de Bolsonaro, pois, em razão de suas respectivas posições institucionais, viram-se obrigados a agir para desgastar a imagem pública da Corte. Se, por um lado, demonstrações públicas de alinhamento inquestionável ao bolsonarismo "raiz" podem agradar o eleitor mais fiel do presidente; por outro lado, candidatos com esse perfil aumentam o custo político para a aprovação do postulante, atravessada por uma pluralidade de atores, incluídos aí os próprios ministros da Corte. Se não operam na construção do nome dos candidatos, pelo menos em razão de sua potencial capacidade de veto, os ministros do Supremo contam no cálculo dos presidentes: um ministro demasiadamente alinhado à presidência pode encontrar mais resistência entre os seus pares e isso deve impactar seu desempenho, pelo menos no curto prazo, inobstante todos os instrumentos de poder individual à sua disposição.

Esse somatório de fatores desfavoráveis levou os dois candidatos, Jorge Oliveira e André Mendonça, a perderem suas posições de favoritismo na corrida pela cadeira de ministro do STF, dando espaço para o azarão Kassio Nunes, até então um desconhecido dos acadêmicos e da opinião pública em geral. Desembargador indicado pela ex-presidente Dilma, do Partido dos Trabalhadores, para o TRF-1, católico (e não *terrivelmente evangélico*) e garantista em matéria penal, Nunes encontrou maior resistência nas fileiras do bolsonarismo do que na oposição. As críticas foram tamanhas que o presidente entendeu necessário se manifestar nas redes sociais, afirmando que o indicado estaria "100% alinhado" com ele.

O alinhamento ideológico com o presidente é uma das variáveis que pode influenciar a indicação de um jurista para o STF. Contudo, esse fator certamente não parece ter sido o de maior peso na decisão da nomeação de Kassio Nunes por Bolsonaro, mesmo que o presidente tenha assim tentado fazer parecer diante de sua base social de apoio mais fiel. Antes, parece que se trata de uma *solução de compromisso* que envolve a necessidade de Bolsonaro governar. Um sinal disso é o imediato apoio do Centrão *à indicação,* as rarefeitas críticas da oposição e, em especial, a reunião realizada na residência do ministro Gilmar Mendes, com a presença do presidente do Senado, Davi Alcolumbre, e do ex-presidente do STF, Dias Toffoli, na qual foi selada a indicação de Nunes em um evidente movimento de acomodação das preferências e dos interesses dos três poderes da República.

A sinalização de recuo do Planalto não necessariamente implica a superação da postura beligerante do presidente em relação ao STF, registrada nos anos anteriores. Temas sensíveis ao governo, como a agenda econômica e a pauta dos costumes, mas também procedimentos criminais que atingem diretamente seu gabinete, sua família e seus aliados de primeira ordem, seguem seu curso no Supremo. Sobre isso, vale a pena mencionar que Gilmar Mendes, o anfitrião, é o segundo ministro mais antigo do STF, sendo conhecido por seus contatos privilegiados na impressa e no Congresso: ajudou a impulsionar a nomeação do ministro Edson Fachin e foi responsável por vetar a indicação de Misabel Derzi (Recondo; Weber, 2019). Mais do que por deferência à sua antiguidade ou à sua habilidade política, parece que o envolvimento do ministro no processo de indicação de Kassio Nunes pode ser também tributado ao fato de que seja ele o relator de Reclamação[2] proposta pelo Ministério Público do Rio de Janeiro, que envolve uma disputa de competências com consequências diretas sobre a investigação do senador Flávio Bolsonaro pelo esquema das "rachadinhas" na Assembleia Legislativa do Rio de Janeiro (D'agostino, 2020).

Tão sensível quanto esse processo é a Reclamação proposta pela Rede Globo, que busca obter autorização para divulgar informações sobre o caso do filho do presidente (Viapiana, 2020), uma das principais fontes de desgaste da imagem do governo. Mais uma vez, o relator dessa ação é Gilmar Mendes, sendo digno de nota que a distribuição (por prevenção e, portanto, não aleatória) desse processo ao ministro ocorreu apenas quatro dias antes do "convescote" para indicação de Kassio Nunes. Para além das *boas razões* que Bolsonaro tinha para certificar-se de que a nomeação de Nunes seria do agrado de Mendes, vale a pena mencionar, também, que, ao lado de Toffoli, o ministro Gilmar Mendes vem liderando a ala garantista do Supremo, em matéria criminal. Aliás, não parece ocasional a ausência do novo presidente do STF, ministro Luiz Fux, na afamada reunião-jantar. Fux, que só soube da possível indicação de Kassio Nunes pela imprensa, e reagiu contrariado com as movimentações tanto do Planalto quanto de seus colegas, rivaliza com Gilmar Mendes, Toffoli e outros ministros em relação a interpretações de questões criminais com implicações diretas para o governo.

O que parece ser um recuo de Bolsonaro em face do Supremo Tribunal Federal pode ser apenas uma movimentação estratégica no terreno caso consiga, com o modo como operou a indicação de Kassio

[2] Além dessa ação, também existe a Ação Direta de Inconstitucionalidade (ADI) n.º 6477, proposta pelo Partido Rede Sustentabilidade, de relatoria do ex-ministro Celso de Mello e que provavelmente será herdada pelo indicado de Bolsonaro.

Nunes, alimentar as disputas internas na Corte. Fux, que havia assumido a presidência do tribunal, sinalizando ao Planalto a manutenção de relações harmônicas porém mais litúrgicas do que as estabelecidas por seu antecessor, Dias Toffoli, não pode fazer da pauta criminal um "cavalo de batalha", se quiser manter a posição institucional reconquistada pelo Supremo recentemente. Contudo, não parece ser o caso. A suspensão da decisão liminar de Marco Aurélio no *habeas corpus* de André do Rap e, em especial, a decisão administrativa de retirar a Lava Jato da Segunda Turma do STF e remetê-la ao plenário, o que representou em alguma medida uma derrota para o governo, podem ser lidas como uma disposição de afirmar-se na presidência da Corte à custa da unidade que garantiu, em grande medida, sua capacidade de resistência em face dos ataques mais virulentos, provenientes do Palácio do Planalto sob a gestão de Bolsonaro.

Como presidente do STF, Fux possui recursos para dificultar a agenda do governo, seja pautando processos controvertidos – como a ADPF 442, que trata da descriminalização do aborto, por exemplo –, seja decidindo sobre o espólio do acervo processual de Celso de Mello, no qual consta o inquérito que investiga a suposta interferência de Bolsonaro na PF. Por outro lado, a divisão interna da Corte interessa ao governo, caso seja retomada a via de enfrentamento.

O presidente tem no horizonte uma nova possibilidade de indicação para o STF, em razão da vindoura aposentadoria do ministro Marco Aurélio Mello, programada para julho de 2021. De acordo com Bolsonaro, dessa vez o indicado será, de fato, "terrivelmente evangélico". Nesse caso, a possibilidade de desfechos progressistas é reduzida sensivelmente em ações que envolvem temas moralmente controvertidos. Mesmo tratando-se de um único indicado, a variedade de poderes individuais alocadas para os ministros permite que apenas um deles consiga interferir nos processos decisórios da Corte (Arguelhes; Ribeiro, 2018).

A verdade é que o perfil do próximo indicado, como confirma a escolha de Kassio Nunes, dependerá muito mais do contexto político do momento, em decorrência da abundância de *veto players* no jogo da nomeação, do que das preferências do presidente. Embora seja possível que o próximo nome para o STF venha das igrejas, o escolhido ainda deverá passar pela aprovação de todos os atores políticos envolvidos no processo. Isso significa que o próximo indicado poderá ser evangélico (quem sabe, até pastor), mas é improvável que seja *terrivelmente evangélico*. Contudo, se o STF voltar a impor derrotas ao governo, talvez o ministro Fux seja o anfitrião do próximo jantar de confirmação do novo indicado.

Finalmente, devemos considerar os inquéritos em andamento no STF que afetam diretamente Bolsonaro, seus familiares e aliados, como o das *fake news*, das manifestações antidemocráticas e da suposta interferência do presidente na Polícia Federal. Como o STF atuará diante da nova postura do presidente? As ações de Alexandre de Moraes continuarão com a mesma frequência e a mesma intensidade observadas no primeiro semestre de 2020? Mais importante, ainda, como o presidente reagirá diante de um eventual andamento que atinja seus familiares e aliados? Permanecerão os jantares e compromissos nos bastidores ou o presidente voltará a acenar com ameaças de golpe, utilizando cabos, soldados e jipes? Não é possível responder a nenhuma dessas questões, peremptoriamente, mas é possível especular que muitas desventuras nos esperam, que as principais disputas serão travadas ainda no campo criminal e que a atuação de Fux na presidência do Supremo, em boa medida, depende do tom de que elas serão coloridas.

Antídotos institucionais do federalismo brasileiro: a covid-19 mudou a dinâmica federativa?

Celina Souza
Flavio Fontanelli

A chegada inesperada da covid-19 ao Brasil e ao mundo tornou mais visível não só a importância do federalismo, como também suas tensões e seus dilemas. Como temos aprendido, países federais deram respostas diferentes para o enfrentamento do coronavírus. A despeito do consenso da inexistência de um modelo único de federação, o que poderia explicar as diferentes respostas, a pandemia deixou claro que o desenho do federalismo importa e pode ser acionado para explicar as distintas estratégias dos países. Se os desenhos são diferentes, o mesmo não se pode dizer dos dilemas e das tensões dessa instituição política, quc giram em torno de encontrar o equilíbrio entre autonomia regional e autoridade federal. Em resumo, como distribuir poder, autoridade e recursos dentro de um mesmo território para preservar a unidade territorial e assegurar a diversidade, objetivos últimos das federações.

A chegada da pandemia tirou dos bastidores uma das muitas tensões inerentes a todo sistema federal, ou seja, a competição em torno de quem decide, quem coordena, quem implementa e quem financia as políticas públicas. Em algumas federações, essas disputas foram contornadas pelo papel de liderança do presidente ou do primeiro-ministro e de coordenação do governo federal. Esse foi o caso, por exemplo, da Alemanha, da Austrália e da Argentina. Em outras, como o Brasil e os Estados Unidos, entendimentos divergentes entre o governo federal e os estaduais sobre os métodos para enfrentar o vírus foram objeto de notícias diárias na mídia. No caso do Brasil, a disputa foi levada à decisão do Supremo Tribunal Federal (STF), que, rompendo sua tradição de julgar a favor da União nas disputas federativas, reconheceu a competência concorrente das três esferas de governo para adotar procedimentos de combate à pandemia.

A covid-19 tem mostrado que o desenho do federalismo permite que governadores e prefeitos assumam papel de liderança e de coordenação quando presidentes e primeiros-ministros se omitem ou acirram os conflitos federativos. Análises apressadas tendem a associar o relativo sucesso do combate à pandemia ao comando dos governantes centrais que optaram por seguir as orientações da comunidade internacional e de especialistas da área médica. Sem negar a importância da capacidade de liderança e de coordenação dos presidentes e primeiros-ministros, argumentamos que em alguns países federais, como os Estados Unidos e o Brasil, foram seus governadores e prefeitos que assumiram a liderança das medidas preventivas e, no caso do Brasil, coordenaram questões sensíveis como, por exemplo, a compra de equipamentos no exterior e a criação de grupos de especialistas por meio da formação de consórcios. Por que isso foi possível e por que o atual governo federal abdicou de seu tradicional papel de coordenação federativa? A resposta à primeira pergunta está no desenho do federalismo e nas regras que formatam essa instituição política. Essas regras foram acionadas por governadores, prefeitos, parlamentares, STF e organizações da sociedade civil quando uma crise complexa, global e exógena chegou ao Brasil. Quanto à segunda pergunta – sobre por que a União abdicou de seu papel de coordenação federativa –, abdicação inédita na história recente do país, a resposta parece estar na eleição de um governo sem estrutura partidária, sem uma agenda concreta de políticas públicas e sem compromisso com as regras do jogo político. No caso do federalismo, mas não só, o Executivo federal adotou a estratégia de confronto com os entes subnacionais e renunciou a seu papel de criar incentivos à cooperação e à coordenação, mudando a rota assumida por ex-presidentes nos conflitos federativos do passado recente.[1]

Este capítulo está organizado da seguinte forma: a primeira seção analisa as principais características do federalismo brasileiro

---

1 Abrucio *et al.* (2020) mostraram as diferenças entre o governo Bolsonaro e os anteriores em relação aos conflitos federativos.

após a redemocratização. A segunda lista os conflitos federativos que ocorreram nos mandados anteriores ao do presidente Bolsonaro. A terceira mapeia os principais eventos que marcaram as mudanças na dinâmica do federalismo e que tornaram governadores e prefeitos os principais protagonistas no combate à covid-19 em resposta à ausência de coordenação central.

A engenharia institucional do federalismo brasileiro

Federações são instituições políticas complexas e compostas por múltiplas dimensões. Concebidas para manter ou agregar realidades heterogêneas dentro do mesmo território, as federações não têm um modelo único e seu formato depende do desenho institucional e das regras constitucionais de cada país.

Tendo assumido diferentes formatos ao longo das reformas constitucionais, o federalismo é uma das mais longevas instituições políticas brasileiras, adotado desde a primeira constituição republicana de 1891. A redemocratização e a Constituição de 1988, contudo, redesenharam o federalismo brasileiro, tornando-o mais complexo e de difícil rotulação. Após 1988 e de várias emendas constitucionais, a federação foi marcada, até o governo Bolsonaro, (1) por políticas públicas decididas no centro, aprovadas pelo Congresso e que se impõem às instancias subnacionais; (2) pela vinculação de recursos tributários das três esferas de governo a políticas como educação fundamental e saúde; (3) por limitações na capacidade das esferas subnacionais de legislar sobre políticas próprias; e (4) pela coordenação da esfera federal no gerenciamento dos conflitos federativos. Por outro lado, (1) estados e municípios possuem autonomia administrativa considerável *vis-à-vis* algumas federações; (2) autoridade para determinar uma parte das alíquotas finais de seus impostos exclusivos; (3) corresponsabilidade pela implementação de políticas nacionais; e (4) parcela dos recursos públicos poucas vezes concedida pelas constituições anteriores, em particular para os municípios, e superior a outros países em desenvolvimento (Souza, 2019).

Pelas razões apresentadas anteriormente, a federação brasileira é avaliada por um dos mais importantes índices sobre autoridade regional, desenvolvido por Hooghe *et al.* (2010) – o *Regional Authority Index*

(RAI) –, como uma federação mais cooperativa do que competitiva. O RAI incorpora duas dimensões para a classificação dos países: *self-rule* (regras próprias) e *shared rule* (regras partilhadas). A primeira dimensão caracteriza federações que optaram pela adoção de políticas nacionais comuns e nas quais as esferas subnacionais têm autonomia para determinar parte das alíquotas de seus impostos. A segunda dimensão diz respeito à capacidade da esfera subnacional – no caso do RAI, apenas os estados – de participar de decisões que afetam seus interesses.

Essas dimensões são eminentemente institucionais e apontam para a importância do desenho das federações. No caso brasileiro, portanto, os estados (e os municípios) têm autoridade para determinar questões cruciais, tais como cobrar e como gastar parte de seus impostos exclusivos e participam da implementação de políticas públicas nacionais. A dimensão *self-rule* da federação brasileira, pouco conhecida e discutida, é importante porque uma coisa é arrecadar e/ou gastar recursos disponíveis, e outra é ter autoridade exclusiva para fixar parte das alíquotas de impostos.[2] Essas características contrariam a visão comum e simplificada de que a federação brasileira é dominada pela União. Não só o RAI nos classifica como uma federação com relativa autonomia na dimensão *self-rule*, como também o papel de governadores e prefeitos no combate à covid-19 mostrou o exercício dessa autonomia relativa quando o Executivo federal adotou uma estratégia negacionista em relação à pandemia.[3] Essa autonomia relativa foi reforçada e até mesmo expandida por decisões do Congresso e do STF.

Duas outras características do federalismo brasileiro devem ser ressaltadas para melhor explicar sua dinâmica antes e durante a covid-19. A primeira é a listagem, na Constituição de 1988, de inúmeras competências concorrentes entre os três níveis de governo. Como se

---

[2] No caso dos estados, os principais impostos sobre os quais os governantes podem determinar parte das alíquotas ou conceder isenções são o Imposto sobre Circulação de Mercadorias e Serviços (ICMS) e o imposto sobre heranças e doações. No caso dos municípios, são o imposto de transmissão *intervivos* de bens imóveis, o Imposto sobre Serviço (ISS), o Imposto sobre a Propriedade Predial e Territorial Urbana (IPTU) e a contribuição sobre iluminação pública.

[3] Em artigo que compara o combate à pandemia no Brasil, Argentina e México, Giraudy *et al.* (2020) apresentam o mesmo argumento.

sabe, em todas as constituições brasileiras, assim como nas constituições da maioria dos países federais, a União tem capacidade para regular, mediante normas gerais, as competências definidas como concorrentes. Esferas subnacionais só podem regular em complementação à regulação federal. A Constituição de 1988 foi a primeira entre as sete constituições brasileiras que discriminou tais competências. A constitucionalização de uma longa lista de competências concorrentes legitima a capacidade da União de traçar normas gerais sobre políticas que afetam os interesses dos estados.

A segunda característica é o alto grau de constitucionalização das questões que afetam os entes federados *vis-à-vis* outras federações (Couto; Abrantes, 2006; Souza, 2008). Isso tem duas consequências. A primeira é que o STF, como guardião da constituição e, consequentemente, das regras constitucionais que regem as federações, é constantemente acionado para arbitrar conflitos federativos. A segunda, que também decorre da constitucionalização, é que grande parte das mudanças das regras que afetam os entes federados e as políticas públicas têm de ser aprovadas pelo Congresso. A covid-19 não só tem mostrado à sociedade brasileira o grau de constitucionalização de questões que afetam nossas vidas, mas também a capacidade de resposta do Congresso e do STF às demandas relativas aos conflitos federativos que lhes são encaminhadas.

Em síntese, o desenho do federalismo brasileiro contempla instrumentos institucionais capazes de gerenciar as tensões e os dilemas da federação. Esse desenho permite também que a dinâmica do federalismo mude de rota quando se acirram os conflitos entre os atores políticos que jogam o xadrez do jogo federativo.

Tensões da federação brasileira pré-covid-19

Em artigo recente, Souza (2019) mapeou as principais tensões e dilemas das federações, com foco na federação brasileira. A autora categorizou esses dilemas e tensões em quatro blocos: coordenação *versus* cooperação intergovernamental; uniformidade *versus* diversidade; autonomia *versus* compartilhamento de autoridade; e centralização *versus* descentralização.

Desde a estabilidade democrática, a federação brasileira vivenciou conflitos federativos que ilustram essas tensões e a forma como foram gerenciadas. Até a chegada da covid-19, os conflitos federativos contaram com o papel de coordenação do governo federal, com a cooperação dos governadores e com a liderança dos presidentes. Conflitos foram também arbitrados pelo STF. Os exemplos a seguir ilustram como ex-chefes do Executivo federal enfrentaram tais conflitos e o papel do STF de sistematicamente arbitrar a favor da União, como mostraram Canello (2016) e Oliveira (2009). No entanto, e como se verá adiante, o padrão de atuação do Executivo federal e do STF nos conflitos federativos mudou com a chegada da pandemia ao Brasil.

O presidente Fernando Henrique Cardoso contornou um conflito exógeno à questão federativa, mas que o colocou em confronto com governadores. Isso aconteceu com o ajuste fiscal de 1994, concebido para domar a até então indomável inflação brasileira. Após a aprovação do Plano Real, o governo federal conseguiu aprovar vários instrumentos legais em 1996, 1997 e 2001 com medidas voltadas para a renegociação das dívidas estaduais e a privatização dos bancos comerciais estaduais e das empresas estaduais de serviços públicos. Tais medidas foram consideradas importantes porque avaliava-se que o desequilíbrio fiscal dos estados e dos grandes municípios era uma das causas da inflação brasileira. Todas essas medidas foram construídas com incentivos positivos e sanções para viabilizar a adesão dos entes subnacionais e foram objeto de intensas negociações entre o Executivos federal e os estados (Souza, 2007).[4]

A segunda crise entre o presidente e os governadores decorreu do chamado "apagão" elétrico de 2001. A despeito da enorme visibilidade dos efeitos da crise, a disputa federativa se deu no STF, sem, contudo, alcançar repercussão na mídia. Governadores questionaram a constitucionalidade de várias medidas provisórias e outros, como o do Rio de Janeiro, entraram com ações pedindo o ressarcimento das perdas de receita provocadas pelo racionamento. Como era a tradição

---

[4] Arretche (2000; 2003; 2005; 2012) mostra como incentivos negativos e positivos foram mobilizados para que governadores e prefeitos participassem do financiamento e da implementação de algumas políticas sociais.

do STF até a chegada da pandemia, o colegiado não decidiu a favor dos estados.[5]

Os governos do Partido dos Trabalhadores (PT) enfrentaram uma crise federativa que ganhou visibilidade e colocou em confronto governadores, tanto entre eles como com os presidentes Lula e Dilma. Trata-se da disputa em torno da distribuição dos *royalties* do pré-sal. O embate entre estados produtores e não produtores teve início em 2009 e contou com a participação de todos os governadores, de dois presidentes, do Congresso e do STF. A razão da controvérsia foi a mudança introduzida na Câmara pelo deputado Ibsen Pinheiro ao projeto de lei enviado pelo presidente Lula, que, originalmente, mantinha as regras de distribuição restrita a estados e municípios produtores. A "emenda Ibsen" propunha a distribuição dos *royalties* entre todos os estados e municípios. O projeto de lei e a emenda foram aprovados pelo Congresso quinze meses depois, mas a emenda foi vetada pelo presidente Lula. Ao longo da discussão do projeto no Congresso, os estados produtores recorreram várias vezes ao STF. No mandato da presidente Dilma, o conflito foi na mudança da distribuição de recursos do pré-sal para destinar uma parte para a educação. Demonstrando a estratégia de inação do STF, além da prevalência de julgamentos favoráveis à União, a disputa ainda não foi julgada, tendo voltado ao noticiário em 200 em função de julgamento que estava previsto para até o final ano, mas que não ocorreu.

No seu curto mandato, o presidente Temer, assim como seus antecessores, não se furtou de exercer o papel de coordenar questões federativas. Assolado por crises de toda ordem, e sem condições financeiras sequer para pagar seus servidores, o governo do Rio de Janeiro negociou, em 2018, a intervenção federal, restrita à área de segurança pública. Temer assinou o decreto com base em uma das oito hipóteses previstas na Constituição – grave comprometimento da ordem pública – e com prazo de duração determinado. O decreto foi aprovado pelo Congresso em 24 horas. A hipótese levantada por parte da mídia é que a medida foi decretada às pressas e sem um plano pronto logo depois do Carnaval, quando cenas de roubos em áreas

[5] Sobre os problemas e as ações de coordenação federativa no governo FHC, ver Abrucio (2005).

nobres foram amplamente divulgadas pela imprensa, aumentando a percepção de insegurança e vácuo no governo do estado. Desde a Constituição de 1988, essa foi a primeira vez que o dispositivo foi acionado. Prevista na maioria das constituições dos países federais, a intervenção é um instrumento a que os países recorrem em situações extremas, não só por afetar o equilíbrio federativo, mas também por ter outras consequências institucionais, como a proibição de emendas à Constituição. Como não poderia deixar de acontecer, a constitucionalidade do decreto foi questionada no STF.

Esta seção mapeou os principais conflitos federativos ocorridos no Brasil desde a redemocratização, mostrando o tradicional papel de coordenação dos presidentes e do governo federal e as também tradicionais decisões (ou omissões de decisão) do STF a favor da União. O papel de coordenação do presidente deixava claro a condução dos conflitos por meio de acordos, negociações e barganhas, como é da natureza do federalismo em países democráticos. Deixava claro também o respeito às regras que regem a federação, regras essas que demarcam o campo de ação dos governos. No entanto, o padrão de coordenação federativa do governo federal mudou com a chegada da covid-19, assim como as decisões do STF. A seção seguinte mostra essa mudança e busca explicar o porquê.

A covid-19 e a nova dinâmica do federalismo

A despeito da forte repercussão internacional dos efeitos do coronavírus na saúde das populações afetadas, além da pressão sobre os sistemas públicos de saúde, o presidente Jair Bolsonaro destacou-se por uma atitude de ceticismo e contestação do risco da pandemia no Brasil. Em contraste com as estratégias implementadas em outras federações, mas semelhante à do presidente Trump, Bolsonaro, em sucessivos discursos sobre o enfrentamento da emergência sanitária no Brasil, ora politizou a questão, ora classificou-a de histeria coletiva. Para Bolsonaro, a covid-19 não seria mais letal que uma gripe normal e apenas afetaria sistemas imunológicos já comprometidos. Em especial, o presidente criticou as medidas de enfrentamento aprovadas pelo Congresso e pelos governos subnacionais, afirmando que a maioria dos brasileiros morreria da fome supostamente derivada das medidas de isolamento social.

As atitudes e as ações de Bolsonaro no início da pandemia colidiram frontalmente com a reação dos demais atores institucionais, rompendo com a tradição de outros presidentes brasileiros de liderar e coordenar ações governamentais em momentos de crise. Enquanto o presidente e alguns quadros do governo federal minimizavam a crise, defendiam a reabertura de empresas e o retorno das atividades econômicas, o Ministério da Saúde, seguindo orientações da Organização Mundial da Saúde (OMS), buscava coordenar o combate à propagação do vírus, com o apoio de governadores e prefeitos, que também entraram em ação.

O comportamento do presidente da República acabou disparando ondas de reações institucionais e da opinião pública. Respostas ao negacionismo do presidente vieram de várias instituições e de organizações da sociedade, como a Ordem dos Advogados do Brasil (OAB) e os partidos de oposição ao governo. O Congresso Nacional desempenhou papel fundamental na definição de um marco regulatório para conter e gerenciar a pandemia, enquanto o Judiciário removeu obstáculos e remediou problemas derivados de diversos decretos e ações presidenciais. Os governos subnacionais reagiram à falta de protagonismo e ao negacionismo presidencial com uma atuação marcada pela cooperação entre eles e pautada pelas diretrizes das OMS. Ressalte-se que as reações políticas e institucionais à postura de Bolsonaro alimentaram-se, em parte, de um inédito embate público dentro do Executivo federal, isto é, entre o presidente e seu ministro da Saúde, e entre o presidente e os governadores.

Reagindo à estratégia de confronto do presidente, os governadores partiram para a ofensiva na defesa do que chamaram de ataque às instituições democráticas. Em abril de 2020, 20 dos 27 governadores divulgaram uma carta aberta, repudiando a participação e o discurso do presidente Bolsonaro em ato pelo fechamento do Congresso Nacional e do STF e contra as medidas de isolamento social pela epidemia do coronavírus. Na carta, os governadores elogiaram os *presidentes do Senado e da Câmara "pelos seus esforços de socorro federativo"*.

Primeiro marco legal no combate ao novo coronavírus, a Lei n.º 13.979, de 6 de fevereiro de 2020, de iniciativa do Poder Legislativo, previa mecanismos que seriam manejados pelas autoridades sanitárias com vistas a conter o avanço da doença. Entre eles, destacavam-se políticas de distanciamento social, de restrição temporária de rodovias, portos e aeroportos, além de restrições de atividades econômicas. Segundo a lei, um ato do ministro da Saúde disporia sobre condições e prazos aplicáveis, "com base em evidências científicas e em análises sobre as informações estratégicas em saúde". Em consonância com o disposto na Lei n.º 13.979, o Ministério da Saúde, comandado pelo ministro Mandetta, adotou medidas gerais de prevenção para limitar a propagação da infecção, incluindo o controle dos serviços e das atividades comerciais que deveriam estar disponíveis ao público. Em março de 2020, no entanto, a Medida Provisória n.º 926, de 2020, reformou a Lei n.º 13.979 (convertida posteriormente na Lei n.º 14.035, de 2020), definindo que caberia ao presidente da República decidir sobre o funcionamento das atividades essenciais. Apesar do explícito conflito com o ministro e com os governadores, Bolsonaro manteve a intenção de reiniciar as atividades econômicas, parcialmente paralisadas pela pandemia, e pressionou pela aprovação de um plano de reabertura econômica que ampliasse imediatamente o conjunto de serviços essenciais que poderia ser oferecido. O conflito entre Bolsonaro e Mandetta escalou exponencialmente, resultando na renúncia do ministro em 16 de abril de 2020. O novo ministro, Nelson Teich, permaneceu apenas 29 dias no cargo. Assumindo interinamente o ministério, Eduardo Pazuello, general do Exército brasileiro, foi efetivado em setembro de 2020. Sua postura à frente do ministério, ao contrário de seus antecessores, convergiu com a narrativa do presidente Bolsonaro.

Tendo encontrado fortes reações dentro de seu próprio governo, não surpreende a reação institucional derivada da condução presidencial ao enfrentamento da crise sanitária. Provocada por uma Ação Civil Pública, por exemplo, a Justiça Federal do Rio de Janeiro decidiu, em março de 2020, que a União deveria se abster

> de veicular, por rádio, televisão, jornais, revistas, sites ou qualquer outro meio, físico ou digital, peças publicitárias relativas à campanha "O Brasil não pode parar", ou qualquer outra que sugira à população brasileira comportamentos que não estejam estritamente embasados em diretrizes técnicas, emitidas pelo Ministério da

> Saúde, com fundamento em documentos públicos, de entidades científicas de notório reconhecimento no campo da epidemiologia e da saúde pública (Rio de Janeiro, 2020, p. 5).

Para dirimir os conflitos que emergiram do choque entre o governo federal e os governos subnacionais na condução do enfrentamento à pandemia, o STF, rompendo sua tradição de julgar a favor da União nas disputas federativas, deslegitimou, em diversas ocasiões, a atuação do governo Bolsonaro. Em abril de 2020, por exemplo, provocado pela OAB sobre a atitude omissa do Executivo federal no contexto da preservação da saúde pública e da contenção da epidemia, o ministro Alexandre de Moraes reconheceu a competência concorrente das três esferas de governo na condução da crise sanitária, afirmando que

> não compete ao Poder Executivo federal afastar, unilateralmente, as decisões dos governos estaduais, distrital e municipais que, no exercício de suas competências constitucionais, adotaram ou venham a adotar, no âmbito de seus respectivos territórios, importantes medidas restritivas como a imposição de distanciamento/isolamento social, quarentena, suspensão de atividades de ensino, restrições de comércio, atividades culturais e à circulação de pessoas, entre outros mecanismos reconhecidamente eficazes para a redução do número de infectados e de óbitos, como demonstram a recomendação da OMS e vários estudos científicos (Brasil, 2020b, [s.p.]).

A OAB, afirmava, então, que o governo federal "nem sempre tem feito uso adequado das prerrogativas que detém para enfrentar a emergência de saúde pública, atuando constantemente de forma insuficiente e precária", praticando "ações irresponsáveis e contrárias aos protocolos de saúde aprovados pela comunidade científica" (Brasil, 2020c, p. 195). Em outubro de 2020, o plenário do STF referendou, por unanimidade, a decisão liminar do ministro Alexandre de Moraes.

Em junho de 2020, a OAB acionaria novamente o STF, arguindo descumprimento de preceito fundamental com pedido de medida cautelar "em face de ações e omissões do Poder Público Federal, especialmente da Presidência da República e do Ministério da Saúde, consubstanciadas na restrição à divulgação de dados oficiais relacionados à pandemia do novo coronavírus".[6] A arguição foi baseada no fato de o Ministério da Saúde ter omitido, em seu site oficial, dados e informações sobre o número de infectados e de mortos pela pandemia no Brasil. Tal estratégia do governo federal de retirar dados acumulados sobre as estatísticas da covid-19 dos meios oficiais de divulgação sobre a epidemia violariam, segundo a arguição, os direitos fundamentais à saúde, ao acesso à informação e o dever de transparência e de publicidade dos atos da administração pública. A exclusão do número acumulado de mortes do Painel de Informações do Ministério da Saúde entrou igualmente na pauta do Ministério Público Federal, que instaurou, em junho de 2020, procedimento extraoficial na Câmara de Direitos Sociais e Fiscalização de Atos Administrativos em Geral, e da Defensoria Pública da União, que também solicitou a liberação regular dos dados.

Em outra decisão emblemática, o STF voltaria a confirmar o disposto na decisão de abril de 2020 sobre conflitos de competência no enfrentamento da pandemia. Provocado pela Ação Direta de Inconstitucionalidade (ADI) n.º 6341, o plenário do STF, novamente por unanimidade, confirmaria o entendimento de que as medidas adotadas pelo Governo Federal na Medida Provisória n.º 926, de 2020, para o enfrentamento da crise sanitária não afastavam a competência concorrente nem a tomada de providências normativas e administrativas pelos governos subnacionais. O autor da ação, o Partido Democrático Trabalhista (PDT), argumentava que a redistribuição de poderes de polícia sanitária introduzida pela MP na Lei Federal n.º 13.979, de 2020, interferiu no regime de cooperação entre os entes federativos, pois confiou à União as prerrogativas de isolamento, quarentena, interdição de locomoção, de serviços públicos e atividades essenciais e de circulação.

Em 20 de abril de 2020, o STF interveio novamente, dessa vez reagindo à Ação Cível Originária n.º 3385, quando o ministro Celso de Mello determinou que uma empresa privada de equipamento hospitalar entregasse ao governo do Maranhão 68 ventiladores pulmonares adquiridos pelo estado e que haviam sido requisitados pela União. De acordo com o magistrado, a Lei n.º 13.979, de 2020, não legitimaria

[6] A peça processual está disponível em: https://bit.ly/2NwiScH. Acesso em: 19 mar. 2021.

o uso pela União de seu poder requisitório de bens pertencentes aos entes federados. O STF reconheceu ao estado do Maranhão autonomia para prestar serviços médicos essenciais na contenção da epidemia e comprar respiradores diretamente de uma nação estrangeira, a China, sem que o Executivo federal pudesse confiscá-los por motivos de emergência sanitária.

Do lado do Congresso, a principal medida de apoio aos estados e municípios foi a aprovação do pacote de ajuda federal de iniciativa da Câmara, que autorizou a transferência de 60,1 bilhões de reais a estados e municípios, assim como a suspensão das dívidas com a União, com os bancos públicos e com os organismos internacionais. Chamado de "Programa Federativo de Enfrentamento ao Coronavírus" e aprovado pela Lei Complementar n.º 173, de maio de 2020, a justificativa foi compensar as esferas subnacionais pela perda de arrecadação decorrente da desaceleração da economia. No processo de discussão do projeto de lei na Câmara, ocorreram embates entre seu presidente e o ministro da Economia.

A despeito do papel desempenhado pelas instituições políticas e societais e do sistema de Justiça, a omissão do Executivo federal tem outras consequências. A ausência de apoio do Itamaraty para que os estados consigam resolver os problemas de compras de equipamentos e remédios no exterior foi um obstáculo para a maioria dos estados. As compras no exterior realizadas por estados individualmente, ou por consórcios, impediu a negociação de preços mais favoráveis para essas compras. A ausência de um protocolo nacional para a reabertura das atividades econômicas negociado com as esferas subnacionais e baseado em critérios científicos tem colocado em confronto governadores e prefeitos, gerando uma judicialização cada vez maior e decisões erráticas da Justiça.

Por fim, não só a covid-19 tem colocado em confronto governadores e presidente, mas a extrapolação das competências federais e o confronto com os governadores continua uma marca da gestão Bolsonaro. Em setembro de 2020, o Ministério da Justiça autorizou o envio das tropas da Força Nacional para apoiar o trabalho do Instituto Nacional de Colonização e Reforma Agrária (Incra) em assentamentos de trabalhadores rurais ligados ao Movimento dos Trabalhadores

Rurais Sem Terra (MST) em cidades no sul da Bahia. O governador Rui Costa contestou no STF a atuação da Força Nacional, afirmando que não houve consulta prévia ao governo, nem solicitação das tropas pelo estado. O ministro relator do processo, Edson Fachin, acolheu os argumentos do governo da Bahia e determinou a retirada da Força Nacional do estado, decisão aprovada pelo plenário por 9 votos a 1, do ministro Barroso.

Na ausência de uma efetiva coordenação do governo federal na condução da emergência sanitária que paralisou o país, pressionou o sistema nacional de saúde e causou, até o momento, mais de 200 mil mortos, chama atenção a reação institucional e política verificada na dinâmica do federalismo brasileiro. A atuação do STF, do Congresso, dos governadores, incluindo a implantação do comitê científico de enfrentamento da covid-19 vinculado ao consórcio dos governadores do Nordeste, dos prefeitos das principais capitais, dos Conselhos de Representação de Secretarias Estaduais e Municipais, do Ministério Público, da Defensoria Pública, da OAB e de partidos de oposição mostram a reação dessas instituições contra ações federais que pudessem aumentar a disseminação do coronavírus, evitando que o Executivo federal extrapolasse suas prerrogativas constitucionais e fortalecesse o equilíbrio federativo.

Disputas entre entes federados são reconhecidas e analisadas pelas teorias do federalismo. A disputa é tratada por Bednar (2009), por exemplo, que faz uso do conceito de *credit claiming*, livremente traduzido como crédito eleitoral. O problema surge quando governos de diferentes esferas assumem os créditos por políticas bem-sucedidas ou apontam outras esferas como responsáveis pelas malsucedidas, refletindo o oportunismo dos representantes das esferas de governo. O problema é agravado ainda porque, dada a natureza indivisível dos bens públicos, como a proteção à saúde, o *credit claiming* pode ser acionado pelas esferas de governo para culpar outras esferas por determinadas decisões ou para clamar pelo crédito quando decisões são bem-sucedidas. No caso da covid-19, presidentes como os do Brasil e dos Estados Unidos, contrários às medidas de isolamento, não quiseram correr o risco de ser responsabilizados por suas consequências econômicas, jogando as decisões para as esferas subnacionais. Diferentemente dos Estados Unidos, a maioria dos governadores brasileiros assumiu confrontar o presidente, enquanto os governadores norte-americanos agiram partidariamente, com os do Partido Republicano rejeitando medidas preventivas e os do Partido Democrata apoiando.

No caso do Brasil, pesquisas de opinião realizadas pelo Datafolha mostram que, no início da pandemia, os entrevistados aprovavam mais o desempenho dos governadores e dos prefeitos no combate à covid-19 do que do presidente. Embora essa aprovação tenha declinado nas pesquisas dos meses seguintes, a taxa de aprovação dos governadores e prefeitos permaneceu maior que a do presidente, mostrando que os chefes dos Executivos subnacionais calcularam melhor os riscos político-eleitorais de suas estratégias.

Considerações finais

O capítulo mostrou que o desenho institucional da federação brasileira permitiu que os entes subnacionais exercessem papel ativo no combate à covid-19, substituindo o até então tradicional papel de coordenação federal no encaminhamento dos conflitos federativos ou no enfrentamento de crises exógenas, além de ter fortalecido a posição relativa das esferas subnacionais na federação. Mostrou também que outras instituições atuaram para anular as tentativas do governo federal de extrapolar suas competências. Revelou, por fim, que a pandemia descortinou a até então relativa invisibilidade dos embates e dos mecanismos institucionais de solução de conflitos federativos, assim como as mudanças das interpretações do STF. A covid-19 amplificou tais conflitos pelo caráter transnacional da crise, em um contexto de profunda integração nacional e internacional e dos mercados.

Governado por um presidente que não cumpriu a regra informal de encaminhar a solução dos conflitos federativos por meio de acordos, coalizões e incentivos à cooperação, a disputa confronto com governadores e prefeitos apenas seguiu a estratégia do presidente desde sua eleição. Eleito sem formar coalizões partidárias, sem um projeto para enfrentar as questões mais sensíveis da sociedade brasileira e com uma estratégia de confronto com os atores políticos e as instituições democráticas, o presidente conferiu uma nova dinâmica à federação brasileira, com a participação mais efetiva dos Executivos subnacionais, apoiados por outras instituições que estruturam o federalismo brasileiro.

Se divergências entre os entes federados são típicas de todas as federações e são da natureza mesma do federalismo, e se a coordenação nas federações não ocorre de forma natural, tendo de ser construída, os conflitos em torno da covid-19 mostraram que a federação brasileira conta com mecanismos capazes de gerenciá-los.

No entanto, as tensões geradas pela pandemia ainda não estão superadas, podendo ressurgir após a chegada da vacina contra o vírus no país. Pode também ser motivo de instabilidade federativa a onda de pedidos de *impeachment* de vários governadores, assim como denúncias e prisões de gestores dos recursos extraordinários à disposição de estados e municípios para o combate ao coronavírus, inclusive de prefeitos. Os organismos policiais e de controle, tais como a Polícia Federal, as polícias civis dos estados, a Controladoria Geral da União (CGU), o Tribunal de Contas da União (TCU), os ministérios públicos federal e estaduais e a mídia parecem agora reproduzir o que aconteceu com os episódios recentes relacionados à Lava Jato e que contribuíram para aumentar o descrédito na política partidária, no sistema representativo e na administração pública. A *nova* Lava Jato, dessa vez estadualizada, também contribui para deslegitimar o voto dos eleitores dos territórios subnacionais.

Os municípios e a política local sob o governo Bolsonaro

Marta Mendes da Rocha

A eleição de Jair Bolsonaro para o cargo mais alto da República, em outubro de 2018, motivou uma série de análises que buscam compreender não apenas os fatores que permitiram sua vitória, mas também suas consequências sobre diversos aspectos da política e da sociedade brasileira. Este capítulo tem como objetivo discutir esses elementos com foco nos municípios e na política local.

Desde a promulgação da Constituição de 1988, os municípios passaram a ocupar um lugar singular na federação. Sua autonomia política, expressa na possibilidade de eleição direta de prefeitos e vereadores em eleições não coincidentes com as estaduais e nacionais, aumentou sua importância como espaço de competição e emergência de novas lideranças políticas. Não obstante as reformas constitucionais dos anos 1990 e 2000, que resultaram em recentralização de recursos e autoridade decisória no governo central (Arretche, 2012), os municípios brasileiros continuam responsáveis por uma parcela significativa do gasto público e com atuação importante em áreas-chave com impactos tangíveis sobre a vida da população, como saúde, educação e assistência social.

Paralelo ao fortalecimento dos municípios, vimos a consolidação de um campo de estudos na Ciência Política voltado para a investigação e a compreensão de diversos aspectos da política local, incluindo a dinâmica de relacionamento entre políticos e governos em diferentes níveis. Duas dimensões recebem particular atenção: a forma como as eleições locais influenciam as eleições nacionais e vice-versa, e a dinâmica governativa, referente às relações ora mais cooperativas, ora mais competitivas entre os atores situados nas diferentes esferas, dados os objetivos e as prioridades estabelecidos pelos partidos e pelos governos. Neste capítulo, pretendo analisar os municípios e o poder local sob o governo Bolsonaro a partir dessas duas dimensões com atenção para duas questões centrais: o papel desempenhado pelos prefeitos na eleição presidencial de 2018 e o padrão de relacionamento estabelecido entre os municípios e os gestores locais com o governo Bolsonaro nos dois primeiros anos de seu mandato.

Os atores políticos locais e a eleição de Bolsonaro

Uma das consequências do fortalecimento dos municípios no arranjo federativo brasileiro foi o aumento da importância dos prefeitos que, por concentrarem prerrogativas decisórias e recursos, despontaram como os principais atores políticos no nível local. Com a possibilidade de construir uma base de apoio em eleições separadas das nacionais e estaduais, os prefeitos passaram a contar com um recurso importante em suas relações com políticos em outros níveis, atuando como cabos eleitorais de candidatos ao Executivo e ao Legislativo estadual e nacional (Ames, 1994; Avelino, Biderman; Barone, 2012; Barone, 2014; Eduardo, 2016; Novais, 2015). Em retribuição, os prefeitos esperam dos políticos eleitos o direcionamento de recursos discricionários do orçamento para o município e acesso às agências do Executivo, visando solucionar problemas e acelerar processos burocráticos. Além, é claro, da retribuição do apoio na eleição municipal subsequente. Essa dinâmica seria consequência de incentivos do sistema, entre eles: as eleições separadas, a dependência da maioria dos municípios brasileiros em relação às transferências financeiras dos outros níveis e a possibilidade de que deputados canalizem recursos do orçamento de forma discricionária para as suas bases eleitorais.

Nas eleições presidenciais de 2018, em que medida o apoio dos prefeitos foi relevante para a eleição de Bolsonaro? Em geral, os estudos tomam a filiação partidária como referência para verificar se uma vitória no município aumenta as chances de conquista para os cargos legislativos e executivos na eleição subsequente. No entanto, se o apoio de prefeitos foi importante para o êxito de Bolsonaro, ele certamente não foi estruturado partidariamente, já que, em 2018, o Partido Social Liberal (PSL), partido pelo qual Bolsonaro se elegeu, contava com apenas trinta prefeitos em municípios muito pequenos. Os dois outros partidos que o apoiaram no segundo turno, Partido Trabalhista Brasileiro (PTB) e Partido Social Cristão (PSC), contavam com 348 prefeituras ao todo, em sua maioria de municípios pequenos, e nenhuma capital. Considerando apenas as capitais, um levantamento nos principais veículos de comunicação do país mostra que apenas cinco prefeitos manifestaram publicamente apoio a Bolsonaro no segundo turno da eleição. Nos maiores colégios eleitorais, apenas em Salvador Bolsonaro pôde contar com o apoio do prefeito em exercício.

Portanto, não temos evidências de que os prefeitos desempenharam um papel importante para a eleição de Bolsonaro em 2018. O candidato vitorioso não contava com uma infraestrutura partidária de apoio local, nem de prefeitos e vereadores capazes de atuarem como cabos eleitorais. O candidato do PSL não conseguiu superar Haddad no número total de municípios (2.760 contra 2.810, respectivamente), mas fez a diferença nos maiores colégios eleitorais, vencendo em 21 capitais.

Mesmo que os prefeitos não tenham desempenhado um papel importante para a eleição de Bolsonaro, seria de se esperar um movimento de adesão à candidatura na reta final da campanha. O fato de que o governo central brasileiro discrimina partidariamente municípios ao alocar recursos públicos (Brollo; Nannicini, 2012; Bueno, 2018; Meireles, 2019) também ajudaria a explicar uma certa propensão dos executivos locais a se alinharem a governadores e presidentes, especialmente em municípios pequenos, mais dependentes das transferências dos outros níveis.

No entanto, o movimento de aproximação e alinhamento dos prefeitos ao governo central parece ter sido dificultado por Bolsonaro, primeiro enquanto candidato, depois, como presidente eleito. Ainda durante a campanha, sua agenda não parecia muito atrativa para os gestores locais. Durante a 21ª Marcha dos Prefeitos a Brasília, organizada pela Confederação Nacional de Municípios (CNM) em maio de 2018, Bolsonaro foi vaiado duas vezes por ter respondido de forma vaga a questões importantes da pauta municipalista relacionadas a repasses de recursos para Saúde, Educação e saneamento básico; e evitou se comprometer com as demandas dos prefeitos. Embora a mídia tenha veiculado declarações, às vésperas da eleição de 2018, de grupos de prefeitos favoráveis à candidatura Bolsonaro, é impossível saber ao certo como se comportaram os mais de 5 mil prefeitos do país (Andrade; Maia, 2018). Como a maioria dos partidos declarou posição de neutralidade no segundo turno, é provável que os prefeitos, em vez de uma postura ativa como cabos eleitorais, tenham adotado uma postura mais reativa decidindo seu posicionamento em resposta às tendências do eleitorado local.

Mais Brasil, menos Brasília

Há anos uma questão central da pauta municipalista é a revisão do pacto federativo por meio de medidas legais destinadas a alterar a divisão de receitas e deveres entre União, estados e municípios. Os gestores locais, organizados em torno de entidades representativas, entendem que a Constituição de 1988 transferiu uma série de responsabilidades aos municípios sem a contrapartida financeira. A posição recorrentemente expressa por essas entidades é de que os gestores se ressentem do que consideram uma centralização excessiva das receitas na União e de pouca autonomia para gerir os recursos de que dispõem no nível municipal.

No primeiro ano de mandato de Bolsonaro, a questão da revisão do pacto federativo ocupou espaço importante na agenda pública em face da situação fiscal e da crise financeira enfrentada por estados e municípios, dando origem a negociações em torno de propostas e projetos que passaram a tramitar na Câmara e no Senado. O chamado "pacote do pacto federativo" incluía ações para socorrer estados e municípios, condicionadas à adoção de medidas de ajuste fiscal, divisão dos recursos do pré-sal, simplificação do sistema tributário, revisão das regras de distribuição de recursos, entre outros.

Ainda em novembro de 2018, antes da posse de Bolsonaro, preocupados em assegurar condições mais favoráveis para o exercício da segunda metade de seus mandatos, prefeitos de quatrocentos municípios com mais de oitenta mil habitantes (Gonçalves, 2018) assinaram uma carta a ser entregue ao presidente eleito. Nela manifestavam seu apoio às reformas estruturais e apresentavam as principais pautas dos municípios, com destaque para mudanças na forma de repasses de recursos aos governos locais, alteração dos critérios de partilha do Fundo de Participação dos Municípios (FPM), simplificação de cobrança de impostos e maior liberdade para utilizarem as receitas tributárias. Na área da saúde defendiam a manutenção e o aperfeiçoamento do programa Mais Médicos e expressavam preocupação com o crescimento da participação relativa do município no financiamento da saúde pública, já destacando as implicações negativas sobre as iniciativas de Atenção Primária à Saúde, sob responsabilidade dos governos locais. Também declararam apoio à Proposta de Emenda Constitucional (PEC) para tornar permanente o Fundo de Manutenção e Desenvolvimento da Educação Básica e de Valorização dos Profissionais da Educação (Fundeb), cuja vigência terminaria em 2020.[1]

A primeira decepção dos prefeitos com Bolsonaro ocorreu ainda antes da tomada da posse, em novembro, por ocasião da saída dos médicos cubanos do programa Mais Médicos.[2] Na ocasião, a Frente Nacional de Prefeitos (FNP), o Conselho Nacional de Secretarias Municipais de Saúde (Conasems) e a Associação Brasileira dos Municípios (ABM) manifestaram-se oficialmente em carta, expressando preocupação com a saída dos médicos cubanos do programa e solicitando ao presidente eleito que fossem tomadas "ações imediatas" para reverter a decisão do governo de Cuba. Em nota conjunta a FNP e o Conasems, afirmavam que a descontinuidade da parceria poderia trazer "irreparáveis prejuízos à saúde da população" e que "mais de 29 milhões de brasileiros ficariam desassistidos, especialmente nos 3.228 municípios que só possuam médicos pelo programa" (Conasems; Fnp, 2018).

A postura do governo federal em relação às demandas dos municípios pareceu se alterar em abril de 2019, quando Bolsonaro se reuniu com prefeitos, vereadores e gestores municipais durante a 22ª Marcha a Brasília em Defesa dos Municípios, com a presença de mais da metade de seu ministério. Diferente da reunião do ano anterior, nessa ocasião o presidente mostrou maior inclinação para atender a uma das deman-

---

1 A proposta foi aprovada em agosto de 2020, dando origem à Emenda Constitucional n.º 108, de 2020.

2 O governo cubano decidiu interromper a participação dos médicos no programa após Bolsonaro declarar que a continuidade de Cuba seria condicionada à realização de testes de capacidade dos profissionais e ao pagamento integral dos salários aos médicos.

das mais importantes dos prefeitos: o aumento dos recursos do Fundo de Participação dos Municípios (FPM) com a partilha dos fundos do pré-sal. Esse aumento, porém, foi condicionado à aprovação da reforma da previdência, para a qual solicitava o apoio dos prefeitos, pedido reforçado pelos presidentes da Câmara e do Senado. Por meio de uma fala do ministro Paulo Guedes, recebida com entusiasmo pelos gestores locais, o governo federal também defendeu a descentralização fiscal por meio de redução, eliminação e simplificação de impostos, com a promessa de criação de um imposto único federal e o compartilhamento da receita com estados e municípios (Frey, 2019).

Há fortes razões para crer que o aceno de Bolsonaro aos municípios no primeiro ano de seu mandato tenha sido motivado pela necessidade de conseguir apoio para a reforma da Previdência por meio da pressão de prefeitos sobre os parlamentares. Em março de 2019, prefeitos reunidos em entidades representativas já haviam se manifestado em defesa da reforma, demandando que ela fosse estendida aos servidores municipais, o que os liberaria de ter que encampar uma proposta impopular um ano antes da eleição municipal. Essa proposta, contudo, não foi contemplada nas novas regras que entraram em vigor em novembro com a aprovação da Emenda Constitucional n.º 103, de 2019. Aos estados e municípios foi dado um prazo para se adequarem às novas regras, com aprovação em seus respectivos legislativos.

Segundo Abrucio *et al.*, (2020), as posições externadas pelo governo federal em seu relacionamento com os prefeitos, consagrada no *slogan* "Mais Brasil, menos Brasília" expressam um movimento da gestão Bolsonaro de distanciamento dos fundamentos que sustentam as relações federativas no Brasil. A Constituição de 1988 consagrou um modelo de federalismo cooperativo que combina autonomia subnacional com coordenação nacional. Nesse arranjo, o governo central concentra autoridade sobre a definição de princípios e diretrizes gerais das políticas públicas, responsabilizando-se pelo financiamento e pela indução, e garantindo aos governos subnacionais autonomia na implementação das políticas. Um modelo que busca compatibilizar autonomia e interdependência e criar condições para o alcance de objetivos e metas nacionais, entre eles, a redução das desigualdades regionais e a mitigação da fragmentação e da sobreposição que seriam esperadas nas federações (Arretche, 2012).

O modelo bolsonarista, segundo Abrucio *et al.* (2020), força uma mudança nas relações intergovernamentais no Brasil. Sob a justificativa de transferir recursos àqueles que se encontram mais próximos dos cidadãos e seriam mais eficientes na sua alocação – no caso, os municípios –, o governo Bolsonaro objetiva promover uma drástica redução da intervenção governamental na provisão de políticas públicas centrais para os cidadãos, ao mesmo tempo que concentra as decisões que afetam os entes subnacionais. Dessa forma, Bolsonaro colocou em prática um estilo de relacionamento com os governos subnacionais caracterizado pelo confronto e pelo progressivo enfraquecimento dos espaços e mecanismos de diálogo e negociação (Abrúcio *et al.*, 2020, p. 669), quadro que se agravou com a chega da pandemia no Brasil em fevereiro de 2020.

A covid-19 e o agravamento do conflito federativo

Emergências em saúde pública colocam desafios para diversos atores em diferentes níveis, mas é no nível local que o problema se manifesta de forma mais imediata e concreta. Além disso, crises sanitárias como a de covid-19 exigem forte capacidade de coordenação entre os diferentes níveis e agências de governo, especialmente em países de organização federativa. Uma vez que grande parte dos governos locais não conta com os recursos necessários para o gerenciamento da crise, eles precisam do suporte de agências governamentais em outros níveis. A capacidade de definir parâmetros comuns de ação e de segui-los, a despeito de possíveis diferenças e conflitos políticos e partidários, é fundamental na resposta a um evento dessas proporções.

Como já documentado em várias análises sobre as respostas governamentais à pandemia de covid-19 no Brasil (Moraes, 2020; Petherick *et al.*, 2020), foram os governos subnacionais que assumiram a dianteira no combate ao vírus. Com importantes variações entre os estados e municípios, a partir de meados de março, duas semanas após a confirmação do primeiro caso da doença, governadores e prefeitos começaram a adotar uma série de ações com o objetivo de conter a propagação do coronavírus, entre elas as medidas de distanciamento social. A resposta descentralizada à pandemia não só é resultado da própria organização federativa do país, mas também é uma consequência da postura adotada pelo governo federal no gerenciamento da crise.

Desde o início da pandemia, o movimento de competição e confronto de Bolsonaro com os governos subnacionais se expressou em seu negacionismo, na minimização da crise sanitária, na disseminação de informações sem embasamento científico, além do desrespeito aos protocolos de saúde emitidos pela Organização Mundial de Saúde (OMS) e pelo próprio Ministro da Saúde.

A primeira expressão dessa relação conflituosa se deu ainda em março de 2020, quando o governo federal tentou limitar a autonomia dos entes subnacionais na definição de estratégias de enfrentamento à pandemia. Contrariando uma tendência de decidir em favor da União, o plenário do Superior Tribunal Federal (STF) referendou a decisão liminar concedida pelo ministro Marco Aurélio, reconhecendo a competência concorrente de estados e municípios na área da saúde pública.

Além da estratégia de confronto, a postura do governo federal se caracterizou pela omissão. Há várias evidências de que o Executivo nacional deixou de lado o papel de coordenação que tradicionalmente desempenhou na federação brasileira. Como destaca Machado (2020), o governo central desprezou os mecanismos de coordenação introduzidos por meio de dispositivos legais e constitucionais no âmbito do Sistema Único de Saúde (SUS); ignorou as instâncias de pactuação e negociação fundamentais para a articulação entre os gestores e para a construção de pactos nacionais; e negou o próprio aprendizado institucional acumulado no combate a outras doenças. Abrucio *et al.* (2020) mostram que uma das evidências dessa postura unilateral foi a exclusão do representante do Conselho Estadual dos Secretários de Saúde (Conass), principal estrutura de diálogo e negociação federativa do SUS, das decisões do Ministério da Saúde.

A ausência de parâmetros nacionais para a política de distanciamento, especialmente a partir de abril, com a demissão do ministro Luiz Henrique Mandetta em função de discordâncias com o presidente na gestão da crise, tornou a resposta governamental à covid-19 ainda mais descentralizada, com os prefeitos obtendo dos governos estaduais cada vez mais liberdade para tomarem decisões que, em geral, foram no sentido do relaxamento das medidas de distanciamento.

Sem a coordenação do governo central, o país deixou de aproveitar as vantagens da descentralização em uma situação de emergência que incluem a possibilidade de implementar estratégias localizadas e mais adequadas às características e problemas locais. Em vez disso, o país viu multiplicar as dificuldades resultantes da ausência de coordenação: comportamento errático dos governos ora restringindo, ora relaxando medidas; tomada de decisões a partir de diferentes critérios e nem sempre embasadas cientificamente; e aumento da incerteza no ambiente e da desconfiança na relação entre governos e sociedade. O resultado se expressa nos números de contaminados e mortos que, sem considerar a grande subnotificação, coloca o Brasil como um dos países mais afetados pela pandemia e com uma das piores gestões da crise no mundo.

Como mostram Fernandez e Fernandes (2020), o Brasil deixou de contar com vantagens importantes que poderiam ter sido exploradas no combate à pandemia. A começar pela existência de um sistema universal de saúde alicerçado no compartilhamento de responsabilidades e na coordenação federativa, com forte indução a partir do centro, na forma de suporte técnico e financeiro às entidades subnacionais. Os municípios, especificamente, poderiam ter desempenhado um papel de relevo, por meio da Atenção Primária à Saúde, atuando no diagnóstico precoce, no rastreamento e isolamento de casos positivos e em várias outras frentes. A recusa do governo federal em atuar como indutor e em mobilizar o aprendizado institucional no âmbito do SUS levou ao subaproveitamento dessas potencialidades.

A demora na aprovação do auxílio emergencial e no socorro aos estados e municípios também limitou o alcance das ações de combate à pandemia. Em agosto de 2020, diversas matérias veiculadas na mídia mostravam que apenas metade dos recursos autorizados pelo Congresso Nacional para o combate à covid-19 tinha sido utilizada pelo Ministério da Saúde. Análises do Tribunal de Contas da União (TCU) e de especialistas identificaram problemas com os critérios adotados para a distribuição dos recursos, que não se basearam no número de óbitos e/ou na capacidade das diferentes localidades de fazerem frente às taxas de contaminação (Fabrini; Wiziack, 2020; Cucolo, 2020).

Uma ação mais célere, planejada e coordenada do governo central poderia ter criado condições mais favoráveis para a adesão da população ao isolamento social, permitido aos governos subnacionais adquirir os insumos e equipamentos necessários nas estratégias de enfrentamento. As ações do presidente, contudo, criaram obstáculos ao alcance dos objetivos. A falta de transparência nos dados da covid-19, o atraso na sua atualização e os problemas com a forma como foram disponibilizados dificultaram o planejamento de ações em todos os níveis. Sem parâmetros gerais, os gestores municipais tornaram-se mais vulneráveis às pressões locais pelo relaxamento das medidas em um momento em que todas as evidências científicas indicavam que esse não era o melhor caminho.

A postura do governo Bolsonaro durante a pandemia não representou uma ruptura em relação à atitude que já vinha adotando no primeiro ano de seu mandato. Após uma interação amigável com os prefeitos por ocasião da aprovação da reforma da Previdência, o presidente voltou a investir na estratégia de confronto. Em várias ocasiões se manifestou publicamente subtraindo-se da responsabilidade pelas taxas de incidência da doença no Brasil, sugerindo que os prefeitos e governadores que tinham adotado medidas de distanciamento social deveriam ser responsabilizados, inclusive pelos impactos econômicos da pandemia (Bolsonaro..., 2020; Lindner, 2020).

Durante todo o período da crise sanitária, as três grandes associações nacionais de municípios expressaram críticas à postura do governo federal e defenderam a adoção de um plano nacional de enfrentamento à pandemia com orientações para os municípios (Braga, 2020). Em duas notas oficiais, em abril, a FNP afirmou que: "Não é razoável que o governo federal estimule o conflito federativo para se eximir de cumprir sua responsabilidade no enfrentamento à pandemia" e repudiou as manifestações do presidente contrárias às medidas adotadas por prefeitos e governadores. Em outra nota, o diretor-executivo da Associação Brasileira de Municípios (ABM) afirmou que o governo federal "sabotava os municípios e os estados" que estavam na "linha de frente do pacto federativo no enfrentamento da pandemia", "desesperados com a queda de arrecadação e o aumento da demanda, seja na saúde, na economia ou na assistência social". No mesmo sentido, a Confederação Nacional de Municípios (CNM) repudiou as declarações do presidente afirmando que Bolsonaro, com sua "postura errática, ao invés de incentivar a solidariedade e a consequente eficiência das ações, aprofunda a divergência, a desorientação e cria insegurança, sobretudo, junto à população, colocando em xeque o federalismo cooperativo brasileiro" (FNP, 2020; PEREIRA, 2020; CNM, 2020).

Pesquisas de opinião realizadas no período mostram a população dividida quanto à responsabilidade pela gestão da pandemia. Em agosto, quando o país atingia a marca de 100 mil mortes e mais de 3 milhões de contaminados pela covid-19, uma pesquisa do Datafolha[3] mostrou que 47% dos entrevistados não responsabilizavam o presidente pelos números da pandemia e apenas 11% consideravam Bolsonaro o principal culpado (41% disseram que ele era um dos culpados). A avaliação dos prefeitos e governadores oscilou no período. Duas pesquisas, realizadas em junho e julho, mostraram a perda de popularidade de ambos. A avaliação positiva dos prefeitos caiu de 38% para 30%, e a negativa foi de 23% para 30%. Os que avaliavam o trabalho do prefeito como regular permaneceu próximo a 36%. O primeiro levantamento havia revelado que o maior percentual de "ótimo" e "bom" dos governadores e prefeitos era observado no grupo que considerava o trabalho do presidente como "ruim" ou "péssimo". A correlação negativa se desfez em julho, quando a avaliação do presidente e dos governadores passou a convergir, provavelmente pelo fato de que, a essa altura, vários estados e municípios começavam a relaxar as medidas de distanciamento, principal ponto de conflito.

As eleições municipais de 2020, neste sentido, foram uma oportunidade para compreender melhor a avaliação da população a respeito do comportamento dos prefeitos e do governo federal no combate à pandemia. O tema da saúde sempre figurou entre as principais preocupações dos brasileiros e é provável que venha a ocupar um espaço ainda mais importante nos próximos anos.

---

[3] Pesquisa realizada entre os dias 11 e 12 de agosto por telefone com 2.065 pessoas (DATAFOLHA..., 2020).

Instituições do sistema de justiça, burocracia e militares

Bolsonaro, o MPF e o equilibrista-geral da República

Fábio Kerche

O Ministério Público Federal (MPF), nos governos Lula e Dilma, ganhou enorme projeção. Seus integrantes tiveram papel de destaque no escândalo do Mensalão e foram protagonistas da operação Lava Jato. Ao colocar em suspeição aspectos rotineiros da política, como financiamentos eleitorais e negociações partidárias, os procuradores enquadraram muitas dessas questões como matérias judiciais a serem deliberadas por juízes não eleitos, mas não necessariamente apartidários, como Sergio Moro. Uma das consequências foi o reforço da criminalização da política, especialmente do Partido dos Trabalhadores (PT), e a abertura de uma avenida para que Jair Bolsonaro e seus aliados desfilassem o discurso contra a "velha política" e se apresentassem como uma alternativa.

Esse tão combativo Ministério Público Federal está muito mais discreto no governo Bolsonaro. Mesmo com denúncias apresentadas pela imprensa contra o presidente e seus filhos, não se viu nesses dois anos uma atuação equivalente ao desempenho de Rodrigo Janot, o procurador-geral da República no governo Dilma, ou à performance de Deltan Dallagnol, o coordenador da força-tarefa da Lava Jato em Curitiba. A explicação dessa mudança de postura, além da hipótese de que a maioria dos integrantes do MPF tenha mais afinidade com o atual presidente do que com administrações mais à esquerda do passado recente, passa pela forma de indicação do procurador-geral como chave desse novo comportamento. Bolsonaro, ao não considerar a lista tríplice votada pelos procuradores federais, como faziam os governos anteriores desde Lula, incentiva que o ocupante do cargo se alinhe ao poder Executivo, diminuindo o ímpeto em acusar o presidente e aqueles que o cercam.

Indicação do procurador-geral da República: quando as regras do jogo importam

O lobby do Ministério Público na Assembleia Nacional Constituinte de 1987-1988 é um exemplo de uma atuação bem-sucedida junto dos parlamentares. Promotores e procuradores obtiveram sucesso em quase todas as suas demandas. A autonomia em relação ao governo, por exemplo, foi consagrada na nova Constituição. Porém, uma das propostas foi somente parcialmente atendida: a lista tríplice, votada pelos próprios integrantes do Ministério Público para a indicação do procurador-geral, foi prevista para os Ministérios Públicos estaduais, mas não para o federal.[1] Essa diferença somente aconteceu após a mudança do Regimento Interno da Constituinte, a partir da pressão do grupo de parlamentares conservadores conhecido como Centrão. Quando o domínio dos progressistas era evidente, a tendência era a aprovação da lista tríplice também para o MPF (Kerche, 2009).

Pela Constituição, portanto, cabe ao presidente da República escolher um integrante de carreira do Ministério Público para um mandato de dois anos, sem limitação para recondução, e indicá-lo para aprovação dos senadores. O Senado, pelo menos até hoje, aprovou todos os oito nomes indicados pelos presidentes, de Sarney a Bolsonaro, em dezesseis votações para conduções e reconduções. Mesmo se observada a indicação para outros cargos, os senadores, na história recente, rejeitaram somente uma vez uma indicação vinda do poder Executivo: não aceitaram, no auge da crise do governo Dilma em 2015, o nome de um embaixador para a Organização dos Estados Americanos (OEA). Ou seja, na prática, o ator relevante para a escolha do procurador-geral, pelo modelo previsto na Constituição, é o presidente da República.

Outro elemento fundamental para entendermos o comportamento dos procuradores-gerais é a possibilidade de recondução ao cargo. Uma vez nomeados, ministros do Supremo Tribunal Federal (STF), por

[1] O procurador-geral da República é chefe do Ministério Público da União, sendo o federal um de seus ramos. Os outros são o Ministério Público Militar, o Ministério Público do Trabalho e o Ministério Público do Distrito Federal e dos Territórios. Somente os procuradores federais participam das eleições para a formação da lista tríplice, excluindo todos os outros integrantes.

exemplo, ficam no cargo até sua aposentadoria. Já o procurador-geral, se não quiser retornar para uma posição subalterna no Ministério Público, precisa ser reconduzido. Portanto, o pressuposto aqui, emprestado das análises da Ciência Política em relação aos políticos eleitos (Przeworski; Stokes; Manin, 2001), é que o procurador-geral busca sua recondução. Não há um consenso sobre o que querem os ministros do STF, mas sabemos o que busca um procurador-geral: ser reconduzido ao cargo.

Pela regra constitucional, portanto, é o presidente da República o "grande eleitor" daquele que assumirá a Procuradoria-Geral da República (PGR). Na prática, o Senado é apenas uma espécie de homologador do desejo do chefe do Executivo. Assim, o procurador-geral, buscando sua recondução, terá que necessariamente agradar o presidente. E agradá-lo significa ser parcimonioso com as acusações contra ele e contra membros de seu gabinete. Fernando Henrique Cardoso indicou quatro vezes Geraldo Brindeiro como procurador-geral da República e Brasília o apelidou de "engavetador-geral da República" por causa de sua fama de não dar prosseguimento às acusações contra o governo tucano.

Lula, que foi parlamentar constituinte e era um dos integrantes do grupo dos progressistas que defendia a lista tríplice para a indicação do procurador-geral, resolveu atender à solicitação dos procuradores da República e acatar o nome mais votado pela categoria, mesmo sem modificar a legislação. Dilma também adotou o expediente e Temer indicou a segunda mais votada da lista tríplice, Raquel Dodge. Ou seja, se antes o "grande eleitor" era o presidente, nas administrações petistas e parcialmente no período Temer a escolha passou a ser feita pelos próprios colegas de instituição.

Essa modificação da regra do jogo interfere na estratégia dos jogadores. O procurador-geral da República não precisa buscar apoio do presidente, mas de seus colegas. Isso assegurou um grau de autonomia ainda maior para o MPF e ajuda a entender como surgiram os escândalos do Mensalão e da Lava Jato. Nas últimas gestões petistas, poder-se-ia argumentar que, ao não mudar a legislação, não haveria segurança que os governos respeitariam o acordo e manteriam a recondução do procurador-geral independentemente de seu comportamento em relação ao governo. O PT, entretanto, ficou refém desse modelo. Para se ter uma ideia da falta de alternativa política, Dilma reconduziu Rodrigo

Janot em setembro de 2015, o ano das grandes manifestações pelo seu *impeachment* e apenas dois meses antes da aceitação do processo na Câmara. Não havia outra opção a não ser indicar automaticamente o mais votado pelos procuradores da República, mesmo no meio da crise que veio a derrubá-la.

Bolsonaro, no primeiro ano de seu mandato, retomou o padrão anterior aos governos petistas. Embora não tenha anunciado que não respeitaria a lista tríplice, dava sinais de que adotaria o procedimento previsto na Constituição. Raquel Dodge, indicada por Temer, poderia ser reconduzida por Bolsonaro e tentou se aproximar de seu "grande eleitor". Matérias na imprensa apontavam que ela teria segurado por 120 dias investigações contra Jair Bolsonaro, ao mesmo tempo que articulava, sem se preocupar em disputar a eleição para formar a lista tríplice, a recondução ao cargo. Somente quando percebeu que não seria a escolhida, no dia 6 de agosto de 2019, ela remeteu a papelada para a primeira instância da Justiça (Mattoso; Bragon, 2019). Menos de um mês depois, ignorando a lista votada pelos procuradores federais, Bolsonaro anuncia seu escolhido, Augusto Aras, sem que isso despertasse críticas contundentes da imprensa ou dos políticos.

O procurador-geral Augusto Aras e o governo Bolsonaro

A estratégia de Augusto Aras foi aproximar seu discurso dos valores mais conservadores do governo e não concorrer à votação da lista tríplice. Uma vez indicado, seu nome foi aprovado sem dificuldades no Senado, como é a prática dessa casa do Legislativo. A indicação de Bolsonaro recebeu 68 votos favoráveis e apenas 10 contrários, embora a sustentação do governo contasse com uma base sólida, que variava entre 23 e 39 senadores apenas (Costa, 2017).

É racional, portanto, que Aras paute sua atuação com vistas a não representar um incômodo para Bolsonaro, cujo apoio é necessário para sua recondução em 2021 ou para indicações a outros postos – o presidente chegou a sugerir em uma de suas *lives* semanais que o atual procurador-geral poderia ser indicado ao STF no futuro. Nos primeiros 22 meses de governo, de todas as manifestações originárias da PGR que chegaram ao STF, houve um alinhamento com o governo em trinta oportunidades e somente em um caso Aras se posicionou contra Jair Bolsonaro (Teixeira; Rocha, 2020).

Augusto Aras, contudo, se mostra bastante habilidoso e não se assume totalmente como um "engavetador-geral", mas como um "equilibrista-geral". Sua atuação também leva em conta o STF, os políticos e a opinião pública. Nesses dois anos de governo, ele recorreu à estratégia de se equilibrar em duas canoas, não deixando de agir, mas protegendo Bolsonaro em questões-chave e delicadas (Kerche; Marona, 2020a). Três exemplos ilustram essa posição de equilibrista.

O primeiro é em relação ao inquérito das *fake news,* aberto pelo próprio STF em março de 2019. Apontando para ataques ao Supremo e a seus ministros nas mídias sociais, Dias Toffoli, então presidente da corte, com a relatoria de Alexandre de Moraes, anuncia a abertura de inquérito para averiguar notícias falsas contra o STF. Raquel Dodge, procuradora-geral na época, posicionou-se contrariamente e defendeu a anulação do inquérito, argumentando, entre outros pontos, que o órgão que julga não pode acusar (Fabrini, 2019). Augusto Aras, em outubro de 2019, já na chefia da PGR, manifestou-se favorável à investigação, sinalizando politicamente ao STF. Em maio de 2020, contudo, após uma operação contra blogueiros próximos ao clã Bolsonaro, ele pediu a suspensão do inquérito (Sadi; Parreira, 2020).

O segundo exemplo foi em relação ao pedido do procurador-geral para a abertura de inquérito sobre os atos antidemocráticos que ocorreram durante a pandemia e contaram com a presença do presidente da República. Em meio a faixas que pediam a volta dos militares ao poder e o fechamento do Congresso e do STF, Bolsonaro discursou entre os manifestantes, em uma clara afronta à democracia, violando, inclusive, cláusula pétrea na Constituição. Aras agiu, mas, de forma habilidosa, como vem sendo sua marca, abrindo inquérito para investigar quem financiou e organizou as manifestações, e não quem participou (Aras.., 2020).

Mais um exemplo da estratégia de Aras para proteger Bolsonaro, mas sem se descuidar de outros atores, foi em relação à abertura de inquérito sobre as acusações de Sergio Moro a respeito da interferência do presidente na Polícia Federal. Na entrevista em que tornou pública sua demissão do governo, após mais de um ano à frente do Ministério da Justiça – que recebeu, segundo os críticos, como um prêmio por seus serviços prestados na Lava Jato e pela prisão de Lula –, o ex-juiz afirmou que o presidente queria um diretor-geral de confiança da chefia do Executivo e que isso iria contra a autonomia da Polícia Federal na aplicação da lei. Augusto Aras solicitou a abertura de inquérito para averiguar as acusações contra Bolsonaro (falsidade ideológica; coação no curso do processo; advocacia administrativa; prevaricação; obstrução de justiça; corrupção passiva privilegiada), mas, ao mesmo tempo, formalizou investigação contra Moro por denunciação caluniosa e crimes contra a honra. Ou seja, frente às denúncias públicas, que não teriam como ser desconsideradas, o procurador-geral não poderia ser acusado de não agir. Entretanto, paralelamente, deixou uma porta aberta para que as acusações originais se voltassem contra o denunciante.

Outro tema importante nesses dois primeiros anos da administração Bolsonaro e de sua relação com a PGR é a operação Lava Jato. Augusto Aras se mostrou disposto a colocar um freio nos procuradores midiáticos, principalmente na força-tarefa em Curitiba, responsável pelos casos de maior visibilidade como a prisão do ex-presidente Lula. A atuação do procurador-geral não parece se preocupar com os seus colegas de MPF, aqueles que perderam no atual governo o papel de eleitores do chefe da Procuradoria. Em reunião com advogados, em julho de 2020, Aras declarou que: "agora é a hora de corrigir os rumos para que o lavajatismo não perdure" (Venaglia; Lima, 2020, [s.p.]). Disse ainda que existiriam cinquenta mil documentos "invisíveis" à corregedoria do Ministério Público, como se houvesse um órgão paralelo ao MPF.

Augusto Aras agrada a Bolsonaro e, ao menos nesse aspecto, parece não desagradar totalmente aos políticos. O presidente agora dá indícios que não se interessa com tanto entusiasmo por investigações de corrupção, em particular aquelas advindas da força-tarefa no Rio de Janeiro, cidade política dele e de seus filhos. Os políticos, independentemente dos partidos, parecem dar sinais de que o tempo da Lava Jato já passou: alguns porque foram perseguidos, como o PT, e outros, como o Partido da Social Democracia Brasileira (PSDB), porque investigações tardias estariam chegando a algumas de suas lideranças em São Paulo. Porém ainda há apoiadores do combate à corrupção mais ligados à opinião pública, como parcela dos eleitores e a grande imprensa. O procurador-geral, mantendo sua habilidade política sem descuidar dos demais atores, joga para enfraquecer a operação, mas de forma paulatina.

Em 2020, a estratégia de Aras foi de limitar a autonomia das forças-tarefas da Lava Jato. Uma de suas iniciativas foi provocar o Conselho Nacional do Ministério Público (CNMP), que é presidido pelo próprio procurador-geral, a concentrar em uma única subprocuradora federal todos os recursos da Lava Jato encaminhados ao Superior Tribunal de Justiça (STJ), em vez de distribuir automaticamente a diferentes subprocuradores. De forma coerente com a estratégia de encerrar paulatinamente a Lava Jato, pelo menos em seu formato dos últimos anos, Aras prorrogou, em dezembro, a operação até outubro de 2021. O procurador-geral também colocou na agenda o debate sobre a substituição do modelo de forças-tarefas, que foram sendo reforçadas desde o início do governo Lula (Marona; Kerche, 2021b), pela Unidade Nacional de Combate à Corrupção e ao Crime Organizado (UNAC). Por esse novo modelo, seria criado um grupo especializado ligado à PGR, diferente do desenho mais descentralizado das forças-tarefas.

A atuação do procurador-geral se fez sentir em 2020. Além da saída de Deltan Dallagnol da equipe de procuradores da Lava Jato em Curitiba, sete integrantes da força-tarefa em São Paulo se afastaram da operação. O procurador-geral, sem enfrentar abertamente a Lava Jato, parecia ter sucesso em desmontá-la aos poucos e de forma sutil.

No começo de 2021, Aras não parecia querer esperar pela aprovação da UNAC e decidiu acabar com as autônomas forças-tarefas, que em Curitiba se mostrou quase subordinada ao juiz Sergio Moro. Em seu lugar, entrou em cena o Grupo de Atuação Especial de Combate ao Crime Organizado (GAECO). A PGR nomeou quatro procuradores para o GAECO que faziam parte da força-tarefa, mas outros dez integrantes foram deixados de fora e não se dedicarão mais exclusivamente à Lava Jato.

Diferentemente das forças-tarefas, pelo novo formato, nenhum dos integrantes do Grupo de Atuação Especial atuará exclusivamente sobre os casos ainda em aberto relacionados à Lava Jato. Segundo a Associação Nacional dos Procuradores da República (ANPR), aquela que organizava a eleição da lista tríplice e que foi abandonada por Bolsonaro e por Aras, o GAECO "não têm estrutura para investigações mais complexas e aprofundadas, como as da Lava Jato" (Marques, 2021, [s.p.]).

Paralelamente ao fim da operação em seu formato dos últimos anos, novas mensagens entre procuradores e o ex-juiz Sergio Moro vêm a público, confirmando a "Vaza Jato": uma série de reportagens realizadas em 2019 e 2020 pelo *The Intercept Brasil* divulgando diálogos "hackeados" entre os integrantes da força-tarefa em Curitiba e que revelavam uma parceria ilegal entre o Ministério Público e o juiz do caso. Depois de sete anos, a operação Lava Jato que marcou a política brasileira chega a um fim sem grandes protestos dos políticos, da imprensa e da opinião pública.

Para além do procurador-geral: os procuradores federais

O Ministério Público no Brasil possui características bastante diferenciadas em perspectiva comparada. Uma delas é que o órgão, além da autonomia em relação aos Poderes e aos demais atores do Estado, também assegura altas doses de autonomia a seus integrantes, a chamada "independência funcional". Na prática, isso significa que o procurador-geral da República detém poucos instrumentos para organizar hierarquicamente o MPF. Para se ter uma ideia de quanto o órgão é pouco hierárquico, para acessar dados sobre investigações da Lava Jato em Curitiba, no Rio de Janeiro e em São Paulo, Aras teve que fazer uma solicitação ao STF, que recusou. Essa estrutura horizontalizada dificulta a implementação de uma política institucional e o "chefe" do órgão não controla, por exemplo, as promoções e não pode interferir diretamente em ações dos demais procuradores. Somado a isso, ao não aceitar participar da votação com vistas à montagem da lista tríplice, Augusto Aras sinalizou que sua preocupação é mais com o presidente do que com seus colegas. Essa postura serviu para dividir o MPF, gerando descontentamento em parte dos demais procuradores federais.

O efeito dessa estrutura pouco hierárquica e politicamente dividida é que, nesses dois últimos anos, assistimos algumas iniciativas de integrantes do Ministério Público que vão em sentido inverso à estratégia do procurador-geral e que partem para um enfrentamento ao governo. O MPF, por exemplo, pediu o afastamento do ministro do Meio Ambiente, Ricardo Salles, e entrou como uma ação civil pública contra o então ministro da Educação, Abraham Weintraub, solicitando uma indenização de 5 milhões de reais por danos morais aos alunos e professores da Universidade Federal do Rio Grande do Norte (UFRN) (MPF..., 2019). Porém esse tipo de atuação é marcado pelo acaso, e não por uma política institucional. Depende mais da iniciativa do "procurador natural", aquele previamente encarregado de atuar em nome do MPF em uma determinada região, do que de uma orientação previsível e regular do órgão. É essa baixa institucionalidade, no sentido de que as regras moldam pouco os comportamentos e não asseguram previsibilidade, que garante altas doses de discricionariedade a procuradores federais, geralmente homens brancos e com origem nos estratos econômicos mais altos (Lengruber *et al.*, 2016). Caberia a eles, agora, o papel de fiscalizar o governo de Bolsonaro, com pouquíssimas chances de punição caso não o façam (Kerche; Oliveira; Couto, 2020).

Os próximos dois anos de Bolsonaro e o Ministério Público Federal

Bolsonaro conseguiu mudar o jogo movimentando apenas uma peça: a forma de indicação do procurador-geral da República. Ao adotar a regra constitucional de escolher um nome entre os procuradores sem observar a lista tríplice, o presidente limitou a autonomia da PGR por meio de incentivos para a parcimônia de Aras com o governo. Mesmo com a autonomia funcional, segundo a qual os demais procuradores podem atuar de forma bastante independente protegidos por mecanismos institucionais, o procurador-geral é chave porque detém o monopólio da acusação criminal contra o presidente, os ministros e os parlamentares federais. Assim, os procuradores federais podem incomodar o governo – embora, aparentemente, estejam menos dispostos do que durante os governos petistas –, mas com menor impacto que a PGR.

Se esse foi o cenário nos dois primeiros anos e se não houver uma mudança ou algum sinal efetivo que o mandato de Bolsonaro possa ser interrompido, nada indica que o que foi descrito neste capítulo irá mudar. A tendência é um procurador-geral alinhado ao governo. Se Aras não alçar voos maiores, como uma vaga no STF, ele manterá o cuidado com Bolsonaro, preservando-se como um equilibrista. O procurador-geral continuará fazendo pequenas concessões a outros atores, desde que não afrontem seu "grande eleitor".

Há uma chance, contudo, de uma mudança de comportamento de Augusto Aras no futuro. Em um cenário em que ele seja reconduzido por Jair Bolsonaro em 2021, seu mandato iria até setembro de 2023. Ou seja, quem poderia reconduzi-lo a um terceiro mandato seria o presidente eleito em 2022. Em caso de vitória de alguém que não seja o atual presidente, é possível, baseado no modelo apresentado, que Aras suba de tom com Bolsonaro tentando agradar o vencedor da eleição. Essa estratégia foi a que tentou fazer Raquel Dodge em relação a Bolsonaro, sem obter sucesso.

Um cenário possível é o MPF sair um pouco dos holofotes nos próximos anos, especialmente com o fim da Lava Jato. E isso não é necessariamente ruim: na democracia, o melhor mesmo é que os protagonistas sejam políticos e eleitores, e não juízes e procuradores.

A Polícia Federal e o governo Bolsonaro: duas décadas de desenvolvimento e dois anos de ataques e resistência?[1]

Andréa Lucas Fagundes
Lígia Mori Madeira

Este capítulo tem como objetivo contribuir com a análise da atuação da Polícia Federal (PF) já produzida (Arantes, 2010; 2011a; 2011b), tendo como foco três aspectos importantes para compreender a instituição e suas relações com os demais órgãos de controle, com o sistema de justiça criminal e com o poder Executivo. Eles dizem respeito – e correspondem à estrutura do texto – (1) ao resgate do movimento endógeno conduzido pela instituição desde a década de 1990, que resultou em um desenvolvimento com reconhecimento interno e externo do órgão; (2) à entrada na agenda de combate à corrupção e suas consequências na conformação de uma atuação articulada com as demais instituições, chegando ao modelo de forças-tarefa e grandes operações, contribuindo ainda mais para a grande repercussão obtida; (3) às relações entre o Executivo e o Ministério da Justiça, incluindo a PF, e os diferentes padrões estabelecidos ao longo da trajetória recente.

Busca-se entender as condições que permitiram à PF obter um desenvolvimento institucional marcante durante as últimas décadas a partir de conceitos e categorias centrais da área de políticas públicas. Nosso objetivo reside em compreender como a agenda se abriu, como se conformou um problema de política pública, qual a coalizão de atores que a tornou possível, além de analisar os processos de formulação e de implementação dos métodos de gestão, tanto do ponto de vista *top-down*, quanto dos burocratas implementadores (perspectiva *bottom-up*).

[1] Versão inicial deste texto foi publicada pelas autoras na coluna Judiciário e Sociedade do *Jota* em 23 de maio de 2020.

Por fim, buscaremos compreender os efeitos que os dois anos de governo Bolsonaro impõem à instituição.

Desenvolvimento institucional da PF: movimento de mudança endógena desde 1990

Caracterizando o que a literatura chama de explicação de mudança endógena incremental (Mahoney; Thelen, 2010; Rezende, 2012), ou seja, que as fontes de transformação não são apenas exógenas ou ambientais, e que as alterações graduais podem ser de grande importância institucional, falas públicas de ex-diretores,[2] apontam aspectos externos e internos para a abertura da agenda e implementação de mudanças na PF. Para eles, o que realmente contou para que a PF obtivesse o reconhecimento e o status que teve até hoje foi um projeto institucional de desenvolvimento. Esse processo foi marcado pelo planejamento, modernização e gestão de resultados, com profissionalização, implicando em melhor recrutamento dos policiais federais. Além disso, ex-diretores destacam o papel dado à Academia Nacional de Polícia (ANP) em termos de centralidade na formação inicial do policial federal, maior foco na inteligência e na investigação policial, com qualidade da prova e uso da inteligência.

Há indícios de que tal movimento começou a surgir durante a década de 1990. Mesmo sem maior organização ou desdobramentos incorporados pela instituição, alguns eventos demonstram a disposição endógena para a promoção de mudanças: (1) em 1992, pela primeira vez, um delegado de carreira assumiu a direção-geral, Amaury Aparecido Galdino (ainda que com interferências políticas), e essa prática de fato passou a ter continuidade a partir da gestão de Vicente Chelotti (1995-1999); (2) em 1994, houve a greve dos policiais federais, reivindicando melhorias salariais e de condições de trabalho; (3) também em 1994, ocorreu um concurso para renovação de quadros após aproximadamente

---

2 Em referência a falas de três ex-diretores do Departamento de Polícia Federal durante o evento "Corrupção e Crime Organizado a partir da experiência da Polícia Federal", realizado no Instituto de Estudos Avançados (IEA) da Universidade Federal de São Paulo (USP), em 20/05/2019.

uma década sem novos policiais; e (4) a exigência de nível superior para todos os cargos da carreira de policial federal a partir de 1996, iniciando uma importante renovação nos quadros da PF, com um *salto de qualidade* dos servidores que passaram a ingressar na instituição.

No final dos anos 1990, a Polícia Federal iniciou seu processo de modernização, com implementação de gestão por indicadores, desenho de processos e priorização de necessidades organizacionais. Um *plano estratégico emergencial* foi estruturado, pautado pela necessidade de ações de modernização que envolvessem as áreas administrativa, policial e institucional (Fagundes, 2020). Cabe ressaltar que, naquela época, órgãos públicos federais vivenciavam a reforma administrativa, a partir da orientação da *nova administração pública*, com foco em gestão pública voltada a resultados. Tal plano despontou como uma iniciativa da cúpula de agregar e desdobrar por toda a instituição ações que vinham sendo realizadas de forma isolada, lideradas por alguns atores e que demonstravam melhoria de atuação e alcance de resultados regionalizados.

Outro fator importante no processo de mudança e desenvolvimento da PF refere-se a sua imagem institucional: a criação de sua *marca*, considerada por muitos como ponto chave para o reconhecimento externo da PF, com exposição midiática e construção de uma opinião pública favorável. A formação dos novos policiais federais passou a ser fundamental na disseminação e no fortalecimento da identidade e do aculturamento, pois, além da formação técnica, os ingressantes passaram a ter como base de seu desenvolvimento os pilares da cultura da instituição (Fagundes, 2020), principalmente nos anos 2000, quando houve constante renovação dos quadros da carreira policial e ampliação de cargos da carreira administrativa na PF. Nesse período, a Academia Nacional de Polícia foi o braço de formação de policiais e peritos em ciência policial, desde seu ingresso na instituição. Aliada à renovação dos quadros e à identidade policial fortalecida, os ex-diretores também ressaltam como ponto importante desse processo de mudança endógena o fortalecimento da Corregedoria da PF e a "limpeza" da corrupção na própria corporação, "cortando na própria carne", como se referem ao trabalho de combate à corrupção nos quadros da polícia realizado ao longo dos anos 2000 e que se mantém até os dias atuais (há inclusive operações citadas como comprovação de que tal movimento era necessário, como, por exemplo, a operação Anaconda[3]).

Além dos movimentos descritos, para que os esforços empreendidos em diferentes frentes fossem unificados, a gestão teve o desafio de aliá-los à disponibilidade orçamentária, que teve incremento na primeira metade dos anos 2000, mas que na última década passou a enfrentar cortes e restrições impostas pelo poder Executivo. Entretanto o plano de modernização iniciado nos anos 1990 também contemplou viabilidade financeira para a sua execução, com a negociação e o projeto conhecido como Pró-Amazônia/Promotec, que teve como base um acordo entre os governos brasileiro e francês, rendendo financiamento externo para o processo de modernização da PF.

Do ponto de vista técnico, a especialização e o refinamento da investigação que aconteciam em *ilhas de excelência* em diferentes estados, aos poucos, foram se disseminando pela instituição. Os relatos de ex-diretores afirmam, em uníssono, que houve um processo de fortalecimento da capacidade de investigação que iniciou "de baixo para cima" e que, a partir dos resultados alcançados, foi institucionalizado e fortalecido com a utilização e o desenvolvimento de tecnologia aplicada à investigação, a valorização do inquérito policial e o controle da qualidade da prova (cujo trabalho da perícia é tido como fundamental). Em suma, segundo um dos ex-diretores, "o sucesso da polícia está na capacidade de investigação".

O combate à corrupção como gatilho da articulação com outras instituições

Fatores externos como a agenda internacional de combate ao tráfico de drogas e à corrupção, mundialmente pautada pelos Estados Unidos e difundida por meio de órgãos internacionais, como a Organização para Cooperação e Desenvolvimento Econômico (OCDE) e o Grupo de Ação Financeira Internacional (GAFI), e também pela ratificação de convenções, adoção de legislações e critérios

[3] Operação realizada em 2003 que desarticulou um esquema de venda de sentenças que envolvia agentes e delegados da PF, além de membros do judiciário.

específicos (Madeira, 2020; Almeida, no prelo), parecem ter fortalecido essa capacidade investigativa da PF, levando à criação de setores especializados em investigações, entre elas, a área financeira, em especial, a "lavagem de dinheiro", pois era necessário encontrar o "financiamento da organização criminosa". Tal visão foi sendo absorvida por outras áreas, e a capacidade de investigação, disseminada (Fagundes, 2020).

O crime organizado passou a demandar do Estado a necessidade de resposta sistêmica, com maior capacidade de investigação e seu enfrentamento no Brasil envolvia o combate à corrupção. Contudo, além da atuação da polícia, houve a necessidade de coordenação com as demais instituições com potencial de apuração como a Receita Federal, o Tribunal de Contas da União (TCU), o Ministério Público Federal (MPF), a Advocacia-Geral da União (AGU), o Banco Central, a Previdência, e o então Conselho de Controle de Atividades Financeiras (COAF), conhecidas instituições da rede ampliada de *accountability* (Power; Taylor, 2011; Da Ros, 2019; Madeira; Geliski, 2019). Tal colaboração era vista como "central para a produção da prova", com maior agilidade, da mesma forma que o desenvolvimento de *expertise* e de mecanismos institucionais por parte do judiciário federal também surgiu em resposta a demandas de um trabalho da PF, que resulta em inquéritos cujo julgamento tardava a acontecer (Madeira; Geliski, no prelo).

A mobilização desses órgãos em grupos de trabalho acabou resultando na gênese da Estratégia Nacional de Combate à Corrupção e à Lavagem de Dinheiro (Enccla), coordenada pelo Ministério da Justiça (MJ), que hospeda a ampliação de articulações entre os diferentes órgãos e promove as mudanças legislativas e institucionais necessárias para que a investigação e o julgamento do crime organizado, da corrupção e da lavagem de dinheiro sejam efetivamente implementados (Madeira *et al.*, 2020; Madeira *et al.*, 2019).

Ao mesmo tempo que se promove uma "rede de relacionamento com as demais forças brasileiras", ampliam-se os canais de participação e troca com outros países, não sem que todo esse movimento angarie cada vez mais visibilidade e apoio. Nesse sentido, cabe falar das adidâncias da PF. A interação e a articulação com outros países também são citadas como fundamentais no combate à corrupção, pois em sua visão o "crime é global"[4] e são necessárias a troca de informação e a atuação conjunta com instituições como Organização Internacional de Polícia Criminal (Interpol), Serviço Europeu de Polícia (Europol) e Organização dos Estados Americanos (OEA). Nas últimas duas décadas, verificou-se o crescimento dos escritórios internacionais da PF (Fagundes; Pilau, 2020) e a provável troca de experiência entre os policiais brasileiros e demais policiais nos outros países propiciaram agilidade, capacitação e atuação interligada no combate ao crime organizado. Acordos de cooperação induzem um financiamento da especialização dos servidores atuantes no combate à corrupção, que, ao menos no discurso, reverbera internamente quando retornam à operação.

No entanto, toda essa cooperação não acontece despida de disputas e extrapolação de limites. O processo de articulação teve primeiro que suplantar a arrogância e a falta de confiança das instituições umas com as outras, a competição em relação a quem liderava cada operação, as disputas internas quanto a quem levava os louros por cada ação, e, especialmente, quem aparecia na mídia concedendo as conhecidas entrevistas coletivas. Recentemente, depois do escândalo Vaza Jato,[5] aquele processo que iniciou com falta de confiança, no caso da Lava Jato, parece ter descambado em excessos e destruição das fronteiras legalmente estabelecidas para a relação entre órgãos de investigação, de acusação e de julgamento, revelando os limites dessa cooperação.

A PF e a relação com o(s) Executivo(s): dois anos de governo Bolsonaro

A reestruturação interna da PF colocou-a em outro patamar institucional, seja pelos resultados apresentados nas operações, pela articulação com as demais instituições do sistema de controle, seja pela imagem

---

[4] Há a consciência dos policiais sobre as particularidades da corrupção nos diferentes países, conforme a agenda internacional de pesquisa sobre o tema. A ideia é que a troca de experiências e a cooperação contribuem para melhor atuação da instituição e qualidade das investigações.

[5] Escândalo referente a diálogos entre integrantes da força-tarefa da Lava Jato vazados por uma fonte anônima ao jornal on-line *The Intercept Brasil*, gerando uma série de reportagens exclusivas e em parceria com importantes veículos de mídia brasileiros.

e confiança frente à sociedade brasileira. Entretanto a independência institucional administrativa atingida não garante bloqueio contra eventual ingerência do poder Executivo, por sua subordinação ao Ministério da Justiça e Segurança Pública (MJSP), condição necessária em democracias.

Não é incomum, na história recente da PF, depararmo-nos com episódios que remetem à interferência do Executivo na instituição. Antes da suposta ingerência de Bolsonaro, tema deste trabalho, houve a mudança de diretor-geral da PF feita pelo então presidente da República Michel Temer, em 2017. Na ocasião, ao ser alvo de investigação em uma das fases da operação Lava Jato, Temer nomeou Fernando Segovia para o cargo; contudo, o mandato durou aproximadamente três meses. A justificativa mais referendada entre analistas que acompanham a instituição para uma passagem tão rápida foi a falta de legitimidade interna de Segovia. Outro exemplo foi a troca de Paulo Lacerda, diretor-geral entre 2003 e 2007, no então governo Lula. Nessa época, a crise envolvia informações a respeito das grandes operações da PF e a troca se deu, coincidentemente ou não, envolvendo a Polícia Federal e a Agência Brasileira de Inteligência (Abin) (Michael; Alencar, 2007). Paulo Lacerda deixou a direção-geral da PF e assumiu a direção-geral da ABIN por aproximadamente um ano.[6]

As tensas relações entre a PF e a gestão Bolsonaro ganharam visibilidade no início do segundo ano do governo, quando a Polícia Federal foi alvo de acontecimentos políticos que implicaram a saída do então ministro da Justiça e Segurança Pública, o famoso e controverso ex-juiz federal da Lava Jato, Sergio Moro. Em razão de desentendimentos e da queda de braço sobre a troca e a escolha de um novo diretor da PF, saiu Moro, não sem produzir estragos no âmbito de um inquérito em curso, autorizado pelo Supremo Tribunal Federal (STF), para investigar tanto o ex-ministro quanto o presidente da República por supostas irregularidades e desvio de finalidade. A saída de Moro provocou também a suspensão, pelo STF, da nomeação do nome indicado por Bolsonaro para a direção da PF. Impedido de nomear Alexandre Ramagem, então diretor da Abin, o presidente optou por uma saída eficaz, ao escolher

---

[6] Há uma relação que parece recorrente em momentos de crise, mas que permanece pouco examinada e que sabemos pouco a respeito: aquela entre PF e Abin.

o subordinado dele, que, no mesmo dia da posse, iniciou as mudanças previstas. Entretanto esse não foi o primeiro acontecimento político envolvendo a PF no governo Bolsonaro.

Ainda no primeiro ano do mandato de Jair Bolsonaro, o deputado federal Luciano Bivar, também presidente do Partido Social Liberal (PSL), sigla pela qual o presidente foi eleito, tornou-se alvo de buscas e apreensões no cumprimento de mandados, tanto em sua residência quanto na sede do partido, em continuidade à investigação sobre membros do PSL envolvidos em um possível esquema de candidaturas laranjas. Nessa época, a crise entre o presidente da República e Luciano Bivar já estava instaurada, culminando com a saída de Bolsonaro do PSL. Algumas interpretações sobre a influência política na PF foram aventadas, inclusive, a possibilidade de que o presidente sabia e teria contado com a interlocução de Sergio Moro como chefe da Polícia Federal, de modo que, a partir de um cálculo político, teria decidido afastar-se do partido antes de sua vinculação na mídia a uma operação policial (Fagundes; Pilau, 2019). Naquele momento, portanto, já se identificava possível interferência política no sigilo sobre as investigações conduzidas pela PF.

Contudo, a configuração da PF passou a mudar ainda antes, quando Moro aceitou integrar o governo. Ele alegou que sua missão seria o combate à corrupção, e colocou na estrutura do ministério diversos policiais federais. Um ano e três meses depois, a PF foi o *pivô* de sua saída da pasta, implicando reorganização interna e adequação de *quadros de confiança* do então ministro na nova composição da instituição.

Enquanto os holofotes se voltavam à disputa política e judicial entre o ex-ministro da Justiça e o presidente Jair Bolsonaro, várias mudanças ocorreram no comando da PF, não só na direção-geral, mas também em importantes diretorias, superintendências e representações internacionais. A troca mais significativa, que estava no centro da crise, incluiu a superintendência regional da PF do Rio de Janeiro, estado em que investigações da Polícia Federal envolvem membros da família do presidente.

Cabe mencionar que a execução das mudanças contou com uma manobra interessante: a substituição de nomes se deu por meio de convite para que os demitidos de postos na mira de Bolsonaro integrassem a direção-geral da PF em posições administrativas, ou seja, por meio da estratégia de promover quem se queria retirar. Enquanto não se sabe ao certo o desfecho do inquérito em curso no STF – atualmente em definição de como acontecerá o depoimento de Bolsonaro –, várias movimentações de chefias vêm acontecendo, sendo necessário acompanhar um período de tempo maior para que um acúmulo de dados e acontecimentos envolvendo o funcionamento, a *produtividade*, bem como o rumo de operações da PF sejam analisados.

Ao longo de 2020, outro episódio envolvendo a família Bolsonaro coloca em xeque a independência de investigação da Polícia Federal: a denúncia do Ministério Público do Rio de Janeiro (MPRJ) sobre o senador Flávio Bolsonaro (Republicanos) e Fabrício Queiroz pelo esquema de corrupção conhecido como "rachadinha", seguido de lavagem de dinheiro, no período em que o atual senador foi deputado estadual no Rio de Janeiro. No curso das investigações, o empresário Paulo Marinho declarou à imprensa que o então deputado Flávio Bolsonaro foi informado, em 2018, por um delegado da Polícia Federal, sobre as investigações da operação Furna da Onça (acerca do esquema das rachadinhas).

Recentemente, o futuro da Lava Jato havia sido questionado por Bolsonaro, afirmando ironicamente que não há corrupção em seu governo. Todavia observa-se que a atuação da PF na Lava Jato vinha sofrendo mudanças anteriores a esse governo, por diferenças entre PF e MPF na visão sobre a condução das investigações e mudanças na estrutura da instituição. Em 2017, a PF divulgou nota em que declarou o fim do grupo de trabalho específico para a operação Lava Jato, e as investigações foram alocadas em nova estrutura da organização, passando a integrar a Delegacia de Combate à Corrupção e Desvio de Verbas Públicas (Delecor). A justificativa era de que a medida visava priorizar ainda mais as investigações de maior potencial de danos ao erário, permitindo o aumento do efetivo especializado no combate à corrupção e à lavagem de dinheiro, e facilitando o intercâmbio de informações (Polícia Federal, 2017).

A nova direção da PF deve lidar com um desafio importante: a condução da organização estará monitorada pelos grupos de interesses internos. As três principais organizações de classe dos policiais federais declararam-se atentas à condução a ser dada à instituição. A Federação Nacional dos Policiais Federais (Fenapef), a Associação Nacional dos

Peritos Criminais Federais (APCF), a Associação Nacional dos Delegados (ADPF) e a Federação Nacional dos Delegados de Polícia Federal (Fenadepol) publicaram notas e posicionaram abertamente na imprensa a preocupação com os rumos da PF. Todas se mostram vigilantes sobre os rumos e possíveis interferências em sua atuação, mantendo o discurso de "luta no combate à corrupção, doa a quem doer", amplamente referendado pela opinião pública.

Como lidar com as constantes ameaças de desvirtuamento do papel legal, dos anseios iniciais e da vocação daqueles que criaram e desenvolveram essa nova instituição? Na visão dos policiais federais, a melhor forma de lidar com casos que envolvem figuras políticas é garantir provas robustas e impedir as chamadas "verticalidades". Eles também defendem lideranças que sejam respeitadas tanto interna quanto externamente, assegurando a integração em uma "estrutura orgânica" da instituição e impedindo a formação de várias polícias dentro de uma só. As lideranças são apontadas como chave para lidar com as resistências internas.

Nas discussões públicas com policiais que pertenceram à cúpula da instituição a respeito do tema geralmente não são nomeados ou relatados explicitamente episódios de interferência, mas ex-diretores não negam terem se deparado com questões políticas em algum momento de sua gestão. Ao longo do tempo, acontecimentos como os citados anteriormente levam à discussão interna na instituição (incluindo entidades de representação) sobre mecanismos que, em maior ou menor grau, são considerados importantes para blindar ou minimizar a interferência política na PF, quais sejam: (1) a articulação com o Ministério de Justiça – ou seja, a necessidade de alinhamento da visão e de estratégias de atuação com o MJ, este sim com a responsabilidade de articulação política direta com o Executivo; (2) a legitimidade interna do diretor-geral – importante para gerir a instituição, ainda que não agrade a todos é um delegado da classe especial, apoiado por critérios não formais, mas que referendam a carreira do policial determinando sua credibilidade na instituição; (3) fortalecimento de autonomia administrativa e orçamentária (lei orgânica) como uma bandeira defendida pelos policiais federais, contudo sem avanços. Há o argumento de que uma lei que dê autonomia investigativa e normatizações internas, inclusive para a indicação da direção-geral, seria uma forma de conter a descontinuidade administrativa gerada pela mudança política, garantindo, por consequência, autonomia legal na indicação das chefias, com critérios e mandatos previamente estabelecidos.

Em especial sobre a nomeação dos diretores, sua escolha foi elemento explicativo fundamental para que a PF chegasse aonde chegou. De uma trajetória de diretores militares, passando pelos chamados "medalhões", passou-se a uma sequência de diretores de perfil predominantemente técnico e com respaldo interno. Desde que delegados de carreira – com vivência operacional, que já haviam experimentado posições de chefia, tanto na área operacional quanto na gestão, incluindo diretorias regionais e de áreas específicas – passaram a assumir o comando da instituição, e tal mudança ganhou representatividade e continuidade. Apesar das já conhecidas disputas internas, principalmente ligadas à carreira de policial federal, em que delegados, agentes e peritos (como principais representantes de classes) defendem posicionamentos divergentes, há o reconhecimento de todos esses grupos de que o perfil técnico na direção da PF é um ganho para a instituição.

Preocupações com tais fragilidades são fruto da experiência institucional ao longo dos anos, bem como do desafio de mantê-la em atuação isenta de interferência política, o que, apesar de alguns episódios, vem sendo relativamente mantido. Não obstante, sabe-se que grande parte das conquistas das instituições do sistema de justiça se deram por meio da busca de autonomia, com exemplos documentados no Ministério Público (Kerche, 2007) e na Defensoria Pública (Madeira, 2014; Arantes e Moreira, 2019). Mas, como toda conquista, o grande problema costuma ser a manutenção dos padrões, especialmente quando estes são muito mais práticas políticas que se tornam reiteradas, mas sem a devida garantia legal. No caso específico da PF – diferente dos outros órgãos que efetivamente se desvincularam em termos funcionais e orçamentários dos órgãos de origem – não existe e não pode existir autonomia plena de instituição policial.

Ainda assim, pelo menos dois pontos nos parecem sensíveis à instituição e podem ser objeto de manobra e possível interferência política: (1) a estratégia de "retirar promovendo", ou seja, como já mencionado, ao realizar mudanças na cúpula, posições estratégicas no comando de investigações podem ter suas lideranças remanejadas sob o discurso da oportunidade de promoção e do crescimento profissional e (2) a determinação de cortes no orçamento, que também impõem o desafio de adequar atividades e realizar escolhas operacionais, seja de capacidade de utilização de efetivo especializado para a atuação em determinadas investigações (o que, em muitos casos, exige deslocamentos de policiais), seja na capacitação profissional, entre outras, sem oficialmente cortar estruturas.

Por meio dos mecanismos já descritos apontados como importantes para minimizar a interferência política, a instituição vem resistindo. Seja ao manter sua expertise na manutenção da qualidade da investigação e da prova, seja por demonstrações constantes, via operações, de que a PF continua fazendo seu trabalho mesmo contra grupos ligados ao presidente da República.

Os *próximos capítulos* exigem acompanhamento e análise. A realidade política brasileira e suas reviravoltas constantes não permitem grandes predições, ainda mais tratando-se de um governo que a cada semana deslegitima os demais poderes e ameaça a estrutura federativa. É esperar demais que um órgão sob essa tutela tenha sua atuação respeitada. Resta saber se a trajetória de desenvolvimento institucional retratada aqui será capaz de bloquear e preservar mais uma instituição das destruições em curso.

Accountability na Era Bolsonaro: continuidades e mudanças

Luciano Da Ros
Matthew M. Taylor

Realizar um balanço da *accountability* durante o período de quase dois anos em que Jair Bolsonaro presidiu o Brasil até o atual momento é desafiador por vários motivos. Primeiramente, o conceito de *accountability* é amplo e controverso. Uma vez que ele abarca um conjunto expressivo de instituições, atores e políticas, trata-se de um tema que não pode ser esgotado em um capítulo curto como esse. O segundo motivo decorre da incompletude do mandato do presidente. Escrito em meio à gestão de Jair Bolsonaro, muito do que poderia ser dito sobre o tema ainda está em fluxo, com consequências que provavelmente se tornarão visíveis apenas em alguns anos, conforme o mandato presidencial se aproximar de seu término. Por fim, nem tudo que ocorreu em relação à *accountability* durante esses dois primeiros anos pode ser atribuído diretamente ao presidente ou à sua administração. A óbvia dificuldade aqui é discernir as responsabilidades, já que algumas medidas que afetaram a *accountability* ao longo do último biênio foram tomadas pelo Judiciário, com o Supremo Tribunal Federal (STF) à frente, e outras pelo Congresso Nacional – e, nesse caso, há o problema de identificar quais medidas contaram com o apoio do governo. Conectado a isso está o fato de que algumas das medidas correntes são herdeiras de processos que não se iniciaram em janeiro de 2019, mas especialmente durante a gestão presidencial anterior, de Michel Temer.

O tema a ser revisado é ao mesmo tempo amplo, incompleto e complexo. Na próxima seção, definimos *accountability* e a desagregamos, estabelecendo uma matriz conceitual que nos permite descrever com maior nuança as continuidades e as mudanças da *accountability*, o que apresentamos na seção seguinte. A última seção coloca as transformações atuais em perspectiva mais ampla, revisando se e em qual medida os pontos de inflexão da gestão Bolsonaro representam rupturas em relação ao passado, bem como quais perspectivas indicam para o futuro.

Definindo *accountability*

Em sua acepção mais difundida, *accountability* diz respeito aos processos de *prestação de contas* e de *responsabilização* de agentes que exercem poderes delegados ou confiados. De modo a não se desviar dos interesses dos titulares dos poderes, esses agentes teriam a obrigação de prestar regularmente informações e esclarecimentos de suas ações aos titulares e, caso as informações prestadas sejam consideradas insatisfatórias, os agentes podem ser punidos pelos próprios titulares ou por outros fóruns instituídos para esse fim (Schedler, 1999; Bovens, 2007; Lindberg, 2013).[1] Em uma democracia, os titulares dos poderes são os cidadãos, os agentes são seus representantes, e as eleições são mecanismos centrais por meio dos quais os primeiros podem punir ou não os últimos com seus votos (Manin; Przeworski; Stokes, 1999; Ferraz; Finan, 2011; Ashworth, 2012). Essa forma vertical de *accountability* existe em paralelo a outras, chamadas *horizontal* e *social* (ou *diagonal*).[2] A primeira diz respeito ao sistema de *checks and balances* derivado da separação de poderes típica da democracia liberal (O'donnell, 1998; Da Ros; Taylor, 2020). A segunda refere-se às ações de monitoramento de *policy-makers* por grupos de interesse, por movimentos sociais e pela mídia, por vezes realizadas em conjunto com atores e instituições estatais (Fox, 2015; Mechkova; Lührmann; Lindberg, 2019).

Considerando a variedade de instituições associadas ao seu exercício e o seu potencial de controle dos representantes, o fortalecimento da

[1] Parcialmente porque ele abarca duas dimensões ("prestação de contas" e "responsabilização") de difícil tradução em uma única expressão, o conceito de *accountability* comumente não é traduzido para o português (PINHO; SACRAMENTO, 2009).

[2] A *accountability* eleitoral não é a única forma de *accountability* vertical existente. Em particular, ela é uma forma ascendente (*bottom-up*) de *accountability*, que tipicamente coexiste com formas descendentes (*top-down*) de controle dos estratos inferiores da burocracia pelos seus estratos superiores (DA ROS, 2019).

accountability tem sido amplamente sugerido pela literatura como um dos principais meios de reduzir a corrupção no setor público (Klitgaard, 1988; Mungiu-Pippidi, 2015; Rose-Ackerman; Palifka, 2016; Fisman; Golden, 2017). Todavia, porque o conceito é muito amplo, abarcando um conjunto expressivo de formas e instituições, a *accountability* quase sempre é analisada a partir de apenas uma de suas vertentes – vertical, horizontal, social etc. Se, por um lado, isso confere maior especialização aos estudos, por outro lado, isso frequentemente os impede de ver o panorama mais amplo das relações entre as várias formas de *accountability* e seu impacto sobre a corrupção. De forma a superar essas dificuldades, e coerente com a noção de que a *accountability* deve ser realizada em rede para ser efetiva, propomos analisar o conceito de maneira transversal.[3] Para tanto, partimos da abordagem inicialmente proposta por Taylor (2019) e aprimorada em uma equação heurística por Da Ros e Taylor (s.d.) na qual: *Accountability* (A) é igual à soma de Transparência (T), Fiscalização (F) e Sanção (S), moderadas por Capacidade (C), Engajamento (E) e Dominância (D). A equação e cada um de seus seis componentes está sucintamente descrito na sequência: $A = (T + F + S) * (C + E - D)$.

Transparência (T) diz respeito tanto à disponibilização e ao acesso a informações públicas como à sua "legibilidade" e "inferibilidade" (Picci, 2011; Bersch; Michener, 2013). Isto é, ela diz respeito tanto à quantidade de informação de interesse público que se encontra disponível como à sua qualidade, desagregação e inteligibilidade. Fiscalização (F) refere-se ao monitoramento e à investigação de ações adotadas por agentes públicos e privados com vista à exposição e à detecção de eventuais irregularidades. Como tal, ela abarca tanto mecanismos de "alarme de incêndio" como de "patrulha de polícia" do setor público (Mccubbins; Schwartz, 1984). Sanção (S) corresponde à responsabilização de agentes públicos e privados envolvidos em diferentes irregularidades. Isso inclui um variado conjunto de possíveis formas de punição, tais como danos reputacionais, perda de votos, suspensão ou perda de cargo público, penalidades administrativas,

[3] Sobre a noção de rede de instituições de *accountability* na América Latina e no Brasil, ver Mainwaring e Welna (2003) e Power e Taylor (2011).

indenizações, multas e, no limite, privação de liberdade. Essas, por sua vez, podem ser impostas por um conjunto igualmente amplo de atores e instituições, incluindo o eleitorado, a mídia, os órgãos administrativos, legislativos e judiciais, entre diversos outros (Lindberg, 2013; Da Ros, 2019). Os três componentes nucleares da definição de *accountability* descritos anteriormente, por sua vez, são moderados pelos outros três componentes da equação.

Capacidade (C) refere-se sobretudo à dimensão institucional da *accountability*. Abarca a profissionalização e a autonomia da burocracia em relação a influências indevidas das elites política e econômica e seus instrumentos de atuação. Assim, ela diz respeito às leis que definem poderes e atribuições, à existência de pessoal e de orçamento adequados, e ao desenvolvimento de *expertise* e coordenação (Cingolani, 2013; 2018; Bersch; Praça; Taylor, 2017). Engajamento (E) é uma dimensão comportamental da *accountability*. Ele refere-se à mobilização dos cidadãos no monitoramento das ações dos agentes públicos, abrangendo tanto formas organizadas como não organizadas de participação, incluindo diferentes tipos de "perdedores da corrupção" (Mungiu-Pippidi, 2006; Gaventa; Barrett, 2012; Fox, 2015). Dominância (D), por fim, relaciona-se aos níveis de concentração de poder político e de influência econômica, expressos em taxas reduzidas de alternância no poder e de competitividade. Trata-se, com efeito, do único componente da equação negativamente associado à *accountability*.

Desagregar a *accountability* nesses seis componentes é analiticamente vantajoso porque permite analisar em conjunto tipos de *accountability* que os estudos geralmente examinam separadamente. Como consequência, possibilita uma avaliação mais geral dos impactos da *accountability* sobre aquele que é possivelmente um dos principais problemas que ela visa resolver: a corrupção. Por fim, permite tratar a *accountability* como uma política pública, identificando seus respectivos gargalos de forma a definir quais podem ser objeto de reformas, e de que forma essas devem ser realizadas. Isso posto, em vez de privilegiarmos uma dimensão ou tipo de *accountability*, nossa análise dos quase dois anos de Jair Bolsonaro à frente da presidência examina esse período a partir de cada um desses componentes da *accountability* descritos anteriormente.

A Era Bolsonaro à luz da equação

Por causa das dificuldades associadas a discernir claramente entre o que pode ser atribuído ao presidente, ao seu governo, à coalizão governista, ao Congresso Nacional ou às instituições que se situam largamente fora da dinâmica Executivo-Legislativo (como o STF, por exemplo), discutimos a seguir a *accountability* na Era Bolsonaro – e não apenas no governo Bolsonaro. Esta abarca todas as instituições federais citadas anteriormente e evita o problema de atribuição equivocada de responsabilidades, que é frequente em um sistema de governo confuso como o presidencialismo de coalizão brasileiro.[4] Ao mesmo tempo, alguns objetos importantes de nossa análise, como a Polícia Federal (PF) e o Ministério Público Federal (MPF), já foram examinados com maior vagar em outros capítulos neste volume. Mais do que repetir os conteúdos desses capítulos, nosso objetivo é integrá-los à análise transversal proposta. O exame desagregado de cada um dos componentes de nossa equação desde princípios de 2019 se encontra a seguir.

Transparência

Essa é uma das áreas em que mais claramente houve retrocesso, ou ao menos sua tentativa, a partir de medidas adotadas pela própria administração, totalizando mais de dez de iniciativas nos primeiros dezoito meses de governo (Lopes; Onofre, 2020). Entre as medidas mais visíveis, algumas inclusive datam do primeiro mês de gestão, como a ampliação do rol de servidores aptos a decretar sigilo em documentos públicos, decisão que foi posteriormente revogada pelo Congresso Nacional (Fernandes *et al.*, 2019). Outras medidas nesse sentido incluíram a decretação de sigilo tanto da lista de visitantes do Palácio do Planalto como dos estudos técnicos que embasaram a proposta de

---

4 Não sendo o presidencialismo multipartidário exclusivo do Brasil, e sim um arranjo existente também em outros países (CHAISTY; CHEESEMAN; POWER, 2018), é importante destacar que há características próprias de sua versão brasileira, que incluem especialmente o número exacerbado de partidos políticos com representação congressual e o federalismo, entre outros.

reforma previdenciária, submetida pelo governo ao Congresso Nacional, além de vários ataques, por membros da administração, a dados produzidos pelo Instituto Nacional de Pesquisas Espaciais (Inpe) sobre desmatamento e queimadas, que eventualmente levaram à exoneração do diretor do órgão em meados de 2019 (Amado, 2019; Fabrini; Caram, 2019; Brant, 2019).

Iniciativas dessa natureza continuaram mesmo após a pandemia de covid-19. Logo em março de 2020, a administração editou medida provisória suspendendo os prazos de atendimento de pedidos de acesso à informação estabelecidos na Lei de Acesso à Informação (LAI), medida que foi suspensa de forma quase imediata por decisão liminar do STF (Fabrini, 2020). Pouco depois, em junho, a Controladoria-Geral da União (CGU) definiu que os pareceres jurídicos emitidos por órgãos federais para orientar sanções ou vetos presidenciais passariam a ser considerados sigilosos (Leali, 2020). No âmbito da pandemia, contudo, a medida mais sintomática disse respeito aos próprios dados do Ministério da Saúde sobre os números de contaminados e de mortos pela covid-19 no Brasil. Coincidindo com o crescimento exponencial do número de casos no país, os dados deixaram de ser atualizados com a mesma frequência, excluíram informações até então consolidadas e chegaram a omitir o número total de mortos em diferentes momentos (Rodrigues, 2020). Após ampla reação, que posteriormente levou à organização de um consórcio de veículos de imprensa com as secretarias estaduais de saúde para reunir esses dados outrora disponibilizados pelo governo federal, a administração recuou em seguimento a mais uma decisão contrária à gestão de Bolsonaro tomada pelo STF (Machado; Fernandes, 2020).

Indiretamente, a administração também impôs limitações orçamentárias a órgãos que produzem informações de interesse público, como Instituto Brasileiro de Geografia e Estatística (IBGE), incluindo uma diminuição sensível dos recursos destinados à realização do Censo, e o Instituto Brasileiro do Meio Ambiente e dos Recursos Naturais Renováveis (Ibama). Com efeito, entre as poucas medidas da atual gestão que indicam melhora na transparência, pode-se citar a ampliação do escopo da LAI em direção ao chamado "Sistema S", dados os vultosos recursos públicos geridos por ele (Lagunes *et al.*, 2020).

Fiscalização

Esse é um componente da *accountability* que a administração buscou, direta ou indiretamente, enfraquecer. Nesse caso, contudo, vários órgãos de fiscalização e controle buscaram resistir às iniciativas. Com efeito, a trajetória da gestão Bolsonaro é mais errática em relação à fiscalização do que em relação à transparência, constituindo-se até hoje um ponto de contenção importante, ainda que também em aparente declínio.

Parte significativa dessa dinâmica tem a ver com o superministério da Justiça e da Segurança Pública, então sob comando do ex-juiz da operação Lava Jato, Sergio Moro, alegadamente concebido para fortalecer órgãos como a PF e o Conselho de Controle de Atividades Financeiras (Coaf) (Fernandes; Rangel, 2018). O Coaf, em particular, foi objeto de várias mudanças em sua posição institucional na administração federal. Inicialmente, o presidente alocou o Conselho no Ministério da Justiça e da Segurança Pública. O Congresso Nacional, contudo, o recolocou em seu local original, o Ministério da Fazenda (Economia). Após longa negociação, em janeiro de 2020, Executivo e Legislativo finalmente concordaram que o Coaf deveria ficar em um terceiro lugar, o Banco Central, sobre o qual há atualmente uma proposta legislativa em tramitação, o que eventualmente poderia ensejar novas mudanças no órgão (Machado, 2020; Uribe, 2020). Não suficiente, em meio a essas mudanças, em julho de 2019, o ministro Dias Toffoli do STF suspendeu todas as investigações criminais em curso no país que se valiam de dados do Coaf e da Receita Federal, paralisando cerca de setecentas investigações federais em curso sobre lavagem de dinheiro, corrupção e sonegação fiscal (Fabrini; Matoso, 2019). A decisão – que foi revertida em dezembro do mesmo ano pelo plenário do STF – atendeu a um pedido do senador Flávio Bolsonaro, filho do presidente. Ele era investigado no âmbito do chamado "Caso Queiroz" por causa de diversos depósitos suspeitos realizados na conta de seu assessor, Fabrício Queiroz, quando era deputado estadual pelo Rio de Janeiro. Os depósitos seriam fruto do recolhimento de parte dos vencimentos dos assessores do gabinete do deputado, posteriormente repassados a ele (Borges, 2020). De acordo com o Ministério Público do Rio de Janeiro (MPRJ), as práticas configurariam crimes de peculato, lavagem de dinheiro e associação criminosa, entre outros, pelos quais o hoje senador, seu ex-assessor e mais de uma dezena de outros indivíduos foram denunciados em novembro de 2020 (Ortega *et al.*, 2020).

Todas essas mudanças, bem como o significativo enxugamento orçamentário e de pessoal que se seguiram a isso, parecem ter debilitado o órgão central de monitoramento da lavagem de dinheiro no Brasil, especialmente ao longo de 2019. Com efeito, o número mensal médio de 741 Relatórios de Inteligência Financeira (RIFs) da primeira metade de 2019 caiu para meros 160 nos três meses seguintes (Fabrini; Matoso, 2019). Os dados oficiais do órgão, contudo, sugerem uma retomada vigorosa dos trabalhos a partir do ano seguinte, quando parece ter se resolvido a questão da localização institucional do órgão. De fato, dados de novembro de 2020 sugerem que o ano já marca o recorde de RIFs produzidos pelo Coaf em toda sua história, ultrapassando a marca de dez mil relatórios em um único ano – o recorde anterior era de 7.350 RIFs produzidos em 2018 (Coaf, 2020).

As mudanças no Coaf, todavia, não foram as catalizadoras da exoneração de Sergio Moro da administração Bolsonaro em abril de 2020. Alegadamente, após o presidente ter insistindo, sem sucesso, em trocar superintendentes regionais e o próprio diretor-geral da PF, o então ministro teria ameaçado se exonerar caso o presidente realizasse esta mudança à sua revelia. Ao fazê-lo mesmo assim, Sergio Moro demitiu-se e concedeu coletiva à imprensa acusando o presidente de interferir na PF, sobretudo para obter informações sobre investigações em curso (Matos *et al.*, 2020). No caso, a motivação do presidente para a troca seria uma tentativa de proteger um de seus filhos, o senador Flávio Bolsonaro, então investigado (e agora já denunciado) por irregularidades no Rio de Janeiro. Talvez por isso, logo após a saída de Sergio Moro, o presidente nomeou o então advogado-geral da União, André Mendonça, para o Ministério da Justiça e Segurança Pública, e Alexandre Ramagem para a direção-geral da PF. Ramagem seria amigo da família Bolsonaro e, por causa das suspeitas levantadas por Moro, sua nomeação foi barrada por decisão liminar do STF (Schreiber, 2020; Souza, 2020). Ato contínuo, o presidente nomeou Rolando de Souza para a direção-geral da PF que, por sua vez, promoveu trocas em cargos de direção da instituição, incluindo a superintendência do Rio de Janeiro, alegadamente cobiçada pelo presidente (Bomfim; Palma, 2020).

Para além da dinâmica do outrora superministério da Justiça e Segurança Pública, há investigações em curso com potencial impacto sobre a gestão presidencial. Exemplificam isso o próprio "Caso Queiroz" e o escândalo apelidado de "Laranjal do PSL", que diz respeito a verbas do fundo partidário originalmente destinadas a apoiar candidaturas femininas, mas que teriam sido utilizadas por outros candidatos do Partido Social Liberal (PSL), pelo qual se elegeu o próprio presidente Jair Bolsonaro em 2018. As investigações desse escândalo envolvem o atual ministro do Turismo, Marcelo Álvaro Antônio, que já foi inclusive denunciado criminalmente, mas foi mantido no cargo, e um ex-presidente do partido, Luciano Bivar. Um dos resultados da apuração do caso resultou na exoneração de Gustavo Bebianno, também ex-presidente do PSL, da Secretaria-Geral da Presidência, e na desfiliação do presidente Jair Bolsonaro do partido no final de 2019 (Lopes, 2019; Benites, 2019).

Outro esforço de investigação refere-se ao uso de perfis falsos em redes sociais da internet para a disseminação de desinformação e a intimidação de opositores, que teriam ocorrido ao menos a partir das eleições de 2018 e continuado desde então. As investigações foram iniciadas no STF em março de 2019 por meio do inquérito das *fake news* (Inquérito n.º 4781), e em setembro do mesmo ano passaram a ocorrer também no âmbito da Comissão Parlamentar Mista de Inquérito (CPMI) das *fake news* no Congresso Nacional. O primeiro é conduzido em sigilo em um polêmico inquérito iniciado pelo próprio STF e levou à Operação *Fake News* da PF em maio de 2020, que atingiu parlamentares eleitos pelo PSL em 2018, influenciadores digitais e empresários. Já a CPMI conta com a participação saliente de partidos do Centrão – o requerimento de criação da CPMI foi proposto pelo deputado Alexandre Leite, do Democratas (DEM), a presidência da comissão é do senador Ângelo Coronel, do Partido Social Democrático (PSD), e a vice-presidência é do deputado Ricardo Barros, do Partido Progressista (PP) – e, em menor medida, da oposição – a relatoria é da deputada Lídice da Mata, do Partido Socialista Brasileiro (PSB) – e de ex-aliados do presidente, incluindo os deputados Joice Hasselmann (PSL) e Alexandre Frota (que foi expulso do PSL e passou ao Partido Social Democracia Brasileira –

PSDB), e o ex-secretário de Governo, o general da reserva Carlos Alberto dos Santos Cruz, entre outros (Senado Federal, 2020).

Por fim, o sistema administrativo de *accountability* legal parece estar em relativo declínio há algum tempo e não há indícios de que a dinâmica tenha melhorado desde 2019. Parte disso diz respeito ao Tribunal de Contas da União (TCU) e ao seu principal programa de auditoria de obras públicas, o Fiscobras. Em 2019, ele atingiu o recorde de menor número de obras auditadas desde a sua criação em 1997, seguindo uma tendência de declínio que data ao menos desde princípios da década de 2010 (Da Ros; Taylor, [s.d.]). Algo semelhante ocorre com a CGU, que atualmente parece dar continuidade ao processo de redução do número de entes fiscalizados iniciado também a partir de 2010, com correspondente declínio no número de irregularidades apontadas (Rocha, 2020).

Sanção

Por um lado, a eleição de Jair Bolsonaro e a ampla renovação congressual das eleições de 2018 podem ser interpretadas como expressões da *accountability* eleitoral em funcionamento. Na ocasião, o eleitorado puniu pesadamente legendas tradicionais – incluindo o PSDB, o Movimento Democrático Brasileiro (MDB) e o Partido dos Trabalhadores (PT) – afligidas por várias alegações de corrupção nos anos anteriores, e transferiu seus votos para os candidatos considerados *outsiders* (Nicolau, 2020). Por outro lado, a gestão Bolsonaro herdou o declínio da operação Lava Jato, iniciado especialmente no governo de seu antecessor, e o aprofundou, possivelmente levando-a ao seu fim. Exemplo disso é o fato de que o presidente pode ser creditado, direta ou indiretamente, por ter removido da operação aqueles que são possivelmente seus dois principais símbolos, o ex-juiz Sergio Moro e o procurador Deltan Dallagnol. Ao fazê-lo, o presidente ajudou a dar cabo à investigação que descreditou a maior parte das forças políticas até então existentes e que, por isso mesmo, foi condição necessária para a sua própria eleição em 2018.

O ex-juiz Sergio Moro deixou a 13ª Vara Federal de Curitiba em novembro de 2018, quando aceitou convite para assumir cargo na nova gestão presidencial. Do ponto de vista específico da operação

Lava Jato, sua saída representou sobretudo uma desaceleração dos julgamentos, com seus sucessores levando mais tempo para emitir sentenças (Hofmeister *et al.*, 2020). Isso ocorreu em paralelo ao arrefecimento do ímpeto punitivo do poder Judiciário em geral, com decisões do STF paulatinamente limitando a operação. Por exemplo, após ter declarado inconstitucional o uso de condução coercitiva para fins de interrogatório em junho de 2018, em novembro de 2019 o tribunal alterou pela terceira vez desde o retorno da democracia seu entendimento sobre prisão após decisão criminal em segunda instância, sinalizando que sanções criminais voltariam a demorar muitos anos para serem efetivamente impostas. Já a saída de Deltan Dallagnol da força-tarefa da Lava Jato em setembro de 2020, embora alegadamente ocasionada por motivos pessoais, pode ser compreendida como parte do processo mais amplo de redução das capacidades institucionais do MPF na área de repressão à corrupção, descrito na próxima seção. Outrora considerada "o maior escândalo de corrupção a já ter assolado uma nação democrática" (Golden; Fisman 2017, p. 13), a operação Lava Jato hoje é uma miragem do que já foi e, especialmente, pareceu ser. Não apenas seu ímpeto de punição da corrupção parece ter se dissipado, mas também parte importante das condições que a originaram não existe mais.

Paralelamente, há um conjunto de iniciativas que buscam circunscrever o raio de atuação dos próprios atores do sistema de justiça, possivelmente contribuindo para o amesquinhamento de sua atuação sancionadora. Exemplos disso são a promulgação da Lei de Abuso de Autoridade (Lei n.º 13.869), em setembro de 2019, que introduz maior incerteza na atuação de promotores e magistrados ao mesmo tempo que amplia as hipóteses de punição destes; e a criação da figura do "juiz de garantias" por meio da Lei Anticrime (Lei n.º 13.964), de dezembro de 2019, que possivelmente adicionará maior incerteza e lentidão à condução de casos criminais. De forma ainda mais direta e agressiva, especialmente o STF tem sido alvo de ataques ao longo dos últimos dois anos. As investidas contra o tribunal incluem o número recorde de pedidos de *impeachment* de seus ministros em tempos recentes (Bogéa; Da Ros, 2020), as propostas para a criação de uma Comissão Parlamentar de Inquérito (CPI) do Senado voltada a investigar as condutas de membros do tribunal – a chamada "CPI Lava Toga" (Passarelli, 2019) –, e diversas manifestações públicas contra o STF que contaram com a simpatia e a participação do próprio presidente Jair Bolsonaro, além de declarações de um dos filhos do presidente sobre o fechamento da corte (Amorim; Borges, 2020).

Capacidade

Do ponto de vista das capacidades institucionais, o órgão mais afetado desde o início da atual administração possivelmente foi o MPF. A nomeação de Augusto Aras para procurador-geral da República (PGR), em setembro de 2019, foi central para esse processo e se deu à revelia da maioria dos integrantes do órgão, que apoiaram outros candidatos ao posto na consulta informal realizada em junho do mesmo ano. Com efeito, após uma aparente intensificação de esforços do MPF – incluindo o oferecimento de denúncias pela Lava Jato contra o senador José Serra (PSDB) pela força-tarefa da operação Lava Jato em São Paulo, em julho de 2020, e contra o Ministro do TCU e ex-senador do MDB Vital do Rêgo Filho pela força-tarefa da operação Lava Jato em Curitiba no mês seguinte, entre outros – diversas forças-tarefa do órgão passaram a sofrer revezes em seu relacionamento com o PGR. Aras demandou, inclusive judicialmente, compartilhamento de dados das forças-tarefa e também encampou proposta de criação da chamada Unidade Nacional Anticorrupção (Unac), que centralizaria os esforços anticorrupção do MPF na nova unidade e cujo coordenador seria indicado pelo PGR, abolindo o modelo atual de forças-tarefa (Rocha; Onofre, 2020). Parcialmente por isso, e talvez também em decorrência do desgaste oriundo do escândalo Vaza Jato, que revelou uma série de comunicações privadas entre os promotores e juiz da operação Lava Jato em Curitiba, Deltan Dallagnol deixou a coordenação da operação em setembro de 2020. No dia seguinte, alegando incompatibilidades com o PGR, os sete membros de força-tarefa da operação em São Paulo pediram exoneração (Roberto Netto; Macedo, 2020). Uma semana depois, o coordenador da força-tarefa da operação Greenfield, que investiga corrupção em fundos de pensão e que é responsável por casos da Lava Jato na capital federal, também pediu exoneração, alegando falta de apoio do PGR (Moura, 2020). Não à toa, embora o funcionamento da força-tarefa da operação Lava Jato em Curitiba tenha sido renovado por mais um ano em setembro de 2020, parte da imprensa já fala no fim da operação (Alegretti, 2020).

Mesmo com seu arco aparentemente se encerrando, é importante observar que há uma espécie de legado difuso da operação Lava Jato, que parece ter inspirado outras investigações importantes. De fato, investigações como o "Caso Queiroz" e o "Laranjal do PSL", descritas anteriormente, sugerem até mesmo uma nova dinâmica na rede de *accountability*. Esta decorreria da decisão do STF de março de 2019, a qual determinou que casos de lavagem de dinheiro relacionados a delitos eleitorais seriam de competência do poder Judiciário eleitoral, e não mais do poder Judiciário federal. Por um lado, isso contribui para o esvaziamento da *expertise* acumulada por órgãos como o MPF e o poder Judiciário federal em casos dessa natureza. Por outro lado, casos como os descritos anteriormente apontam para uma articulação, até então pouco examinada na literatura, entre órgãos federais e estaduais, com estes atuando na qualidade de órgãos eleitorais. O "Caso Queiroz", por exemplo, é consequência de esforços do Coaf e do MPRJ; já o "Laranjal do PSL" resultou de iniciativas da PF e dos Ministérios Públicos de Minas Gerais e de Pernambuco.

Embora seja cedo para saber se isso é realmente uma nova tendência, caso ela se confirme, ela possivelmente significará uma terceira dinâmica de *accountability* legal no país, que se somará às anteriores. Conforme sugerido por Arantes (2011), na década de 1990, a principal dinâmica de *accountability* legal no Brasil orbitava em torno de casos civis de improbidade administrativa propostos de forma atomizada por promotores de justiça estaduais, e da década de 2000 em diante amadureceram os casos criminais em forte articulação entre PF, MPF e poder Judiciário federal. Agora, parece haver um movimento em direção ao poder Judiciário eleitoral, talvez induzindo à cooperação entre órgãos federais (PF e Coaf) e estaduais (MPs e juízes estaduais na qualidade de MPs e juízes eleitorais). Com efeito, ainda que a maioria dos Tribunais Regionais Eleitorais (TREs) ainda aguardem uma resolução do Tribunal Superior Eleitoral (TSE) a respeito do tema, alguns TREs já especializaram a matéria em poucas zonas eleitorais, como na Bahia e no Rio Grande do Sul, de forma a facilitar o desenvolvimento de *expertise* e de coordenação dos casos (Bächtold, 2019). De forma semelhante, o MP de São Paulo criou uma força-tarefa para lidar com os casos eleitorais derivados de investigações da operação Lava Jato no estado (Marques, 2020). Esse processo, por sua vez, talvez se articule com o incremento das capacidades de fiscalização do poder Judiciário eleitoral em relação às contribuições para campanhas eleitorais, contribuindo para o fortalecimento do Núcleo de Inteligência no TSE, criado em agosto de 2016 (Oliveira; D'agostino, 2018; TSE, 2020).

Por fim, dois movimentos importantes, ainda sem resultado definido, merecem atenção por seu potencial impacto sobre a capacidade institucional dos órgãos de controle. O primeiro refere-se à proposta de reforma da Lei de Improbidade Administrativa, protocolada em meio ao segundo turno das eleições de 2018 e que atualmente se encontra em tramitação na Câmara de Deputados (Projeto de Lei n.º 10.887). Sob relatoria de Carlos Zarattini (PT), a atual proposta prevê, entre outros, que as sanções previstas pela lei poderão ser aplicadas apenas em casos comprovados de danos ao erário ou de enriquecimento ilícito, limitando seu alcance atual (Pires, 2020). O segundo refere-se à proposta de reforma da Lei de Lavagem de Dinheiro. Esta ainda não foi formalizada em um projeto de lei específico, mas em setembro de 2020 foi constituída uma comissão, composta preponderantemente por advogados – e, paradoxalmente, por nenhum integrante do Coaf – para apresentar propostas a partir de iniciativa da deputada Margarete Coelho (PP). As medidas propostas até o momento sugeririam reduzir as penas previstas em lei e limitar a natureza autônoma do crime de lavagem, introduzindo a necessidade de comprovação de seus crimes antecedentes. Essas medidas largamente esvaziariam o alcance atual da lei e, com ela, a expressiva capacidade institucional que se ergueu ao seu redor, incluindo a Estratégia Nacional de Combate à Corrupção e à Lavagem de Dinheiro (Enccla) (Pires, 2020; Talento, 2020).

Engajamento

A mobilização da população em relação ao tema específico da corrupção é hoje apenas um fantasma do que já foi. Antes mesmo da pandemia, em dezembro de 2019, a corrupção era considerada o principal problema do país por apenas 8% da população. Esse nível é muito inferior aos 34% de novembro de 2015, e muito próximo dos 6% medidos em fins de 2006 e 2010, e de 9% de dezembro de 2014 (Rossi, 2020). Isso é especialmente interessante considerando que a retórica anticorrupção foi um dos principais discursos da campanha que elegeu o atual presidente (Rennó, 2020). Ao mesmo tempo, parte da estratégia de comunicação da gestão atual parece ter buscado cultivar o que poderíamos chamar de "engajamento autoritário", por meio do chamado "gabinete do ódio". Ligado a assessores de pessoas próximas do presidente e de seus filhos, a ação orquestrada pelo grupo buscaria disseminar informações falsas e ataques tanto a opositores como a instituições próprias da democracia brasileira que porventura se apresentassem como obstáculos à atuação do presidente, incluindo o Congresso Nacional e o STF (Said, 2020). Para além da estratégia de comunicação, por fim, o próprio governo federal contribuiu para o desengajamento da população, extinguindo dezenas de órgãos colegiados em que participavam representantes da sociedade civil, em abril de 2019 (Faria, 2019).

Em paralelo, diversos veículos de comunicação continuaram exercendo seu papel de apurar irregularidades potencialmente envolvendo membros da administração federal e pessoas próximas do presidente. Além de escândalos de corrupção inicialmente apurados pelos veículos de imprensa, como o "Laranjal do PSL", isso é sintomático em relação às medidas de limitação da transparência da atual administração, com destaque para o consórcio dos veículos de imprensa que se formou de forma a compilar dados sobre a pandemia de covid-19 em resposta à opacidade apresentada pelo Ministério da Saúde (Homero, 2020). Há, contudo, sinais problemáticos também em relação aos meios de comunicação. Um ponto importante tem sido a alocação da verba publicitária do governo federal aos veículos de imprensa. A destinação dos recursos seria desproporcional à audiência das diferentes empresas de televisão e estaria sendo empregada pela administração para beneficiar veículos considerados aliados (Fabrini; Wiziack, 2020). Outro ponto problemático em relação à mídia é a intimidação aberta a jornalistas por parte do presidente e de outros membros da administração (BBC, 2020). Por fim, e de forma mais ampla, um evento exógeno claramente desmobilizador foi a pandemia de covid-19. Não apenas as medidas de *lockdown* reduziram as possibilidades de manifestações públicas, mas também a crise sanitária deslocou a atenção do público de outros temas – incluindo corrupção e *accountability* – em direção aos temas relacionados à saúde pública e a seus reflexos sobre as atividades econômicas.

Dominância

Parece importante ter cautela para se afirmar que houve uma transformação profunda no sistema político após 2018. De fato, dadas as mudanças de discurso e de prática tão abruptas em relação aos padrões anteriores, há o impulso de subscrever a uma visão de mudança radical. Assim, por um lado, de fato houve ampla renovação no Congresso e na Presidência (e no poder Executivo em geral, com a ampliação expressiva da presença de militares), coincidindo com o preocupante avanço de ideologias e práticas abertamente não democráticas. Por outro lado, uma vez contados os votos e empossados os eleitos, alguns padrões permaneceram semelhantes aos tradicionalmente estabelecidos no país desde a redemocratização: desde 2019, os presidentes do Senado Federal e da Câmara dos Deputados são do DEM; o MDB segue sendo o maior partido no Senado, ainda que sua vantagem tenha diminuído; o líderes do governo no Senado e no Congresso são do MDB (Fernando Bezerra Coelho e Eduardo Gomes, respectivamente); e, após um tempo em que um parlamentar do PSL esteve à frente da liderança do governo na Câmara, desde agosto de 2020 essa está nas mãos de Ricardo Barros, do PP.

Isto é, embora a renovação tenha sido expressiva em 2018, especialmente a partir de 2020 os partidos do chamado "Centrão" parecem estar gradativamente de volta a seu papel tradicional de pivôs dos trabalhos congressuais. Esses partidos, é válido lembrar, estruturaram parcela significativa da dinâmica legislativa desde a redemocratização na década de 1980, mesmo durante o longo período de 1994 a 2014 em que PT e PSDB fizeram orbitar em torno de si a competição para a Presidência da República (Nobre, 2013; Carreirão, 2014; Da Ros; Taylor, 2020, [s.d.]). Talvez por esse retorno do sistema político a sua forma usual de dominância política estejam ganhando impulso medidas potencialmente problemáticas para a *accountability*, como as reformas da legislação sobre lavagem de dinheiro e improbidade administrativa, descritas anteriormente; a proposta de criação de 36 novas vagas de desembargadores nos Tribunais Regionais Federais (TRFs), um aumento de 25% em relação à quantidade atual, inclusive com membros que serão nomeados a partir do quinto constitucional;[5] o pedido da PGR de rejeição da denúncia oferecida pela própria pela instituição três meses antes contra o líder do PP na Câmara, Arthur Lira (Rocha, 2020), entre outros. Essas e outras medidas indicam que o governo atual e os partidos congressuais mais tradicionais buscam sedimentar um acordo de autoproteção mútuo que sugere o enfraquecimento da atuação dos órgãos de controle.

Visto sob esse prisma, todos os seis componentes da *accountability* apresentam piora ao longo dos dois últimos anos. Se essa queda generalizada não chega a surpreender o observador mais atento, ela ocorreu a despeito de o presidente ter feito diversas promessas durante sua campanha eleitoral em sentido contrário (Lagunes *et al.*, 2020). Nessa perspectiva, tais medidas dão seguimento a uma tendência tornada clara especialmente durante a gestão de Michel Temer, que buscava impor limites à operação Lava Jato e aos fatores que permitiram sua emergência. Várias medidas ora em curso já haviam sido adotadas ou tentadas antes, mesmo que de forma mais comedida. A gestão atual, particularmente a partir da sedimentação de sua aliança com os partidos congressuais mais tradicionais ao longo de 2020, parece caminhar para um legado com efeitos negativos sobre a *accountability* no médio e longo prazo. Os primeiros incluem as medidas de maior opacidade e de arrefecimento do já incipiente ímpeto sancionador, ao passo que os últimos incluem especialmente a redução da capacidade institucional de diversos órgãos de controle. Se iniciativas de fiscalização ainda existem com relativo vigor, elas não apenas se encontram em fluxo por causa das mudanças legislativas e jurisprudenciais em curso, mas também parecem ter empurrado a administração a pensar em sua própria sobrevivência e, com isso, auxiliou a reafirmar a dominância política em torno da elite congressual tradicional.

[5] Trata-se do Projeto de Lei n.º 5.977, de 2019, proposto pelo Superior Tribunal de Justiça, que entrou em regime de urgência no fim de 2019 e foi aprovado na Câmara dos Deputados em agosto de 2020, remetido ao Senado Federal em setembro do mesmo ano. O projeto transforma cargos vagos de juiz federal substituto em cargos de desembargador dos tribunais regionais federais.

Assédio institucional como método de governo: definições, caracterizações e implicações para o setor público federal brasileiro[1]

José Celso Cardoso Jr
Frederico A. Barbosa da Silva

É natural em sociedades modernas, dinâmicas e complexas que as instituições desenvolvam culturas organizacionais e enfrentem problemas sociais com orientações normativas, ideias especializadas e instituições capacitadas. A forma institucional em busca de consolidação no Brasil, desde a Constituição Federal de 1988, é – ou deveria ser – o Estado republicano e democrático de direito, no qual direitos individuais, coletivos e sociais são elementos constitutivos básicos.

Nos dias que correm, diferentes organizações públicas têm sido criticadas e ameaçadas ostensivamente. As críticas públicas sempre geram desconforto institucional, mas, em muitas situações, apenas expressam divergências possíveis a respeito de dados, estratégias e formas de apresentação ou mesmo de atuação das próprias organizações. As críticas, caso assimiladas, desdobram-se em cuidados multiplicados, acomodação e eventual aprendizado institucional.

Entretanto, no contexto atual, críticas abertas e francas têm revelado outros sentidos, mais insidiosos, porque têm se desdobrado em processos de *desconstrução institucional*.[2] Esses processos se desdobram

[1] Este texto é uma versão resumida de Barbosa da Silva e Cardoso Jr. (2020). Os autores agradecem os comentários de Gabriela Lotta e a Victória Evellyn C. M. Sousa pelo trabalho de compilação e organização de dados e informações presentes neste texto, isentando-as pelos erros e pelas omissões remanescentes. As opiniões aqui emitidas são de responsabilidade dos autores e não refletem necessariamente a posição institucional do IPEA.

[2] Para uma explanação mais ampla e detalhada do processo em curso de desmonte do Estado no Brasil, do qual o assédio institucional abordado neste texto é apenas uma das sete dimensões mais evidentes, ver Cardoso Jr. (No prelo).

em pelo menos três dimensões: (1) não há necessidade de convencimento e justificação argumentativa das novas orientações; (2) as resistências institucionais decorrentes da história e da cultura organizacional podem ser vencidas com a desidratação financeira, destituição ou deslocamento de competências formais ou gestão orientada por valores antagônicos aos objetivos institucionais; (3) há, não raro, desconstrução discursiva dos objetivos das instituições.

Em resumo, as ideias e as práticas de desconstrução funcionam como uma pastoral. O poder pastoral foi definido por Michel Foucault de maneira bastante interessante e complexa como um poder de cuidado.

> Por um lado, o pastor tem de estar de olho em todos e em cada um, *omnes et singulatium* [...], o que vai ser precisamente o grande problema tanto das técnicas de poder no pastorado cristão, como nas técnicas de poder, digamos, modernas [...] (Foucault, 2008, p. 172).

O poder pastoral é hierárquico e ao mesmo tempo individualizante, implicando disciplinamento e vigilância dos comportamentos, o que chamamos de colonização.

De modo análogo, práticas de desconstrução tratam da colonização de instituições e comportamentos, que não deve ser discutida nem questionada. Assim, é possível que o *assédio institucional* adquira uma de suas formas mais ignominiosas. É uma prática deliberada que desorganiza os vínculos institucionais, atacando saberes constituídos, pessoas, práticas e objetivos, com a finalidade muitas vezes explícita de degradar as condições de trabalho e a normalidade institucional. Mais grave, porém, são as possibilidades de que esses movimentos desorganizem as instituições republicanas que garantem processos democráticos e direitos substantivos, ou seja, os direitos individuais, coletivos e sociais, todos fundamentais ao país.

O assédio institucional como tipo de ação estratégica – ou *método de governo* – anula práticas consagradas pelas instituições e pela ciência, pelos saberes e conhecimentos organizacionais que correspondem às necessidades do serviço público e do interesse geral. Nada a opor ao fato trivial e saudável de crítica às instituições. Elas podem e devem ser criticadas, é corriqueiro que as instituições aprendam e se aperfeiçoem com a crítica.

Todavia algo profundamente diferente acontece quando os métodos de crítica são, voluntária e involuntariamente, desleais, visando o conflito e a desorganização. Então, o assédio institucional deliberado é realizado com intenções políticas. Não seria exagero dizer, para o caso brasileiro atual, que o assédio institucional constitui um método de governo. É nesse sentido que tal fenômeno será tratado neste texto, tanto como categoria sociológica e jurídica nova quanto processo histórico concreto por meio do qual os princípios, valores e fundamentos reais da democracia e do republicanismo estão em desconstrução no Brasil atual.

Desrepublicanização, desdemocratização e assédio institucional no setor público brasileiro

Em termos concretos, a *desrepublicanização* e a *desdemocratização* caracterizam-se por processos de inversão e/ou reversão do Estado republicano e democrático de direito no país. Linhas gerais, são fenômenos ligados a: (1) constrangimentos e contestações a cláusulas pétreas da Constituição, mormente no que se referem aos direitos individuais, coletivos e sociais da população; (2) menosprezo a institucionalidades no âmbito do sistema político-partidário e procedimentos vigentes; (3) descaso no âmbito dos direitos laborais e sindicais internacionalmente consagrados pela Organização Internacional do Trabalho (OIT) e pela própria tradição do Direito do Trabalho no Brasil; (4) reversão ou desestruturação de arranjos e avanços institucionais em políticas públicas e de interfaces socioestatais em áreas críticas da proteção e da promoção social, cultural, ambiental e dos direitos humanos.

De modo geral, esse é um leque básico de aspectos relacionados a essa importante dimensão do desmonte do Estado no Brasil. Parte desse processo é o esvaziamento do sentido original da Constituição Federal de 1998, de caráter desenvolvimentista, dirigente e garantista, aspectos que não foram capazes de evitar o golpe de 2016. Como afirmam Bello, Bercovici e Lima (2019, p. 1784):

> Esvaziada em seu sentido original de seu caráter desenvolvimentista, dirigente e garantista, por concepções teóricas americana e europeia recepcionadas no Brasil, a Constituição restou incapaz de revelar-se instrumento contra o golpe de 2016 e seus desdobramentos econômicos e políticos. [...] Em outras palavras, em trinta anos de vigência formal da Constituição de 1988, a ideia da *juristocracia* – fenômeno não mencionado por grande parte dos juristas brasileiros e menos ainda por integrantes do poder judiciário – foi capaz de fazer com que o mesmo judiciário se tornasse o verdadeiro senhor da constituição, de tal maneira que as decisões chegam a depender dos humores dos tribunais e das alegadas "vozes da rua", revelando uma clara vocação de usurpação do poder constituinte, consagrando uma espécie de "sebastianismo" de redenção e suposta "refundação da república" brasileira; como, aliás, costumam se manifestar integrantes do próprio Supremo Tribunal Federal.

Em outras palavras, em trinta anos de vigência formal da Constituição de 1988, a ideia da juristocracia – fenômeno não mencionado por grande parte dos juristas brasileiros e menos ainda por integrantes do poder judiciário – foi capaz de fazer com que o mesmo judiciário se tornasse o verdadeiro senhor da Constituição, de tal maneira que as decisões chegam a depender dos humores dos tribunais e das alegadas "vozes da rua", revelando uma clara vocação de usurpação do poder constituinte, consagrando uma espécie de "sebastianismo" de redenção e suposta "refundação da República" brasileira; como, aliás, costumam se manifestar integrantes do próprio Supremo Tribunal Federal (STF).

Na mesma linha, argumenta Serrano (2020), tem sido recorrente o que ele chama de autoritarismo líquido. Segundo o autor, seria uma forma autoritária que se manifesta por medidas de aparência democrática e constitucional, sob um conteúdo "político e tirânico".

Na América Latina, o autoritarismo líquido resultou em *impeachments* inconstitucionais e processos penais de exceção. Na aparência, um processo penal, regular e de acordo com a Constituição, mas a maquiagem oculta a conduta política e tirânica, que trata o réu como inimigo do Estado. Após o 11 de Setembro, foram normalizadas medidas de exceção típicas dos regimes jurídicos especiais de guerra ou grave ameaça à segurança nacional.

O agente principal na experiência da América Latina não é, como se desenrolou nos países desenvolvidos, o chefe do Executivo. Foi o sistema de Justiça quem capitaneou as medidas de exceção, contribuindo com *impeachments* inconstitucionais (Brasil e Paraguai), quando não afastando diretamente o chefe do Executivo (Honduras).

Desta feita, o cenário engendrado com essa sucessão de fatos ocorridos desde 2016, mas exacerbados desde 2019 – tais como o golpe parlamentar contra a presidenta Dilma, a aprovação da Emenda Constitucional n.º 95, de 15 de dezembro de 2016 e da reforma previdenciária, bem como as reformas trabalhista e administrativa em curso –, sustenta-se em uma equação que não fecha: soma-se à redução de recursos para as políticas públicas, a redução da atuação estatal e espera-se que o resultado seja um Estado mais capaz de cumprir suas finalidades, algo na linha de um verdadeiro contrassenso. Para compreender as consequências de tais fatos de forma menos ingênua é necessário, porém, adicionar ao mesmo cenário as parcelas da população que têm visto (e sentido) seus direitos negados pelo Estado-liberal, bem como os profissionais do serviço público que, tendo dedicado energias e esforços para a construção de um Estado mais inclusivo e responsivo, têm acompanhado e sofrido de perto sua desconstrução institucional cotidiana (Sandim, 2019, p. 271).

Assim que, intimamente relacionado com os aspectos de reversão e inversão do Estado republicano e democrático de direito, o assédio institucional no setor público brasileiro é um fenômeno novo e perturbador. Ele possui uma vertente organizacional e outra moral, mas em ambos os casos, trata-se da forma dominante de relacionamento entre distintas instâncias ou organizações hierárquicas em cada poder da União e nível da Federação. E dentro de cada poder e nível federativo ou organizacional, entre chefias e subordinados, caracterizando, nesse caso, o fenômeno típico do assédio moral, que obviamente não é exclusividade do setor público.

O assédio moral – individual ou coletivo – pode ser considerado uma prática originária e comum no setor privado, uma pressão (vale dizer: uma exploração) dos modelos organizacionais hierárquicos em busca por desempenho e produtividade máximos no ambiente de trabalho. A concorrência interpessoal, levada ao extremo pela ameaça permanente do desemprego ou do rebaixamento salarial, e a pressão por maiores indicadores de rentabilidade empresarial, são os principais motivadores desse tipo de assédio no setor privado. No setor público, o assédio institucional de expressão moral caracteriza-se por ameaças físicas e psicológicas, cerceamentos, constrangimentos, desautorizações, desqualificações e perseguições, geralmente observadas não só entre chefes e subordinados, mas também nas estruturas hierárquicas de determinadas organizações públicas, redundando em diversas formas de adoecimento pessoal, perda de capacidade laboral e, portanto, mau desempenho profissional no âmbito das respectivas funções públicas.

Para ser justo, é preciso dizer que o assédio institucional sempre existiu no setor público, mas ganhou *escala*, *método* e *funcionalidade* inusitada com o advento do governo Bolsonaro. Em outras palavras: o assédio institucional é parte integrante das práticas cotidianas deste governo direcionadas à desconstrução do Estado. Nesse sentido, ele pode ser considerado um método de governo, cuja escala ampliada de situações demonstra que o fenômeno deixou de ser algo esporádico ou acidental, como no passado, para se tornar algo patológico, uma prática intencional com objetivos claramente definidos,[3] a saber: (1) *desorganizar* – para reorientar pelo e para o mercado – a atuação estatal; (2) *deslegitimar* as políticas públicas sob a égide da Constituição Federal; e (3) por fim, mas não menos importante, *desqualificar* os próprios servidores públicos, mormente os estatutários, sob guarida do Regime Jurídico Único (RJU) criado na Constituição de 1998.

É preciso ter claro que, diferentemente do assédio moral tradicional, o assédio institucional de natureza organizacional caracteriza-se por um conjunto de discursos, falas e posicionamentos públicos, bem como imposições normativas e práticas administrativas, realizado ou emanado, direta ou indiretamente, por dirigentes e gestores públicos localizados em posições hierárquicas superiores. Essa prática implica em recorrentes ameaças, cerceamentos, constrangimentos, desautorizações,

[3] A AfIPEA-Sindical publicou em seu site um conjunto de casos recentes, relatos fáticos de situações dessa natureza, interpretações e proposições condizentes com a gravidade do fenômeno e suas nefastas consequências para o Estado brasileiro, seu corpo funcional e a administração pública cotidiana. À luz desse arsenal de informações é que esse texto tece considerações teóricas, organiza informações empíricas e propõe uma primeira interpretação geral acerca do fenômeno.

desqualificações e deslegitimações acerca de determinadas organizações públicas e suas missões institucionais e funções precípuas.

Enquadram-se nessa nova categoria sociológica e jurídica, as reiteradas, infelizes e preconceituosas declarações do próprio presidente da República e alguns dos seus principais ministros, nomeadamente: Paulo Guedes (Economia), Damares Alves (Mulher, Família e Direitos Humanos), Ricardo Salles (Meio Ambiente), Ernesto Araújo (Relações Exteriores) etc. Como exemplo, destaquem-se as ilações acerca dos supostos "parasitismo" e "esquerdismo" inerentes aos servidores públicos, que são funcionários sob comando do Estado, mas a serviço da sociedade brasileira, incluindo os próprios detratores. Esses ataques repetem-se de forma sistemática desde o início do governo Bolsonaro e visam criar um clima de animosidade da população, e dos financiadores e avalistas deste governo contra os servidores, de modo a facilitar a imposição, obviamente não negociada, de uma reforma administrativa de caráter reducionista, persecutório e criminalizador da ação estatal.

Registramos, em nossas pesquisas, exemplos eloquentes de assédio organizacional contra universidades e institutos federais, Agência Nacional de Vigilância Sanitária (Anvisa), Agência Nacional do Cinema (Ancine), Banco Nacional de Desenvolvimento Econômico e Social (BNDES), Conselho Nacional de Desenvolvimento Científico e Tecnológico (CNPq), Coordenação de Aperfeiçoamento de Pessoal de Nível Superior (Capes), Financiadora de Inovação e Pesquisa (Finep), Fundação Oswaldo Cruz (Fiocruz), Fundação Nacional do Índio (Funai), Instituto Brasileiro de Geografia e Estatística (IBGE), Instituto Brasileiro do Meio Ambiente e dos Recursos Naturais Renováveis (Ibama), Instituto Chico Mendes de Conservação da Biodiversidade (ICMBIO), Instituto Nacional de Pesquisas Espaciais (Inpe), Instituto Nacional de Estudos e Pesquisas Educacionais Anísio Teixeira (Inep), Instituto de Pesquisa Econômica Aplicada (IPEA) e até mesmo contra organizações e carreiras do chamado núcleo administrativo de Estado, representado pelo Fórum Nacional Permanente das Carreiras Típicas de Estado (Fonacate), tais como: Fiscalização Agropecuária, Tributária e das Relações de Trabalho; Arrecadação, Finanças e Controle; Gestão Pública; Comércio Exterior; Segurança Pública; Diplomacia; Advocacia Pública; Defensoria Pública; Regulação; Política Monetária; Inteligência de Estado; Pesquisa Aplicada,

Planejamento e Orçamento Federal; Magistratura e o Ministério Público. Tais evidências reforçam a tese de que o que está em jogo é também o apagar de memórias e a recontagem da história oficial segundo a visão de mundo ora instalada no poder (Arca, 2019).

Em condições de normalidade republicana e democrática, as regras jurídicas regulam as relações conflituosas e transformam as instituições, criando legitimidades e solidariedades, além de limites jurídicos e constitucionais a atos e indícios relacionados ao assédio institucional. Evidentemente, a esfera do direito, em suas diferentes formas, acomoda valores políticos antagônicos legítimos, bem como a própria moralidade pública.

Nesse sentido, o assédio institucional decorre das dificuldades de negociar ideias, valores, projetos societais e institucionais, comportamentos e linhas de ação, desdobrando-se em processos de desconhecimento, não reconhecimento e destruição da legitimidade do adversário político. Com isso, o problema central – desde um ponto de vista republicano e democrático – talvez seja exatamente a destruição das possibilidades de construção de sujeitos, atores sociais e da normalidade ou segurança relativa ao funcionamento das instituições que têm estruturas e objetivos delimitados, jurídica e politicamente.

Se o assédio moral é estudado há muito tempo e é objeto de forte regulação jurídica, o assédio institucional, por sua vez, embora não seja um fenômeno inédito, ainda é tema de pouco interesse analítico e interpretativo. Como existe um descasamento estrutural entre política, direito como legalidade e Constituição, há também uma ampla zona de opacidade na atuação do Executivo, suas escolhas, ascendência sobre a administração e de ambos com os princípios constitucionais. Essas relações têm que ser constantemente reinterpretadas, sendo que os limites nem sempre estão positivados ou visíveis nos códigos (formais e informais) estabelecidos, exigindo a mobilização de múltiplos valores e atores políticos e morais.

O assédio institucional como ação política

Vimos, nos anos recentes, a precarização do trabalho, inclusive com apoio legal, os esforços por minar a participação social em geral, e das mulheres em específico, nos espaços público e privado. Assistimos à negação do direito à cidade, do acesso à cultura, a degradação célere do meio ambiente, do combate ao racismo, a desconsideração aos direitos indígenas e de outras minorias, só para exemplificar.

Essas ações têm como foco o combate ao serviço público, a redução dos espaços de debate, as restrições às políticas públicas de equidade, o tratamento desigual e privilegiado a determinados grupos, a desproteção social com proposições abrangentes, profundas e velozes.

Há um marco em 2016. Até aquele momento, as funções estatais estiveram baseadas em princípios e ações de igualdade substantiva e na inclusão social com equidade. Ali, o pêndulo da política pende para um híbrido entre Estado modesto, austeridade fiscal como horizonte-limite para as políticas públicas e flexibilização de direitos. Quem pensa que as funções estatais que justificam as políticas públicas devem ser desconstruídas encontrará em 2016 sua data comemorativa original e, em 2019, seu aprofundamento.

Cortar fundos públicos, tanto quanto a evitação mágica aos funcionários, seja com congelamentos salariais, seja com promessas de cortes ou por meio do envelhecimento de quadros e aposentadorias, é o mantra sagrado da desconstrução. Os cortes sistemáticos de investimentos, serviços e demais prestações públicas sociais em nome da austeridade ou de uma anódina eficiência e – argumento banalizado – de combate à corrupção, têm desestabilizado efetivamente os serviços públicos e as burocracias especializadas, fragilizando de forma drástica as capacidades estatais e os instrumentos governamentais de ação pública (Gomide; Pires, 2014; Lascomés; Galés, 2012).

Reconhecemos as ambiguidades e sabemos que tudo é feito em nome da democracia, do desenvolvimento e da proteção social. No entanto, os valores misturam-se e confundem-se, de modo típico nas guerras culturais e híbridas, em curso na contemporaneidade líquida (Bauman; Bordoni, 2016; Korybko, 2018). Mas, também, reconhecemos três movimentos discursivos, simultâneos e articulados, com origens múltiplas e convergentes: (1) um liberalismo econômico radical, que preconiza a desconstrução das instituições públicas e acusa a ineficiência e o corporativismo da administração pública em nome do discurso da austeridade fiscal; (2) a desconstrução deliberada das institucionalidades e das organizações públicas por embaralhamento, por meio de duas características: (a) redistribuição, fragmentação e ressignificação de competências institucionais; e (b) administração das instituições por atores que lhes são oponentes ou que têm valores antagônicos a elas; e (3) a gramática da política como guerra híbrida contra o inimigo, que se caracteriza por uma lógica baseada na ideia de que a política se move pela presença de amigos e inimigos, sendo que os últimos devem ser isolados, derrotados e ter sua reputação (ou seja, sua legitimidade) atacada.

O assédio institucional cumpre, então, um papel decisivo, ao ser capaz de capturar e delimitar os termos do debate, legitimando e deslegitimando atores, impedindo sua ação coletiva ordenada. O esforço para separar projeto político e econômico das práticas de violência simbólica que o favorecem é imenso e infrutífero. É assim que o assédio, como estratégia política e método de governo, ganha toda a sua potência e eficácia.

A rapidez e o vigor do processo político e econômico, associado ao apoio de setores importantes da mídia aos processos de remodelagem do frágil Estado social brasileiro, causam o desânimo dos funcionários, sindicatos, governadores e prefeitos eleitos no amplo arco de cores e perfis programáticos que vai da esquerda à direita do espectro partidário. As interdependências e fragilidades econômicas que constituem o quadro de fundo do federalismo brasileiro recolocam os termos da agenda política.

O discurso da austeridade fiscal se constitui numa armadilha, mas o alinhamento decorrente das dependências estruturais agrupa forças políticas e limita as capacidades de ações coletivas. A conjuntura alinha atores e os posiciona, desenhando limitações para a implementação de ações de médio e longo prazos que sejam de republicanização, democratização e equidade.

As críticas ao Estado são contundentes. Apoiadas em argumentação aparentemente sensata e técnica, as reformas se sucedem tendo na crise fiscal e política um de seus argumentos mais fortes. O contra-argumento sofre grande e assumido bloqueio. A simplificação dos projetos em discussão favorece a polarização e contamina a discussão a respeito dos problemas e das alternativas para enfrentá-los.

No interior do setor público, geralmente, assédio organizacional e assédio moral estão correlacionados, caracterizando o que aqui chamamos, de modo mais amplo, de assédio institucional no setor público. Embora o assédio tenha efeitos sobre a saúde física e psíquica e deva ser tratado também do ponto de vista médico, ele ainda possui uma dimensão moral e outra política. Em outras palavras, o assédio institucional se refere a práticas de caráter intencional que têm como objetivo humilhar, destruir ou desautorizar posições administrativas e políticas, valorizando instâncias específicas de poder social.

Portanto, para reverter tal quadro de desconstrução, há uma questão de extrema relevância na discussão sobre o desenvolvimento: a ideia de que garantir direitos, promover a proteção social e gerar oportunidades de inclusão são não apenas objetivos plausíveis, mas também condições necessárias a qualquer projeto nacional.

Em perspectiva histórica, percebe-se que a civilização ocidental constituiu um conjunto de parâmetros fundamentais de convívio e sociabilidade, em torno dos quais se organizaram certos direitos civis, políticos e sociais, balizadores da condição humana moderna. Condensados na ideia forte de cidadania, o acesso ao conjunto de direitos passa a operar como critério de demarcação para a inclusão ou exclusão populacional em cada país ou região, portanto, como critério adicional de demarcação para aferir o grau de desenvolvimento nacional em cada caso concreto.

Em suma, inclusão e proteção são elementos constitutivos cruciais para estratégias e trajetórias de desenvolvimento com maior equidade. A expansão e a consolidação dos direitos civis, políticos e sociais, reunidos sob a ideia de cidadania, devem, portanto, orientar os caminhos da republicanização e da democratização em nosso país. O processo mencionado requer participação e engajamento do poder público em todas as suas esferas e dimensões, bem como da sociedade civil e setores produtivos. Nem todas são questões exatamente novas, mas todas são igualmente urgentes.

Militares e política no governo de Jair Bolsonaro

Anaís Medeiros Passos

No dia 5 de agosto de 2018, em cerimônia oficial do partido Renovador Trabalhista Brasileiro (PRTB) na cidade de São Paulo, Jair Bolsonaro, ao anunciar que Hamilton Mourão seria seu vice para concorrer à presidência da República, pronunciou as seguintes palavras: "Nesse momento, eu não sou capitão e ele não é mais general: somos soldados deste Brasil. Uma só bandeira verde amarela, vai nos mover para mudar o nosso país" (Freire, 2018). Ao diluir as demarcações hierárquicas que separam um general de um soldado, Bolsonaro dialogava com o imaginário social latino-americano sobre os militares como "guardiães da nação" (Loveman, 1999), buscando salientar que ele e Mourão atuariam com firmeza e disciplina na defesa dos interesses gerais da pátria – diferente, se supõe, da classe política do país.

Buscando contribuir para a caracterização do problema do retorno dos militares à política brasileira, a primeira seção do capítulo descreve a dimensão da participação de militares no atual governo; a segunda identifica os antecedentes do retorno dos militares à política na Nova República; e a terceira analisa as possíveis consequências do fenômeno para as instituições democráticas.

O gabinete militar de Jair Bolsonaro: o mito da reserva moral da nação

Conforme Celso Castro observa, a diferenciação entre o mundo militar (interno) e o mundo paisano (externo) é chave na formação dos alunos que ingressam na Academia Militar das Agulhas Negras (Aman).

"Os militares se sentem parte de um 'mundo' ou 'meio' militar superior ao 'mundo' ou 'meio civil', o mundo dos paisanos: representam-se como mais organizados, mais dedicados, mais patriotas" (Castro, 2009, p. 24).

A imagem historicamente construída, ao longo do século 20, de superioridade das instituições militares brasileiras em relação às agências civis tem sido aplicada a diferentes campos da gestão pública (Passos, 2018). Em um artigo publicado na revista "A Defesa Nacional" no final de 1968, um tenente-coronel enfatizava a necessidade de promover ações cívico sociais para impedir a propagação do comunismo, visto que as Forças Armadas 'deveriam dar o exemplo' de comportamento para os cidadãos" (Vidal, 1967, p. 36). A menção à "ética, moral e honestidade" da caserna aparece hoje como justificativa para a intervenção dos militares na política.[1]

A crença sobre os militares brasileiros como reserva moral da nação motivou sua intervenção política em inúmeras ocasiões. Entre 1930 e 1964, os militares interviram sistematicamente na política acusando os civis de corrupção, embora fosse comum o suborno de oficiais militares para garantir sua lealdade às elites políticas na Velha República (Smallman, 1997, p. 62). Durante o Estado Novo, na medida em que os militares se envolveram com o desenvolvimento econômico do país, casos notórios de prática de corrupção pela corporação apareceram na imprensa, como o de um almirante que foi chamado ante o Congresso para manifestar-se sobre gastos irregulares da Marinha (Smallman, 1997, p. 46). Durante o regime militar, a associação entre empreiteiras e aparelho estatal incentivou desvios de dinheiro público (Pedreira Campos, 2012). Recentemente, o treinamento de traficantes na cidade do Rio de Janeiro por militares é preocupante, indicando que a corporação militar, obviamente, não está blindada à corrupção (Varsori, 2020).

Desde a liberalização do regime militar (1964-1985) "lenta, segura e gradual" que foi concluída em 1985, o Palácio do Planalto nunca esteve tão verde-oliva (Zaverucha, 1994a, p. 179). Até a presente data,[2] 10 dos 22 ministros são egressos das Forças Armadas,

---

[1] Segundo o general Carlos Santos Cruz e E. Barbosa, em entrevistas concedidas Anais Medeiros Passos, no Rio de Janeiro, em 28 de fevereiro de 2020 (não publicadas).

[2] O capítulo foi enviado para publicação em 30 de outubro de 2020.

com a confirmação do ministro interino da Saúde, o general de divisão do Exército brasileiro, Eduardo Pazuello, em maio de 2020 (Mazui, 2020). Além disso, levantamentos jornalísticos, elaborados a partir de informações do Tribunal de Contas da União, apontam que cerca de seis mil militares, sendo três mil da ativa, também participam do governo cedidos pelo Ministério da Defesa (Lis, 2020), um número sem precedentes na Nova República. Cabe destacar que esses militares, em vez de atuar para a consecução dos fins da Política Nacional de Defesa, estão assessorando ministérios e secretarias em uma gama de assuntos que fogem da área de atuação militar, incluindo a infraestrutura, a comunicação e a justiça.

Esse desvio de função é preocupante não só pelo número elevado de militares no governo, mas também pelas posições-chave que esses oficiais ocupam no sistema político. Seu posicionamento contrasta com a abordagem da grande imprensa ao tema, que tem insistido na polarização entre a "ala ideológica", representada pelos olavistas, e a "ala militar", moderada (Ala.., 2020).

No Palácio do Planalto, uma instância de negociação política, o presidente está cercado por militares: três dos quatro ministros são generais de quatro estrelas do Exército brasileiro: Walter Braga Netto (Casa Civil); Luiz Eduardo Ramos (Secretaria de Governo) e Augusto Heleno (Gabinete de Segurança Institucional). O quarto elemento, que ocupa a Secretaria-Geral da Presidência, Jorge da Oliveira, é um policial militar. Finalmente, a participação de militares da ativa na política, como o general Braga Netto, o general Ramos e o general Eduardo Pazuello, agrega outro elemento de preocupação, na medida em que é um sinal direto da adesão de membros do alto escalão da corporação ao projeto político do governo.

Ademais da politização da instituição, é importante ressaltar que generais com notoriedade no Exército têm endossado publicamente posições antidemocráticas. O general Eduardo Villas Bôas, atualmente assessor especial do Gabinete de Segurança Institucional (GSI), publicou um tuíte polêmico dirigido ao Supremo Tribunal Federal (STF) sobre o julgamento do *habeas corpus* do ex-presidente Luís Inácio Lula da Silva. Em abril de 2018, meses antes de assumir o cargo no GSI quando era comandante do Exército, afirmou que compartilhava "o anseio de todos os cidadãos de bem de repúdio à impunidade e de respeito à Constituição, à paz social e à Democracia", e que se manteria "atento às suas missões institucionais" (Betim, 2018).

O general Augusto Heleno, atualmente ministro-chefe do Gabinete de Segurança da Presidência, foi forçado a retratar-se publicamente em audiência pública na Câmara dos Deputados, em novembro de 2019, após endossar fala do deputado Eduardo Bolsonaro (PSL) que sugeriu adotar um novo Ato Institucional n.º 5 (AI-5) em caso de radicalização da esquerda no país (Souza; Triboli, 2019). Por sua vez, o general Fernando Azevedo e Silva, atual ministro da Defesa, sobrevoou em um helicóptero, ao lado do presidente, numa manifestação pró-governo com faixas contrárias ao STF e favorável a uma intervenção militar em maio de 2020 (Leitão, 2020). Representativo da elevação da tensão no país, o ministro do STF, Luiz Fux emitiu uma decisão liminar descartando que a cláusula de garantia da lei e da ordem acomoda que as Forças Armadas desempenhem um papel "moderador" na política e que possam "intervir nos demais poderes" (Teixeira, 2020). O espectro do golpe militar voltou com força ao vocabulário da política.

A associação de projetos autoritários com as Forças Armadas é um fato histórico na política brasileira: acompanhou o golpe do Estado Novo (1937) e a destituição do presidente eleito, João Goulart (1964). No entanto, seguindo a tendência de países como Equador, México e Venezuela, a novidade parece ser o retorno das Forças Armadas à política por meio das eleições, como aliados dos vencedores de disputas competitivas pelo acesso ao poder (Diamint, 2015). Em vez de golpes militares, quebras democráticas agora acontecem pela eleição de líderes autoritários, que corroem as instituições democráticas gradualmente (Levitsky; Ziblatt, 2018). Se tomamos regimes autoritários e regimes democráticos como pertencentes a um *continuum*, qualquer fenômeno político é potencialmente autoritário (Geisser; Dabène; Massardier, 2008).

Antecedente do retorno dos militares à política

Assim como nos demais países latino-americanos (Rouquié, 1984), existe um histórico ativismo dos militares brasileiros na política nacional. O primeiro presidente civil desde 1964, José Sarney, membro da chapa encabeçada por Tancredo Neves eleita indiretamente pelo Colégio Eleitoral em 1985, preservou a configuração militar adotada pelo general João Figueiredo. Durante o governo Sarney, seis generais da ativa continuaram ministros no governo da Nova República: Exército, Marinha, Aeronáutica, ministro-chefe da Casa Militar, Estado Maior das Forças Armadas (antigo Emfa) e o Serviço Nacional de Informações (SNI) (Zaverucha, 1994b, p. 179). Além disso, o governo de Sarney foi marcado por um alto continuísmo em relação ao regime militar. O processo de liberalização política no país foi o mais controlado pela ditadura na América Latina, o que permitiu à elite civil que apoiou o regime autoritário uma ampla participação no poder após a redemocratização (Arturi, 2001).

Autores como D'Araujo (2016) e Martins Filho e Zirker (1998) apontam que a democracia brasileira continuou sob a tutela dos militares. As Forças Armadas, embora não estivessem governando o país, desfrutavam do veto em importantes áreas decisórias que cabem, por definição, aos representantes eleitos. Como recorda Jorge Zaverucha (1994), os militares exerceram um poder de veto na Constituinte de 1988, ao bloquear a reforma agrária e lograr manter o artigo 142 na Constituição – que autoriza os militares a intervir, mediante uma solicitação do presidente, em missões para a garantia da lei e da ordem. Além disso, por um lado, o lobby militar opôs-se à criação do Ministério da Defesa – o último a ser estabelecido na América Latina, em 1999, durante o governo de Fernando Henrique Cardoso (1995-2003). Por outro lado, ocorreu uma diminuição das prerrogativas militares conforme a consolidação da democracia aprofundou-se, como a extinção do Serviço Nacional de Informações e do Conselho de Segurança Nacional.

A Comissão Nacional da Verdade (CNV), instalada em 2012, testou a resiliência da democracia brasileira. O ministro da Defesa à época, Nelson Jobim, e os comandantes militares ameaçaram se demitir caso a Lei da Anistia fosse revogada, conforme inicialmente proposto pelo Programa Nacional de Direitos Humanos (Samarco; Lopes, 2009). Em sua versão final, a CNV não puniu os violadores e os torturadores vinculados ao aparelho repressivo do regime militar, contrariando as expectativas de setores da sociedade civil que lutaram historicamente por justiça e reparação. Sob a administração de Celso

Amorim, o ministério encaminhou um ofício à CNV admitindo que o Estado foi responsável pelo desaparecimento e pela morte de pessoas durante a ditadura (Éboli, 2014).

A decisão do Ministério da Defesa de reconhecer as violações de direitos humanos ocorridas no período autoritário e de estabelecer uma CNV, mesmo com um mandato reduzido, gerou ressentimento por parte de muitos oficiais militares, incluindo oficiais da ativa e da reserva. O general Maynard Marques Santa Rosa, à época chefe do Departamento Pessoal do Exército, manifestou-se contra a Comissão e a política de direitos humanos do governo, sendo removido de seu cargo em 2010. Em 2019, Santa Rosa foi nomeado secretário de Assuntos Estratégicos da Presidência da República – posição que ocupou até solicitar sua demissão em novembro de 2019 (Secretário..., 2019).

O elemento mais célebre do grupo de oficiais revisionista é o atual vice-presidente Hamilton Mourão, removido em 2015 do Comando Militar do Sul para a Secretaria de Economia e Finanças do Exército após defender "o despertar de uma luta patriótica" em meio a uma série de críticas ao governo de Dilma Rousseff (Monteiro, 2015). Antes de ser eleito, o general era presidente do Clube Militar, uma organização de militares da ativa e da reserva que tem participado de inúmeras manifestações pró-governo (Clube..., 2020). Recentemente, Mourão referiu-se a Carlos Brilhante Ustra, coronel acusado de mais de quinhentos crimes de tortura durante o regime militar, como "um homem de honra" que "respeitava os direitos humanos dos seus subordinados" (Farias, 2020).

Em paralelo à articulação de oficiais militares contrários às políticas de memória e de reparação implementadas pelo governo federal, as elites políticas nomearam militares para ocupar cargos importantes nos governos anteriores ao de Jair Bolsonaro. Durante o segundo governo de Dilma Rousseff (2014-2016), o general José Elito Carvalho Siqueira foi ministro-chefe do Gabinete de Segurança Institucional, e o general Fernando de Azevedo e Silva, presidente da Autoridade Olímpica durante as Olimpíadas realizadas no Brasil em 2016. Por sua vez, Michel Temer nomeou o general Santos Cruz como secretário-geral de Segurança Pública do Ministério da Justiça e declarou uma intervenção federal no Rio de Janeiro em 2018, chefiada pelo comandante militar do Leste, o general Walter Braga Netto – atualmente ministro-chefe da Casa Civil (Villa;

Passos, 2018). Além disso, Temer recriou o GSI (extinto em 2015 por uma reforma administrativa), que passou a ser comandado pelo general Sérgio Etchegoyen. Temer também nomeou o general do Exército Joaquim Silva e Luna como ministro da Defesa, rompendo com o histórico de civis comandando a pasta desde sua criação em 1999. Essas decisões ampliaram a influência dos militares nas decisões políticas do governo, elevada a patamares sem precedentes na Nova República.

Por um lado, a participação dos militares no governo tem permitido aos comandantes uma série de benefícios à corporação apesar da queda de 2,5% do Produto Interno Bruto (PIB) no primeiro trimestre de 2020 (IBGE, 2020). Entre os benefícios corporativos obtidos pelas Forças Armadas no atual governo, destacamos o não contingenciamento do orçamento do Ministério da Defesa em 2020, a compra de quatro corvetas da Marinha no valor de 7,6 bilhões de reais (Amorim Neto, 2020) e o reajuste salarial de até 73% sobre o soldo de soldados e oficiais em até quatro etapas (Frazão, 2020). Por outro lado, embora a politização dos militares possa acarretar um risco elevado para a sustentação da democracia, sua presença é do interesse das elites políticas para fins imediatos de governabilidade em um contexto de alta fragmentação legislativa, característico do sistema político brasileiro (Amorim Neto; Acácio, 2020).

Como observam Castro e Marques (2020), a geração de generais no governo de Bolsonaro é altamente profissional, visto que muitos dos atuais ministros foram comandantes de força na Missão das Nações Unidas para a estabilização no Haiti (Minustah). É o caso dos generais Augusto Heleno, Floriano Peixoto, Luiz Eduardo Ramos, Santos Cruz e Fernando Azevedo e Silva. A seleção para participar de operações de paz é baseada em critérios de desempenho das próprias corporações militares: trata-se de quadros que têm grande prestígio com a corporação. Logo, a nomeação de militares com prestígio que participaram da Minustah para ocupar postos ministeriais é estratégica para transferir essa reputação ao governo (Villa; Passos, 2020).

Consequências da participação dos militares na política

Cercear o comportamento autônomo daqueles que detêm as armas é uma questão crucial para a literatura da transitologia, que estudou as mudanças políticas nas democracias que se originaram da Terceira Onda de Democratização (Aguero, 1992; Share; Mainwaring, 1986). A questão fundamental era impedir que aqueles que comandaram o país não interferissem nas novas democracias (Schmitter; Karl, 1991). Na definição consagrada por Samuel Huntington (1957), controle civil é profissionalizar o militar, tornando a corporação estéril às atividades políticas.

Se a instituição endossa um projeto político, formando parte da disputa de interesses entre os atores políticos, não há mais controle civil sobre as Forças Armadas, mas sim seu controle político por parte de certos grupos que é condicional à socialização dos militares aos valores defendidos pelo governo, o que Samuel Huntington qualificou de controle civil subjetivo (1957). Esse tipo de subordinação é problemático porque os militares obedecem ao governo não porque é o seu dever, mas porque se identificam plenamente com a ideologia oficial.

O caso da Venezuela ilustra um caso extremo de controle político. A autonomia das Forças Armadas foi reduzida não mediante o controle civil, mas sim condicional à adesão dos militares ao projeto ideológico do presidente. Essa politização permite que as Forças Armadas venezuelanas exerçam um importante papel de controle social sobre a população (Battaglino, 2016). A participação dos militares brasileiros no atual governo tem sido acompanhada de iniciativas para assegurar o controle político das instituições militares, como é o caso da tentativa da Escola Superior de Guerra (ESG) de punir docentes civis que critiquem o presidente Jair Bolsonaro (Rezende, 2020). Esse controle político, ainda que assegure uma sinergia entre Forças Armadas e o presidente no curto prazo, permitindo a governança do país, deteriora o controle civil sobre os militares e favorece a politização das instituições militares.

Uma alternativa à separação do militar da sociedade como ferramenta para assegurar o controle civil é o modelo de convergência proposto por Rebecca Schiff (1995). Essa perspectiva valoriza a integração entre o mundo militar e o mundo civil para garantir o respeito das Forças Armadas às regras democráticas. Se elites civis e militares concordam sobre o conteúdo da formação e das missões militares de acordo com valores democráticos, a probabilidade de intervenção nos militares na política é baixa (Schiff, 1995, p. 33). Em países que passaram por um período autoritário, o modelo da convergência alerta para a necessidade de revisar os currículos das escolas militares de maneira que a socialização dos militares ocorra a partir de valores democráticos, um tema que não despertou o interesse da classe política brasileira até o momento.

O retorno dos militares brasileiros à política adquiriu uma dimensão inédita sob a presidência de Jair Bolsonaro, na medida em que oficiais da ativa e da reserva ocupam muitas posições-chave nesse governo. A politização dos militares é preocupante, pois vincula a subordinação da caserna a sua adesão ao projeto político em curso, um fenômeno que pode, inclusive, debilitar a hierarquia e a disciplina nas instituições militares.[3] Além de comprometer o controle civil sobre os oficiais, que é crucial para a vitalidade da democracia, esse fenômeno tem atuado para a anulação das políticas de memória, verdade e justiça adotadas pelos governos precedentes. O ativismo político dos militares tem, portanto, contribuído para a renovação de legados autoritários nos marcos institucionais vigentes, comprometendo a frágil dimensão liberal da democracia brasileira.

---

[3] Em entrevista concedida ao jornalista Thomas Traumann após deixar o Comando do Exército, o general Villas Bôas alertou para o risco de quebra da hierarquia nas instituições miliares gerado pela participação de membros das Forças Armadas no governo de Jair Bolsonaro.

Políticas públicas

Dois anos de uma política externa rudimentar

Dawisson Belém Lopes

A chegada de Jair Bolsonaro ao poder, em janeiro de 2019, representou um capítulo novo e crítico na história da política externa desde a redemocratização brasileira. Os primeiros dois anos de mandato sugerem a multiplicação de formuladores oficiais e semioficiais de política externa; uma cruzada retórica contra os moinhos de vento do "globalismo" e da integração regional; o enfrentamento veemente – no campo dos valores e da moral – à desocidentalização da matriz diplomática do Itamaraty, ainda que a narrativa governamental acomode as relações ditas estratégicas com monarquias teocráticas do Golfo Pérsico; a flagrante hostilidade verbal à República Popular da China, a qual convive com o aprofundamento da dependência de Brasília das compras de *commodities* por Pequim; a ênfase no bilateralismo comercial e securitário em oposição ao multilateralismo; e as relações preferenciais com determinados parceiros – nomeadamente, os Estados Unidos, secundados por Israel, Hungria, Polônia e Índia.

Campanha permanente por outros meios

Uma política exterior racionalmente concebida precisa avaliar os meios disponíveis e adequá-los aos fins nacionais pretendidos, com base em princípios constitucionais predeterminados. Essa coesão entre princípios, meios e fins é a coluna que sustenta um plano de ação.

O atual chanceler, Ernesto Araújo, contudo, joga fora a cartilha universal e arroga-se o inventor da roda. Alega refundar a nação e o Itamaraty (Brasil, 2019) quando, na verdade, apenas encampa o cálculo político do presidente da República.

A adoração a Donald Trump e a sinofobia são importantes para entender o fenômeno em voga, mas não revelam tudo. Se cavamos mais fundo, deparamo-nos com uma verdade factual surpreendente: ao contrário do que se poderia imaginar, não houve incorporação evidente do liberalismo à la Paulo Guedes ou do realismo militarista de Hamilton Mourão na vertente institucional da política externa brasileira. Discurso e prática odiosos sobre o meio ambiente ainda não se converteram em denúncia de pactos internacionais. Os alvos preferenciais da investida bolsonarista nos fóruns globais têm sido os direitos humanos e, destacadamente, o Oriente Médio.

Outrora um empreendedor de normas como igualdade civil em uniões homoafetivas e defesa da multiculturalidade, o Brasil uniu-se a líderes de Hungria e Polônia, além do próprio Trump, para formar a "Parceria pelas Famílias". Em outubro de 2020, assinou outra declaração, na companhia de 31 outros Estados, conhecida como Consenso de Genebra, que tutela os direitos reprodutivos da mulher. O país mudou seus votos sobre temas de gênero no Conselho de Direitos Humanos da Organização das Nações Unidas (ONU) e acompanhou o governo dos Estados Unidos em resoluções ligadas ao conflito israelo-palestino. Depois de aproximar-se do primeiro-ministro Benjamin Netanyahu e ameaçar transferir a embaixada brasileira de Tel Aviv para Jerusalém, Bolsonaro rompeu com o tradicional apoio à Palestina. O alinhamento entre Brasil e Israel-Estados Unidos nas Nações Unidas aumentou aproximadamente 40% no ano de 2019. Para se ter uma ideia, o voto brasileiro foi revisado em nove tópicos da agenda a respeito da questão israelo-palestina – sempre em favor de Israel. Uma guinada incomum, considerado nosso histórico diplomático (Belém Lopes; Carvalho, 2020).

O que estaria por trás dessa reversão dramática de posicionamento em direitos humanos e, particularmente, nos assuntos que envolvem árabes e judeus? Dado que Brasília não passou, da noite para o dia, a influenciar nem a ser parte diretamente interessada na configuração geopolítica do Oriente Médio, a resposta só pode ser uma: a "guerra cultural" e sua potencial rentabilidade eleitoral. Dá-se a instrumentalização, como nunca se viu, da política externa para atender às demandas domésticas de grupos de interesse e *lobby* religioso, permitindo a Bolsonaro acenos ecumênicos a financiadores e lideranças conservadoras e cristãs de sua base.

Diplomatas continuam a operar inercialmente a máquina, especialmente se a matéria não for captada pelo radar populista de Bolsonaro. Não há, porém, na percepção dos burocratas do Itamaraty, uma leitura de interesse nacional que esteja inoculada e faça sentido operacional. Esse "novo Brasil", com retórica moralista, ineditamente fomentador de clivagens étnicas e religiosas, amigável a Trump e contrário ao *establishment* global, navega sem rumo pelas relações internacionais. Não faz política externa na verdadeira acepção do termo, apenas militância personalista e sectária.

Alinhamento sem recompensas aos Estados Unidos

Duas das melhores intelectuais deste país – Lilia Schwarcz e Heloisa Starling – referiram-se certa vez à nossa política externa por meio de uma metáfora inusitada. Segundo elas, o Brasil seria a Emma Bovary das relações internacionais (Schwarcz; Starling, 2015). Por alinhar-se aos europeus no século 19 e aos Estados Unidos no século 20, demonstrando simpatia pelo agrupamento de países formado por Brasil, Rússia, Índia, China e África do Sul (Brics) no início do século 21, o comportamento nacional, aparentemente volúvel e errático, permitiria analogia com a personagem romanceada por Gustave Flaubert.

A rigor, a tese falha em apreender a tendência bicentenária da política externa brasileira. As mudanças de direção que ocorreram, via de regra, resultaram de cálculo e determinantes estruturais, e não de afetações pessoais e frivolidade. O Brasil fez-se independente em 1822. Muito do pacto colonial permaneceu intocado. A inclinação europeísta da política externa era natural. Nada impediu, entretanto, que, a partir das décadas de 1840 e 1850, o Brasil começasse a se estranhar com a Inglaterra, potência da época, na busca por rumos próprios.

No início do século 20, diante da subida irrefreável de Washington, o país abraçou uma relação especial com os Estados

Unidos – maiores compradores do nosso café e da nossa borracha. O alinhamento, contudo, foi matizado. A adesão ao campo de força de Washington na Segunda Guerra Mundial foi negociada. Durante a Guerra Fria, não foram raros os desentendimentos com Brasília. Não aceitamos, por exemplo, subscrever as investidas políticas ianques na Coreia (1950-1953), em Cuba (1961), no Vietnã (1955-1975) ou no Iraque (1990-1991). Notar, ademais, que a elevação da China à condição de maior parceira comercial do Brasil, em 2009, não trouxe como corolário o alinhamento incondicional. Apesar da aproximação, a relação rege-se pelo pragmatismo – e até por certa desconfiança (Belém Lopes, 2017).

Em 2019, porém, Madame Bovary parece ter – finalmente – assumido o leme da política externa. Como na ficção, é provável que o saldo de suas aventuras não resulte positivo para as partes envolvidas. O que vemos é inédito: em bases ideológicas e ignorando os vetores diplomáticos, econômicos e tecnológicos, o Brasil favorece o governo de Donald Trump, em detrimento de outras alianças estratégicas. Uma fidelidade ingênua e caprichosa, que desaguou em aberrações como a indicação (não concretizada) do filho do presidente, Eduardo Bolsonaro, à chefia da Embaixada em Washington. Houve ainda as concessões unilaterais aos Estados Unidos nos campos: comercial, com a renúncia do Brasil ao status de economia emergente na Organização Mundial de Comércio; consular, com a inexigibilidade de reciprocidade para concessão de vistos de entrada no território; e militar, com o franqueamento de acesso à base de Alcântara, no Maranhão, sem contrapartida à altura (Belém Lopes, 2019).

O chanceler *de facto* e seu ajudante de ordens

"Não sou o dono do mundo, mas sou filho dele". A tirada se aplica bem a Eduardo Bolsonaro. Deputado federal mais votado da história do Brasil, terceiro rebento da linhagem, é tido nos meios jornalísticos como o chanceler *de facto* da República. Há bons motivos para alimentar a crença. Eduardo preside a Comissão de Relações Exteriores e Defesa Nacional na Câmara Federal. É ainda responsável direto por indicar Filipe Martins, seu amigo pessoal, à vaga de Assessor Especial para Assuntos Internacionais da Presidência. Não tendo extensa ficha corrida na área, recebeu do progenitor a indicação pública – jamais formalizada – de que seria embaixador do Brasil em Washington. Um assombro para os profissionais do ramo.

Note-se que Ernesto Araújo, ministro das Relações Exteriores, não é um tipo vistoso e imponente. Burocrata de carreira mediana, foi guindado a chefe de pasta ministerial por seu fervoroso "olavismo" ideológico e alinhamento explícito ao capitão Jair, desde os tempos da campanha, em 2018. Talvez por isso, Ernesto soe como aquele ator cujo único objetivo é dar verniz diplomático ao que o autor – Bolsonaro, o filho – pretende fazer avançar. Araújo empresta a cara e valida o que se elabora nos guetos do pensamento conservador cultuado por Eduardo.

O jovem Bolsonaro é adepto da moral cristã, da economia de mercado e do armamentismo – no nível pessoal e entre nações – como caminho para "preservar a liberdade". Prega virulentamente contra o socialismo e defende a realização de uma "revolução cultural" pelas vias da educação e da cultura – ironicamente, a mesma tática implementada na China, nos anos 1960, por Mao Zedong. O ex-quase-embaixador mostra um apego às referências estadunidenses de fazer inveja em membros da Associação Nacional do Rifle. Mais trumpista do que o próprio partido político de Donald Trump, vestiu (literalmente) o boné e pediu votos para a reeleição. Vê em figuras como Jared Kushner, genro de Trump, Ted Cruz e Marco Rubio, senadores republicanos, grandes referências em política externa, mas jamais ouviu falar do lendário secretário de estado e professor Henry Kissinger (Bilenky, 2020).

Em 2020, no olho do furacão pandêmico, o encantamento de Eduardo pelo inquilino da Casa Branca rendeu "saia justa" com o embaixador da China no Brasil, que cobrou um preço. O deputado sentiu-se no direito de apontar o dedo para a República Popular e reproduzir o discurso do "vírus chinês" entoado por Trump. O gesto macaqueado – xenófobo e irresponsável para um agente público – despertou a ira do dignitário de Pequim, que chamou Eduardo às favas. Dias depois, circulava na imprensa chinesa a notícia de que o gigante asiático deixaria de comprar soja do Brasil (Belém Lopes, 2020).

Embaixadores pavlovianos num Itamaraty desarticulado

Ser embaixador plenipotenciário do Brasil no exterior ganhou nova conotação com Bolsonaro. Se Henry Wotton tinha razão ao dizer que um diplomata é "indivíduo honesto que mente em nome do interesse nacional", os últimos tempos têm demandado desse agente do serviço público algo a mais: a disposição para enfrentamentos e performance em nome da sustentação de versões oficiais. Como no experimento de Ivan Pavlov, o presidente da República condicionou reflexos, emitindo estímulos de reforço que tornassem mais provável, num tempo futuro, a repetição de padrões comportamentais. Primeiro, ao premiar um diplomata sem lustre, mas absolutamente aderente a sua plataforma de valores, com a chefia da casa de Rio Branco. Na sequência, ao cumprimentar, por telefone, uma chefe de missão no estrangeiro que saiu em defesa do governo e constrangeu um ex-parlamentar brasileiro no exílio (Belém Lopes, 2020).

Os casos anteriores, de Ernesto Araújo e Maria Nazareth Farani Azevêdo, ilustram o fenômeno a que quero aludir. Tratá-los como "embaixadores ideológicos" não faria justiça a suas manobras. Ele, até bem pouco tempo atrás, um defensor de Dilma Rousseff e sua política de integração no Cone Sul. Ela, ex-chefe de gabinete do chanceler Celso Amorim, homem assumidamente de esquerda. Diante das promessas que o alinhamento à chefia trouxe, renunciaram às antigas posições e abraçaram as diretrizes da nova era. Não foram os únicos.

Sob Jair Bolsonaro, uma das estrelas da companhia é Luiz Fernando Serra, embaixador em Paris. No afã de blindar o governo de críticas, escreveu ao diário *Le Monde* para tecer loas à estratégia brasileira de enfrentamento à pandemia de covid-19. Outro embaixador adestrado é Fred Arruda, postado em Londres, responsável por redigir carta ao *Financial Times* com acusação de que o vetusto jornal inglês "superdramatiza" a situação periclitante da democracia no Brasil. Pompeu Andreucci Neto, máxima autoridade diplomática do Brasil em Madri, foi inventivo na adjetivação, atribuindo ao *El País* uma "tara" por falar mal do incumbente no Planalto. O dignitário em Luanda, Paulino Franco Neto, sentiu-se na obrigação de retrucar no *Jornal de Angola* os argumentos de João Melo, para quem o país passa por fascistização.

Fecha a relação Nestor Forster, nosso homem em Washington, segundo cujo juízo, emitido em telegrama, a mídia se comporta como se o racismo nos Estados Unidos fosse algo estrutural. Como se...

Representar o país confundiu-se com a exaltação do chefe de Estado e de seu programa de ultradireita, gerando uma corrida ao fundo do poço. Para diferençar-se do colega, cada embaixador tenta mostrar-se o mais leal e fiel dos servos de Bolsonaro. O outro lado da moeda, convém registrar, é o melancólico "exílio dentro da carreira". Trata-se do fado de bons diplomatas que, confrontados com dilemas éticos e políticos, optam pelo silêncio obsequioso ou pela ocupação de postos sem protagonismo na estrutura do Itamaraty, a fim de não ter de coonestar posturas odiosas deste governo e, na medida do possível, manter alguma dignidade profissional (Meyerfeld, 2020).

Diplomacia da soja e acelerada desindustrialização

No momento em que só se fala de "nova revolução industrial" e "indústria 4.0", por que razão o capital industrial brasileiro vai se tornando minguante e desmobilizado? Verdade seja dita: não há nada de novo no *front*. O ovo da serpente foi chocado por três décadas. Collor de Mello, com sua desastrosa abertura comercial, e a liberalização econômica desacompanhada de uma política industrial inteligente, talvez tenha inaugurado a tendência. Rubens Ricupero, quando secretário-geral da agência da ONU para comércio e desenvolvimento, já denunciava o que entendia ser um equivocado projeto da elite nacional: a desindustrialização da matriz antes de o país alcançar altos patamares de sofisticação produtiva (Belém Lopes, 2020).

O encolhimento e a inevitável perda de competitividade global da indústria, notados por expoentes do debate público nacional, chegaram a ser qualificados por Ha-Joon Chang, da Universidade de Cambridge, como "uma das maiores desindustrializações da história econômica" (Oliveira, 2018). De fato, números comparativos descortinam o cenário aterrador: enquanto as grandes economias emergentes (China, Índia, Indonésia, Turquia e México) aumentaram a presença no Produto Interno Bruto (PIB) industrial mundial ao longo da última década, o Brasil perdeu quase metade de sua participação. Ao contrário do que se alega, não estamos ausentes das cadeias globais de valor. O problema é outro: nossa inserção internacional é periférica e incipiente (Corrêa *et al.*, 2020).

Paulo Gala usa a expressão "doença holandesa" para referir-se à dependência que se criou no Brasil da exportação de *commodities*, em prejuízo da complexidade da indústria. Se é verdade que o Brasil não padece do "mal do petróleo", nem de nada parecido em sua dinâmica – como a recente descoberta de um metal precioso abundante no território –, a concentração da pauta de comércio externo na soja é fenômeno digno de espanto. Em 2019, só as exportações desse grão para a China já superavam em valor todo o volume exportado pelo Brasil para os Estados Unidos (Gala, 2020).

A decisão do governo Bolsonaro, em 2019, foi fundir os ministérios da Fazenda, do Planejamento e do Desenvolvimento, Indústria e Comércio em um superministério, escalando para chefiá-lo um financista – Paulo Guedes. Compõe ainda o atual duo de ferro da economia brasileira a ministra da Agricultura, Pecuária e Abastecimento, Tereza Cristina, a voz do agronegócio. É sintomático do raquitismo da indústria no país que seus representantes não mais ocupem altas posições no Itamaraty. Em lugar de capitães de indústria da Avenida Paulista (vide Horácio Lafer e Olavo Setúbal), o Ministério das Relações Exteriores é hoje chefiado por um ideólogo sem senso de pragmatismo. Se, historicamente, homens próximos à Federação das Indústrias do Estado de São Paulo (Fiesp), como Rubens Barbosa e Sérgio Amaral, serviram como embaixadores em Washington, o posto agora é ocupado por um convicto discípulo do filósofo Olavo de Carvalho.

Ainda que a indústria tenha aumentado levemente sua participação no PIB brasileiro em 2019, o incremento veio do extrativismo, e não de setores intensivos em tecnologia. O prejuízo potencial desse movimento contracionista é sério. Segundo dados da Confederação Nacional da Indústria (CNI), 20% das vagas do mercado de trabalho formal estão na indústria. O setor é responsável por 49% das exportações brasileiras, 67% dos gastos com pesquisa e desenvolvimento do setor privado e 32% da arrecadação de tributos federais (Participação..., 2020). O maior de todos os temores, porém, é que o derretimento da indústria implique uma renúncia definitiva à soberania do Estado brasileiro.

Desinvestimento em áreas geopoliticamente sensíveis

No dia 17 de agosto de 2020, a *Folha de S.Paulo* reportou, sem alarde, que o Instituto Nacional de Pesquisas Espaciais (Inpe) tinha perdido praticamente todo seu orçamento de pesquisa para 2021. Segundo servidores da casa, eram recursos voltados à aquisição de insumos, equipamentos e publicações, entre outros, que viabilizariam investigações científicas e inovações tecnológicas. Não era notícia trivial. Não bastasse o histórico de enfrentamentos entre membros daquela burocracia federal e a chefia do poder Executivo, sobretudo em temas de meio ambiente, que resultou na demissão do renomado cientista Ricardo Galvão da presidência do Inpe, agora o corte atingiria em cheio uma área tecnológica de ponta (Nogueira, 2020).

A impressão, sopesados diversos fatores, é que tal intervenção pode ser mais nefasta para o futuro do Brasil do que se dimensiona num primeiro olhar. Todo país com pretensão de protagonismo bota dinheiro em pesquisa espacial, não tira. Afinal, quem desinveste fica fora do jogo. Embora a nova corrida ao espaço, em curso, não tenha exatamente a conotação da Guerra Fria, chegar à Lua ou ao planeta vermelho segue como índice de prestígio. É, inequivocamente, sinal da capacidade de uma nação operar na fronteira tecnológica, integrando um circuito econômico sofisticado.

Os pioneiros Estados Unidos lideram essa corrida. Sua agência – a National Aeronautics and Space Administration (Nasa) – reúne muitos dos mais talentosos cientistas do planeta. O orçamento é estável por décadas e o compromisso com sua continuidade é sólido como rocha. Até porque, a essa altura, a China já equilibrou a disputa pela primazia no espaço. Desde 2012, Pequim chegou duas vezes à Lua com tecnologia autóctone e tripulação nacional. Xi Jinping entende a relevância geopolítica e geoeconômica da agenda. Moscou, desafiante de Washington nos anos de 1960 e 1970, tampouco abandonou seu programa e buscará, ao longo da década, imitar os passos chineses. O Kremlin não abdicará da luta por recursos que podem existir no espaço sideral.

Não são apenas tubarões a sentar-se à mesa. O crupiê também admite apostadores medianos. Japão e Coreia do Sul, por exemplo, tentam converter sua perícia em robótica em lastro para um programa espacial.

Israel, Arábia Saudita, Irã e Emirados Árabes não escondem pretensões de competir na zona extra-atmosférica. Há disputa ao sul da Ásia pela dianteira na corrida ao espaço: Nova Déli em vantagem momentânea, Islamabad no encalço. A União Europeia tem uma agência própria e várias iniciativas nacionais encontram-se sob o toldo de Bruxelas. Até a União Africana, ultimamente, tem cogitado um programa conjunto para o continente.

E o Brasil? A retórica de que Bolsonaro posicionaria o país na corrida ao espaço chegou a ser levada a sério por gente boa. Um astronauta foi feito ministro. É fato que nossa defasagem histórica no campo é grande. Enquanto, em valores de 2015, os Estados Unidos reservavam 17 bilhões de dólares anuais para seu programa espacial; o Japão, 3,7 bilhões; e a Índia, 1,2 bilhão; o Brasil só previa 70 milhões de dólares. Pesquisa jamais foi prioridade desse governo. Nem mesmo em área vinculada de forma orgânica a interesses militares. Ainda assim, o flerte com o atraso – e o prejuízo econômico que essa renúncia potencialmente acarretará – impressionam. O rebaixamento do Brasil à série B das relações internacionais será inevitável (Belém Lopes, 2020).

Renúncia ao protagonismo na economia do conhecimento

O conceito de "diplomacia do conhecimento", difundido pela educadora Jane Knight, refere-se à capacidade nacional de geração de saberes que reforcem as colaborações entre os países e sirvam como recurso para o enfrentamento dos enormes desafios sociais e econômicos existentes. A diplomacia do conhecimento envolve um amplo espectro de organizações governamentais – incluindo centralmente as universidades e os órgãos de fomento à ciência, além de postos diplomáticos e consulares no exterior –, atores da sociedade civil, empresas e especialistas. Do esforço conjunto, articulado em redes internacionais, nascerão as ideias que remodelarão a história da humanidade (Knight, 2020).

Embora se trate de caminho promissor e acessível para o Brasil, ele não vem sendo explorado a contento. No recente relatório intitulado "U21: Ranking of National Higher Education Systems 2020", sob curadoria da Universidade de Melbourne, na Austrália, nosso país aparece na 41ª posição de um ranking de 50 sistemas nacionais de educação superior e pesquisa, deslocando-se para o 47º lugar quando o critério avaliado é "conectividade".

A medida de conectividade leva em conta a integração de instituições e indivíduos aos fluxos de produção cognitiva global, o que traz óbvio reflexo para uma economia internacional interdependente e movida pelo sopro da inovação tecnológica e científica. Por mobilizar indicadores como presença de estrangeiros nos *campi* universitários, número de coautorias científicas internacionais realizadas por brasileiros, e visibilidade da produção intelectual, o ranking serve de índice para a baixa qualidade da diplomacia do conhecimento praticada pelo Brasil. O resultado não é inconsistente com o quadro mais amplo. Segundo dados da Organização das Nações Unidas para a Educação, a Ciência e a Cultura (Unesco), enquanto argentinos atraíram para as suas universidades, em 2017, mais de 75 mil estudantes internacionais, o Brasil não chegou aos 20 mil. Em levantamento feito pela agência britânica QS em 2018, estudantes de graduação latino-americanos classificaram o Brasil como a 15ª opção preferencial de destino acadêmico, atrás de Finlândia e Suécia.

Os problemas não param por aí. Pesquisas acadêmicas brasileiras têm, em regra, pequena penetração no "mercado das ideias". A consultoria estadunidense Clarivate Analytics diagnosticou, em relação ao período 2013-2018, que o impacto acadêmico médio de pesquisas realizadas em Colômbia, Chile e Argentina, por exemplo, é consideravelmente maior, em que pese à diferença de escala em nosso favor. No que toca à aquisição de habilidades para o mundo do trabalho globalizado – adaptabilidade, diálogo intercultural, proficiência em idiomas –, o latino-americano fica a dever a asiáticos e africanos (Qs Global Employer Survey, 2018). A integração entre os parques acadêmico e industrial, incipiente apesar de crescente no caso brasileiro, ainda depende em larga proporção dos investimentos de empresas nacionais – Petrobras, Vale e Embraer.

Infelizmente, talvez não nos convenha alimentar expectativas de uma reversão de curso. Um país como o Brasil, que nunca levou a sério a educação e a ciência, também anda maltratando sua política externa de uns tempos para cá. Esse não seria, portanto, um terreno propício para o vicejar da tão necessária "diplomacia do conhecimento". Não por ora.

Dada a incoerência interna entre as ações e as ideias previamente inventariadas, a condução internacional do país, hoje em dia, parece flutuar ao sabor das idiossincrasias e da conveniência eleitoral do atual incumbente do Palácio do Planalto. A desinstitucionalização diplomática alcançou seu grau máximo nesse período. Os termos da inserção econômica internacional do Brasil vêm se deteriorando aceleradamente. As sementes plantadas entre 2019 e 2020 não autorizam um prognóstico otimista para a política externa na segunda metade do (primeiro) mandato de Jair Bolsonaro.

A agenda neoliberal em marcha forçada

Esther Dweck

A distância entre os objetos de pesquisa e os cientistas sociais no tempo histórico costuma frear análises equivocadas e conclusões precipitadas. É preciso munir a investigação científica de cautela na observação de fenômenos que estão em curso. Contudo, é possível identificar alguns padrões de comportamento na condução da política econômica nos dois primeiros anos do governo Bolsonaro, ainda sob os impactos da pandemia da covid-19.

O governo Bolsonaro foi eleito com uma plataforma econômica de inequívoca diretriz neoliberal, descrita de forma telegráfica no programa de governo em formato de apresentação e reforçada pela escolha de Paulo Guedes como possível ministro da Fazenda, ao final de 2017. Do ponto de vista da agenda fiscal, Guedes prometia zerar o déficit primário em um ano, com uma combinação de corte de gastos, revisão de desonerações e desestatizações. Além disso, para cumprir o teto de gastos, apostava tanto na reforma da Previdência, inclusive com a proposta de instituir um regime de capitalização, quanto na desvinculação de despesas e receitas do governo federal, defendendo uma proposta de "orçamento base zero". Grande parte da retórica de Guedes era alinhada ao discurso dominante da mídia, de crescimento descontrolado dos gastos, inconveniente produto da Constituição de 1988 que "não caberia no orçamento".

Ao mesmo tempo, com o *slogan* "mais Brasil, menos Brasília", o programa também anunciava um novo pacto federativo, supostamente com maior descentralização de poderes e mais recursos para estados e municípios. Para o mercado de trabalho, o governo Bolsonaro propunha um ambiente favorável ao empreendedorismo, com a introdução da carteira verde e amarela, na qual o contrato individual prevaleceria sobre a Consolidação das Leis do Trabalho (CLT), aproximando as regras do trabalho formal às do trabalho informal. Para promover o crescimento econômico de longo prazo, a proposta do plano de governo eram as agendas de abertura comercial unilateral e uma reforma tributária para desonerar o capital, mas com introdução de mecanismos para criar um sistema de imposto de renda negativo. Em grande medida, havia no plano de governo original a proposta de uma renda básica aos moldes neoliberais, ou seja, em substituição aos serviços públicos prestados de forma gratuita.

Essa agenda foi posta em prática pelo governo Bolsonaro já no primeiro ano. Conforme discutido em Dweck (2019), essa pauta de reformas é uma tentativa de acabar com a superposição institucional existente no Brasil, fruto da construção histórica dos instrumentos de desenvolvimento. Há uma combinação de elementos desenvolvimentistas entre as décadas 1940 e 1970, com um arcabouço típico de um Estado de bem-estar social do período de redemocratização, expresso na Constituição Federal de 1988, e as mudanças institucionais neoliberais introduzidas a partir da década de 1990. A lógica proposta pelo atual governo é um aprofundamento da agenda já iniciada no Governo Temer: criar um arcabouço institucional que impeça que a alternância de poder permita a um novo governante utilizar instrumentos distintos aos de uma lógica neoliberal.

Entretanto, no segundo ano de governo, a agenda neoliberal em curso foi desafiada pela necessidade de enfrentamento à pandemia de covid-19, que exigia uma atuação mais efetiva do Estado. Nesse sentido, argumenta-se que a condução da política econômica do governo Bolsonaro até então, pode ser compreendida a partir de traços de continuidade e ruptura estabelecidos em duas diferentes fases. Há, inicialmente, a implementação do desmonte institucional, que, em um segundo momento, teve seu espaço abruptamente tomado pelas políticas de enfrentamento da pandemia. Neste capítulo, procura-se demonstrar que a crise sanitária decorrente do novo coronavírus colocou um freio à condução das políticas econômicas construídas no período pré-pandemia, sem que fossem, contudo, abandonadas. A própria resposta à pandemia foi diretamente afetada pela condução de Paulo Guedes, atrasando e dificultando a adoção de medidas essenciais para o seu enfrentamento. Ainda que haja um aparente conflito diante dos resultados trazidos pelo maior programa de transferência de renda já feito no Brasil, a tentativa de retomar a agenda neoliberal é recorrente.

Para analisar a condução da política econômica nos dois primeiros anos do governo, em especial, a política fiscal, as medidas do Banco Central de políticas monetária e cambial e a orientação dos bancos públicos, este artigo está divido em três partes. A primeira seção analisa as políticas adotadas e as propostas legislativas enviadas ao Congresso no período anterior à chegada do novo coronavírus no Brasil. A segunda seção discute a atuação do governo federal na condução das respostas à pandemia. Finalmente, a terceira seção contextualiza as propostas em debate para o pós-covid-19 e apresenta algumas considerações finais.

A política econômica pré-pandemia: o desmonte institucional

O desmonte institucional, que marcou o primeiro ano do governo Bolsonaro, é o aprofundamento da agenda já colocada em prática na gestão Temer, na qual três mudanças institucionais, que simbolizam o rompimento do pacto social brasileiro, merecem destaque. Em primeiro lugar, ressalta-se a Emenda Constitucional do Teto de Gastos – EC n.º 95, de 2016, que impede o crescimento de gastos primários do governo acima da inflação e reduz os mínimos constitucionais de saúde e educação (Rossi; Dweck, 2016). Para que seja cumprido o teto, precisam ser adotadas reformas adicionais, que serão a base das propostas fiscais do governo Bolsonaro, afetando diretamente os gastos sociais com impacto redistributivo concentrador (Dweck; Silveira; Rossi, 2018). A segunda reforma institucional importante foi a reforma trabalhista, uma reforma tipicamente neoliberal de redução do poder de barganha dos trabalhadores, arbitrando o conflito distributivo em favor dos empregadores. Finalmente, cabe mencionar mudanças efetivas em duas estatais que tiveram papel de destaque na agenda econômica nos governos Lula e Dilma: o Banco Nacional de Desenvolvimento Econômico e Social (BNDES) e a Petrobrás. Uma política de redução da atuação do BNDES e de desestatização de subsidiárias da Petrobrás, além da revisão das políticas de conteúdo local do setor de óleo e gás.

No Fórum Econômico Mundial, em Davos, Bolsonaro reforçou que o objetivo seria estabilidade macroeconômica, com respeito a contratos, privatizações e equilíbrio das contas públicas, e abertura comercial. Com a criação do Ministério da Economia, a partir da fusão de quatro ministérios, Paulo Guedes assumiu a condução de toda a agenda econômica.

Na área fiscal, uma das primeiras medidas do governo foi o envio da proposta de reforma da Previdência (Proposta de Emenda Constitucional n.º 6, de 2019), em fevereiro de 2019, reintroduzindo pontos rechaçados anteriormente, como as alterações no Benefício de Prestação Continuada (BPC) e na aposentadoria Rural; e incorporando a proposta de transição para um regime de capitalização, uma tentativa de privatizar o Regime Geral Previdenciário. Além desses pontos mais polêmicos, o não envio da proposta para os militares e uma base no Congresso ainda muito fraca contribuíram para uma reação política negativa, embora a pauta contasse com amplo apoio da mídia e da cúpula parlamentar.

A má repercussão da pauta econômica do governo cresceu com o contingenciamento ao final de março de 2019, afetando fortemente a área de Educação. Em maio de 2019, houve a maior manifestação contrária ao governo, puxada pelo próprio setor, diretamente ameaçado pela gestão Bolsonaro, que nunca escondeu a intenção do desmonte das universidades federais.

Do ponto de vista econômico, o contingenciamento interrompeu a fraca retomada que ocorria nos dois anos anteriores, o que levou o governo a propor, posteriormente, assim como na administração Temer, saques do Fundo de Garantia do Tempo de Serviço (FGTS), do Programa de Integração Social e do Programa de Formação do Patrimônio do Servidor Público (PIS/Pasep), em um volume de até 42 bilhões de reais, de forma a estimular a economia (Barbosa Filho, 2020). Outra proposta que demorou a sair do papel foi o décimo terceiro para o Bolsa Família. Essas medidas típicas de estímulo à demanda contrastavam com o discurso do governo de que todo o crescimento viria do setor privado por um possível efeito expansionista da contração fiscal. Essa tese era tão propagada que, ao final do ano, o maior expoente da ideia de "contração fiscal expansionista", Alberto Alesina, foi convidado a dar uma palestra sobre dívida pública e austeridade fiscal e a Secretaria de Política Econômica (SPE) apresentou uma nota (ME, 2019a), com supostas evidências da "Consolidação fiscal expansionista no Brasil".[1]

Ao final do ano, com a entrada dos recursos da cessão onerosa do pré-sal, ainda que muito inferior ao planejado, o governo recompôs o orçamento original de quase todas as pastas. No entanto, refletindo as agendas ideológica e política, a recomposição não foi linear. De acordo com dados dos decretos de programação orçamentária e financeira, o Ministério da Defesa teve uma ampliação de dotação orçamentária, passando de 8,7 bilhões de reais em outubro para 14,3 bilhões de reais em dezembro. A mesma situação ocorreu em ministérios que tradicionalmente são objeto de emendas parlamentares, como o Ministério do Desenvolvimento Regional, que teve seu orçamento ampliado 2,6 bilhões de reais para 5,4 bilhões de reais no mesmo período. Já o Ministério da Ciência, Tecnologia e Inovações e o Ministério da Mulher, da Família e dos Direitos Humanos tiveram suas dotações reduzidas.

A reforma da Previdência foi aprovada em segundo turno no Senado ao final de outubro com o texto mais próximo do que a gestão Temer já tinha negociado. Com essa etapa superada, no início de novembro de 2019, o Executivo negociou com o Senado a apresentação de três novas propostas de emendas constitucionais (PECs) que consolidavam o plano fiscal do governo Bolsonaro. As PECs Emergencial, dos Fundos Públicos e do Pacto Federativo propõem uma reforma ampla do Estado, com o mote do governo de "desobrigar", "desindexar" e "desvincular". Se aprovadas, o governo federal se eximiria de suas funções precípuas de estabilização dos ciclos econômicos, redistribuição de renda e de garantia da provisão de bens públicos.

---

[1] Outra nota polêmica da SPE também merece destaque, pois reforça o discurso do governo, é a nota apresentada em novembro sobre o resultado do Produto Interno Bruto (PIB) do segundo trimestre de 2019 que introduziu a contabilidade criativa (GRANER, 2019) de separar "PIB privado do PIB público" (ME, 2019b), procurando justificar que a economia estava muito melhor do que o apresentado pelo dado do PIB quando se olhava apenas o PIB privado.

A PEC Emergencial n.º 186, de 2019, tinha por objetivo principal corrigir uma falha da EC n.º 95, de 2016, e permitir a introdução dos gatilhos propostos na emenda do teto de gastos. Em linhas gerais, a EC n.º 95, de 2016, ao impedir que o orçamento e qualquer alteração orçamentária ao longo do ano desrespeitem o limite imposto para cada Poder, evita que o teto seja rompido e que todas as medidas restritivas associada ao descumprimento do teto sejam praticadas. Nesse sentido, a PEC n.º 186 propôs vincular os gatilhos, quase todos concentrados sobre o funcionalismo público, ao descumprimento de outra regra fiscal, a Regra de Ouro, que já vem sendo descumprida desde 2018. Entre os gatilhos propostos, o que mais interessava ao governo era a possibilidade de redução da jornada de trabalho com diminuição proporcional dos salários dos servidores em até 25%, podendo ser aplicada a todas as esferas da federação.

A PEC do Pacto federativo n.º 188, de 2019, que repetia diversos trechos da PEC Emergencial, trazia a proposta "Mais Brasil, menos Brasília". No entanto, ia muito além e, na prática, destruiria o federalismo cooperativo brasileiro. Uma das principais propostas era a alteração do artigo 6º da Constituição, subordinando os direitos sociais a um conceito desconhecido e não apresentado de direito ao "equilíbrio fiscal intergeracional". Essa proposta é a tradução legislativa da tese de que a "Constituição cidadã não cabe no orçamento" e, se aprovada, decretaria o fim da garantia constitucional da provisão dos direitos sociais descritos no artigo 6º ainda não plenamente cumprida. Além disso, a PEC permitia a cada ente da federação uma compensação entre os mínimos constitucionais de saúde e educação, afetando ainda mais o (des)financiamento dessas áreas, que já perderam recursos com a EC n.º 95, de 2016 (Moretti *et al.*, 2020).

Com a PEC do Pacto Federativo n.º 188, de 2019, também ficariam proibidas operações de crédito entre entes da federação e, a partir de 2026, a União seria proibida de socorrer governos subnacionais em dificuldades fiscais e financeiras. A combinação de tais medidas seria o fim do pacto federativo, ao importar a lógica da União Europeia – união monetária sem solidariedade fiscal.

Em termos das políticas monetária, financeira e cambial, cabe destacar a condução do Banco Central no período, tanto em relação à determinação da taxa de juros e controle da volatilidade cambial quanto das propostas de mudanças institucionais apresentadas no período de independência do Banco Central, uma ampliação da liberalização cambial e o redesenho do sistema de financiamento do investimento na composição entre bancos públicos e privados (Carneiro, 2019).

Em 31 de julho, o Comitê de Política Monetária (Copom) anunciou a primeira redução das taxas básica de juros, passando de 6,5%, valor desde março de 2018, para 6,0%. Na ocasião, a ata do Copom (BCB, 2019) alertava para uma conjuntura econômica que demandava política monetária estimuladora, confirmando a tendência de desaceleração econômica, em grande parte, provocada pela própria contração fiscal. No entanto, a ata condicionava a manutenção de taxas de juros baixas à continuidade da agenda de reformas e ajustes que gerariam sustentabilidade da trajetória fiscal futura. Havia uma sinalização para as novas reduções da taxa de juros nas próximas reuniões se mantidas as reformas estruturais, indicando que o governo brasileiro utilizaria a política monetária como único instrumento contracíclico. Essa condicionalidade das reformas estruturais à política monetária expansionista foi uma tônica, tanto dos discursos de Paulo Guedes quanto das atas do Copom, durante todo o período analisado, em que houve reduções sucessivas da taxa Selic até atingir 4,25% no início de 2020.

Entretanto, tão relevante quanto a agenda das reformas fiscais apontadas anteriormente eram as reformas das áreas monetária e financeira. Em abril de 2019, o governo encaminhou um projeto de independência formal do Banco Central. Torres e Martins (2019) analisaram o texto que incorporava elementos adicionais à proposta que já circulava no Congresso, de mandatos fixos para os dirigentes do Banco Central, descasados com o do Executivo. Para além de formalizar o compromisso exclusivo do Banco Central com a inflação, abstraindo seus efeitos sobre emprego e crescimento econômico, os dois autores chamam atenção para um ponto particularmente perigoso que confere status especial ao BCB, separado do poder Executivo, e que seus dirigentes só poderiam ser afastados em situações muito restritas e de difícil comprovação. Além disso, a proposta trazia um ponto que reapareceu durante a condução da pandemia, de que os dirigentes do Banco Central não poderiam ser responsabilizados judicial e administrativamente por suas ações.

Em grande medida, a proposta do Banco Central independente é uma captura do Estado por parte do setor financeiro, com um ar de decisão técnica, cujas resoluções, mesmo que contrárias ao interesse público, seriam blindadas legalmente pela proposta apresentada.

Em relação aos bancos públicos, a estratégia dos governos Temer e Bolsonaro era esvaziar o BNDES para captar recursos para os cofres do Tesouro e, supostamente, abrir espaço para os mercados privados aumentarem sua oferta de crédito. Joaquim Levy, nomeado como presidente, foi um dos primeiros a deixar a equipe econômica, supostamente por não "abrir a caixa-preta" do banco. Gustavo Montezano assumiu a presidência do BNDES em julho de 2019, com mais um *slogan* de efeito: "Menos banco, mais desenvolvimento". Na prática, ele assumiu com três objetivos (Temóteo, 2019): (1) transformar o BNDES em um banco de serviços para órgãos públicos e coordenar os processos de concessões e privatizações em todos os entes da federação; (2) acelerar o pagamento antecipado de empréstimos ao Tesouro, descapitalizando ainda mais o banco; e (3) abrir a "caixa-preta", o que prometia realizar em dois meses, mas, em janeiro de 2020, declarou não haver qualquer irregularidade (Ferrari, 2020). Mesmo com um aumento da participação dos bancos privados na oferta de crédito em 2018 e 2019, não foi possível compensar o colapso do BNDES (Barbosa Filho, 2020).

Ao longo de 2019, Guedes fez uma gestão de boca de caixa, vendendo ativos para reduzir endividamento. Os pagamentos antecipados do BNDES foram complementados pela venda de reservas internacionais e por uma ampla agenda de privatização, com o objetivo claro de reduzir a dívida pública. Sustentado pela retórica do combate à corrupção e de desperdício de recursos públicos, o governo acelerou as desestatizações que somaram 103,1 bilhões de reais em 2019. Além disso, dez empresas foram incluídas no Programa Nacional de Desestatização para a análise sobre futuras vendas, incluindo o Serviço Federal de Processamento de Dados (Serpro), a Empresa de Tecnologia e Informações da Previdência (Dataprev) e a Casa da Moeda, prestadoras de serviços ao setor público. Em paralelo, o governo atuou para aprovar o Novo Marco do Saneamento, autorizando a privatização no âmbito subnacional.

Com a venda de ativos, Guedes conseguiu reduzir a dívida em percentual do PIB e o déficit primário, e comemorou como se fossem, em si, resultados relevantes, ao passo que o emprego apresentava resultados pífios e alarmantes. Ao final do ano, com a expectativa de crescimento do PIB em 2020 de 2,3%, uma aceleração em relação aos anos anteriores, Guedes defendeu a ideia de que o Brasil estaria decolando. Na verdade, a combinação de juros baixos e estímulos pontuais de demanda não foram suficientes para impulsionar a economia brasileira, que permaneceu em um quadro estagnação, com desemprego alto e crescimento econômico em 2019 inferior ao dos dois anos anteriores.

A condução da pandemia: da omissão ao fracasso

Ao contrário do que Guedes afirmava, já havia sinais de desaceleração do crescimento quando os primeiros casos de covid-19 foram detectados no Brasil ao final de fevereiro. Mesmo assistindo à forma como a epidemia atingiu a China e a Itália, e com ampla rede do Sistema Único de Saúde (SUS), não houve uma estratégia nacional de enfrentamento. Por um lado, a política neoliberal do ministro Paulo Guedes fragilizava as instituições e os instrumentos de política econômica que se tornaram imprescindíveis ao combate à crise (Dweck, 2020), e, por outro lado, o negacionismo do presidente da República e os sucessivos conflitos com os ministros da Saúde e os governadores impedia uma coordenação centralizada da crise.

Prefeitos e governadores, responsáveis diretos pelos serviços de saúde pública, assumiram a linha de frente no enfrentamento à pandemia e passaram a adotar medidas de isolamento social já em março de 2020, para evitar o colapso de seus sistemas de saúde. No entanto, o federalismo fiscal brasileiro delega aos entes subnacionais a oferta de diversos serviços públicos sem a garantia de recursos suficientes.

O governo central, que dispõe de instrumentos para contornar uma forte queda da arrecadação diante da desaceleração econômica, em meados de março, ainda estava diante de um possível contingenciamento das despesas federais. A morosidade para utilizar as cláusulas de escape da EC n.º 95, de 2016, e da Lei de Responsabilidade Fiscal (LRF), mais de um mês após os primeiros casos detectados, levou a uma resposta tardia e insuficiente ao enfrentamento da crise. Além disso, a todo momento, a equipe econômica procurava enfatizar que essa maior flexibilidade da política fiscal teria pouca duração e que seria de curto alcance. Ainda assim, não bastava a possibilidade de ampliação de recursos, era preciso a coordenação de medidas em diversas áreas para permitir uma paralisação organizada que reduzisse os efeitos durante e após a pandemia.

Em primeiro lugar, e mais urgente, era necessário garantir os fluxos de renda de forma a assegurar o direito ao isolamento à toda a população. O auxílio emergencial aos trabalhadores informais e autônomos e beneficiários do Bolsa Família, que ficaram sem renda de uma hora para a outra, demorou a ser definido, e o efetivo pagamento foi ainda mais lento. Em resposta à proposta inicial do governo de um auxílio mensal de 200 reais a um público reduzido, o Congresso aprovou um auxílio de 600 reais a um público amplo, por três meses, postergado por mais dois meses, sendo, mais tarde, estendido até dezembro no valor de 300 reais. Já a proposta de auxílio aos trabalhadores formais, apresentada por meio das medidas provisórias (MPs) n.º 927 e n.º 936, não foi tão eficaz, pois reduziu consideravelmente a renda da maioria dos trabalhadores formais (CECON/UNICAMP, 2020) e não teve qualquer garantia de não demissão.

Para agravar o quadro, a tímida proposta de auxílio às empresas não garantiu a contenção de demissões em massa e alívio financeiro, diante da interrupção de seus fluxos de caixa. Cabe ressaltar a ausência de medidas mais efetivas por parte dos bancos públicos, exatamente o oposto do ocorrido na crise de 2008. O BNDES, forçosamente reduzido de tamanho pelas reformas discutidas anteriormente, limitou sua ação a pequenas empresas. Ainda que seja meritória a atenção às menores, as medidas de auxílio deveriam ser avaliadas para todas as empresas, de forma a evitar o aumento de desemprego e a falência dos negócios, o que dificulta a retomada posterior.

Outra medida imprescindível era a ampliação de recursos para áreas prioritárias, em especial, a Saúde e a Ciência e Tecnologia, a fim de garantir recursos para a expansão de leitos da atenção básica e das UTIs, a aquisição de equipamentos de proteção individual, a produção de testes e a busca por medicamentos e vacinas. É importante ressaltar o quanto essas áreas já tinham sido penalizadas por cortes decorrentes da EC n.º 95, de 2016. Ao final de julho, nem metade dos recursos para a

Saúde anunciados em abril havia sido efetivamente paga. Para além da disponibilização de recursos, o governo federal também se eximiu da adoção de medidas regulatórias importantes, como a possibilidade de fila única na oferta de leitos de UTI, tendo em vista a desigualdade na distribuição de leitos disponíveis no SUS e os exclusivos da rede privada. Ao mesmo tempo, não coordenou compras centralizadas ou um plano de reconversão industrial para garantir a oferta de equipamentos e insumos básicos para a expansão de leitos, cuja escassez afetou decisivamente a capacidade de atendimento à população.

Os episódios do "roubo" de carga da aquisição de máscaras e equipamentos médico-hospitalares demonstram o risco da dependência extrema de importação em uma área central à vida. Para Guedes, a única política industrial é a abertura comercial unilateral, expondo ainda mais nosso sistema de compras públicas à concorrência internacional. O fracasso nessa área demonstra o que Mazzucato e Kattel (2020) escreveram sobre capacitação governamental para o enfrentamento da pandemia. Em um nítido contraste, a capacidade de realizar as políticas de transferência direta de renda do auxílio emergencial contou com toda a *expertise* adquirida com o programa Bolsa Família da combinação de um sistema de cadastro da população com uma rede capilarizada de um banco público e de agências do Sistema Único de Assistência Social (Suas).

A contração econômica gerou uma forte queda das receitas tributárias em todas as esferas da federação. Ao contrário do governo federal, os entes subnacionais não possuem a capacidade de se financiar por dívida soberana, e a queda da arrecadação poderia ter como consequência o aprofundamento do corte de gastos. O embate político retardou o repasse federal de recursos aos estados e municípios para a expansão dos serviços de saúde e para fazer frente à queda de arrecadação. O programa de auxílio aos entes subnacionais só foi aprovado em 27 de maio, com primeira parcela paga apenas em junho.

Finalmente, era preciso garantir salvaguardas ao sistema financeiro, tanto ao setor bancário quanto às demais instituições financeiras. Nesse sentido, diversas medidas foram realizadas pelo Banco Central (Vilela *et al.*, 2020). Ainda que muitas delas meritórias, o que cabe ser ressaltado é a rapidez e os montantes vultuosos destinados ao sistema financeiro, quando comparado às demais medidas de apoio às famílias, às empresas e aos entes subnacionais. O Banco Central também adotou uma política monetária expansiva ao derrubar a taxa de juros a um patamar inédito de 2% nominal, próxima a uma taxa real de 0%. Muitos economistas defendiam essa redução para diminuir o custo fiscal do maior endividamento público do período e para estimular a economia.

No entanto, conforme discutido em Bastos *et al.* (2020), essa medida traz algumas ameaças sem ser capaz sozinha de acelerar uma recuperação econômica. O principal risco é de uma grande desvalorização cambial, já iniciada no ano de 2019, e acentuada com uma crise que afetou todos os países em desenvolvimento, num movimento típico de *flight to quality* (fluxos financeiros migram para as moedas mais seguras, como o dólar). O efeito de uma desvalorização cambial é uma possível pressão inflacionária, que só não se efetivou concretamente porque a economia encontrava-se paralisada. Ainda assim, itens essenciais da cesta básica da pandemia já tiveram seus preços elevados, movimento que tende a se intensificar com a retomada da economia, e os índices de preços da cesta de consumo da população mais pobre também foram afetados. Bastos *et al.* (2020) argumentam que os juros excessivamente baixos podem produzir efeitos distributivos perversos, sem o benefício de recuperar a economia. Conforme destacado por diversos banqueiros centrais, em especial, Christine Lagarde, a política monetária não tem o poder de recuperar a atividade econômica.

O falso dilema e o estelionato eleitoral

A principal medida adotada durante a pandemia foi o pagamento do auxílio emergencial de 600 reais a quase 70 milhões de brasileiros, o que tanto trouxe benefícios inequívocos ao conter a miséria generalizada quanto interrompeu a contração econômica em curso. Em maio, já havia sinais de retomada de atividades produtivas por causa da combinação de efeitos do auxílio com maior relaxamento das medidas sanitárias. Em diversos municípios, e até estados, as transferências do governo federal superaram a queda dos salários. Outro efeito relevante do auxílio foi sobre a popularidade do governo, que esteve abalada no início da crise, após o afastamento de dois ministros da Saúde e a saída do ministro da Justiça e Segurança Pública, Sergio Moro.

Não por acaso, houve um intenso debate no governo sobre como postergar o auxílio para 2021, em meio a diversas propostas de como viabilizar o Renda Brasil. Entretanto, o volume de recursos necessários à manutenção do auxílio contrapunha-se à proposta do governo de retomada da austeridade fiscal para o período 2021-2023, tendo o Teto dos Gastos como principal âncora fiscal. Com a aproximação das eleições municipais e a possibilidade mais concreta de reeleição de Bolsonaro, houve um princípio de divergência dentro do governo, levando o presidente a silenciar as propostas do Ministério da Economia de cortar outros benefícios sociais, como o abono salarial e a farmácia popular, para ampliar o programa de transferência de renda. Ainda que à primeira vista tenha sinalizado como uma possível guinada do governo, o que ocorreu concretamente foi a manutenção do teto e uma postergação da decisão sobre o fim do auxílio para depois das eleições, em uma manobra típica de estelionato eleitoral, deixando uma grande parcela da população brasileira insegura quanto a sua subsistência em 2021. O projeto de lei orçamentária para 2021, encaminhado em agosto de 2020, não previu qualquer aumento das transferências de renda e propôs um enorme ajuste fiscal, queda de 8,0 pontos do PIB da despesa pública federal, o que deve gerar uma forte retração econômica.

O ministro Paulo Guedes nunca mudou sua agenda econômica, mesmo com todos os alertas em meio à crise atual. Com a desculpa do elevado aumento do endividamento durante a crise e sob o jugo do terrorismo fiscal e do espantalho da inflação, o governo reforçou a aposta na agenda de reformas, apressando o programa de desestatização e acelerando, no Congresso, medidas como o projeto de independência do Banco Central, a retomada das PECs do Pacto Federativo e Emergencial e a reforma administrativa, que ganhou destaque na mídia a partir de um discurso coordenado contra os servidores públicos.

Todas as medidas adotadas durante a crise sanitária dependem de instituições e instrumentos ameaçados pelas reformas estruturais em curso. Ao invés de fortalecê-los, o governo federal mostra que pretende aprofundar o desmonte institucional. Guedes balançou e vários de seus assessores saíram ao longo de 2020, mas ele permanece com seu discurso político na contramão do debate econômico internacional. Essa trajetória criará um abismo social e regional cada vez mais profundo e manterá a economia estagnada ao reforçar as medidas restritivas aqui discutidas. Ao cabo, nem mesmo a maior crise da história recente parece abalar a continuidade do projeto político que vem desde o governo Temer. Tal projeto de retomada das reformas liberais mantém o cenário de estagnação e acentua as desigualdades, tratando-se, portanto, não meramente de uma escolha de política econômica, mas, primordialmente, de economia política.

Bolsonarismo e Educação: quando a meta é desconstruir uma política pública

Fernando Luiz Abrucio

Em março de 2019, bem no início de seu governo, Bolsonaro falou o seguinte para um público de lideranças conservadoras em Washington: "O Brasil não é um terreno aberto onde nós pretendemos construir coisas para o nosso povo. Nós temos é que desconstruir muita coisa. Desfazer muita coisa" (Nós..., 2019, [s.p.]).

O bolsonarismo pode ser caracterizado, em sua forma mais sucinta, como um ideário cujo maior inimigo é a ordem política montada desde a redemocratização. O presidente Bolsonaro não é só um admirador da ditadura. Seu governo orienta-se, principalmente, pela busca da destruição do modelo político e social inaugurado pela Constituição de 1988. A política educacional é um exemplo paradigmático dessa lógica bolsonarista. Sua proposta para a Educação tem como objetivo destruir a agenda, o modelo institucional e a comunidade epistêmica construídos nas últimas décadas.

O presente capítulo pretende analisar a perspectiva bolsonarista de políticas públicas e realçar como esse modelo se manifesta particularmente na Educação. Para tanto, o texto está dividido em quatro partes. Na primeira, apresenta-se, de forma resumida, o modelo geral de políticas públicas que foi inicialmente estruturado pela Constituição de 1988 e se expandiu durante quase trinta anos. A política educacional é um bom exemplo dessa trajetória, embora tenha especificidades que serão aqui ressaltadas.

A segunda parte faz uma breve análise do significado da eleição de Bolsonaro, em relação ao contexto político e às ideias defendidas por ele, com destaque para as suas proposições no plano de governo em relação à política educacional. A fragilidade e a ideologização do diagnóstico bolsonarista já saltavam à vista naquele momento.

A seguir, o capítulo trata da gestão do Ministério da Educação (MEC) nos dois últimos anos, mostrando como suas políticas se encaixam num modelo bolsonarista mais geral e como elas ganham sua especificidade na visão educacional defendida por Bolsonaro. Analisa-se, ainda, o perfil das lideranças escolhidas para comandar a pasta, destacando que o comportamento do ministério ficou entre a defesa de valores ideológicos e morais amplos e a dificuldade de produzir políticas públicas.

Conclui-se o texto com uma reflexão sobre os desafios e possíveis caminhos do MEC nos próximos dois anos. O que se constata, por ora, é o predomínio da desconstrução do modelo anterior, ancorado nos ideais da Constituição de 1988, colocando quase nenhuma alternativa no lugar.

A ordem democrática e um novo modelo de políticas públicas: o caso da Educação

A redemocratização do Brasil impulsionou uma série de mudanças no Estado brasileiro em prol da expansão das políticas sociais e de sua democratização. Tais modificações foram inicialmente institucionalizadas na Constituição de 1988, sendo depois ampliadas e aperfeiçoadas por vários governos. Construiu-se um modelo de políticas públicas lastreado basicamente em quatro características. A primeira foi a busca da ampliação do acesso a direitos e serviços públicos de forma universal aos cidadãos, rompendo com o padrão de cidadania regulada que predominou no Estado de Corte varguista (Santos, 1979). Ainda há várias lacunas e problemas na provisão das políticas e bastante desigualdade no país, mas houve avanços importantes em vários indicadores sociais num curto espaço de tempo, especialmente se for feita uma comparação com a lentidão da melhora desses dados ao longo do século 20 (Arretche, 2015).

Uma segunda característica foi a criação de canais de participação da sociedade em diversas etapas das políticas públicas, seja como forma de controle, seja no processo de deliberação. Conselhos de políticas públicas e Conferências com participação de atores sociais, bem como mecanismos participativos constituídos por governos locais, tornaram-se uma marca do *Welfare* brasileiro. É importante ressaltar que a ampliação da porosidade do aparelho estatal permitiu que novos grupos sociais tivessem acesso às decisões estatais e, de forma muito relevante, que comunidades epistêmicas de diversos setores se fortalecessem, melhorando a qualidade do debate público.

A combinação de uma inédita e ampla descentralização com aumento da coordenação federativa constitui uma terceira característica do modelo de políticas públicas construído desde 1988. Os municípios ganharam maior autonomia e mais atribuições, principalmente no campo das políticas sociais, enquanto os governos estaduais também têm grande importância em áreas como Educação, Saúde, Habitação e Saneamento, tendo um papel tanto de execução como de coordenação (Silva, 2020). Para completar esse arranjo intergovernamental, a União assumiu um papel central como coordenador das políticas públicas no plano da Federação (Abrucio, 2005). Além de ter uma ação normatizadora e reguladora, o governo federal ampliou sua ação redistributiva e indutora a partir da nova Constituição, tendo sido fundamental para garantir a redução das desigualdades territoriais e a universalização dos serviços nas últimas décadas (Arretche, 2012).

O modelo de políticas públicas montado pela ordem democrática pós-1988 completa-se com um conjunto de mudanças presentes tanto na Constituição como em legislações e reformas posteriores que buscaram profissionalizar e melhorar a gestão pública brasileira. Milhões de profissionais foram contratados por concurso público, especialmente os burocratas de nível de rua das principais políticas sociais, rompendo com uma tradição patrimonialista que era muito arraigada no nível local. Também se investiu muito em capacitação desses profissionais e na ampliação dos equipamentos sociais. Ademais, houve aperfeiçoamento gerencial em vários setores, com a introdução de indicadores, de formas de contratualização e monitoramento, e, sobretudo, de mecanismos de avaliação de políticas públicas.

Esse novo e inédito modelo teve vários avanços, mas contém, em cada uma de suas quatro características, uma série de problemas. Isto é, ainda existem muitas fragilidades e muitos desafios em termos de combate à desigualdade, de democratização, de arranjo federativo e de gestão pública. De todo modo, criou-se um paradigma que funcionou, com maior ou menor intensidade e articulação nas principais políticas públicas. O caso da Educação corresponde bem a essa lógica, para a qual se acrescentam singularidades relacionadas à trajetória e à natureza de suas questões norteadoras.

Ao longo do percurso histórico do Brasil independente, a Educação não foi prioridade na agenda pública, nem para o modelo hegemônico de desenvolvimento adotado a partir da década de 1930, pois desde Vargas até a redemocratização se preferiu um crescimento econômico sem políticas educacionais amplas, algo que produziu aumento do Produto Interno Bruto (PIB), industrialização e urbanização, de um lado, e uma imensa desigualdade, de outro.

A política educacional foi marcada historicamente por dois grandes pilares, um conectado no outro (Abrucio, 2010). O primeiro foi uma perspectiva elitista, que não colocou a universalização do ensino como um projeto. Ao contrário, criou-se uma série de barreiras para que a maioria da população não conseguisse obter maior escolaridade, seja fazendo uma lenta e desigual expansão educacional, seja criando um modelo pedagógico baseado na reprovação em larga escala (Ribeiro, 1991), que expulsou grande parcela dos alunos brasileiros das escolas ao longo do século 20.

O dualismo das responsabilidades governamentais foi o formato institucional que lastreou o elitismo, sendo a segunda característica geral do modelo educacional que vigorou até a Constituição de 1988. Por meio dele, o poder Nacional (desde a Lei de Instrução Pública de 1827) e depois o governo federal, ficou com os encargos relativos ao ensino superior, atuando muito pouco, especialmente em termos de financiamento e apoio, na educação básica (para usar a linguagem dos dias atuais), que ficou sob a competência dos governos subnacionais, principalmente os estados.

A consequência desse arranjo intergovernamental em que a União tinha pouca participação na expansão do equivalente da educação básica foi o aumento da desigualdade na provisão educacional, uma vez que havia muita disparidade econômica de capital humano e de capacidades entre os entes estaduais e municipais, além da ausência de uma legislação nacional que os obrigasse a fazer gastos mínimos com a política educacional. Por causa disso, o cenário inicial da redemocratização era de um país com péssimos índices de escolarização.

A redemocratização significou a mudança da trajetória histórica da Educação. Primeiro, ampliando seu espaço na agenda pública, como bem comprovam o aumento do seu orçamento e da preocupação da sociedade com o assunto, por meio da criação de importantes organizações da sociedade civil dedicadas ao tema. Além disso, o próprio modelo de ensino foi colocado em questão pela nova ordem democrática. Uma visão pedagógica mais plural, menos punitiva e mais democratizante começou a ganhar força como nunca antes no país, principalmente com a aprovação da Lei de Diretrizes e Base da Educação Nacional (LDB, 1996), embora o conservadorismo educacional ainda seja muito forte.

As transformações mais relevantes se deram no plano institucional e no desenho das políticas públicas educacionais. Aqui, destacam-se cinco pontos principais. O primeiro foi a orientação pela universalização do acesso, quando a Constituição de 1988 tornou a Educação obrigatória dos 7 aos 14 anos. Cabe lembrar que o Censo de 1980 mostrava que cerca de 40% das crianças nessa idade estavam fora da escola (Draibe, 1994). Depois de vários aperfeiçoamentos institucionais e políticas públicas implementadas continuamente por vários governos de partidos diferentes, o país praticamente universalizou o ensino fundamental. A Emenda n.º 59, de 2009, ademais, tornou a Educação obrigatória dos 4 aos 17 anos, aumentando a importância do investimento na educação infantil e para o ensino médio. É bem verdade que o percentual dos jovens até 18 anos que completa atualmente o ensino médio é de 64%, longe da universalização, mas vale recordar que em 1990 esse contingente era de 18%.

É importante acrescentar que houve também uma série de políticas para ampliar o acesso à universidade para os alunos mais pobres. Iniciativas como o Programa Universidade para Todos (Prouni), o Fundo de Financiamento Estudantil (Fies) e, em especial, as políticas afirmativas vinculadas às cotas sociais e raciais foram importantes para mudar o caráter elitista da Educação brasileira.

O segundo ponto importante relaciona-se com a combinação entre descentralização e arranjo federativo. Como em outras políticas, houve uma forte municipalização dos serviços (Ceneviva, 2012), numa área em que não havia uma grande tradição local de atuação. Por causa disso, foi necessário criar mecanismos financeiros e de apoio administrativo, sobretudo advindos do plano federal, para construir capacidades locais em boa parte das municipalidades brasileiras. A provisão do ensino fundamental, ademais, é caracterizada pela duplicidade de redes, com oferta tanto municipal (maior no primeiro ciclo) como estadual (maior nos anos finais), algo que exige coordenação e colaboração entre esses dois entes.

Embora a Educação não tenha um sistema de políticas públicas com a mesma articulação intergovernamental que a Saúde – com o Sistema Único de Saúde (SUS) – e a Assistência Social – com o Sistema Único de Assistência Social (Suas) –, especialmente porque não há fóruns federativos institucionalizados na política educacional (Franzese; Abrucio, 2013), é possível afirmar que as relações federativas têm se aperfeiçoado continuamente nos últimos anos e é uma peça-chave para ajudar os governos locais e, sobretudo, para reduzir a desigualdade territorial. De todo modo, é um consenso acadêmico e da comunidade epistêmica da área que a criação de um Sistema Nacional de Educação é hoje a principal tarefa institucional para aperfeiçoar a política educacional (Abrucio; Segatto, 2014).

Um terceiro ponto de avanço da Educação se deu no financiamento. A mudança na verdade começou com a aprovação da Lei Calmon, uma Emenda Constitucional aprovada no final do regime militar, que definiu patamares mínimos de gastos aos entes federativos, modelo que se manteve na Constituição de 1988. Ainda havia, porém, um grande problema de desigualdade de recursos e falta de incentivos para os municípios ampliarem suas redes de ensino, o que atrasava o processo de descentralização. O que mudou esse quadro foi a criação de um novo marco legal de financiamento, a partir da implementação do Fundo de Manutenção e Desenvolvimento do Ensino Fundamental e de Valorização do Magistério (Fundef) e, posteriormente, com o Fundo de Manutenção e Desenvolvimento da Educação Básica e de Valorização dos Profissionais da Educação (Fundeb), cujos recursos ampliaram a oferta de ensino em todas as etapas.

Mais duas mudanças completam esse quadro de transformações educacionais. A primeira foi a criação de mecanismos de avaliação da qualidade da Educação brasileira. O principal foi o Índice de Desenvolvimento da Educação Brasileira (Ideb), que permitiu ter um termômetro mais preciso da situação e se transformou num importante instrumento de responsabilização (*accountability*) das redes de ensino e das escolas. A última mudança importante vincula-se a questões pedagógicas, sendo a mais recente delas a criação, em dezembro de 2017, da Base Nacional Comum Curricular (BNCC), após um debate que perpassou vários governos.

Ainda existem diversos problemas e lacunas na política educacional, porém, conseguiu-se, num espaço de cerca de trinta anos, fazer mais transformações no ensino do que em todo o restante da história do país: (1) construiu-se uma agenda; (2) um modelo institucional; e (3) um conjunto de atores que compartilhavam, mesmo com discordâncias, uma visão de mundo tal qual uma comunidade epistêmica (Haas, 1992), fatores que geraram, em maior ou menor medida, uma base para organizar a Educação brasileira. O governo Bolsonaro irá dinamitar cada um desses aspectos, realizando uma desconstrução impressionante para um período de apenas dois anos.

O sentido do governo Bolsonaro: contexto eleitoral e ideias educacionais

A eleição presidencial de 2018 foi um ponto fora da curva desde o *impeachment* do presidente Collor. O país havia conseguido organizar, por um período de mais de vinte anos, um sistema político estável que, mesmo com problemas, conseguiu combinar três coisas que nunca haviam estado juntas ao mesmo tempo na história brasileira: democracia, estabilidade econômica e inclusão social.

Entretanto a estabilidade do sistema político começou a ruir a partir de três grandes episódios: as amplas manifestações populares de 2013, a operação Lava-Jato e o *impeachment* da presidente Dilma Rousseff. O resultado de todo esses fatos foi um sentimento de forte descrença nos partidos políticos e o surgimento de um discurso antipolítico como o mais atraente para os eleitores. Isso já tinha se manifestado nas eleições municipais de 2016 e teve seu ápice com a vitória de Jair Bolsonaro na disputa presidencial de 2018.

Mesmo não sendo um novato na política, tendo ocupado cargos eletivos por mais de trinta anos e eleito antes de seus filhos para o Legislativo dos três níveis da Federação, Bolsonaro apresentou-se, com sucesso, como a liderança capaz de acabar com a "velha política", em seus métodos e resultados. Isto é, ele seria capaz de reduzir a corrupção, de governar sem precisar fazer coalizões com os partidos, instaurar a ordem num país marcado pela criminalidade, reduzir o papel do Estado na economia e na vida dos cidadãos, bem como garantir que os valores cristãos da família brasileira predominassem nas diversas políticas públicas, seja a política externa, seja a política educacional.

O ideário bolsonarista fica muito claro quando se lê seu programa de governo – chamado "Brasil acima de tudo, Deus acima de todos" –, e a parte dedicada à área educacional é um bom exemplo disso. O programa de Bolsonaro elencou três setores como prioritários: Segurança (que ocupou a maior parte das páginas), Saúde e Educação. Em todas elas, propõe-se um modelo institucional geral com três características: reduzir o papel do governo na economia e na vida das pessoas, diminuir a corrupção para moralizar a gestão e torná-la eficiente e, com grande destaque, a adoção do lema "Mais Brasil, menos Brasília" – isso significava o repasse da responsabilidade das principais políticas públicas aos estados e municípios.

O diagnóstico apresentado se contrapunha claramente às intepretações hegemônicas sobre o funcionamento e os resultados das políticas públicas brasileiras. Com isso, escolheu-se um inimigo que ia além da esquerda e do petismo. O bolsonarismo estava se colocando contra pesquisadores, especialistas, técnicos governamentais e comunidades epistêmicas ligadas a esses setores.

As características gerais do modelo bolsonarista de políticas públicas aparecem nitidamente na discussão educacional. Primeiro, o documento, a partir de dados mostrados de forma imprecisa, afirma que se gasta muito e mal em Educação, embora o Brasil tenha uma despesa per capita com os alunos da educação básica bem menor do que a dispendida pelas nações desenvolvidas (Ocde, 2019). A partir desse diagnóstico, o programa de governo diz que seria possível fazer mais com menos, mas propõe tal mudança a partir basicamente de uma agenda moral, e não de uma agenda técnica.

Por essa linha, propõe que a melhoria da gestão educacional passaria principalmente por menor "doutrinação", ou seja, mediante uma grande mudança nos métodos de ensino vigentes, incluindo aí o "expurgo" de Paulo Freire, da "sexualização precoce" (também chamada "ideologia de gênero"), da aprovação automática e até mesmo alterando-se a BNCC, norma curricular aprovada após a discussão de vários governos de partidos diferentes. Numa combinação da agenda moral com uma certa visão de liberalismo econômico, propõe-se uma menor participação do governo na vida dos cidadãos, o que emerge das propostas de *homeschooling* (educação domiciliar) e do aumento da educação a distância, abrindo espaço para maior ação do setor privado.

No fundo, o predomínio da visão moralista na proposta de Bolsonaro o afastava enormemente das principais questões discutidas por atores e especialistas da área nos últimos trinta anos. Isso poderia levar a suposição de que haveria uma revolução na política educacional, no entanto, o que se viu em dois anos foi mais um MEC sem rumo, com muito discurso e pouca ação.

O MEC sob Bolsonaro: exemplo paradigmático das políticas públicas bolsonaristas

Para entender a política educacional implantada pelo MEC nos últimos dois anos, é preciso antes entender o modelo geral de políticas públicas adotado pelo governo Bolsonaro. Tudo começa com a forma de pensar a política de maneira geral, especialmente a maneira como o bolsonarismo tem buscado construir a agenda governamental e implementar suas propostas. Nesse aspecto, o chefe do Executivo não só abandonou a lógica da coalizão e da negociação com os políticos e a sociedade – algo que significaria a "velha política" para os bolsonaristas –, mas também segue a linha dos populistas de extrema direita no mundo: faz a política das políticas públicas de forma schmittiana (Schmitt, 1992), selecionando grupos sociais, líderes políticos e ideias inimigas, para então construir estratégias de mobilização e ataque permanentes para destruí-los. Diálogo só existe com os aliados, ou melhor, seguidores.

O modelo schmittiano na Educação significou colocar-se contra a agenda, as instituições e os atores que, em maior ou menor medida, guiaram as políticas públicas ao longo das últimas décadas. O bolsonarismo fez questão de limitar, quando não rechaçar, o diálogo com as principais lideranças da área, de ignorar a engrenagem institucional prévia – tanto no plano federativo como junto às organizações da sociedade civil – e de deslegitimar tudo o que viera antes. Fechando a porta para os interlocutores da comunidade epistêmica da área, tentou criar de cima para baixo o que seria um modelo educativo totalmente novo.

O resultado desse processo schmittiano de ordenar as políticas públicas foi o completo isolamento do MEC frente ao mundo educacional existente, a ponto de muitas vezes as redes de ensino, as universidades e as organizações sociais na área da Educação simplesmente ignorarem grande parte da agenda educacional do governo Bolsonaro.

Peça igualmente importante do modelo bolsonarista de políticas públicas é a defesa de menor interferência do governo na economia e, sobretudo, na vida dos cidadãos. É interessante notar que as famílias constituem uma categoria mais central ao bolsonarismo do que o mercado, o que torna essa tendência política mais conservadora do que liberal (Nisbet, 1987). Assim, o governo Bolsonaro apoia na Educação a volta do poder decisório às famílias, por meio do *homeschooling* e da Escola sem Partido, em contraposição a escolas e seus profissionais, cujo comportamento seria guiado por ideologias contrárias às ideias dos pais dos alunos.

Se levado a cabo, um modelo como esse levaria à redução do caráter público das escolas, num caminho inverso ao processo de institucionalização da Educação desde o século 19, que garantiu a laicidade, a cientificidade e o pluralismo do ensino. Pior ainda, no caso brasileiro, o enfraquecimento do sentido público do sistema educacional prejudicaria os mais pobres, pois crianças e jovens cujo entorno familiar tem menor renda e escolaridade precisam de instituições públicas, plurais e científicas para ajudá-los em seu processo de aprendizado e de construção de bases para a mobilidade social e política (Abrucio, 2016).

Como em outras políticas públicas centrais para o Estado brasileiro, na Educação também se instalou uma visão negativa em relação aos especialistas e técnicos governamentais, tentando alijá-los do debate e preenchendo a estrutura ministerial com *outsiders* em relação à burocracia e à academia. Isso significou que foram alçados a altos postos no MEC um time de gestores desconhecidos e sem relevância na área. Afora isso, funcionários de carreiras estratégicas que costumavam trabalhar no ministério evitaram ficar em postos de direção, quando não buscaram outro lugar de trabalho na Esplanada.

Parte dessa concepção antitécnica advém do negacionismo científico que orienta o bolsonarismo, novamente na linha internacional dos populismos de extrema direita. Contudo, existia ainda um conflito contra as comunidades epistêmicas estruturadas na trajetória democrática brasileira recente, especialmente nas políticas sociais. O governo Bolsonaro escolheu tais grupos como inimigos, pois eles poderiam colocar obstáculos à nova visão ideológica e, ademais, nunca se comportariam como seguidores. Por essa razão, boa parte do alto escalão e da gerência dos principais órgãos federais foi preenchida com profissionais que não discordariam dos chefes bolsonaristas, particularmente do comandante-mor.

Um último elemento geral do modelo bolsonarista de políticas públicas foi o desmonte das estruturas institucionais que organizaram a expansão do *Welfare* criado na Constituição de 1988. Mais especificamente, os alvos foram os mecanismos de participação da sociedade nos diversos setores governamentais e, em especial, o arranjo federativo. Em relação ao primeiro aspecto, o presidente Bolsonaro e seus ministros acabaram ou desfiguraram um grande número de conselhos e arenas de diálogo social. No caso da Educação, esse processo envolveu reduzir a conversa prévia com a comunidade epistêmica antes de se tomar as principais decisões, inclusive em relação a colegiados que eram sempre consultados previamente. Aqui entram, também, os canais de deliberação e negociação com as universidades públicas, que foram enfraquecidos pelo MEC.

A maior modificação na engrenagem institucional da Educação ocorreu no arranjo federativo. Mesmo que, como dito antes, não houvesse um sistema de políticas públicas nessa área tão institucionalizado quanto na Saúde ou na Assistência Social, o MEC tem construído suas decisões e implementado suas ações há mais de vinte anos em articulação com estados e municípios, com destaque para a interlocução junto ao Conselho Nacional de Secretários Estaduais de Educação (Consed) e à União Nacional dos Dirigentes Municipais de Educação (Undime). Esses dois fóruns federativos informais foram jogados para escanteio em grande parte das decisões do MEC nos últimos dois anos.

Como resultados disso, foram propostos programas de alfabetização, da criação de escolas cívico-militares e medidas de combate à pandemia, entre outros, que tiveram pouca adesão dos governos subnacionais. Na verdade, secretários estaduais e municipais de Educação, sozinhos ou articulados, assumiram a agenda da educação básica no Brasil. Essa maior autonomia significa menor influência do MEC no conjunto da política pública, o que gera um efeito extremamente perverso: aumenta a desigualdade na provisão da política educacional, uma vez que os estados e, principalmente, os municípios são muitos desiguais entre si, cabendo à União, desde 1988, o papel de combater essas disparidades.

Saindo do macrocenário e analisando de forma mais microscópica a política educacional, o primeiro ponto a ressaltar é a enorme instabilidade diretiva dos últimos dois anos. O governo Bolsonaro teve, efetivamente, três ministros da Educação no período: Ricardo Vélez, que ficou apenas quatro meses no cargo; Abraham Weintraub, que esteve por um ano e dois meses no comando; e Milton Ribeiro, que iniciou seu mandato em julho de 2020. Houve um quarto ministro nomeado (Carlos Decotelli), mas que não assumiu por causa de escândalos em relação a seu currículo.

Desde o início da redemocratização, não havia tantos comandantes do MEC em tão curto espaço de tempo. Essa descontinuidade repete-se em outros postos-chave do ministério: houve três presidentes do Instituto Nacional de Estudos e Pesquisas Educacionais Anísio Teixeira (Inep) e quatro secretários de educação básica nesse mesmo período. Se a lupa descer um pouco mais para ver o resto do organograma, essa dança das cadeiras não tem paralelo no período recente.

Grande parte dessa descontinuidade se deveu a lutas ideológicas internas ao próprio governo, como os conflitos entre olavistas (seguidores do filósofo de extrema direita Olavo de Carvalho), gestores vinculados a militares e outros membros da máquina pública. Entretanto, a instabilidade explica-se mais pela dificuldade de conciliar duas coisas: o aceno para os valores morais e ideológicos presentes no plano de governo de Bolsonaro e a necessidade de fazer políticas públicas que resolvessem os problemas reais e mais imediatos da política educacional. O confronto entre essas duas agendas criou uma situação em que o ministro da Educação tentava ganhar força política defendendo o ideário mais conservador do presidente, porém, tinha de responder a questões práticas que todo o sistema educacional – redes de ensino, escolas, alunos e suas famílias, profissionais da Educação e organizações da sociedade civil – colocava na mesa. Como resultado desse embate, constata-se um MEC pouco ativo nas políticas públicas, incapaz de se livrar das amarras políticas que o sustentam.

O momento mais paradigmático desse modelo foi o de Abraham Weintraub, por ora o mais longevo dos comandantes do MEC sob Bolsonaro. Ele conseguiu brigar com toda a comunidade epistêmica da Educação, de especialistas a secretários de estados e municípios, além do Congresso Nacional e o Supremo Tribunal Federal (STF). Mobilizava permanentemente os bolsonaristas, especialmente nas redes sociais, falando basicamente de temáticas morais e atacando inimigos, agradando, assim, o núcleo duro do governo e, sobretudo, o presidente da República. Todavia, as reclamações da sociedade contra a inépcia de sua gestão não pararam de crescer – cabe lembrar que as primeiras grandes manifestações contra o governo Bolsonaro, em diversas cidades dos 26 estados do país, foram no dia 15 de maio de 2019, em defesa da Educação brasileira.

O ministro que o substituiu, Milton Ribeiro, tem um estilo bem menos beligerante, mas sua gestão, iniciada em 2020, não conseguiu escapar por completo da dificuldade de conciliar a agenda moral do presidente Bolsonaro com a agenda prática da política educacional, ainda que, mesmo com uma defesa mais amena dos valores bolsonaristas, sua baixa eficácia decisória continua semelhante a de gestões anteriores.

Qual o balanço que poderia ser feito dos resultados do MEC nos últimos dois anos? Não seria recomendável mensurar a efetividade (*outcomes*) em termos de indicadores educacionais, como o Ideb, pois a série temporal é muito curta e é difícil dizer, no momento, qual o impacto do governo Bolsonaro tanto no aprendizado dos alunos quanto no desempenho educacional. Mais correto é analisar o plano da eficácia (*outputs*) e suas consequências institucionais. Nesse sentido, o que chama atenção é o enorme número de programas propostos e posteriormente não levados adiante, seja porque não conseguiram se viabilizar técnica e politicamente dentro do Executivo federal, seja porque foram barrados pelo Congresso Nacional e pelo STF. Entre esses fracassos, destacam-se: o Future-se, destinado a mudar a gestão das universidades; a mudança no modelo de seleção de reitores; as propostas de *homeschooling* e da Escola sem Partido; a votação do novo Fundeb, quando houve um aumento do gasto da União e não foram aceitas as medidas propostas pelo governo federal; e, mais recentemente, a Política Nacional de Educação Especial (PNEE), derrubada por meio de liminar do Supremo.

Mesmo os dois programas mais importantes que conseguiram se viabilizar, o das escolas cívico-militares e a nova Política Nacional de Alfabetização (PNA), tiveram uma baixa adesão das redes estaduais e municipais. A baixa eficácia do MEC fica ainda mais clara quando se observa o uso do Orçamento: o ano de 2020 caracterizou-se por uma baixa execução orçamentária, sobretudo dos recursos do Fundo Nacional de Desenvolvimento da Educação (FNDE), que é a principal fonte federal para financiar os governos subnacionais (Todos Pela Educação, 2020), além de o MEC ter permitido, em novembro de 2020, o remanejamento de 1,4 bilhão de reais da Educação para outras áreas governamentais.

A ineficácia do MEC ficou mais patente com a pandemia. O ministério não conseguiu coordenar as redes de ensino para lidar com a covid-19, seja no momento de fechamento das escolas, seja no retorno às aulas. Trata-se do evento mais emblemático de como a política educacional efetivamente tem sido tratada pelo governo Bolsonaro. Em entrevista ao jornal *O Estado de S. Paulo*, o ministro Milton Ribeiro, questionado sobre o que o governo federal deveria fazer para ajudar as escolas, disse que esse era um problema dos estados e municípios (Soares, 2020). Ao lavar as mãos para esse imenso problema do país, o MEC seguiu aqui o lema já enunciado na campanha de Bolsonaro, "Mais Brasil, menos Brasília", cuja consequência é aumentar a desigualdade territorial no Brasil. O pior é que essa postura está se repetindo noutras políticas sociais, destruindo o legado deixado por trinta anos de expansão do *Welfare* brasileiro.

Cabem três comentários finais para entender o efeito do bolsonarismo na Educação brasileira. O primeiro deles diz respeito à ineficácia do MEC. Muitos analistas poderiam comemorar esse fato, uma vez que o governo Bolsonaro está deixando de cumprir promessas de campanha que piorariam ainda mais a política educacional, pois a agenda moral ficaria à frente do aprendizado de jovens e crianças. Isso é verdade. Contudo, ao não realizar ações supletivas, que são responsabilidade constitucional da União, e ao deixar de lado programas que deveriam ter participação do governo federal, como a BNCC e a implantação do novo ensino médio, o MEC está sobrecarregando estados e municípios e, assim, reduzindo a efetividade dessas propostas, inclusive pela já citada desigualdade territorial. Com certeza, os governos subnacionais vão sair desse período bolsonarista com um grande aprendizado em relação à colaboração federativa, o que é um avanço, mas que será insuficiente se Brasília não for envolvida na resolução dos problemas brasileiros – para desmistificar o lema da campanha de Bolsonaro.

Além disso, embora o país tenha melhorado seu desempenho educacional desde 1988, há uma lista enorme de tarefas a realizar, sendo que muitas delas precisam de uma ação mais ativa do governo federal, em termos de recursos, apoio administrativo e iniciativa legislativa. Essa situação torna ainda mais importante o projeto de criação do Sistema Nacional de Educação, que geraria maiores obrigações institucionais à União e a forçaria a dialogar e negociar constantemente com estados e municípios. Como mostra o exemplo do SUS na pandemia de covid-19, porém, mesmo um Sistema estruturado pode ser prejudicado pela postura de confronto e desresponsabilização adotada pelo presidente Bolsonaro (Abrucio *et al.*, 2020).

Por fim, o que se pode dizer da Educação sob Bolsonaro é que seu governo, por ora, procurou basicamente destruir a agenda, as instituições e a comunidade epistêmica que deu guarida a essa política desde 1988, seguindo a lógica política da destruição que motiva o atual presidente. É bem verdade que houve resistências e várias coisas foram mantidas. Mais do que isso: o bolsonarismo tem sido derrotado na maioria das propostas. Não obstante, a descontinuidade, a inação, a redução de gastos federais e a falta de diálogo com todos os atores envolvidos no sistema educacional vão ter um custo muito alto. É por isso que o MEC, após esse dilúvio, terá de ser completamente reconstruído.

O meio ambiente no governo Bolsonaro

Kathryn Hochstetler

O governo Bolsonaro destruiu muitas instituições e padrões da política brasileira em seus dois primeiros anos. Poucas áreas foram mais decisivamente afetadas do que a ambiental. Este capítulo argumenta que as muitas ações específicas descritas aqui podem ser entendidas como manifestações do populismo de direita que caracteriza o governo de Jair Bolsonaro como um todo. Em governos populistas, líderes executivos fortes buscam conexões diretas com a população se contrapondo às elites. Esses presidentes *outsiders* usam uma retórica nacionalista binária, a qual define os grupos que pertencem ou não à nação. Como em outros governos populistas, o poder Executivo, sob Bolsonaro, é amplamente contra a burocracia e a *expertise*. Para alcançar seus objetivos, o governo frequentemente optou pela estratégia populista de usar táticas não institucionais, incluindo apelos populares diretos e medidas provisórias. São abordagens que contrastam fortemente com o que historicamente foram os fundamentos da política e da política pública ambiental no Brasil: a *expertise*, especialmente científica; os regulamentos abrangentes e monitoramento da atividade econômica privada; e o relacionamento colaborativo com os principais aliados não estatais, incluindo grupos ambientais e populações indígenas.

O choque de abordagens era previsto. Algumas das promessas de campanha mais claras de Bolsonaro eram de desmantelar as regulamentações ambientais e até mesmo de retirar o Brasil dos compromissos climáticos internacionais. O presente capítulo cataloga cinco áreas nas quais ele cumpriu suas promessas e, em seguida, investiga onde e por que ele encontrou limites em algumas destas. A primeira é a retórica usada pelo presidente Bolsonaro e seu ministro do Meio Ambiente, Ricardo Salles, para falar sobre o meio ambiente. Essa retórica tem sido formalmente incorporada às instituições ambientais brasileiras, que, por sua vez, configuram-se como uma segunda área de análise deste texto. O governo tem sistematicamente fragilizado as instituições, em especial as agências que lidam com as mudanças climáticas, e utilizando estratégias orçamentárias, entre outras, para enfraquecer a regulação ambiental. Em terceiro lugar, as abordagens nacionais têm sido replicadas internacionalmente na participação do Brasil nas negociações globais. As duas últimas áreas envolvem ataques mais específicos e mais profundos ao conhecimento, de modo geral, e à sociedade civil, entendida amplamente como participante da governança. Nesse contexto, a resistência mais efetiva tem vindo, ironicamente, de algumas partes do agronegócio brasileiro, que, por sua vez, é um dos principais responsáveis do desmatamento, o problema ambiental mais grave do Brasil. Os tribunais também intervieram em momentos importantes.

Retórica antiambiental

Uma das características mais proeminentes da administração Bolsonaro é a maneira como esta – a começar pelo próprio presidente – desafiou abertamente as normas de proteção ambiental no campo retórico. Jair Bolsonaro e a equipe que escolheu para governar (composta, em grande maioria, por homens) usam uma linguagem e priorizam temas que são notavelmente semelhantes aos do governo militar nas décadas de 1970 e 1980. Eles apresentam a Amazônia e outros grandes ecossistemas em termos nacionalistas e financeiros, reconhecendo seu valor apenas como locais de uso econômico, em vez de discutir a conservação dos recursos naturais. Esses ecossistemas fariam parte de um patrimônio nacional – frequentemente atribuído à criação divina –, criado para a exploração comercial por agentes privados. Nessa visão, grupos que buscariam proteger os ecossistemas são definidos como não pertencentes à nação, de modo que cientistas, atores internacionais, organizações não governamentais (ONGs) e comunidades indígenas são acusados de trabalhar contra os interesses nacionais brasileiros. Esses são movimentos clássicos do populismo, em que o presidente afirma estar falando pelos interesses das massas contra uma elite ilegítima, nesse caso, os defensores do meio ambiente. Embora esses também tenham sido os movimentos retóricos do governo militar pós-1964, grande parte dos próprios militares abandonaram tais posturas. Bolsonaro – que começou sua carreira no Exército, obtendo pouco destaque, deixou as Forças Armadas em 1988 e partiu para a vida política –, em vez disso, preservou o que já eram ideias ultrapassadas naquela época.

Os presidentes brasileiros pós-transição frequentemente honraram os objetivos ambientais retoricamente, ao mesmo tempo que os minavam com políticas públicas, mas raramente rejeitaram os objetivos em si. Seria preciso voltar ao governo de José Sarney, em meados da década de 1980, para encontrar outro governo nacional no Brasil que estivesse disposto a desafiar tão abertamente as normas de proteção ambiental, especialmente em torno dos principais ecossistemas do país. Até mesmo esse governo, próximo ao final de seu mandato, desenvolveu programas como o "Nossa Natureza" que unia reivindicações nacionalistas com objetivos de proteção ambiental. O governo Sarney também concedeu status ministerial às questões ambientais pela primeira vez e permitiu melhorias regulatórias importantes, como a criação do Instituto Brasileiro do Meio Ambiente (Ibama) e as primeiras regulamentações nacionais de avaliação de impacto ambiental. Desde Sarney, todos os presidentes brasileiros expressaram, pelo menos retoricamente, o compromisso com os objetivos ambientais, tanto na política nacional quanto nas negociações internacionais. Isso talvez tenha sido mais óbvio em 2009, quando Marina Silva, Dilma Rousseff e José Serra levaram suas campanhas presidenciais às negociações climáticas de Copenhague para polir suas credenciais ambientais. O desdém aberto de Jair Bolsonaro pela proteção ao meio ambiente é uma ruptura significativa de um padrão de décadas.

A retórica desempenhou um papel crucial nos dois primeiros anos da gestão Bolsonaro. Mais importante, sinalizou que o governo não tem intenção de implementar as normas existentes ou fazer com que sejam cumpridas. De 2005 a 2012, por exemplo, as taxas anuais de desmatamento na Amazônia caíram a uma velocidade sem precedentes. Essa política pública bem-sucedida dependia não apenas de uma série de políticas e abordagens específicas, mas de uma comunicação mais geral de que o governo e outros atores estavam observando os empreendimentos na região, preparados para punir os infratores. Bolsonaro e seu ministro do Meio Ambiente, Ricardo Salles, dificilmente poderiam ter dito mais claramente que fariam o contrário. Quando fazendeiros atearam fogo na Amazônia em números recordes em 2019 e 2020, eles invocaram a permissão retórica que haviam recebido do presidente e do ministro. A visão cética do governo em relação à ciência climática deu aos negacionistas do clima um novo espaço político e cultural que não existia antes. Assim, a retórica é, em aspectos importantes, um fato político em si, reforçado por mudanças institucionais e políticas.

Desmantelamento institucional

No sistema político brasileiro, os presidentes detêm grande controle sobre o aparato burocrático que administram. O governo Bolsonaro agiu quase que imediatamente para tirar proveito desse controle, em detrimento da proteção ambiental. É importante ressaltar, porém, que o enfraquecimento das instituições ambientais não começou com essa administração. Já em 2014, quando o país entrou em crise político-econômica, as instituições ambientais e climáticas começaram a ver seu financiamento cortado. Os presidentes Dilma e Temer, lutando por seus governos, fizeram concessões a atores políticos que exigiam retrocessos ambientais e voltaram sua atenção para outro lugar. Embora essas mudanças tenham sido importantes e tido efeitos reais sobre o meio ambiente, incluindo o aumento do desmatamento, as próprias instituições e regulamentações ambientais foram mantidas em vigor, mesmo após as mudanças de 2012 no Código Florestal.

Após assumir o cargo em janeiro de 2019, o presidente Bolsonaro foi muito mais longe na aceleração do declínio institucional do que seus predecessores. Ele agiu para reorganizar imediatamente a administração nacional de uma forma que enfraquecesse ainda mais as ferramentas para a proteção florestal e diminuísse a ênfase na ação climática. Ele até apresentou uma proposta para ceder todas as funções do Ministério do Meio Ambiente ao Ministério da Agricultura, Pecuária e Abastecimento (Mapa). Bolsonaro argumentou que ambas eram instituições que equilibravam a exploração e a conservação da terra e dos recursos naturais, de modo que o Ministério da Agricultura poderia cuidar da pasta e o faria conforme suas preferências, inclinando-se para o desenvolvimento em vez da conservação de terras e recursos naturais. Ele foi dissuadido apenas pelos próprios agricultores, os quais temiam que a medida os fizesse perder o acesso aos mercados estrangeiros. Essa dinâmica é discutida com mais detalhes na seção final do ensaio. Mesmo assim, Bolsonaro tentou transferir muitas funções ambientais para o Ministério da Agricultura, liderado pela ruralista Tereza Cristina.

Em um exemplo notável, Bolsonaro tentou, em seus primeiros dias como presidente, atribuir ao Ministério da Agricultura a responsabilidade pela demarcação de terras indígenas e quilombolas. Também tentou transferir para o Mapa a gestão dos impactos de projetos relativos a terras indígenas e quilombolas nos processos de licenciamento ambiental. A Fundação Nacional do Índio (Funai), responsável pela política indigenista, passaria do Ministério da Justiça para o Ministério da Mulher, da Família e dos Direitos Humanos. A intenção do presidente era clara: durante anos, Bolsonaro protestou contra a "indústria das demarcações" e disse que, se dependesse dele, não haveria demarcações. Na verdade, seu desejo era instituir a agricultura extensiva, a mineração e outras atividades econômicas nas terras indígenas existentes. Seus administradores escolhidos no Ministério da Agricultura concordaram. No entanto, o Congresso Nacional rejeitou a medida, devolvendo as funções à Funai, que voltou a fazer parte do Ministério da Justiça. Quando Bolsonaro tentou, de forma desafiadora, reemitir o mesmo decreto, o Supremo Tribunal Federal (STF) rejeitou o que chamou de "uma falha abertamente inconstitucional em respeitar a separação de poderes".

Bolsonaro teve mais sucesso em transferir o Serviço Florestal Brasileiro para o Ministério da Agricultura. O Serviço administra o Cadastro Ambiental Rural (CAR), que integra as informações ambientais das propriedades rurais em uma base de dados que pode ser útil para controle, monitoramento, planejamento ambiental e econômico. Isso é fundamental para o monitoramento por satélite da mudança do uso da terra, em si uma ferramenta importante para controlar o desmatamento, ajudando a identificar os infratores da lei. O governo Temer já havia adiado o prazo para a realização do registro pelos proprietários rurais, mas entregar o cadastro ao ministério tradicionalmente alinhado aos produtores é um enfraquecimento ainda maior de um mecanismo fundamental para as políticas públicas de controle do desmatamento.

Algumas agências desapareceram completamente ou tiveram sua capacidade severamente reduzida. Notavelmente, nenhum agente da administração nacional ficou oficialmente responsável por ações climáticas no plano de administração da gestão Bolsonaro. O governo se moveu rapidamente para rebaixar a preocupação com mudanças climáticas em geral, com decisões que foram muito além da falta de atenção corriqueira de administrações anteriores. Órgãos voltados ao clima no interior dos Ministérios do Meio Ambiente e das Relações Exteriores foram simplesmente extintos em 2019 e, agora, é necessário pesquisar muito para encontrar burocracias relacionadas ao clima. O Mapa, por exemplo, lida com as mudanças climáticas em sua Secretaria de Inovação, Desenvolvimento Rural e Irrigação, enquanto a mudança climática é a agenda "Meio Ambiente II" no Itamaraty, e não há mais um link para acessar esse tema na capa da página do ministério na internet.

O Conselho Nacional do Meio Ambiente (Conama), órgão que há muito tempo define padrões e normas na área, sofreu cortes de 96 para 23 membros em maio de 2019. De modo similar, perto do final de seu primeiro ano de mandato, Bolsonaro afastou muitos participantes do Comitê Interministerial sobre Mudança do Clima, incluindo o Fórum Brasileiro de Mudança do Clima, composto por representantes do Estado e da sociedade. O resultado líquido dessas e de outras mudanças é restringir seriamente o número de vozes ouvidas na tomada de decisões. Mudanças de pessoal nas agências ambientais – com profissionais de longa data demitidos ou pedindo demissão em protesto e sendo substituídos por funcionários menos experientes – exacerbam as modificações institucionais. Para dar apenas um exemplo, quatro militares com pouca experiência em conservação foram trazidos para liderar o Instituto Chico Mendes de Conservação da Biodiversidade (ICMBio), substituindo diretores experientes que saíram quando o presidente da instituição foi afastado em abril de 2019. Bolsonaro e Salles ridicularizaram e atacaram regularmente funcionários públicos de carreira nas redes sociais e em declarações à imprensa. Agentes do Ibama e outras autoridades governamentais têm visto um número crescente de ataques físicos e resistência às suas atividades de implementação de políticas públicas. Não é uma grande surpresa que muitos servidores públicos tenham escrito cartas abertas, protestando abertamente contra as novas políticas e, ao cabo, optaram até mesmo por deixar o Ministério do Meio Ambiente nos dois primeiros anos de governo.

Além das mudanças institucionais e em termos de profissionais, a administração Bolsonaro também buscou, e por vezes conseguiu, reverter as normas e os controles ambientais. Em maio de 2019, oito ex-ministros do Meio Ambiente, num gesto sem precedentes, escreveram uma carta alertando que o novo governo estava desmantelando a governança socioambiental do Brasil. A ruína continuou ao longo dos dois anos de mandato, com o governo publicando 195 atos não legislativos (tais como portarias, instruções normativas e decretos), apenas entre março e maio de 2020, que podem reduzir as proteções ambientais, segundo contagem do Instituto Talanoa. Essa onda sucedeu a sugestão de Salles, em uma reunião de gabinete, de que o governo deveria usar a distração da crise de covid-19 para remover veladamente as proteções ambientais. Foi conferida anistia para os proprietários rurais que desmataram áreas da Mata Atlântica antes de julho de 2008, por exemplo, e as regulações sobre florestas e pesca em geral enfraqueceram. O governo conferiu poderes orçamentários extraordinários para Salles, que seria capaz de gastar recursos do ministério com poucos controles. O Ministério da Agricultura, Pecuária e Abastecimento também ganhou o poder de criar florestas nacionais. Muitos desses atos não sobreviverão a uma eventual revisão legal e legislativa, mas deixarão o meio ambiente desprotegido até lá. Gastos muito reduzidos sublinham a reversão regulatória, mesmo com a redução das multas.

Salles, como ministro do Meio Ambiente, teve uma agenda ambiental positiva apenas para o meio ambiente urbano e para questões como saneamento. É uma agenda que interpreta mal a estrutura federal da gestão ambiental brasileira. A Constituição de 1988 atribui a todos os níveis de governo um papel na proteção do meio ambiente, mas tanto a prática quanto a regulamentação posterior colocam responsabilidades equivalentes a cada nível de governança para a questão ambiental. Assim, os problemas limitados às cidades são de responsabilidade dos governos municipais, enquanto os estados tratam das maiores infraestruturas de saneamento e transporte. O governo federal lida com problemas que ultrapassam fronteiras estaduais e outras questões particularmente amplas e complexas. Se o Ministério do Meio Ambiente não tivesse lidado com questões urbanas, não seria uma omissão estranha. Salles estaria seguindo os princípios lógicos da administração pública. Priorizar o tema, ao contrário, é uma atitude inusitada, especialmente vindo de um ex-funcionário estadual. É estranho que Salles não tenha entendido isso.

Repudiando a liderança ambiental internacional

Nos últimos trinta anos, o Brasil, em algumas ocasiões, desempenhou um papel de liderança nas negociações ambientais internacionais, enquanto em outros momentos recuou ou até mesmo trabalhou contra o clima e outros acordos ambientais. Em Copenhague, em 2009, por exemplo, um acordo com outras grandes economias emergentes, incluindo China, Índia e África do Sul, chamado aliança Basic, colocou o Brasil no centro das negociações. Em Paris, em 2015, o Brasil foi recrutado para a "coalizão de alta ambição", mesmo quando esses parceiros da Basic não estavam dispostos a aderir. Desde Paris, no entanto, o Brasil tem recuado em seu protagonismo na agenda climática, primeiro discretamente e agora com crescente estridência, já que o governo Bolsonaro rejeita um papel importante na liderança ambiental internacional. Ernesto Araújo, a escolha de Bolsonaro para ministro das Relações Exteriores, denunciou o multilateralismo em seu blog e disse que o Brasil havia sido enfraquecido pela sua aceitação de uma "ordem internacional baseada em regras". Em outra postagem, ele chamou a causa ambiental e o "climatismo", em particular, parte da estratégia globalista da esquerda política para alcançar a total dominação. O governo Temer, supostamente estimulado pelo governo Bolsonaro que viria em seguida, retirou a oferta do Brasil para sediar as negociações climáticas da ONU em 2019. Nos últimos meses antes de sua posse, em janeiro de 2019, Bolsonaro seguiu o presidente dos Estados Unidos da América, Donald Trump, ao ameaçar abandonar o Acordo de Paris, mas permaneceu no Acordo "por enquanto". A reorganização administrativa do governo Bolsonaro, como o rebaixamento do grupo climático do Itamaraty, tornou menos provável uma liderança significativa da diplomacia climática.

O ministro Ricardo Salles disse abertamente que o Brasil continua nas negociações a fim de extrair recursos financeiros da comunidade internacional para qualquer proteção ambiental. Em sua visão, frequentemente repetida, o país é credor em negociações ambientais internacionais, especialmente sobre as mudanças climáticas, e merece um retorno substancial do mundo por ganhos anteriores. Salles parecia estar, ele mesmo, segurando o portfólio nas negociações climáticas de 2019 em Madrid, indo à conferência para falar pelo Brasil, enquanto a maioria dos países ainda eram representados por uma equipe técnica. Enquanto esteve lá, o Brasil se destacou por suas posições intransigentes e não cooperativas, as quais outros participantes achavam que levavam a um impasse ou um rebaixamento do Acordo e de suas ambições. A insistência do Brasil em reivindicar créditos internacionais de carbono pelo desmatamento que havia evitado anteriormente (agora parcialmente revertido) foi um impedimento significativo para alcançar progressos na negociação de um acordo global sobre finanças climáticas.

Apesar da busca de Salles por apoio financeiro internacional, o governo também atacou e suspendeu um dos programas existentes mais antigos e bem-sucedidos, o Fundo Amazônia. Financiado principalmente pela Noruega e pela Alemanha, com alguns fundos adicionais da Petrobras, o Fundo exige sucesso contínuo na gestão do desmatamento para efetuar os pagamentos, em vez de simplesmente recompensar o Brasil por ter deixado florestas em pé anos atrás. Vários projetos em andamento, como alguns para financiar o apoio ao Cadastro Ambiental Rural, estão simplesmente parados. Essa posição, relacionada à hostilidade do governo Bolsonaro contra as ONGs, também será discutida a seguir.

Limitando o conhecimento independente

Um dos mais fortes discursos antielite da administração populista de Bolsonaro corresponde ao ataque constante e à degradação da forte comunidade científica brasileira. Nesse aspecto, tal gestão é um grande retrocesso em relação ao governo militar de 1964, que tinha um forte componente modernizante que valorizava a ciência e a tecnologia, e mantinha o Brasil em uma trajetória voltada para o futuro. A politização aberta do conhecimento científico é uma das características mais marcantes dos dois primeiros anos de Bolsonaro na presidência. Em seus pronunciamentos, ele indica claramente que acredita que deve ser capaz de controlar a divulgação de dados ambientais e manipulá-los de forma favorável a si mesmo.

Na verdade, esses dois primeiros anos foram reveladores sobre sua capacidade de fazê-lo, bem como dos limites dessa habilidade. O programa "Nossa Natureza", de Sarney, iniciou a série anual de dados sobre as taxas de desmatamento, não mensuradas antes do final da década de 1980. Desde então, e particularmente desde o desenvolvimento das capacidades dos satélites nos anos 2000, sucessivas administrações optaram por permitir que os cientistas divulgassem os dados publicamente em uma base mensal, com cálculos mais detalhados feitos anualmente. O Instituto Nacional de Pesquisa Espacial (Inpe) tem sido um ator de destaque, às vezes com outras organizações governamentais e não governamentais tanto no Brasil quanto internacionalmente. Quando o Inpe divulgou seus dados mensais normais em julho de 2019, que mostraram um aumento acentuado do desmatamento, Bolsonaro questionou a credibilidade das informações e insistiu que precisava ver e aprovar resultados futuros antes da divulgação. Ele acabou demitindo o respeitado diretor do Inpe, Ricardo Galvão, e está buscando uma nova fonte de dados do setor privado. Embora esse tenha sido o embate mais proeminente entre o governo e os cientistas, ganhando atenção internacional e defesa dos cientistas brasileiros, conflitos de nível inferior e ataques da administração têm sido constantes. Dados e informações que estavam disponíveis gratuitamente há anos agora devem ser liberados de forma controlada pelo governo. O financiamento para as agências nacionais de ciência e o apoio à educação científica foram reduzidos desde 2014, mas foram cortados ainda mais sob a gestão de Bolsonaro.

O governo também levou sua descrença em relação aos cientistas e às evidências científicas para o exterior. Nas negociações climáticas em Madrid, em 2019, a diplomacia brasileira tentou repetidamente retirar referências à ciência das discussões sobre mudanças climáticas, inclusive na área de uso da terra, em que ocorreu a maior parte de emissões de gases de efeito estufa (GEE). Essa foi uma diferença marcante do padrão tradicional do Brasil de incluir especialistas científicos em suas equipes de negociação e se esforçar para se envolver com grandes atores políticos a partir de uma posição de força técnica. Nessa e em outras posições internacionais, o governo Bolsonaro está copiando abertamente as posições do governo Trump nos Estados Unidos, com quem compartilha uma agenda populista.

Mirando a sociedade civil

Como indicado acima, uma das principais estratégias retóricas da política populista de Bolsonaro é usar não apenas cientistas, mas também defensores ambientais de forma mais geral, como bode expiatório, retratando-os como atores da elite que trabalham contra os interesses nacionais do Brasil. Ele apontou ONGs ambientalistas e de apoio aos indígenas, em especial, como apoiadores de concorrentes internacionais em seus esforços para impedir o desenvolvimento dos recursos naturais brasileiros. Por vezes, Bolsonaro até os acusou de provocar incêndios florestais, fingir desmatamento, entre outras ações para projetar uma imagem negativa do Brasil internacionalmente. O presidente guarda veneno especial para os próprios grupos indígenas, os quais ele parece considerar como pré-humanos que inexplicavelmente reivindicam terras que deveriam ser usadas para o desenvolvimento nacional brasileiro.

O desprezo pelos defensores do meio ambiente também está presente em políticas e abordagens mais amplas do governo Bolsonaro, que buscam reduzir a influência da sociedade civil e sua participação na tomada de decisões. Isso é mais uma vez justificado por uma retórica que vê tais grupos como tendo motivações estritamente corporativistas para seu trabalho, e não interessados em um bem coletivo como a conservação ambiental. A retórica degradante tanto de Bolsonaro quanto de Salles sobre os defensores do meio ambiente tem contribuído para um contexto claramente hostil, em que ativistas críticos se veem ameaçados pelos apoiadores do presidente nas redes sociais e na vida real.

Pouco depois de tomar posse, Salles suspendeu todos os acordos com ONGs por noventa dias, em consonância com sua suposição de que muitos deles eram projetos corruptos e ineficazes. Em março de 2019, Salles acatou o desejo de Bolsonaro em emitir uma ordem que bloqueava a contratação de 34 projetos de recuperação ambiental, no valor de mais de 1 bilhão de reais, pois queria deixar de contratar

ONGs em projetos federais. Catorze deles eram para a bacia do Rio São Francisco e vinte para Parnaíba. Os contratos teriam sido financiados com as multas pagas por empresas como a Petrobras – o governo, porém, também queria que essas multas fossem menores ou desaparecessem. Bolsonaro sempre manifestou seu desejo de acabar com a "indústria das multas ambientais". Quando o programa foi relançado um ano depois, o papel das ONGs havia desaparecido, enquanto os infratores podiam realizar seus próprios programas de serviços ambientais e simplesmente reportá-los ao ministério.

O governo Bolsonaro também se movimentou para desmantelar o maior número possível de conselhos compostos por representantes do Estado e da sociedade civil em abril de 2019, com cerca setecentos conselhos na mira da eliminação. O PT ajuizou uma ação de inconstitucionalidade contra o decreto, argumentando que a iniciativa era antidemocrática e pretendia excluir vozes independentes. O STF acabou votando em junho de 2020 que os conselhos criados pela legislação só poderiam ser extintos por legislação, mas permitiu que a administração eliminasse aqueles que haviam sido criados por meio de decretos, regulamentos e outros instrumentos infralegais. Bolsonaro os extinguiu e restabeleceu apenas um pequeno subconjunto de cerca de sessenta conselhos requisitados explicitamente por alguns ministérios. A administração teve como alvo especificamente dois desses conselhos compostos por representantes do Estado e da sociedade, que têm sido particularmente importantes para as questões ambientais.

Conforme discutido anteriormente, o Conama, órgão que define padrões e normas ambientais, foi reduzido, com exclusão da participação de muitos civis e científicos. Salles também mudou para um novo sistema que escolhe os demais representantes da sociedade civil por sorteio, em vez das eleições usadas por décadas, na quais membros da sociedade civil escolhiam seus próprios representantes. O Fórum Brasileiro de Mudança do Clima, que desempenhou um papel importante na aproximação da indústria, do governo e das ONGs para desenvolver propostas nacionais e internacionais sobre mudanças climáticas, também viu seu papel diminuído. O falecido Alfredo Sirkis foi presidente de 2017 a 2019, mas foi forçado a renunciar depois de usar o Fórum para organizar governadores para combater o ceticismo do governo Bolsonaro sobre a ação climática. O próprio presidente Bolsonaro, que formalmente preside o Fórum, não convocou nenhuma reunião nem deu ao Fórum tarefas. É uma reforma por negligência.

Restringindo a mudança

Como deve ter ficado claro neste texto, os dois primeiros anos do governo Bolsonaro têm sido extremamente ameaçadores à política ambiental e aos atores que defendem o meio ambiente. Nesta seção final, passo a discutir os poucos mecanismos que restringiram o governo em um contexto no qual a sociedade civil, cientistas e outros defensores do meio ambiente recebem apenas atenção hostil do governo. Como já mencionado, um desses mecanismos é o Judiciário, que revisou e bloqueou algumas decisões da administração, às vezes em conjunto com o Congresso Nacional. O outro é um subconjunto do agronegócio brasileiro com fortes vínculos com mercados internacionais. O que torna o papel desses atores tão interessante é que, em tempos mais normais, eles são considerados atores conservadores que muitas vezes trabalham contra a proteção ambiental. Essas mesmas características, no entanto, fazem com que tais atores às vezes consigam chamar atenção de Bolsonaro de maneiras que os defensores ambientais mais comuns não conseguem.

O papel da Justiça Federal já ficou evidente neste capítulo. O Judiciário determinou regularmente que o governo Bolsonaro estava tentando transferir competências para atores que não tinham capacidade para desempenhar as funções em questão, como quando o STF suspendeu o decreto transferindo o controle sobre florestas nacionais para o Ministério da Agricultura. A outras propostas faltavam fundamentos científicos e programáticos adequados, como se argumentou quando a regulamentação do Conama sobre restingas e manguezais foi restaurada. Não está claro se o governo realmente acredita que suas propostas são legalmente sólidas ou se está simplesmente cortando a legislação existente com a esperança de sobrecarregar o Judiciário e os opositores legais, pelo menos por tempo suficiente para abrir alguma vantagem econômica. Suas frequentes falhas legais em suas iniciativas ambientais são outra característica compartilhada entre os governos

Bolsonaro e Trump. Além desses vetos baseados em revisões legais, um caso recente promete realmente levar a ação climática adiante de forma positiva. Em julho de 2020, o STF ordenou audiências públicas sobre o subfinanciamento do Fundo Nacional sobre Mudança do Clima. O tribunal convidou especificamente a sociedade civil para ajudá-lo a entender o caráter interdisciplinar das mudanças climáticas. Argumentando que o direito a um meio ambiente saudável é fundamental para alcançar outros direitos, as fases iniciais do caso ao menos se expandiram bastante, ganhando base constitucional para apoiar, se não realmente exigir, a ação climática. Essas ideias são todas execradas pelo governo Bolsonaro e, por isso, estabelecem uma base ainda mais firme para os desafios judiciais à sua agenda.

Olhando além dos tribunais, a oposição mais interessante aos esforços da administração atual para reverter as proteções ambientais vem de parte do setor do agronegócio. Desde 2005, os consumidores privados europeus deixaram cada vez mais claro que não pretendem consumir carne bovina e soja brasileiras provenientes de terras desmatadas na Amazônia. O agronegócio nacional, com níveis variados de disposição, passou a entender isso como condição de acesso ao mercado, formalizado nas moratórias da carne e da soja, acordos encabeçados pela iniciativa privada. Por outro lado, alguns produtores que vendem para comerciantes e para processadores internacionais tornaram-se cada vez mais atuantes durante o governo Bolsonaro, enquadrando as moratórias como uma violação internacional ilegítima de seus direitos no Código Florestal Brasileiro de limpar 20% ou mais de suas terras para a agricultura. Eles frequentemente se juntam ao presidente Bolsonaro em sua retórica raivosa contra ambientalistas e ativistas indígenas que, na visão deles, bloqueiam o desenvolvimento brasileiro e até mesmo pressionam por maiores esforços para colocar a agricultura e a mineração acima da conservação.

Em contrapartida, as empresas de comércio e processamento de alimentos – e alguns grandes produtores – expressam um discurso cada vez mais confiante sobre sua capacidade de usar o credenciamento ambiental como estratégia para abrir e manter mercados valiosos. Em extensa entrevista ao jornal *Valor Econômico*, Marcelo Brito,[1] presidente

[1] Entrevista disponível em: http://glo.bo/2ODJnxg. Acesso em: 10 mar. 2021.

da Associação Brasileira do Agronegócio, reconheceu, em 2019, que a conservação é cara e exige compensação, mas também elogiou o valor incalculável da Amazônia: "Os europeus fornecerão essa compensação agora com acesso aos seus mercados", disse ele. Brito também observou que os jovens consumidores chineses mostram consciência socioambiental e estarão administrando seus mercados em uma década. O discurso de Brito, refletido por outros, ressalta o papel da agricultura legal, de alta tecnologia e de alta produtividade para garantir que o setor não seja ambientalmente destrutivo. Esse grupo também tem tido uma visão mais ampla, salientando que o Brasil não pode se tornar um pária ambiental internacional, e pressionando para impedir que Bolsonaro deixe o Acordo de Paris ou transforme o Ministério do Meio Ambiente no Ministério da Agricultura, como ele havia ameaçado originalmente. O diretor executivo da Associação Brasileira de Agronegócios (Abag), Luiz Cornacchioni, foi amplamente citado dizendo que "quem quer sair do Acordo de Paris nunca exportou". Com um presidente que mostra pouco comprometimento com objetivos ambientais como um fim em si mesmo, essa lógica econômica é o tipo mais persuasivo de argumento que ele ouvirá.

Resumindo, em dois anos de governo, Bolsonaro atacou diretamente e enfraqueceu a proteção ambiental no Brasil. Tem feito isso de maneiras que se relacionam diretamente com a orientação populista mais ampla do governo. Em literalmente centenas de grandes e pequenas formas não institucionais, impossíveis de catalogar em um capítulo desta extensão, Bolsonaro e seu ministro do Meio Ambiente, Ricardo Salles, fizeram um rápido trabalho de desmantelamento da significativa capacidade ambiental e científica do Brasil. Os defensores da proteção ambiental têm sido retoricamente definidos como "não pertencentes à nação", opondo-se a uma posição de exploração das florestas e dos recursos naturais do Brasil para fins econômicos. Uma vez que os atores ambientais tradicionais são vilipendiados, são os atores menos tradicionais, como os exportadores do agronegócio e os tribunais, os únicos capazes de limitar os danos, pelo menos de forma parcial.

Política de saúde no governo Bolsonaro: desmonte e negacionismo

Vanessa Elias de Oliveira
Michelle Fernandez

As políticas sociais no governo Bolsonaro têm sido conduzidas pelo princípio da austeridade. Para tentar resolver a crise econômica no país, o governo optou por reduzir a participação do Estado por meio de um conjunto de políticas, entre elas a de saúde. Essa redução baseia-se em dois mecanismos. Por um lado, verifica-se a diminuição das atividades em questões sensíveis aos cidadãos de mais baixa renda, mesmo considerando as grandes desigualdades sociais no caso do Brasil. Bolsonaro deixa claro que a preocupação com a desigualdade não faz parte de suas diretrizes de gestão (Fernandez *et al.*, 2020). Por outro lado, o segundo mecanismo refere-se à desresponsabilização do governo federal de uma série de questões vinculadas a políticas públicas, delegando-as aos governos subnacionais (Abrucio *et al.*, 2020). A não realização de ações antes coordenadas pelo governo central, agora sob a responsabilidade exclusiva dos gestores estaduais e municipais, gera economia de recursos à custa dos bons resultados das políticas públicas.

Em meio à crise sanitária decorrente da covid-19, o tema da saúde ganha centralidade nas análises para além de o fato ser uma das principais políticas sociais do país. Não é possível compreender plenamente o governo Bolsonaro sem um entendimento de sua atuação na área de Saúde, antes e durante a pandemia.

A partir do panorama de atuação do governo federal em políticas sociais e tendo em vista os desafios inerentes à condução de políticas de saúde em um contexto de emergência sanitária, o presente capítulo busca analisar a evolução da política pública de saúde no Brasil sob Bolsonaro, dividindo a análise em dois momentos: o antes e o durante a pandemia.

O *antes* foi marcado, sobretudo, pelo desmonte. Desmonte de diversas áreas, como a Atenção Básica, HIV/Aids, a Saúde Indígena, a Saúde da Mulher, entre outras. O *durante*, por sua vez, agregou ao desmonte o negacionismo à ciência, com oposição às medidas sanitárias necessárias para o enfrentamento da covid-19. Isso gerou um embate do presidente com dois ministros da Saúde, e com governadores e prefeitos, assim como contribuiu para os baixos índices de isolamento social, de uso de máscaras e de prevenção à doença. Além disso, é na pandemia que o Ministério da Saúde passa por um esvaziamento técnico de sua burocracia, dando lugar à acomodação de interesses políticos do presidente.

O desmonte

As políticas públicas de saúde durante o governo Bolsonaro estão marcadas principalmente pelo encolhimento orçamentário característico das políticas de austeridade, processo que se iniciou no governo Temer (Giovanella *et al.*, 2016). O impacto do encolhimento do investimento do Estado nessa política, somado ao aumento das taxas de desemprego e ao consequente empobrecimento da população, promove o aprofundamento da vulnerabilidade social no Brasil.

Neste capítulo, argumentamos que o desmonte da política de saúde foi acelerado no atual governo. É esse desmonte que vamos analisar, dividindo-o entre aquele que ocorreu na Atenção Básica e aquele verificado em outras áreas específicas.

O desmonte na Atenção Básica

O arranjo institucional pós-Constituição de 1988 apontou para avanços importantes na direção da descentralização de políticas públicas no país, conferindo maior autonomia a estados e municípios (Abrucio, 2005). Nesse arranjo, os municípios ficaram responsáveis pela Atenção Básica (AB), no âmbito do Sistema Único de Saúde (SUS).

A Atenção Básica, também chamada de Atenção Primária à Saúde, é o nível de cuidado que pretende ser a principal porta de entrada dos usuários do Sistema Único de Saúde. Entre 1998 e 2016, uma série de programas foram criados no sentido de expandir a AB e possibilitar a implementação do novo modelo de assistência nos municípios brasileiros. Já entre 2016 e 2020, passamos por um processo de desinvestimento e debilitação do SUS e da AB. A aprovação da Emenda Constitucional n.º 95 limita o crescimento das despesas públicas por vinte anos e inviabiliza o financiamento de um sistema de saúde que sofre de subfinanciamento crônico (Massuda *et al.*, 2018).

Nesse sentido, o desmonte da Atenção Básica pode ser caracterizado por uma série de ações governamentais que atuaram para fragilizar políticas e programas vinculados a esse nível de atenção. São elas: a fragilização do programa Mais Médicos; a mudança na forma de financiamento da Atenção Básica; e a desestruturação do Núcleo Ampliado de Saúde da Família e Atenção Básica (NASF).

Já no final de 2018, o presidente recém-eleito, Jair Bolsonaro, antes mesmo de ser empossado, anunciou que deveria interromper a cooperação técnica entre Brasil e Cuba no âmbito do programa Mais Médicos, colocando em dúvida a qualificação técnica dos profissionais médicos daquele país. A resposta do governo de Cuba foi imediata e cerca de 8.500 profissionais cubanos deixaram o país (Santos *et al.*, 2019), com forte impacto na Atenção Básica do SUS, além de grande repercussão pública.

Ainda em novembro de 2018, foi aberto um edital para ocupar as vagas liberadas pelos médicos cubanos. No primeiro semestre de 2019, diversos estados e municípios reclamavam da falta de médicos e do fato de que muitos que haviam assumido abandonavam o programa rapidamente. A crise levou o governo a enviar ao Congresso Nacional a Medida Provisória n.º 890, instituindo o programa Médicos pelo Brasil (PMB). A MP propôs ainda a criação da Agência para o Desenvolvimento da Atenção Primária à Saúde (Adaps), com o objetivo de melhorar a prestação de serviços médicos em locais com dificuldade no oferecimento desses serviços ou lugares em situação de alta vulnerabilidade; e estimular a formação de médicos de família e comunidade. O programa não avançou, e a atuação de médicos em áreas remotas e de difícil provimento segue bastante prejudicada. A saída dos médicos cubanos e a criação de um novo programa, com um formato distinto, significaram o desmantelamento do Programa Mais Médicos.

Seguindo o mesmo movimento de desestruturação da Atenção Básica está a mudança em sua forma de financiamento. Em 2019, o governo Bolsonaro lançou com a Portaria n.º 2.979 o programa Previne Brasil, que modifica o financiamento da AB para municípios. Se antes o cálculo de repasse orçamentário para os municípios era feito a partir do número de habitantes e de equipes de Estratégia Saúde da Família (ESF), com o novo programa as transferências intergovernamentais passariam a ser calculadas a partir do número de pessoas cadastradas em unidade de Atenção Básica e de resultados alcançados sobre um grupo selecionado de indicadores.

Sabe-se que a nova forma de financiamento da Atenção Básica tem um grande potencial de gerar desinvestimento nesse nível de atenção. Ao adotar a captação como critério para financiamento da AB no SUS, em substituição ao financiamento *per capita*, cria-se um condicionante que antes não existia para o repasse de recursos para a atenção à saúde nos municípios. O financiamento da Atenção Básica no país deixa de ser universal e passa a ser restrito à população cadastrada (Massuda, 2020). Isso pode gerar distorções, uma vez que o financiamento será dependente da efetividade do cadastro, o que deve variar substancialmente no país em função da capacidade institucional de cada município.

Ainda sob a perspectiva da fragilização da Atenção Básica, temos a situação do Núcleo Ampliado de Saúde da Família e Atenção Básica (Nasf), criado em 2008 para fortalecer a Atenção Básica no Brasil. Os Nasfs ampliaram a oferta de atendimento na rede de serviços. Com uma diversidade de profissionais, como assistentes sociais, nutricionistas, fisioterapeutas, psicólogos, farmacêuticos, esses núcleos têm como objetivo atuar em conjunto com médicos e profissionais da enfermagem para melhorar a resolutividade do atendimento ofertado aos usuários.

Em janeiro de 2020, por meio da Nota Técnica n.º 3, de 2020, o governo Bolsonaro flexibilizou elementos obrigatórios para a composição dos Nasfs. A composição de equipes multiprofissionais deixa de estar vinculada às tipologias originais de equipes Nasf. Com essa desvinculação, o gestor municipal passa a ter autonomia para compor seu quadro, definindo os profissionais, a carga horária e os arranjos de equipe. Esse documento, portanto, libera os gestores a adotarem qualquer modelo, cabendo aos secretários municipais de saúde definirem quais profissionais entram ou não em uma equipe multiprofissional, e sua carga horária mínima. Na prática, essa autorização de modificações no Nasf descaracteriza o papel da atuação desses núcleos junto das equipes da Atenção Básica.

O desmonte em áreas específicas

Entre os vários pronunciamentos controversos do presidente Jair Bolsonaro, no dia 5 de fevereiro de 2020, ele afirmou que uma pessoa portadora de HIV/Aids é uma despesa para toda a sociedade brasileira (Lima, J., 2020). Essa afirmação sinaliza a posição do presidente sobre a política de HIV/Aids e demais infecções sexualmente transmissíveis.

Já no início do governo, em abril de 2019, foi retirado da Política Nacional de Drogas o conceito de redução de danos, modelo que inclui a distribuição de seringas para usuários de drogas com o intuito de evitar a infecção por HIV. Um mês depois, o governo alterou a estrutura administrativa do Ministério da Saúde ligada ao combate ao vírus: o Departamento de IST, Aids e Hepatites Virais transformou-se em Departamento de Condições Crônicas e Infecções Sexualmente Transmissíveis. Não se tratou apenas de mera mudança de nomenclatura: o novo departamento acumulou outras funções, como o enfrentamento de doenças como tuberculose e hanseníase, diminuindo a concentração de esforços técnicos para o combate à infecção de HIV.

A retirada do termo "Aids" gerou repercussão negativa entre as entidades voltadas à prevenção e ao enfrentamento da doença (Lima, J., 2020). Nesse contexto, movimentos sociais e entidades da sociedade civil chamaram atenção para a campanha de "demonização das ONGs" promovida por Bolsonaro, desconsiderando todo o processo de participação que tiveram na construção de uma política pública na área.

Com relação à saúde indígena, o desmonte também começou logo no início do governo. Em janeiro de 2019, foi proposta a modificação do Subsistema de Atenção à Saúde Indígena (Sasi), visando sua municipalização, o que foi atacado por entidades de representação indígena (Bravo; Pelaez, 2020). A Comissão Intergestores Tripartite, que conta com representantes dos três níveis de governo, propôs então a criação de um grupo de trabalho sobre o tema, com a participação de representantes da sociedade civil. Em fevereiro de 2019, o ministro

Luiz Henrique Mandetta declarou que o governo vinha trabalhando numa ampla reformulação da Política Nacional de Atenção à Saúde dos Povos Indígenas que, segundo ele, tratava-se até então de um sistema paralelo no SUS. No entanto, foi justamente a criação desse subsistema, em 2002, que garantiu recursos para essa população, sendo ampliados nos anos 2000 (Bravo; Pelaez, 2020).

Além da tentativa de reestruturação do Sasi-SUS, a Conferência de Saúde Indígena, que estava prevista para ocorrer em maio de 2019, foi adiada para novembro daquele ano. Em seguida, foi adiada para dezembro. E depois, para julho de 2020, data coincidente com o auge da pandemia, o que inviabilizou a realização do evento.

A covid-19 explicitou a fragilidade da Política de Saúde Indígena e uma série de problemas relacionados ao bem-estar dessa população: a redução de recursos pela União; a suspensão de envio de cestas básicas pela Fundação Nacional do Índio (Funai), o que agravou o já crítico problema de desnutrição infantil; a restrição à entrada nas terras indígenas pela Funai, mas a continuidade das invasões por garimpeiros e madeireiros; as enormes disparidades nos quantitativos de casos e óbitos de indígenas, segundo fontes oficiais; entre outros (Santos *et al.*, 2020, p. 2).

Ademais, o embate político envolvendo o processo de aprovação da Lei n.º 14.021, de 2020, que criou o Plano Emergencial para Enfrentamento da covid-19 em Territórios Indígenas e envolveu uma série de vetos presidenciais, levou a Articulação dos Povos Indígenas do Brasil (Apib) e diversos partidos políticos a ajuizarem a Arguição de Descumprimento de Preceito Fundamental (ADPF) n.º 709. O ministro relator, Roberto Barroso, alegou omissão por parte da União no combate ao coronavírus nas regiões nativas e determinou ao governo federal, em caráter liminar, a adoção de medidas sanitárias para a diminuição do contágio e das mortes nessa população. O aumento da fragilidade dos povos indígenas na pandemia se soma às demais medidas de desmonte das políticas voltadas a esses povos adotadas pelo governo (Fellet, 2020).

As políticas voltadas para a saúde das mulheres também foram atacadas, sobretudo as áreas relacionadas aos direitos sexuais e reprodutivos, em acenos do presidente à sua base de apoio entre religiosos e ultraconservadores. No primeiro ano de governo, o Ministério da

Saúde se omitiu na questão da educação sexual, principalmente entre as mulheres mais jovens, em sintonia com o discurso da ministra Damares Alves, o que agrava ainda mais o quadro de elevadas taxas de mortalidade materna do país, que apresentou significativo aumento entre 2006 e 2017 (Rodrigues *et al.*, 2019).

Ainda em 2019, foi aprovada a Lei n.º 13.931, que dispõe sobre a notificação compulsória à autoridade policial, em até 24 horas, de casos de violência contra a mulher atendida em serviços de saúde públicos e privados. Essa medida teve origem no Legislativo, foi vetada pelo presidente, e o veto, derrubado pelo Congresso. Ela gerou forte reação dos grupos de defesa dos direitos das mulheres, uma vez que as coloca em situação de maior vulnerabilidade, ao divulgar seu nome para fora do serviço de saúde e acabar com o sigilo, fundamental para evitar retaliações por parte do agressor.

Já no contexto da pandemia, uma nota técnica foi emitida pela Secretaria de Atenção Primária à Saúde, do Ministério da Saúde, que tratava da manutenção de cuidados com a saúde sexual e reprodutiva durante a pandemia, e reiterava a importância dos serviços de assistência aos casos de violência sexual e aborto legal. A nota foi entendida pelo presidente como uma sinalização à legalização do aborto. Em resposta, os funcionários públicos que assinaram o documento, coordenadores das áreas de Saúde do Homem e de Saúde das Mulheres, foram exonerados. Esse caso reforça a leitura do negacionismo que prevaleceu na pandemia, conforme veremos a seguir.

O negacionismo na pandemia

O desmonte do período pré-pandemia amplia o desafio colocado ao Ministério da Saúde para o enfrentamento da covid-19, a partir de fevereiro de 2020. Conforme argumentamos, esse não foi o único problema a ser equacionado pela saúde pública no Brasil no início da crise sanitária. A ele se somou o discurso e as ações negacionistas do presidente, o que dificultou imensamente o combate ao coronavírus, a relação do Ministério da Saúde com estados e municípios e, ainda, as relações entre presidente e dois ministros da Saúde – Luiz Henrique Mandetta e Nelson Teich.

Os ministros e a gestão da crise

A atuação do Ministério da Saúde durante a pandemia foi bem avaliada no início da gestão Mandetta e tornou-se desastrosa após sua saída. Luiz Henrique Mandetta, ex-deputado federal pelo Democratas (DEM), assumiu a pasta no início do governo Bolsonaro com o diferencial de reunir atributos técnicos e políticos para comandar as políticas de saúde. Médico e ex-secretário de Saúde da cidade de Campo Grande, Mato Grosso do Sul, Mandetta distinguiu-se por sua *expertise*. O ministro tinha uma equipe técnica qualificada, bastante alinhada e engajada, com uma postura realista sobre a situação sanitária e os desafios a serem enfrentados. Pressionado para dar respostas emergenciais à crise, Mandetta apoiou-se na ciência e nas recomendações internacionais da Organização Mundial de Saúde (OMS). Também buscou um diálogo federativo e a articulação com os estados para o enfrentamento da doença.

Todavia, pode-se dizer que o Ministério da Saúde demorou a agir. A ameaça da covid-19 já estava colocada desde o início do ano, e, apenas quando a OMS declarou a situação pandêmica, o Ministério da Saúde passou a atuar, ainda que de forma tímida, em questões centrais para o enfrentamento da doença, como a ampliação do número de leitos e a demanda por respiradores, testes e medicamentos. As dificuldades para compra de insumos e equipamentos demonstraram a lenta resposta do governo federal à situação, considerando o cenário mundial e a detecção do primeiro caso no Brasil no final fevereiro de 2020.

O confronto direto entre o presidente e o ministro Mandetta foi inevitável. Com foco nos efeitos das restrições às atividades econômicas em função das medidas de distanciamento social, Bolsonaro desafiava pública e pessoalmente as orientações do Ministério da Saúde. A pressão para um protocolo recomendando o uso de cloroquina no tratamento da covid-19 aumentou a divergência entre o presidente e a equipe técnica do ministério. Essa situação levou à exoneração do então ministro.

Com a saída do Mandetta, a situação se agravou. O presidente nomeou o médico Nelson Teich, especialista em gestão em saúde, mas sem nenhuma experiência prévia no SUS. Teich representou a transição entre decisões de saúde pautadas no saber técnico e aquelas ancoradas na retórica presidencial. A mudança para Teich foi uma tentativa de alinhamento entre ministro e presidente que não prosperou. Bolsonaro insistiu no uso da cloroquina, medida da qual o ministro Teich também discordava. O recém-chegado ministro não conseguiu organizar a equipe e pouco atuou no seu breve mandato que durou menos de um mês. Ele enfrentou forte oposição do Palácio do Planalto, apesar de afirmar publicamente que estava totalmente alinhado ao presidente.

A politização do Ministério da Saúde se acentuou com a nomeação de Eduardo Pazuello, general e especialista em logística, como secretário-executivo da pasta durante a gestão do ministro Teich. Essa gestão promoveu também a exoneração de funcionários de carreira e a nomeação de militares para cargos do alto escalão no ministério. Resistente a recomendações sem respaldo científico e ignorado em decisões relacionadas ao Ministério da Saúde, Teich pediu demissão após 29 dias no cargo.

Esse processo de militarização da pasta da Saúde se intensificou com a nomeação de Pazuello como ministro interino. Ele recompôs o comando com mudanças em nove cargos de diretorias técnicas, todas ocupadas por militares. Assim que assumiu, Pazuello lançou um protocolo de tratamento da covid-19 autorizando o uso da cloroquina nos serviços de saúde. O uso do medicamento foi recomendado mesmo sem estudos comprovando sua eficácia.

Foram também na gestão Pazuello as tentativas de suspensão da contagem de casos, depois revogada, com alteração da metodologia de contagem. Esse fato tem relação direta com as inúmeras tentativas do presidente Bolsonaro em negar a doença e sua gravidade. Há ainda muita ausência e falta de transparência de informações, além de inconsistências em dados apresentados pelo Ministério da Saúde, com discrepâncias entre bases do próprio ministério (Rede de Políticas Públicas e Sociedade, 2020a).

Como militar que é, acata as ordens do presidente, seu superior, e essa característica foi importante para que assumisse o comando da pasta. Depois de quatro meses como ministro interino, Pazuello tornou-se ministro empossado.

A trajetória do Ministério da Saúde mostra como o presidente recorre à politização para desarticular políticas públicas e eliminar quem se opõe a ele. Bolsonaro tratou de moldar a gestão da saúde à sua imagem e semelhança por meio de seus poderes administrativos: nomear e demitir dirigentes, realocar servidores, modificar órgãos e suas competências (Inácio; Fernandez, 2020). Dessa forma, desmontou parte do corpo técnico do ministério e gerou divergências acerca de quais políticas e objetivos perseguir em temas de saúde. Esse tipo de dissenso pode gerar hostilidades entre políticos e burocratas e, com isso, incertezas e ineficiências na gestão.

O negacionismo do presidente e seus reflexos na pandemia

Os níveis de isolamento no Brasil foram bem mais baixos do que aqueles verificados em países como Argentina, Espanha e Itália (Rede de Políticas Públicas e Sociedade, 2020b). Os governadores resistiram num primeiro momento, adotando medidas de isolamento social, ancorados sobretudo na importante decisão do Superior Tribunal Federal (STF) que deu autonomia para estados e municípios adotarem as medidas que considerassem adequadas para o enfrentamento da covid-19. Essa decisão foi importante para reforçar o papel dos entes subnacionais na federação, bem como contribuiu para que os níveis de isolamento não fossem tão baixos nos primeiros meses da pandemia.

Todavia o atrito político entre governo federal e estados e municípios atrapalhou enormemente a gestão da crise sanitária. Países federativos que apresentam altos níveis de coordenação federativa, como Alemanha ou Canadá, tiveram políticas mais uniformes em seu território, superando momentaneamente as divergências políticas ao nível subnacional (Rede de Políticas Públicas e Sociedade, 2020b). Em oposição à política desarticulada do governo central, a experiência de cooperação regional alcançada no Nordeste demonstrou a potencialidade das estratégias de cooperação federativa para a gestão da pandemia. Quando o governo federal se ausenta, os estados assumem o protagonismo, e foi isso o que verificamos na pandemia de covid-19 no Brasil.

Após algum tempo, as medidas de isolamento foram sendo relaxadas, em função da pressão econômica exercida contra governadores e prefeitos, mas não apenas. Houve também uma pressão social, decorrente do discurso presidencial, que sempre se manifestou contrário ao isolamento e às medidas adotadas pelos governos subnacionais.

O relaxamento das medidas de isolamento social não veio acompanhado, no Brasil, de maiores taxas de testagem da população. A ineficiência do Ministério da Saúde, e de governos estaduais, na estratégia de testagem, agravou ainda mais a crise. Essa estratégia é central num contexto de abertura, pois permite o rápido isolamento daqueles indivíduos diagnosticados como contaminados, minorando as taxas de transmissão. Sem ela, as taxas de transmissão, contágio e, portanto, mortes, foram muito elevadas, colocando o país entre aqueles em pior situação no contexto internacional.

De acordo com os dados da John Hopkins University, o Brasil apresentava, no fim do mês de outubro de 2020, o terceiro maior número de infectados no mundo (mais de 5,5 milhões) e o segundo número de mortes, quase 160 mil[1] (Coronavírus Resource Center, 2020). Acompanham o Brasil nas primeiras posições os Estados Unidos (em primeiro lugar) e a Índia (em segundo e terceiro lugar, de infectados e mortes, respectivamente), países que também contam com líderes negacionistas. É preciso lembrar ainda que há grande subnotificação no país, o que tem relação direta com os baixos níveis de testagem (Hassel, 2020; Magno *et al.*, 2020).

O negacionismo se manifestou em outras ações do governo, para além do discurso anti-isolamento e pró-cloroquina, da ausência de testagens e da camuflagem de dados. Após recomendar a cloroquina e a hidroxicloroquina no tratamento da doença, Bolsonaro defendeu publicamente o uso do antiparasitário nitazoxanida, de nome comercial Anitta. No entanto, um estudo comprovou a ineficácia do medicamento no tratamento da covid-19 (Mahmoud *et al.*, 2020). Novamente negando a ciência, Bolsonaro incentivou os cidadãos a procurarem médicos que receitem tais medicamentos (Além..., 2020).

Para completar o quadro, o Ministério da Saúde planejou, em setembro de 2020, o "Dia D" contra a covid-19, no qual seria distribuído o chamado "kit covid-19", com cloroquina, hidroxicloroquina, azitromicina e ivermectina. A notícia sobre o possível evento gerou

---

[1] Dados disponíveis em: https://coronavirus.jhu.edu/map.html. Acesso em: 31 out. 2020.

enorme repercussão negativa e, mais uma vez, o ministério voltou atrás, dizendo que os medicamentos não seriam distribuídos.

A postura negacionista do presidente foi, para o ex-ministro Mandetta, o maior problema enfrentado por ele em sua gestão (Mandetta, 2020). Todavia, o fim da sua gestão não significou o arrefecimento do negacionismo, que, ao contrário, se arrasta até os dias atuais, dificultando a já árdua tarefa de enfrentamento da pandemia.

A desarticulação federativa como falha na gestão da crise sanitária

Desde o registro do primeiro caso de coronavírus no Brasil, entramos em um embate político envolvendo o governo federal e os governos subnacionais. Enquanto o presidente da República minimizava a pandemia de covid-19, governadores e prefeitos tratavam de atuar para frear a epidemia e atender a população afetada. Diante desse cenário, os dirigentes das instâncias subnacionais assumiram protagonismo na política nacional durante a emergência sanitária.

No arranjo federativo brasileiro combina-se o autogoverno das unidades federadas com o governo central compartilhado. União, estados, Distrito Federal e municípios possuem uma série de poderes, ou competências, delegados por uma constituição comum. Esse arranjo aponta para a coexistência entre decisões do governo central paralelas e decisões tomadas pelos governos subnacionais. Assim, a dinâmica instituída pela Constituição de 1988 confere maior autonomia a estados e municípios e intensifica a descentralização de políticas públicas no país (Abrucio, 2005).

Apesar desse arranjo e de suas consequências mais diretas, os entes subnacionais não tiveram acesso a recursos suficientes para colocar sua autonomia em prática. Essa situação gerou, por um lado, uma dependência dos entes subnacionais às políticas públicas formuladas pelo governo central e, por outro lado, garantiu ao governo federal a manutenção da sua capacidade de coordenação de uma série de políticas, entre elas as políticas de saúde (Arretche, 2012). Dessa forma, o contexto no qual se desenvolvem as políticas de saúde está marcado pela unificação do comando nacional e a descentralização político-administrativa. Esse cenário indica a importância das instâncias federais como facilitadoras no processo de implementação das políticas de saúde, assim como das estratégias de coordenação federativa.

Contudo, na crise sanitária, nota-se uma diferença no equilíbrio de forças que sustenta o processo dessas políticas (Fernandez, 2020). No lugar do arranjo federativo instituído em temas de saúde, caracterizado por forte capacidade de coordenação de políticas pelo Executivo federal, estabeleceu-se a atuação descoordenada de estados e municípios. As ações e os discursos do Palácio do Planalto estiveram, durante a crise sanitária, desconectados de recomendações técnicas para o enfrentamento da pandemia (Fernandez; Dantas, 2020).

Ao abrir mão de seu papel de coordenador e indutor das políticas de saúde, o Ministério da Saúde falhou numa série de questões centrais para o combate à pandemia: não comprou e distribuiu testes em quantidade mínima necessária, assim como não divulga o número de testes realizados diariamente, seus tipos ou a taxa de positividade; não teve uma atuação voltada ao fortalecimento da Atenção Básica no nível municipal; deixou os profissionais da linha de frente dos serviços de saúde desprotegidos, sem treinamento e recursos adequados para a prevenção; não cuidou adequadamente da saúde indígena e da saúde prisional (Ferigato *et al.*, 2020). Assim, o poder Executivo dos estados e municípios passou a ocupar lugar central frente a incapacidade de coordenação do governo federal, conduzindo as ações de enfrentamento da pandemia com a ausência de orientação e suporte estrutural da autoridade sanitária nacional.

Frente à atuação pífia do governo federal, e sua inabilidade na construção de espaços de diálogo, fortaleceu-se a articulação dos governos subnacionais, para a canalização das demandas dos municípios pelos estados e para o estabelecimento de plataformas de cooperação horizontal entre os próprios estados, como é o caso do Consórcio do Nordeste, com a implementação do Comitê Científico Conjunto de Enfrentamento da covid-19 (Fernandez; Pinto, 2020).

A gestão da saúde nos dois primeiros anos do governo Bolsonaro foi marcada pelo desmonte e pelo negacionismo, conforme argumentamos neste capítulo. O desmonte foi paulatino, determinado por inúmeras ações de desarticulação das políticas e programas existentes, diminuição de recursos financeiros, desmantelamento de equipes técnicas de áreas específicas do Ministério da Saúde e com o aparelhamento da pasta por meio da nomeação de militares sem conhecimento em saúde pública.

A entrada de atores que desconhecem a política pública de saúde coloca a necessidade de aprendizagem dos processos gerenciais das políticas públicas desenvolvidas, assim como da lógica de trabalho de seu corpo burocrático fixo. Se tais mudanças já são custosas em contextos de normalidade, o cenário é ainda mais grave em situações de crise. Foi o que vivenciamos no Brasil a partir de início de 2020, com a pandemia de covid-19, marcada pelo negacionismo do presidente e pelo consequente embate com os dois primeiros ministros da Saúde, Luiz Henrique Mandetta e Nelson Teich.

Com a entrada de Eduardo Pazuello o negacionismo encontrou terreno fértil para se proliferar. O ex-militar, acatando ordens de seu superior, reforçou uma postura anticientífica, seja pela incorporação de muitos militares em cargos do alto escalão do ministério, seja pela não adoção de medidas sanitárias recomendadas pelos organismos internacionais e nacionais para o enfrentamento da pandemia.

Frente ao negacionismo e à inação do governo federal, estados e municípios assumiram o protagonismo. Ainda que a atuação dos níveis subnacionais seja louvável, é fundamental reconhecer a importância da coordenação do governo central, exercida pelo Ministério da Saúde, para as políticas de saúde. Em um país marcado por assimetrias prévias nas capacidades estatais dos entes subnacionais, com efeitos para a implementação de respostas efetivas para a crise imposta pela epidemia – entendendo por capacidades estatais recursos humanos e materiais acumulados – a coordenação do governo federal em políticas de saúde faz-se indispensável. Uma estratégia unificada de enfrentamento à pandemia, com as adaptações necessárias na implementação local, seria fundamental para trazer respostas satisfatórias à crise e, portanto, salvar vidas.

Vivemos uma encruzilhada para as políticas de saúde no Brasil. Nos últimos anos, vivenciamos um processo de debilitação da saúde pelo desmonte produzido pelo governo Bolsonaro. Somado a isso, no contexto da pandemia de covid-19, nos deparamos com um aprofundamento dos desafios vivenciados pelo Sistema Único de Saúde. Frente a esse cenário, fica clara a necessidade de mais investimento nas políticas públicas de saúde para evitar que crises semelhantes se repitam no futuro. Infelizmente, a partir dos caminhos trilhados pelo governo Bolsonaro, fica evidente que as escolhas dessa gestão para temas de saúde apontam em outra direção.

Reformas trabalhista e previdenciária: o desmonte da regulação das relações de trabalho e da seguridade social

Maria de Fátima Lage Guerra
Regina Coeli Moreira Camargos

Durante o processo que culminou no impedimento da ex-presidente Dilma Rousseff, forjaram-se as condições políticas para a realização de mudanças institucionais que alteraram profundamente o papel do Estado na regulação do mercado e das relações de trabalho e da política de proteção aos idosos, inativos e segmentos mais vulneráveis da sociedade. O sentido dessas mudanças está contido na Lei n.º 13.467, de 2017, que alterou vários dispositivos da Consolidação das Leis do Trabalho (CLT) e outros ordenamentos, "a fim de adequar a legislação às novas relações de trabalho" (Brasil, 2017b), e na Emenda Constitucional n.º 103, de 2019, que alterou o sistema de previdência social e estabeleceu regras de transição e disposições transitórias. Outras propostas de mudanças já apresentadas pelo governo Bolsonaro ao parlamento, ou mesmo em fase de discussão ministerial, indicam, no entanto, que esses dois processos – chamados, respectivamente, reforma trabalhista e reforma previdenciária – estão longe de se esgotar.

Os sistemas previdenciário e de relações de trabalho existentes até então no Brasil se originaram das grandes transformações socioeconômicas ocorridas desde a década de 1930 – urbanização, industrialização, modernização, constituição do aparelho estatal e democratização – e culminaram na Constituição Federal de 1988. Ainda que nunca efetivados plenamente e sujeitos a imperfeições, ambos foram determinantes para garantir, ao longo das últimas décadas, um piso mínimo de proteção a milhões de trabalhadores e segurados que, em função da heterogeneidade do mercado de trabalho, acabam tendo diferentes histórias laborais.

As características mais importantes desses sistemas eram o protagonismo do Estado em assegurar os direitos trabalhistas e previdenciários, por meio de garantias constitucionais; ampla legislação infraconstitucional; fontes próprias de financiamento; órgãos de controle, fiscalização, arrecadação e gestão de recursos; e mediação pública de conflitos. As mudanças institucionais já implementadas e outras tantas medidas na mesma direção, ora em discussão, representam uma guinada nessa trajetória, posto que transferiram a agentes do mercado e indivíduos parte da regulação das relações e condições de trabalho, e dificultaram sobremaneira o acesso da população aos direitos previdenciários.

Decorridos quase três anos desde a implantação das novas regras trabalhistas e um ano do ajuste previdenciário, cabe avaliar os resultados obtidos até o momento e as perspectivas dessa estratégia de mercantilização de direitos sociais, considerando tanto o desempenho mais recente do mercado de trabalho e da economia quanto outros efeitos esperados sobre a vida de trabalhadores e contribuintes.

Reforma trabalhista: antecedentes, principais aspectos e ações em curso no governo Bolsonaro

O debate sobre a reforma trabalhista no Brasil remonta à década de 1990, quando o país começou a implementar a agenda neoliberal. Desde então, alguns acadêmicos e a maioria dos consultores empresariais argumentam que o desemprego crônico, a informalidade e a alta rotatividade que caracterizam o mercado de trabalho brasileiro decorrem, principalmente, da rigidez da legislação trabalhista e dos elevados encargos pagos pelas empresas (Pastore, 1994; Camargo, 1996). A tentativa de emplacar uma ampla desregulamentação das relações trabalhistas, entretanto, não frutificou plenamente, embora tenham sido flexibilizados, de forma esparsa, diversos artigos da Consolidação das Leis do Trabalho (CLT), principalmente nos mandatos do ex-presidente Fernando Henrique Cardoso.

Após o impedimento da ex-presidente Dilma, a reforma trabalhista ganhou prioridade na agenda parlamentar. A exposição de motivos do Projeto de Lei n.º 6.787 – embrião da reforma –, enviado à Câmara dos Deputados no final de dezembro de 2016, mencionava entre seus principais objetivos o estímulo à criação de empregos e a redução do desemprego e da informalidade. Tais propósitos poderiam ser alcançados por meio da criação de contratos celetistas mais precários: do trabalho intermitente; da ampliação dos limites legais para o uso dos contratos em tempo parcial e determinado; da instituição da possibilidade de prestação de trabalho autônomo de forma contínua e exclusiva para uma única empresa; da redução dos custos de contratação e dispensa de trabalhadores; da fixação de condições de trabalho inferiores às previstas na CLT, pela negociação coletiva e até individual; da forte redução do poder normativo da Justiça do Trabalho; e do enfraquecimento das entidades sindicais de trabalhadores, com a extinção da contribuição anual obrigatória, que foi, durante décadas, sua principal forma de financiamento.

A tramitação da reforma, desde sua primeira versão até a aprovação final pelo Senado, em julho de 2017, com esse conteúdo, foi acompanhada de intensa divulgação de prognósticos virtuosos quanto aos resultados esperados, considerando os objetivos mencionados. Críticos da reforma advertiam, no entanto, que a queda no desemprego decorreria essencialmente da retomada consistente do crescimento econômico e a redução da informalidade dependeria de um conjunto articulado de políticas públicas (Dieese, 2017a; Dieese, 2017b). Estudo divulgado pela Organização Internacional do Trabalho (OIT), que analisou os impactos de reformas semelhantes em diversos países do mundo, também mostrou que a taxa de desemprego aumentou quando as reformas foram implementadas durante crises econômicas, e que, nos períodos de crescimento, não favoreceram expressivamente a redução do desemprego. Mostrou ainda que as reformas trabalhistas degradaram as condições de vida dos trabalhadores em países economicamente mais desenvolvidos e socialmente mais justos que o Brasil (Adascalitei; Morano, 2016).

Mesmo assim, como parte dos compromissos assumidos em campanha com seus apoiadores no mercado e no setor produtivo, o governo Bolsonaro busca implantar no país, desde o início, uma política de ampla flexibilização da legislação de controle sobre a atividade econômica (seja ela trabalhista, ambiental, de saúde, seja ela de segurança e de organização geral do Estado) que, em sua visão, impede a livre iniciativa e promove insegurança jurídica. Somente na área trabalhista foram apresentadas ao Congresso Nacional, até o momento, diversas Medidas Provisórias (MPs) cujo teor é "retirar o Estado do cangote do empresário" e que, na prática, significam um aprofundamento da reforma trabalhista já implementada. Antes da decretação do estado de emergência provocado pela pandemia, as duas principais MPs foram as seguintes:

- MP n.º 873, de 1º de março de 2019, que visava dificultar ainda mais a ação dos sindicatos, impedindo o desconto em folha salarial da contribuição sindical do empregado e condicionando seu pagamento à emissão de um boleto bancário. Essa medida não foi votada no Congresso Nacional e teve seu prazo de validade expirado em 28 de junho de 2019.
- MP n.º 905, de 11 de novembro de 2019, que, sob o pretexto de estimular o primeiro emprego de jovens, promovia mais um forte ataque à CLT, criando nova modalidade de contrato de trabalho precário (contrato verde e amarelo); beneficiava empresários que aderissem a esse novo tipo de contratação com uma grande desoneração da folha de pagamento, em um cenário de crise fiscal; impelia aos trabalhadores desempregados o custo dessa desoneração, por meio da imposição de contribuição previdenciária sobre as parcelas do seguro-desemprego; intensificava a jornada de trabalho, que poderia resultar em aumento do desemprego; enfraquecia os mecanismos de registro, fiscalização e punição contra infrações; fragilizando as ações de saúde e segurança no trabalho; reduzia mais ainda o papel da negociação coletiva e da ação sindical; e ignorava o diálogo tripartite como espaço para mudanças na regulação do trabalho (Dieese, 2019d; Dieese, 2020a). Essa MP também não foi votada: às vésperas de perder a validade, foi revogada e substituída por outra que tampouco prosperou.

No período da pandemia, como forma de socorrer empresas e estimulá-las a manter seus empregados, o governo intensificou a estratégia de promover alterações radicais na legislação trabalhista. Se tivessem sido aprovadas conforme suas versões originais, algumas medidas representariam uma total desconstrução da regulação pública do trabalho, já bastante desfigurada pela Lei n.º 13.467, de 2017. A ação do Congresso foi fundamental no sentido de barrá-las ou aperfeiçoá-las, sendo as principais iniciativas as seguintes:

MP n.º 927, de 22 de março de 2020, que foi muito criticada e acabou modificada menos de 24 horas antes de sua publicação, pois autorizava os empresários a suspender contratos de trabalho por quatro meses, sem pagamento de salários, em plena crise sanitária. Além disso, permitia o adiantamento do gozo de férias sem pagamento imediato do adicional de um terço; a suspensão de férias e licenças remuneradas de profissionais da área de saúde e outros que desempenham funções essenciais, a alteração da jornada de profissionais da saúde que trabalham em atividades de risco e regime de trabalho especial; as mudanças nas regras dos acordos sobre banco de horas sem necessidade de negociação coletiva; a não prorrogação da validade de acordos e convenções; a suspensão de normas de fiscalização e autuação de infrações trabalhistas; e o não reconhecimento da covid-19 como doença ocupacional, exceto se houvesse comprovação do nexo causal (Dieese, 2020b). Mesmo aprovada com várias alterações pelo Plenário da Câmara, essa MP perdeu validade em 19 de julho porque o presidente do Senado, Davi Alcolumbre (DEM), decidiu retirá-la da pauta de votação.

MP n.º 936, de 1º de abril de 2020, que foi a única aprovada pelo Congresso e convertida na Lei n.º 14.020, em 6 de junho, dando vida ao Benefício Emergencial de Preservação do Emprego e da Renda. Esse benefício repõe todo ou parte do rendimento perdido pelo trabalhador que tiver seu contrato de trabalho suspenso por no máximo sessenta dias, ou sua jornada de trabalho e seu salário reduzidos por no máximo noventa dias. O benefício atende aos empregados do setor privado com carteira de trabalho assinada e já sofreu três prorrogações desde sua implementação, devendo chegar a oito meses de duração. Para os trabalhadores do chamado setor informal e para as pessoas inscritas no Cadastro Único dos programas sociais do governo federal, o Congresso Nacional havia instituído por meio da Lei n.º 13.982, de 2020, o auxílio emergencial, que consistia em um benefício de 600 reais mensais por três meses, prazo que foi ampliado por decreto até 31 de dezembro de 2020. Entretanto, seu valor foi reduzido à metade, a partir de agosto daquele ano.

Em síntese, ainda que o governo Bolsonaro tenha sido frustrado na maioria das tentativas de liquidar de vez o que restou da regulação pública do trabalho, o conjunto de medidas anunciadas até agora representa um risco potencial para os trabalhadores nos próximos anos, pois dificilmente o governo e o mercado desistirão de aprofundar o desmonte da legislação trabalhista, valendo-se para alcançar esses objetivos, inclusive, do cenário desolador causado pela pandemia.

Reforma da Previdência: a desconstrução da Seguridade Social

Apontada pela narrativa oficial como a "bala de prata" que reduzirá o déficit público, resgatar a confiança do mercado, trazer de volta os investimentos, recolocar o país no caminho do crescimento econômico e gerar muitos e bons empregos, a EC n.º 103, de 2019, da reforma da Previdência, certamente é a principal realização do governo Bolsonaro em seus dois primeiros anos de mandato. Esse êxito, no entanto, foi fortemente favorecido pelo consenso construído em torno da Proposta de Emenda Constitucional (PEC) n.º 287, de 2016, do governo Temer, que não prosperou. Essa proposta foi quase inteiramente reproduzida pela equipe econômica do ministro Paulo Guedes na PEC n.º 6, de 2019 (embrião da reforma bolsonarista), sendo que a única medida original relevante – a criação de um regime de capitalização individual obrigatório para novos contribuintes – foi derrotada na Comissão Especial constituída na Câmara dos Deputados para a sua apreciação.

De todo modo, o conteúdo que vigorou ao final do processo legislativo e compõe o texto da EC n.º 103, de 2019, é o mais abrangente e ambicioso, com mais efeitos perversos para trabalhadores e servidores públicos, considerando todas as reformas previdenciárias já efetuadas no país desde a década de 1990. Batizada de "Nova Previdência", essa regulamentação envolve desconstitucionalização de regras previdenciárias muito importantes – tempo mínimo de contribuição, cálculo do valor de aposentadorias e regras para concessão da pensão por morte, entre outras – o que introduz uma elevada incerteza quanto à sua estabilidade futura; fixação de regras paramétricas muito duras que buscam reduzir despesas previdenciárias, tanto do Regime Próprio de Previdência Social da União (RPPS) quanto do Regime Geral da Previdência Social (RGPS); criação de normas para orientar a organização e o funcionamento dos regimes próprios que induzem reformas previdenciárias nos estados e municípios; e mudanças no conceito da Seguridade Social inscrito até então no texto constitucional (Dieese, 2019a; Dieese, 2019c).

Entre as mudanças paramétricas aprovadas, a maior vitória do governo foi certamente o fim da modalidade de aposentadoria por tempo de contribuição ao RGPS e a fixação de idades mínimas de, respectivamente, 62 e 65 anos para mulheres e para homens como norma geral do RGPS e do RPPS da União. Ou seja, pouco mais de vinte anos após amargarem no governo Fernando Henrique Cardoso uma derrota por apenas um voto em apreciação de matéria semelhante, o mercado e os liberais puderam finalmente celebrar a conquista daquilo que, para eles, sempre foi uma generosidade excessiva do sistema previdenciário brasileiro, desconsiderando totalmente o fato de que grande parte dos trabalhadores inicia muito precocemente sua vida laboral.

As regras paramétricas criadas também implicam maior exigência de tempo mínimo de contribuição para a aposentadoria de novos contribuintes do sexo masculino, no RGPS e, em ambos os regimes previdenciários, redução no valor dos benefícios de aposentadoria e pensão por morte; aumento muito expressivo do tempo para obtenção da aposentadoria com benefício integral que, na prática, vai torná-la quase peça de ficção; imposição de restrições severas ao acúmulo de benefícios; fixação de alíquotas de contribuição progressivas, com aumentos expressivos sobretudo para servidores, incluindo aposentados e pensionistas; e fixação de regras de transição para os contribuintes em situação de quase aposentadoria bastante penosas (Dieese, 2019a; Dieese, 2019c). Ou seja, os segurados, para se aposentarem, terão que trabalhar mais, contribuir por mais tempo, pagar mais, receber menos e, ao falecerem, deixarão menos recursos para os seus dependentes.

Consideradas as características estruturais do mercado de trabalho brasileiro – altas taxas de desemprego, grande rotatividade, remunerações muito baixas, curta duração dos vínculos de emprego formal e elevada informalidade – não é difícil perceber que poucos poderão se aposentar em condições adequadas daqui em diante. Além do mais, a reforma trabalhista discutida anteriormente, que criou condições para a rápida difusão de formas de contratação mais precárias e flexíveis, fora do assalariamento padrão, certamente aprofundará essa heterogeneidade do mercado de trabalho e dificultará ainda mais o acesso dos brasileiros à cobertura previdenciária pública (Dieese, 2019b). Por fim, essa combinação de fatores – critérios mais exigentes de acesso à previdência e flexibilização do mercado de trabalho – pode representar, no médio prazo, pressão adicional sobre o orçamento da Assistência Social e mais desequilíbrio nas contas da Previdência (Dieese, 2019b; Welle *et al.*, 2018), cujo enfrentamento é o principal objetivo do governo ao promover a reforma.

Especificamente em relação aos servidores de estados e municípios, se por um lado a EC n.º 103, de 2019, não lhes estendeu automaticamente as novas regras paramétricas, por outro lado, ela criou um conjunto de normas e dispositivos para orientar o funcionamento e a organização dos regimes próprios – incluindo o custeio –, que são de aplicação obrigatória aos servidores dos três níveis de governo. Algumas dessas normas foram disciplinadas pela Secretaria Especial de Previdência e Trabalho do Ministério da Economia por meio da Portaria n.º 1.348, de 2019, sendo a principal delas a obrigatoriedade de ajustar as alíquotas de contribuição dos servidores até 31 de julho de 2020. Caso essa norma não fosse cumprida, o ente perderia o Certificado de Regularidade Previdenciária (CRP), ficando impossibilitado de receber transferências voluntárias federais, inclusive empréstimos feitos em instituições financeiras da União. Em função dessa portaria – somada à crise fiscal da maioria dos entes federativos e ao incômodo da opinião pública com os supostos privilégios do funcionalismo – a maioria dos estados e muitos municípios já fizeram a própria reforma, adotando as mesmas regras ou convergindo-as para algo muito próximo à EC n.º 103, de 2019. Essa é uma mudança de grande extensão e tem imposto muito sacrifício aos servidores estaduais e municipais.

Por último, com o intuito de reforçar a ideia de que as receitas da Previdência Social se limitam às contribuições de empregados e empregadores e, com isso, explicitar e referendar a existência e o tamanho do alegado déficit previdenciário, a EC n.º 103, de 2019, segregou as contas de receitas e despesas da Previdência, da Saúde e da Assistência Social, acabando com o orçamento único da Seguridade Social. Esse sistema, como previsto no artigo 195 da Constituição de 1988, conta com uma base de financiamento diversificada, composta por contribuições incidentes sobre as folhas de salários das empresas, rendimentos dos trabalhadores e impostos diversos recolhidos da sociedade até então sem vinculação específica. Nesse desenho orçamentário único, há uma concepção de proteção social muito abrangente, no qual a previdência é muito mais do que um simples seguro contra a perda de capacidade laboral, de natureza contributiva. Trata-se, na verdade, de um contrato social solidário, com ações de previdência, saúde e assistência social completamente articulados, financiado por toda a sociedade e no qual a necessidade do cidadão prepondera sobre suas eventuais contribuições, legitimando transferências de recursos entre segmentos sociais com trajetórias laborais e necessidades distintas, além das transferências intergeracionais.

A segregação do orçamento da Seguridade Social somada à desconstitucionalização de regras previdenciárias, implantação de um sistema de capitalização individual para os novos segurados, mudanças nas regras da previdência rural e restrição à concessão do Benefício de Prestação Continuada (BPC) formavam o arranjo original da proposta de reforma para enterrar de vez esse contrato social. Essa proposta foi parcialmente derrotada, pelo menos por enquanto. Mas o que foi aprovado é suficiente para se antever que, tendo por base uma previdência pública cada vez mais parecida com um seguro, a estrutura dos benefícios tenderá a reproduzir, com mais intensidade, a enorme desigualdade existente no mercado de trabalho.

A (dura) realidade econômica pós-reformas

As reformas aqui descritas foram apresentadas à sociedade como a panaceia que permitiria a retomada do crescimento econômico e do emprego. Entretanto, os principais indicadores econômicos estão longe de corroborar os argumentos de seus defensores no governo, no Congresso e no mercado. Obviamente, a pandemia alterou radicalmente o cenário e as expectativas, dificultando sobremaneira uma análise de conjuntura não influenciada pelos seus impactos desastrosos nos principais indicadores socioeconômicos. Tal fato pode justificar provisoriamente o argumento liberal de que se não houvesse a pandemia a economia, impulsionada pelas reformas, estaria, neste momento, alçando voo.

Entretanto os indicadores pré-pandemia sobre o mercado de trabalho e o desempenho da economia recomendam, no mínimo, muita cautela com o otimismo liberal sobre os alegados efeitos virtuosos das reformas (Oreiro, 2020). O Cadastro Geral de Empregados e Desempregados (Caged), divulgado no final de janeiro de 2020, mostrou uma tímida recuperação do mercado de trabalho em 2019, com a criação de 644 mil postos de trabalho e crescimento de 1,68% em relação a 2018. Observou-se, porém, deterioração na qualidade dos postos de trabalho gerados, que se concentraram em setores e subsetores que exigem menor qualificação. Além disso, constatou-se queda na remuneração média dos postos de trabalho, entre 2018 e 2019. Os resultados da Pesquisa Nacional por Amostra de Domicílios (Pnad Contínua), em 2019, por sua vez, mostraram que 41,1% da população ocupada, ou 38,4 milhões de pessoas, eram informais. Segundo a pesquisa, em 2019, registraram-se 11,6 milhões de trabalhadores assalariados sem carteira assinada no setor privado (exceto empregados domésticos), contingente que cresceu 4% em relação a 2018. De um total de 1,8 milhão de novas ocupações criadas em 2019, 446 mil foram postos assalariados sem formalização. A expansão do trabalho informal, por outro lado, respondeu pelo incremento de 2,5% da massa de rendimentos do trabalho em 2019. Por fim, o Índice da Condição do Trabalho (ICT), calculado pelo Departamento Intersindical de Estatística e Estudos Socioeconômicos (Dieese), relativo aos segundo e terceiro trimestres de 2019, mostrou piora nas condições do mercado de trabalho, embora tenha ocorrido redução nas taxas de desocupação. Segundo o Dieese, essa piora decorreu do aumento da ocupação precária, sobretudo do assalariamento sem carteira e do trabalho por conta própria, da queda no rendimento médio real por hora e do aumento na desigualdade de renda.

A aguda crise econômica causada pela pandemia interrompeu aquela frágil recuperação e projeta um cenário desolador para o mercado de trabalho. Os resultados da Pnad Contínua divulgados no final de setembro de 2020, relativos ao trimestre móvel de maio a julho daquele ano frente ao mesmo período de 2019, mostram aumentos expressivos nas taxas de desocupação e subutilização da força de trabalho, queda na população ocupada e no número de empregados com carteira e de trabalhadores sem carteira – assalariados informais e trabalhadores por conta própria. Devido à concessão do auxílio emergencial de 600 reais, o rendimento médio real subiu 8,6% em relação ao trimestre móvel de maio a julho de 2019, o que escancara os baixos níveis remuneratórios praticados no mercado de trabalho. Entretanto, a redução pela metade do valor do benefício em agosto de 2020 reverteu esse quadro, observando-se queda na renda e elevação da extrema pobreza (Redução..., 2020). Por outro lado, a massa de rendimento real de maio a julho de 2020 (203 bilhões de reais) caiu 4,7% (menos 10 bilhões de reais) na comparação com o mesmo trimestre de 2019, devido, principalmente, ao aumento da desocupação e à queda no emprego com carteira assinada.

Quanto ao desempenho da economia, os resultados anteriores à pandemia também não foram animadores, pois o Produto Interno Bruto (PIB) em 2017, 2018 e 2019 registrou crescimento pífio, pouco acima de 1%, após acumular queda de 6,7% no biênio 2015-2016. A crise devastadora ocasionada pela pandemia provocará uma queda de 5% no PIB, segundo estimativas recentes do Banco Central, que incidirá sobre uma economia já bastante fragilizada. Além da estimativa de queda no PIB, outros movimentos adversos da economia sinalizam as imensas dificuldades que o país enfrenta e enfrentará nos próximos meses, como a fuga recorde de capitais (em sentido contrário ao efeito esperado da reforma da Previdência) e a enorme desvalorização cambial, cujos impactos já são muito evidentes sobretudo sobre os preços dos alimentos, e assustam as famílias de baixa renda com os espectros da carestia e da fome.

As respostas do governo a esse cenário de agudização da crise, até o momento, continuam sendo propor mais do mesmo. Há intenção política de se criar um programa de transferência de renda em substituição ao auxílio emergencial e ao Bolsa Família, mas a insistência na preservação do teto de gastos, como já era esperado, impede a construção de uma saída fiscal adequada para o seu financiamento. Nesse contexto, o que está em discussão são mais arranjos impopulares e sem sustentação, que, via de regra, significam "retirar dos pobres para dar aos mais pobres ainda", como limitar o acesso ao abono salarial, ao seguro-defeso e ao salário família; dificultar o recebimento do BPC; congelar os benefícios previdenciários; liberar em parcelas o Fundo de

Garantia do Tempo de Serviço (FGTS) dos demitidos; dar calote em aposentados e pensionistas credores do Instituto Nacional do Seguro Social (INSS), via retenção de precatórios, entre outras soluções *criativas*.

As reformas trabalhista e previdenciária são arranjos imediatistas que não resolvem, de forma sustentável, os problemas que se propuseram enfrentar. Ao contrário, podem até agravá-los. Desacompanhadas de medidas de estímulo à retomada do crescimento econômico, elas poderão ter efeitos inversos aos alardeados pelos seus defensores, devido a seus impactos depressores sobre a renda, o consumo e o financiamento das políticas públicas.

Em se tratando da reforma trabalhista, por exemplo, o jornalista Luís Nassif comentou que ela desconsiderou completamente que o contrato celetista padrão, desde sua criação, viabilizou o acesso ao consumo e ao crédito para uma expressiva parcela da classe trabalhadora, alguma previsibilidade para a arrecadação do Imposto de Renda, portanto para o financiamento do Estado e das políticas públicas, e, por fim, o financiamento da Seguridade Social e os investimentos em infraestrutura, por meio do FGTS. Ao não considerar os possíveis impactos no consumo, na arrecadação de impostos, no financiamento da Previdência e da infraestrutura, a reforma trabalhista se pautou em premissas puramente "idealizadas e ideológicas" e não em dados concretos da realidade (Nassif, 2019).

Além disso, as reformas interagem de forma negativa. A reforma trabalhista tende a acentuar as características estruturais perversas do mercado de trabalho – desemprego, informalidade e rotatividade crônicos e elevados – e, dessa forma, restringirá fortemente o financiamento da Previdência Social. A reforma da Previdência, por sua vez, diminuirá a parcela da população que consegue cumprir os requisitos mínimos para se aposentar, aumentará a parcela dos que dependerão da assistência social, desestimulará a contribuição previdenciária e forçará os idosos a permanecerem mais tempo trabalhando, impactando negativamente seu próprio financiamento e as condições do mercado de trabalho, com aumento do desemprego e rebaixamento dos rendimentos.

A crise econômica causada pela pandemia, por sua vez, explicitou dramaticamente os graves problemas do mercado de trabalho brasileiro e agravará a capacidade de financiamento das políticas públicas, entre elas a Previdência Social. As medidas adotadas pelo governo para o enfrentamento dessa crise são reativas e têm efeitos de curtíssimo prazo. Até o momento, não existe uma proposta consistente de estímulo à retomada gradativa da economia, nos médio e longo prazos. O que se assiste diariamente nos veículos de comunicação é a persistência de propostas como o aprofundamento da reforma previdenciária para garantir o cumprimento do teto de gastos e da desregulação trabalhista, para evitar o aumento do desemprego. A insistência cega no caminho fiscalista, rechaçada até por insuspeitos organismos internacionais, condenará o país a uma crise social sem precedentes.

Desigualdade: crônica de uma morte trágica anunciada

Natália Sátyro

A construção de uma sociedade mais igualitária não é uma proposta nem uma intenção, nem mesmo uma preocupação do governo Bolsonaro. Políticas redistributivas estão na contramão das políticas econômicas defendidas por esse governo. Uma pandemia nos atinge enquanto temos na presidência alguém com esse perfil, em um momento de desconstrução das políticas de proteção social. É importante ressaltar que, em um contexto pandêmico, há um agregado mortífero de desvantagens sociais, tais como racial, financeira e geográfica (Auerback, 2020). Estas, se somadas a outras como gênero, acesso à internet e arranjos educacionais distintos, não só são fatais no plano imediato, mas também apontam para um futuro de mais desigualdade de renda e social. É sobre isso que se trata este pequeno ensaio, uma crônica singela de uma morte trágica anunciada. Todavia, para entender as tendências de hoje em termos de desigualdade de renda e social, precisamos voltar um pouco e contar a história recente em pequenos capítulos.

A desconstrução da proteção

Foram três décadas de montagem de um sistema de proteção com vocação universal, e uma década e meia do século XXI com uma política de valorização do salário mínimo, de serviços socioassistenciais e de transferência de renda para a população mais pobre e extremamente pobre, em que mais de 42 milhões de brasileiros saíram da pobreza. Em 13 de dezembro de 2016, inauguramos, porém, com a Emenda Constitucional n.º 95, um novo regime fiscal que, por sua vez, instaura novos tempos e uma nova agenda: a desproteção social. Um ano depois, ainda no governo Temer, em novembro de 2017, emplaca-se a reforma trabalhista, que acaba com as proteções aos trabalhadores mais vulneráveis do mercado. Pouco ou nada muda para militares, judiciário e funcionários públicos de alto escalão.

Por si só essas duas reformas já seriam suficientes para serem consideradas o início do fim, o desmonte do sistema de proteção social montado a partir das diretrizes da Constituição Federal de 1988. Jair Messias Bolsonaro, no entanto, ao assumir a presidência da República em 2019, implementou, em novembro desse mesmo ano, uma reforma da Previdência que também apresenta traços fortemente regressivos. As mudanças também não mexeram nos privilégios dos militares nem de funcionários públicos ou mesmo do judiciário, por exemplo. Nenhum grupo com capacidade de pressão foi afetado substantivamente. Finda-se uma era caracterizada por políticas redistributivas e por promoção e proteção sociais para a cidadania.

Do ponto de vista de redistribuição de renda, em 2019 foram apresentadas duas propostas de reforma tributária no Congresso: o Projeto de Emenda Constitucional n.º 45 e o Projeto de Emenda Constitucional n.º 110 que, segundo Cimini *et al.* (2019), não pautam a redistribuição de renda nem colocam a possibilidade de revisão da forma regressiva do Imposto de Renda. Ou seja, não há proposta de taxação de grandes fortunas ou dividendos, ou mesmo de um sistema tributário mais progressivo, propõe-se apenas criação de novos tributos.

Baixo crescimento, desemprego e aumento de desigualdade

Em paralelo com esses processos, vivemos um cenário de seis anos seguidos de baixo crescimento econômico, com deterioração de renda e aumento da desigualdade e da pobreza. Em fevereiro de 2020, o crescimento do Produto Interno Bruto foi de 1,1%, muito tímido para quem havia prometido que a reforma da Previdência traria frutos imediatos. Antes de estourar a crise da covid-19 em março de 2020, por exemplo, a taxa de desemprego estava em 11,6% no mês anterior.

No que se refere à desigualdade de renda, mensurada pelo índice de Gini, todas as pesquisas mostraram uma queda real desde a Constituição

Federal de 1988 até 2015: caindo de 0,601 em 1992 para 0,511 em 2015 (Jannuzzi, 2019). A partir daí duas coisas mudaram no debate sobre desigualdade de renda no Brasil: primeiro, os trabalhos passaram a considerar fontes de dados que antes não entravam no cálculo (uma vez que não estavam disponíveis para a pesquisa), tais como imposto de renda e outras contas nacionais; e com resultados menos otimistas (Medeiros; Souza, 2013). Nossos patamares de desigualdade haviam caído, mas os coeficientes eram maiores do que pensávamos, ou seja, não por acaso figuramos entre os países mais desiguais do mundo (Medeiros; Souza, 2013; 2016). Segundo, a crise econômica que se avizinhava em 2014, ficando explícita em 2015, gerou efeitos imediatos e, de lá para cá, o que se tem observado é um aumento sistemático no índice de Gini com retorno a patamares da década de 1990, algo como trinta anos em cinco, só que para pior. Pesquisas divulgadas pela Fundação Getúlio Vargas em 2019 mostraram o índice de Gini em patamares de 0,6291, a depender do trimestre. Dessa forma, o governo Bolsonaro surfa em uma onda negativa de aumento da desigualdade de renda que o precede e que tende a um cenário ainda pior com a pandemia.

É nesse contexto triplamente negativo que essa crise de saúde global nos atinge e vem caracterizar o segundo ano de governo de Bolsonaro.

A pandemia e suas consequências imediatas e de longo prazo

No *Scholar Google*, um repositório internacional de trabalhos acadêmicos, numa busca pelos termos "*inequality*" e "*pandemic*" apareceram 11.900 resultados até 23 de setembro de 2020. Menos de um mês depois, em 12 de outubro, já eram 13.700 referências. É uma grande preocupação do momento. Pandemias geram desigualdades, principalmente em ambientes desiguais. A covid-19 chega a todas as classes sociais, mas ela encontra desigualdades estruturais que determinam a capacidade de cada estrato da sociedade amortecer seu estrago, portanto, ela não atinge a todos uniformemente: ela mata mais pobres e negros. Ela discrimina e reforça as diferenças sociais e de renda no curto e no longo prazo. Ela piorará a nossa sociedade.

Como mencionado, há uma vasta literatura mostrando o impacto da pandemia no crescimento da desigualdade de renda. Muitos trabalhos utilizam, inclusive, como referência os casos da gripe espanhola, H1N1, Sars, ebola, entre outros – com exceção da peste negra, tão avassaladora que mudou a estrutura da população mundial e da classe trabalhadora, tendo impactos distintos (Bottan *et al.* 2020; Galleta; Giommoni, 2020; Rubini, 2020; Dasgupta; Murali, 2020; Nassif-Pires *et al.*, 2020; Lustig *et al.*, 2020).

Bottan *et al.* (2020) sugerem que a pandemia de covid-19 terá um impacto sem precedentes na desigualdade de renda na América Latina e no Caribe, piorando o cenário já existente (Bottan *et al.*, 2020, p. 2). A pesquisa foi feita com aplicação de *survey* no Chile, Colômbia, Bolívia, Equador, Guiana, Peru, Suriname e Uruguai para além dos países caribenhos. Segundo os autores, "45% dos respondentes reportaram que um membro da casa perdeu o emprego, entre as casas com pequenos negócios familiares; 58% reportou que fechou o negócio" (Bottan *et al.*, 2020, p. 3). De todos os respondentes, observou-se que entre os mais pobres, "71% reportou que algum membro perdeu o emprego e 61% que algum membro fechou o negócio [...] enquanto entre os ricos apenas 14% perdeu o emprego e 54% fechou os negócios" (Bottan *et al.*, 2020, p. 3-4). Esse é um dos muitos estudos que mostram como pandemias aumentam a desigualdade. Outros revelam o impacto da pandemia na pobreza mundial estimando que muitos dos ganhos da última década já foram perdidos.

Mas como isso ocorre? Vamos levantar aqui cinco pontos que nos permitem entender os mecanismos por meio dos quais a desigualdade certamente aumentará.

A desigualdade imediata: a morte

A consequência imediata é que a população mais pobre tem mais chances de ter doenças crônicas e, portanto, de morrer diante de um cenário pandêmico. De forma geral, expectativa de vida e mortalidade infantil, historicamente, afetam mais os pobres do que os ricos, e numa pandemia não seria diferente. Nassif-Pires *et al.* (2020) mostram que os impactos da pandemia são assimétricos. Eles criaram um índice que mostra o risco clínico de desenvolver formas severas da doença. Os estudos mostram que os extremamente pobres, que vivem em comunidades mais precárias, têm duas vezes mais chances de desenvolver doenças crônicas e apresentar risco de complicações a partir do coronavírus. Segundo Nassif-Pires *et al.* (2020), "há uma clara relação entre determinantes sociais, tais como renda, educação, ocupação, classe social, sexo e raça, e a incidência e a severidade de muitas doenças. A ocorrência dos fatores de risco é muito maior em comunidades mais pobres" (Nassif-Pires *et al.*, 2020, p. 4). No Brasil, cerca de 60% das mortes são de negros que viviam perifericamente.

Diferentes inserções no mercado de trabalho

Isso nos leva para um plano mais amplo. Quase por definição é sabido que as classes sociais têm diferentes entradas no mercado de trabalho, sendo que quanto mais marginalizado o indivíduo, mais ele está na informalidade. Há disparidades no recente desemprego entre diferentes grupos demográficos, e há diferença entre empregos que podem ser mantidos remotamente e aqueles que demandam o "cara a cara" (Montenovo *et al.*, 2020). Sem surpresa, essas diferenças percorrem características tais como raça/etnia, idade e educação. Na pandemia, parte dessas disparidades "é explicada pelas diferenças em estados pré-pandêmicos de como esses já se localizavam na palheta de empregos" (Montenovo *et al.*, 2020, p. 2). A Organização Internacional do Trabalho (OIT) mostra que o impacto na renda é mais duro para trabalhadores desprotegidos e informais (OIT, 2020a) e, em especial, para as mulheres e negros (OIT, 2020b).

Se isso está sendo registrado em outros países, também temos esse cenário no Brasil. De acordo com o "Boletim Emprego em Pauta", do Departamento Intersindical de Estatística e Estudos Socioeconômicos (Dieese), elaborado com base na Pesquisa Nacional por Amostra de Domicílios (Pnad-covid), divulgada pelo Instituto Brasileiro de Geografia e Estatística (IBGE), houve uma redução média de 61% do rendimento da população ocupada, sendo que 36% dos ocupados tiveram alguma perda em maio de 2020. Isso significa algo em torno de trinta milhões de pessoas. Houve perda média de 49% da renda em 61% dos afastados do mercado de trabalho por causa da pandemia. "Os trabalhadores dos setores relacionados aos serviços, ao comércio e à construção foram os que apresentaram perdas de rendimento mais expressivas. Houve redução de 50% no rendimento para aqueles que continuaram trabalhando no segmento Outros Serviços e de 33% para os alocados em Alojamento e Alimentação" (Dieese, 2020a, p. 2).

Sabe-se que diferentes políticas impõem custos e perdas econômicas desproporcionais aos trabalhadores de baixa renda, aumentando o cenário já negativo. Na medida em que os trabalhadores de baixa renda não podem ficar em casa, a incidência de infecções será maior se comparada a trabalhadores de altas habilidades (Dagupta, 2020). Recente estudo do Dieese (2020b) reforça essa desigualdade, mostrando que a parte da população que está podendo ficar em isolamento é composta basicamente de: 66% de não negros, 74% com ensino superior, 72% com casa própria e, em sua maioria, recebe mais do que três salários mínimos; ou seja, uma elite branca que prefere ser chamada de classe média alta mas que, apesar de não dominar os meios de produção, está afastada estruturalmente dos pobres. Isso reforça os achados de Nassif-Pires *et al.* (2020), os quais mostram que quem está no topo tem capacidade de estocar comida e ajustar a rotina sem perder o emprego. A tragédia anuncia-se: de acordo com pesquisa realizada pela Universidade Federal do Rio de Janeiro (UFRJ), em todos os municípios brasileiros, entre setembro e outubro de 2020, cidades com maiores índices de informalidade tiveram mais mortes. E como o tipo de emprego que pessoas de baixa renda têm depende de contato social, o seu isolamento fica ainda mais difícil.

O custo de ser mulher

Segundo a OIT (2020b), a crise da covid-19 afeta muito mais as mulheres do que os homens e põe em xeque algumas das conquistas dos últimos anos, uma vez que, no mundo inteiro, assim como no Brasil, mulheres têm uma cobertura menor de proteção social e estão à frente dos cuidados dos demais membros dos domicílios. Newell (2020) ressalta essa vulnerabilidade, afirmando que a mulher está mais exposta ao risco de perda de emprego e à fragilidade financeira. Newell mostra que elas estão em trabalhos temporários, que oferecem baixa remuneração, e têm mais chances de trabalhar menos em setores essenciais e também em setores onde o trabalho não pode ser feito de casa (varejo e serviços pessoais). De acordo com o autor, a crise provocada por essa pandemia afetará as trabalhadoras de quatro maneiras distintas. Primeiro, de forma geral, as mulheres estão inseridas no mercado de trabalho em níveis mais altos de informalidade. Elas estão em setores que têm sido mais afetados pela pandemia: "hotelaria, setor alimentício, comércio – seja atacado ou varejo – setor imobiliário, serviços administrativos", e no setor de arte e entretenimento e vestuário (Newell, 2020; Dieese, 2020b, p. 8). Por isso, elas são mais vulneráveis à perda do emprego. Ou seja, observa-se a deterioração da situação empregatícia da mulher, e esses resultados são corroborados no âmbito nacional.

Em segundo lugar, o serviço doméstico contratado é fortemente dominado por mulheres. No caso do Brasil, houve uma melhora na proteção com o pagamento do Fundo de Garantia por Tempo de Serviço (FGTS) e outros direitos, mas isso foi revertido com a reforma trabalhista. Portanto, é um contingente desprotegido e mais suscetível à perda de emprego imediato.

Numa terceira dimensão, as mulheres também são maioria entre os trabalhadores da linha de frente na área de saúde e de assistência social, o que as coloca no grupo de risco. O estudo do Dieese mostra as diferenças entre homens e mulheres, entre brancos e não brancos, e suas desvantagens. Entre os profissionais de saúde como enfermeiros, médicos e trabalhadores com nível superior de ensino, 82% são mulheres e 33% são negros. As mulheres são também maioria nos serviços de faxina e auxiliar de limpeza em empresas públicas e privadas (68% de mulheres e 67% de negros) (Dieese, 2020a; OIT 2020a; OIT, 2020b).

Por fim, com o isolamento social e a prática de *home office*, aumenta, de forma desigual, a demanda por cuidados (OIT, 2020, p. 8-10; Newell, 2020) e, culturalmente, essa demanda está sob responsabilidade das mulheres, independentemente de sua relação com o mercado de trabalho. Ainda, há de se considerar a carga emocional e psicológica com o aumento da demanda doméstica, ou seja, demanda do trabalho, demanda de *homeschooling* e, junto com esta, a demanda no auxílio de tarefas de escola, para além do cuidado com os outros membros familiares, que já existia em tempos normais (Newell, 2020). Tudo isso em um cenário no qual a ministra da Mulher, da Família e dos Direitos Humanos acha que meninas devem usar rosa e meninos azul, para dizer o mínimo.

Educação desigual: a chave para um futuro pior

Wefhorst *et al.* (2020) conduziram um experimento multinível, aplicado em 45 países para mensurar desigualdades nos estudantes dentro de um contexto de educação digital. Eles tratam de pelo menos três níveis de desigualdade digital nos tempos do coronavírus: o primeiro nível, mais básico, é simplesmente o acesso a computadores e internet. Se pensamos no Brasil profundo, sabemos que a realidade da maioria dos lares é a indisponibilidade de computadores, principalmente se considerarmos que durante a pandemia a demanda pelo uso aumentou por praticamente todos os membros – crianças e adultos. Soma-se a isso a desigualdade de conexão à internet que permite trabalhar, acessar os deveres e realizar os exercícios, sem mencionar a qualidade do acesso. Boa parte das crianças em escolas públicas terá apenas um celular com pacote de dados restrito e de uso de toda a família; e não estamos falando de smartphones. Em um segundo nível, temos as habilidades e o hábito com a tecnologia. Para além do acesso a um computador e à internet, há também a questão do domínio da linguagem digital que não está dado para boa parte da população, principalmente por familiares ou responsáveis mais velhos, que deverão acompanhar as atividades das crianças. Por fim, uma terceira camada refere-se aos efeitos do acesso. Os autores dizem que, "em contexto educacional, pesquisas mostram que habilidades digitais aumentam a performance, particularmente entre estudantes com *backgrounds* em desvantagem (Wefhorst *et al.*, 2020, p. 3). No entanto, segundo esses estudiosos, em um contexto desigualmente equipado, as habilidades não superam as desvantagens, mas as potencializam.

Haeck e Lefebvre analisaram o impacto do fechamento das escolas no Canadá e sugerem que a lacuna entre as habilidades de crianças com diferentes *backgrounds* socioeconômicos aumentará mais de 30%, utilizando-se dados do Programa para Avaliação Internacional de Estudantes (Pisa). Segundo os autores, "pais mais educados têm mais chances de ter empregos flexíveis e terem acesso a recursos para ajudarem suas crianças, incluindo conectividade em computadores e laptops que são melhores para o trabalho do que celulares na produção de informação" (Haeck; Lefebvre, 2020, p. 83). Há efeitos medidos na evasão escolar, principalmente em adolescentes de 14 a 17 anos, um dos aspectos mais temidos pelos especialistas brasileiros. Essa preocupação gerou a aprovação pelo Conselho Nacional de Educação da junção dos anos letivos de 2020 e 2021, e da permissão do ensino remoto até o final de 2021. Uma das intenções é diminuir o impacto que a pandemia terá na evasão escolar de nossos jovens (negros e periféricos, principalmente).

A heterogeneidade educacional brasileira é um dos principais fatores de desigualdade de renda na medida em que determina a distribuição desigual do capital humano e da produtividade das pessoas e, portanto, sua inserção no mercado de trabalho. Em países com menos desigualdade educacional, tende-se a ter menos diferença nas remunerações e na distribuição de renda de forma geral. É sabido que "habilidades adquiridas nos primeiros anos de vida geram habilidades para o resto da vida, isso implica que desigualdades nas habilidades adquiridas se traduzem em desigualdades de renda posteriormente" (Haeck; Lefebvre, 2020, p. 85). Portanto, o que se avizinha e se anuncia com a pandemia é o aumento da lacuna educacional entre ricos e pobres no Brasil e, por conseguinte, um aumento de desigualdade de renda no futuro.

Enquanto isso, as pautas que vem dos recentes ministros da Educação são a extinção de cotas nas universidades, a separação pessoas com deficiências em salas especiais, a mudança de conteúdos clássicos dos livros de história, ou seja: ações na contramão da inclusão.

Desemprego generalizado

Em setembro de 2020, foi divulgado o maior nível de desemprego desde 1992: são 13,8% entre maio e julho; 20,9% a mais do que o período anterior. De acordo com o Dieese, "em maio, 26,3 milhões de brasileiros declararam não ter trabalhado nem procurado trabalho, mas que gostariam de estar trabalhando. Entre eles, 18,5 milhões afirmaram estar nessa situação por causa da pandemia" (Dieese, 2020, p. 2). Segundo entrevista com Mário Rodarte, professor da Faculdade de Ciências Econômicas da UFMG, realizada em setembro 2020, essa estatística, que é muito elevada, só não atingiu números alarmantes porque as pessoas deixaram de procurar emprego em função da pandemia, o que em tempos normais seria considerado desalento. Para Rodarte, caso isso não estivesse acontecendo, chegaríamos a 24%, ou seja, de cada quatro brasileiros, um estaria desempregado. De acordo com Barbosa *et al.* (2020) e Prates e Barbosa (2020), a crise vinda com a covid-19 colocou 83,5% do mercado de trabalho brasileiro em estado de vulnerabilidade. Segundo o Dieese (2020a), a renda dos informais caiu 36%, percentual mais alto do que o verificado entre os trabalhadores com carteira assinada (12%). Ou seja, o quadro não é promissor nessa área uma vez que há evidências na literatura de que grandes recessões, como a de 2008 e 2009, por exemplo, aumentam a desigualdade de renda pelo mundo (Brzezinski, 2018).

O auxílio emergencial implementado pela Caixa Econômica Federal a partir de medida provisória convertida na Lei n.º 13.982, de 2 de abril de 2020, está, sem dúvidas, servindo de amortecedor para essa crise, agindo contra o aumento da pobreza e da desigualdade no plano imediato. Sabemos, porém, que com a vigência do teto de gastos e o fim do orçamento de guerra, a continuidade desse benefício não será viável a partir de janeiro de 2021. Por enquanto, não há proposta concreta nem do formato do que será o Renda Cidadã, nem recurso para pensar um programa de transferência de renda como o que se promete. Mais estranho ainda é saber que o ministro da Cidadania não faz parte da elaboração de um programa como esse. Enquanto isso, especialistas calculam que cerca de 26 milhões de trabalhadores brasileiros não terão nenhum tipo de compensação financeira (Prates; Barbosa, 2020).

Diante do exposto, a conclusão é simples: os impactos da pandemia no longo prazo terão como consequência a construção desigual do estoque de capital humano, penalizará os mais pobres, os negros, os informais e as mulheres. Isso tudo em um cenário de desproteção já dado anteriormente e de baixo crescimento econômico. A conta é certa: a distribuição de renda piorará nos próximos anos se nada for feito. Dada a estrutura desigual de nossa sociedade, é esperado que a pandemia aumente a desigualdade de renda e racial (Mizota; Dairty, 2020). Só o auxílio emergencial ou o programa denominado Renda Cidadã, que vem sendo anunciado, não serão suficientes. É necessária uma reforma tributária que busque um sistema menos regressivo, o que não está posto. Caso isso não ocorra, a tragédia está anunciada.

"Eu quero que o povo se arme": a política de segurança pública de Bolsonaro

Ludmila Ribeiro
Valeria Oliveira

A frase que dá título a este texto foi extraída da fala do 38º presidente da República Federativa do Brasil numa reunião ministerial realizada em 22 de abril de 2020. Na ocasião, Jair Bolsonaro esbravejou a necessidade de mais armamento para os civis, assumindo o tom de um comandante que motiva seus homens à guerra. Foi enfático sobre o papel das armas para que os cidadãos pudessem resistir às restrições de circulação, decretadas por governadores e prefeitos, com o objetivo de limitar o contágio pelo novo coronavírus (Eu Quero.., 2020).

Poderia ser apenas mais um exemplo dos excessos verborrágicos de Bolsonaro, mas, no caso da política de segurança pública, sua frase é uma espécie de tipo ideal weberiano, que representa de maneira quase perfeita as mudanças empreendidas desde sua chegada à presidência. Ao contrário de outras searas, como educação e saúde, marcadas por idas e vindas, temos aqui um direcionamento bastante certeiro: o cumprimento da promessa de campanha de maior acesso às armas como a *melhor* estratégia de segurança.

A criminalidade, em geral, e os homicídios, em especial, são problemas de suma importância no Brasil contemporâneo. O medo de ser vítima de crime é bastante elevado no país e parece ter sido um dos definidores da eleição de Bolsonaro. A população sente aquilo que os especialistas denominam de "tragédia da segurança pública" (Soares, 2019), num país marcado por altos índices de violência (Cerqueira *et al.*, 2019), pela excessiva letalidade policial (FBSP, 2020), pela incapacidade do sistema de justiça criminal de responder a delitos graves (Instituto Sou Da Paz, 2020), e pelo excesso de presos, que, muitas vezes submetidos a condições degradantes, retornam para a sociedade pior do que entraram nas cadeias.

Neste capítulo, centramos nossa análise na questão armamentista, porque ela resume a visão que Bolsonaro tem da segurança pública, e os efeitos nefastos dessa política na piora das taxas de mortalidade violenta, apesar das interpretações do governo de que houve queda da criminalidade em 2019.[1] Apontamos quais foram as mudanças na legislação sobre o acesso a armas e munições desde janeiro de 2019 e como essas alterações visam satisfazer o público cativo do bolsonarismo,[2] ainda que à custa da segurança da população. Por fim, destacamos que os dois primeiros anos de governo são apenas um prenúncio do autoritarismo armado (Schwarcz, 2019), que tende a se institucionalizar nos próximos meses.

Um passo atrás: o Estatuto do Desarmamento

Para entender o que foi a Lei n.º 10.826, de 2003, chamada Estatuto do Desarmamento, é preciso retroceder na história. Até o final da década de 1990, cabia a cada estado da federação regulamentar o acesso às armas de fogo, bem como conceder as licenças de porte e posse (Sanjurjo, 2020). Em duas décadas, o crescimento dos homicídios tinha sido exponencial, saltando de 12 mortes por 100 mil habitantes, em 1980, para 27 por 100 mil em 2000. Quando se considerava somente as mortes por arma de fogo, essas taxas tinham, no mesmo período, subido de 5 para 19 mortes por 100 mil habitantes, (IPEA; FBSP, 2020), indicando que o armamento era parte importante do problema.

Diante desse quadro, em 1997, estudantes da Faculdade de Direito da Universidade de São Paulo (USP) lançaram a campanha Sou da Paz, que defendia a necessidade do desarmamento de civis. Essa foi a primeira iniciativa da sociedade civil para conscientizar sobre o rápido crescimento da violência urbana e a necessidade do controle de armas (Lucas, 2008, p.

[1] De maneira apressada, no início de 2019, o próprio ex-ministro da Justiça e Segurança Pública, Sergio Moro, atribuiu à mudança no discurso sobre segurança pública no Brasil a redução das taxas de homicídios no país (MORO..., 2019).

[2] Nesse aspecto, ressalta-se que Jair Bolsonaro sempre foi parte da "bancada da bala", categoria utilizada para designar parlamentares que eram majoritariamente oriundos das polícias (como Flávio Bolsonaro) ou das Forças Armadas (como o presidente), financiados por lobistas da indústria de armas de fogo e apoiados pelos defensores de políticas de *mano dura* (MACAULAY, 2019).

27). Campanhas dessa natureza já tinham se mostrado bem-sucedidas na Albânia, no Camboja e na Libéria, e, no Brasil, resultaram na formação do Instituto Sou da Paz, que levou a reboque outras organizações não governamentais (ONGs) que também atuavam na temática da segurança pública, entre elas o Viva Rio (Sanjurjo, 2020). Tais instituições encabeçaram um enorme esforço de documentação dos efeitos decorrentes do excesso de armas de fogo em circulação e de como o armamento jogava papel central na explosão dos homicídios (Lucas, 2008).

Com esse material em mãos, seria possível convencer alguns congressistas a apoiar a proposta de uma lei nacional, com critérios mais explícitos sobre quem poderia andar armado (porte), quem poderia comprar armas (posse) (Szabó; Risso, 2018) e como se daria o controle desses artefatos desde o momento de sua produção até seu descarte (Sanjurjo, 2020). Essa não foi uma tarefa fácil, posto que o Brasil é um dos maiores produtores de armas pequenas do mundo (Lucas, 2008, p. 28). Diversos congressistas, entre eles Bolsonaro, eram financiados por essas indústrias, sendo veementemente contra qualquer legislação mais restritiva (Macaulay, 2019). Mesmo assim, o movimento contra as armas foi capaz de persuadir deputados e senadores, e, de forma surpreendente, ao final de 2003, foi aprovado o Estatuto do Desarmamento (Pekny *et al.*, 2015).

Entre as principais mudanças introduzidas pela Lei n.º 10.826 estão: (1) aumento da idade mínima para compra de armas de 21 para 25 anos; (2) obrigatoriedade de demonstrar efetiva necessidade para adquirir uma arma, além de passar por testes psicológicos e de capacidade técnica para o seu manuseio; (3) proibição do porte (andar armado), que só poderia acontecer em condições especiais, como a caça; (4) criação do banco de dados nacional de armas de fogo sob a autoridade da Polícia Federal, o Sistema Nacional de Armas (Sinarm); e (5) a introdução de novas medidas para o controle de munições, que deveriam ser identificadas para facilitar o rastreamento (Lucas, 2008; Pekny *et al.*, 2015; Sanjurjo, 2020).

Outra regra prevista pelo artigo 35 do Estatuto do Desarmamento era a necessidade de um referendo para proibir a venda de armas a civis em todo o território nacional, o que foi realizado em 2005 (Miranda, 2019). No começo da campanha, as intenções de voto eram de 82% a favor do fim do comércio de armas (Lucas, 2008, p. 32). Porém, após a apuração dos votos, contra todas as expectativas, 63,9% rejeitaram a proibição, permitindo a venda de armas dentro dos limites anteriormente impostos (Pekny *et al.*, 2015). Apesar dessa derrota, a Lei n.º 10.826, de 2003, pode ser considerada "a política de controle de armas mais abrangente da história nacional e uma das políticas de controle de armas de maior alcance do mundo" (Sanjurjo, 2020, p. 136).

Nos anos subsequentes, as vendas de armas legais despencaram mais de 60 % (Pekny *et al.*, 2015), o que causou um enorme prejuízo para a indústria armamentista. Os efeitos compensaram: era a primeira vez que o Brasil via as taxas de homicídio arrefecerem. Souza *et al.* (2007, p. 581) verificaram ainda que uma boa parte da redução nas mortes e nas hospitalizações decorrentes de incidentes com armas de fogo poderia ser atribuída às medidas governamentais decorrentes da Lei n.º 10.826, de 2003. Segundo os autores, a legislação evitara até 5.563 mortes somente em 2004.

Cerqueira e Mello (2013) constataram que, se não fosse o Estatuto do Desarmamento, entre 2004 e 2007, a taxa de homicídios teria sido 12% superior à verificada. Cerqueira *et al.* (2019, p. 81) indicaram que, nos quatorze anos anteriores a essa lei (1989 a 2003), o crescimento médio anual da taxa de homicídios por arma de fogo foi de 5,44%. Já nos 14 anos subsequentes (2003 a 2017), essa mesma taxa tinha sido de 0,85%, ou seja, seis vezes menor. Não havia dúvidas de que, caso não existisse o controle de armas, o Brasil estaria numa situação ainda pior em termos de violência letal e intencional.

Embora o histórico seja positivo, o tempo mostrou que o desarmamento deveria continuar e ser aperfeiçoado, e não destruído – como tem sido feito. Em 2017, o Brasil foi especialmente sangrento, com mais de 63 mil homicídios, sendo a maior parte praticada com arma de fogo. Com esses números, "o país amarga o primeiro lugar no ranking absoluto de mortes por arma de fogo no planeta" (Szabó; Risso, 2018, p. 100). Apesar dos dados, o discurso da bancada da bala é que precisamos copiar o exemplo dos Estados Unidos da América (Macaulay, 2019), ainda que por lá as recentes pesquisas mostrem que mais armas significam *necessariamente* mais violência (Braga *et al.*, 2020).

Donohue, Aneja e Weber (2019) averiguaram que os onze estados americanos que adotaram leis mais permissivas de acesso às armas de fogo nas últimas duas décadas viram suas taxas de mortes violentas aumentarem entre 3% e 4% nos anos subsequentes. O efeito não se dá no mesmo ano porque as novas armas demoram a entrar em circulação. A revisão de Braga *et al.* (2020) não deixa dúvidas de que as armas contribuem para tornar fatais as brigas, a violência contra mulheres e os ataques em escolas, igrejas e outros espaços públicos. Na América Latina, apesar do gargalo da qualidade e do acesso aos dados sobre armas e munições, os resultados são muito semelhantes. Relatório produzido pelo Ministério da Defesa de El Salvador aponta que, na capital do país, as vítimas de crime têm quatro vezes mais chances de morrer quando estão armadas (Ungar, 2020). Dificultar o acesso às armas de fogo contribui para evitar mortes mesmo em situações de "legítima defesa" (Sanjurjo, 2020), o que inclui a vida de policiais, que correm mais risco quando lidam com um civil armado (Donohue; Aneja; Weber, 2019).

Braga *et al.* (2020) sublinham que as lacunas nas políticas de controle de armas e munições existentes em todo o continente americano devem ser revistas em termos de maior controle do acesso. Somente dessa maneira é possível evitar as mortes, bem como aliviar os custos econômicos e sociais da violência armada. Esses resultados dizem muito aos americanos, e também tem algo a ensinar ao Brasil, que tem tomado os Estados Unidos da América como espelho para a segurança pública.

O bolsonarismo, porém, não acredita na ciência e, muito menos, nos estudos que repetem em uníssono que menos armas significam menos crimes (Cerqueira *et al.*, 2019; Donohue; Aneja; Weber, 2019; Ungar, 2020; Sanjurjo, 2020; Braga *et al.*, 2020). Tampouco acredita nas pesquisas de opinião pública, que sempre indicaram como a maioria da população brasileira é contra a flexibilização do Estatuto do Desarmamento (Datafolha, 2019). Quando o presidente foi empossado, 70% rechaçava o porte de armas entre civis (Macaulay, 2019). Mesmo assim, para manipular o sentimento de insegurança das pessoas, Bolsonaro e seus apoiadores bradam que mais armas circulando "colocariam medo em qualquer bandido" e diminuiriam as taxas de criminalidade. Vejamos o que aconteceu nos dois últimos anos.

Dois passos adiante: as mudanças implementadas por Bolsonaro

A bancada da bala via na eleição de Bolsonaro uma forma de reverter a diminuição dos lucros da indústria bélica, decorrentes das regras para acesso a armas e munições (Miranda, 2019). O então candidato prometia que sua vitória significaria uma distensão "lenta, gradual e segura" do Estatuto do Desarmamento, para usar a gramática da ditadura que o presidente tanto aprecia (Bolsonaro, 2018). Uma vez empossado, ele se apressou em colocar em prática as promessas – ampliando algumas – com o propósito de sepultar de vez a Lei n.º 10.826, de 2003.

Desde 15 de janeiro de 2019, quando foi publicado o primeiro decreto sobre as novas regras de acesso a armas, até fevereiro de 2021, o presidente editou outros treze, sendo que nove continuam em vigor. "Das quinze portarias do Exército, incluídas aqui as publicadas em conjunto com o Ministério da Justiça, sobre munições, pelo menos cinco foram revogadas" (Cerqueira *et al.*, 2020, p. 74). A quantidade de medidas propostas e extintas mostra a pressa do governo em mudar aquilo que não admite alteração por ser uma previsão legal (que não se muda por decreto ou portaria). Quando emergem questionamentos sobre as medidas adotadas, o governo se adianta na revogação dos instrumentos antes que a matéria chegue ao Supremo Tribunal Federal (STF), arena em que o presidente acumula sucessivas derrotas.

Uma dessas derrotas no Judiciário aconteceu em abril de 2021, quando o STF julgou inconstitucionais trechos importantes dos decretos presidenciais 10.627, 10.628, 10.629 e 10.630, publicados em 12 de fevereiro de 2021. A ministra Rosa Weber concedeu liminar parcial na Ação Direta de Inconstitucionalidade 6.675, proposta pelo Partido Socialista Brasileiro (PSB). A decisão suspendeu, entre outras coisas, a autorização para o porte simultâneo de até duas armas por pessoa, a validade do porte de armas para todo o território nacional, a prática de tiro desportivo para pessoas com 14 anos ou mais e, principalmente, a permissão da aquisição de até seis armas de fogo permitidas por civis e oito por agentes públicos (Instituto Igarapé, 2021).

A partir das cinco inovações inseridas pelo Estatuto do Desarmamento, anteriormente citadas, organizamos o Quadro 1, destacando o cenário antes e depois do início do governo Bolsonaro, em maio de 2021. Incorporamos, assim, as mudanças promovidas na legislação em razão da liminar concedida pelo STF alguns meses atrás. Como se pode ver, as mudanças mais substantivas foram as que ampliaram o acesso às armas e as que aumentaram exponencialmente a quantidade de munições que cada indivíduo pode adquirir.

Quadro 1 – Mudanças empreendidas no acesso a armas e munições antes e depois do início do governo Bolsonaro (até maio de 2021)

Medida	Antes do governo Bolsonaro	Depois do governo Bolsonaro
Idade mínima para compra de armas	25 anos	Permanece a mesma
Critérios de aprovação do porte de armas	• Demonstração de efetiva necessidade, idoneidade, ocupação lícita, aptidão física e mental. • Máximo de 2 armas, cujo registro era válido por 5 anos. • Munição de 50 unidades por ano, por arma registrada.	• Não é necessário comprovar a efetiva necessidade. • Máximo de 6 armas, cujo registro será válido por 10 anos. • Munição de 1.000 unidades por mês, por arma registrada.
Porte e posse de arma para Caçadores, atiradores e colecionadores (CAC)	• Laudo de capacidade técnica, emitido pela Polícia Federal. • **Atiradores:** 16 armas, 60 mil munições e 12 kg de pólvora. • **Caçadores:** 12 armas, 6 mil munições e 2 kg de pólvora. • **Colecionadores:** uma arma e uma munição por modelo.	• Atestado de habitualidade, emitido pelos clubes de tiro. • **Atiradores:** 60 armas, 180 mil munições por ano e 20 kg de pólvora. • **Caçadores:** 30 armas, 90 mil munições e 20 kg de pólvora. • **Colecionadores:** 5 armas, mil munições para cada arma de uso restrito e 5 mil munições para cada de uso permitido.
Permissão à posse de armas	• Categorias de segurança pública especificadas no artigo 6º da Lei n.º 10.826, de 2003.	• Inclui os agentes operacionais da Agência Brasileira de Inteligência e do Gabinete de Segurança Institucional, além de diversos funcionários públicos (incluindo os do Ministério Público e do Poder Judiciário).

Fonte: Cerqueira *et al.* (2020). Adaptado.

Com as mudanças, cada indivíduo pode adquirir o triplo de armas, munições deixaram de ser restritas a 50, podendo ser de até 1.000 por mês, dependendo dos calibres, em razão da parte dos Decretos de fevereiro de 2021 que ainda continua válida.[3] Em termos de controle, no período anterior ao governo Bolsonaro, cabia ao Exército autorizar as aquisições de Polícias e Guardas Municipais. Hoje, as forças policiais devem apenas informá-lo das compras, minando qualquer possibilidade de veto aos possíveis excessos dessas instituições. Nessa seara, outro revés às Forças Armadas e ao Estatuto do Desarmamento se deu a partir da revogação de três portarias do Comando Logístico do Exército (Colog), que dispunham sobre a marcação e o rastreamento de armas de fogo, munições e outros produtos controlados pela instituição. Os instrumentos visavam modernizar os sistemas de controle de armas e munições, até então concentrados no Sinarm. Porém, por serem interpretadas pelo governo como muito progressistas, foram revogadas, de forma a garantir maior liberdade na circulação desses produtos (Cerqueira *et al.*, 2020, p. 75).

Há algum tempo, o Brasil é o segundo maior produtor mundial de armas pequenas, principalmente pistolas, um mercado que movimenta anualmente algo em torno de 100 milhões de dólares (Macaulay, 2019, p. 9). Com as mudanças empreendidas por Bolsonaro, somente no primeiro semestre de 2020, houve aumento de quase 200% nas vendas de armas controladas pela Polícia Federal e de 24% na venda de munições (Cerqueira *et al.*, 2020, p. 75). Podemos supor que tantas armas circulando agrade à base bolsonarista, em especial à indústria armamentista, aos policiais (militares, civis, federais, penais e municipais) e aos *caçadores, atiradores e colecionadores* (CACs), indispensáveis para a eleição do presidente.

A política armamentista alinha-se à chamada "bancada BBB" (sigla para referir-se às bancadas da bala, do boi e da bíblia) que, apesar das diferenças, estão unidas em torno da necessidade de reforço da hierarquia social e de uma sociedade "dividida em merecedores e indignos, em que as 'pessoas boas' são coletivamente protegidas das 'pessoas más', através do que a lei e o *lobby* da linha dura chamam de 'defesa social' sob o

---

[3] Nesse sentido, ver Decretos 10.627, 10.628, 10.629 e 10.630 de fevereiro de 2021.

slogan 'o único criminoso bom é o morto', algo que não é em essência novo" (MACAULAY, 2019, p. 11).

Segundo dados dos Sinarm, somente os CACs acumularam 496.172 registros de armas de fogo (MARQUES, 2020, p. 225), o que significa crescimento de 120,3% entre 2019 e 2020. A maior parte dessas armas é nacional (INSTITUTO IGARAPÉ; INSTITUTO SOU DA PAZ, 2020) e faz um enorme contraponto às forças estatais. A título de comparação, as armas de policiais e bombeiros militares "totalizavam 526.091 registros ativos em agosto de 2020" (MARQUES, 2020, p. 225). Ou seja, há tantas armas nas mãos da polícia como nas dos famosos "cidadãos de bem". Com esses números, é razoável supor o aumento de homicídios nos próximos anos, mas podemos apresentar sem suposições o que houve com os indicadores criminais até aqui.

As taxas de crime no governo Bolsonaro

Se 2017 foi o ano mais violento da história do Brasil, em 2018, as taxas de homicídio verificaram redução de 10,8%. Naquele ano, foram registradas 57.358 mortes violentas, uma taxa de 27,5 por 100 mil habitantes, mesmo patamar de 2013 (FBSP, 2019). Em 2019, esse número foi novamente reduzido em 17,7%, fechando o ano com 47.773 mortes violentas, letais e intencionais, uma das taxas mais baixas das últimas décadas: 22,7 por 100 mil habitantes (FBSP, 2020). Esse resultado foi comemorado por Bolsonaro como um efeito de sua política de segurança "linha dura" (GALVÃO, 2019).

O arrefecimento do rastro de sangue, porém, não perdurou. Em agosto de 2020, o Brasil acumulava dois títulos vergonhosos: o segundo lugar de mortos por covid-19 e um dos primeiros lugares em óbitos por homicídios. Somente no primeiro semestre de 2020, as mortes violentas letais e intencionais cresceram 7,1% em relação ao mesmo período de 2019 (FBSP, 2020). Mesmo durante as medidas de isolamento para contenção do coronavírus, a cada dez minutos uma pessoa foi assassinada, um indicador similar ao de países que estão em guerra.

Do total de homicídios registrados durante a pandemia, 74,4% foram por armas de fogo apontadas, em geral, para um público muito específico. A maioria das pessoas cujas vidas foram ceifadas pela violência armada era do sexo masculino (91,2%), jovem (51,6% com idade até 29 anos), negra (74,4%) e residente de periferia (FBSP, 2020). Além de eliminarem nossa juventude negra, de forma contraditória, parte das armas legais adquiridas para *proteger as famílias* também alimenta a violência doméstica.

As agressões contra a mulher, o contexto de pandemia e a escalada do acesso às armas de fogo, desenharam um retrato estarrecedor (Tan, 2019). Se entre 2017 e 2018 os homicídios caíram, o mesmo não pode ser dito sobre os feminicídios, que aumentaram 11,3%. Tal tendência se manteve em 2019, quando se constatou um crescimento de 7,1% das taxas de feminicídio em relação ao ano anterior. No primeiro semestre de 2020, mesmo na pandemia de coronavírus, houve aumento de 1,9% desse tipo de crime em comparação aos primeiros seis meses de 2019 (FBSP, 2020). Mais mulheres são mortas pelas armas adquiridas legalmente, para a execução da chamada "legítima defesa da honra", que ainda leva a absolvição uma miríade de feminicídios domésticos (Tan, 2019).

A situação da vitimização de negros, jovens e mulheres por armas de fogo torna-se mais crítica quando é observada na perspectiva da violência estatal. Sem estar envolvido em conflito declarado, das mais de 47 mil mortes violentas registradas em 2019 no Brasil, 13,3% são atribuídas a policiais (FBSP, 2020). São 17 assassinatos perpetrados pela polícia diariamente, um indicador sem precedentes no planeta. As análises sobre violência policial indicam que, quando a população tem amplo acesso a armas, os policiais tendem a "atirar primeiro e perguntar depois" (Ungar, 2020). No Brasil, eles sempre acertam um perfil bem definido: homens, jovens e negros. Durante a pandemia de covid-19, assistimos a um incremento tamanho da letalidade policial que o STF chegou a proibir ações policiais no Rio de Janeiro, o que conteve um pouco a violência policial.[4] Todavia, o mesmo não pode ser dito sobre os demais estados, que entre janeiro e junho de 2020 registraram 6% a mais de homicídios perpetrados pelas forças policiais (FBSP, 2020).

---

[4] A Arguição de Descumprimento de Preceito Fundamental 635 está disponível em: https://bit.ly/3e7X3LI. Acesso em: 3 mar. 2021.

O aumento das mortes violentas decorrentes de intervenção policial pode ser tomado como uma consequência indireta da proposta inicial do pacote anticrime (Projeto de Lei n.º 882, de 2019), o qual propunha a isenção de culpabilidade para os policiais que matassem em serviço, que não foi acatada pelo Congresso em 2019. Ou ainda da institucionalização de discursos presidenciais que defendem como a polícia deve usar armas sem temer as consequências de suas ações (Ungar, 2020, p. 449). Porém o pior pode estar por vir.

Se as projeções de que o incremento de 1% na quantidade de armas disponíveis, leva ao aumento de 2% dos homicídios estiverem corretas (Cerqueira *et al.*, 2019), podemos esperar uma explosão de mortes violentas nos próximos anos, sempre alvejando uma camada específica da população. O novo autoritarismo brasileiro (Schwarcz, 2019) pavimenta as avenidas para a disseminação do militarismo e do populismo armado, conceitos criados por Carlson (2019) para entender como são tematizadas as mudanças no acesso às armas que pioram os índices de violência nos Estados Unidos.

Um terceiro passo: populismo e militarismo armado

O armamento é a grande *política pública* do governo Bolsonaro para a área de segurança (Sanjurjo, 2020) e ela já mostra seus efeitos deletérios nos números de homicídios, de feminicídios e da violência policial (Cerqueira *et al.*, 2020; FBSP, 2020). Em uma discussão teórica, chama atenção como a política de armas borra a distinção entre a violência legítima (praticada pelo Estado em situações específicas) e a ilegítima (praticada por esse mesmo Estado dentro da lógica de que "bandido bom é bandido morto" num país que, em tese, não adota a pena de morte).

Vale lembrar que há, por parte do governo Bolsonaro, a defesa explícita de que as execuções sumárias realizadas pela polícia não sejam punidas (Godoi *et al.*, 2020), mesmo sendo uma prática essencialmente criminosa. Da mesma forma, verificamos que não há questionamentos populares sobre o fato de que mais armas em circulação aumenta o risco de que elas sejam utilizadas contra a própria polícia, violando o pressuposto de que somente à autoridade policial cabe o uso legítimo da violência. Essa miopia cria uma cortina de fumaça que se estrutura num aparente embate entre quem são os cidadãos que precisam se armar e quem são aqueles que podem sentir, sem justificativa, o peso do braço armado do Estado.

Uma discussão que tem sido empreendida para explicar a intersecção entre armas, política e polícia nos Estados Unidos situa esse dilema na questão racial, e entendemos que esse argumento pode ser útil à compreensão do Brasil pós-2019.

Por meio do discurso que clama pela flexibilização do acesso às armas para todos os que desejarem, o governo sinaliza que está disposto a compartilhar com uma parcela específica da população sua prerrogativa de usar a força contra quem descumpre a lei. Esses brasileiros, sem esperanças de viver dias mais seguros contando com o Estado, sentem-se seduzidos pela proposta. Para satisfazer a esse clamor, passa a ser acionado um repertório que justifica reivindicações e arranjos particulares de acordo com uma construção antipluralista de "o povo", que visa satisfazer tanto o acesso às armas como seu uso contra os outros (Carlson, 2019, p. 28).

Carlson (2019) argumenta que, nesse cenário, o monopólio do uso da força deve e precisa ser garantido quando o possível ofensor encarna o estereótipo do mal e do crime, usualmente personificado na figura de um homem negro. O *good guy*, geralmente branco e de classe média, por outro lado, deve ter o direito de proteger sua propriedade e sua família portando uma ou mais armas de fogo. Dentro desse arranjo, governos se orientam a partir de duas perspectivas que se alternam como diretrizes para o planejamento, execução e avaliação da segurança pública: o populismo armado e o militarismo armado.

No populismo armado, imagens supostamente desracializadas do "mocinho armado" são acionadas para justificar a expansão do acesso às armas pela elite que precisa se defender dos *bandidos* de forma legítima. Tal imagem deságua numa maior criminalização de áreas periféricas, em que a violência praticada com armas ilegais seria imageticamente perpetrada somente por pobres e negros (Carlson, 2019). Para combater esse mal, os governos tendem a acionar a metáfora da guerra, que fomenta a letalidade policial sob o argumento de que é preciso conter o crime e desarmar o tráfico, que seriam os únicos responsáveis pelas elevadas taxas de homicídio (Leite, 2012), o que dá ensejo ao militarismo armado (Carlson, 2019). Essa lógica de divisão entre brancos e negros contribui para a visão maniqueísta de uma sociedade dividida entre *cidadãos de bem* (brancos) e *bandidos* (negros), reforçada pelos discursos do populismo e militarismo armado (Carlson, 2019).

A segregação racial tem contornos particulares no Brasil. Portanto, tomar do argumento de Carlson (2019) seu foco exclusivo na questão racial pode nos limitar, dada a complexidade do racismo estrutural em nosso país (Schwarcz, 2019). Basta observar o desequilíbrio entre as mortes de policiais brancos e negros.

De acordo com o Anuário Brasileiro de Segurança Pública, em 2019, 65,1% dos policiais assassinados no Brasil eram negros, mesmo não compondo a maioria do efetivo no país – em 2015, eram 34,9% (FBSP, 2020). Isso se dá porque os negros são a maioria entre os profissionais de segurança em cargos operacionais, os quais, por consequência, estão mais expostos ao risco de matar ou morrer pelas mãos de outros homens negros no processo de militarização armada.

Isso implica que tomemos no Brasil a figura do *inimigo* e do *mal* como alguém que, além de negro, é jovem e morador de periferias urbanas, já que, quando fardado, o negro (que até pode ser morador de periferia) toma parte do ideal de lei e ordem defendido pelo populismo armado. Na figura do jovem negro periférico, temos a caracterização perfeita daquele contra quem o militarismo armado se volta e a favor de quem o populismo armado nunca opera.

O ponto-chave apontado por Carlson (2019) é que essas representações imagéticas do populismo e militarismo armado padecem de três problemas. Primeiro, instaura-se um maniqueísmo irreal entre as armas do bem – que seriam legais e adquiridas pelos brancos para se proteger, e as armas do mal – ilegais e adquiridas pelos negros para a prática de crimes, quando na verdade inexistem fronteiras tão bem demarcadas. Dessa maneira, reforça-se o racismo institucional, que transforma os negros, de periferia, em ameaças ou em óbitos que não merecem atenção da polícia.

O segundo problema emerge porque a operacionalização simbólica de bons (brancos) contra maus (negros), em alguns contextos, visa encobrir os negócios escusos do governo, que muito lucra com o mercado ilegal de armas. Ungar (2020) apresenta, de forma detalhada, como tal fenômeno se institucionalizou na América Central, sendo que sua análise ilumina pontos importantes para o entendimento do problema no Brasil. Basta lembrar, como destacam Penky *et al.* (2015), que a maioria das armas usadas em homicídios é de fabricação nacional e foi adquirida legalmente. Essas armas transformam em mercadoria ilegal em razão do mercado extralegal e de apreensões policiais, que não levam à destruição dos artefatos, o que contribui para a sua revenda pelos agentes da lei (Ungar, 2020, p. 452).[5] Assim, dizer que quem compra as armas é diferente de quem as usa para matar é simplesmente encobrir o elo entre esses dois polos e os mecanismos de potencialização da violência (Carlson, 2019).

Em terceiro lugar, quanto maior a quantidade de armas, maiores são as taxas de violência policial, criando um círculo vicioso de vendetas que só contribui para a insegurança pública. Braga *et al.* (2020, p. 9.12) mostram associações positivas e estatisticamente significativas entre as taxas de posse de armas estaduais e as taxas de tiroteios com mortes e homicídios envolvendo policiais, independentemente de outros fatores próprios do contexto. Mais do que garantir a vida, essas políticas armamentistas populistas contribuem para retirá-las, de cidadãos e profissionais de segurança pública.

Em conjunto, populismo e militarismo armado têm como consequência o apagamento das fronteiras entre o Estado e a sociedade no que diz respeito ao exercício da violência legítima (Carlson, 2019, p. 636). Aumentam o acesso às armas e pioram as estatísticas de violência, com especial destaque para a letalidade policial. A indústria armamentista, contudo, anda pouco preocupada com vidas quando ela pode lucrar, pelo menos, duas vezes mais do que antes de Bolsonaro ascender ao poder.

Para onde vamos?

As flexibilizações aprovadas por Bolsonaro, por meio de decretos ou portarias, contribuíram para um amplo acesso a armas e munições

---

[5] Numa única ação, mais de quatrocentas armas foram subtraídas do Fórum do Guarujá em São Paulo em 2017, um padrão que tende a se repetir em diversas cidades do país (QUASE..., 2017).

(Cerqueira *et al.*, 2019). As bases de apoio do presidente têm, assim, vários motivos para celebrar, pois ele tem cumprido à risca suas promessas de campanha nesse setor. Pena que às expensas da juventude negra, das mulheres e, até mesmo, dos policiais que perdem suas vidas (FBSP, 2020) em razão do autoritarismo armado (Schwarcz, 2019).

De símbolo de campanha, a imagem das armas é mobilizada para criar outras raízes para o racismo institucional. Os homens brancos, *cidadãos de bem*, agora podem se proteger em razão das liberações do presidente. Os homens negros, *bandidos*, vão morrer pela violência policial que não é investigada e punida (Godoi *et al.*, 2020), e pelas armas que são desviadas para a periferia pelos mesmos policiais. O populismo e o militarismo armado são, dessa maneira, dois conceitos que merecem ser incorporados no debate nacional.

Quanto à segurança pública, essa foi completamente sepultada, posto que transformada em *direito individual* que deve ser protegido por algum grupo armado. De milícias comandadas por policiais e guardas municipais (que agora podem portar armas fora do trabalho por força dos Decretos n.º 9.847, de 2019 e n.º 10.030, de 2019) a agentes de segurança privada (que também tiveram ampliadas as quantidades de armas e munições). Voltamos a uma espécie de barbárie, decorrente de um pensamento militarizado que entranha cada vez mais o nosso entendimento do que deve ser a segurança pública (Soares, 2019). Resta saber se com tantas armas haverá vida e liberdade para contar o próximo capítulo dessa história.

Mulheres e direitos humanos sob a ideologia da "defesa da família"

Flávia Biroli
Débora Françolin Quintela

Desde o governo de Michel Temer (2016-2018), a retirada de direitos sociais e a adoção de políticas antipopulares têm sido acompanhada do que chamamos de "moralismo compensatório" (Biroli, 2017), algo que se tornaria mais agudo com a vitória de Jair Bolsonaro nas eleições presidenciais de 2018.

A pauta de gênero tem sido a ponta de lança. Ela permite ativar e produzir preferências eleitorais nas quais o conservadorismo moral tem peso, inclusive em relação a outros aspectos das identidades e das adesões. Contudo, ela é também uma agenda ideológica genuína, isto é, não se trata de acenos, mas sim de políticas concretas que procuram, a partir do Executivo, restringir o acesso a direitos e produzir novos enquadramentos para políticas públicas e diretrizes de médio prazo.

Certa concepção do fortalecimento da família é central a essa agenda e a essas políticas. Trata-se de reafirmar a família como o âmbito privilegiado para a proteção e para o controle. Na perspectiva da proteção, a agenda de "austeridade" que restringe a participação do Estado em áreas fundamentais, limitando o alcance das políticas sociais e de cuidado e incentivando o recurso a serviços privados, podem, na prática, exigir mais das famílias. É algo que se tornaria ainda mais premente com a pandemia de covid-19, que levou à suspensão das rotinas de escolas e creches, e ampliou a necessidade de cuidados com idosos e pessoas doentes. Dada a divisão sexual do trabalho, o cotidiano de cuidado tem maior peso para as mulheres, o que é naturalizado pelas ideologias conservadoras sobre o papel de mulheres e homens. Na perspectiva do controle, a família aparece como dispositivo para regular corpos e desejos, com foco no processo de socialização das crianças, de acordo com valores tradicionais. Daí a demanda por controle das famílias sobre o que é ensinado nas escolas e, no limite, a defesa da escolarização em casa, o *homeschooling*. Vemos essas iniciativas como parte do que Wendy Brown (2019) definiu como expansão da esfera pessoal protegida, redefinindo o papel do Estado e o das famílias.

Essa abordagem está presente em diferentes ministérios e políticas nesses dois anos de governo liderado pela extrema direita. É no Ministério da Mulher, da Família e dos Direitos Humanos (MMFDH), porém, que ela é mais evidente. Neste capítulo, nos dedicaremos à análise das políticas do ministério nos dois primeiros anos de governo de Jair Bolsonaro, com especial atenção a uma de suas secretarias, a Secretaria Nacional da Família. O ministério é comandado pela advogada e pastora evangélica Damares Alves, e a secretaria, pela também advogada e católica Angela Gandra Martins.

Agenda e atores são reveladores das inflexões representadas pelas diretrizes atuais em relação não só aos anteriores governos do Partido dos Trabalhadores (PT), mas também a processos que foram característicos da democratização e da Nova República, entre os anos 1980 e 2016. A politização progressista da agenda de direitos humanos, de modo que incluísse expressamente o enfrentamento ao sexismo e ao racismo, foi um componente do ciclo democrático – ainda que, é claro, isso não tenha se dado sem conflitos e resistências.

Nos anos 1980, com a transição da ditadura iniciada em 1964 para o regime democrático, os movimentos de mulheres e feministas encontraram uma nova estrutura de oportunidades, em um processo de construção do Estado no qual novas referências e demandas se desdobravam em instituições, legislação e políticas públicas. Sua atuação, em um contexto internacional referenciado pela Convenção para a eliminação de todas as formas de discriminação contra as mulheres (CEDAW), que é de 1979, incidiu sobre os partidos políticos e sobre o Estado. A criação dos conselhos estaduais a partir de 1982 e do Conselho Nacional dos Direitos da Mulher (CNDM), em 1985, assim como os percalços enfrentados para manter esses espaços, são uma parte importante dessa história.

Houve um longo caminho entre a criação do CNDM e a instituição, em 2003, no primeiro governo do presidente Luiz Inácio Lula da Silva, de uma Secretaria Especial de Políticas para Mulheres (SPM) com status de ministério, à qual o CNDM passaria a estar vinculado. Também aqui o contexto internacional é relevante. Além da CEDAW, a Declaração e a Plataforma de Ação aprovadas na IV Conferência Mundial sobre a Mulher, realizada em Pequim, em 1995, foi uma baliza importante. Depois de 2015, viria a Agenda 2030 das Nações Unidas, com a qual o Brasil e quase duzentos outros países se comprometeram.

Em 2015, Dilma Rousseff funde a SPM, a Secretaria de Políticas de Promoção da Igualdade Racial (SEPPIR) e a Secretaria Nacional de Direitos Humanos (SDH), criando o Ministério das Mulheres, da Igualdade Racial e dos Direitos Humanos.[1] Esse ato já foi considerado um retrocesso por movimentos sociais à época. A reforma ministerial se deu em um contexto de forte pressão sobre o governo, dois meses antes de o presidente da Câmara dos Deputados, Eduardo Cunha (então MDB), aceitar o pedido de *impeachment*, e com a reação conservadora à agenda da igualdade de gênero e da diversidade sexual ampliando seu peso. Quando Michel Temer assumiu a presidência da República, com o afastamento de Rousseff, o ministério foi extinto e as secretarias foram incorporadas ao Ministério da Justiça e da Cidadania. Em 2017, ela passaria a integrar a Secretaria Geral da Presidência, sendo transferida para a Secretaria de Direitos Humanos em 2018.

Esse foi o percurso até que se chegasse, em 2019, ao atual Ministério da Mulher, da Família e dos Direitos Humanos. Entre 2016 e 2018, predominou uma combinação de inércia e descaso. A partir de 1º de janeiro de 2019, iniciado o governo de Jair Bolsonaro, a agenda da igualdade de gênero passou a ser combatida. É algo que foi anunciado pelo próprio presidente em seu discurso inaugural, quando disse: "Vamos unir o povo, valorizar a família, respeitar as religiões e nossa tradição

[1] A criação do ministério se dá por meio da MP n.º 696, de 2 de outubro de 2015. A conversão para a Lei n.º 13.266, em 5 de abril de 2016, oficializa a extinção das secretarias e renomeia o ministério, tornando-o Ministério das Mulheres, da Igualdade Racial, da Juventude e dos Direitos Humanos. Para uma análise das políticas da SPM sob os governos do PT, ver Carvalho (2018).

judaico-cristã, combater a ideologia de gênero, conservando nossos valores. O Brasil voltará a ser um país livre das amarras ideológicas" (Brasil, 2019c). Também foi evidenciado quando vetou, no Plano Plurianual (PPA) para 2020-2030, trechos que faziam referências aos Objetivos do Desenvolvimento Sustentável das Nações Unidas, com a justificativa de que promovem a "nefasta ideologia de gênero e o aborto sob o disfarce de direitos sexuais e reprodutivos" (Taiar, 2019).

Nessa inversão estratégica, que o conecta à "politização reativa" promovida pelos movimentos neoconservadores na América Latina e em outras partes do mundo, as demandas por direitos e o conhecimento que as amparam seriam ideológicos (Biroli; Machado; Vaggione, 2020). Ao mesmo tempo, a reação à igualdade de gênero e aos direitos das mulheres e das pessoas LGBTQ é parte de um universo amplo de contestações dos direitos humanos e das agendas de justiça social. A perspectiva naturalista, que rejeita agendas igualitárias em nome de supostos valores *familiares*, anda de mãos dadas com a normalização de desigualdades e violências.

MMFDH, conservadorismo e interfaces entre Estado e sociedade civil

O Ministério da Mulher, da Família e dos Direitos Humanos (MMFDH) foi criado pelo presidente Jair Bolsonaro em 2019. Nele, foram incluídas agendas e pastas anteriores – como as referentes às mulheres, às relações raciais, à juventude e aos direitos humanos, sob a chancela da Secretaria Nacional de Políticas para as Mulheres (SNMP), da Secretaria Nacional de Políticas de Promoção da Igualdade Racial (SEPPIR), da Secretaria Nacional de Juventude e da Secretaria Nacional de Proteção Global (SNPG).[2] Foram incluídas, também, agendas que não faziam parte formalmente dos governos anteriores, no período democrático, como a *defesa da família*, que agora passaria a corresponder a uma pasta específica na Secretaria Nacional da Família.

---

[2] Responsável pela promoção dos direitos humanos, a SNPG abarca, entre outras, a Diretoria de Promoção dos Direitos de Lésbicas, Gays, Bissexuais, Travestis e Transexuais (DPLGBT) e a Coordenação Geral de Combate à Tortura e à Violência Institucional.

A inclusão da *família* no título do ministério é a parte mais visível de uma ampla redefinição do escopo das agendas que ele inclui: mulheres, juventude e direitos humanos passariam a ser abordadas, predominantemente, a partir da perspectiva do fortalecimento da família e dos *vínculos familiares*. A mulher vem descolada das abordagens das desigualdades de gênero, mesmo em políticas para a redução da violência contra as mulheres e para a ampliação da participação política das mulheres.

O ministério comandado por Damares Alves é estruturado em oito secretarias que demarcam suas principais áreas de competência. Além das secretarias da Mulher e da Família, há a Secretaria Nacional dos Direitos da Criança e do Adolescente (SNDCA), a Secretaria Nacional da Juventude (SNJ), a Secretaria Nacional dos Direitos da Pessoa com Deficiência (SNDPD), a Secretaria Nacional de Promoção e Defesa dos Direitos da Pessoa Idosa (SNDPI), além da SEPPIR e da SNPG.

Nessa organização, a agenda da família é transversal, como seria também nas diretrizes do governo.[3] Ela é chave na ativação do conservadorismo, de forma tradicionalista e antipluralista, nas políticas de Estado. É algo que remete às alianças que deram sustentação à candidatura e, agora, ao governo de Jair Bolsonaro, com destaque para grupos evangélicos conservadores e seus partidos. Além disso, pode remeter não somente ao apelo popular e ao tipo de moralismo evocado desde a campanha, mas também evidencia um de seus desdobramentos: a mudança nos padrões de relação com a sociedade civil e o acesso de novos atores ao Estado – com presença e influência.

Nas últimas décadas, a relação entre Estado e sociedade civil foi analisada por estudiosas da área de Ciência Política numa perspectiva

[3] Destacamos o PPA 2020-23 e, nele, o Programa 5034, destinado à execução das políticas do MMFDH, sob o título "Proteção à Vida, Fortalecimento da Família, Promoção e Defesa dos Direitos Humanos para Todos". Seu objetivo seria "ampliar o acesso e o alcance das políticas de direitos, com foco no fortalecimento da família, por meio da melhoria da qualidade dos serviços de promoção e proteção da vida, desde a concepção, da mulher, da família e dos direitos humanos para todos". Também é relevante o Decreto n.º 10.531, de 26 de outubro de 2020, com a "Estratégia Federal de Desenvolvimento para o Brasil" para o período de 2020 a 2031, que contém 21 referências à família, cinco às mulheres e nenhuma à noção de gênero.

que tornava visível a maior permeabilidade do Estado aos movimentos sociais (Abers; Tatagiba, 2015). No caso dos movimentos feministas e dos movimentos antirracistas, a SPM, a SEPPIR, assim como o Ministério da Saúde, o Ministério da Educação e o Ministério do Desenvolvimento Social, foram espaços em que o diálogo com movimentos e a transversalização das políticas de gênero ocorreram. Temos clareza que isso se deu de maneira conflitiva e limitada, seja porque confrontava setores da base de sustentação do governo no Congresso,[4] seja porque os aportes orçamentários não alcançavam a potência das diretrizes provenientes de espaços participativos, como as conferências e os conselhos de políticas públicas.

O que houve depois, com a descontinuidade das políticas de participação e, formal e informalmente, com a interrupção do diálogo com os movimentos feministas? Analisando casos de regressão democrática e reversão de políticas de gênero na Europa do Leste e Central, mais especificamente, na Croácia, na Hungria e na Polônia, Roggeband e Krizsán (2018) colocam uma questão que nos parece relevante para a análise do caso brasileiro. O fechamento do espaço cívico promovido por políticas de caráter autoritário, com a restrição a protestos e a criminalização da oposição, pode ser uma das faces de processos de autocratização. Outra face, porém, que tem se mostrado significativa na reversão de políticas de gênero é a ampliação da participação institucional, formal e informalmente, de grupos conservadores, com destaque para os religiosos. É o que tem ocorrido por aqui. Na mesma medida em que se restringiu o diálogo com os movimentos feministas e o balizamento das políticas por compromissos e agendas internacionais igualitárias, ampliou-se a interlocução, assim como as parcerias, com organizações conservadoras religiosas e antifeministas. Essa dinâmica inclui a relação com especialistas. A desconfiança e o rechaço pela ciência, sobretudo produzida nas universidades, tem como contraponto o diálogo com psicólogos,

[4] Alguns exemplos são as reações vindas de aliados no Congresso ao Programa Brasil Sem Homofobia, lançado em 2004, e à Norma Técnica do Ministério da Saúde "Atenção Humanizada ao Abortamento", editada em 2005 e reeditada em 2011, que procurava garantir que as mulheres tivessem acesso ao aborto voluntário nos casos em que não é proibido pela legislação.

antropólogos, advogados, educadores, entre outros profissionais que têm em comum o fato de serem cristãos conservadores.

O protagonismo de novos atores tem representação na ministra conservadora, que está desde o início à frente do MMFDH, um entre os dois ministérios, de um total de 23 no momento em que este capítulo foi escrito, comandados por uma mulher no governo Bolsonaro.[5]

Damares Alves é advogada, educadora e pastora evangélica. Atuou por mais de duas décadas como assessora parlamentar no Congresso Nacional, próxima de deputados pastores, da Frente Parlamentar Evangélica e das frentes contra o aborto e "em defesa da família". Entre suas principais bandeiras, estão impedir a descriminalização do aborto e restringir o acesso ao aborto legal, combater o que é visto como influência LGBTQ nas políticas públicas educacionais, assim como a chamada "ideologia de gênero". Damares também possui ligação histórica com organizações cristãs que atuam em comunidades indígenas, como a articulação Jovens com uma Missão (Jocum). Ela fundou a organização não governamental Atini – Voz pela Vida, que apresenta como missão "promover a conscientização e a sensibilização da sociedade sobre a questão do infanticídio de crianças indígenas".

Desde seu discurso de posse, a ministra demarcou sua posição ao declarar que "o Estado é laico, mas esta ministra é terrivelmente cristã" (Vivas, 2019), a partir de sua trajetória de filha de pastor da Igreja Quadrangular, pentecostal, e, ela mesma, pastora e ativista religiosa evangélica. O MMFDH, contudo, é também um exemplo de como tem se dado a aliança entre evangélicos e católicos conservadores, central para os padrões transnacionais do conservadorismo, com impacto particular na América Latina e no Brasil (Biroli; Machado; Vaggione, 2020).

À frente da Secretaria Nacional da Família está a jurista e advogada católica Angela Gandra, autora de livros e capítulos nas áreas de filosofia e teoria do direito. Em 2018, ela representou a União dos Juristas

---

[5] O outro é o Ministério da Agricultura, Pecuária e Abastecimento, comandado por Tereza Cristina, engenheira agrônoma e empresária que trabalhou em grandes multinacionais do setor. Filiada ao partido Democratas (DEM), foi eleita deputada federal pelo Mato Grosso do Sul em 2014 e reeleita em 2018. Foi presidente da Frente Parlamentar da Agropecuária.

Católicos de São Paulo em uma audiência pública no Supremo Tribunal Federal sobre a Arguição de Descumprimento de Preceito Fundamental (ADPF) 442 pela descriminalização do aborto até a 12ª semana de gestação, ajuizada pelo Partido Socialismo e Liberdade (PSOL). Defendeu posição contrária ao direito ao aborto, argumentando que a liberdade de interromper uma gestação tornaria as mulheres "vítimas de sua própria violência" (Para..., 2018).[6] A atual secretária da Família é também filha de Ives Gandra Martins, católico ligado à Opus Dei, jurista e ministro do Tribunal Superior do Trabalho (TST), que tem tido papel relevante no debate público brasileiro contra o direito ao aborto e, mais recentemente, na denúncia à chamada "ideologia de gênero".[7]

A Secretaria Nacional da Família

Em seu discurso de posse como ministra, Damares Alves afirmou que governaria com princípios cristãos, sempre priorizando a família, algo que, segundo ela, se estenderia a todas as políticas do governo Bolsonaro. Disse também que lutaria contra a "doutrinação ideológica de crianças e adolescentes", em uma referência indireta às agendas de igualdade como ideológicas (Vivas, 2019).

A Secretaria Nacional da Família foi criada em 2019, com a finalidade expressa de "promover a projeção social e econômica da família, promover o equilíbrio Família-trabalho, cultivar a solidariedade intergeracional familiar, além de elaborar, consolidar e executar as Políticas Nacionais de Família" (Brasil, 2019a). Para tanto, foram criadas três

[6] Segundo Angela Gandra, em entrevista ao jornal *Folha de S.Paulo*, essa participação teria chamado atenção de Damares, abrindo caminho para a sua inclusão no Ministério (CARVALHO, 2019).

[7] Ives Gandra Martins organizou o livro *A questão do aborto: aspectos jurídicos fundamentais*, publicado em 2008 pela editora Quartier Latin, e escreveu o prefácio à edição brasileira do livro *Ideologia de gênero: o neototalitarismo e a morte da família*, do advogado argentino ultraconservador Jorge Scala, publicado em português pela editora católica Katechesis, em 2011. O original em espanhol foi publicado em 2003 com o título *La ideologia de género o el género como herramienta de poder*, pela editora espanhola Sekotia. A edição em português é atualizada e inclui, por exemplo, críticas explícitas às posições e à política de participação dos governos do PT.

diretorias: a Diretoria de Formação, Desenvolvimento e Fortalecimento da Família; a Diretoria de Equilíbrio Trabalho-Família; e a Diretoria de Desafios Sociais no Âmbito Familiar.

Entre as competências da Secretaria Nacional da Família, estão elencados o fortalecimento, a promoção e a defesa da família, inclusive contra discriminações,[8] a conscientização pública sobre o papel da família e sobre a formação *responsável* da família; a promoção da inserção de uma perspectiva de família em todas as áreas de atuação do governo; e a implementação e monitoramento de planos nacionais e setoriais voltados à família e de políticas públicas familiares transversais.

A Secretaria Nacional da Família, portanto, colocaria em prática o objetivo do governo de ter a família como base para a estruturação de todas as políticas públicas. Em 2019, foram lançados dois programas alinhados ao objetivo de fortalecimento dos vínculos familiares. O "Reconecte-se", que propõe uma reconexão entre os membros da família por meio da tecnologia, e o "Famílias Fortes", que propõe o fortalecimento de vínculos familiares e o desenvolvimento de *habilidades de vida* como meio de prevenção do uso abusivo de álcool e drogas por adolescentes.

Em evento para anunciar a adesão de municípios ao "Famílias Fortes", a secretária Angela Gandra definiu o papel do Estado como o de investir em ações de apoio ao "alicerce da sociedade", a família, de forma a não atuar apenas "apagando incêndios", por meio do que ela chama de políticas negativas. "Se a gente conseguir fortalecer, rever relacionamentos, todo o desequilíbrio vai ser prevenido", declarou. Adicionou, ainda, que "a família é o berço da cidadania e da saúde", sendo fundamental para o desenvolvimento econômico e social (Brasil, 2020a).

No que diz respeito à promoção do "equilíbrio trabalho-família", também em 2019 foi lançado o "Selo da Empresa Amiga da Família", cujo objetivo seria conscientizar as empresas de serem "familiarmente

---

8 Não há especificação do termo "discriminação contra a família". Contudo, considerando o uso constante do vocábulo no singular, podemos levantar a possibilidade de que demandas pelo reconhecimento de diferentes configurações familiares caracterizem discriminação contra "a" família – isto é, a família em suas configurações tradicionais heteronormativas e patriarcais.

responsáveis", o que corresponderia a "animar empresas a focar em sua maior riqueza: cada pessoa que nela trabalha e sua família, que, por sua vez é decisiva para seu bom desempenho" (Brasil, 2019b). Além de conscientizá-las da importância de serem "familiarmente responsáveis". Em texto no qual promove o programa, publicado no portal on-line "Migalhas", a secretária afirma que é preciso "buscar soluções culturais que possam efetivamente auxiliar para que cada membro viva seu papel insubstituível em seu lar, como pai, mãe, filho, etc", pois "a pessoa equilibrada e a família bem estruturada trabalha muito melhor" (Gandra, 2019).

Além de externar a concepção de família do ministério, Gandra manifesta uma abordagem própria do governo que compõe. Ou seja, o Estado não ocupa mais a posição de garantidor de legislações trabalhistas que obriguem empresas a respeitar limites, mas resume-se ao papel de anunciante da relevância do equilíbrio trabalho-família para a empresa, na medida em que isso aumentaria a eficiência do trabalhador. É algo que discutimos quando analisamos as convergências entre neoliberalismo e neoconservadorismo, destacando que a restrição às garantias (direitos trabalhistas, por exemplo) é associada à responsabilização da família e ao imperativo de que estas sejam "funcionais", regulando o comportamento moral das novas gerações e gerando indivíduos produtivos (Biroli; Machado; Vaggione, 2020).

Outro propósito central para o MMFDH e a Secretaria Nacional da Família é a implementação de "políticas públicas familiares". Conforme explicam cartilhas lançadas pelo ministério (Brasil, 2020b; 2020c;), o que caracteriza uma política pública como familiar não é o simples direcionamento a famílias, mas sim o fato de estar voltada para o fortalecimento da estrutura e dos vínculos da família, dando o suporte necessário para que elas possam agir "com responsabilidade" sobre as "próprias circunstâncias". Nessa perspectiva, cabe ao Estado:

> [...] ser a estrutura favorável na criação de políticas públicas voltadas para a família, com o objetivo de dar a elas autonomia para que sejam capazes de exercer suas funções. A valorização e promoção da solidariedade e cooperação intrafamiliar por parte do poder público auxilia as famílias, de forma melhor e a menor custo para

> a sociedade, na educação das novas gerações, no cuidado com seus membros mais vulneráveis ou pessoas com deficiência (Brasil, 2020c, [s.p.]).

Nesse sentido, a Portaria n.º 1.756 do Ministério da Mulher, da Família e dos Direitos Humanos, de 19 de junho de 2020, instituiu o programa "Município Amigo da Família", que é o marco para o "Selo Município Amigo da Família" e para o "Prêmio Boas Práticas em Políticas Familiares Municipais". O objetivo é incentivar a "implementação de políticas públicas orientadas a sustentar as relações familiares, visando o fortalecimento de vínculos conjugais e intergeracionais". Com isso em vista, o MMFDH estimula a criação de Organismos Municipais de Políticas Familiares (OMPF), órgão de gestão das políticas familiares, que também visaria estimular uma perspectiva da família em todas as áreas de atuação do governo municipal, disseminar conhecimento sobre o valor da família e sobre a formação "responsável" de famílias.

Ao mesmo tempo, a Portaria n.º 1.643, publicada no mesmo dia pelo ministério, instituiu o "Observatório Nacional da Família", com a finalidade de "incentivar o desenvolvimento de estudos e pesquisas relacionados à temática da família", dando visibilidade ao papel da família "num cenário privilegiado para a transmissão de valores e de proteção social". Com esse enfoque, numa parceria entre a Coordenação de Aperfeiçoamento de Pessoal de Nível Superior (Capes), pelo Ministério da Educação, o MMFDH e a Secretaria Nacional da Família, foi anunciado em outubro de 2020 um edital que financiará seis projetos de pesquisa sobre a organização e a situação atual das famílias brasileiras, incluindo cinquenta bolsas de mestrado e pós-doutorado, sendo investido um total anunciado de 2,4 milhões de reais (Capes, 2020; Brasil, 2019d). Vale observar, por um lado, no que diz respeito à agenda, que não se trata simplesmente de limitar a produção do conhecimento das relações de gênero e a pesquisa na área de Humanidades,[9] mas

[9] Ver, por exemplo, a Portaria n.º 34, de 9 de março de 2020, que dispõe sobre as condições para fomento a cursos de pós-graduação pela Capes, e a Portaria n.º 1.122, de 19 de março de 2020, que define as prioridades do Ministério da Ciência, Tecnologia, Inovações e Comunicações para o fomento da pesquisa. A definição de áreas prioritárias

também de reenquadrar e estimular a produção de dados e narrativas que confirmariam as concepções ideológicas conservadoras do governo atual. No que envolve os atores, por outro lado, as redes visíveis de comando, nesse caso, incluem a pastora Damares, a advogada católica conservadora Angela Gandra e o atual presidente da Capes, Benedito Guimarães Aguiar, também evangélico, que já defendeu a abordagem educacional do criacionismo como um "contraponto à teoria da evolução" (Saldaña, 2020).

Outra pauta cara à secretária Angela Gandra é o *homeschooling*, ou "ensino familiar", como denominado por ela. Para Gandra, o momento de isolamento social das famílias em decorrência da pandemia de covid-19 teria demonstrado a importância de discutirmos a regulamentação dessa forma de ensino. Na leitura da secretária, o *homeschooling* é um direito humano, enunciado na Constituição Federal e na Declaração Universal dos Direitos Humanos, que defendem a família como protagonista da educação dos filhos. "O artigo 26 da Declaração Universal dos Direitos Humanos afirma que os pais têm prioridade no direito de escolha do gênero da educação que será dada aos filhos" (Brasil, 2020d), afirmou durante um simpósio em setembro. É algo que se conecta fortemente com campanhas lideradas por religiosos conservadores em diferentes países da América Latina, sob o slogan "#ConMisHijosNoTeMetas", nome do movimento criado no Peru em 2016. Em manifestações na Colômbia, na Costa Rica, no Equador, no México e no Peru, entre outros, apareceria também o slogan "A Mis Hijos Los Educo Yo". Nesses casos, o veto à educação sexual e a denúncia da suposta "ideologia de gênero" infiltrada nas escolas como ameaça às crianças, localiza na família a autoridade na educação dos filhos.

A responsabilização *das* famílias tem, é claro, na responsabilização das mães *nas* famílias um de seus aspectos centrais. Nesse sentido, vale observar que a maternidade reaparece, idealizada, em pronunciamentos e no programa "Mães Unidas", da Secretaria Nacional da Família. Destinado a mulheres gestantes e mães de crianças até 2 anos, traz o enquadramento do fortalecimento de vínculos familiares e comunitários, do prisma da

levou à exclusão, pela primeira vez, das Humanidades do edital de Iniciação Científica do Conselho Nacional de Desenvolvimento Científico e Tecnológico (CNPq) de 2020.

responsabilização das famílias (e, nelas, das mulheres) pelas crianças. Lançado em maio de 2020, o "Mães Unidas" propõe a capacitação de mães voluntárias para oferecer acompanhamento, apoio relacional e informações a mulheres grávidas e mães recentes – priorizando adolescentes (até 19 anos), beneficiárias do Bolsa Família, e mães de crianças com deficiência. O fortalecimento de vínculos é visto como a base para se desenvolver o papel da família no cuidado, na proteção da criança e no crescimento saudável (Mmfdh, 2020e). Conforme a secretária da Secretaria Nacional de Políticas para Mulheres, Cristiane Britto,[10] o Mães Unidas, que é o primeiro projeto voltado à maternidade do MMFDH, teria o objetivo de "contribuir para o nascimento seguro e o desenvolvimento saudável de mães e filhos em situação de vulnerabilidade" (Mmfdh, 2020c). Pode ser conectado a uma frente importante da atuação das mulheres que estão à frente do MMFDH e de suas secretarias, em especial a da Família, que é o combate ao direito ao aborto e a atuação para convencer as mulheres a não abortar mesmo nos casos previstos como exceção à legislação que penaliza o aborto no Brasil, que são risco de morte da mãe e gestação decorrente de estupro, desde 1940, e anencefalia fetal, desde 2012. Em caso polêmico que mostra os limites dessa perspectiva, em agosto de 2020, a ministra Damares Alves tentou impedir que uma criança de 10 anos, grávida após ser estuprada por um tio ao longo de quatro anos, tivesse acesso ao aborto legal (Vila-Nova, 2020).

Neste capítulo, discutimos os dois primeiros anos do governo Bolsonaro por meio da análise do Ministério da Mulher, da Família e dos Direitos Humanos (MMFDH). Focamos, em especial, na Secretaria Nacional da Família. Nos dois casos, discutimos na agenda, que destaca a "família", e o padrão de relações com a sociedade civil, em que se destacam atores religiosos, evangélicos e católicos no comando das políticas públicas.

Como mencionamos no início deste texto, o "moralismo compensatório" atua de modo a mobilizar adesão popular para políticas antipopulares. O período em que as políticas de "fortalecimento da

[10] Cristiane Britto é advogada e ligada ao partido Republicanos (antigo PRB). Em maio de 2019, ela substituiu a deputada evangélica Tia Eron, também filiada ao Republicanos e primeira a ocupar a pasta no governo Bolsonaro.

família" e dos "vínculos familiares" foram lançadas foi também aquele em que o governo trabalhou para restringir direitos trabalhistas e de seguridade social. Durante a pandemia de covid-19, o auxílio emergencial proposto pelo Congresso foi adotado pelo governo, beneficiando as famílias mais pobres. O presidente, no entanto, recusou-se a assumir liderança no combate à pandemia e seus efeitos. Suas declarações deixaram claras, inúmeras vezes, tentativas de desresponsabilizar-se pelas crises sanitária e econômica.

Nesse aspecto, muito foi dito sobre a relação entre Bolsonaro e os governadores, mas nem sempre se registrou a privatização das responsabilidades, com foco na família. No dia 25 de março de 2020, contrariando as diretrizes científicas para o isolamento social, o presidente disse que cada família deveria cuidar de seus idosos e que o povo devia parar de "deixar tudo nas costas do poder público". E emendou: "cada filho que cuide de seu pai, poxa" (Barrucho, 2020). No dia 8 de abril, ele repetiria "cada família deve colocar o vovô e a vovó lá no canto e é isso" (Schuquel, 2020).

Não há uma divisão clara entre agenda moral e agenda econômica, ainda que os diferentes aspectos do "familismo" nem sempre encontrem correspondentes diretos no neoliberalismo. O antipluralismo é evidente no recurso à família e à ideia de que as crianças estariam ameaçadas por políticas de respeito à diversidade sexual, como forma de justificar políticas heteronormativas, mas há mais aqui. Na afirmação de que é preciso limitar os temas tratados nas escolas para proteger as crianças, sustentam a falsa ideia de que a família é um espaço de segurança. Entretanto são no ambiente familiar e no espaço da casa que ocorrem a maior parte das violências contra mulheres e crianças no Brasil.

Conforme o Atlas da Violência (IPEA; FBSP, 2019), 28,5% dos assassinatos de mulheres ocorreram dentro da residência (o que pode chegar a 39,3%, se desconsiderados os óbitos sem registro do local do incidente). Em 2018, 68% dos casos de estupro atendidos pelo SUS foram de crianças menores de 13 anos, um terço dos agressores eram amigos e conhecidos da vítima, 30% familiares próximos (pais, mães, padrastos e irmãos). Nos casos de perpetrador conhecido, 78,5% ocorreram na residência da vítima (IPEA; FSB, 2018). A situação de isolamento social provocada pela pandemia escancarou essa realidade, com o número de denúncias de violência contra a mulher aumentando no mundo todo, incluindo o Brasil. Idealizar a família não vai colaborar para que seja um espaço de acolhimento e pode, ao contrário, colocar em risco as pessoas mais vulneráveis nessas relações.

Ao mesmo tempo, não são prêmios para políticas de fortalecimento dos vínculos familiares que permitirão que as pessoas vivam melhor. Creches, sistemas educacionais com horários adequados à rotina de trabalho de pais e responsáveis, políticas para o cuidado das pessoas com necessidades especiais, saúde pública de qualidade, acesso à aposentadoria na velhice e leis que permitam a trabalhadoras e trabalhadores previsibilidade, horários compatíveis com as responsabilidades domésticas e familiares, e salários compatíveis com seu sustento e os dos seus, são algumas das medidas que fazem diferença nas vidas das pessoas, independentemente dos arranjos familiares. É sobretudo em meio a famílias mais pobres e aquelas chefiadas por mulheres que é mais sensível a relação entre o papel do Estado e o cuidado (Biroli, 2020).

A moralização pode ser compensatória e funcional para a extrema direita no poder, mas ela não dá conta das necessidades reais das pessoas e de suas famílias, levando a contradições que abrem espaço para um debate progressista e responsável sobre a precarização da vida e as dificuldades crescentes que temos para cuidar uns dos outros.

"Um só povo, uma só raça": a questão racial nos dois primeiros anos de Bolsonaro

Luiz Augusto Campos

São recorrentes os discursos do presidente Bolsonaro com referências ao caráter mestiço da população brasileira ou à inexistência de racismo no país. Igualmente frequentes são suas declarações racistas, ou de seus correligionários mais próximos, geralmente em tom de piada ou galhofa. Porém, se a questão racial é um dos objetos de desprezo do bolsonarismo, as ideias dessa articulação política sobre a questão parecem menos sistemáticas e explícitas do que suas visões sobre temas correlatos como gênero, por exemplo.[1]

Este capítulo se debruça justamente sobre as ações e os discursos fragmentários do governo Bolsonaro em pautas concernentes ao debate racial. Mais do que imputar uma estrutura sistemática ou doutrinária a elas, pretendemos identificar seus *slogans* mais recorrentes, suas possíveis premissas compartilhadas e algumas de suas prováveis fontes históricas. Vale lembrar que a pauta racial retornou ao centro do debate público e político recentemente, processo catalisado pelos efeitos, no Brasil, do ciclo internacional de protestos iniciado após o brutal assassinato de George Floyd nos Estados Unidos; pela crescente suspeita de envolvimento do clã de Bolsonaro no atentado contra a deputada Marielle Franco e; sobretudo, pela decisão recente do Tribunal Superior Eleitoral (TSE) e do Superior Tribunal Federal (STF) de estabelecer critérios de

[1] Embora não se restrinja ao bolsonarismo em sentido estrito, o livro de Marina Basso Lacerda (2019) sobre os discursos, votações e articulações neoconservadoras acompanha o processo de formação da extrema direita, no seio do qual o bolsonarismo se destacou. Como a autora argumenta, os ataques à chamada "ideologia de gênero" são centrais para ambas as ideologias e articulam-se em diálogo estreito com grupos políticos internacionais.

equidade racial para a distribuição de recursos de campanha nas eleições de 2020. Tudo isso torna urgente um trabalho hermenêutico que busque organizar as premissas contidas no bolsonarismo sobre o tema da raça. Ressalta-se que a revisão da Lei de Cotas Raciais no ensino superior está prevista para 2022, o que torna vital mapearmos desde já as perspectivas desse governo sobre um tema que ele provavelmente terá de se manifestar no futuro.

Argumentamos que é possível identificar certa concertação latente nos discursos e nas ações do bolsonarismo em relação à questão racial calcada em dois pilares: um discursivo e outro prático. O pilar discursivo baseia-se em uma reciclagem do mito da democracia racial em um enquadramento levemente distinto de suas apropriações pretéritas. Se antes a narrativa era baseada na diluição das fronteiras raciais entre brancos, negros e indígenas, tal mito aparece agora com um enfoque que reconhece a divisão em raças fundadoras, mas que enfatiza as relações de fraternidade entre elas. O pilar prático envolve uma estratégia, já em curso, de minar mais as instituições e as condições básicas de funcionamento das políticas raciais do que os procedimentos estritamente voltados para a população preta, parda e indígena. Em outros termos, os ataques e o desmonte das instituições de ensino superior e de organizações como a Fundação Palmares comprometem o funcionamento de tais políticas sem depender de uma declaração explícita de intenções.

O que se segue está organizado em quatro seções. Na primeira, mostramos de que modo a questão racial aparece em fragmentos de discursos de alguns dos principais atores do chamado "bolsonarismo". Nossa ênfase recairá não apenas sobre os debates em torno das narrativas sobre desigualdades e discriminações contra grupos como negros e indígenas, mas também nos usos pretensamente metafóricos do léxico racialista. Acreditamos haver muito mais continuidades do que descontinuidades entre essas retóricas. A segunda seção explora algumas fontes ideológicas tradicionais desses discursos, com ênfase específica sobre a apologia à mestiçagem brasileira sintetizada no trabalho de Gilberto Freyre e reciclada pelo imaginário estatal do Estado Novo (1937-1946) e da Ditadura Militar (1964-1984), até a redemocratização. A terceira seção versará sobre as reações do movimento antirracista brasileiro, em especial do movimento negro, a essa retórica e aos seus efeitos institucionais, particularmente o total fechamento de canais de comunicação com o Estado. A quarta e última seção resume alguns dos nossos achados.

Antes, porém, cabe um primeiro esclarecimento conceitual. A discussão bibliográfica sobre os modos de definição do chamado "bolsonarismo" é proporcional às discordâncias sobre seus elementos fundamentais. Em polêmica recente, o jornalista João Moreira Salles afirmou que "não existe bolsonarismo, apenas bolsonaristas", haja vista a falta de "um conjunto coerente de ideias e uma visão de mundo articulada" (Salles, 2020). Seu diagnóstico chama atenção para as motivações não refletidas dos seguidores do presidente, ligados a um autoritarismo mais psicanalítico do que refletido ou doutrinário. Contudo, tal afirmação ignora o caráter fragmentário, porém eficaz, das ideologias políticas, nem sempre traduzíveis em doutrinas coerentes e racionalmente enunciadas (Freeden, 1996). Enquanto princípio das ações políticas de um determinado ente coletivo, ideologias são constituídas de modo mais ou menos explícito, mais ou menos coerente, mais ou menos racional. Portanto, sua análise não depende apenas da leitura das obras clássicas de uma determinada corrente teórica que a inspira, mas também da investigação do modo como pessoas mobilizam tais premissas na prática política.

Enquanto articulação política conservadora e reacionária, o bolsonarismo se caracteriza pela oposição às forças partidárias que se alternaram na Nova República, mormente aquelas com pendores liberais de centro-direita e vieses socialdemocratas de centro-esquerda, ambas classificadas como ameaças "globalistas" e "comunistas" à soberania e cultura nacionais (Lynch, 2020). Contra essas forças políticas, o bolsonarismo propõe um retorno às bases fundamentais judaico-cristãs da cultura nacional, calcada nos autoritarismos familista (a família patriarcal como célula básica da sociedade), militarista (as forças armadas como síntese e guardiãs do espírito nacional) e neoliberal (o livre mercado como princípio de organização espontânea do social) (Lacerda, 2019; Lynch, 2020). Porém, enquanto ideologia conservadora que reage a ameaças contextuais, o bolsonarismo pode modificar e adaptar, num futuro próximo, suas premissas básicas. Além disso, a adesão a elas não é uniforme e homogênea entre seus correligionários. Ainda assim, já é possível identificar hoje esses traços fundamentais. Resta entender como eles se manifestam quando aplicados às relações raciais brasileiras.

Os sentidos da raça

Apesar de aparentemente fragmentárias e desconcertadas, as menções à questão racial brasileira por Bolsonaro e seus correligionários mais próximos não podem ser consideradas raras. São tantas as declarações do presidente sobre raça e/ou racistas que seria impossível reproduzir todas aqui. Ainda em campanha, Bolsonaro usou uma linguagem pecuária para se referir aos quilombolas de sua região de nascimento, que, segundo ele, "chegam a pesar sete arrobas [...] e nem servem para procriar". Tão recorrentes quanto suas declarações racistas são as tentativas de negá-las a partir de anedotas pessoais sobre relações próximas com indivíduos de outras raças, como o oficial negro que ele salvou de um afogamento ainda quando era soldado, e de sua "irmandade" com o hoje deputado federal Hélio Lopes, do Partido Social Liberal (PSL) do Rio de Janeiro.

Ademais, chama atenção a recorrência do termo raça em um sentido mais metafórico nos pronunciamentos oficiais de Bolsonaro. O título do presente capítulo ("o Brasil é um só povo, uma só raça") é um bom exemplo. Apenas no repositório de discursos presidenciais do Planalto foi possível encontrar cinco ocorrências quase exatas dessa frase, na maioria dos casos ao fim do pronunciamento. Não deixa de ser curioso, também, outros modos com que Bolsonaro emprega o termo "raça", a saber, como forma de prometer a eliminação de um grupo político-ideológico específico ("vamos eliminar essa raça de comunistas") ou como maneira de autoelogio a um correligionário ("somos daquela raça que não desiste").

Voltaremos a esse ponto nas considerações finais. Antes disso, é importante notar as referências ao termo e a seus correlatos nos discursos da parte mais próxima dos correligionários do presidente. Na maioria absoluta de seus discursos e tuítes, o deputado Hélio Lopes, por exemplo, destaca a relação fraterna e estreita que mantém com o presidente da República, referido insistentemente como "irmão". Tal relação se concretizou no nome de campanha de Hélio em 2018: apesar de ocasionalmente se apresentar como Hélio Negão, seu nome de urna foi Hélio Bolsonaro. Seus pronunciamentos oficiais e suas publicações nas redes sociais costumam repetir um enquadramento comum em sua campanha: a prova da inexistência de racismo no Brasil, e no discurso do presidente está na "irmandade" entre ambos, o que é confirmado pelas falas de Jair Bolsonaro. Uma das polêmicas instadas pelo presidente teve justamente a ver com isso: "O 'negão' é o Hélio, hein, meu irmão que demorou para nascer. Demorou dez meses para nascer. Deu uma queimadinha no Hélio aí... senão ele seria a minha cara" (Medeiros, 2020b).

Tal enquadramento é levemente distinto daquele propalado por Sérgio Camargo, indicado por Bolsonaro para assumir a direção da Fundação Palmares, órgão fundado em 1992 com a missão proteger a cultura afro-brasileira. Mais conhecido pelas suas declarações polêmicas contra artistas e lideranças de esquerda, seu Twitter se dedica, em grande medida, a denunciar o caráter *terrorista* dos pseudo-heróis negros brasileiros. Por isso, sua ênfase em remover vários nomes da galeria de afro-brasileiros célebres, mantida pela Fundação. Duas são as justificativas arroladas nessas ocasiões: a falsa negritude desses expoentes e a existência de outros afro-brasileiros *verdadeiramente* patriotas. Note-se que nem Camargo nem Hélio Lopes descartam distinções raciais de seus discursos: ambos mencionam brancos e negros como categorias distintas, ainda que irmanadas. No caso de Camargo, adota-se uma definição mais estrita de negritude, restringida aos chamados "negros retintos" como ele, e um ataque aos pseudo-heróis negros como Madame Satã ou Carlos Marighela. Ou seja, o problema a ser atacado seria "a discriminação da esquerda contra pretos 'inconvenientes' [não identificados com seus valores políticos]" (Camargo, 2020). Daí a rotulação do movimento negro brasileiro como "escória maldita", como revelado por áudios seus vazados em junho de 2020.

A tradução prática desses discursos está na redução acentuada de reconhecimentos legais de terras quilombolas, prerrogativa atual da Fundação Palmares. Embora esse número viesse caindo desde antes, em 2019 ele atingiu seu menor patamar em quase duas décadas: dos 2.777 territórios reconhecidos entre 2004 e 2019, apenas 5 foram nesse último ano (Simões, 2020).

Outro campeão de acusações de declarações racistas é o vice-presidente, Hamilton Mourão. Ainda durante as eleições, ele qualificou a beleza de um dos seus netos como "branqueamento da raça" e destacou em um de seus discursos, já como ocupante do seu atual cargo, o papel da "indolência dos índios e a malandragem dos negros" como marcas negativas próprias de nossa constituição nacional. Ao ser questionado sobre o assassinato de João Alberto por seguranças da rede Carrefour de hipermercados, Mourão negou veemente a existência de racismo no Brasil, no que foi endossado explicitamente por Bolsonaro. Nas palavras do vice-presidente:

> Digo com toda a tranquilidade: não existe racismo no Brasil. Eu morei nos Estados Unidos. Racismo tem lá. Eu morei dois anos nos Estados Unidos. Na minha escola que eu morei lá, o pessoal de cor andava separado. Eu nunca tinha visto isso aqui no Brasil. Saí do Brasil, fui morar lá, era adolescente, fiquei impressionado com isso aí. Isso no final da década de 1960. Mais ainda: o pessoal de cor sentava atrás do ônibus, não sentava na frente. Isso é racismo. Aqui não existe isso. Aqui o que você pode pegar e dizer é o seguinte: existe desigualdade. [...] Grande parte das pessoas de nível mais pobre são gente de cor, apesar de nós sermos uma sociedade totalmente miscigenada. É só você olhar a minha nota aqui: eu e Guilherme somos gaúchos. Eu sou pelo duro, Guilherme já é um pelo mais sofisticado (Mourão, 2020).

Chama atenção, porém, como Mourão também manipula e oscila entre tais discursos. No mesmo discurso em que destacou a "indolência dos indígenas", Mourão também destacou: "E eu sou indígena, meu pai era amazonense. [...] Então esse é o nosso cadinho cultural" (General..., 2018). É verdade que o paroxismo das declarações podem ser provas da inconsequência e da inconstância de Mourão. Por outro lado, elas são totalmente coerentes com uma certa interpretação da concepção de democracia racial que está na base do processo de construção nacional a partir dos anos 1930, para quem o povo brasileiro é o amálgama cultural e politicamente pacífico das contribuições naturais de três raças desiguais, porém equivalentes. Essa flexibilidade hibridista aparece em outras declarações do vice-presidente. Em uma entrevista ao programa televisivo Central Globo News, Mourão foi questionado sobre as cotas raciais no ensino superior, quando respondeu:

> Mourão: Se nós tivéssemos a linha de partida alinhada, todo mundo com saúde e educação correta, nós precisaríamos de cota? Não.

Então eu acho que nós temos que é dar saúde e educação e acabar, pouco a pouco, com o sistema de cotas
Entrevistadora: O senhor é contra as cotas raciais?
Mourão: No momento, não posso dizer que seja contra porque é uma forma de compensar a deficiência da nossa educação pública.[2]

Numa perspectiva um pouco distinta, Abraham Weintraub, ex-ministro da educação, também merece menção no rol de personalidades do *front* governista que atuaram na questão racial. Apesar de bastante ativo nas redes sociais e na imprensa de modo geral, se envolveu de forma mais rara em polêmicas de racismo. Em um desses episódios, utilizando uma linguagem que remete pejorativamente ao sotaque chinês, Weintraub insinuou que a China teria produzido a pandemia para se beneficiar política e economicamente, o que lhe rendeu um inquérito judicial (Falcão; Vivas; D'agostino, 2020). Porém é digno de nota que a última deliberação do ministro antes de sair às pressas do cargo em uma quase fuga para os Estados Unidos foi a sustação da Portaria n.º 545 de 2020, que incentivava programas de pós-graduação das universidades federais a adotar ações afirmativas raciais para negros e indígenas (Medeiros, 2020a). É curioso notar que a Portaria não obrigava nenhuma medida por parte desses programas, apenas as incentivava a tal. Seu cancelamento era, portanto, uma espécie de ensaio, uma declaração de intenções de um governo que transformou o ataque às universidades públicas em uma de suas principais metas. Em seguida à saída de Weintraub, e à reação pública ao evento, a Portaria voltou a valer.

A despeito do mosaico pouco coerente desses discursos, é possível destacar algumas características que lhes são similares. Além da negação do racismo estrutural brasileiro e da consequente ênfase no caráter mestiço da população, chama atenção o reconhecimento da raça como marcador da diferença. Há uma distinção em relação aos modos tradicionais de apropriação e de reinvenção estatal da apologia da mestiçagem. Tanto o Estado Novo quanto a Ditadura Militar, inaugurada em 1964,

[2] Entrevista com General Hamilton Mourão no programa *Central GloboNews*, de 22 de janeiro de 2020.

incorporaram o mito da democracia racial em seus imaginários estatais, mas quase sempre como forma de negar a existência de negros e brancos num Brasil em que todos eram vistos como híbridos e mestiços.

Grosso modo, o mito da democracia racial foi usado como estratégia para interditar discursos que apelassem à raça como forma de descrever nosso povo. Não haveria racismo no Brasil porque seríamos todos mestiços, logo, discriminações raciais não apenas nos seriam estranhas, como também logicamente impossíveis (Guimarães, 2006). O que ocorre nas referências citadas anteriormente é algo levemente distinto. Todos os mencionados reconhecem a existência de clivagens raciais. Logo, a negação do racismo não se dá propriamente pela negação da existência de raças, mas sim pela irmandade entre elas. Para melhor entender essa diferença na reciclagem atual e pretérita do mito da democracia racial, é preciso, contudo, recuperar parte de sua história no século XX.

O mito da democracia racial

Não é nosso objetivo resumir neste texto a história tortuosa e complexa do chamado mito da democracia racial, mas apenas destacar alguns traços da sua apropriação pelo Estado Nacional no decorrer de nossa história. Embora as origens teóricas dessa narrativa remontem à obra clássica de Gilberto Freyre, é preciso lembrar que seus elementos fundamentais já estavam presentes no debate político e intelectual dos anos 1920 e 1930 (Lehmann, 2008). Grosso modo, a síntese freyreana localizava os fundamentos da nacionalidade brasileira no período colonial e no equilíbrio de antagonismos produzido pelo latifúndio patriarcal português. Supostamente distinto da colonização inglesa e espanhola, esse modelo se baseou na escravização massiva de negros e negras, governados por aventureiros portugueses com escasso acesso a mulheres brancas europeias. Nesse argumento, a família patriarcal colonial figura como espaço de amortecimento dos conflitos políticos entre distintos grupos raciais. A promiscuidade sexual do senhor português teria conferido um lugar de destaque às concubinas negra ou indígena e a seus descendentes mestiços, arranjo que teria equilibrado os antagonismos de outros sistemas coloniais como aqueles existentes nas colônias inglesas e espanholas (Freyre, 2003 [1933]).

Freyre foi e continua sendo uma importante fonte para conservadores porque suas reflexões conseguem, a um só tempo, justificar as hierarquias que marcam a história brasileira e, ao mesmo tempo, desinflacionar as violências do nosso processo formativo. Vale mencionar que o principal ideólogo dos bolsonaristas, Olavo de Carvalho, se referiu mais de uma vez a Freyre como um dos maiores gênios brasileiros, endossando grande parte de suas ideias (Carvalho, 1999). Embora reconheça os requintes de crueldade presente nas relações raciais brasileiras, Freyre destacava a mistura entre violência e afeto desses intercursos, hibridismo emocional que teria impedido à politização de nossas clivagens raciais (Araújo, 1993). Note-se que, no modelo freyreano, a colonização portuguesa teria permitido a tradução da autoridade do homem branco em uma ordem social fluida e diversa, diferente das sociedades duras, homogêneas ou belicosas que se originaram de outros processos colonizatórios (Freyre, 1940). Dessa perspectiva, a desordem política é sempre fruto, no Brasil, da ingerência no tecido social de forças alienígenas à nossa constituição cultural, mormente forças estrangeiras ou utópicas que assaltam o Estado sob pretextos progressistas.

Observa-se, contudo, que tal ideário não ficou restrito ao conservadorismo brasileiro, sendo apropriado por quase todas as forças políticas de nossa história recente. Durante a maior parte da história do Brasil, essas ideias permitiram unificar setores diversos das elites em torno de uma concepção de nação. Elas conferiam aos estatistas uma visão nacional capaz de justificar a existência de uma autoridade forte e protetora, daí seu apelo para os regimes autoritários brasileiros (Guimarães, 2006). Ao mesmo tempo, tal narrativa dava aos liberais os argumentos necessários para a restrição do poder estatal sobre a sociedade, especialmente sobre as próprias elites, guardiãs últimas da autoridade que administrava flexivelmente os conflitos sociais. Para os conservadores, essa visão justificava a preservação das nossas hierarquias mais tradicionais, ao mesmo tempo que dava à esquerda os argumentos necessários para enfatizar nossas desigualdades de classe e afastar a ameaça das lutas identitárias. Logo, a longevidade dessas ideias se deve mais à maleabilidade de seus traços fundamentais do que à sobrevivência intacta de suas premissas.

Tal ideário também passou por sucessivas apropriações, seja pelo Estado Novo Varguista nas décadas de 1930 e 1940, seja pela sua reinvenção na Ditadura Militar, a partir dos anos 1970. Vale mencionar que o discurso de unidade racial, herdado do fascismo, foi fundamental nos primeiros anos do governo Vargas, mas cedeu espaço para o hibridismo de matriz freyreana nos anos 1940. A mobilização desse último ideário se deu no sentido de acomodar as contribuições culturais dos trabalhadores "de cor" (negros, mulatos, caboclos etc.) com as pretensões dirigentes de uma elite que passou a se enxergar como embranquecida, porém mestiça (Skidmore, 1974). É nesse período também que a diplomacia brasileira incorpora tais discursos para apresentar o país como um modelo a ser seguido no pós-guerra por um mundo cravejado de antagonismos raciais (Maio, 1998). A despeito de tensões iniciais, a Ditadura Militar recicla e reforça o discurso da democracia racial. Ainda que esse processo de reapropriação mereça estudos mais detidos, a autocracia política brasileira se justificava, assim, como recurso necessário à proteção da vitalidade popular de nossa democracia racial, ameaçada pelo comunismo alienígena (Guimarães, 2015).

É dessa versão militarista do mito da democracia racial que o bolsonarismo extrai seus traços fundamentais. A vitalidade do povo brasileiro estaria, sobretudo, na harmonia entre as raças e na mestiçagem. Isso não quer dizer, contudo, que haja uma igualdade entre as raças ou mesmo uma negação das diferenças entre elas. Tudo se passa como se os diferentes grupos raciais dessem distintas contribuições ao *meltimg pot* brasileiro, inclusive por seus defeitos. O equilíbrio de antagonismos freyreanos pode ser interpretado como fruto do balanceamento entre as "heranças" negativas e positivas de cada raça, que englobam "a indolência indígena e a malandragem do negro", como disse Mourão. Como já destacou Ricardo Benzaquen de Araújo (1993), não existe nenhuma incompatibilidade entre racialismo e a concepção freyreana de Brasil: essa opera com um conceito biológico de raça próprio do neolamarckianismo. Sua "novidade histórica" está na imputação a esse conceito de raça uma maleabilidade única e alguma autonomia relativa à cultura. De forma tosca e pouco explícita, é a esse imaginário racialista da democracia racial que o bolsonarismo mais recorre.

Reações ao reacionarismo: a militância antirracista

Embora a crítica ao mito da democracia racial seja da década de 1940, sua negação frontal se fortalece apenas nos anos 1980, com a reorganização do movimento negro. Vale lembrar que autores como Florestan Fernandes (2007[1972]) e Guerreiro Ramos (1995[1957]) identificavam, cada um ao seu modo, incompletudes no imaginário da democracia racial. Porém, ambos reservavam ao mito o espaço de ideal ou projeto político legítimo, chancelando a ressignificação do nosso histórico de mestiçagem no sentido de constituir uma "verdadeira democracia racial" (Gonzalez; Hasenbalg, 1982).

Essa expressão, aliás, frequentou os manifestos de organizações negras até a década de 1970. É só nos anos 1980 que lideranças do movimento negro contestam os efeitos políticos desses discursos da democracia racial como ideal, o que abriu caminho para a busca de afro-utopias distintas e oriundas de movimentos estadunidenses, pan-africanistas etc. (Nascimento; Nascimento, 2000).

Embora tenha sido ator central na redemocratização brasileira, o movimento negro encontrou sistemáticas dificuldades em inserir esses ideários no universo partidário, incluindo aqui os partidos de esquerda. Isso fez com que parte expressiva da militância optasse por incidir sobre as políticas públicas sem fortes mediações dos partidos (Rios, 2019), mormente por meio de inúmeros canais de comunicação com as agências do Estado e, secundariamente, a partir da mediação de atores políticos simpáticos à causa. Merecem destaque autarquias como as universidades públicas, alguns centros de pesquisa aplicada (o Instituto de Pesquisa Econômica Aplicada [IPEA], por exemplo), a Agência Nacional de Saúde etc. (Henringer, 2003). Durante os dois governos Lula, essas vias de interação entre sociedade e Estado foram multiplicadas e em alguma medida fortalecidas pela criação da Secretaria de Políticas de Promoção da Igualdade Racial (SEPPIR). Com orçamento limitado, a Secretaria buscou atuar na transversalização da questão racial nos demais ministérios e na interlocução com o parlamento.

Alguns dados sugerem, contudo, que tais canais de interação foram perdendo força partir do segundo governo de Dilma Rousseff, sendo praticamente extintos nesses primeiros anos da gestão de Jair Bolsonaro.

Um indício é a multiplicação de propostas parlamentares relacionados à questão racial (Campos; Machado, 2020, p. 130). Ao que parece, as organizações antirracistas especializadas migraram paulatinamente para o parlamento quando perceberam o iminente fechamento de seus tradicionais canais de comunicação com o aparelho estatal.

Isso serviu para recolocar o papel dos partidos políticos no debate antirracista. Não parece gratuito que justamente em 2020 atores partidários tenham se articulado para levar aos tribunais superiores, sobretudo o TSE e o STF, consultas sobre a participação de negros e negras nas listas partidárias e demandas por maior equidade na distribuição de recursos entre os distintos grupos raciais. Embora os tribunais tenham resistido à imposição de cotas raciais às nominatas partidárias, eles acolheram a demanda por maior proporcionalidade na divisão de verbas dos fundos partidário e eleitorais, bem como do tempo gratuito de propaganda eleitoral.

Tal articulação resulta de uma nova fase da militância antirracista que volta a concentrar suas investidas sobre os partidos políticos e sobre um debate público mais abrangente. Se o fenômeno resulta de processo histórico mais amplo, ele foi precipitado pelo fechamento dos canais de participação e comunicação com o Estado que prescindiam da intermediação partidária e parlamentar.

As referências à questão racial brasileira por parte da articulação bolsonarista no governo são recorrentes, porém fragmentárias. Elas se distribuem entre declarações polêmicas, negação do racismo brasileiro e ode à nossa mestiçagem. Apesar disso, parece haver um reconhecimento generalizado, por parte desses atores, da existência de fronteiras raciais, muitas vezes referidas em termos essencialistas e naturalizantes. O aparente paradoxo entre a negação da raça e seu emprego numa retórica naturalista pode ser deslindado quando entendemos que a premissa do nacionalismo bolsonarista opera a partir de uma visão da fraternidade racial mais do que de negação das raças.

Nesse âmbito, a apologia de um Brasil mestiço e livre de racismo não apenas ocupa um lugar central em nossa história, como também serve de fundamento de uma concepção de nação e de política. Como destacamos, o mito da democracia racial serviu aos interesses das elites políticas sobretudo em momentos autoritários, quando era necessário justificar a necessidade de regimes ditatoriais justamente como estratégia para a proteção da alma nacional. A cultura nacional mestiça e "democrática" demandaria Estados autoritários quando ameaçada pelas oligarquias ou facções internas (Estado Novo) ou pelo comunismo bolchevique (Ditadura de 1964). Esse ideário cai como uma luva para as pulsões autoritárias do governo, embora elas ainda não tenham realizado suas ameaças mais radicais.

Num eixo mais prático, o bolsonarismo tem investido menos no ataque frontal às políticas antirracistas e mais em minar seus suportes materiais e internacionais. Quase todos os conselhos de participação da sociedade civil nessa questão foram fechados, o reconhecimento de terras quilombolas foi suspenso e os ataques às universidades fortalecidos. Ao que parece, a intenção é desidratar a pauta racial nas políticas raciais mais pela inação do que pela ação.

No entanto, há um outro uso, aparentemente mais metafórico, do vocábulo "raça" que merece atenção. Em vez de raramente utilizado, o termo frequentou vários discursos de Bolsonaro, quase sempre em *slogans* e enquadramentos recorrentes. Correndo o risco de exagerar na interpretação desses maneirismos, argumento que eles sintetizam o modo antagonista de enxergar a política, próprio do bolsonarismo, no qual "o povo brasileiro" figura como unidade e livre de conflitos ou hierarquias. Ao mesmo tempo, o jargão "um só povo, uma só raça" traduz a essencialização dos adversários, transformados em inimigos infiltrados no tecido social. Nesse sentido, a "raça" funciona não apenas como marcador de identidades e diferenças associadas à discriminação ou à herança ancestral, mas também como indicador do modo antipluralista de Bolsonaro enxergar a política.

Cultura política, valores democráticos, representação e participação

Valores democráticos

Ricardo Fabrino Mendonça

É bastante desafiador escrever um texto sobre valores democráticos no final de 2020. O desafio já existiria em outros momentos históricos, dadas a amplitude do conceito de democracia e a disputa teórica em torno dos valores que lhe são centrais. Tal desafio se faz, todavia, ainda mais acentuado na atualidade, em virtude do processo de erosão democrática em curso pelo mundo. Por diversas razões e em países muito distintos, esse processo tem colocado em xeque não apenas as instituições democráticas existentes, mas também a própria ideia de democracia, os valores que a sustentam e sua capacidade de endereçar os problemas do mundo contemporâneo. Como bem colocou David Runciman, no já célebre *Como a democracia chega ao fim*, não se pode mais dizer que a democracia seja "*the only game in town*".

Como se não bastasse o desafio duplo, o convite para esta obra coloca uma terceira camada de complexidade, ao convocar reflexão sobre o governo do presidente Jair Bolsonaro, conhecido não apenas por sua personalidade singular, mas também por seu autodeclarado apreço ao regime militar brasileiro e às suas práticas. Sob qualquer perspectiva teórica empregada para definir a democracia, é inegável como a política brasileira tem enfrentado processos de instabilidade e desdemocratização ao menos desde 2014, agravando-se no pós-2019.

Para lidar com esse desafio triplo, o presente capítulo buscará reconstruir as dimensões da democracia, que desenvolvi em outro artigo (Mendonça, 2018). Ali, procurei delinear como algumas dimensões estruturam os debates da teoria democrática, ainda que sejam diferentemente concebidas por distintas abordagens teóricas. Com uma pequena atualização, neste capítulo, trabalho com sete dimensões: (1) igualdade; (2) participação; (3) representação; (4) competição política; (5) monitoramento e controle; (6) liberdade; e (7) debate público. Cada uma das seções subsequentes fará uma breve discussão de uma dimensão, que pode ser entendida como um valor da democracia. Na sequência, mobilizarei passagens e eventos da primeira metade do governo Bolsonaro para refletir sobre a forma como o presidente, e o governo de forma mais ampla, tem lidado com tais valores. As passagens e os eventos em questão, que podem incluir práticas e discursos de representantes do governo Bolsonaro, serão extraídos de veículos da grande mídia, na sua dimensão factual, cabendo-me as interpretações e as articulações conceituais realizadas.[1] Em síntese, argumento que o ataque a valores democráticos tem ocorrido em múltiplas frentes simultâneas e sobrepostas.

Igualdade: o primeiro pilar da democracia

A democracia nasce da construção da igualdade política, que se torna um de seus valores basais. Para que haja democracia, é preciso haver um corpo de pessoas equalizadas por algum conceito de cidadania, que não apenas estabelece as fronteiras simbólicas da comunidade política (quem está dentro e quem está fora), mas também define a substância da igualdade entendida como necessária para quem está dentro. O governo do *demos* é, antes de tudo, uma ficção política e legal que cria cidadãos e cidadãs como iguais do ponto de vista moral e político, devendo buscar as condições necessárias para dar concretude a essa ficção. Permanece alvo de controvérsia o teor da igualdade e como concretizá-la, mas o valor da igualdade, em si, é a pedra angular do edifício democrático.

Nesse sentido, convém indagar como o presidente Bolsonaro e seu governo se relacionam com esse valor fundamental. Há, aqui, nuances importantes, fazendo-se relevante dividir didaticamente a leitura. Nota-se, em primeiro lugar, e no plano da igualdade política, a tentativa continuada de redução do escopo da cidadania àqueles que são

---

[1] Infelizmente, no espaço e escopo deste capítulo, não poderei desenvolver a apresentação, igualmente relevante e necessária, de como a opinião pública tem se posicionado em relação a valores democráticos. Tal análise precisará ser desenvolvida em outro contexto.

passíveis de ser considerados "cidadãos de bem" (Lima; Lima, 2020). A igualdade política (e a experiência de direitos civis, políticos e sociais) derivaria de uma percepção moral sobre os indivíduos, e só será "de bem" quem estiver disposto a defender as agendas do governo. Nesse contexto, mais do que um mecanismo de promoção da cidadania e do tratamento igualitário, a lei é vista como instrumento para deixar claras as diferenças morais entre as pessoas. Ao defender o chamado pacote anticrime, Bolsonaro afirmava, por exemplo, a necessidade de uma lei temida apenas pelos marginais, e não pelos "cidadãos de bem", advogando que os agentes de segurança deveriam contar com o excludente de ilicitude, que os protegeria de eventuais "excessos" (Bolsonaro..., 2020a). Ao defender a flexibilização da legislação sobre posse e porte de armas de fogo, em maio de 2019, o presidente também foi claro: "A vida do cidadão de bem não tem preço. Aqueles que estão à margem da lei, paciência" (Herdy, 2019). Em menos de dois anos de mandato, Bolsonaro editou mais de 20 decretos, portarias e instruções normativas que não apenas tornaram a situação muito confusa, mas também ampliaram exponencialmente o número de armas no país. Para se ter uma ideia, em 2004, foram concedidos três mil registros de armas de fogo, enquanto só nos primeiros seis meses de 2020 foram 58 mil novos registros (Lupion, 2020).

Para focar nos ditos "cidadãos de bem", fez-se necessária uma desumanização daqueles entendidos como indesejáveis. Justamente por isso, os próprios direitos humanos são questionados e entendidos como benefícios. Segundo o Relatório da Anistia Internacional, a "retórica abertamente antidireitos humanos do presidente Bolsonaro na campanha eleitoral de 2018 foi colocada em prática por meio de medidas legislativas e administrativas dos governos federal e estadual" (Bolsonaro..., 2020c). O referido relatório assinala a letalidade policial, as ameaças a defensores de direitos humanos, o cerceamento da sociedade civil e os conflitos na Amazônia como temas particularmente sensíveis no caso brasileiro. A própria Organização das Nações Unidas (ONU) já foi alvo de ataques do presidente Bolsonaro, sendo seu Conselho de Direitos Humanos chamado de um "local de reunião de comunistas", que não teria utilidade (Local..., 2019).

O fato de Bolsonaro se referir dessa forma a agentes internacionais voltados à promoção dos direitos humanos não é casual. A defesa de igualdade entre seres humanos é assimilada por ele como "comunista", o que ajuda a entender as dificuldades com a própria ideia da democracia. Se é assim no plano dos direitos humanos, isso fica ainda mais claro com propostas focadas no combate à desigualdade econômica. Quando a própria promoção da igualdade é estigmatizada com um termo usado para caricaturar os "inimigos" políticos, fica difícil pensar a defesa do valor central à democracia.

Na perspectiva da igualdade econômica, é importante salientar a astronômica desigualdade brasileira. A Pesquisa Nacional por Amostra de Domicílios (PNAD) contínua revelou, com base em dados de 2019, que a renda dos 1% mais ricos do país equivalia a 33,7 vezes a dos 50% mais pobres (Vilas Bôas, 2020). Somos a sétima nação mais desigual do mundo, e as políticas econômicas vislumbradas pelo governo Bolsonaro não se pautaram fundamental e ideologicamente por tentativas de redução de desigualdade (Bermúdez, Rezende; Madeiro, 2019). Ao contrário, o primeiro ano do governo Bolsonaro foi profundamente marcado pela aposta em cortes para assegurar um discurso de austeridade, que se manteve incapaz de induzir crescimento. Criam-se, assim, obstáculos significativos à possibilidade de experiência da dignidade e da cidadania agora e no futuro.

A pandemia de covid-19 criou ainda mais desafios sociais e econômicos, escancarando as desigualdades brasileiras no acesso a serviços, incluindo os de saúde e educação. Diante do iminente colapso da economia nacional, o governo federal propôs inicialmente um auxílio emergencial de R$ 200,00, equivalente a menos de 20% do salário mínimo, sendo reajustado para R$ 600,00 depois de discussão pelo Congresso Nacional. No momento (em outubro de 2020), e diante do fortalecimento da popularidade do presidente em virtude do auxílio emergencial, assistimos às tentativas do governo de prorrogá-lo, apesar da promessa de austeridade. Para viabilizá-lo, a equipe econômica estudou a possibilidade de cortar o abono salarial, o seguro-defeso (Trisotto, 2020) e a Farmácia Popular (Vargas, 2020), medidas que prejudicariam os já combalidos trabalhadores mais pobres do país. Sem conseguir avançar nas propostas de um Programa de Renda Básica em 2020, o cenário é de ainda mais incerteza e preocupação para as mais de 65 milhões de pessoas que receberam o auxílio emergencial (Costa, 2020). A dificuldade com o Renda Básica não é, contudo, pontual. Ela é mais um indício de que a igualdade não é um valor central ao presente governo.

Participação política

Um segundo valor fundamental aos democratas é a participação política. A democracia depende da concepção de que aqueles e aquelas submetidos a certa decisão devem participar de sua elaboração. Essa *participação* pode se dar de formas diversas, a depender da compreensão de democracia com que se trabalha. Ela pode se limitar ao voto ou demandar formas mais amplas de engajamento, que vão da atuação na sociedade civil organizada à estruturação de fóruns de partilha de poder, passando pela mobilização da opinião pública.

Parece-me evidente e inquestionável o ataque ao valor da participação, que é tão central à democracia. Ele aparece, em primeiro lugar, na deslegitimação do voto e das eleições, ponto ao qual voltaremos na próxima seção. Ao longo de sua carreira política, Jair Bolsonaro não só não fez questão de valorizar as eleições que o conduziam ao poder, como também chegou a afirmar que nenhuma mudança seria promovida no país por meio do voto. Na campanha de 2018, ele colocou a participação eleitoral em suspeição e, mesmo após sua vitória, seguiu trabalhando discursivamente para a redução da credibilidade do processo.

O ataque ao valor da participação não se resume, contudo, a discursos que colocam em xeque as eleições. Ele também aparece, de forma clara, na criminalização de movimentos sociais e organizações não governamentais (ONGs) e na crítica a toda forma de manifestação e protesto contrários ao governo. Exemplos disso não faltam na primeira metade do mandato, seja pela defesa da tipificação de ocupações de imóveis como terrorismo (Ribeiro, 2018b), seja pela afirmação de que grupos antifascismo seriam marginais e terroristas (Bolsonaro..., 2020h), seja, ainda, na recorrência da acusação sem provas de que ONGs seriam responsáveis pelas queimadas na Amazônia (Mazui, 2019a). A participação valorizada é apenas aquela de idolatria acrítica ao presidente.

Pode-se imaginar que o combate ao valor da participação se *resuma* ao plano discursivo. Esse não é, contudo, o caso, o que fica claro na tentativa de extinção de órgãos colegiados participativos por meio do

Decreto n.º 9.759, de 11 de abril de 2019, e/ou no esvaziamento desses órgãos, para a redução (ou eliminação) da participação da sociedade civil. O presidente afirmou publicamente lutar para a extinção da maioria dos conselhos com participação da sociedade civil, atuando na redução de sua representação em diversos órgãos, incluindo o Conselho Nacional de Políticas sobre Drogas e o Conselho Nacional do Meio Ambiente (Conama) (Mazui, 2019b). As consequências são significativas, como deixa clara a recente extinção de regras que protegiam manguezais e restingas por um Conama esvaziado e controlado pelo ministro do Meio Ambiente, Ricardo Salles (Borges, 2020). Ainda na área do meio ambiente, também chama a atenção a percepção por membros do governo sobre a necessidade de "aproveitar" momentos de invisibilidade e desatenção da opinião pública para "passar a boiada".

Como mencionado anteriormente, no presente governo, a participação é acolhida e incentivada apenas quando ocorre por meio da junção de apoiadores que pode ocupar ruas e redes de forma bastante estrondosa. Qualquer forma de engajamento político reflexiva ou pós-feudal (nos termos empregados por Jürgen Habermas para pensar a esfera pública) é vista como problemática. Cabe ao "cidadão de bem" torcer pelo país, mas tentativas de atuar concretamente no desenho, na implementação e no controle de políticas públicas são vistas como empecilhos e obstáculos ao próprio governo.

Representação política

A representação política é um valor para a democracia moderna, no sentido de que ela deve alimentar a circularidade entre Estado e sociedade, como bem pontua Nadia Urbinati (2019). A representação não é um mal necessário, mas uma forma de conceber o exercício do poder político que busca estruturar condições institucionais da elaboração de formas de generalização capazes de tornar presente uma totalidade complexa em processos decisórios. Pierre Rosanvallon (2011) abordou esse processo com profundidade ao tratar das bases de legitimação de diferentes formas de construção de generalidade nas democracias contemporâneas e seus dilemas. De uma forma ainda mais ampla, a literatura contemporânea sobre o termo tem discutido a pluralização da representação política e suas múltiplas formas de construção, que ultrapassam a autorização eleitoral e envolvem diversos mecanismos de responsividade.

Seja como for, o exercício representativo do poder político é um valor fundamental da democracia moderna. Nesse ponto, o governo de Jair Bolsonaro tem uma posição, no mínimo, ambivalente. A representatividade do presidente é sistematicamente marcada e assinalada, com base na autorização eleitoral gerada por 57,7 milhões de votos. Nas palavras do presidente: "quem decide é a maioria" (Minoria..., 2020). Seus votos teriam gerado o "poder da caneta Bic", que diz das prerrogativas do presidente para decidir sobre uma série de questões e colocar tais decisões em prática. Somente entre 1º e 10 de agosto de 2020, o presidente editou 78 medidas provisórias.

Isso indica que, se a representatividade do presidente é ressaltada, outras formas de representação se veem sistematicamente questionadas e negadas. O Poder Judiciário e, especialmente, o Supremo Tribunal Federal (STF) foram alvo de muitas críticas do presidente e de alguns de seus ministros. Os 18 meses iniciais do mandato foram marcados por muitas tensões e crises; o próprio presidente afirmou, de modo explosivo e ameaçador, estar chegando a seu limite com a corte suprema (Bolsonaro..., 2020d), e o ministro da Educação, Abraham Weintraub, chamou os ministros do STF de "vagabundos" e defendeu a prisão destes em reunião ministerial.

Embora também constituídos pelo voto, parlamento e Executivos estaduais foram sistematicamente desafiados ao serem tratados como obstáculos às decisões do presidente (Coletta; Caram; Uribe, 2020). É como se o voto para Executivo federal implicasse algum tipo de delegação absoluta, e qualquer questionamento a ela fosse não outra forma válida de representação de visões alternativas, mas um impedimento à implementação das convicções do líder supremo. Isso explica seu discurso em um ato público contra o Congresso e o STF, em 3 de maio de 2020, quando Bolsonaro afirmou ter o povo e as forças armadas do seu lado (Durante..., 2020). No tocante aos governadores, a luta mostrou-se evidente não apenas na queda de braço entre fechar e abrir cidades durante a pandemia, mas também na já mencionada e célebre reunião ministerial em que o presidente usou palavras de baixo calão para se referir a governadores de alguns dos maiores estados do país. Foi no mesmo contexto da pandemia que Bolsonaro declarou "ainda" não considerar decretar Estado de sítio, o que suspenderia sigilo de comunicação, liberdade de imprensa e de reunião, entre outras questões (Uribe; Chaib, 2020).

Cabe dizer, ainda, como exploramos na seção anterior, que a ideia de organizações da sociedade civil exercendo um tipo de representação voltada ao controle social sobre as políticas públicas não só não é bem vista no governo Bolsonaro, como também foi explicitamente combatida. Nota-se, em síntese, que o valor da representação política, que não a do presidente, viu-se diretamente questionado em diversos momentos e frentes ao longo da primeira metade do mandato.

Competição política e pluralidade social

A democracia depende da possibilidade da diferença. Esse foi o aspecto central identificado pelos pluralistas, que advogaram que regimes democráticos requerem a convivência pacífica de múltiplas minorias. Robert Dahl foi bastante preciso ao avançar em um conjunto de axiomas cuja conclusão revela que a democracia só pode existir quando os custos de supressão da oposição excedem os custos de sua tolerância. De forma simplificada, isso significa que só há democracia quando governantes não podem destruir seus opositores.

Nessa frente, a deterioração de valores democráticos também é bastante evidente e acentuada. Em dois anos de administração, o presidente Jair Bolsonaro, bem como um significativo número de seus ministros, não se cansou de chamar adversários de inimigos, dirigindo-lhes ameaças públicas explícitas. Se, na campanha, Jair Bolsonaro ameaçava metralhar os petistas (Ribeiro, 2018a), as falas não se fizeram mais suaves durante o mandato. A referência a inimigos manteve-se constante, assim como as metáforas de guerra, como quando Bolsonaro teria declarado temor da existência de "infiltrados" do PT em sua equipe econômica (Bronzatto, 2020). A já mencionada tentativa de rotular adversários como comunistas e o esforço paralelo de criminalização do "comunismo" são muito significativos da postura do atual governo. A pluralidade é combatida, porque entendida como ameaçadora.

Exemplar incontestável do populismo contemporâneo, o presidente não mediu esforços para imputar a adversários defeitos morais profundos, tomando-os como membros de uma elite corrupta e deteriorada que precisaria ser extirpada para o florescimento da nação. Seguindo a cartilha populista da extrema direita, o presidente segue projetando uma parte do país como metonímia de sua totalidade, que requer a eliminação e o apagamento daquilo que dela diverge. Como pondera Nadia Urbinati (2019), nesse sentido, tem-se a "parte pela parte e não a parte pelo todo", como requer a representação política democrática. Cidadão é apenas o "cidadão de bem", que é basicamente quem compartilha um conjunto de visões e estilos de vida advogado pelo presidente.

Se isso se manifesta na competição política, também é possível observar suas implicações na compreensão da sociedade. A tematização de injustiças é sempre vista como divisionismo desnecessário. Raça, "sexo"[2] e "opção sexual"[3] seriam, na visão do governo Bolsonaro, temas voltados a alimentar uma problemática heterogeneização do tecido social. A pluralidade, necessária à democracia, não é tida como valor, mas como algo que atrapalha e inviabiliza o sonho de uma nação homogênea, unida e forte, porque sem conflitos. Quem discorda ou ressalta a diferença atrapalha esse sonho.

Sérgio Camargo, presidente da Fundação Cultural Palmares, chegou a se referir ao movimento negro como "escória maldita" (Sérgio..., 2020), excluindo o nome de muitos artistas e lideranças políticas que não apoiam o governo Bolsonaro da lista de personalidades negras do país. Um dos últimos atos do ex-ministro da Educação Abraham Weintraub antes de deixar o Brasil foi a revogação da portaria que estipulava cotas para negros, indígenas e pessoas com deficiência na pós-graduação. Críticas e *piadas* com feministas e pessoas LGBTQIA+ também são recorrentes. O ministro da Educação, Milton Ribeiro, afirmou que gays são um produto de "famílias desajustadas" (Ministro..., 2020), e a Nova Política Nacional de Educação Especial propôs a segregação de alunos com deficiência em salas especiais, colocando em risco avanços de inclusão (Oliveira, 2020).

---

2 Uso o termo "sexo" e não "gênero" em função do esforço sistemático do atual governo e de seus seguidores em extirpar o segundo termo de documentos governamentais.

3 Uso o termo "opção sexual" porque o bolsonarismo rejeita o conceito de orientação sexual, reduzindo a sexualidade a uma mera preferência.

Com clara aversão à diferença social e política, o governo Bolsonaro contribui para minar o valor da pluralidade e da convivência entre diferentes, alimentando formas de intolerância que colidem com os valores da igualdade, da cidadania e da própria democracia.

Monitoramento e controle

Democracias precisam assegurar a não concentração de poder político. Por definição, elas necessitam de mecanismos institucionais que impeçam uma apropriação absoluta da capacidade de tomar decisões que afetem a coletividade. A ideia de pesos e contrapesos e a de mecanismos e procedimentos de *accountability* derivam justamente da valorização de controles sobre o exercício do poder político. Democracia requer poder controlado.

Não me parece novidade que esse valor também se encontre em erosão no Brasil contemporâneo. Isso não apenas pelos conflitos permanentes entre instituições políticas, que acenam para um cenário de disputas desequilibradas, mas também porque algumas condições para o exercício sistemático de controles estão em xeque. Refiro-me aqui à significativa redução da transparência e às tentativas de contornar a Lei de Acesso à Informação (LAI), sem que a transparência seja regra, mas volte a ser exceção.

Entendo que a tensão e o atrito permanentes entre poderes já tenham ficado claros na seção anterior. Convém lembrar, contudo, mais alguns episódios desses dois anos de governo que deixam clara a aversão a controles. Ela aparece, por exemplo, nos choques acerca da autonomia da Polícia Federal, que levaram à exoneração do ministro Sergio Moro; no conflito em torno da divulgação de dados sobre queimadas pelo Instituto Nacional de Pesquisas Espaciais (INPE), que culminou na demissão do diretor Ricardo Galvão; ou ainda no episódio em que o general Heleno, ministro-chefe do Gabinete de Segurança Institucional, declara que certa decisão judicial levaria a "consequências imprevisíveis" (Carvalho; Teixeira, 2020). O já mencionado esforço sistemático por reduzir o controle social da sociedade civil em órgãos colegiados também é evidência forte da aversão a contrapesos.

Como apontado, há, todavia, outra forma bastante concreta de reduzir a eficácia e a possibilidade do controle exercido pela sociedade e por outras instâncias de poder. Notam-se, em primeiro lugar, tentativas de mudar a LAI no sentido de restringir o acesso a dados públicos (Mello, I., 2020). Logo no início do mandato, o Decreto n.º 9.690, de 23 de janeiro de 2019, assinado pelo vice-presidente, general Mourão, permitia que ocupantes de cargo comissionado viessem a classificar documentos como ultrassecretos. O decreto foi parcialmente revogado um mês depois, logo após ser derrotado na Câmara dos Deputados. Já em 2020, Bolsonaro editou a Medida Provisória n.º 928, que previa a possibilidade de órgãos oficiais não cumprirem prazos de resposta previstos em lei e negava a possibilidade de recurso aos casos negados. As restrições foram derrubadas pelo STF na sequência (Roberto Netto, 2020). Isso não impediu, contudo, o recorde no número de solicitações de acesso a informação não respondidas (Governo..., 2020a).

Ademais, há riscos de um apagão estatístico no Brasil (Irajá; Quintino, 2020), com a possibilidade de descontinuidades temporais na produção de certos dados e mudanças na disponibilização e divulgação de informações e dados. Basta lembrar que veículos de imprensa construíram um consórcio para produzir informações mais confiáveis sobre a pandemia, diante das mudanças e desconfianças geradas pelos dados oficiais.

Todos esses elementos compõem um quadro de erosão dos valores de transparência e de monitoramento, que são fundamentais ao controle do poder político em um regime democrático. O desgaste é tão profundo que o próprio presidente Bolsonaro afirmou, recentemente, que não seria mais necessária uma operação Lava Jato para investigar corrupção no país, porque a corrupção no governo teria acabado (Acabei..., 2020). Uma semana depois, o vice-líder do governo no Senado foi pego pela Política Federal com quase 30 mil reais escondidos nas nádegas (Shalders; Magenta, 2020).

Liberdade

Liberdades são um valor democrático inequívoco. Elas são a base de importantes direitos e uma proteção fundamental contra opressões diversas e perseguições de natureza política. Só pode haver democracia se a liberdade for entendida como um valor, assegurando que forças majoritárias não oprimam minorias e grupos minorizados em seus estilos de vida.

Muito embora a "defesa da liberdade" seja um jargão frequentemente empregado pelo presidente e por alguns de seus ministros nesses dois anos de mandato, trata-se de uma concepção bastante restrita do termo e que revela uma defesa de não constrangimento para aqueles que advogam as posições do governo (que se entende majoritário). São frequentes as falas sobre a liberdade de expressão para impedir qualquer forma de investigação ou de criminalização de discursos alinhados ao presidente. Ficou célebre, nesse sentido, o processo no qual o ex-ministro da Educação se defendia de uma acusação com base na ideia de liberdade de expressão, apesar de processar quem o criticasse (Saldaña, 2020). O próprio presidente tenta se afirmar defensor da liberdade de imprensa, ainda que, como detalhado na próxima seção, não perca oportunidades de atacá-la e/ou ameaçá-la (Os 9 Ataques..., 2020).

Não são apenas as liberdades comunicacionais que se veem em apuros no governo atual. A liberdade de associação já foi ameaçada desde a campanha, quando ele prometeu tentar acabar com toda forma de ativismo (Magalhães, 2018), e a promessa se manteve, como detalhado na seção sobre participação, nas diversas tentativas de criminalização de movimentos sociais. A liberdade de crença está em xeque, com o avanço de uma visão muito específica do cristianismo que é contra a ideia de um Estado secular e não se cansa em usar a religião politicamente. A intolerância é maior contra praticantes de religiões de matriz africana (Rios, 2019), com muitos relatos de ataques a terreiros, por exemplo.

Liberdades artísticas também têm sido significativamente ameaçadas não apenas em falas, mas também em políticas públicas. Artistas chegaram a ir ao STF para acusar o governo Bolsonaro de alocar recursos públicos apenas para produções alinhadas ideologicamente com o conservadorismo do governo (Souza, R., 2019). Bolsonaro afirmou publicamente não ver sentido em ter um filme que falasse sobre homossexualidade de negros (Bolsonaro, 2019d). Recentemente, o Distrito Federal proibiu nudez em exposições culturais públicas (Cruz, 2020). O discurso bélico e as já mencionadas políticas de acesso a armas de fogo alimentam insegurança pública e constrangem direitos tão básicos como o de ir e vir.

Se ampliarmos um pouco mais a noção de liberdade, notam-se, ainda, outros ataques e ameaças. A destruição ambiental do país coloca limites muito significativos às liberdades das gerações não nascidas, bem como às de outros habitantes do planeta. Isso para não falarmos em concepções republicanas de liberdade que prezam pelo direito à não dominação e à liberdade de participação. Como já apontado em seções anteriores, os ataques nessas direções são bastante fortes.

Debate público

Por fim, a sétima dimensão da democracia a ser aqui abordada diz do valor do debate público. Democracia requer discussão que alimente o contraditório razoável entre diferentes perspectivas. Por muito tempo, achou-se que invisibilidades e exclusões eram os maiores limites à existência dos debates necessários ao aprofundamento da capacidade de cidadãos se autogovernarem. O contemporâneo evidencia, contudo, que, para além das exclusões, é possível minar o debate democrático por meio da superexposição caótica de discursos. Um dos grandes problemas do cenário contemporâneo de erosão democrática é a ruína do próprio debate público.

Os dois primeiros anos de mandato de Jair Bolsonaro foram marcados pelo fortalecimento da tendência já em curso de declínio do debate público, por um conjunto de razões. Em primeiro lugar, o presidente e seu entorno contribuíram, sistemática e continuadamente, para a saturação discursiva da esfera pública com proferimentos inverídicos, perigosos ou, no mínimo, infundados (Bolsonaro..., 2020l). Para mencionar alguns exemplos eloquentes, basta lembrar o esforço na promoção da hidroxicloroquina contra a covid-19; as constantes acusações de que indígenas, ONGs e o ator Leonardo DiCaprio seriam culpados pelas queimadas na Amazônia (ONGs..., 2020); e a insinuação de que três grandes empresas deixariam a Argentina em virtude da vitória de Alberto Fernández (Colombo, 2019). Segundo o ex-ministro da Saúde Luiz Henrique Mandetta, Bolsonaro acreditava, de fato, que a covid era uma arma chinesa para enfraquecer a direita (Mandetta,

2020). Ventilar boatos e promover teorias conspiratórias fez parte do cotidiano de pessoas vinculadas ao governo Bolsonaro ao longo dos últimos dois anos (Pereira; Mattos; Borges, 2020).

Paralelamente às inverdades, nota-se a estratégia permanente de realizar declarações bombásticas que operam como "cortinas de fumaça", atraindo atenção a questões tangentes e que não podem ser negligenciadas pela mídia. Assim, retira-se da agenda o foco merecido por muitos problemas públicos. No exercício ordinário de uma "autenticidade" planejada, o presidente já chamou a esposa do presidente francês de feia (Bolsonaro..., 2019b); afirmou que "ninguém pode obrigar ninguém a tomar vacina" (Traumann, 2020); publicou um vídeo que caracterizava o STF, a imprensa, a OAB e até a ONU como hienas a atacar um bravo leão no dia de áudios vazados do ex-assessor Fabrício Queiroz (Souza; Brígido, 2019); e, no célebre evento do início de seu mandato, divertiu as redes com uma pergunta sobre "*golden shower*" no momento em que uma denúncia contra o ministro do Turismo ganhava visibilidade. Até um humorista foi escalado para substituir o presidente em fala com jornalistas no dia de más notícias no plano econômico. Difícil imaginar debates focados sobre problemas públicos nesse contexto.

Também contribui para minar o valor da discussão pública a construção de uma estrutura beligerante voltada a atacar desafetos e a disseminar inverdades contra eles. O inquérito das *fake news*, instaurado pelo STF para apurar notícias falsas, ameaças e calúnias, e a Comissão Parlamentar Mista de Inquérito das *Fake News* do Congresso Nacional trouxeram elementos sobre a estruturação de campanhas de ódio por grupos de aliados do governo (Polícia..., 2020). Antigos aliados do governo que teriam visto de perto a máquina de difusão de difamação, como Joice Hasselmann e Alexandre Frota, afirmaram em seus depoimentos como ela funcionaria (Frota..., 2020).

Salienta-se, ainda, a deslegitimação de dados, de fontes científicas e do próprio jornalismo. A discussão pública necessita da reflexividade gerada pela troca de informações em um contexto de publicidade, mediado por veículos de imprensa. No entanto, na atualidade, nota-se que fatos e dados são reduzidos a meras opiniões, em um processo de descrença pública de fontes de conhecimento necessárias à construção de decisões complexas. Que o digam a cloroquina e a nitazoxanida.

Jornalistas veem-se constantemente atacadas, ameaçadas (Bolsonaro..., 2020b) ou tratadas com piadas de cunho sexual (Bolsonaro..., 2020k). Em alguns momentos, há mesmo uma impossibilidade de cobrir o cotidiano do presidente por questões de segurança à integridade física dos jornalistas (Sem..., 2020). A imprensa é rotulada de mentirosa, e o presidente da República nunca se submete àquilo que Green (2010) chamou de ideal de franqueza: situações em que ele não tenha controle de sua visibilidade e das questões que precisará responder. Em vez de ouvir as perguntas incômodas de um âncora crítico em uma bancada de jornal ao vivo, Bolsonaro faz *lives* semanais no YouTube, esculpindo sem arestas sua visibilidade pública.

Nesse contexto, a esfera pública e o valor democrático da discussão veem-se suprimidos não pela invisibilidade ou exclusão da fala, mas pela saturação de desinformação, ataques, ameaças e discursos que levam à incredulidade das próprias fontes de informação e conhecimento. Na cacofonia de opiniões tidas como equivalentes, ganha quem produz mais barulho público. Perde a democracia.

Considerações finais

Impossível não chegar desanimado ao final deste texto. Ao decupar, didaticamente, a democracia em sete valores, notamos ameaças sistemáticas em todas as frentes. Entendemos, contudo, que não poderia deixar de ser assim. O atual governo, que não se cansa de elogiar momentos e atores do período ditatorial, não tem um projeto democrático. Esvazia-se a noção de liberdade e reduz-se a democracia ao domínio de uma maioria eleitoral, minando os valores de que depende a sobrevivência democrática. Não se pode deixar de ter, todavia, uma ponta de esperança nas entrelinhas da história: se os que constroem a desdemocratização agem assim, há de ressurgir uma onda democrática contra tudo o que está aí. Amanhã há de ser outro dia.

Cultura política: valores democráticos, preferências políticas, autoritarismo e nova direita

Luciana Fernandes Veiga

Jair Bolsonaro é um presidente que aposta na polarização da opinião pública. Dá sinais de que não busca o consenso, não se preocupa em estabelecer um denominador comum. Nem poderia. A depreciação de adversários políticos, o papel ativo no fomento da desinformação e a negação são elementos estruturantes da adesão a Bolsonaro até aqui. Deslegitimam-se: a) pessoas públicas, como acontece com as *fake news* contra Manuela D'Ávila, do Partido Comunista do Brasil (PCdoB); b) partidos políticos, como o Partido dos Trabalhadores (PT); c) blocos ideológicos de centro e de esquerda, todos classificados como comunistas; d) o sistema de partidos políticos, como Partido da Social Democracia Brasileira (PSDB), o Movimento Democrático Brasileiro (MDB) e o Democratas (DEM), reduzidos à "política velha"; e) poderes como o Congresso Nacional e o Supremo Tribunal Federal (STF), que muitos gostariam de ver fechados; f) jornalistas, e a imprensa de maneira geral, também com tendência a serem desqualificados. Por fim, nega-se uma das maiores crises sanitárias do século: a pandemia, tomada como "uma gripezinha".

O ponto é que, em uma democracia, espera-se que haja vínculos entre o que os cidadãos preferem e anseiam e o que os mandatários fazem e entregam, e que, ao final, o voto seja guiado pela satisfação com a performance dos políticos (Manin; Przeworski; Stokes, 2006). Assim, quando as atitudes e as ações de um presidente, recorrentemente, não refletem os valores e os anseios da população, vai se acumulando um déficit de representação que mais cedo ou mais tarde irá repercutir nas urnas.

A discussão sobre voto correto traz a relação entre preferências políticas e resultados eleitorais (Lau; Redlawsk, 1997; Lau; Patel;

Fahmy; Kaufman, 2014). Na definição de voto correto há correspondência entre valores, crenças e preferências dos eleitores e as pautas de defesa de causas e de políticas públicas dos candidatos. Na ausência de tal associação, o eleitor vota incorretamente.

Um aspecto importante é considerar a possibilidade de existência do voto correto mesmo na ausência de informação completa, a partir de atalhos informativos, conforme apontam Lau e Redlawsk (1997). Para os autores, a saúde da democracia depende mais da proporção de eleitores que votam corretamente do que da maneira como suas decisões são tomadas, se com muitas ou poucas informações. Eles testam e comprovam que intuições e atalhos informativos não são ineficientes no sentido de levar o eleitor ao voto correto.[1] A partir de dados de experimentos e *surveys*, afirmam que de ⅔ a ¾ do eleitorado votam corretamente.

A partir do conceito de voto correto, vamos analisar as preferências políticas dos brasileiros e a aprovação presidencial nos dois primeiros anos do mandato de Jair Bolsonaro. Não se busca aqui testar o conceito de voto correto, o que requereria uma discussão mais aprofundada sobre valores e identidades políticas; em vez disso nos restringiremos a trazer para o debate apenas um de seus aspectos, as preferências políticas, que é o tema deste capítulo.

Para isso, será preciso adaptar a discussão do comportamento eleitoral à de aprovação presidencial. Nessa mudança, é pertinente ressaltar que aprovação presidencial envolve julgamento, e que voto, escolha.

É muito comum na ciência política não se distinguir julgamento de tomada de decisão. O julgamento envolve avaliação de atores políticos. Uma decisão, por exemplo, eleitoral, implica uma escolha

---

[1] Nessa discussão, a tomada de decisão pode ser organizada em um contínuo que parte de um processamento mais intuitivo para outro com mais esforço. Na psicologia política, diz-se processamento com o "sistema 1" (intuição) e processamento com o "sistema 2" (razão) (KAHNEMAN, 2012). Cada eleitor estabelece uma combinação entre esforço que se propõe a fazer e a precisão que demanda para a escolha. A ideia de satisfação é que se coloque um patamar de segurança que pareça adequado aos propósitos da decisão e se pare de se informar quando se atinja esse padrão (SIMON, 1957 *apud* CHONG, 2013). Lau e Redlawsk (1997) assumem que conhecimento e motivação política influenciam nos estabelecimentos dos atalhos cognitivos.

por uma alternativa que é preferível a outra. Fazer escolhas sugere maior comprometimento com o que foi escolhido do que fazer julgamentos, e exige ainda que se encontrem razões para justificar a opção. Pessoas fazem julgamentos o tempo todo sem necessariamente precisar transformá-los em ação (Chong, 2013).

Isso implica dizer que um cidadão, ao olhar para o seu mandatário e julgar que não há semelhança entre as ações e atitudes colocadas em curso e as suas próprias preferências, pode ir se afastando de seu presidente. A tendência é que vá se sentindo insatisfeito com o mandato. Todavia, a sua decisão pelo voto vai depender, além do julgamento do mandatário, do julgamento de seus adversários, isto é, será uma escolha entre alternativas.

Daqui para frente, buscaremos fazer um diagnóstico sobre a correspondência entre as preferências políticas dos brasileiros e as ações e manifestações do presidente Jair Bolsonaro a respeito dos assuntos mais centrais que marcaram os seus dois primeiros anos de mandato. Ou seja, até que ponto as decisões do presidente expressam as preferências de seus governados? O passo seguinte será verificar se há associação entre as preferências políticas dos brasileiros sobre os principais temas e a aprovação do presidente.

Preferências políticas e aprovação de Jair Bolsonaro

De acordo com a coleção de pesquisas do Instituto de Pesquisas Sociais, Políticas e Econômicas (Ipespe), a aprovação de Jair Bolsonaro em seu patamar positivo de ótimo e de bom era de 40% quando assumiu o governo, em janeiro de 2019.[2] Em novembro de 2020,[3] era de 37%.

Nesse intervalo de tempo, em meio à discussão da reforma da Previdência, a aprovação do presidente caiu no seu primeiro ano de mandato até agosto, quando chegou a 30%. O momento em que atingiu o seu patamar mais baixo foi em abril de 2020, com 25%, ainda no início da crise da covid-19, período em que também ocorreram

[2] Resultados da pesquisa disponíveis em: http://bit.ly/2OlQ5Ik. Acesso em: 10 mar. 2021.

[3] Resultados da pesquisa disponíveis em: http://bit.ly/38uKVRe. Acesso em: 10 mar. 2021.

as demissões dos ministros da Saúde, Luiz Henrique Mandetta, e da Justiça e Segurança Pública, Sergio Moro. A partir de maio de 2020, a aprovação voltou a subir, impulsionada pelo auxílio emergencial, pelas entregas do ministro da Infraestrutura, Tarcísio Gomes de Freitas, e pela aproximação com o bloco parlamentar do Centrão. Com a perda de popularidade do ministro da Economia, Paulo Guedes, Tarcísio de Freitas, que já vinha se destacando nas redes sociais desde 2019 (Mazza, 2019), passou a ser visto como um meio de elevar a popularidade do presidente Bolsonaro – principalmente nos últimos meses, após a saída de Sergio Moro do governo (Rothenburg, 2020).

Para analisar a relação entre preferência política e aprovação do presidente Jair Bolsonaro, foram escolhidos cinco acontecimentos marcantes dos dois primeiros anos de seu mandato: a) promulgação da reforma da Previdência; b) aprovação do pacote anticrime; c) alteração da chefia da Polícia Federal do Rio de Janeiro e pedido de demissão do ministro Sergio Moro; d) embates sobre queimadas na Amazônia e no Pantanal; e) pandemia de covid-19.

Para acompanhar a repercussão desses temas na opinião pública, foram utilizadas oito pesquisas realizadas pelo Instituto Datafolha em 2019 e 2020, que podem ser assim identificadas: a) 100 dias do governo Bolsonaro (abril de 2019); b) seis meses do governo Bolsonaro (junho de 2019); c) oito meses (agosto de 2019); d) um ano (dezembro de 2019); e e) quatro outras pesquisas entre abril e maio de 2020 sobre a covid-19, sobretudo, e também outros temas do momento. Os questionários e as informações foram acessados através do banco de dados do Centro de Estudos sobre Opinião Pública, da Universidade Estadual de Campinas (Cesop/Unicamp). Ainda foi utilizada a pesquisa do Instituto Ipespe, realizada em agosto de 2020.[4]

Economia: reforma da Previdência – 2019

A economia foi um dos temas mais centrais na eleição de 2018. A insatisfação com a política econômica conduzida pelo PT e os resultados que a gestão entregava no segundo mandato da presidente

[4] Resultados da pesquisa disponíveis em: http://bit.ly/3qB7Ksz. Acesso em: 10 mar. 2021.

Dilma Rousseff contribuíram para a perda de sua popularidade em 2016 (Veiga; Dutt-Ross; Martins, 2019). A campanha de 2018 incrementou tal rejeição. Estudos mostram que a insatisfação com a economia conduzida por Dilma favorecia o voto em Jair Bolsonaro.

Uma vez no poder, Bolsonaro baixou a taxa de juros, liberou o saque de parte dos recursos do Fundo de Garantia por tempo de Serviço (FGTS) e promulgou a reforma da Previdência, adotando uma postura mais neoliberal na economia, tal como havia proposto em campanha.

Quanto à reforma da Previdência proposta pelo governo Bolsonaro, verifica-se que 42% da população se dizia mal informada ou desinformada sobre o assunto. Todavia, entre os eleitores de Jair Bolsonaro no segundo turno, o nível de desconhecimento foi dito menor, 36,7%; e entre os seus seguidores, ainda mais baixo, 22,3% (Tabela 1).

Tabela 1 – Conhecimento da reforma da Previdência (%)

	Total	Bolsonaro 2º turno	Seguidores
Tem conhecimento e está bem informado	17,2	18,3	28,2
Tem conhecimento e está mais ou menos informado	40,8	44,9	49,5
Tem conhecimento e está mal informado	10,6	8,1	5,9
Não tomou conhecimento	31,4	28,6	16,4
Total	100,0	100,0	100,0

Fonte: Pesquisa Datafolha, 100 dias, abril de 2019.

Tomando o total de entrevistados, percebe-se que a reforma da Previdência, de iniciativa do governo Bolsonaro, contava com a aprovação de 47,2% deles. Já a aprovação da reforma por eleitores de Bolsonaro no segundo turno era de 55,3%, e, quanto aos seguidores do presidente no Facebook, suas preferências estão 56,9% mais próximas de suas ações, como era de se esperar.

Tabela 2 – Aprovação da reforma da Previdência (%)

	Total	Bolsonaro 2º turn	Seguidores
A favor	47,2	55,3	56,9
Contra	44,4	36,3	36,1
Indiferente	2,6	2,5	3,0
Não sabe	5,8	6,0	5,9
Total	100,0	100,0	100,0

Fonte: Pesquisa Datafolha, 100 dias, abril de 2019.

Por fim, foi possível verificar que há uma correlação significativa e positiva entre ser a favor da reforma da Previdência e a aprovação presidencial (Sig.0,000 Spearman 0,354).[5] Eleitores mais favoráveis à reforma tendiam a votar em Jair Bolsonaro de maneira mais positiva do que os não favoráveis. Ou seja, embora a taxa de desinformação fosse elevada (42%), intuitivamente, as pessoas se posicionavam entre a favor e contra a proposta, e tal atitude estava correlacionada com o julgamento do presidente. Registra-se que a proposta da reforma da Previdência representava a preferência de menos da metade dos brasileiros (47,5%). Nesse aspecto, apenas um pouco mais da metade (55,3%) dos eleitores de Bolsonaro no segundo turno votaram certo no que tange à reforma da Previdência.

[5] Uma correlação entre duas variáveis deve ser interpretada como a relação que existe entre elas ou como a variação concomitante para as duas. Cumpre destacar, no entanto, que a existência de correlação entre duas variáveis não implica em causalidade de uma sobre a outra, mostra apenas que elas estão associadas. Ou seja, quando uma varia, registra-se tendência de variação também da outra ao mesmo tempo. Na análise de correlação, ao menos dois números são importantes. O primeiro é o teste de significância estatística. Quando o p-valor for menor do que 0,05, o resultado da correlação é significativo, atestando haver correlação entre as variáveis. O segundo é o coeficiente de correlação, que é um coeficiente padronizado, pois seus valores variam entre -1 e +1, sendo que os extremos indicam correlações fortes, negativas ou positivas, e o zero indica a inexistência de correlação entre as variáveis (CERVI, 2019).

Segurança pública: aprovação do pacote anticrime

A pauta da segurança pública também esteve muito presente na campanha eleitoral, e o então ministro da Justiça e Segurança Pública Sergio Moro tornou-se o mais bem avaliado enquanto permaneceu no governo.

Já no primeiro ano de seu governo, o presidente assinou decretos para facilitar a posse e o porte de armas de fogo e enviou ao Congresso o pacote anticrime. As propostas do governo federal – que passaram por vetos no Congresso Nacional – colocavam em prática o discurso da lei e da ordem, da campanha armamentista, e de linha dura no trato da segurança pública (Mazui, 2019b).

A Tabela 3 mostra o quanto a população conhecia e estava afinada com o pacote anticrime proposto pelo governo federal. Verifica-se que 68% da população se dizia mal informada ou desinformada sobre o assunto. Entre os eleitores de Jair Bolsonaro no segundo turno, o nível de desconhecimento era menor, 63,4%, e entre os seus seguidores em rede social, ainda mais baixo, 48,1%.

Tabela 3 – Conhecimento do pacote anticrime (%)

	Total	Bolsonaro 2º turno	Seguidores
Tem conhecimento e está bem informado	8,9	10,5	15,7
Tem conhecimento e está mais ou menos informado	23,2	26,0	36,2
Tem conhecimento e está mal informado	6,2	6,3	4,2
Não tomou conhecimento	61,8	57,1	43,9
Total	100,0	100,0	100,0

Fonte: Pesquisa Datafolha, 100 dias, abril de 2019.

Tomando o total de entrevistados, percebe-se que o pacote anticrime, de iniciativa do governo Bolsonaro, era avaliado como muito eficiente por apenas 25,4% deles. As preferências de eleitores de

Bolsonaro no segundo turno (36,1%) e de seguidores do presidente em redes sociais (43,4%) estão mais próximas das ações do presidente, como era de se esperar.

Tabela 4 – Aprovação do pacote anticrime (%)

	Total	Bolsonaro 2º turno	Seguidores redes sociais
Muito eficiente	25,4	36,1	43,4
Um pouco eficiente	33,1	31,2	29,2
Nada eficiente	22,7	14,1	9,0
Não sabe	18,9	18,7	18,4
Total	100,0	100,0	100,0

Fonte: Pesquisa Datafolha, 100 dias, abril de 2019.

Por fim, foi possível verificar que há uma correlação significativa e positiva entre a identificação da eficiência do pacote anticrime e a aprovação presidencial (Sig.0,000 Spearman 0,251). Eleitores mais favoráveis ao pacote anticrime tendiam a avaliar Jair Bolsonaro de maneira mais positiva do que os não favoráveis.

Meio ambiente e política externa

A política de meio ambiente do presidente Jair Bolsonaro é questionada por ambientalistas e lideranças preocupadas com a conservação e as mudanças climáticas no Brasil e no mundo. Em agosto de 2019, o presidente da França, Emmanuel Macron, convocou os chefes de Estado das principais potências mundiais reunidas no G7 para tratar da questão do meio ambiente e classificou como um tema de "primeira ordem" o aumento das taxas de incêndio da Amazônia. Bolsonaro respondeu que a sugestão de Macron de discutir assuntos amazônicos no G7 sem participação dos países amazônicos indicaria mentalidade colonialista. O presidente francês, por sua vez, argumentou que Bolsonaro havia mentido sobre as metas ambientais do governo brasileiro na reunião do G-20, no Japão. Macron propôs, como retaliação, opor-se à ratificação do acordo de livre comércio entre o Mercosul e a União Europeia.

O embate entre as duas lideranças chegou ao ponto de Jair Bolsonaro desrespeitar a primeira dama francesa, em postagem que ironizavam seus atributos de beleza (Damasceno, 2019).

O conflito entre os dois presidentes ilustra um momento de tensão referente à política de meio ambiente e à política externa. Jair Bolsonaro tem sido acusado de afrouxar os órgãos de fiscalização e controle ambiental de maneira a "deixar a boiada passar", para usar a expressão do ministro do Meio Ambiente, Ricardo Salles. Em reunião ministerial de 22 de abril, ele propôs aproveitar o momento de atenção da imprensa com o coronavírus para fazer uma "baciada" de mudanças nas regras ligadas à proteção ambiental e evitar críticas e processos na justiça.

A Tabela 5 aponta que 43% dos brasileiros tomaram conhecimento do assunto e que, entre os eleitores de Bolsonaro de segundo turno, em 2018, a taxa foi de 57,1%.

Entre a totalidade dos brasileiros, o presidente francês foi tomado mais recorrentemente como mais preocupado com os assuntos da Amazônia, mais equilibrado e mais preparado para lidar com esse problema do que o presidente brasileiro. Tendência contrária aconteceu entre os adeptos de Bolsonaro no segundo turno de 2018.

Tabela 5 – Conhecimento das discussões entre o presidente do Brasil, Jair Bolsonaro, e o presidente da França, Emmanuel Macron, sobre o desmatamento da Amazônia (%)

	Total	Bolsonaro 2º turno
Tem conhecimento e está bem informado	19,9	23,7
Tem conhecimento e está mais ou menos informado	33,1	33,4
Tem conhecimento e está mal informado	22,7	7,1
Não tomou conhecimento	18,9	35,7
Total	100,0	100,0

Fonte: Pesquisa Datafolha, 8 meses, agosto de 2019.

Tabela 6 – Julgamento das discussões entre o presidente do Brasil, Jair Bolsonaro, e o presidente da França, Emmanuel Macron, sobre o desmatamento da Amazônia (%)

	O mais preocupado com os problemas da Amazônia		O mais equilibrado nas propostas para resolver os problemas da Amazônia		O mais preparado para resolver esse tipo de problema	
	Total	Bolsonaro 2º turno	Total	Bolsonaro 2º turno	Total	Bolsonaro 2º turno
Presidente do Brasil	30,0	49,0	32,0	51,0	36,5	56,7
Presidente da França	44,3	26,6	44,0	26,7	40,5	23,4
Ambos	2,9	3,7	2,5	3,0	2,8	2,9
Nenhum	4,3	4,2	4,0	3,7	5,1	4,2
Não sabe	18,5	16,6	17,5	3,0	15,2	12,9
Total	100,0	100,0	100,0	100,0	100,0	100,0

Fonte: Pesquisa Datafolha, 8 meses, agosto de 2019.

Por fim, foi possível verificar que há uma correlação significativa e positiva entre o julgamento que fazem dos dois presidentes nesse embate e a aprovação presidencial. Quem acredita que Bolsonaro seja o mais preocupado (Sig.0,000 Spearman 0,259), o mais equilibrado (Sig.0,000 Spearman 0,311) e o mais preparado (Sig.0,000 Spearman 0,318) para resolver os problemas da Amazônia tende a aprová-lo mais do que quem julga que seja Macron o melhor quanto a esses quesitos.

Os dois primeiros anos de Jair Bolsonaro ficaram ainda marcados por suas falas espontâneas, que tendem a reverberar de maneira muito negativa e que vêm lhe custando caro na gestão da política externa, da política nacional e no relacionamento com a imprensa e a opinião pública. No episódio do embate com Macron sobre a questão do meio ambiente e das queimadas na Amazônia, ao ser perguntado sobre a possibilidade de conciliar a preservação ambiental e o crescimento econômico, em 9 de agosto de 2019, Bolsonaro respondeu: "É só você deixar de comer menos um pouquinho. Você fala para mim em poluição ambiental. É só você fazer cocô dia sim, dia não, que melhora bastante a nossa vida também" (Bolsonaro..., 2019c).

De acordo com dados da pesquisa Datafolha, que mensurou a aprovação do presidente por ocasião de seus oito meses de mandato, 6,4% concordavam totalmente com a frase de Bolsonaro, 3,5% concordavam em parte, 0,6% não concordavam nem discordavam, 9,6% discordavam em parte, e 78,1% discordavam totalmente.

A saída do ministro Sergio Moro

Em 24 de abril de 2020, o então ministro da Justiça e Segurança Pública, Sergio Moro, deixou o governo em razão da decisão do presidente Jair Bolsonaro de trocar o diretor-geral da Polícia Federal (PF), Maurício Valeixo, indicado de Moro. De acordo com o ministro, em sua carta de demissão, ele foi surpreendido com a publicação do desligamento de Valeixo no *Diário Oficial*, onde se lia que a mudança havia sido feita "a pedido" de Moro e na qual ainda constava a sua assinatura, enquanto ele nunca havia dado anuência para tal ação. Moro afirmou que Bolsonaro havia admitido que a mudança era uma interferência política, porque pretendia ter na PF alguém que lhe desse informações sobre investigações e inquéritos em andamento no Supremo Tribunal Federal (Matos *et al.*, 2020).

Tanto os eleitores em geral quanto os eleitores de Bolsonaro no segundo turno de 2018 demonstraram conhecimento sobre a saída de Sergio Moro do governo. Um número reduzido se mostrou sem conhecimento ou mal informado.

Tabela 7 – Conhecimento da saída de Sergio Moro do Ministério da Justiça e Segurança Pública (%)

	Total	Bolsonaro 2º turno
Tem conhecimento e está bem informado	34,6	48,2
Tem conhecimento e está mais ou menos informado	40,2	28,5

Tem conhecimento e está mal informado	13,7	8,8
Não tomou conhecimento	11,4	14,5
Total	100,0	100,0

Fonte: Pesquisa Datafolha, 1 ano e 4 meses, abril de 2020.

Os julgamentos elaborados diante da saída de Sergio Moro do governo são antagônicos entre os eleitores de maneira geral e, particularmente, entre aqueles que votaram em Bolsonaro no segundo turno de 2018. Para um segmento mais expressivo do total de respondentes, tanto o combate à corrupção (43,4%) quanto a segurança pública (36,2%) tenderiam a piorar. Já para a maioria dos eleitores de Bolsonaro, tenderiam a melhorar o combate à corrupção (53%) e a segurança pública (51,1%).

Tabela 8 – Julgamento da saída de Sergio Moro do Ministério da Justiça e Segurança Pública (%)

	Com a mudança do ministro, o combate à corrupção no Brasil irá:		**Com a mudança do ministro, a segurança no Brasil irá:**	
	Total	Bolsonaro 2º turno	Total	Bolsonaro 2º turno
Melhorar	21,1	53,0	20,4	51,1
Ficar igual	25,9	18,4	35,7	30,0
Piorar	43,4	14,9	36,2	8,8
Não sabe	9,6	11,4	7,7	10,1
Total	100,0	100,0	100,0	100,0

Fonte: Pesquisa Datafolha, 1 ano e 4 meses, abril de 2020.

Da mesma forma, no embate entre os dois políticos, 52,2% dos eleitores acreditavam que o ex-ministro Sergio Moro estava com a verdade, enquanto 68% dos eleitores de Bolsonaro no segundo turno confiavam que o presidente estava com a verdade.

TABELA 9 – Julgamento da saída de Sergio Moro do Ministério da Justiça e Segurança Pública (cont.) (%)

	Nos últimos dias, Bolsonaro e Moro trocaram acusações, quem fala mais a verdade?	
	Total	Bolsonaro 2º turno
O presidente Bolsonaro	20,0	68,0
O ex-ministro Sergio Moro	52,2	5,7
Os dois	2,9	7,5
Nenhum dos dois	6,0	1,3
Não sabe	18,9	17,5
Total	100	100

Fonte: Pesquisa Datafolha, 1 ano e 4 meses, abril de 2020.

Por fim, foi possível verificar que há uma correlação significativa e positiva entre o julgamento que fazem da saída do ministro Moro quanto à situação futura da corrupção (Sig.0,000 Spearman 0,299) e da segurança (Sig.0,000 Spearman 0,337) e a aprovação de Jair Bolsonaro. Tal aprovação, porém, está correlacionada à crença de que as situações da corrupção e da segurança irão ficar igual ou melhorar com a saída de Sergio Moro. A mesma tendência se verifica quanto à percepção de quem está falando a verdade (Sig.0,000 Spearman 0,205). Eleitores mais favoráveis ao presidente tendiam mais a avaliar que ele estaria com a verdade.

Covid-19, isolamento social e auxílio emergencial

A partir de março de 2020, o brasileiro passou a viver a covid-19 e o isolamento social com forte repercussão: a) no sistema de saúde, com necessidade de se gerenciar a demanda por leitos públicos e privados; b) na economia, com aumento do desemprego e dos preços dos alimentos e redução da renda; c) na política de distribuição de renda, com aumento da dependência de milhões de famílias para sanar a fome decorrente da paralisia repentina causada pela doença; d) nas relações com familiares e amigos e em toda a vida social. Em muitas partes do mundo, a pandemia foi politizada, e, no Brasil, isso aconteceu de forma muito acentuada. O presidente Jair Bolsonaro adotou o negacionismo, chamou a pandemia de "gripezinha", disse que "tinha passado de atleta" e, portanto, não seria vencido pela covid. A postura de Jair Bolsonaro sempre foi a de negar a gravidade da doença e condenar o isolamento social. Sua atitude contrariava o pensamento de 67,1% dos brasileiros, em abril de 2020.

Tabela 10 – Julgamento sobre isolamento social

P13 - Na sua opinião, o que é mais importante neste momento:	%
Manter as pessoas em casa para impedir que o coronavírus se espalhe, mesmo que isso prejudique a economia e cause desemprego	67,1
Acabar com o isolamento das pessoas em casa para estimular a economia e impedir o desemprego, mesmo que isso ajude a espalhar o coronavírus	25,0
Não sabe	7,9
Total	100,0

Fonte: Pesquisa Datafolha, 1 ano e 4 meses, abril de 2020.

A partir de testes estatísticos, verificou-se que a atitude quanto ao isolamento social esteve correlacionada com a avaliação presidencial. Quem achava que, tirando o grupo de risco, as pessoas deveriam sair para trabalhar e não continuar em isolamento tendia a avaliar melhor o presidente. A partir da mesma lógica, aqueles que concordavam em acabar com o isolamento social para estimular a economia e impedir o desemprego, mesmo que isso ajudasse a espalhar o coronavírus, tendiam a avaliar melhor o presidente do que aqueles que concordam em manter as pessoas em casa. Por fim, a avaliação do desempenho do presidente Jair Bolsonaro no combate à covid-19 estava muito relacionada com a sua avaliação geral.

Resultado de pesquisa Datafolha realizada em agosto de 2020 reforça a associação entre avaliação do desempenho de Jair Bolsonaro e avaliação do tratamento destinado à Covid 19. Entre os eleitores que avaliam positivamente o presidente verifica-se grande predisposição para acreditar que foi feito o necessário para evitar mortes. Percepção contrária tem-se entre eleitores avessos ao presidente. Merece destaque ainda, entre os que avaliam bem Bolsonaro, a tendência em concordar com a afirmação de que nada que o país fizesse evitaria esse número de mortes.

Tabela 11 - Tabulação cruzada: O Brasil tem mais de 100.000 mortes por Covid-19. Na sua opinião, o país: * O presidente Jair Bolsonaro completou um ano e sete meses de governo. Na sua opinião, o presidente Jair Bolsonaro está fazendo um governo ótimo, bom, regular, ruim ou péssimo?

*O Brasil tem mais de 100.000 mortes por Covid-19. Na sua opinião, o país:	O presidente Jair Bolsonaro completou um ano e sete meses de governo. Na sua opinião, o presidente Jair Bolsonaro está fazendo um governo ótimo, bom, regular, ruim ou péssimo?						
	Ótimo	Bom	REGULAR	Ruim	Péssimo	Não sabe	Total
Fez o que era necessário para tentar evitar esse número de mortes	47,5%	31,9%	21,1%	11,2%	8,9%	20,7%	23,8%
O país não fez o que era necessário para evitar esse número de mortes	18,3%	35,1%	46,7%	69,2%	76,4%	44,8%	49,1%
Nada que o país fizesse evitaria esse número de mortes	28,9%	29,2%	23,5%	16,0%	11,3%	13,8%	21,6%
Não sabe	5,3%	3,7%	8,7%	3,6%	3,3%	20,7%	5,5%
Total	100,0%	100,0%	100,0%	100,0%	100,0%	100,0%	100,0%

Fonte: Pesquisa Datafolha, agosto de 2020. Banco de dados CESOP.

Por fim, com a liberação do auxílio emergencial, distribuição de R$ 600,00 para autônomos e outros em situação de vulnerabilidade, Bolsonaro obteve louros na opinião pública. O auxílio emergencial foi o único tema que despertou proximidade entre o presidente e os eleitores de forma mais geral.

Tabela 12 – Julgamento do auxílio emergencial (%)

Sobre o benefício, em sua opinião, ele:	Total
Deveria ser estendido até o fim do ano com parcela de R$ 600	70,0
Deveria ser estendido até o final do ano com parcela menor do que R$ 600	14,0
Não deveria ser estendido	11,0
Não sabe	5,0
Total	100,0

Fonte: XP/Ipespe. Q. sobre o auxílio emergencial, na sua opinião. Agosto de 2020.

Considerações finais

No decorrer deste capítulo, buscou-se verificar o quanto ações e atitudes do presidente Bolsonaro estavam de acordo com as preferências políticas dos brasileiros. Verificou-se que o momento em que Bolsonaro mais despertou adesão da população foi com o lançamento do auxílio emergencial, quando 70% dos eleitores estiveram de acordo com ele. Coincide com a ocasião em que ele contrariou os princípios de sua política econômica, liderada pelo ministro Paulo Guedes, e quando ele passou a crescer na opinião pública no eleitorado mais pobre. Por sua vez, o negacionismo da covid-19 despertava apenas 25% de adesão em abril de 2020. Verificou-se que havia sempre correlação entre preferências políticas e avaliação do presidente.

Sobre a relação entre preferências políticas e adesão a políticos, proposta por Lau e Redlawsk (1997), constatamos que havia correlação entre as preferências políticas dos eleitores e a aprovação presidencial. Na medida em que as preferências dos eleitores se aproximavam das orientações e medidas do governo federal, a aprovação do presidente tendia a aumentar.

O que fizemos foi analisar o efeito das preferências políticas em julgamentos que terminaram por refletir na aprovação presidencial no decorrer dos dois primeiros anos do governo de Jair Bolsonaro. Aprovação presidencial é julgamento, e voto é escolha, como ressaltamos. Voto implica avaliação das demais alternativas em curso. A próxima eleição presidencial se dará em 2022, ainda distante. Por ora, passamos por eleições municipais, e muitos analistas apressam-se em dizer que Bolsonaro saiu enfraquecido do pleito, na medida em que a maioria dos candidatos apoiados por ele expressamente não logrou vitória. Os resultados eleitorais estão afinados com o que a teoria propõe, tendo em vista os resultados aqui apresentados.

A religião de Bolsonaro: populismo e neoconservadorismo[1]

Ronaldo de Almeida

Antes das eleições de 2018 e ainda durante o primeiro ano do mandato presidencial de Jair Messias Bolsonaro, especulou-se muito sobre qual era, afinal, a sua religião. Ele é evangélico? É católico? É um católico convertendo-se à igreja evangélica? Qual o sentido de algumas performances em eventos públicos com evangélicos nas quais ele "aceitou Jesus"? O seu batismo no rio Jordão, em Israel, logo após o *impeachment* de Dilma Rousseff, em 2016, significou o quê? Aceitar Jesus e o batismo voluntário e consciente (crianças, de modo geral, estão excluídas) são dois ritos clássicos da conversão evangélica que implicam ruptura com a fé católica. E a sequência deve ser: aceitar e depois ser batizado. Bolsonaro, no entanto, foi batizado em 2016 e, como presidente, aceitou Jesus algumas vezes em eventos com evangélicos, embora sempre se identifique como católico.

No segundo ano de mandato, em 2020, a identidade religiosa de Bolsonaro parece ter adquirido uma relativa estabilidade: ele se declara um católico que frequenta igrejas evangélicas com sua esposa evangélica, Michelle Bolsonaro. A combinação marido católico e esposa evangélica é demograficamente recorrente nos arranjos religiosos domésticos brasileiros. Basta conferir o cenário feminino predominante nas denominações, sobretudo as pentecostais (Almeida; Barbosa, 2015).

[1] Este texto é um dos resultados da minha bolsa de Produtividade em Pesquisa (PQ), do Conselho Nacional de Desenvolvimento Científico e Tecnológico (CNPq). Agradeço as discussões com Paula Bartolin, Cleonardo Maurício Jr., Henrique Antunes, Clayton Guerrerio e Adriel Torres como também os comentários de Gustavo Rossi ao texto.

Mais precisamente, a pluralidade religiosa mais comum nos domicílios brasileiros é constituída de esposas evangélicas com maridos católicos autodenominados não praticantes. No casal presidencial, entretanto, trata-se de uma esposa evangélica casada com um católico simpatizante do conservadorismo evangélico.

Frente a esse quadro, não cabe às ciências sociais empreender um julgamento da fé de Bolsonaro. Essa é uma questão para os religiosos. É possível, porém, fazer duas afirmações sobre sua identidade religiosa. Primeiro, a ambiguidade é politicamente funcional, pois amplia o alcance da identificação com a população geral (os católicos) ao mesmo tempo que mantém o vínculo com os religiosos mais ativistas (os evangélicos). Segundo, essa ambiguidade é solenemente ignorada pelas lideranças cristãs que o apoiam, principalmente as evangélicas, que costumam ser as mais rígidas em termos doutrinários.

Não pretendo neste capítulo, contudo, centrar-me no indivíduo ou no casal Bolsonaro, embora suas performances componham o quadro mais amplo que desejo construir. Interessa-me a religião do governo Bolsonaro. Isto é, qual é a sua configuração na atual administração federal? Não busco propriamente uma identidade religiosa, e sim a configuração das aderências de religiosos na administração federal, que possuem diferenças entre si, mas coincidem no alinhamento político.

De imediato, um problema se coloca. Como recortar um Executivo que comanda uma grande máquina administrativa? Dada a amplitude do governo federal, é de se esperar que ele mantenha interfaces com as principais religiões no Brasil. Assim, evito o enfoque em qualquer aderência entre as religiões e o governo.[2] Focalizo naquelas ligadas à orientação política da presidência da República e de seu círculo mais ideológico. Fixo-me nas que são emblemáticas do governo Bolsonaro e compõem sua face pública em termos religiosos.

---

[2] Por exemplo, destaco o secretário de governo, general Luiz Eduardo Ramos. Ele é um evangélico batista, mas sua ação política está mais orientada por ser militar do que por ser evangélico, embora não haja como negar a afinidade eletiva entre o discurso de ordem e a autoridade dos militares com o dos evangélicos conservadores. Um evangélico é mais do que sua identidade religiosa.

Para tanto, o capítulo fará dois movimentos principais. O primeiro, mais longo e empírico, é um mapeamento de alguns *clusters* centrais da atuação de religiosos na gestão Bolsonaro. Parto inicialmente, e de forma indutiva, de duas expressões recorrentes nos seus discursos, por meio das quais ele busca legitimar proposições de ordem moral e política para o país: "maioria cristã" e "tradição judaico-cristã". Afinal, quem está contido nessas expressões e quem não está incluído nelas?

No segundo movimento, mais analítico e conclusivo, pretendo argumentar algo um tanto óbvio, mas que ainda carece de maior detalhamento, qual seja: a religião do governo Bolsonaro é formada por uma direita religiosa em expansão. A hipótese é que o governo, pelo menos nos dois primeiros anos de mandato, tem sido o espaço institucional de atuação e potencialização da direita religiosa no país em termos neoconservadores e sob uma lógica populista. Duas referências inspiram a compreensão desse alinhamento religioso à direita. Primeiro, as noções de antagonismo e cadeia de equivalências do modelo teórico sobre populismo formulado por Ernesto Laclau e Chantal Mouffe; segundo, a noção de "expansão da esfera pessoal protegida" da análise de Wendy Brown sobre a associação entre neoconservadorismo e neoliberalismo no contexto norte-americano contemporâneo e o lugar da família.

Cristofobia: silêncio e retorsão

Antes de mapear a presença das religiões na administração federal, começo por aquelas que estão excluídas da face pública do governo Bolsonaro: as de matriz africana. Impressiona a ausência de qualquer sinalização positiva a esse segmento nos discursos de Bolsonaro. A expressão máxima do silêncio presidencial foi o seu discurso na abertura da 75ª Assembleia Geral da Organização das Nações Unidas (ONU), em setembro de 2020, quando declarou: "Faço um apelo a toda a comunidade internacional pela liberdade religiosa e pelo combate à cristofobia". E concluiu: "O Brasil é um país cristão e conservador e tem na família sua base".[3] O discurso de Bolsonaro estava alinhado

---

[3] O discurso, na íntegra, está disponível em: https://bit.ly/3qB281m. Acesso em: 10 mar. 2021.

ao adotado pelo ainda presidente dos Estados Unidos Donald Trump, que mobilizou a direita cristã em seu país, em particular os *white evangelicals*. Para todos esses, a perseguição aos cristãos em países comunistas ateus ou fundamentalistas islâmicos deve ser denunciada e combatida.

O enunciado da cristofobia começou a ganhar força no Brasil como contraponto ao termo "homofobia". Trata-se de uma estratégia discursiva que Flávio Pierucci (1996) identificou como "efeito de retorsão". O exemplo utilizado por ele foi o episódio em 1995 denominado "chute na santa", quando a Igreja Universal do Reino de Deus se valeu do discurso de minoria religiosa perseguida, quando na verdade eram os promotores da intolerância religiosa. Da mesma forma, na ONU, Bolsonaro falou de perseguição aos cristãos, muito embora essa não seja a realidade brasileira, cuja maioria é composta de cristãos, como exaustivamente é relembrado pelo próprio presidente. No cenário nacional, as principais vítimas de intolerância religiosa são as religiões de matriz africana, e os principais agressores são cristãos, em particular os evangélicos neopentecostais, que são fortes apoiadores do presidente.

A omissão de Bolsonaro, entretanto, é acompanhada pelas ações e declarações polêmicas de Sérgio Camargo, presidente da Fundação Cultural Palmares, órgão federal dedicado à cultura e à história da população negra, para as quais as religiões afro-brasileiras são centrais. Depois de ter valorizado o papel da princesa Isabel no fim da escravidão no Brasil, em detrimento da figura histórica de Zumbi dos Palmares, Camargo declarou que, em 2020, não haveria "um centavo para macumbeiros" (LEIA..., 2020a). Como política de governo, a atual presidência da Fundação Palmares cultiva a não identificação da cultura brasileira com a herança africana. Nessa perspectiva, a cultura brasileira é cristã, e a religiosidade de matriz africana é associada ao atraso ou é demonizada pelos mais religiosos. Não foi por acaso que o comportamento eleitoral das religiões de matiz africana foi simetricamente inverso ao dos evangélicos, em 2018, quando somente 30% dos votos válidos dos afrorreligiosos foram dados ao candidato Bolsonaro no segundo turno, enquanto Fernando Haddad obteve 70%.

Passemos, agora, aos setores religiosos que estão contidos nas expressões "maioria cristã" e "tradição judaico-cristã".

Interesses econômicos e corporativos

Comecemos a puxar o fio das religiões pelo Ministério das Comunicações, em torno do qual gravitam interesses econômicos de setores católicos e evangélicos, mais especificamente da renovação carismática e do neopentecostalismo. Historicamente, os meios de comunicação sempre foram um espaço de disputa de religiosos, primeiramente no rádio, depois na televisão, e mais recentemente nas redes digitais (Cunha, 2017). Entre os católicos, destaca-se a TV Aparecida da Canção Nova, ligada à Renovação Carismática Católica (RCC), e, entre os evangélicos, a TV Record, da Igreja Universal do Reino de Deus. Os investimentos em comunicação, entretanto, são bem mais amplos do que essas duas empresas.

Durante os dois primeiros anos do mandato de Bolsonaro, a RCC deu apoio ao presidente, que foi recebido com bastante entusiasmo na Canção Nova, em Aparecida do Norte, vinculando sua imagem a esses católicos mais próximos dos evangélicos pela ênfase nas manifestações do Espírito Santo, como a emoção, a glossolalia e a cura. Também grupos carismáticos levaram a imagem de Nossa Senhora de Fátima para os encontros matinais que o presidente tinha com seus apoiadores na entrada do Palácio do Planalto com a finalidade de manter a conjuntura de antagonismos com potencial de ruptura política. Embora a Canção Nova esteja próxima da Basílica de Aparecida, não foi da padroeira do Brasil a imagem levada pelos católicos carismáticos, mas a de Nossa Senhora de Fátima (Frazão, 2020a), cultuada pelo catolicismo tradicionalista de Plinio Correa e pelaa Sociedade Brasileira de Defesa da Tradição, Família e Propriedade (TFP) (Silveira, 2019, p. 555).

Vale dizer que, em sentido contrário à RCC, a Confederação Nacional dos Bispos do Brasil (CNBB) adotou posicionamentos críticos contra as agendas governamentais em relação aos direitos humanos e ao meio ambiente. Com uma direção moderada, eleita em 2019, a CNBB aproximou-se das posições do papa Francisco em vários temas e fez manifestações críticas ao presidente, principalmente em assuntos relativos à democracia. No entanto, em relação à família, ao gênero e ao aborto, a CNBB, assim como o papa, mantém a tradicional posição conservadora. Ressalte-se, contudo, que as declarações de Francisco vão mais além da moderada CNBB ao propor acolhimento eclesial – sem desconsiderar o pecado – de gays, divorciados, mães solteiras e outros setores estigmatizados pela religião.[4]

No caso da Igreja Universal, vale dizer que sua proximidade do poder político tem sido uma constante. Depois de associar Lula ao diabo na eleição de 1989 (Pierucci; Prandi; Mariano, 1992), a Igreja Universal o apoiou e participou dos governos petistas por meio, primeiramente, do Partido Liberal, que foi transformado posteriormente em Partido Republicano Brasileiro (PRB, atual Republicanos). Ressalte-se que a igreja e o Republicanos foram uns dos últimos a abandonar o apoio político a Dilma Rousseff, semanas antes da votação do *impeachment* na Câmara dos Deputados, em abril de 2016. Tão logo o vice-presidente Michel Temer assumiu a presidência, o partido ocupou o Ministério da Indústria, Comércio e Inovação com o bispo da Igreja Universal e deputado federal Marcos Pereira. Na sequência, ainda durante a campanha presidencial de 2018, a TV Record, em contraponto à hegemonia da Rede Globo, tornou-se um palanque para a candidatura de Jair Bolsonaro.

Nesses dois primeiros anos, boa parte dos recursos de publicidade do governo Bolsonaro está sendo direcionada aos canais de televisão Record, SBT e Band, em prejuízo da Rede Globo. O ato simbólico mais expressivo da nova configuração do poder ocorreu na celebração do Dia da Independência de 2019, em Brasília. Estavam ao lado do presidente da República o bispo Edir Macedo, proprietário da TV Record, e o comunicador de televisão Sílvio Santos, proprietário do SBT. De um lado, um líder neopentecostal que adota cada vez mais a simbologia judaica; de outro, um judeu com esposa e filhas evangélicas. Assim, no principal evento cívico brasileiro, não se encontrava nenhum membro das Organizações Globo nem uma autoridade episcopal católica, presenças constantes no período militar e na redemocratização.

Essa configuração de alianças entre o governo Bolsonaro e setores do cristianismo nos meios de comunicação ficou ainda mais evidente durante a pandemia, quando, em uma mesma semana de julho de 2020,

---

[4] Com um argumento muito cristão, Francisco se pergunta quem seria ele para julgar as pessoas por seus pecados (ALMEIDA, 2013).

Bolsonaro recebeu em Brasília, separadamente, católicos carismáticos e evangélicos pentecostais da área da comunicação. Na mesa de negociações estava o apoio político ao presidente durante o surto epidêmico em troca de recursos. No início de agosto, quando se completaram 100 mil mortes pelo coronavírus no Brasil, o teólogo Ronilso Pacheco percorreu blogs e sites liderados por comunicadores que estiveram reunidos com Bolsonaro celebrando a Páscoa, já com a pandemia em curso. Ele encontrou um grande silêncio ou tímidas manifestações sobre as mortes por covid-19 que atingiam negativamente a imagem do presidente por sua péssima atuação na crise sanitária (Pacheco, 2020a). Esses mesmos líderes foram os que mais se opuseram ao fechamento dos templos no início da pandemia, defenderam o uso da cloroquina na prevenção à doença e atenderam à convocação religioso-cívica do presidente da República para a realização de um jejum nacional para conter o Sars-CoV-2.

Essas lideranças religiosas costumeiramente gravitam em torno do poder instituído, mas a relação de carismáticos católicos e evangélicos neopentecostais com Bolsonaro, até pelas características de sua identidade religiosa descrita inicialmente, tem se mostrado muito mais orgânica e densa do que foram nos governos anteriores, com FHC, Lula, Dilma e Temer.

Terras e almas indígenas

Ainda em relação aos interesses econômicos, há outra interface entre religião e orientação política do governo Bolsonaro a ser destacada. Diz respeito ao estímulo dado às missões evangélicas transculturais em territórios indígenas, em particular os da Amazônia, sobre os quais incidem diversos atores: madeireiros, mineradores, pecuaristas, agricultores, ambientalistas, indigenistas, antropólogos, cooperação internacional etc. A relação entre missões religiosas e sociedades indígenas ocorreu paralelamente aos interesses econômicos nos territórios, e todos estiveram sujeitos à mediação de órgãos estatais federais e, como consequência, ao entendimento dos governos de plantão. Terras e almas indígenas sempre estiveram em disputa no Brasil.

Em fevereiro de 2020, foi nomeado como coordenador-geral de Índios Isolados e de Recente Contato da Fundação Nacional do Índio

(Funai) Ricardo Lopes Dias, um missionário e antropólogo que fez parte da missão transcultural da antiga agência Novas Tribos – uma das herdeiras do trabalho pioneiro do Summer Institute of Linguistics, dedicado à tradução da Bíblia para todas as línguas do planeta desde a década de 1930.[5] Segundo Capiberibe (2020), durante a pandemia, essa coordenadoria da Funai ofereceu, para agentes públicos que atuam em áreas indígenas em situação de isolamento, curso de antropologia e linguística com quadro docente composto por pessoas das missões religiosas.

Boa parte dos chamados índios isolados habitam extensos territórios indígenas e reservas ecológicas da Amazônia, que são abundantes em madeira, minérios e terras para pastagem. Também são ricas em biodiversidade, entretanto, sua exploração depende da mudança de orientação do modelo de desenvolvimento econômico para a região. Diferentemente das lideranças religiosas dos meios de comunicação, como descrito anteriormente, não afirmo que os missionários tenham interesses econômicos diretos com mineradoras e madeireiras, mas a cristianização dos indígenas e a exploração das terras indígenas concorrem na mesma direção de integrar os indígenas à sociedade brasileira, e ambas são estimuladas por Bolsonaro, que afirma que "o índio" quer ser civilizado e não habitar um zoológico (Weterman, 2018).

Em relação às missões católicas – após profundas reflexões históricas e teológicas sobre a evangelização dos indígenas, sobretudo nas Américas portuguesa e espanhola –, constata-se uma maior valorização da cultura indígena e a desromanização do cristianismo católico. Isso lhes deu uma desvantagem competitiva nas áreas indígenas em relação às missões conversionistas evangélicas.

O ato político mais significativo da Igreja Católica de crítica ao governo Bolsonaro nas temáticas indígena e ambiental foi o Sínodo da Amazônia, realizado em outubro de 2019 – que já havia sido convocado pelo papa Francisco em 2017, antes da projeção eleitoral de Bolsonaro.

[5] Nos séculos XX e XXI, destacam-se agências missionárias interdenominacionais transculturais que trabalham a formação linguística e antropológica dos seus quadros, cujo uso é técnico e sujeito aos pressupostos ontológicos da religião. Os objetivos principais finais são traduzir a Bíblia para a língua indígena e construir lideranças religiosas autóctones. Realizada essa tarefa em cada povo-língua, ocorrerá a "segunda vinda de Cristo", conforme exegese fundamentalista do Apocalipse (ALMEIDA, 2006).

Entre os diversos temas, vale destacar o debate sobre a destruição do meio ambiente e dos direitos indígenas. As críticas do sínodo e do papa foram sentidas pelo governo e respondidas politicamente pela ala militar: o vice-presidente, general Hamilton Mourão, e o ministro do Gabinete de Segurança Institucional, general Augusto Heleno. Ainda durante o mês de outubro, o papa Francisco canonizou Irmã Dulce, a primeira santa brasileira. Apesar da importância histórica e nacional para o catolicismo brasileiro, Bolsonaro preferiu enviar o vice-presidente ao Vaticano para representar o governo brasileiro – assim manteve o seu catolicismo em baixa intensidade e evitou encontrar o papa.

A disputa pelo ordenamento jurídico

Quando se debate a presença evangélica no espaço público, o foco das análises costuma ser dirigido quase sempre aos pentecostais (o clássico e o neo), como pode ser observado no que foi dito anteriormente sobre os meios de comunicação. Entretanto, em outras áreas da administração federal destacam-se quadros do protestantismo histórico: presbiterianos, batistas, metodistas, luteranos, entre outros, como o atual ministro da Justiça e Segurança Pública, André Mendonça, que é pastor presbiteriano. Esses evangélicos não pentecostais têm outro perfil socioeconômico, mais escolarizado e de renda média e média alta em relação aos pentecostais (Almeida; Barbosa, 2015). É nesse protestantismo histórico que o governo Bolsonaro tem recrutado quadros técnico-políticos mais qualificados (Pacheco, 2020b).

Durante a década de 2010, aumentou consideravelmente a investida evangélica no poder Judiciário, como a Associação de Juízes Evangélicos (Anajure), uma iniciativa, criada em 2012, que pretende representar e promover os valores evangélicos e cristãos por meio de *lobby* no ordenamento jurídico da moralidade do país. A Lava Jato, por seu conteúdo moralizador, foi abraçada pela comunidade evangélica como forma de exercer a cidadania em termos seculares e públicos, mas com justificações e motivações religiosas. A operação teve um efeito muito grande no meio evangélico também pelo protagonismo político de procuradores e juízes evangélicos, como Deltan Dallagnol e Marcelo Bretas, entre outros. Essa corrente de opinião desaguou, posteriormente, em grande parte no apoio à candidatura de Bolsonaro e na participação em seu governo.

Entretanto, assim como a Anajure, existem também as associações de juízes católicos e espíritas. A principal novidade da atual conjuntura, na verdade, está na maior transversalidade institucional e ideológica entre os atores religiosos propiciada pela gestão federal. Logo, é necessário estender a orientação religiosa conservadora também entre os católicos, até porque sua presença na área jurídica sempre foi predominante, não apenas devido à dimensão demográfica, mas também porque as carreiras no campo da justiça têm uma estruturação que favorece aqueles que possuem mais capitais cultural e social. Esses atores são menores entre os evangélicos, principalmente os pentecostais. Não por acaso é mais fácil encontrá-los nas carreiras políticas do Legislativo e do Executivo, nas quais a via eleitoral permite *furar* as barreiras socioeconômicas.

Como exemplo de transversalidade entre evangélicos e católicos, cito o Instituto Brasileiro de Direito e Religião (IBDR), que tem como presidente de honra o jurista Ives Gandra da Silva Martins, figura mais pública da prelazia da Santa Cruz e Opus Dei (doravante, o Opus Dei). Fazem parte do IBDR – um *think tank* teológico-político – outros católicos que orbitam em torno do Opus Dei, mas também protestantes, predominantemente de origem presbiteriana, bem como batistas, metodistas e luteranos. A composição do Conselho do IBDR abriga católicos tradicionalistas e diversos protestantes reformados de igrejas protestantes tradicionais de classes média e alta que ofereceram quadros político-técnicos para o governo Bolsonaro.[6]

Durante o mês de agosto de 2020, o IBDR realizou o segundo curso virtual sobre religião e poder. Do evento participaram o ministro da Justiça e Segurança Pública e pastor presbiteriano André Mendonça, o jurista Ives Gandra da Silva e outros teólogos, pastores, advogados, políticos com mandatos, um ministro de Estado e magistrados. Vários palestrantes eram quadros ou base parlamentar do governo Bolsonaro

---

[6] Como o teólogo e pastor Guilherme de Carvalho, coordenador da instituição protestante autodefinida neocalvinista, o L'Abri (ALENCAR, 2018), que foi diretor de Promoção e Educação em Direitos Humanos do ministério da Mulher, Família e Direitos Humanos, da ministra e pastora Damares Alves.

no campo jurídico, e boa parte desses quadros tiveram formação ou são docentes ou pesquisadores da Universidade Presbiteriana Mackenzie.

Apesar das diferenças de perspectiva (teológica, jurídica e política), o discurso comum era sobre a atuação pública dos cristãos. Como corolário, há a necessidade de formulação de uma teologia política. Entenda-se: a estruturação do poder e da política tem como referência uma teologia elaborada a partir da soberania de Deus no mundo. Por outro lado, a natureza oferece um modelo moral para a ordem social, daí a centralidade de temas como família, aborto, autoridade e liberdade. Uma teologia política (que não é propriamente teocracia) orientando a atuação de católicos e protestantes no mundo secular em termos seculares; e uma teologia natural servindo como base moral para a vida em sociedade.

José Casanova (1994) formulou o conceito de religião pública frente à presença cada vez maior das religiões no espaço público. Isso implica atuar não apenas sobre o espaço público, mas também sobre as regras de sua estruturação. As afinidades teológicas e políticas aproximam as ações do Opus Dei e do neocalvinismo por meio de uma ascese intramundana que atua no plano do ordenamento jurídico. Em ambos, os valores cristãos devem estar enraizados na ética pública, nos comportamentos e na legislação.

Blindagens contra o secularismo: escola e família

Os campos de disputa nos quais a direita religiosa milita são variados, mas um espaço privilegiado de observação é a fronteira entre escola e família na educação de crianças e adolescentes. Isso porque são, regra geral, os primeiros e principais espaços de socialização que tendem a naturalizar padrões comportamentais e concepções de mundo. Quais papéis e expectativas devem caber à família e à escola? Qual a divisão de tarefas?

"Família educa, escola transmite conhecimentos" é o *slogan* mais sintético dos setores conservadores cristãos no Ministério da Educação. Após ter nomeado como ministros um católico tradicionalista e depois um católico com a agressividade política de um fundamentalista, o presidente Bolsonaro indicou, em julho de 2020, o pastor presbiteriano Milton Ribeiro, ex-reitor da Universidade Presbiteriana Mackenzie, em

São Paulo. Pelo pouco tempo como ministro, é possível afirmar que Ribeiro não promoverá mudança de rota, a qual considera a escola um espaço de doutrinação política realizada por professores politicamente de esquerda, cientificamente antirreligião e moralmente liberais.

Um dos movimentos é evitar a laicidade da escola como "antirreligião" ou laicismo, segundo definição dos próprios religiosos. Os temas relativos à sexualidade e ao gênero são os principais campos de batalha nos ensinos fundamental e médio, mais do que o ensino religioso ou o ensino do criacionismo em escolas públicas. A nomeada "ideologia de gênero", termo formulado pela Igreja Católica e propagado por outros cristãos e não cristãos, tornou-se o mote das críticas às teorias de gênero e ao construtivismo social, por não compreenderem a natureza como modelo moral para a vida social. Essa disputa não está sendo feita somente nas orientações pedagógicas gerais da burocracia do Ministério da Educação, mas também alcançou capilarmente as escolas, públicas e privadas, e as salas de aula, opondo professores e alunos, professores e direção, e alunos e alunos. São frequentes os relatos de professores dos ensinos fundamental e médio que foram questionados por alunos pela forma não apologética de tratar a história do cristianismo.

A contrapartida da limitação do papel laico da escola é o avanço da família tradicional como fonte para a moralidade pública. O protagonismo nessas temáticas conservadoras, na verdade, encontra-se no Ministério da Mulher, da Família e dos Direitos Humanos, conduzido pela pastora Damares Alves, da Igreja Batista da Lagoinha, em Belo Horizonte. Dos assessores tidos como os mais ideológicos do governo Bolsonaro,[7] Damares Alves demonstra ser a mais consistente política e administrativamente, por ter tido uma densa experiência como assessora parlamentar, que a capacitou para lidar com a máquina pública. Na composição das sete secretarias do seu ministério passaram neocalvinistas, evangelicais, pentecostais e católicos do Opus Dei, como a secretária da Família, Angela Vidal Gandra Martins, filha de Ives Gandra da Silva Martins.

---

[7] Os dois primeiros ministros da Educação, Carlos Vélez e Abraham Weintraub; o das Relações Exteriores, Ernesto Araújo; e a da Mulher, Família e Direitos Humanos, Damares Alves.

Por orientação da presidência, a temática da família deve atravessar os diferentes ministérios, oferecendo um discurso político-moral unificado. Na Educação, a fronteira entre família e escola; na Justiça, a definição jurídica de família como heterossexual; nas Relações Exteriores, a retirada da palavra "gênero" dos documentos internacionais; e, mais recentemente, a Coordenação de Aperfeiçoamento de Pessoal de Nível Superior (CAPES), órgão do Ministério da Ciência, Tecnologia e Inovações, lança um edital para pesquisas sobre famílias no Brasil.[8]

"Família tradicional" talvez seja o signo mais englobante de diversos temas relativos aos corpos, comportamentos e vínculos sociais trabalhados pela ministra Damares Alves. Em nome dela são tematizados gênero, sexualidade, casamento entre pessoas do mesmo sexo, adoção por casais gays, reprodução e aborto, e sobretudo o corpo (da mulher e das pessoas homoafetivas), os comportamentos e os vínculos familiares. O enquadramento "família tradicional" focaliza esses temas e trabalha para produzir novos sujeitos de direitos e de políticas públicas: o feto, a mulher vítima da violência doméstica, a iniciação sexual depois da adolescência (Sudré, 2020), o cristão perseguido. Se o programa dos governos petistas Bolsa Família pensava a família como unidade econômica, o ministério de Damares Alves a compreende como unidade moral. A ação governamental não é apenas de contenção dos conteúdos universalizantes e seculares da escola pública laica, mas também de expansão dos valores da família tradicional, como a moralidade, na formação de crianças e adolescentes.

A geopolítica religiosa

Por fim, retomemos a segunda expressão definidora da cultura brasileira usada por Bolsonaro: a "tradição judaico-cristã". Em termos concretos, o que mais se destacou em relação ao judaísmo na face pública do governo Bolsonaro nos dois primeiros anos foram, por um lado, a intenção de transferir a embaixada do Brasil em Israel de Tel

[8] A demanda da pesquisa foi do ministério da Mulher, da Família e dos Direitos Humanos. A presidência desse órgão de financiamento da pós-graduação no Brasil é ocupada por um presbiteriano, também ex-reitor da universidade Mackenzie.

Aviv para Jerusalém; por outro, a persistente bandeira de Israel junto com a norte-americana nas manifestações da direita brasileira.

O relato e a análise de Michel Gherman e Misha Klein (Gherman; Klein, 2019) mostraram como a visita do então candidato à presidência Jair Bolsonaro ao clube Hebraica do Rio de Janeiro desencadeou fortes discussões e conflitos internos na comunidade judaica. Isso porque, durante a visita, Bolsonaro proferiu uma de suas mais conhecidas falas racistas, quando usou o termo "arroba" para se referir ao peso das pessoas negras quilombolas. Conforme os autores, a clássica clivagem entre judeus seculares e judeus religiosos foi atravessada, perpendicularmente, por outra clivagem nas eleições 2018: bolsonaristas e antibolsonaristas.

Depois dos evangélicos, os judeus foram proporcionalmente os religiosos que mais votaram em Bolsonaro (61% dos votos válidos, enquanto Haddad ficou com 39%). Mas eles correspondem a cerca de 0,5% da população brasileira. Isso é pouca gente para levar tantas bandeiras de Israel nas manifestações políticas e religiosas dos últimos anos. Boa parte dos carregadores das bandeiras de Israel são evangélicos. A prática já estava presente na Marcha para Jesus há muito tempo, mas nos últimos anos extrapolou o universo religioso em direção às manifestações da direita política no Brasil. A bandeira, assim como a transferência da embaixada para Jerusalém, são mais demandas de setores evangélicos, cuja matriz teológico-doutrinária são os Estados Unidos.

A agenda religiosa de Bolsonaro nos Estados Unidos – para onde viajou em abril de 2019, quando conheceu pessoalmente o então presidente Donald Trump – ocorreu com o núcleo duro de pastores fundamentalistas ligados ao Partido Republicano, como Pat Robertson (que disputou as primárias presidenciais de 1988, vencidas por George Bush), Jerry Fawell Jr. (filho do fundador do movimento político-religioso fundamentalista Moral Majority, Jerry Fawell, nos anos 1970) e outros tantos líderes midiáticos que fazem *lobby* para transferir a capital de Israel para Jerusalém. A transferência da embaixada prometida por Bolsonaro atendeu mais ao sionismo cristão evangélico e judaico da direita norte-americana e à configuração de uma direita internacional ligada ao governo Trump do que aos apelos dos cristãos evangélicos ou judeus brasileiros.

A triangulação Brasil-Estados Unidos-Israel não é estranha aos universos evangélicos conservadores norte-americano e brasileiro, sobretudo no contexto da Guerra Fria e depois da Guerra dos Seis Dias, em 1967. Bolsonaro, Trump e Netanyahu, porém, procuraram aprofundar os vínculos durante esses dois anos, tendo Israel como um dos símbolos da extrema direita na guerra cultural. Contudo, a derrota eleitoral de Donald Trump, em novembro de 2020, tende a reconfigurar um novo jogo de forças políticas no cenário internacional. De qualquer forma, mesmo que Bolsonaro arrefeça iniciativas como a transferência da embaixada devido à derrota de Trump, o sionismo cristão (evangélico e católico) tem raízes longevas e vem ganhando impulso na medida em que Israel e a tradição judaico-cristã compõem parte da ideologia geopolítica da extrema direita internacional contemporânea.

Uma direita religiosa?

Volto, por fim, à proposição inicial: a religião do governo Bolsonaro é formada pela direita religiosa, que está sendo gestada e potencializada em termos neoconservadores e sob uma lógica populista.

Tenho aqui como referência a formulação de Ernesto Laclau (2013), para quem populismo é uma construção específica do político, que, em síntese, envolve a construção de um *povo* por meio de uma cadeia de equivalências entre as demandas populares em oposição às elites dominantes, que são tratadas como inimigas. A construção do povo, assim, estabelece o antagonismo político entre "nós/eles", podendo ser, mas não necessariamente, antissistêmico. As equivalências, por sua vez, necessitam decantar uma identidade popular específica, pois o povo, para Laclau, é um significante vazio. Sua nomeação decorre da hegemonia de algumas demandas em relação a outras. Por exemplo: a categoria "trabalhador", representada como classe operária por partidos de esquerda, na verdade, abrange diversas profissões e estratos sociais.

Burity (2020) vem construindo um sólido argumento sobre a presença pública evangélica, valendo-se de uma leitura fina e profunda da teoria de Laclau e Mouffe sobre o populismo. Por meio de um processo de minoritização (cuja inspiração em Burity é William Connoly), o povo evangélico vem se constituído como ator político e público desde a Constituinte, em meados dos anos 1980. Trata-se de uma autocompreensão como povo, isto é, como pessoas de bem e honestas em um sistema de diferenças e antagonismos. A pergunta deste artigo, entretanto, é mais conjuntural e extrapola o universo evangélico: tendo como referência o modelo teórico de Laclau, como está sendo construída a cadeia de equivalências da pungente direita religiosa no governo Bolsonaro?

É sabido que religiões no Brasil, de esmagadora maioria cristã, são partes históricas do que chamamos genericamente de direita. No entanto, com as disputas políticas e culturais da última década e, sobretudo, com a composição do governo Bolsonaro, setores católicos, evangélicos, judeus e espíritas, entre outros, aprofundaram o alinhamento em torno de pautas, atores e ações políticas, dando maior organicidade a uma direita religiosa. Como dito inicialmente, trata-se de uma configuração de atores, pautas e interesses econômicos de setores religiosos na estrutura burocrática do governo Bolsonaro.

Resumidamente, os principais *clusters* de atuação religiosa na administração federal nos dois primeiros anos do governo Bolsonaro apresentaram as seguintes aderências: interesses econômicos nos meios de comunicação de evangélicos (neo)pentecostais e de carismáticos católicos; missões transculturais fundamentalistas em ricos territórios indígenas da Amazônia; aliança sionista entre católicos, evangélicos e judeus na política externa do Ministério das Relações Exteriores; presença de protestantes calvinistas no Ministério da Educação e no Ministério da Ciência, Tecnologia e Inovações (Capes, especificamente); no âmbito da Justiça, com a presença de calvinistas, Opus Dei e outros setores conservadores católicos e evangélicos; e, por fim, no Ministério da Mulher, da Família e dos Direitos Humanos, onde quase todos os segmentos cristãos conservadores se encontram. Se Michelle Bolsonaro é a primeira-dama do país, Damares Alves é a primeira-dama do governo Bolsonaro.

Não se trata de um somatório de religiões, mas de articulação entre segmentos conservadores de cada religião cristã e, também, não cristã. O que os articula são pautas e interesses econômicos, morais, culturais, políticos e geopolíticos transversais. Por isso, não trato como uma identidade religiosa do governo, mas como uma configuração de setores religiosos (cristãos e não cristãos) atravessados por pautas ideológicas, interesses materiais e qualificações técnico-políticas.

As transversalidades que alinham os conservadores têm como contrapartida a agudização de clivagens internas às religiões. A clivagem pró e anti-Bolsonaro provocada no clube Hebraica, no Rio de Janeiro (Gherman; Klein, 2019), tem sido comum em outras religiões devido ao contexto de polarização dos últimos anos. Em reação à onda conservadora, por exemplo, ganha cada vez mais visibilidade a minoria de evangélicos autodenominados progressistas, que estão em antagonismo à maioria conservadora, provocando divisões eclesiais e disputas pela identificação "os evangélicos" e pela interpretação da Bíblia. Ressalte-se ainda que os antagonismos ocorreram também nos centros espíritas kardecistas e terreiros de matriz africana, mesmo sendo os menos contemplados na face pública da religião do governo Bolsonaro.[9] Como famílias e grupos de amigos viveram tensões e chegaram a rompimentos das relações interpessoais, o mesmo acontecendo capilarmente em inúmeras comunidades religiosas. A construção da cadeia de equivalências inter-religiosas é acompanhada da produção de antagonismos intrarreligiosos.

Se essa é a forma da disposição das forças político-religiosas, o que vem produzindo as ressonâncias entre os setores religiosos, sobretudo por sua capacidade de gerar mobilização e ação política? O neoconservadorismo é um dos vetores qualitativos de produção de sinergia entre pautas e discursos, atores políticos e quadros gestores, enraizamento social e eleitores. A novidade do atual conservadorismo encontra-se principalmente no que Wendy Brown (2019) denominou de a "expansão da esfera pessoal protegida", cujo argumento é que não se trata apenas da proteção da família tradicional em face do avanço da moralidade liberal, mas também de que seus valores devem referenciar o ordenamento público. Brown mostrou que, no neoliberalismo contemporâneo estadunidense, a expansão da esfera protegida serve como

[9] Como dito anteriormente, entre as religiões afro-brasileiras, 70% dos votos válidos foram em Haddad, e 30% em Bolsonaro. Os kardecistas, por sua vez, tiveram um desempenho igual ao da população brasileira: 55% para Bolsonaro e 45% para Haddad, entre os votos válidos.

meio de recristianizar a cultura através de ações estatais em forma de políticas públicas e legislações.

No contexto norte-americano, a constituição da direita religiosa que deu apoio ao governo de Donald Trump foi iniciada na década de 1970 e em torno do governo Ronald Reagan, nos anos 1980, quando uma direita cristã de perfil predominante evangélico e sionista se estabeleceu na estrutura do Partido Republicano, tornando-se um vetor permanente da política norte-americana, sobretudo em períodos eleitorais. Essa direita cristã sob a liderança de Trump aprofundou duas inflexões na política norte-americana: a divisão do eleitorado com questões morais hierarquicamente superiores e inegociáveis (aborto, gênero, armas, liberalismo econômico etc.) e a projeção de valores familiares sobre o espaço público. Este capítulo indaga se algo semelhante está em curso no Brasil, a saber: a consolidação de uma direita religiosa ancorada em valores conservadores comuns às parcelas hegemônicas das religiões, cuja finalidade não é apenas proteger sua prática religiosa, mas também atuar sobre o sistema político e as regras do espaço público.

A configuração de aderências das religiões no governo Bolsonaro apresenta diferentes transversalidades, algumas com maior, outras com menor capacidade de alcance dos setores religiosos à direita. O signo englobante "família tradicional" (sexualidade, gênero, casamento, adoção, aborto, reprodução, principalmente) é o que oferece maior transversalidade discursiva aos diferentes setores religiosos do governo, capaz de mobilizar apoio e voto entre seus respectivos fiéis e a sociedade mais conservadora de modo geral. A expansão da família tradicional em todas as suas variações têm funcionado como o principal (mas não o único) produtor da cadeia de equivalências que alinha e incrementa a direita religiosa. A nomeação do *povo* como "trabalhador" durante os governos do PT foi deslocada no governo Bolsonaro para "família tradicional" ou "pessoas de bem", formadas por uma idealizada maioria cristã ou de tradição judaico-cristã.

Bolsonaro (não) me representa

Debora Rezende de Almeida

> *Tem que ser um governo com a... com altivez. Se expor, mostrar que nós temos o povo do nosso lado. Que nós somos submissos ao povo [...] tem que ser conduzido pelo povo brasileiro, e ponto final. Onde o povo tá, vamos estar junto.*
>
> Presidente Jair Messias Bolsonaro, durante reunião ministerial realizada em 22 de abril de 2020.

A revelação do vídeo com a gravação da reunião ministerial ocorrida em 22 de abril de 2020, já no auge da pandemia de covid-19, gerou diversas reações no público, na mídia e no meio acadêmico. Enquanto muitos viam a ruína do presidente, chamaram-me a atenção a ambiguidade de alguns enunciados e seu apelo popular (Almeida, D. R., 2020). Neste ensaio, sigo essa intuição e pergunto: por que parte da população brasileira se sente representada por Jair Bolsonaro? Passados quase dois anos de mandato presidencial, quais são as características da representação política do governo Bolsonaro e seus limites para a jovem democracia brasileira? O objetivo deste ensaio é duplo: avaliar os sentidos e os significados dessa representação, apontando algumas condições para sua emergência; e analisar como Bolsonaro altera o casamento entre representação e democracia estabelecido na Constituição de 1988, inaugurando um novo capítulo da relação de representação na tríade presidente, população e sociedade civil.

Bolsonaro é o principal líder popular de direita desde a redemocratização do país. Apesar de presidente legitimamente eleito, a adesão de seus eleitores, agora apoiadores, não parece ser explicada pela ideia de *representação delegada* ou pela correspondência direta entre líder e povo autoritários, dada a variedade dos grupos que o elegeram (Nicolau, 2020). O que isso nos revela sobre as dinâmicas e os sentidos da representação? Argumento, primeiramente, que é preciso trazer de volta a dimensão simbólica da representação para compreender por que as pessoas se sentem representadas por Bolsonaro. Gostaria de resistir à tentação de simplesmente nomeá-lo populista, o que me levaria a seguir as diferentes correntes desse campo de estudos para encontrar afinidades e diferenças entre a empiria e as propostas teóricas. O apelo ao povo ou à comunidade idealizada como um princípio geral de legitimidade é dinâmica corrente da disputa eleitoral, mas Bolsonaro encarna um povo simbólico, apresentando-se como sua expressão única, correta e verdadeira, e excluindo aqueles que com ele não se identificam.

Apontarei, ainda na primeira seção, dois elementos centrais que abrem espaço para o maior protagonismo da *representação simbólica* em tempos atuais: i) a incompletude e a insuficiência das democracias representativas para lidar com as demandas substantivas de inclusão, agravadas pelo domínio da lógica neoliberal no campo da economia, da moral e da política (Brown, 2019); e ii) a transformação nos parâmetros de comunicação, que afeta diretamente a forma de os indivíduos perceberem os problemas, a maneira como lideranças se comunicam com sua audiência e, consequentemente, a relação entre representantes e representados.

Em segundo lugar, o texto argumenta que a aliança entre representação simbólica e autoritarismo encontra raízes históricas no Brasil e considera as especificidades da nossa crise. Após caracterizar a representação simbólica em Bolsonaro, o ensaio aponta efeitos deletérios de seu governo sobre duas mudanças substantivas na representação democrática desenhadas em 1988: a relação de controle entre representantes e representados e a pluralização da representação. O ensaio provê alguns exemplos dessas transformações e reflete sobre os dilemas da representação no país.

Representação simbólica e seu protagonismo contemporâneo

A ciência política está repleta de conceitos contestados e com múltiplos sentidos, como a própria noção de democracia. Em se tratando de representação política, no entanto, apesar das raízes históricas diversas do conceito, tendemos a aceitar e a operar com um único e identificável sentido: "tornar novamente presente o ausente" (Pitkin, 1967). Mais do que isso, as possibilidades de concretização da representação democrática estão postas no governo representativo e em seus arranjos, principalmente nas eleições, por meio das quais representantes são livres e ao mesmo tempo responsivos aos interesses do representado. Apenas recentemente retornam ao debate sobre representação modelos rechaçados por Pitkin, como a representação descritiva e simbólica, ou mesmo formas de representação não inseridas na lógica do Estado.

Neste ensaio, interessa-me recuperar a dimensão simbólica, que, para Pitkin, levaria a um tipo de atividade desenvolvida sobre a mente dos representados, com potenciais implicações políticas autoritárias. Com tal posicionamento, além de adotar uma concepção a-histórica de representação, que não leva em conta as diferentes mutações da palavra e do conceito, essa autora julga a representação simbólica a partir de premissas externas ao próprio modelo, baseada numa definição prévia do que seria uma representação substantiva (Mulieri, 2016). Desconsidera que símbolos impõem certos limites à atividade do representante, especialmente no que tange à necessidade de que seus significados sejam compartilhados com os representados, e que a relação entre símbolos e autoritarismo não é necessária (Gurza Lavalle, 2015). Além da dimensão simbólica, a concepção jurídico-política da representação, que hoje identificamos com a ideia de consentimento, durante a era medieval estava associada à noção de que o representante ou o colegiado encarnava (*embodiment*) uma multiplicidade em um corpo único (Sintomer, 2013). O fato de a modernidade legitimar a delegação como princípio democrático da representação não elimina outras formas de construção da representatividade, tampouco esgota as possibilidades democráticas da relação representante e representado.

Nas últimas duas décadas, a virada representativa e construtivista na teoria democrática tem nos lembrado que representar é, ao mesmo tempo, exibir ou encarnar uma presença (simbólica) e tornar presente algo que não está literalmente presente (mandato ou delegação) (Sintomer, 2013; Vieira, 2017). Mesmo a representação delegada envolve a produção de uma imagem do que está sendo representado e uma performance de quem está no poder perante aqueles que diz representar. Representação é a constituição de "comunidades imaginadas" (Anderson, 2008). Nas teorias do populismo, um dos exemplos da abordagem construtivista, é central a capacidade de o líder personificar o povo, mantendo-o numa posição subordinada, ou garantindo condições de sua expressão por meio da abertura de canais de participação (Laclau, 2005). Para os autores preocupados em desnaturalizar a ideia de que a representação se constrói exclusivamente por meio das eleições, a comunidade política é algo socialmente construído por atores eleitos e não eleitos (Saward, 2010).

Experiências no nível social também dão voz à insatisfação com o sistema político, clamando por outras formas de identificação entre representantes e representados, à direita e à esquerda do espectro político. De um lado, o movimento e partido 5 Estrelas italiano conjuga representação com sua negação e com a defesa de uma democracia direta que possa encarnar a vontade do povo, contra o *establishment*, especialmente partidos e mídia tradicionais. De outro, manifestantes do movimento Occupy nos Estados Unidos bradaram para o sistema financeiro e político: "Nós somos os 99%". Longe de expressar uma recusa à representação, essa experiência revela outro sentido: nós somos como (representamos) o povo e não agimos em nome dele. No campo eleitoral, várias figuras, geralmente definidas como populistas autoritários, clamam encarnar a vontade de um povo cansado da política, produzindo discursos exclusivistas de identificação. O lema bolsonarista "Deus acima de todos" exclui não só aqueles que com "Deus" não se identificam, como também os que cultuam outras divindades.

Vale destacar que o casamento entre *representação-encarnação* e autoritarismo é visto por vários autores como sinônimo de populismo (Inglehart; Norris, 2016; Urbinati, 2019). Para meus propósitos, importa destacar que a identificação simbólica – e até sentimental – é parte constitutiva do relacionamento representativo, sendo necessário considerar que a representação como encarnação não é essencialmente antidemocrática. Ainda assim, deve-se atentar para os riscos de uma representação direta, que elimina o papel dos intermediários, como os partidos, tal como apontado por Urbinati. Argumentarei, porém, que a rejeição à intermediação da sociedade civil e dos movimentos sociais, que tem papel secundário no pensamento da autora, e o modelo adotado de mobilização e comunicação "direta" com o povo são centrais para compreender os perigos da representação simbólica em Bolsonaro. De todo modo, os exemplos empíricos atuais revelam uma *afinidade eletiva* entre representação simbólica e autoritarismo. Nomeio aqui dois elementos que ajudam a compreender a emergência desse fenômeno.

Primeiramente, o modelo tradicional da *representação-mandato* está aquém das expectativas nele depositadas. Sabe-se que o debate sobre crise é controverso, afinal, tanto as metamorfoses quanto a crise fazem parte da história da democracia representativa, dado seu caráter incompleto e parcial para dar conta da complexidade social (Manin, 1997; Rosanvallon, 2008). Mas é inegável que a noção de crise atual carrega consigo algumas especificidades. Nossas democracias representativas estão insuficientemente equipadas com os meios de resolver seus principais problemas, como desemprego, infraestrutura precária, falta de acesso à educação e à saúde e alta diferença entre ricos e pobres (Ankersmit, 2002). Para Wendy Brown (2019), a hegemonia neoliberal está na base dessa crise. De um lado, o Estado, soberano e representante político da coletividade por excelência, é chamado a se afastar e a intervir o mínimo possível, por meio da desregulamentação, da redução de políticas de bem-estar, da privatização de espaços públicos e, recentemente, da crescente dominância do capital financeiro sobre o produtivo. De outro, a governabilidade neoliberal demoniza o social e o político e ataca a democracia no seu fundamento básico da igualdade política, em defesa irrestrita da liberdade. A noção de que o Estado não deve agir para a promoção de justiça e direitos, tampouco interferir nos códigos morais livre e tradicionalmente pactuados na sociedade, vem abrindo espaço para a defesa crescente da manutenção dos valores tradicionais. Além disso, a insegurança gerada com a redução do Estado, a crise do sistema político e a mudança no *status quo* intensificam a aliança entre neoliberalismo e conservadorismo, em que a busca mítica por um passado seguro e a defesa da família e dos valores tradicionais, que atingem diretamente minorias políticas e suas conquistas, ganham centralidade (Biroli; Machado; Vaggione, 2020).

A carência por lugares de pertencimento tem sido também amplamente explorada por líderes autoritários, que adotam o discurso de ausência ou deturpação da representação (*misrepresentation*) para mobilizar audiências e gerar apoio político, especialmente na forma do "anti" sistema, elites e partidos (Guasti; Almeida, 2019). Vale lembrar que parte das alternativas à crise do sistema político vem na forma da representação simbólica e autoritária, na qual lideranças rompem com os canais tradicionais de intermediação política e se apresentam como *outsiders*, diferentes e capazes de encarnar a vontade dos insatisfeitos com a democracia.

Em segundo lugar, a emergência da representação simbólica parece facilitada pelo advento das novas tecnologias de informação e comunicação (TICs), que, por meio da internet, mudam as formas de comunicação e a própria política. Manin (1997) foi o primeiro a nos alertar para a emergência da democracia de audiência e sua tendência de personalização da representação em detrimento das instâncias de intermediação, como os partidos. O sucesso de lideranças autoritárias deve ser situado nessa transição da democracia de partidos para a de audiência, na qual candidatos cortejam o público por meio de laços pessoais (Urbinati, 2019). No entanto, apesar da capacidade reduzida de controle do representado sobre o representante – afinal, eleitores passam a votar em pessoas em vez de escolher a partir de programas partidários sujeitos à avaliação retrospectiva –, é possível dizer que a comunicação ainda operava a partir de filtros. Gurza Lavalle (2019) nos lembra que a seleção de candidatos era feita pelos canais tradicionais de recrutamento e ascensão na carreira política, em maior ou menor medida sob o controle da elite política. De forma semelhante, a seleção de temas a serem aventados na disputa pelo alinhamento político da sociedade passava pelo filtro da mídia tradicional. As TICs permitem a entrada de novos atores que escapam ao controle das elites e possibilitam a exploração de variados temas, sem que canais tradicionais de comunicação controlem o que é relevante politicamente, o que parece positivo na ausência de uma mídia independente e plural. Porém, a disponibilização de canais não significa necessariamente igual acesso e produção de conteúdo, comunicação direta, horizontal e plural. A rejeição ao sistema perito da mídia, a saber, a excelência técnica ou a competência do jornalista, também tem levado ao surgimento de várias "opiniões autorizadas" que negam até evidências científicas (Cesarino, 2020).

Os problemas de segmentação e setorialização, gerados pelo controle das grandes corporações e pela seleção algorítmica da informação nas plataformas de mídias sociais, também são responsáveis pela criação de "bolhas" onde interagem pessoas com preferências políticas próximas, o que contribui para a polarização (Just; Latzer, 2017). Haveria uma afinidade eletiva entre a crescente teatralização da política, o uso dessas ferramentas e a emergência de discursos que apelam às pessoas comuns, às emoções e ao sentimento de deturpação ou ausência da representação (Moffitt, 2016; Gerbaudo, 2018). Não cabe aqui uma discussão aprofundada dos mecanismos que geram esses efeitos, apenas destacar que ao mesmo tempo que as plataformas disseminam mais informação e abrem espaço para os indivíduos expressarem a insatisfação com o sistema, elas aguçam os problemas da democracia da audiência. Mais do que falar em nome de uma audiência, os enunciados são performaticamente direcionados *para* audiências específicas. Considerando que discursos de *misrepresentation* têm apelo, discursos de crise passam a ser retórica e estrategicamente utilizados por representantes para produzir um efeito na audiência, sendo mais do que resultado de uma incompatibilidade entre demandas políticas e incapacidade do sistema político (Ankersmit, 2002). Em conjunto, esses fatores contribuem para a emergência e a atração das lideranças que exploram os dilemas da democracia representativa e chamam para si a representação exclusivista do povo.

Representação política no Brasil: o fenômeno Bolsonaro

A dimensão simbólica sempre esteve presente na história da representação no Brasil, conjugada com uma boa dose de autoritarismo, muitas vezes com base no argumento da anterioridade do Estado, leia-se líder Executivo, em relação à sociedade. Getúlio Vargas é o exemplo mais notável desse casamento, por exibir diversas características, como carisma, forma de ascensão ao poder rompendo com a Constituição, uso extensivo da retórica nacional e da propaganda para falar ao povo, e capacidade de aglutinar diferentes forças e grupos políticos em um único projeto de nação. Mesmo na experiência do governo representativo a partir de 1945, que ampliou a participação no sufrágio, a democracia era subjacente à representação e ao projeto de desenvolvimento. É dessa fase o debate sobre populismo no Brasil, que, apesar de marcado por ambígua interpretação sobre o papel das massas – ora manipuladas, ora vocalizadoras de preferências (Szwako; Araujo, 2019) –, desnuda o discurso do representante como aquele que encarna a nação e sua vontade.

A redemocratização parecia marcar o fim desse modelo simbólico de representação que se constrói de cima para baixo, posto que a sociedade civil, agora sob registro positivo e com capacidade de agência, apontaria os caminhos para a democratização (Szwako; Araujo, 2019). O resultado foi a emergência de um novo projeto político que, embora conservasse vícios do passado, colocava a democracia pela primeira vez como princípio organizador das relações Estado e sociedade. A Constituição de 1988 estabelece uma concepção distinta da representação que, sutil nas palavras, mas radical no sentido, reconfigura a soberania popular. O poder emana do povo, que não apenas o delega a representantes, mas também *o exerce diretamente* (Brasil, 1988).

Após anos de relativa estabilidade institucional, incorporação do povo na política e disputa democrática das forças partidárias por um espaço no poder, alguns desses princípios são abalados. Embora a ascensão de lideranças e partidos de extrema direita não seja privilégio dos países do Sul Global, como mostram experiências europeias e dos Estados Unidos, vale destacar as especificidades do Brasil. Não estamos falando de um sistema de representação consolidado em crise, mas de um sistema representativo que tenta se consolidar e ampliar direitos, ao mesmo tempo que o Estado já é convidado a se retirar. Para além da incapacidade de redução das desigualdades, decorrente das condições macroestruturais do capitalismo, é preciso recordar que existem desigualdades históricas no país que nunca foram adequadamente tratadas e que se aprofundam nos últimos anos. Destacam-se a permanência da violência e do racismo contra negros, que representam grande parte da população, a negação das elites em fazer as reformas que atacam as bases da distribuição de riquezas e poder ou mesmo as fontes de privilégios, e as mudanças no campo do trabalho que precarizam ainda mais as condições trabalhistas, a organização sindical e também a qualidade de vida (Schwarcz, 2019; Abílio, 2019). A insurgência contra o avanço nos valores pós-materiais, destacada como fonte de insatisfação no mundo (Inglehart; Norris, 2016), também é importante no Brasil e na América Latina. Na região, a reação conservadora emerge em direta reação aos avanços dos movimentos feministas e LGBTQI, abrindo um espaço de disputa moral em torno dos valores que organizam a sociedade (Biroli; Machado; Vaggione, 2020). Para completar o caldo de crise, a persistente prática de corrupção e captura do Estado por interesses particularistas pouco contribui para a adesão à democracia formal, que está longe de concretizar os direitos prometidos na Constituição.

Nos momentos de grave crise, o autoritarismo ou o reacionarismo que estão no nosso DNA são aflorados, e os discursos polarizantes e radicais encontram espaço político (Doria, 2020). Foi assim em 1930, com Getúlio, e em 1964, com o golpe militar. Por um tempo, parecíamos ter esquecido a presença de um autoritarismo social, que, embora submerso na redemocratização, ainda permanecia na cultura política, especialmente na defesa das práticas sociais hierárquicas (Dagnino; Olvera; Panfichi, 2006). Nesse ponto, de vazio de representação, as lentes são mais uma vez ofuscadas, e um passado ideal de ordem, segurança e não corrupção, nunca vivido, é chamado novamente à cena. O autoritarismo político, que parecia superado em 1988, apresenta-se como solução, tanto no campo eleitoral quanto no social. *Entram novamente em cena* atores conservadores. É importante reconhecer, contudo, que, apesar da ampliação da sua presença e das inovações organizacionais e nos seus repertórios, esses atores já faziam parte do cenário político e não foram adequadamente vistos por nossas lentes teórico-analíticas, conforme artigo de Szwako e Gurza Lavalle, neste livro.

Não cabe aqui discutir todo o percurso de ascensão de Bolsonaro como líder popular da extrema direita. Destaco as características dessa representação simbólica, desenhadas em campanha e mantidas no governo, que afetam diretamente a democracia no país. Diante de um vazio simbólico da representação, no qual as pessoas votam, mas não se reconhecem na política, Bolsonaro conseguiu produzir e difundir no imaginário social um sentido compartilhado da política, a identificação de um *nós*, formado por grupos muitos distintos. A adesão a Bolsonaro, entretanto, além de ter se servido da crise instaurada no país – que não temos espaço aqui para explorar –, é dependente da lógica antagonista e negativa, pois o *nós* só aparece como construção simbólica se contraposto ao *eles*. A elaboração do discurso fundado no mote "eles não nos representam" se deu em várias dimensões: pela negação de dimensões morais defendidas pelo campo da esquerda, como políticas de minorias, cultura e educação; pela identificação de uma classe política corrupta e imoral (o *status quo*) contra quem precisavam reagir, especialmente pela crítica ao Partido dos Trabalhadores (PT), antes no poder; pelo ataque à mídia tradicional; e pela exploração do sentimento de antipolítica. Bolsonaro na campanha encarnou o *novo* e a rebeldia ao sistema político. Seus eleitores não possuem os mesmos valores, ideias sobre política ou economia, mas se unificam em torno de uma ideia de crise e de um candidato que diz mais abertamente ao que se opõe, e de maneira direta e simples. A disseminação dessas mensagens se deu especialmente pelas redes sociais, particularmente WhatsApp, Facebook e Twitter, fazendo-o contornar de maneira inédita o padrão de eleições anteriores em termos do poder do tempo de propaganda no horário eleitoral e dos recursos de campanha (Nicolau, 2020).[1] A intenção de personificação/encarnação vem desde a campanha. Basta lembrar a música ou *hino*, entoado por seus seguidores: "Bolsonaro somos nós", que sela uma espécie de compromisso coletivo, na base do *nós comum*, em torno dos ideais do presidente.

Mais do que reivindicar ou apresentar uma demanda representativa, a representação se efetiva nas decisões políticas, sendo, portanto, crucial analisar o governo Bolsonaro. Tendo em vista, porém, o curto período de governo, quase dois anos, e ausência de dados e análises qualitativas aprofundadas, bem como o escopo limitado deste ensaio, aqui me limitarei, por fim, a apontar alguns sinais da manutenção desse modo de representar.

Bolsonaro no governo se mantém como expressão viva da representação simbólica, pelo uso extensivo da linguagem e de símbolos autoritários, como os cumprimentos militares, os gestos de continência ou os braços erguidos em posição vertical, indicando subordinação

[1] A CPI das *Fake News*, criada no Brasil para investigar a existência de uma rede de produção e propagação de notícias falsas e o assédio virtual nas redes sociais, vem apontando, porém, a existência de financiamento ilegal à campanha bolsonarista por parte de empresários.

ou semelhança com o cumprimento nazista; pelo uso de acessórios, como a Bíblia, a caneta barata, a pulseira de plástico azul com citação bíblica; e pelas encenações em torno da família ou em cima do cavalo (Schwarcz, 2020). Em torno desses símbolos, a ideia a ser transmitida é de informalidade, simplicidade, hierarquia, união e virilidade. Em seu discurso de posse, o presidente encarna a missão, é o salvador e o mito que viria para "restaurar e reerguer nossa pátria, libertando-a, definitivamente, do jugo da corrupção, da criminalidade, da irresponsabilidade econômica e da submissão ideológica".[2] O amálgama entre lógica neoliberal nos campos da economia e da moral está claramente posto. Ao mesmo tempo que o discurso põe foco nos costumes e valores, clama pela fábula da meritocracia – "pessoas que querem conquistar pelo mérito" – e por uma economia de livre-mercado, com eficiência e menos regulamentação.

Mais do que estilo performático ou mera retórica discursiva, os símbolos informam sobre as atividades do representante. Do conjunto de mudanças desde sua posse, importa aqui destacar as que afetam as práticas da representação, como a relação de controle entre representantes e representados e sua pluralização. No primeiro caso, chamo atenção para seu estilo de comunicação e mobilização do povo, que se vale de farto uso das plataformas de mídias sociais, em tentativa de estabelecer canais de participação direta da população, e do ataque a fontes tradicionais de informação e comunicação. Não à toa, a gestão já foi chamada de governo-movimento (Couto, 2020), que teria como finalidade a mobilização e não a produção de políticas públicas. O termo é interessante, mas vale uma correção. É preciso compreender que desconstruir políticas públicas não deixa de ser estratégia política e de governo, e que a desinstitucionalização de práticas vem gerando a institucionalização de outras formas de governar e atender ao público, além de alterar quem são seus beneficiários (Almeida; Dowbor, no prelo).

No que tange ao estilo de mobilização e comunicação, é tarefa ainda em aberto avaliar o quanto ele afeta a participação e as possibilidades de controle. A análise das postagens no Twitter dos primeiros 100 dias de governo mostra que o presidente se comunica com o

---

[2] Transcrição disponível em: http://bit.ly/3eoJrLV. Acesso em 10 mar. 2021.

público apresentando diferentes temas, como política externa, econômica e corrupção – políticas sociais são menos centrais –, e com distintos objetivos, como divulgar medidas do governo e ideias (Almeida *et al.*, 2019). Em uma primeira impressão, a prática poderia gerar transparência ao público, mas esses mesmos dados também indicam que as publicações utilizam como fontes ou o próprio governo ou sua *ciberbase*, grupo de apoio que não são fontes confiáveis ou da mídia tradicional. Além disso, o presidente mobiliza constantemente apelos nacionalistas ao povo, sendo o discurso antagonista ainda presente em quase 25% de suas postagens, direcionadas ao PT, à mídia, à imprensa, como ainda se mantivesse em campanha (Almeida *et al.*, 2019). Conforme destaca Felipe Nunes, para quem o presidente é a personalidade política mais popular digitalmente, Bolsonaro adota um estilo de comunicação que preza mais pela forma do que pelo conteúdo, devido ao seu caráter impulsivo, criador de polêmica, muitas vezes mentindo e mudando de postura, especialmente pelo uso constante de publicações em *stories* que duram apenas 24 horas (Sperb, 2020).

A construção de relacionamentos de proximidade entre Jair Bolsonaro e seus seguidores nas mídias sociais pode ser interpretada como um esforço de interagir com os representados, o que é uma demanda legítima e pouco atendida no governo representativo. Além disso, recusando-se a dialogar com as instituições e mesmo com fins de atacá-las diretamente, o presidente mobiliza sua base para pressionar por mudanças ou chamar atos de protesto. Um exemplo disso ocorreu em maio de 2019, quando algumas dezenas de pessoas foram às ruas contra o Congresso e o Supremo Tribunal Federal (STF), em defesa de pautas como a reforma ministerial, o pacote anticrime e a reforma da Previdência. Essa participação direta é limitada por vários motivos, como o alcance das publicações, o uso de fontes não confiáveis e a baixa informação sobre medidas concretas e monocráticas tomadas pelo governo. Em muitos casos, o papel da audiência é só ouvir, apoiar e exaltar o papel do falante, passando ao largo da noção de participar como "tomar parte de decisões" (Urbinati, 2019). É importante reconhecer, porém, que o presidente mobiliza o povo e o envolve na política, não sendo suficiente trazer novamente à baila o argumento das massas manipuladas, ainda que claramente seja necessário envolver melhor a população no conhecimento da política e de suas implicações. Há uma demanda legítima por participação, e o sentimento de repulsa às instituições e aos políticos tem fundamento, quando se consideram os limites da democratização brasileira, antes destacados.

O ataque à mídia tradicional é outro elemento que afeta o controle, pois o povo se vê diante de uma imagem distorcida do que é o governo e suas ações. Apesar dos limites da mídia tradicional no país, Bolsonaro, além de atacar constantemente alguns meios, como redes de TV, notadamente a Rede Globo, e jornais como *O Globo* e *Folha de S.Paulo*, atua diretamente para interferir no seu funcionamento, dando demonstrações da incapacidade de conviver com críticas. São exemplos a negação de conceder entrevistas, a ameaça de cancelamento da assinatura do jornal *Folha de S.Paulo* no governo federal, a ameaça a anunciantes, a mudança da distribuição da verba oficial de publicidade e o favorecimento de redes de televisão, como SBT e Record, consideradas aliadas do Planalto, entre outras medidas.

O segundo conjunto de mudanças impacta diretamente a pluralização da representação e os canais de intermediação política da sociedade civil e dos movimentos sociais. Desde a redemocratização, a sociedade civil intensificou os repertórios de interação com o Estado, por meio da criação e difusão de instituições participativas, da ocupação de cargos na burocracia, das relações de *advocacy* no legislativo, de parcerias entre universidades e governo, entre outros. Os canais de participação se transformaram em lócus de representação da sociedade civil e de construção de políticas públicas. Antes de ser eleito, porém, no primeiro turno, Bolsonaro já havia declarado que ia "botar um ponto final em todos os ativismos do Brasil",[3] e, no discurso presidencial de posse, reafirmou o suposto desejo do povo brasileiro de "preparar seus filhos para o mercado de trabalho e não para a militância política". Se é fato que o ativismo no interior do governo federal já estava sendo enfraquecido desde o *impeachment*, especialmente por meio da redução de secretarias, ou de seus recursos, ligadas a direitos de minorias e sociais,

[3] Vídeo publicado no Facebook de Jair Bolsonaro, em 07 de outubro de 2018, após vitória no primeiro turno das eleições. Disponível em: https://youtu.be/MjUg2iydfzU. Acesso em: 10 mar. 2021.

Jair Bolsonaro desde eleito trabalha, por exemplo, para a extinção, a redução do escopo de atuação e o enfraquecimento dos conselhos de políticas públicas e conferências. Deixo a descrição dessas mudanças para outros capítulos do livro, mas gostaria apenas de apontar que é preciso denunciar e avaliar a falácia da não intermediação, pois o governo não trabalha para o fim do ativismo, mas para eliminar um tipo específico de ativismo que ajudou a construir os direitos sociais e políticos dos últimos anos. Os atores aliados a um projeto de direita conservadora e neoliberal, cada vez mais visíveis, embora ainda pouco conhecidos pelos analistas, atuam fortemente para a institucionalização de suas visões de mundo e de política.

Passados dois anos, boa parte da população ainda parece se sentir simbolicamente representada, mesmo que o apoio a sua forma de governar nem sempre corresponda a uma avaliação positiva na mesma intensidade de políticas, como ambiental, desemprego, juros e impostos. A tarefa de manter a adesão desse *nós* não é fácil, diante de grupos e demandas tão distintos, mas também não é simples o desafio de construir outro tipo de identificação que agregue em alguma medida aqueles que hoje avaliam que Bolsonaro não os representa.

Desdemocratização, ascensão da extrema direita e repertórios de ação coletiva

Luciana Tatagiba

Mudanças na configuração do poder alteram as formas como as pessoas fazem reivindicação, ao constituírem cenários variáveis de oportunidades e ameaças à ação política coletiva. Por sua vez, a forma como as pessoas comuns reivindicam afeta o contexto político, produzindo mudanças que podem resultar em transformações do regime. É partindo do reconhecimento dessa influência recíproca entre estruturas de oportunidades políticas, regimes e repertórios de ação coletiva, como desenvolvido por Charles Tilly (2006), que construo o problema que busco tratar neste ensaio, qual seja: até que ponto e de que forma a ascensão da extrema direita ao poder impactou o padrão do confronto político no Brasil?

O ensaio busca sustentar três argumentos: i) o governo da extrema direita, ao intensificar o processo de polarização política, produz novos deslocamentos do regime na direção da desdemocratização; ii) esses deslocamentos, por sua vez, alteram o conjunto das ações coletivas toleradas, estimuladas e proibidas, produzindo importantes mudanças no padrão do confronto político que caracterizou a Nova República; iii) os dois anos de governo Bolsonaro são caraterizados pelas crescentes ameaças às ações de tipo movimento social, alto custo e baixa efetividade da participação institucional e maior propensão ao confronto violento.

Lutas populares, democracia e desdemocratização

No campo de estudos dos movimentos sociais, a teoria do confronto político (Mcadam; Tarrow; Tilly, 2001; Tilly, 2006) se destaca por enfatizar o nexo entre política contestatória e institucional (Tilly, 2008, p. 35). A investigação recai sobre a compreensão das conexões entre as mobilizações sociais e o jogo político institucional, a partir da análise das interações entre atores políticos e sociais estratégicos. Sob essa ótica, movimentos sociais e protestos são definidos como agentes de mudança que buscam afetar a, ao mesmo tempo que são afetados pela, política institucional.

Esse horizonte analítico oferece importantes *insights* para o debate sobre a democracia, desde a perspectiva das lutas sociais. Mobilizando uma definição processual, Tilly (2013, p. 28) afirma que um regime é democrático "na medida em que as relações políticas entre o Estado e seus cidadãos engendram consultas amplas, igualitárias, protegidas e mutuamente vinculantes". Partindo dessa definição, o autor destaca quatro dimensões operacionais (ou indicadores) para a comparação dos regimes democráticos entre si e no interior de um mesmo país ao longo do tempo, quais sejam:

> *Extensão*: refere-se à variação no grau de acesso da população aos processos políticos. De forma geral, essa dimensão refere-se ao incremento ou à redução da participação. O grau em que as pessoas comuns podem encaminhar queixas e demandas sobre o desempenho governamental e incidir sobre as decisões que afetam sua vida indica o movimento do regime rumo à democratização ou desdemocratização.
> *Igualdade*: refere-se à variação no grau de insulamento das desigualdades sociais em relação aos processos políticos públicos. Sempre que as desigualdades de classe, raça, gênero, religião, etnia e nacionalidade forem traduzidas em desigualdades categóricas que impeçam ou dificultem que grupos de cidadãos participem da vida política, encaminhando queixas e reivindicações ao Estado, estamos diante de processos de desdemocratização.
> *Proteção*: refere-se à variação no grau de proteção dos cidadãos contra a ação arbitrária do Estado e no quanto a própria expressão das demandas recebe proteção do Estado. O regime caminha em direção à desdemocratização quando o Estado usa o seu poder para punir inimigos pessoais e para premiar seus amigos. Quando todos os cidadãos gozam de um processo público e correto, o regime se movimenta em direção à democratização.
> *Consulta mutuamente vinculante* (compromisso): refere-se à variação no grau de compromisso do Estado e dos cidadãos em relação às

> consultas vinculantes. Ou seja, quanto maior o nível de compromisso dos cidadãos, grupos de cidadãos e agentes governamentais com o cumprimento das leis que regem a vida coletiva, mais o regime caminha em direção à democratização. Quando isso não acontece, o regime caminha rumo à desdemocratização (Tilly, 2013, p. 25-29).

Sempre que houver um "movimento médio crescente" em uma ou mais dimensões, estamos diante de um processo de democratização; sempre que houver um "movimento médio decrescente", estamos diante de um processo de desdemocratização (Tilly, 2013, p. 25). Nos termos do autor, a democratização significa "um movimento líquido na direção de consultas mais amplas, mais igualitárias, mais protegidas e mais mutuamente vinculantes", enquanto a desdemocratização significa um movimento líquido em sentido inverso (Tilly, 2013, p. 73). Portanto, segundo essa perspectiva, a democratização é um processo incompleto que sempre corre o risco de ser convertido em desdemocratização (Tilly, 2013, p. 13).[1]

E qual a relação entre lutas populares, democratização e desdemocratização? Cada uma das dimensões da democratização – extensão, igualdade, proteção e compromisso – favorece o surgimento e o fortalecimento do repertório de movimentos sociais. Da mesma forma, quando os regimes deslizam em direção à desdemocratização, o enfraquecimento dessas dimensões impõe ameaças à forma de produzir reivindicações típicas dos movimentos sociais (Tilly; Wood, 2010, p. 241-270), abrindo oportunidades para o confronto violento. Por sua vez, movimentos sociais contribuem para processos de democratização quando aumentam o número de participantes na política pública, principalmente grupos novos e marginalizados, conferindo-lhes um estatuto igual e levantando barreiras contra a imposições de desigualdades categóricas nos processos políticos públicos. Contudo os movimentos

[1] Na caracterização dos regimes, Tilly combina as variáveis graus de democracia e grau de capacidade do Estado, resultando em quatro tipos de regime: não democráticos com alta capacidade; não democrático com baixa capacidade; democrático com alta capacidade; e democrático com baixa capacidade (TILLY, 2006). Em razão do espaço, este texto irá apenas se deter na dimensão da democracia.

sociais também podem contribuir com processos de desdemocratização quando fazem o oposto disso, ou seja, quando atuam visando reduzir a participação de grupos novos e marginalizados nas políticas públicas, quando reafirmam desigualdades categóricas como critério para o acesso aos direitos de cidadania e quando não se comprometem com as decisões mutuamente vinculantes entre Estado e cidadãos (Tilly; Wood, 2010, p. 276-277).

Partindo do quadro analítico proposto por Tilly, sustento que a mudança na estrutura de oportunidade política provocada pela ascensão da extrema direita, em várias partes do mundo, teve como efeito empurrar os regimes em direção à desdemocratização, ao produzir um movimento médio decrescente em cada um dos quatro componentes da definição operacional de democracia: extensão, igualdade, proteção e compromisso.

Sustento ainda que um dos mecanismos específicos[2] que vinculam a mudança na estrutura de oportunidade política, com a ascensão da extrema direita, a um deslocamento do regime rumo à desdemocratização é o mecanismo de *ativação das fronteiras*, que gera o *processo de polarização*. Ou seja, em governos de extrema direita a polarização assume centralidade como forma de relação entre o Estado e os cidadãos. Ao ativar a fronteira nós x eles e transformar o pertencimento a um dos lados da fronteira (identidade política) em questão de vida ou morte, os processos de polarização traduzem desigualdades sociais em desigualdades categóricas nos processos políticos. O recuo na dimensão da igualdade impacta diretamente as outras três dimensões (extensão, proteção e compromisso), empurrando o regime em direção à desdemocratização. Como explica Tilly (2013, p. 123):

> Na medida em que as interações entre cidadãos e Estado organizam-se em torno de diferenças categóricas que prevalecem também na vida cotidiana, aquelas diferenças acabam por minar as consultas amplas, iguais, protegidas e mutuamente vinculantes. Elas bloqueiam ou subvertem as políticas democráticas porque

---

[2] O outro mecanismo, que não tenho espaço para tratar aqui, é a postura antissistêmica, que, ao afetar a confiança no funcionamento do sistema, impacta a dimensão do compromisso, na direção da desdemocratização.

> inevitavelmente instalam ampla disparidade de recursos na arena política. [...] Elas [as diferenças categóricas] dão aos membros das categorias privilegiadas tanto o incentivo quanto os meios para evitar os resultados da deliberação democrática quando estes se mostram contrários aos seus interesses.

Os efeitos desdemocratizantes dos processos de polarização afetam, como não poderia deixar de ser, os repertórios de ação coletiva. A proeminência do "nós x eles", como estrutura de relação entre o Estado e os cidadãos e dos grupos sociais entre si, favorece a violência coletiva, enquanto aumenta os custos e reduz a efetividade das performances do repertório de movimentos sociais. A polarização geralmente promove a violência coletiva porque torna a fronteira nós/eles mais saliente, intensifica o conflito através das fronteiras, aumenta o risco de ganhar ou perder e amplia as oportunidades para os líderes iniciarem ações contra os seus inimigos (Tilly, 2003, p. 21-22).

O caso brasileiro

O caso brasileiro parece corroborar essa análise. Como tem sido sobejamente explorado pela literatura, os movimentos sociais fomentaram o processo de democratização, entre os anos 1970 e 1980, e a restauração da democracia contribuiu para o desenvolvimento e fortalecimento dos movimentos sociais. Essa "correspondência incompleta" (Tilly; Wood, 2010, p. 246) entre os movimentos sociais e as instituições democráticas vigeu entre 1985 e 2013, período compreendido como Nova República.

Ao longo desses 30 anos as performances características do repertório de movimentos sociais – criação de organizações, reuniões públicas, manifestações, campanhas de reivindicação coletiva contra as autoridades e/ou elites, participação em eleições, atuação nos espaços institucionais de poder, *lobby*, declaração em meios de comunicação, testemunho – substituíram o recurso ao confronto violento, que marcara as estratégias das esquerdas latino-americanas no ciclo anterior (Alvarez; Dagnino; Escobar, 1992). As lutas populares do período ganharam em escala e em capacidade de intervenção no debate público com a criação do Partido dos Trabalhadores (PT) e da Central Única dos Trabalhadores (CUT). Ambos se mostraram fontes de recursos materiais e simbólicos fundamentais para a construção das campanhas dos movimentos, em torno de diferentes agendas e regiões do país (Sader, 1995; Doimo, 1995).

A abertura parcial do regime e o processo constituinte que lhe seguiu foram fundamentais na construção de coalizões mais amplas que favoreceram a nacionalização e, em certos casos, internacionalização dos movimentos sociais brasileiros. Ao mesmo tempo, os movimentos sociais atuaram na reconstrução das instituições democráticas, a partir de uma estratégia voltada a ampliar o espaço de participação popular nas políticas públicas. Como sustenta a literatura da participação, esse foi um processo bem-sucedido que resultou na construção de uma robusta arquitetura participativa, capaz de integrar ao Estado brasileiro setores que, até então, não tinham espaço de incidência nas políticas públicas (Dagnino, 2002).

Em 2003, o Partido dos Trabalhadores, surgido dos movimentos e com forte compromisso com o setor popular e sindical, chegou ao poder, franqueando novas oportunidades políticas para seus aliados. A vitória da esquerda permitiu que uma ampla variedade de atores políticos participasse da agenda nacional, incluindo seus adversários, resultando em uma configuração do Estado altamente heterogênea (Abers; Serarim; Tatagiba, 2014; Gurza Lavalle; Carlos; Dowbor; Szwako, 2019a). A extensão do acesso da população aos processos políticos gerou avanços nas outras dimensões (igualdade, proteção e compromisso) que caracterizam o regime democrático.

Em síntese, em que pese a brutal desigualdade social que marca a sociedade brasileira, ao longo de todo o período da Nova República, em menor ou maior grau, o Estado tornou-se gradativamente mais permeável às demandas da cidadania, ampliaram-se os mecanismos de inclusão dos grupos aos processos políticos, com impactos importantes na proteção social e na expansão dos direitos, principalmente para os setores empobrecidos e marginalizados. A esfera pública tornou-se mais diversa, com uma pluralidade de vozes reivindicando reconhecimento e inclusão, e houve relativo avanço no insulamento das desigualdades sociais dos processos políticos (Tatagiba, 2019). O repertório de ação coletiva se consolidou acompanhando o deslocamento do regime rumo à democratização, com amplo investimento nas estratégias institucionais e eleitorais, menor propensão do Estado à repressão e baixa incidência de confrontos violentos, de extensão nacional.

A partir de 2011, os efeitos da crise global do capitalismo começaram a afetar o desempenho econômico, acirrando o conflito das classes em torno da apropriação da renda nacional. A intensificação das greves e dos protestos a partir de 2012 expressa, em parte, essa intensificação do conflito distributivo precipitado pela tentativa do governo de Dilma Rousseff de responder à crise econômica aprofundando o modelo neodesenvolvimentista (Tatagiba; Galvão, 2019).

Esse foi um dos cursos d'água que desaguaram nas massivas mobilizações de junho de 2013, que chamaram a atenção pelo alto grau de conflituosidade social. Ao lado das performances típicas dos movimentos sociais, teve lugar o confronto violento, com aumento da repressão, prisões e mortes de manifestantes. Esse evento, de causalidade múltipla, precede uma grave crise política e econômica que pôs fim à Nova República. Desde então, o país tem se movimentado, com extraordinária velocidade, rumo à desdemocratização.

Dois eventos em 2014 precipitaram esse deslocamento do regime. O primeiro, a operação Lava Jato, que, a partir de uma investigação seletiva e arbitrária, acionou o mecanismo de ativação de fronteira ao caracterizar o PT como o "partido mais corrupto da história do Brasil". A atuação dos procuradores e da Polícia Federal, repercutida pela grande mídia, foi fundamental para localizar a distinção categórica PT x anti-PT no centro do debate e do processo político nacional. Um segundo evento decisivo foi a recusa do candidato derrotado nas eleições presidenciais de 2014 a aceitar a vitória de Dilma Rousseff, sob o pretexto de fraude eleitoral. Sua atuação, dias após as eleições, convocando a população a exigir a renúncia da presidenta, deu a senha para a reorientação das estratégias das elites, que passaram então a investir nos protestos como forma de desestabilizar o governo petista.

Nas manifestações massivas realizadas entre novembro de 2014 e o *impeachment* de Rousseff, em agosto de 2016, a principal novidade foi a emergência das novas direitas como desafiadores políticos. As novas direitas, nesse momento representada por organizações como Movimento Brasil Livre (MBL), Revoltados Online e Vem pra Rua, ao mesmo tempo que mobilizaram o repertório do movimento social, com protestos, campanhas, testemunhos e *lobbies* no parlamento, inovaram com uma retórica violenta que transformava adversários em inimigos e reduzia o espaço para negociação entre as fronteiras. Além de exigirem o *impeachment* de Rousseff e a prisão de Lula, as novas direitas nas ruas ampliaram o espectro da polarização política ao associarem a disputa político-partidária à luta em torno dos modos de vida. Ser antipetista significava combater não apenas a corrupção da política, mas também a corrupção dos costumes. Essa ampliação permitiu aos novos atores do confronto construir uma imagem positiva associada à direita e envolver nesse confronto grupos que, até então, estavam à margem dessa disputa, como os setores mais empobrecidos, principalmente aqueles com identidade religiosa.

A polarização política, alimentada pelos protestos massivos a partir de 2014, empurrou o regime em direção à desdemocratização. O deslocamento do regime, por sua vez, impactou a estrutura de oportunidades políticas, abrindo oportunidades políticas inéditas para o avanço da extrema direita, em 2018.

A radicalização da polarização e o enfraquecimento dos mecanismos democráticos

Herdeiro do voto antipetista, Jair Bolsonaro é um político sem projeto e sem alianças claras que ativa o mecanismo da polarização como forma de governo. Com um discurso beligerante, define os setores da esquerda como inimigos da nação que devem ser exterminados do jogo político, como evidenciado na eloquente frase "Vamos metralhar a petralhada", pronunciada no contexto da campanha eleitoral, em referência aos militantes do PT (Ribeiro, 2018a). No rótulo *esquerda*, para além da esquerda partidária, entra um conjunto diversificado de grupos: defensores dos direitos humanos, feministas, ambientalistas, grupos antirracistas, movimentos populares, sindicalistas, homossexuais, professores universitários, artistas, entre outros.

Ao traduzir as diferenças categóricas como norte orientador do processo político, o governo radicaliza a polarização, reduzindo o acesso de contingentes expressivos da população às políticas públicas e ao pleno gozo dos direitos civis e políticos. A gestão Bolsonaro não só não protege setores importantes da arbitrariedade estatal, como também os ameaça constantemente. Não respeita a lei, não se compromete com as decisões vinculantes, franqueia a seus aliados acesso aos recursos do Estado enquanto desmonta políticas públicas voltadas à melhoria das condições de vida de setores identificados como adversários, enfraquecendo sobremaneira a dimensão do compromisso. Ou seja, nesses dois anos de governo da extrema direita, as relações entre o Estado e os cidadãos têm se dado em bases cada vez menos igualitárias, protegidas, mutuamente vinculantes e participativas. O processo de desdemocratização tem tido significativo efeito sobre o repertório de ação coletiva, configurando um novo cenário de oportunidades e ameaças à ação coletiva.

"Prometo acabar com toda forma de ativismo" (Organizações..., 2018). Foi assim que Bolsonaro se dirigiu aos seus eleitores entre o primeiro e o segundo turno das eleições presidenciais. Essa frase diz muito sobre a cruzada que seu governo tem, desde então, empreendido contra as organizações de movimentos sociais, organizações não governamentais (ONGs) e coletivos vinculados ao campo progressista. Sob o governo da extrema direita, o ativismo no Brasil se tornou uma atividade de risco.

Em várias declarações públicas o presidente tem prometido configurar como "terrorismo" as atividades do Movimento dos Trabalhadores Rurais sem Terra (MST) e do Movimento de Trabalhadores sem Teto (MTST), os dois movimentos com maior capacidade de arregimentação no país. Junto aos seus aliados do agronegócio, o presidente defendeu o direito de os ruralistas se armarem para evitar a invasão de suas propriedades. Os discursos do presidente tiveram como efeito imediato acirrar a violência no campo. Levantamento anual realizado pela Comissão Pastoral da Terra (CPT) indica que a quantidade de conflitos rurais no primeiro ano do governo Bolsonaro foi a maior dos últimos cinco anos, com foco sobre a região amazônica. Em 2019, o Brasil também bateu recorde no número de lideranças indígenas assassinadas, segundo dados do Conselho Indigenista Missionário. As ONGs ambientais também estiveram na mira do governo. Em pronunciamento na Cúpula da Diversidade das Nações Unidas, em outubro de 2020, o presidente acusou essas organizações de crime ambiental e de atuar contra os interesses do país. No mês anterior, na sua *live* semanal nas redes sociais, Bolsonaro comparou as organizações não governamentais a um câncer:

"Você sabe que as ONGs, em grande parte, não têm vez comigo. Boto pra quebrar em cima desse pessoal lá, não consigo matar esse câncer, em grande parte, chamado ONG" (Lindner; Shores; Galvão, 2020). Em 2019, o Brasil saltou da 4ª para a 3ª posição no ranking de países que mais assassinaram ambientalistas.

Em resposta aos vigorosos protestos contra os cortes na educação e a reforma da Previdência, em novembro de 2019, o governo enviou ao Congresso um projeto de lei visando liberar o uso das Forças Armadas nos casos de reintegração de posse, manifestações e protestos, e que prevê ainda o "excludente de ilicitude" para agentes de segurança que atuarem em operações de Garantia da Lei e da Ordem (GLO). Seu principal objetivo era o controle das manifestações, em um momento no qual o governo sentia-se pressionado pelos violentos protestos no Chile. Foi nesse contexto que Eduardo Bolsonaro afirmou, em entrevista, que caso os protestos contra o governo avançassem, não estaria descartado um novo AI-5, sendo apoiado pelo ministro da Economia, Paulo Guedes, e pelo general Augusto Heleno.

Em 2020, os protestos em razão da morte de George Floyd nos Estados Unidos e contra a violência policial contra negros no Brasil reuniram ativistas antirracistas e movimentos antifascistas contra o governo de Bolsonaro em várias cidades do país. O presidente classificou os manifestantes de "marginais" e "terroristas". Ao mesmo tempo, participou de ou estimulou protestos antidemocráticos em defesa do fechamento do Congresso e do Supremo Tribunal Federal (STF) e em defesa da ditadura, como o ato em frente ao STF, em maio de 2020, quando bolsonaristas vinculados ao grupo 300 do Brasil usaram elementos da estética neonazista e da Ku Klux Klan, em ameaça direta aos ministros do Supremo.

O discurso de ódio, que acompanha os processos de polarização, tem ainda resultado no aumento no número de mortes de homossexuais, travestis e mulheres vítimas de violência doméstica. O contexto de crescente ameaça tem levado muitos ativistas a deixarem o país, como é o caso do deputado federal Jean Wyllys, ativista da causa homossexual que abriu mão do seu mandato, em janeiro de 2019, e exilou-se em razão das ameaças de morte sofridas contra ele e sua família. Esse é um exemplo entre vários outros.

Como resta evidente, o incitamento à violência e a perseguição aos opositores cria um clima político profundamente desfavorável às ações do tipo movimento social, mesmo na ausência de restrições legais. Como lembra o sociólogo Marcelo Kunrath Silva, as alterações na definição das "ações coletivas toleradas, estimuladas e proibidas" não se produzem necessariamente por uma restrição estatal; antes, é pela contínua sinalização da cumplicidade estatal com a violência política societária ou paraestatal, expressa discursivamente, e, especialmente, pela inação estatal frente às diferentes formas de violência contra contestadores/as (ameaças, perseguições, discriminação, assassinatos etc.). A polarização contribui diretamente nesse processo, ao definir a violência contra alguns como algo aceitável e, até mesmo, necessário (ou seja, a lógica dos "matáveis").[3]

A restrição à participação deu-se também no plano político-institucional, com o Decreto n.º 7.959, de abril de 2019, que extinguiu ou desestruturou diversos conselhos de políticas públicas, um dos principais espaços de intervenção dos grupos organizados na produção e implementação das políticas públicas. Os conselhos que não foram extintos tiveram suas competências e sua composição alteradas. Embora alguns conselhos, obrigatórios por lei, tenham continuando funcionando, o custo da participação para os ativistas tem sido alto, e os poucos resultados alcançados referem-se, basicamente, a uma agenda defensiva que busca proteger direitos adquiridos. Ativistas que seguem atuando nesses espaços, assim como ativistas que trabalham na burocracia pública, relatam igualmente perseguições e ameaças que limitam a possibilidade de avançar suas pautas, por dentro do Estado.

O que temos então, a partir desses exemplos, é uma mudança dramática no cenário do confronto político que marcou a Nova República a partir da ascensão da extrema direita. De uma permeabilidade crescente do Estado e relativa simbiose entre movimentos sociais, Estado e partidos, assistimos agora a crescentes ameaças à organização, à participação e à mobilização social, que afetam, de forma diferenciada, um conjunto amplo de setores sociais. Enquanto grupos sociais e econômicos à direita

[3] O comentário foi enviado por Marcelo Kunrath Silva, a quem agradeço pela generosidade da partilha, por e-mail, nos diálogos travados ao longo do processo de produção deste ensaio.

encontram proteção do Estado e têm canais franqueados de acesso às políticas públicas, outros não encontram canal de diálogo e negociação e veem sua própria existência como atores políticos contestada. A radicalização da polarização amplia o espaço da violência coletiva e torna pouco acessíveis ou ineficazes os mecanismos democráticos de processamento dos conflitos.

Até que ponto vai a disposição do Estado de reprimir seus opositores? Serão as forças de segurança mobilizadas caso haja uma escalada dos protestos? Ou o trabalho de perseguição e ameaça contra opositores seguirá sendo *terceirizado* para as milícias armadas e bolsonaristas mais radicais? Ainda não é possível saber. Com o contexto da pandemia e os riscos de propagação da doença, os protestos deram lugar às ações solidárias e políticas voltadas a mitigar os impactos sanitários e sociais da crise, diante da postura negacionista do governo, que entregou favelas e periferias à própria sorte. Da mesma forma, o contexto eleitoral tende, mesmo em situações de normalidade, a reduzir a frequência dos protestos, uma vez que os movimentos estão, no geral, envolvidos em campanhas para eleição dos seus candidatos. A prova dos nove serão os próximos dois anos, quando a crise econômica tende a deteriorar ainda mais o cenário social e político. Só então saberemos se a violência coletiva perpetrada e/ou estimulada pelo Estado terá vindo para ficar, ou se ainda haverá algum espaço para o repertório de movimentos sociais e a canalização institucional dos conflitos.

Variável importante também será a capacidade de resistência dos setores progressistas. A extrema direita, ao mobilizar as diferenças categóricas como forma de governo, abriu, contraditoriamente, novas oportunidades para a resistência. No caso da luta antirracista, por exemplo, a construção de coalizões como a Coalização Negra por Direitos e sua articulação com o movimento internacional Black Lives Matter aponta para um novo ciclo de lutas pela igualdade. Nas eleições municipais deste ano, vimos também um interessante movimento eleitoral em torno de candidaturas de mulheres negras, trans, quilombolas, indígenas e candidatos representantes da comunidade LGBT. O êxito nas urnas mostra haver espaço para a disputa na sociedade. Se essas iniciativas serão ou não capazes de bloquear o processo de desdemocratização e conduzir o país de volta à rota da democracia, só o tempo dirá.

Movimentos sociais e sociedade civil: reconfigurações da mobilização, repensando nossas lentes

José Szwako
Adrian Gurza Lavalle[1]

Não é de hoje que movimentos sociais e organizações da sociedade civil vêm sendo minados em suas liberdades de expressão e associação. No Brasil, desde a corrida eleitoral de 2018, quiçá antes, o atual presidente vem empreendendo campanha contra o que chamou de "ativismo xiita", ao qual ele prometeu, mais de uma vez, "pôr um ponto final" (Seto, 2018). Congruente com tais posturas e promessas, uma vez eleito e empossado, parte de seus decretos e decisões investe diretamente contra formas institucionalizadas de participação da sociedade civil no Estado brasileiro,[2] em alguns casos desvirtuando ou obstruindo a ocupação de postos e cargos das instituições participativas e daquelas criadas para a defesa dos direitos humanos – especialmente de grupos marginalizados e do meio ambiente.[3] Houve, ainda, a extinção, redução ou fusão de instituições estatais por meio das quais demandas e interesses de atores civis tendiam a permear a definição e implantação de políticas nos níveis federal e subnacionais.

---

1 O segundo autor agradece o apoio do Centro de Estudos da Metrópole (CEM), da USP, Processo n.º 2013/07616-7, Fundação de Amparo à Pesquisa do Estado de São Paulo (Fapesp). As opiniões, hipóteses e conclusões ou recomendações expressas são de responsabilidade do autor e não necessariamente refletem a visão da Fapesp.

2 Decreto n.º 9.759 de 11 de abril de 2019; Decreto n.º 9.784, de 7 de maio de 2019; Decreto n.º 9.812, de 30 de maio de 2019; e Decreto n.º 10.087, de 5 novembro de 2019.

3 O caso da Fundação Zumbi dos Palmares é emblemático, mas a lista é extensa. Para citar apenas mais um exemplo, a ministra Damares Alves foi acusada de implodir o Comitê de Combate à Cultura (MUNIZ, 2020).

Diante do cenário desalentador da primeira metade do governo Bolsonaro, dois desafios nos ocupam nestas páginas: a compreensão das mudanças no campo da mobilização social e da sociedade civil, bem como a inadequação de nossas lentes para analisar essas transformações. O mal-estar hoje presente nas agendas de pesquisa sobre movimentos sociais e sociedade civil é, a nosso ver, índice dessa inadequação. Fruto da última redemocratização do país, nosso debate manteve impensadas, por longo tempo, inferências entre movimentos sociais e efeitos democratizantes ou foi ainda mais longe ao operar uma sinonímia entre uma sociedade civil potentemente vertebrada e a saúde democrática da vida política.

A compreensão das mudanças e de seus ritmos, por sua vez, demanda revisar os dois lados das equações socioestatais, cuja reconfiguração evidencia o quanto do debate em nosso campo foi *taken for granted*. De um lado, a sociedade civil se mostra mais uma vez em disputa (Dagnino, 2004), não só como palco no qual digladiam movimentos e contramovimentos, mas também como construção dos sentidos atribuídos à sociedade civil por um conjunto de atores conservadores – quer seculares, quer religiosos – pouco bem-vindos em nossas análises. De outro lado, se consideradas as capacidades do Estado (Gurza Lavalle *et al.*, 2019), é claro que a reconfiguração corrente nas relações entre governo e sociedade civil vai na contramão dos padrões sedimentados ao longo dos 30 anos da pós-transição e tende ao rebaixamento ou à destruição de órgãos, instrumentos de políticas e categorias simbólicas produtos de processos de institucionalização socioestatal de médio prazo, notadamente, no âmbito das políticas de gênero, sexualidade e saúde reprodutiva. Por certo, para outros atores, a valência da reconfiguração é positiva ou de institucionalização. O Ministério da Mulher, da Família e dos Direitos Humanos, para destacar um possível exemplo, ganhou centralidade, redesenhando as chances de acesso ao Estado em favor daquelas personagens e redes da sociedade civil mobilizadas e alinhadas à agenda regressiva do governo Bolsonaro.

Neste capítulo abordamos, primeiramente e no plano da literatura, a origem e a evolução de parte dos pressupostos cognitivos que, hoje, requerem revisão, especificamente nos campos dos atores sociais e da religião. Depois, no plano político e da ação coletiva, atentamos para os desafios a serem enfrentados e abordamos casos emblemáticos de ofensiva do governo Bolsonaro e de disputas pela sociedade civil e pelas políticas, nos quais clivagens morais desempenham papel central. Encerramos atentando para a relação entre temporalidade e processos de desinstitucionalização/institucionalização.

As afinidades eletivas dos conceitos

O debate brasileiro sobre movimentos sociais nasce, na segunda metade dos anos 1970, sob o signo da redemocratização. Se essa marca de nascença permitiu à literatura inovar afirmando a racionalidade, a agência e a heterogeneidade dos protestos como atributos dos movimentos urbanos – em contraposição a diagnósticos outrora comuns centrados no irracionalismo, na subordinação e no arcaísmo –, ela também trouxe consigo distinções normativas a respeito de quem seriam os *novos* personagens em cena portadores de tais atributos, deixando, por essa via, atores civis com determinados perfis fora do escopo de análise. A régua teórico-normativa que dava o crivo do objeto relevante ou não às análises encontrou expressão influente na noção weffortiana de populismo como demarcação entre o tradicional e o novo no mundo dos atores sociais. Assim, "a adjudicação heterogênea da sociedade civil e de atores dotados de agência caberia a poucos. Novos personagens produzem sentidos [...] [e] são capazes de elaborar suas experiências e identidades, ao passo que outros seriam [por ação de políticos e partidos populistas] de fato manipulados" (Szwako; Araujo, 2019, p. 491).

O elenco dos *novos personagens* abarcados pela ideia então emergente de sociedade civil segue a própria configuração da distensão e da transição, e, especialmente, das disputas intelectuais ao redor dos rumos e sentidos de ambas: o novo sindicalismo, as comunidades eclesiais de base, os movimentos urbano popular e de defesa dos diretos humanos. A alusão aqui é à produção de Eder Sader e à aposta dos intelectuais do Centro de Estudos de Cultura Contemporânea (Cedec) em uma versão de sociedade civil que, "se não existisse, seria preciso inventar; se fosse pequena, seria preciso engrandecer" (Weffort, 1984). Alusões significativas ao longo dos anos 1980, por certo, poderiam multiplicar-se para outros grupos, instituições e cidades, constatando o exercício de demarcação da novidade pela afinidade dos atores com a contestação aos governos da ditadura. De fora dessa versão *engrandecida* de sociedade civil, como aposta política, ficaram, porém, atores que escapavam ao crivo do *novo*, isto é, que não seriam *autônomo*s em face de forças e dinâmicas populistas. O caso do associativismo de bairro ilustra de maneira adequada a dupla operação – de inclusão e de exclusão – realizada: enquanto poucas análises incorporaram associações de moradores de bairro das classes média e média alta em suas análises (Boschi, 1987), a maior parte, orientada pela chave e pela aposta de *autonomia*, dedicou-se principalmente, se não exclusivamente, a frações populares organizadas (Singer; Brant, 1980; Sader, 1988).

Embora partindo de outros pressupostos teóricos, o debate nos anos 1990 assumiu rumo análogo. Diferentemente da geração anterior, a ênfase predominante na reflexão sociológica pós-1988 operou em um plano de análise no qual o conceito de sociedade civil e as personagens que entraram em cena não eram mais equiparados. Ao contrário, sobre os atores selecionados para análise, condizentes com as expectativas político-conceituais de então, pesou a régua da nova sociedade civil sob a mediação da leitura de Jean L. Cohen e Andrew Arato a respeito do arsenal categorial da ação comunicativa de Jürgen Habermas (Gurza Lavalle, 2003). A nova sociedade civil, enraizada no *mundo da vida*, ganhava sentido na sua oposição à consagração politológica das teses da transitologia nos anos 1980. Contra elas afirmou-se a permanência, após a transição, de uma constelação de atores dedicados a tematizar questões de interesse geral na esfera pública, avessos às lógicas do mercado e da política, organizadas pelo dinheiro e pelo poder. As organizações não governamentais (ONGs) tornaram-se, assim, atores privilegiados de estudo, como expressão emblemática dessa nova sociedade civil dirigida à influência comunicativa. Enquanto na década anterior a *autonomia* era reivindicação nativa que guiava os estudos na demarcação de quem eram os sujeitos privilegiados da transformação política, na década de 1990, a autonomia tornou-se um *fiat* teórico, uma característica constitutiva da sociedade civil por definição, e ocupou o nó cognitivo de uma sociologia orientada por um ideal de transformação societal. Vertebradas por tais pressupostos, as análises da nova sociedade civil deixaram de fora do escopo atores sindicais e religiosos – dois dos pilares associativos da década anterior –, bem como atores orientados por demandas materiais ou próximos à lógica do mercado.

A dimensão religiosa emerge hoje como plano incontornável de análise, e, a seu respeito, pressupostos comuns para além da literatura centrada nos atores coletivos requerem revisão. A ajuda da sociologia e da antropologia da religião é, ao nosso ver, fundamental na desconstrução de pré-noções que tendem a opor os domínios público e religioso, ecoando teorias da modernização em registro secularizador.[4] Quer dizer, reflexões socioantropológicas da religião nos auxiliam a criticar posturas – normativas e de *conventional wisdom* – que pretendem depurar aquilo que seria da esfera do Estado daquilo que, supostamente, não lhe diz respeito: uma gama de ações, redes, práticas e organizações autodesignadas religiosas, como se elas corrompessem a esfera pública e a ação social. A história da redemocratização do país mostra, todavia, e em sentido inverso, que filiações e instituições religiosas não apenas fazem política, como são também prenhes de recursos materiais e simbólicos para a mobilização, a exemplo das comunidades eclesiais de base e do progressismo de frações da hierarquia eclesiástica no Brasil de fins dos 1970. A categoria simbólica *dignidade da pessoa humana*, oriunda da doutrina católica e cristalizada no corpo da Constituição de 1988, vale, ao respeito, uma lição de história e um alerta para o caráter seletivo de nossas pré-noções.

As disputas morais e políticas da sociedade civil e das políticas

Como se vê, o debate sobre movimentos sociais no Brasil tendeu, desde sua origem, a excluir formas e fontes de mobilização pouco afeitas à aposta democratizante projetada sobre personagens *novos* e *autônomos* – e *novos porque autônomos*. Com variados pressupostos e em diferentes momentos, operaram critérios normativos implícitos ou explícitos que excluíram parcelas expressivas da sociedade civil, descurando de suas

---

[4] Para uma contribuição em um leque de valiosas contribuições socioantropológicas, ver Montero (2012).

contínuas interações socioestatais e de seus efeitos.[5] Os critérios de seleção deixaram na penumbra atores com orientações e visões de mundo conservadoras ou mesmo antidemocráticas, negligenciando a ação e a articulação de atores com orientações político-ideológicas distintas das perspectivas dos analistas.[6]

Hoje é urgente produzir conhecimento sistemático sobre os atores que escaparam às nossas lentes analíticas, e isso não é apenas uma questão de conjuntura. A trajetória de parte fundamental desse conjunto de atores remonta a antes do ciclo de protestos de 2013,[7] e, tudo indica, eles permanecerão mesmo se o bolsonarismo for derrotado. Trata-se de uma reconfiguração das disputas morais e políticas da sociedade civil em sentido duplo. O primeiro sentido ocorre em direção à sociedade, o segundo, ao Estado. A sociedade e a compreensão moral do mundo estão em questão, inclusive mediante a criação de novas organizações e instituições civis, ou seja, mediante a disputa pela composição e pelo sentido da própria sociedade civil. É característico da sociedade civil se engajar nessas disputas. A novidade aqui reside na intensificação e na centralidade adquirida por constelações de atores conservadores. Em segundo lugar, esses atores passaram a disputar as mesmas esferas de ação institucionais e simbólicas ocupadas pelo campo de atores da sociedade civil historicamente comprometido com a democratização. Esse segundo sentido instala o conflito de modo explícito, pois gera efeito triplo: de deslocamento dos atores desse campo e seus avanços, de institucionalização de outras pautas e, centralmente, de redefinição das categorias de operação das políticas públicas em torno de clivagens morais por meio e a partir das quais atores conservadores interpelam as capacidades de ação do Estado,

---

5 Há exceções, é claro. Dagnino foi exceção notável no debate brasileiro, ao ter contestado concepções dos movimentos sociais como encarnações de qualquer pureza de valores ou ações democráticos. Para uma crítica a alguns dos componentes mais caros à *doxa* desse debate e seus custos cognitivos – inclusive o autonomismo –, que, por exemplo, escanteiam atores reacionários ou conservadores, ver Gurza Lavalle e Szwako (2015) e Szwako (2014).

6 Isso não quer dizer que inexistissem análises sobre conservadorismo no país. Veja-se, por exemplo, Pierucci (1987).

7 Para a gênese da direita contemporânea brasileira, ver Rocha (2019).

imprimindo suas categorias simbólicas e agendas. O deslocamento não ocorre apenas no plano das categorias de classificação do mundo, mas, também, na criação de órgãos, na ocupação de cargos e na definição de instrumentos de políticas públicas.

Os casos seguintes exprimem, a nosso ver, o tamanho dos desafios atualmente impostos às análises de movimentos sociais e da sociedade civil.

Caso emblemático de redefinição da ação do Estado e da força das clivagens morais à raiz da mobilização contemporânea pode ser visto nos esforços governamentais e civis antigênero, anti-LGBT e contra os direitos sexuais e reprodutivos. Até o momento, o auge de uma sequência de investimentos nesse sentido foi a exposição pública, por atores civis, do nome de uma menina de 10 anos sexualmente violentada, convocando uma mobilização para evitar um aborto amparado no direito e pressionando a família, a menina e a equipe médica. Vejamos a investida antigênero. Três medidas recentes dão o tom dos ataques aos direitos das mulheres no Brasil: uma portaria do Ministério da Saúde (Brasil, 2020) que intimida mulheres e constrange operadores de saúde na realização de abortos legais; a demissão de uma equipe do mesmo ministério após o lançamento de uma nota técnica relativa a serviços de saúde reprodutiva (Mariz, 2020); o despacho dessa pasta, assinado pela Coordenação-Geral de Saúde das Mulheres, que veta o uso da categoria "violência obstétrica" em documentos oficiais emitidos por profissionais do serviço público de saúde (Ministério Da Saúde, 2019). Para o que nos importa neste texto, esses exemplos mostram como, no bojo da reconfiguração das relações entre governo e sociedade civil, também se alavanca a desinstitucionalização no plano dos direitos, dos órgãos e profissionais públicos e das categorias simbólicas, perfilando o ataque às agendas de gênero, sexualidade, direitos sexuais e direitos reprodutivos. E, ao contrário do que se pode imaginar, essa frente de ataque do governo Bolsonaro não deve ser entendida como questão secundária. Para usar o termo de Sonia Correa,[8] e em acordo com ela, tal frente não deve ser tomada como cortina de fumaça supostamente a esconder um real interesse do novo governo ou de

---

[8] Veja, nesse sentido, o depoimento de Sonia Correa no podcast Quarentenas, Episódio 1.

seus aliados. No Brasil e alhures, os pânicos disparados pela chamada "ideologia de gênero" são, antes, expressão do interesse e das categorias compartilhadas entre partes da sociedade civil e do governo, que pretendem transformar em categorias simbólicas estruturantes de políticas e da ação dos poderes do Estado.[9]

Em clivagem análoga, as políticas e os direitos de grupos LGBT vêm também sofrendo desinstitucionalização sob pressão de padrões emergentes de institucionalização – emergentes, note-se, mesmo antes da última eleição. De modo congruente com falas presidenciais e de outros representantes da direita, que alternam chistes hostis com elogios à violência, uma série de medidas conflui para a redução da visibilidade ou para a franca negação daqueles grupos como sujeitos de políticas. Dois exemplos disso são o fim de campanhas de informação e prevenção a infecções sexualmente transmissíveis e a extinção da Secretaria de Educação Continuada, Alfabetização, Diversidade e Inclusão (Secadi), do Ministério da Educação. Esse último caso é instrutivo de como dinâmicas de (des)institucionalização seguem ritmos muito variados. Criada no início do primeiro mandato de Dilma Rousseff, em 2012, a Secadi é produto de uma fusão organizacional anterior. Fusão que, aos olhos de ativistas civis e estatais, já era vista como expressão da força das redes anti-LGBT, somando mais uma derrota às numerosas sofridas ao longo dos governos Rousseff.[10]

O desafio não se impõe apenas na forma de ofensivas do governo Bolsonaro, e sua política dos costumes, contra atores e agendas, mas também na emergência de novos atores à disputa da sociedade e do Estado. Além e aquém da organização de lideranças neopentecostais em partidos e do seu crescente protagonismo eleitoral e governamental, grupos religiosos disputam, *qua* sociedade civil, modelos e alternativas de políticas públicas por meio da elaboração de categorias e instrumentos de políticas afinados às suas cosmovisões. Tais grupos moldam sua ação conforme a estruturação dos subsetores de políticas nos quais se

---

[9] Nesse sentido, o nome mesmo do Ministério da Mulher, da Família e dos Direitos Humanos é repleto de implicações e simbologias para os (retrocessos nos) direitos de gênero e LGBT.

[10] Ver Pereira (2018, p. 179 e ss).

inserem, ao mesmo tempo que são parte estruturante dessas mesmas políticas. Atores religiosos de várias denominações desempenharam historicamente funções públicas: na assistência social, na defesa de direitos humanos, no acolhimento de refugiados, bem como na proteção e promoção dos direitos da criança e do adolescente – para citar apenas alguns exemplos. A novidade é o peso de outros atores, orientados por valores com implicações regressivas sobre os avanços dos últimos 30 anos nas agendas de direitos humanos.

Caso expressivo do status público das religiões é o campo das comunidades terapêuticas (CTs) e das políticas de cuidado a usuários de substâncias psicoativas. Nas disputas legislativas, na estruturação dos requisitos de acesso (ou bloqueio) a fundos e recursos públicos e, talvez de modo mais nítido, nos modelos de cuidado e de sujeito implicados nas práticas das CTs, é possível captar a complexidade das configurações religiosas em suas relações com o Estado brasileiro. Embora seja recente a institucionalização do financiamento e da regulação da atuação das CTs no país, tendo dois marcos importantes em 2006 e 2011,[11] o histórico de atuação de entidades privadas dedicadas a oferecer tratamento e apoio a usuários de drogas, tanto legais como ilegais, data de meados dos 1970, expandindo-se nacionalmente nos anos 1990 e, sobretudo, na virada da década seguinte, quando o *boom* do crack impulsionou o apelo por políticas de tratamento a usuários.

A orientação evangélica ou protestante corresponde a 41% das CTs, ao passo que 27% delas têm orientação católica (IPEA, 2017, p. 20). As práticas terapêuticas, todavia, são menos contrastantes do que as pré-noções comuns levariam a esperar. Se, de um lado, o tripé trabalho--disciplina-espiritualidade convive, na quase totalidade das entidades, com a tensão entre os modelos da abstinência e da redução de danos, de outro lado, o recurso a práticas religiosas está longe de ser exclusivo das CTs denominacionais, tampouco se opõe à utilização de recursos técnico-científicos. Ao contrário, em boa parte delas tende a operar não uma contraposição, mas um *continuum* entre práticas religiosas e laicas, um hibridismo de recursos espirituais e científicos (Loeck, 2018).

[11] Ver, em especial, Lei n.º 11.343, de 2006 – do Sistema Nacional de Políticas Públicas sobre Drogas (SISNAD); ver também Decreto n.º 7637, de 2011.

Subjazem a esses números, processos organizativos na sociedade civil e de institucionalização no Estado. O grau de organização e mobilização das CTs, atualmente, pode ser visto no âmbito da Confederação Nacional de Comunidades Terapêuticas, que articula os interesses de várias federações, a exemplo da Federação Brasileira de Comunidades Terapêuticas (Febract). As federações se organizam territorialmente por todas as regiões do país, distinguindo-se por orientação religiosa, sobretudo a católica e a neopentecostal, e pelos modos de incidir sobre as políticas de Estado, pois essa volumosa malha associativa não ficou sem traduções institucionais. Na interação com estados e municípios, as federações têm sido parte cofabricante de programas e modelos de cuidado de usuários de substâncias psicoativas, moral e materialmente interessada na definição dos quesitos-chave de funcionamento, financiamento e controle das CTs. No estado de São Paulo, por exemplo, vê-se um imbricamento entre a Febract e o Programa Recomeço, num processo que desemboca em articulações que, no nível federal, vêm sendo ensaiadas pelas federações, desde pelo menos 2001, com vistas a melhorar a capacitação de suas entidades filiadas para atenderem às regulamentações da Secretaria Nacional de Políticas sobre Drogas, bem como da Agência Nacional de Vigilância Sanitária (Anvisa), com vistas aos recursos do Fundo Nacional de Antidrogas (Funad). Em contexto mais recente, bem aos moldes do par movimento-contramovimento, organizações antiproibicionistas vêm tentando deter um conjunto de atores e ataques que granjeou no governo Bolsonaro oportunidade para alterar o desenho do Sistema Nacional de Políticas Públicas sobre Drogas (Sisnad). Entre os ataques, cabe destacar as figuras da "internação involuntária" e da "comunidade acolhedora" – ambas incompatíveis com o respeito aos direitos humanos dos sujeitos assistidos.

Para seguir pensando...

As investidas antigênero do governo e de representantes da extrema direita mostram que a desinstitucionalização como ofensiva ocorre em diversos planos: simbólico, suprimindo categorias que ordenam normativamente o mundo e prescrevem cursos de ação ao poder público; dos direitos, limitando o escopo de sua aplicação e introduzindo elementos que emperram sua efetivação; e administrativo e técnico, desmontando órgão e equipes de trabalho. As investidas anti-LGBT, por sua vez, iluminam questões de agência e de temporalidade, revelando a complexidade que se impõe às agendas interessadas em diagnosticar os processos de desinstitucionalização. De um lado, a criação de órgãos e políticas para a população LGBT já foi, durante os anos do Partido dos Trabalhadores no governo federal, resultado das disputas entre movimento e contramovimento, exprimindo o peso de grupos e discursos anti-LGBT. De outro lado, parece claro que múltiplas temporalidades atravessam as dinâmicas de desinstitucionalização, e elas não se alinham com o *impeachment* nem estão ligadas somente à ascensão de Bolsonaro à presidência. Trajetórias prévias pesam, numa conjuntura dada, favoravelmente àqueles atores e redes moralmente interessados na redução ou extinção de institucionalidades e categorias simbólicas que conferem legibilidade e visibilidade institucionais a determinados grupos (Szwako; Gurza Lavalle, 2019).

O quadro das comunidades terapêuticas, federadas e representadas politicamente e, desde sempre, constituídas por organizações e práticas religiosas, é prenhe de controvérsias e mostra um robusto processo de institucionalização. Além de constituir exemplo eloquente de como as religiões vêm desempenhando funções públicas que não serão extintas por decreto teórico da separação Estado-religião, o caso das CTs sugere que estão longe de ser simples as configurações assumidas entre entidades, suas práticas, federações e representações. Seja como for, não há qualquer relação imediata nem direta entre *religião* e conservadorismo; as próprias federações são internamente desiguais, bem como muito heterogêneas entre si.

Uma vez colocado ao lado das dinâmicas de desinstitucionalização relativas aos direitos reprodutivos e à visibilidade LGBT, o esforço mais recentemente empreendido contra o Sisnad e os direitos dos sujeitos internados nas comunidades terapêuticas também reflete as interações mantidas entre partes da sociedade civil (por nós negligenciadas) e partes dos representantes eleitos (hoje no governo). A formulação de Almeida e Dowbor (2020) é, assim, irretocável: onde há desinstitucionalização, há institucionalização. Consideramos que adicionar a essa equação o peso das múltiplas temporalidades (de longo e médio prazo, em curto ou imediato prazo) que atravessam esses processos de institucionalização/desinstitucionalização é operação cognitiva complementar e pertinente.

Em suma, urge não apenas ampliar o foco analítico para incorporar formas de organização e mobilização – com fins simultaneamente morais e materiais – em nossas análises, mas, também, observar como estavam e agiam em outros momentos, em cada subdomínio de política pública, as redes e coalizões de atores que hoje institucionalizam suas agendas enquanto desmontam institucionalidades e políticas. E se, como dissemos, as formas conservadoras de mobilização não encontram sua gênese no calendário eleitoral recente, é provável que seus padrões socioestatais de interação acompanhem o ritmo de estruturação dos variados setores de políticas públicas e de suas comunidades epistêmicas.

Imprensa e opinião pública

A imprensa no governo Bolsonaro sob os ataques à liberdade de expressão

Ana Paola Amorim

Os primeiros dois anos do governo do presidente Jair Bolsonaro confirmam uma relação de tensão com a imprensa anunciada desde a campanha eleitoral, na qual se apresentou com um discurso hostil à liberdade de expressão e de imprensa.

De um lado, destaca-se uma mídia que, embora crítica, é mais condescendente com o governo Bolsonaro, numa perspectiva comparada, do que com a esquerda (Feres Jr., 2020a). Ainda assim, de outro lado, o presidente e membros do governo protagonizam movimentos de deslegitimação e desqualificação do trabalho da imprensa, acusando jornalistas e empresas de perseguição (Fenaj, 2020a; 2020b; Artigo 19, 2020). Nos órgãos governamentais de comunicação, Bolsonaro conclui o processo de desmonte da estrutura de comunicação pública e aumenta o controle do governo sobre a produção de conteúdo.

Este ensaio propõe analisar essas dimensões destacadas da conturbada relação entre o presidente e a imprensa e apresentar uma reflexão sobre contradições do sistema de mídia brasileiro que agudizam esse quadro de tensionamento. O caráter autoritário do governo do presidente Jair Bolsonaro se manifesta nas tentativas de obstrução às informações públicas[1] e na postura agressiva contra a imprensa, o que torna

[1] Podemos citar dois exemplos. Hamilton Mourão, quando presidente em exercício, ainda nos primeiros dias de governo, assinou um decreto que alterava a Lei de Acesso à Informação (LAI), ampliando o rol de autoridades que podem classificar dados como sigilosos. Durante a pandemia, o Ministério da Saúde excluiu o total de infectados pelo coronavírus e o acumulado de óbitos. O Supremo Tribunal Federal determinou retomada da atualização dos dados.

o próprio governo fonte de desinformação. Ao mesmo tempo, a análise dos elementos dessa relação conflituosa evidencia que o contraponto exige que se pense a urgência de democratização da própria mídia. A reação crítica da imprensa tem permitido recuperar a credibilidade da instituição, sobretudo no momento da pandemia, mas pode ter seu alcance reduzido enquanto faltar pluralidade de vozes.

As três primeiras seções do ensaio são usadas para dar um panorama de alguns desses pontos de tensão: na primeira seção, a documentação das agressões do governo à imprensa; na segunda, uma reflexão sobre as limitações da crítica da imprensa; na terceira, um breve histórico do desmonte da Empresa Brasil de Comunicação (EBC). A partir desse panorama, a quarta seção apresenta algumas considerações sobre a importância de se refletir sobre a economia política do sistema de mídia no país e repensar alternativas mais democráticas e plurais de organização. O artigo não possui nenhuma pretensão de elaborar uma proposta objetiva, pois o debate exige uma análise mais complexa. A proposta é apresentar alguns pontos para refletir sobre o desafio de se manter a pauta da democratização da comunicação em um cenário adverso à liberdade de imprensa.

A estratégia de incluir a imprensa como inimigo comum

O nível de agressividade contra a imprensa adotado pelo presidente Jair Bolsonaro é medido em números. Levantamentos feitos pela Federação Nacional dos Jornalistas (FENAJ) indicam que o presidente foi responsável por 415 ataques à imprensa nesses dois primeiros anos. Em 2019, a entidade contabilizou 116 investidas contra jornalistas e veículos de comunicação. Em 2020, a prática torna-se diária, e foram registrados 299 episódios, praticamente um por dia. Em seu monitoramento, a FENAJ considera todas as falas do presidente que vêm a público, incluindo postagens em redes sociais, *lives*, entrevistas e declarações oficiais. A maioria dos casos registrados referem-se ao que a entidade classificou como "desqualificação (ou descredibilização) da imprensa" – quando o presidente investe contra o jornalismo em geral ou contra um veículo específico.

A organização não governamental Artigo 19 elaborou um dossiê com registro de violações contra jornalistas cometidas por agentes políticos ligados ao governo federal em 20 meses de governo (ARTIGO 19, 2020). Esse levantamento considera as agressões cometidas pelo próprio presidente da República (102), as realizadas pelos três filhos do presidente que também exercem cargos eletivos[2] (220) e os casos que foram protagonizados por ministros indicados pelo presidente (119).

O dossiê detalha que jornalistas foram intimidados em 104 casos de agressão (23% do total registrado), por meio de acusações, exposição de fotos e de nomes, que em grande parte geraram ataques virtuais em massa, os chamados linchamentos virtuais, a maioria com ataque às reputações. Os casos de linchamento virtual se avolumam e têm como principal característica as tentativas de intimidação e desqualificação de profissionais da imprensa, principalmente com agressões de cunho moral. A jornalista Patrícia Campos Mello, uma das vítimas dessa estratégia, observa o recorte de gênero: as agressões são ainda mais violentas quando direcionadas a mulheres.[3]

Os veículos de comunicação também foram nominalmente atacados, segundo o levantamento da Artigo 19: a Globo e suas afiliadas foram hostilizadas 114 vezes (25% dos casos); o jornal *Folha de S.Paulo* teve 56 ofensas (12% dos casos), e o jornal *O Estado de S. Paulo*, 22 registros de afronta (5%). Vale registrar que, ao mesmo tempo, veículos que se pautaram por uma linha editorial ou cobertura mais próximos dos posicionamentos do presidente, como SBT e Record, foram mencionados de forma positiva e não violenta, apontados como exemplos de um bom jornalismo.

O dossiê se restringiu a documentar a institucionalização da violência contra comunicadores e registrou apenas as violações nas quais houve

---

[2] Flávio Bolsonaro (senador), Eduardo Bolsonaro (deputado federal) e Carlos Bolsonaro (vereador no Rio de Janeiro).

[3] Essas observações estão em seu livro *A máquina do ódio: notas de uma repórter sobre fake news e violência digital*" (Companhia das Letras, 2020). Jornalista da Folha de S. Paulo, Patrícia passou a ser alvo do chamado "gabinete do ódio" depois de publicar uma série de reportagens sobre o financiamento de disparos em massa no WhatsApp e em redes de disseminação de notícias falsas nas eleições de 2018, na maior parte das vezes em benefício do então candidato Jair Bolsonaro. Seu caso tornou-se emblemático na discussão sobre a disseminação dos discursos de ódio pelas redes sociais e os riscos para a liberdade de imprensa (MELLO, 2020).

manifestação expressa dos agentes políticos citados. Não está mapeada a repercussão desses discursos nas redes sociais e não foram contabilizadas repostagens de conteúdo por terceiros nem as manifestações adicionais. Conteúdos sequenciais sobre um mesmo tema foram registrados em conjunto, como uma violação por tema. Também não estão contabilizados ataques feitos pela própria sociedade civil. O alcance e o efeito dessa institucionalização da desqualificação do trabalho dos comunicadores não foram medidos. Nesse sentido, a pesquisa "A cara da democracia: eleições 2020", do Instituto da Democracia e da Democratização da Comunicação,[4] indica a aproximação entre os discursos das emissoras alinhadas e a percepção do governo por parte dos aliados do presidente Bolsonaro. No cruzamento de dados, os entrevistados que avaliaram o governo Bolsonaro como ótimo ou bom apontaram como seu principal meio de informação sobre política na TV aberta: Record (52%), Bandeirantes (45%), SBT (42%). A Globo aparece depois, com apenas 24%. Record e SBT são justamente as emissoras que recebem menções positivas do presidente Bolsonaro. Ao que tudo indica, tem surtido efeito junto ao seu eleitorado a campanha do presidente contra os grupos Globo e *Folha de S.Paulo*. Com relação ao grupo paulista, o presidente determinou a exclusão do jornal do processo licitatório no governo e defendeu abertamente o boicote aos produtos anunciados pelo jornal. Bolsonaro também ameaçou inviabilizar a concessão da TV Globo, que vence em 2022 (Martins, 2020a).

Em função dessas atitudes, entidades da sociedade civil brasileira denunciaram o governo Bolsonaro na 175ª audiência temática da Comissão Interamericana de Direitos Humanos (CIDH/OEA) por "violações sistemáticas à liberdade de expressão no país, ataques à imprensa, censura às liberdades artística e cultural, sufocamento dos espaços de participação social e acesso à informação pública" (Governo..., 2020c).

---

[4] A pesquisa foi realizada entre os dias 24/10 a 03/11/2020. A amostra representa a população brasileira de 16 anos ou mais de idade. Foram realizadas 2000 entrevistas nos estados do Brasil, por telefone, sendo alguns casos realizadas entrevistas face a face. O nível de confiança da pesquisa é de 95%, com margem de erro máxima estimada em 2,2%.

Uma imprensa nem tão crítica assim

A despeito das alegações do presidente Bolsonaro, uma análise mais criteriosa da cobertura da imprensa não confirma as alegações de perseguição ao seu governo, como demonstram os acompanhamentos sistematizados da cobertura dos principais jornais brasileiros feitos pelo Manchetômetro.[5] Um relatório elaborado para a Fundação Friederich-Ebert-Stiftung pelo professor João Feres Jr., coordenador do projeto, indica que a mídia é mais condescendente com os governos de Bolsonaro e de Temer do que foi com o governo da ex-presidenta Dilma Rousseff, seguindo a tendência histórica de promover um cerco ao discurso da esquerda (Feres Jr., 2020a).

A análise feita por Feres Jr. priorizou os editoriais e os artigos de opinião dos principais jornais de circulação nacional no país para avaliar o quanto cada veículo se apresenta mais ou menos crítico em suas coberturas dos agentes políticos e de seus governos, mais ou menos neutros, ou mais ou menos abertos aos seus argumentos, mesmo quando apresentam uma abordagem negativa. O trabalho de Feres Jr. ampara-se nos monitoramentos do Manchetômetro, aplicando a metodologia de valência para identificar a posição expressa pelos veículos em relação aos assuntos ou pessoas neles mencionados.[6]

Segundo Feres Jr., a predominância de conteúdo negativo nas coberturas referentes aos governos Dilma era justificada pelos veículos como o exercício da função de "cão de guarda" da imprensa, que levaria os jornais a acompanharem com uma cobertura mais crítica a movimentação das autoridades, como exercício de fiscalização do poder. Feres Jr. observa, a partir dos relatórios de monitoramento do Manchetômetro, que não se verificou o mesmo comportamento em relação aos governos Temer e Bolsonaro, pelo menos não com a mesma intensidade.

---

[5] O Manchetômetro é um site de acompanhamento da cobertura da grande mídia sobre temas de economia e política produzido pelo Laboratório de Estudos de Mídia e Esfera Pública (Lemep), sediado no Instituto de Estudos Sociais e Políticos (Iesp) da Universidade do Estado do Rio de Janeiro (UERJ) (informações fornecidas pelo site).

[6] Os textos jornalísticos analisados são classificados de acordo com as valências atribuídas: positiva, negativa, neutra ou ambivalente (quando, mesmo com abordagem negativa, incorporam contrapontos).

Chama a atenção de Feres Jr. a frequência de conteúdos ambivalentes nos textos de opinião dos principais jornais de circulação nacional analisados na comparação entre o segundo governo Dilma e os primeiros dois anos do governo Bolsonaro – *Folha de S.Paulo*, *O Globo* e *O Estado de S. Paulo* (OESP). Nos dois casos há um alto grau de negatividade dos artigos sobre o governo federal, mas Bolsonaro ainda sai melhor na comparação, principalmente em *O Globo* e *OESP*, porque registra 12% de textos ambivalentes em relação ao total analisado. Já no total de textos sobre o segundo governo Dilma, os ambivalentes correspondiam a 5,7%. A baixa frequência de conteúdo ambivalente nos textos de opinião sugere tendência de invisibilizar discursos e argumentos que permitam o contraditório.

Feres Jr. observa, ainda, alinhamento entre a opinião expressa nos editoriais e nos artigos de colunistas, indicando a ausência de pluralismo interno dos principais jornais brasileiros. Esse alinhamento não foi registrado no período anterior à pandemia. Feres Jr. atribui essa diferença ao fato de que os artigos de opinião analisados não cobrem o conteúdo econômico. Os editoriais tratam de política e economia separadamente ou em conjunto no mesmo texto, e os jornais demonstram apoio à política econômica do ministro Paulo Guedes.

Ainda assim, o presidente mobiliza o argumento da "perseguição" e da produção de *fake news* para desqualificar o trabalho da imprensa e anular a crítica. Para isso, ampara-se em uma falha da própria mídia: o jornalismo declaratório, de cunho pretensamente neutro. Trata-se de uma abordagem reducionista da objetividade jornalística que leva os jornais a noticiarem e confrontarem opiniões sem entrar no mérito se as declarações são falsas ou verdadeiras (Henriques, 2020). Em muitos casos, em nome de um pretenso equilíbrio de cobertura, publica-se, com o mesmo peso, um argumento científico com uma opinião contrária, criando uma falsa equivalência que favorece a lógica da desinformação, uma vez que o argumento científico acaba reduzido à mera questão de opinião, forçando uma equivalência falsa.

Patrícia Campos Mello faz referência à adoção dessa falsa equivalência na cobertura noticiosa como um erro que permitiu chegar a essa situação política e que dá vazão, inclusive, ao discurso de desqualificação da imprensa encabeçado pelo governo. Dentre os exemplos do efeito deletério do jornalismo declaratório (Henriques, 2020) e da falsa equivalência, pode-se citar a abordagem polarizada na cobertura da posição do governo em relação à pandemia, provocando, inclusive, desinformação, como foi o destaque dado à defesa que o presidente Jair Bolsonaro fez do uso da cloroquina para o tratamento da enfermidade quando não havia nenhum estudo conclusivo a esse respeito na comunidade científica. A jornalista Flávia Lima, *ombudsman* da *Folha de S.Paulo*, embora avalie que a cobertura da pandemia possa ser considerada boa, aponta o debate em torno da cloroquina como um dos pontos negativos, tratada na chave politizada entre os que defendiam e os que eram contrários ao uso do medicamento. Ao adotar essa postura, a imprensa tratava com a mesma medida argumentos científicos e opiniões pessoais, atribuindo-lhes uma equivalência que não existe. Como resultado, temos a anulação da condição de circulação da informação de qualidade quando se resume tudo a uma "questão de opinião".

O golpe de misericórdia na comunicação pública

A tática de desqualificação do trabalho da imprensa por parte do presidente Bolsonaro e de seu governo é uma forma de implementar uma censura e de criar quadro de perseguição a jornais e jornalistas. Ainda que não se configure uma estrutura formal e institucionalizada de censura e controle da informação na estrutura burocrática do governo, o comportamento leva a instituir um quadro de repressão governamental sobre o trabalho da imprensa. A intimidação, as ameaças de corte de verbas e de não renovação de concessão como represália política, a sucessão de insultos diante de perguntas inconvenientes, tudo isso remete a uma situação de coação constante e cria um clima de animosidade em relação à imprensa por onde se instituem mecanismos de controle tácitos, mas nada sutis. Uma tentativa de controle não só dos "mensageiros",[7] mas de toda a audiência, com quem o presidente prefere ter um contato direto (via canais pessoais nas redes sociais digitais), sem

[7] A jornalista Patrícia Campos Mello comenta a estratégia de "matar o mensageiro", com recursos e comportamentos semelhantes aos que vêm sendo empregados pelo presidente Donald Trump, nos Estados Unidos, para privilegiar e valorizar seus canais pessoais de

espaços de mediação nos quais se permitem o confronto com o contraditório e a devida fiscalização dos serviços públicos. Ao mesmo tempo, o presidente não abre mão dos meios convencionais de comunicação e se movimenta para apertar ainda mais o controle sobre os veículos estatais e impedir de vez as possibilidades de controle público.

Contra a mídia pública, destaca-se a declarada intenção de manter rigoroso controle e direcionar todo o conteúdo produzido pelos veículos da Empresa Brasil de Comunicação (EBC). No dia 9 abril de 2019, o presidente da EBC, Alexandre Graziani, anunciou a fusão entre a TV Brasil (canal público) e a NBR (canal do Executivo) por meio da Portaria n.º 216, de 9 de abril de 2019, com a justificativa de promover otimização de recursos. Antes da edição dessa norma, a produção de conteúdo governamental era separada da produção de natureza pública. Com a fusão, o governo passa a controlar e direcionar toda a programação, e seguem-se interferências diretas na veiculação de conteúdos estatais na TV Brasil.[8]

Desde a campanha eleitoral, o então candidato Jair Bolsonaro demonstrava que não tinha nenhuma simpatia pelo órgão público de comunicação dentro da estrutura do governo, ao qual chamava de "TV do Lula" (uma crítica que encontrava eco também na mídia comercial, que vê com desconfiança a atuação do governo na comunicação social). Eleito, o presidente anuncia o plano de privatizar a EBC, alegando altos custos. Entretanto a ameaça de privatização não se concretiza, e, ao que parece, pelas ações de fusão, o governo demonstra que pretende manter a estrutura, só que com mais controle estatal e encerrando um breve ciclo de comunicação pública no país. A fusão das duas empresas é mais um passo para o desmonte da TV pública. No entanto, não é mais do que a confirmação de um processo de desmonte que começou em 2016, com o ex-presidente Michel Temer.

---

comunicação e desqualificar qualquer possibilidade de mediação de seus discursos. Essa discussão foge do foco deste ensaio e fica como registro.

[8] Algumas ações foram feitas para barrar a medida, que contraria a Lei n.º 11.652, de 2008, que instituiu a EBC. O Ministério Público Federal entrou com uma Ação Civil Pública pedindo anulação da portaria. Na Câmara dos Deputados, o deputado federal Rui Falcão (PT-SP) protocolou o Projeto de Decreto Legislativo (PDL) n.º 110/2019 com o mesmo objetivo. O PDL aguarda parecer do relator designado.

A EBC foi criada em 2007, por meio da Medida Provisória n.º 398, de 10 de outubro, convertida na Lei n.º 11.652, de 7 de abril de 2008, a partir da fusão de canais de rádio e TV geridos pela TVE Rio, a TVE do Maranhão e a estatal Radiobrás. A empresa também passou a ser responsável pela gestão de novos veículos: TV Brasil, TV Brasil Internacional, Agência Brasil, Radioagência Nacional, Portal EBC e outras oito emissoras de rádio.[9] Sua criação é acompanhada de muita polêmica, inclusive entre os movimentos defensores da comunicação pública. Embora tenha surgido a partir da discussão de formação de um canal público (no sentido de se ter uma emissora de TV com controle público e programação diversificada e plural, e não ficar sobre a ingerência estatal), essa sua dimensão ainda era uma perspectiva a ser construída. A EBC nasce vinculada à Secretaria de Comunicação da Presidência da República, financiada com rubrica do orçamento da União mais verbas de publicidade institucional, patrocínio de programas e prestação de serviços. A gestão centrada no governo indicava sua principal contradição (diante da proposta de se firmar como órgão público de comunicação) e, junto com a fonte de financiamento restrito, revelava as fragilidades sobre autonomia da empresa. No entanto, a sua estrutura permitia um espaço de tensionamento com pelo menos três mecanismos: a estabilidade do mandato do diretor-presidente (e com uma duração que não coincide com o mandato do presidente da República), o Conselho Curador e a Ouvidoria.

A Ouvidoria foi criada como instância de mediação com o público e para avaliar criticamente os conteúdos produzidos pela EBC. O Conselho Curador foi estruturado como órgão de natureza consultiva e deliberativa responsável por discutir a linha editorial, as diretrizes educativas, artísticas e culturais da EBC e por zelar pela autonomia da empresa para protegê-la de ingerências governamentais ou mercantis sobre seus produtos.[10]

---

[9] Desde os anos 1970 o país tem um sistema público estatal de emissoras de rádio e TVs educativas, ligadas a governos estaduais e universidades federais. Para um breve histórico da evolução das discussões sobre políticas da radiodifusão pública, ver: Bolaño; Brittos (2008). Montenegro, Teles e Santos (2017) fazem uma análise do caráter público da EBC após o governo Temer.

[10] O Conselho era o principal instrumento de governança e tinha forte representação social. Era formado por 22 membros, sendo 15 da sociedade civil, designados pela Presidência

Logo no afastamento preliminar da ex-presidenta Dilma Rousseff, em 12 de maio de 2016, a EBC foi alvo das primeiras medidas de Michel Temer, desde a fase de governo provisório. Já no dia 16 de maio, Temer determinou a exoneração do então diretor-presidente da EBC, Ricardo de Melo, mesmo à revelia da lei, com nomeação imediata de Laerte Rimoli. Seguiram-se outras medidas, dentre as quais se destaca a edição da Medida Provisória n.º 744, de 2016 (convertida na Lei n.º 13.417, de 2017), que alterou a lei de criação da EBC, extinguiu o Conselho Curador e a garantia do mandato de quatro anos para o diretor-presidente e vinculou a EBC diretamente à Casa Civil. Além disso, houve cortes orçamentários, a edição de dois planos de demissão voluntária, desregionalização da cobertura, entre outras medidas. Nessa época, já se cogitava dentro do governo a extinção da TV Brasil como medida de austeridade e contingenciamento de gastos. Ao fundir as duas empresas, o governo Bolsonaro dá o golpe de misericórdia na já combalida estrutura de um sistema público de comunicação dentro do governo.

A velha (porém atual) pauta da democratização da comunicação

Vale ressaltar que a estratégia de desqualificação da imprensa é coerente com a postura do então candidato Bolsonaro ao longo da campanha de 2018. Se havia alguma expectativa de que o peso institucional da Presidência pudesse mediar o seu comportamento, isso não se concretizou ao longo do governo. A postura de confronto e a valorização de seus canais pessoais de redes sociais, dirigindo-se muito mais aos seus apoiadores, mostram que o presidente mantém a postura de candidato.

Desde a campanha, Bolsonaro deixou claro que não compartilhava os valores democráticos de liberdade de expressão e de imprensa, e de livre fluxo de ideias. Antes, seus discursos faziam referência a eliminar os adversários, incluindo nessa categoria todas as pessoas que apresentassem críticas a ele. O uso recorrente da frase bíblica "Conhecerás a verdade e a verdade o salvará" é recurso retórico do presidente para reivindicar

da República, segundo critérios de diversidade cultural e regional e pluralidade de experiências profissionais; quatro do governo federal; um da Câmara dos Deputados e um do Senado Federal; um de trabalhadores e trabalhadoras da EBC.

um lugar exclusivo de fala, equivalendo a algo como "a verdade sou eu" – no caminho exatamente inverso e contrário à defesa de liberdade de expressão, pilar da liberdade liberal.

Entre as referências para construção do conceito da liberdade liberal, os argumentos dos filósofos ingleses John Milton (século XVII) e John Stuart Mill (século XIX) atrelam a defesa da liberdade de discurso público à própria condição de liberdade cidadã, princípios que permanecem na base das teorias contemporâneas sobre liberdade de expressão.[11] Para Milton, a "verdade autêntica" deve resultar de um processo próprio de conhecimento que seja construído autonomamente. "Um homem pode ser herético na verdade; se crê nas coisas apenas porque seu pastor lhe diz [...], sem conhecer outro motivo, embora sua crença seja verdadeira, essa verdade mesma que ele sustenta se torna sua heresia" (Milton, [1644] 1999, p. 143).

Em Mill (2000), a defesa da "liberdade de pensamento e de discussão" é um ponto estruturante da própria liberdade dos indivíduos e refere-se ao direito de cada pessoa ter acesso aos múltiplos lados de uma questão, condição não tanto para encontrar a verdade, como está na base do utilitarismo liberal em sua primeira fase, mas para promover o desenvolvimento pessoal, seguindo o utilitarismo revisado e ampliado de Mill. Trata-se da garantia para que cada pessoa possa pensar de maneira autônoma e expressar suas opiniões sem imposições externas.

O liberalismo, porém, não é o campo com o qual o presidente Jair Bolsonaro ou seus principais aliados compartilham. A lógica neoliberal de seu governo não se mostra incompatível com princípios antiliberais e autoritários e com seu alinhamento político às correntes do tradicionalismo e da direita religiosa (Lima, V. A.; 2020a; 2020b).

O discurso de Bolsonaro representa uma ameaça para a imprensa livre e para a própria liberdade de cidadãos e cidadãs. No entanto, torna-se difícil pensar na alternativa a partir da própria imprensa sem considerar a necessidade de alterar o sistema brasileiro de mídia, predominantemente mercantil, concentrado e historicamente pouco de-

[11] Essas referências são construídas em diálogos críticos entre matrizes das tradições republicanas e liberais. Milton inscreve-se na tradição inglesa do republicanismo democrático, e Mill, no liberalismo democrático.

mocrático. Quando se fala em mídia, pensa-se exclusivamente na mídia comercial como alternativa às ameaças de censura estatal. Entretanto, a mídia deve ser analisada em seu conjunto, considerando a crítica da economia política da comunicação social, de modo a considerar todo o ecossistema de seu funcionamento.[12]

Já se argumentou que a internet poderia ser uma forma de se contrapor à concentração da mídia e democratizar a comunicação e a disseminação das informações, mas a prática vem caminhando em outra direção. A internet não se configura como um espaço homogêneo: ainda que haja janelas e iniciativas de diversidade e pluralidade, há uma articulação de agentes econômicos e políticos que têm anulado essas possibilidades por meio da tendência de formação de monopólios e oligopólios na internet e do controle do fluxo de informação pelas grandes empresas que dominam os negócios na rede.[13] Em sua organização empresarial, a internet fragmenta os públicos e não oferece transparência no processo de organização dos conteúdos pela lógica dos algoritmos. Sem transparência para combater o ambiente de desinformação, a internet não se apresenta como alternativa para se contrapor ao discurso de desqualificação de instituições democráticas, incluído aí o exercício da imprensa crítica inclusive no meio digital.

Por essas questões, o ambiente das redes sociais remete à proliferação da pandemia de desinformação (esse assunto é tratado em outro artigo desta publicação), e na ampla discussão sobre possibilidades de combate às *fake news*, a própria imprensa reivindica um papel de produção confiável de informação.

Contudo, nem sempre a imprensa desfaz a lógica da desinformação. A concentração dos meios de comunicação acentua os efeitos deletérios da retórica da equivalência tratada anteriormente. O sistema de mídia se pauta por empresas avessas à pluralidade – não há plura-

[12] A referência da economia política crítica é utilizada aqui no sentido apontado por Bolaño (2018, p. 142): "o estudo das especificidades setoriais dos processos de trabalho e de valorização no campo cultural, em nível micro, deve completar-se, para abranger a totalidade, com o estudo do movimento aparente da multiplicidade dos capitais em concorrência, o que inclui análise da concentração, barreiras à entrada, oligopólio, estratégias competitivas etc.".

[13] Ver Barttlet (2019).

lidade interna (Feres Jr., 2020a), muito menos pluralidade externa. Os monitoramentos realizados pelo Manchetômetro indicam um compartilhamento do mesmo discurso entre as empresas de comunicação que dominam o setor, ainda que em níveis distintos, mas sempre no mesmo campo que promove um cerco à esquerda. Ainda que a Constituição defina que a comunicação social não pode ser objeto de monopólio e de oligopólio, a realidade é de concentração da propriedade das grandes redes de comunicação, que se intercruzam e dominam audiências territoriais com propriedade cruzada.

O contraponto poderia vir do grande ausente do debate: a comunicação pública. O capítulo da Constituição de 1988 referente à Comunicação Social não foi integralmente regulamentado e não implementou o princípio da complementaridade na radiodifusão, gerando a ausência de uma política de promoção do campo público da comunicação. Historicamente, os grandes grupos empresariais dominaram o processo de organização do sistema de mídia no Brasil, que, desde o início, privilegiou a exploração comercial da radiodifusão e não permitiu o desenvolvimento de um sistema público de comunicação. O conceito de sistema público mais amplo incluiria não só os canais governamentais, mas também uma articulação, por meio de políticas públicas democráticas, em rede com outras emissoras públicas, culturais e educativas e de caráter popular – rádios e TVs comunitárias e universitárias.

Eventuais parcerias entre empresas da mídia tradicional e as empresas de plataformas das redes sociais para combater o ambiente de desinformação que sustenta discursos para a deslegitimação da imprensa livre pede um processo mais amplo de democratização da comunicação, do conhecimento e da cultura. Isso implica mudar a economia política das comunicações para combater o monopólio da informação e o controle por objetivos políticos e econômicos, como observa Martins (2020b).

O quadro da pandemia evidenciou os danos da política da desinformação e mobilizou ações em torno de combatê-la. Nesse movimento, a imprensa também consegue resgatar a credibilidade, ao reagir com o aumento do tom de crítica (Mello, P. C., 2020), mesmo de maneira contraditória e nem sempre equilibrada (Feres Jr., 2020a). Essa movimentação permite a sobrevivência, mas não deve evitar próximas crises, que são crises de representação de vozes por conta da ausência de pluralismo no ambiente da mídia concentrada, ausência que reduz o espaço para o contraditório.

A reivindicação por uma comunicação pública, democrática e aberta ao pluralismo de vozes não é uma pauta nova. Sua atrofia não se dá pela falta de projetos consistentes para a formação desse campo, como mostra a história das rádios-sociedade (de caráter cultural e educativo) no início da radiodifusão no Brasil, desde os anos 1920, tendo como principal referência Edgard Roquette-Pinto e tantos outros pesquisadores e cientistas da Associação Brasileira de Ciência. Historicamente, porém, o setor se estruturou atendendo aos interesses das classes empresariais, com a conivência de todos os governos, independentemente da orientação política, sem exceção.[14]

O tensionamento mais acirrado entre a imprensa e o presidente Jair Bolsonaro revela, de uma maneira ainda mais contundente, a urgência de discussão dessa pauta por todos os setores da sociedade que se alinham com a defesa do debate democrático. Isso inclui a esquerda, mas não só.

---

[14] Esse histórico foi documentado na pesquisa *A construção política da cultura do silêncio: histórico das leis da comunicação social e entraves à formação de uma opinião pública democrática no Brasil (1931-2016)*, produzida pelo Centro de Estudos Republicanos Brasileiros (Cerbrás), do DCP/UFMG, e financiada pela Fundação de Amparo à Pesquisa do Estado de Minas Gerais (Fapemig). Conclusão: 2019.

O velho não morreu, o novo já está aqui: informação e participação digital na era do bolsonarismo[1]

Max Stabile
Marisa von Bülow

O uso de novas tecnologias digitais, e em especial de plataformas de mídias sociais, como Facebook, Instagram e Twitter, tem gerado muitas discussões sobre seus impactos na vida democrática. Parte importante desses debates se dá em torno da hipótese de uma suposta "afinidade eletiva" entre atores e movimentos populistas e o uso das mídias sociais, afinidade essa que é explicada pelas possibilidades de comunicação e interação propiciadas pelas novas tecnologias digitais (Gerbaudo, 2018; Engesser; Fawzi; Larsson, 2017). A eleição do presidente Bolsonaro, em 2018, é parte de uma onda recente de empoderamento de atores populistas situados à direita do espectro ideológico (Tamaki; Fuks, 2020), para os quais o uso das tecnologias digitais é central, tanto no momento eleitoral como durante o governo. Neste capítulo, contribuímos para entender melhor a relação entre o apoio popular a Bolsonaro e os usos de novas tecnologias digitais, a partir da análise das mudanças nos hábitos individuais de informação política e das alterações dos repertórios de participação política.

[1] Agradecemos os comentários e as críticas dos membros do grupo de pesquisa Repensando as Relações entre Sociedade e Estado (Resocie), do Instituto de Ciência Política da Universidade de Brasília, a uma versão anterior deste capítulo. Agradecemos também o apoio do Instituto da Democracia e da Democratização das Comunicações, que conta com financiamento da Coordenação de Aperfeiçoamento de Pessoal de Nível Superior (Capes) e da Fundação de Amparo à Pesquisa do Estado de Minas Gerais (Fapemig).

Com base nos dados das pesquisas de opinião pública do projeto "A cara da democracia",[2] realizadas em 2018 e em 2019, complementados por outras pesquisas, argumentamos que transformações importantes estão acontecendo a partir do uso das novas tecnologias digitais, tanto no que se refere às maneiras como nos informamos sobre política quanto no que diz respeito às formas de participação política. Ao mesmo tempo, mostramos que maneiras tradicionais de se informar e de participar da política continuam sendo relevantes. Isso gera desafios significativos para os atores políticos, que devem se apropriar das novas tecnologias digitais e, simultaneamente, desenvolver estratégias para se manter presentes nos canais analógicos tradicionais, além de utilizar repertórios de participação tanto presenciais como digitais. Argumentamos também, no entanto, que esses desafios são percebidos e enfrentados de maneiras distintas de acordo com a posição política dos atores. Para entender melhor essas diferenças, cruzamos os dados de informação e participação com as preferências eleitorais dos indivíduos e comparamos os resultados de dois perfis: o de apoiadores do presidente Jair Bolsonaro e o de apoiadores de Fernando Haddad no segundo turno das eleições de 2018.

No que se refere à informação política, os dados das pesquisas de opinião pública confirmam que, de forma geral, a internet tem se tornado importante fonte de informação política, mas essa mudança não tem acompanhado, na mesma proporção, o crescimento do acesso da população brasileira à web na última década. Além disso, as plataformas digitais continuam em segundo lugar, perdendo para os noticiários da televisão na relevância como fonte de informação política. Tanto eleitores de Bolsonaro como eleitores de Haddad no segundo turno das eleições de 2018 coincidem ao declarar que a televisão é a principal fonte de informação política. Com relação a plataformas digitais específicas, como Facebook e Twitter, não há muitas diferenças quanto à importância dada pelos dois grupos. A exceção é o caso do YouTube,

---

[2] Os dados analisados ao longo deste capítulo foram coletados em entrevistas domiciliares face a face em uma amostra representativa da população eleitoral brasileira com 16 anos ou mais. Em 2018 foram 2.500 entrevistas, realizadas entre os dias 15 e 23 de março. Em 2019 foram 2.009 entrevistas, realizadas entre os dias 8 e 11 de novembro.

que é mais relevante como fonte de informação política para eleitores de Jair Bolsonaro.

Em relação às formas de participação política, também existe uma sobreposição entre novas e antigas formas de ativismo político. Apesar da inegável importância do uso de recursos digitais para a eleição de Bolsonaro e para o seu governo, os dados das pesquisas mostram que essa importância não é generalizável, nem mesmo entre os eleitores do presidente. Além disso, muitas práticas diferentes podem ser incluídas no fenômeno do ativismo digital. Nesse aspecto há similaridade no comportamento de simpatizantes e opositores do bolsonarismo: em geral, há maior uso de plataformas de redes sociais para fazer atividades mais simples (por exemplo, comentários em postagens e compartilhamento de conteúdo) do que para atividades que requerem maior reflexão e tempo, como publicar análises originais. As diferenças aparecem quando comparamos a probabilidade de que apoiadores de Bolsonaro e do Partido dos Trabalhadores (PT) utilizem o humor on-line e participem de discussões sobre política em grupos de amigos e familiares no WhatsApp. Em ambos os casos, a probabilidade de que apoiadores de Bolsonaro realizem essas atividades é bem maior.

A primeira parte do capítulo apresenta a análise dos dados relativos às fontes de informação política. O objetivo é saber qual é o perfil dos indivíduos mais (e menos) propensos a se apoiar em fontes digitais de informação. A segunda parte do artigo refere-se aos dados sobre as formas de participação política. Queremos saber qual é o perfil dos indivíduos mais (e menos) propensos a participar da vida política por meio de diferentes repertórios digitais. A conclusão resume os principais argumentos do capítulo e apresenta algumas considerações sobre pesquisas futuras.

Informação política: a relevância da TV e da internet

A hipótese da afinidade eletiva entre populismo e uso de mídias sociais baseia-se, em parte, na crise de confiança enfrentada pelos meios de comunicação tradicionais como informadores políticos, fenômeno que ajudaria a explicar a importância cada vez maior das mídias sociais on-line como a verdadeira "voz do povo" (Farinosi; Treré, 2014;

Engesser; Fawzi; Larsson, 2017). A eleição de Jair Bolsonaro, candidato que tinha exíguo tempo no horário eleitoral gratuito televisionado (oito segundos durante a campanha do primeiro turno) e que priorizou as plataformas digitais como arenas de campanha,3 seria a confirmação da ascensão das mídias digitais e o declínio dos meios de comunicação tradicionais, e de como essa mudança favorece e é alimentada por candidatos populistas.

No entanto, os dados de pesquisas de opinião pública mostram que, no caso do Brasil, os meios tradicionais (em especial, televisão) têm se mantido como relevantes fontes de informação política ao longo do tempo. Em 2009, uma pesquisa nacional realizada pelo Senado Federal4 mostrava que, para 67% dos respondentes, a principal fonte de informação sobre política era a TV, sendo a internet a segunda opção, de 19% dos respondentes. Dez anos depois, em 2019, quando comparadas as mesmas alternativas e excluindo quem disse que não se informa sobre política, a TV seguia ainda em primeiro lugar, com 53% das escolhas, e a internet permanecia em segundo, com 33% (ver Tabela 1).

Tabela 1 – Principal meio de informação sobre política (%)

	2009	2019
TV	67	53
Internet	19	33
Jornais e revistas	11	9
Rádio	4	4

Fonte: DATASENADO, 2009; IDDC, 2019.

Nota: Percentuais arredondados e consideradas apenas válidas as categorias existentes na pesquisa de 2009. Devido aos arredondamentos a soma de cada coluna não chega a 100%.

[3] É extensa a bibliografia que demonstra a centralidade do uso de recursos digitais para a campanha eleitoral de Jair Bolsonaro à Presidência da República. Ver, por exemplo, Cesarino (2020); Nemer (2019); Santos, Freitas, Aldé, Santos e Cunha (2019).

[4] A pergunta utilizada nessa pesquisa é um pouco diferente da que foi usada na pesquisa de 2019, mas também se refere especificamente a informação política: "Qual é o veículo que você mais usa para se manter informado sobre política?"

Gráfico 1 – Usuários de internet no Brasil
(proporção da população)

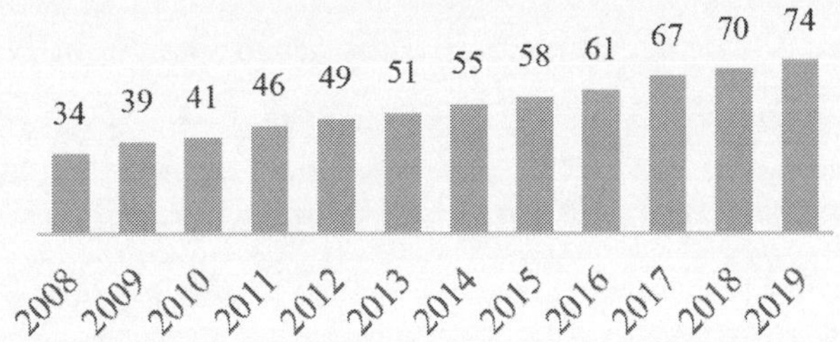

Fonte: CGI.br/NIC.br, 2020.

O dado é ainda mais intrigante se o compararmos com a mudança da quantidade de usuários de internet no mesmo período. Segundo a pesquisa TIC Domicílios, em 2009, 39% da população brasileira possuía algum acesso à internet, independentemente do dispositivo. Dez anos depois, em 2019, esse número teve um impressionante salto, chegando a 74%. Não houve, no entanto, um aumento proporcional da quantidade de pessoas que afirmam ser a internet a principal fonte de informação política.

Para entender melhor a relação entre mudança nas fontes de informação política e a ascensão do bolsonarismo, é preciso analisar quais são os segmentos da população que passaram a priorizar a internet. Os dados da pesquisa de opinião pública do projeto "A cara da democracia", de 2019, mostram que a preferência política faz diferença. Aqueles que declararam ter votado em Jair Bolsonaro no segundo turno usaram mais a internet como fonte de informação política do que aqueles que votaram em outros candidatos. A diferença é ainda mais acentuada com relação àqueles que se abstiveram ou declararam não ter ido votar (ver Tabela 2). Quando se analisam os dados por plataforma, comparando os eleitores de Jair Bolsonaro e os de Fernando Haddad no segundo turno das eleições de 2018, os dois perfis de eleitores possuem padrões semelhantes, sendo o Facebook a principal plataforma, seguida por blogs na internet e pelo WhatsApp. O YouTube é a única plataforma que mostra diferença estatística entre os dois públicos, aparecendo com maior predominância como fonte de informação política entre os eleitores de Bolsonaro (2,3%) do que entre os de Haddad (0,6%). Esses achados confirmam resultados da literatura, que mostra, com base em outras metodologias, a relevância do compartilhamento de conteúdo do YouTube para o público bolsonarista (ver, por exemplo, Mont'alverne; Mitozo, 2019, p. 13).

Tabela 2 – Principal meio de informação sobre política (%)

	Jair Bolsonaro	Fernando Haddad	Abstenção/ Nulo
Noticiário da TV	45,8	49,1	44,5
Internet	29,0	24,1	22,9
Jornais e revistas	8,2	8,3	8,7
Rádio	4,2	3,1	4,1
Amigos/familiares/colegas	4,3	3,7	3,2
Não se informa/Nenhum	8,5	11,8	16,6

Fonte: IDDC, 2019.

Nota: Outros meios digitais foram agrupados na categoria internet.

Gráfico 2 – Confiança por declaração de voto no 2º turno

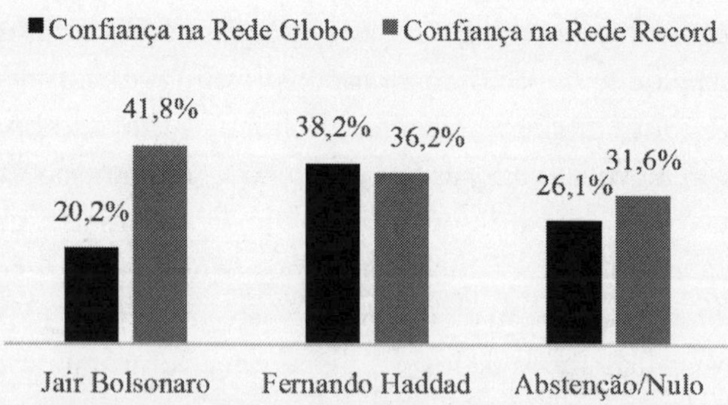

Fonte: IDDC, 2019.

Nota: A categoria confiança é a soma de "Confia Muito" e "Confia mais ou menos".

Como argumenta a literatura sobre populismo, parte da explicação para a ascensão das mídias sociais encontra-se na falta de confiança que apoiadores de candidatos populistas possuem nos meios de comunicação de massa tradicionais. Mais uma vez, no entanto, é preciso qualificar esse argumento, fazendo a diferenciação entre empresas de mídia específicas. Eleitores de Jair Bolsonaro declararam confiar bem menos na Rede Globo, em comparação com os eleitores de Fernando Haddad; em contraposição, declararam confiar mais na Rede Record do que os eleitores do petista (ver Gráfico 2). A questão da confiança, portanto, não apenas se refere ao meio – mídias sociais ou televisão –, mas também, e talvez ainda mais importante, parece estar relacionada à percepção sobre proximidade de visão de mundo da linha editorial da empresa de comunicação em contextos específicos. De fato, estudos sobre o papel dos canais de televisão nas eleições de 2018 têm mostrado um maior alinhamento entre a cobertura noticiosa da Rede Record e os discursos do então candidato Jair Bolsonaro do que com outros candidatos e outras emissoras.[5]

A pesquisa realizada em 2019 também perguntou sobre confiança de uma maneira distinta, ao questionar qual era, na opinião dos respondentes, a principal fonte produtora de notícias falsas: televisão, jornais impressos, rádio, partidos políticos, políticos ou movimentos sociais. A maioria respondeu que era a televisão. Mais uma vez, no entanto, o dado varia de acordo com afinidades político-partidárias. Enquanto 26,4% daqueles que declararam voto em Haddad disseram que a principal fonte produtora de notícias falsas era a televisão, essa porcentagem sobe para 35,4% para aqueles que declararam o voto em Jair Bolsonaro no segundo turno das eleições de 2018. Apesar de boa parte da literatura que investiga notícias falsas no Brasil concentrar-se no papel do WhatsApp e de plataformas de mídias sociais como Facebook e Twitter, esse dado mostra que, para parte importante do eleitorado, principalmente, mas não apenas, para o eleitorado que votou no presidente Bolsonaro, o problema vai muito além das plataformas digitais.

Os dados confirmam, portanto, que a internet vem crescendo como fonte de informação política e que meios tradicionais de comunicação sofrem com a desconfiança do público. No entanto, os dados também apontam que seria equivocado e prematuro afirmar que a internet está substituindo a televisão. Além disso, tanto a relevância da internet como a desconfiança de empresas específicas de comunicação

[5] Ver, por exemplo, Porto; Neves; Lima (2020).

tradicional variam de maneira importante, dependendo das preferências político-eleitorais dos respondentes.

Cabe ressaltar também que dados observacionais de perguntas sobre fonte de informação devem ser vistos com cautela. Ainda que sejam um indicativo da preponderância de determinado meio, não avaliam a sua capacidade em alterar preferência eleitoral. Por exemplo, o trabalho de Baker, Ames e Rennó (2020, p. 41) mostra, com dados de eleições mexicanas, que ter discutido ou conversado com outras pessoas um dia a mais tem em média um impacto três vezes maior do que ter assistido um dia a mais de televisão. O que o estudo aponta é a importância e a diferença da comunicação horizontal, ou seja, o ato de conversar e falar com outras pessoas sobre política.

Participação política e ativismo digital

A hipótese sobre a afinidade eletiva entre o empoderamento de atores populistas e o uso de mídias digitais também se apoia na ideia de que estas últimas oferecem um ambiente especialmente propício para a criação de vínculos entre pessoas antes desconectadas, algo possível graças às facilidades agregadoras das arquiteturas das plataformas (Gerbaudo, 2018). Para entender melhor em que medida os indivíduos utilizam a internet, como a utilizam e se esses usos estão relacionados a preferências eleitorais, incluímos um conjunto de perguntas relativas ao ativismo digital na edição de 2019 da pesquisa "A cara da democracia". Inspirados na metáfora da "escada", utilizada por Sherry Arnstein no seu texto sobre participação política publicado em 1969, propomos pensar no ativismo digital em termos de um *continuum*, indo da ação mais simples para aquelas que exigem mais recursos.

Esse *continuum* permite analisar a variedade do que chamamos de "práticas digitais para o ativismo", definidas como "ações pró-ativas que buscam atingir impactos políticos em um contexto específico, por meio do uso de ferramentas digitais" (Von Bülow; Vilaça; Abelin, 2019, p. 2). Essas práticas incluem aquelas que são comumente chamadas de "ativismo de sofá", ou "clique-ativismo", porque requerem apenas um clique no teclado do computador ou, ainda mais fácil, um toque na tela do celular. São as *curtidas* de publicações nas mídias sociais, ou outras reações, e o compartilhamento ou reencaminhamento de mensagens. Em geral, o uso de conceitos como "clique-ativismo" denota uma visão pejorativa desse tipo de ação e de seus potenciais impactos. Como resumiu de forma provocativa o ativista norte-americano Micah White (2010): "Ao promover a ilusão de que navegar na web pode mudar o mundo, o clicktivismo está para o ativismo assim como o McDonalds está para uma refeição elaborada lentamente. Pode parecer comida, mas os nutrientes vitais já não estão presentes há muito tempo".[6]

No entanto, essas denominações, e os argumentos gerais feitos a partir delas, escondem a variedade de práticas digitais possíveis para o ativismo e os impactos que elas podem ter em contextos específicos. Em particular, a denominação "ativismo de sofá" não abarca práticas digitais que requerem mais tempo e refletem maior nível de comprometimento com certas causas, como a inclusão de comentários em postagens e a discussão em grupos de WhatsApp dedicados à política. Nos últimos degraus da escada do ativismo digital encontram-se ações como a organização de eventos, as discussões e ações virtuais, e a criação de páginas políticas e canais de vídeos dedicados à política.

Em 2019, a pesquisa consultou os respondentes sobre oito práticas para o ativismo digital. Além disso, perguntou sobre a intensidade do seu ativismo, em termos do número de vezes que realiza as ações por semana e por mês. Os dados confirmam a frequência das formas mais simples de ativismo digital (ver Tabela 3). A atividade mais comum, realizada por quase 24% da amostra pelo menos uma vez ao mês, é o compartilhamento de conteúdo considerado relevante, sem alterá-lo. Já atividades que requerem mais tempo e dedicação, como a elaboração de análises próprias ou a discussão de eventos e debates, é bem menos comum: 15,8% e 4,3% dos respondentes as fazem pelo menos uma vez ao mês, respectivamente.

Entre esses extremos, os respondentes também afirmaram realizar ações que corresponderiam a práticas que vão além do ativismo de sofá. Mais de 17%, por exemplo, responderam que fazem comentários em

---

[6] No original, em inglês: "*In promoting the illusion that surfing the web can change the world, clicktivism is to activism as McDonalds is to a slow-cooked meal. It may look like food, but the life-giving nutrients are long gone*".

postagens com as quais concordam pelo menos uma vez ao mês. Um pouco menos, 14,2%, fazem o mesmo com relação a postagens de cujo conteúdo discorda. Chama a atenção, no entanto, a alta porcentagem de respondentes que declararam nunca usar o repertório de ativismo digital, em especial nunca realizar ações que demandam mais tempo e comprometimento, como organizar eventos ou participar de grupos dedicados especificamente à política no WhatsApp.

Tabela 3 – Formas de ação política on-line, por tipo (%)

	Mais de uma vez por semana	Uma vez por semana	Uma ou duas vezes ao mês	Raramente	Nunca	NS/NR
Compartilho conteúdo que considero relevante, sem alterá-lo	10,5	8,3	5,0	22,7	52,0	1,4
Faço comentários em postagens com que concordo	10,8	8,3	6,1	20,8	52,8	1,3
Faço comentários em postagens de que discordo (comentários ou reações, como o vomitaço)	7,7	5,4	4,1	18,5	63,0	1,3
Faço textos sobre ou análises de informações ou fatos que considero relevantes	5,4	6,4	4,0	18,3	64,7	1,2

Discuto sobre política em grupos da família e de amigos no WhatsApp	4,7	4,4	3,4	17,8	68,8	0,9
Uso de humor (crio memes, vídeos, piadas e sátiras)	4,3	4,1	3,2	11,3	75,5	1,6
Participo de grupos sobre política no WhatsApp	2,4	2,1	1,4	9,8	83,1	1,1
Organizo eventos, discussões e ações nas mídias sociais	1,3	1,6	1,4	9,8	84,7	1,2

Fonte: Pesquisa "A cara da democracia" rodada em novembro de 2019 – n. 1598.
Nota: Soma de 100% na linha.

Para entender se existe diferença no ativismo digital entre eleitores pró-PT (14% da amostra que são simpatizantes do Partido dos Trabalhadores e que declararam voto em Fernando Haddad no segundo turno) e os eleitores pró-Bolsonaro (17% da amostra que declararam voto em Jair Bolsonaro no segundo turno, avaliaram o seu governo como ótimo ou bom e responderam que não gostavam do PT), foi incluída a declaração de voto no segundo turno, o que ajudou a isolar os perfis mais favoráveis no apoio de cada perfil político. Com suporte de modelos matemáticos,[7] buscamos explicar qual era a probabilidade que cada perfil tinha de responder se havia feito alguma das formas de ativismo on-line pelo menos uma vez por semana.

Os resultados apontam que, para cinco das oito práticas de ativismo digital, ser pró-PT ou ser pró-Bolsonaro contribui para aumentar

[7] Mais informações sobre o modelo podem ser encontradas no link: https://bit.ly/3eX5ZBH.

a probabilidade de realizar alguma das atividades. Apenas "organizar eventos, discussões e ações em mídias sociais" não se relaciona a esses dois perfis. Existem diferenças em duas categorias: participação de grupos sobre política no WhatsApp e uso de humor, em que perfis pró-Bolsonaro possuem uma maior probabilidade de responder que realizam as atividades. A análise oferece indícios empíricos, portanto, de duas percepções que analistas e pesquisadores tiveram nas eleições de 2018: que a base bolsonarista articula-se por meio do WhatsApp (Nemer, 2019; Evangelista; Bruno, 2019) e também faz maior uso de humor do que outros grupos. Os dados dialogam com estudos recentes (Chagas, 2018; Chagas, Modesto, Magalhães, 2019) sobre a importância do uso de memes na estética comunicativa bolsonarista e sobre a relevância do uso do humor para mobilizar.[8]

Comentários finais

"O velho não morreu, o novo já está aqui" – o título deste capítulo – chama a atenção para a necessidade de irmos além de visões dicotômicas sobre velho/novo para analisar as mudanças nas formas de informação e participação política derivadas do uso de novas plataformas digitais. Para isso, conforme argumentado neste texto, é preciso questionar para quem e como as mudanças geram impactos relevantes. Neste capítulo, fazemos esse exercício analítico focando na relevância do posicionamento de indivíduos nos dois polos políticos que dominaram as eleições presidenciais de 2018: pró-Bolsonaro e pró-Partido dos Trabalhadores.

Ainda que os dados sejam uma fotografia do contexto de 2019, a comparação permite debater a hipótese de que há uma afinidade eletiva entre populismo e uso de mídias sociais. Os dados confirmam

---

[8] Em sua análise sobre os mecanismos de enquadramento populistas utilizados por organizações durante a campanha pelo *impeachment* da presidente Dilma Rousseff, Dias, von Bülow e Gobbi (no prelo) citam entrevista concedida em 2016 por um líder do Movimento Endireita Brasil, que diz: "o humor é a arma mais corrosiva contra os maus políticos". Ver também análise de Santiago, von Bülow, Dias e Gomes (2018) sobre uso de ironia e humor em mensagens favoráveis ao *impeachment* de Dilma Rousseff no Twitter.

que respondentes com perfil pró-Bolsonaro tendem a desconfiar mais dos meios tradicionais de comunicação política e a usar mais as mídias sociais. No entanto, também mostram que a desconfiança varia de forma importante dependendo da empresa de comunicação (e, portanto, da percepção de proximidade da linha editorial e da visão política dos respondentes em um contexto específico) e que a maior parte dos eleitores de Bolsonaro declara não se engajar em ativismo digital, ou se engajar preferencialmente em algumas práticas e não em outras.

A análise apresentada neste capítulo também aponta para desafios importantes a serem enfrentados por pesquisadores para aprofundar a discussão sobre a relação entre populismo e usos de mídias sociais. Em particular, precisamos de mais dados – qualitativos e quantitativos – para entender melhor as mudanças mapeadas. Por exemplo, o entendimento do que é ativismo político está mudando, no entanto, as maneiras como perguntamos sobre participação política ainda são as mesmas das últimas décadas.

Nesse sentido, a pesquisa "A cara da democracia" (edição 2019) inovou ao introduzir questões que permitiram medir práticas de ativismo digital que não têm sido incluídas em outras pesquisas de opinião. Representa, portanto, uma oportunidade única para entender melhor os perfis daqueles que utilizam as arenas digitais, seja para informação política, seja para o ativismo político, a partir de um conjunto de práticas que incluem todo o *continuum* das atividades de ativismo digital. A comparação entre perfis pró-Bolsonaro e pró-PT ao longo desse *continuum* permite confirmar a importância das práticas mais simples de "ativismo de sofá" e ao mesmo tempo apontar diferenças relevantes. Precisamos, no futuro, de mais estudos que possam aprimorar nossa capacidade de mensurar esses fenômenos. Também precisamos aprofundar as discussões conceituais sobre ativismo e participação política, considerando a crescente diversidade de práticas digitais possíveis mapeadas neste capítulo.

Opinião pública em um governo de risco e contrassenso

Rachel Meneguello

Nos dois primeiros anos do governo Bolsonaro, a opinião pública tornou-se um dos mais debatidos personagens do cotidiano político. Ao representar, por um lado, reações e tendências diante de manifestações e comportamentos controversos, reprováveis pela razão e pelo bom senso, e, por outro lado, a adesão de segmentos significativos da população ao presidente, a opinião pública chega quase ao fim de 2020 traduzindo patamares de apoio político que, até o momento, deram sustentação a um governo polêmico e inusitado.

Opinião, presidente e governo

Por que a opinião pública importa? A opinião pública expressa a popularidade, a crítica, o apoio, a rejeição e as reações variadas às questões que emergem no espaço público. Ela é a forma por meio da qual tendências diversas refletem valores e percepções de públicos distintos e se constitui a partir da comunicação e do intercâmbio de informações entre cidadãos, organizações e instituições. Em suma, ela reflete a pluralidade do Estado democrático, e o terreno onde é produzida relaciona uma poderosa estrutura que integra os meios de comunicação e o vigor comunicativo das novas tecnologias. É nesse cenário que a opinião pública faz a mediação entre os cidadãos e o sistema político, e permite conhecer uma das faces da relação entre o governo e a sociedade, sobretudo, a capacidade de o sistema dar respostas ao descontentamento e à crítica sobre o desempenho dos governantes.

Essa mediação sempre foi central na condução dos governos constituídos desde o início da democratização no país, fornecendo os parâmetros de avaliação do desempenho das ações e das políticas governamentais, bem como as medidas de popularidade e confiança dos governantes e das instituições democráticas.

Ao longo de todo o período democrático no Brasil, as medidas de opinião refletiram predominantemente a estreita dinâmica entre a economia e a política, revelando que as percepções das políticas econômicas e de redistribuição de renda tiveram um papel significativo na formação do apoio político governamental. Assim, nos anos em que o país testemunhou o sucesso de governos social-democratas na ampliação de direitos, definição de políticas públicas redistributivas, políticas de inclusão e de diminuição das desigualdades, a opinião pública refletiu nos altos índices de popularidade presidencial o sucesso das políticas responsivas, garantindo, por sua vez, a eficácia e a legitimidade do sistema. Esse foi um contexto destacado, sobretudo, para os dois mandatos do governo do Partido dos Trabalhadores (PT), com o presidente Lula (2003-2010), e o primeiro mandato de Dilma Rousseff (2011-2014), que acolheram índices de apoio e popularidade muito significativos. Cabe lembrar que o presidente Lula finalizou seu segundo mandato com mais de 80% de aprovação, e conferiu à presidente eleita Dilma um importante capital político, possibilitando iniciar seu primeiro mandato com a confiança de 74% do eleitorado (Cni/Ibope, 2011).

É preciso, porém, dar um breve significado às noções de eficácia e de legitimidade. A democracia depende, em grande medida, desses dois fatores, e, após dois anos da gestão Bolsonaro, cabe perguntar o que dizem sobre o governo em andamento e sobre o funcionamento do sistema. Esses fatores, subjacentes ao funcionamento do regime democrático, são definições consagradas (Lipset, 1959; Gunther; Montero, 2001) e dizem respeito, no caso da eficácia, ao desempenho do sistema político frente às expectativas da maior parte da sociedade, e à sua capacidade de solução de problemas políticos. Já a legitimidade trata da capacidade do sistema político em manter a crença de que as instituições políticas existentes são a forma mais adequada de a sociedade funcionar. A opinião pública sobre o funcionamento das instituições democráticas e sobre o desempenho do governo é, portanto, essencial para conhecer a capacidade da democracia em responder às demandas e às expectativas da sociedade. Ao final do segundo ano do governo Bolsonaro, essa é uma as preocupações centrais.

A crise política que vivenciamos tem origens precedentes. A partir do segundo mandato de Dilma Rousseff, como mostram os dados do Gráfico 1, foi instalada uma grave crise, traduzida na baixa aprovação governamental e na baixa confiança presidencial, muito aprofundada no governo Temer. O início do segundo governo Dilma mostrava uma aprovação por 24% da população e uma confiança presidencial de apenas 12%. Essas porcentagens refletiam, em grande parte, o intenso ciclo de protestos nos centros urbanos ocorrido antes, no mandato anterior, em 2013, resultante da forte insatisfação produzida pelo governo do PT em diferentes dimensões e sobre diferentes segmentos sociais, acolhendo, inclusive, manifestações generalizadas pelo combate à corrupção, contra a classe política, a política institucional e as instituições representativas (Tatagiba; Galvão, 2019). Essas porcentagens também refletiam a avaliação das medidas de austeridade e ajuste fiscal, contraditórias ao discurso político conduzido durante toda a campanha eleitoral petista vitoriosa na eleição de 2014. Nesse contexto surpreendeu a rapidez com que os indicadores de produção, emprego e controle de inflação foram substituídos pelo aumento de tarifas públicas, pela queda da produção e por um acentuado aumento de desemprego. No período da ruptura de seu mandato, subtraído pelo processo de *impeachment*, em meados de 2016, a aprovação do governo Dilma era de 18%, e a confiança na presidente, de 8%, as menores avaliações de todo o período petista de governo. O governo Temer, seguindo a mesma direção, não teve qualquer sucesso em superar a percepção de desconfiança e desaprovação, e os indicadores de aprovação de seu mandato complementar chegaram a 5% e 7%, respectivamente. De fato, o governo Temer aprofundou a crise política, não apenas com as seguidas denúncias de corrupção contra o presidente e seus ministros, mas também pela implementação de graves medidas de austeridade, como a reforma trabalhista e a aprovação de emenda constitucional para a limitação de gastos públicos durante 20 anos.

Foi nesse terreno que a opinião pública se abriu para moldar suas tendências de apoio ao governo eleito em 2018, de Jair Bolsonaro. O novo presidente iniciou seu mandato com a confiança de 51% dos eleitores

(Gráfico 1), uma medida que traduziu a aprovação de sua campanha, que introduziu uma forma renovada de autoritarismo. Durante todo o processo eleitoral, Bolsonaro construiu uma plataforma apoiada em uma retórica populista, na recuperação da bandeira do anticomunismo, na polarização ideológica cunhada em forte antipetismo, na defesa da ditadura militar e das suas práticas, assim como apontou a expectativa de mudança da política, marcada pelo apoio a um frenético discurso de combate à corrupção e à política tradicional, um dos principais pilares de seu apoio popular.

Os indicadores relativamente positivos da opinião pública, entretanto, não se mantiveram estáveis ao longo do primeiro ano de governo. A percepção de seu estilo questionável em várias dimensões levou a uma queda significativa nos índices de confiança e de avaliação do governo no decorrer de 2019. Por um lado, a limitada relação com o Congresso e a oposição à dinâmica das coalizões levou o presidente a adotar uma forma própria de ocupação do Executivo, definindo quadros restritos à sua escolha pessoal, de perfil fortemente ideológico, no qual obtiveram espaço o negacionismo científico e a influência de setores evangélicos e militares (Nozaki, 2019; Meneguello, [s.d.]. O presidente também trouxe para o domínio do Estado a lógica das relações do mundo privado e dos laços familiares, por meio da qual seus três filhos, também parlamentares de níveis distintos, passaram a fazer parte do círculo do governo federal, constituindo um grupo de influência nas nomeações e definindo ações públicas, sobretudo na área de comunicação do Executivo.

Algumas ações (entre muitas) exemplificam a governança de bases ideológicas conservadoras, movidas ao longo dos dois anos de governo, e que exerceram efeito relativo nas medidas de apoio político. O desmantelamento de políticas consolidadas, como o financiamento da política científica nacional; a negligência ao combate do aquecimento global; a negação dos dados sobre o desmatamento da Amazônia, repercutida mundialmente; uma política externa ancorada em uma geopolítica de combate ao "marxismo cultural"; e o confronto com o sistema educacional superior, tomando as universidades como locais inúteis de ensino e pesquisa, são alguns exemplos. Interessa também destacar o retrocesso na difusão de valores morais e políticos e o ataque a direitos. A ampliação das manifestações de preconceitos de raça e de opção sexual; os ataques a direitos adquiridos; os discursos agressivos contra grupos específicos, como as mulheres e os grupos LGBTQ+; e a presença de setores negacionistas, contrários ao conhecimento científico consagrado em diversas áreas, revelaram-se fatores cruciais para a definição de políticas. Finalmente, não é demais lembrar que, em meados de 2019, eclodiu o escândalo de corrupção envolvendo o filho eleito senador, Flavio Bolsonaro,1 colocando em questão e em risco a aura de combate à corrupção expressa no discurso de campanha. As percepções públicas sobre Bolsonaro foram relativamente sensíveis aos muitos constrangimentos observados, e, ao final de 2019, a confiança no presidente da República caiu para 41%, e a avaliação do governo, para 29% (Gráfico 1), uma reação ao apoio inicial às mudanças proferidas e ao estilo utilizado.

Essa diminuição do apoio geral, entretanto, não afetou as manifestações do conservadorismo de força renovada, estimulado por alguns setores governamentais, notadamente as medidas e os discursos proferidos pelo Ministério da Mulher, da Família e dos Direitos Humanos, ocupado pela pastora evangélica Damares Alves, e pelo então ministro da Educação, Abraham Weintraub. A pesquisa "A cara da democracia no Brasil" (INCT; IDDC, 2019)2 trouxe dados de opinião que ilustram esse conservadorismo em várias dimensões do comportamento social, como a opinião de 75% da população contrária ao aborto e o apoio de 50% à prisão de mulheres que interrompem a gravidez; ou a opinião favorável de 80% para que as escolas ensinem as crianças a acreditar em Deus, e a opinião contrária às cotas raciais de 47% das pessoas.

---

[1] As investigações do esquema de propinas no âmbito do legislativo do estado do Rio de Janeiro tiveram início já em 2018, envolvendo Fabricio Queiroz, e as denúncias de crime foram encaminhadas pelo Ministério Público do Rio de Janeiro em setembro de 2020.

[2] Os dados referem-se à segunda onda da pesquisa de campo realizada em novembro de 2019 pelo Instituto da Democracia e da Democratização da Comunicação, com amostra da população brasileira de 2.009 entrevistas.

Gráfico 1 – Evolução dos indicadores de avaliação positiva do governo e de confiança no Presidente da República. Brasil, 2015-2020 (%)

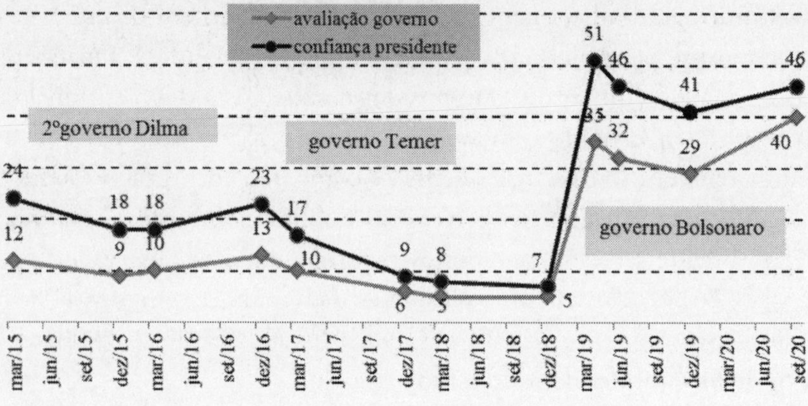

Fonte: Dados da Coleção CNI/IBOPE. Março/2015-setembro/2020.

O ano 2020 trouxe situações ainda mais críticas para o governo. No primeiro semestre, as atitudes polêmicas do presidente diante da crise mundial sanitária provocada pela covid-19, a crise econômica agravada pelas medidas de contenção da contaminação pelo vírus, a crise na equipe ministerial, com a saída dos ministros da Justiça e da Segurança Pública, da Educação e da Saúde, o avanço das investigações sobre corrupção envolvendo o círculo familiar presidencial e a movimentação de cargos em troca de apoio político desenharam um cenário de amplo constrangimento ao presidente, para onde parecia convergir uma opinião pública geral negativa à forma de condução do governo, e estimularam o apoio ao *impeachment* por várias organizações e indivíduos, mas que não tiveram desdobramento.[3] Os dados da pesquisa realizada no mês de maio de 2020 pelo Instituto Datafolha mostravam que 46% da população apoiava a abertura de um processo de *impeachment* pelo Congresso Nacional, e 48% afirmavam que o presidente deveria renunciar (Datafolha, 2020).

Com relação à pandemia, o governo Bolsonaro notabilizou-se internacionalmente pelas atitudes contrárias ao combate ao coronavírus (Dyer, 2020), agindo de maneira semelhante ao presidente norte-americano

---

[3] A agência de jornalismo investigativo -Pública- registrou 1.458 pedidos de *impeachment* encaminhados por pessoas e organizações até meados de agosto de 2020.

Donald Trump, com negação da gravidade do evento; negação das ações de prevenção e das recomendações de organismos internacionais; indiferença frente ao grande número de vítimas; e descaso com a necessidade de condução de uma política de saúde articulada nacionalmente. Esse contexto teve relativo impacto sobre a opinião pública na avaliação da conduta presidencial, e entre os meses de abril e maio, a desaprovação do presidente frente à pandemia teve um aumento significativo, com um índice em torno de 50%. Mas essa foi uma tendência de curta duração, potencialmente devido às medidas de ajuda econômica que beneficiaram os segmentos mais pobres da população, anunciadas em abril de 2020. Já em agosto, ocorreram os efeitos das medidas econômicas paliativas sobre a percepção do desempenho do presidente, conduzindo a avaliação positiva frente à pandemia a um novo aumento, chegando a 30%. Um breve perfil dos segmentos da população mostra que a confiança no presidente reside predominantemente entre os eleitores menos escolarizados, homens, com mais de 35 anos (CNI/IBOPE, 2020).

Há uma percepção de que o presidente Bolsonaro possui uma porcentagem de apoiadores cativos de, em média, 30%, e isso lhe garante apoio e popularidade, apesar das inusitadas ações e manifestações diante da crise sanitária, crise econômica e crise política. Em estudo sobre as variações da popularidade presidencial durante os primeiros sete meses de 2020, Zucco (2020) mostra que a queda dos indicadores (média mensal de 35% em 18.01.20 para 26% em 01.07.20) traduzia a combinação de fatores negativos que marcaram o primeiro semestre do ano, e que apenas não foi mais ampla pelos efeitos da transferência direta de renda por meio do auxilio emergencial, um fator transitório que, adicionado às dificuldades que a crise econômica vinha impondo já há um bom tempo, iria potencialmente dissolver esse "um terço resiliente"'. Entretanto, o que a opinião pública indicou, em seguida, é que a popularidade de Bolsonaro não reside apenas na segurança e na expectativa econômicas. Em setembro e outubro de 2020, dados de pesquisas nacionais mostraram que a avaliação do governo subiu para em torno de 40%; em específico, a confiança presidencial atingiu 46% (ver Gráfico 1) (CNI/IBOPE; CNT/MDA, 2020).

A opinião pública é um fenômeno parcialmente formado por percepções de situações imediatas pelos indivíduos, mas parcialmente também por valores preexistentes, e o que os dados de apoio, avaliação e popularidade do presidente, produzidos pelas várias pesquisas, têm sugerido até aqui é que uma significativa parcela da população brasileira compartilha seus valores, sua visão da política e das instituições, e sua forma de governar. O estilo obtuso de conduzir o governo e de tratar os problemas nacionais, exemplificados pelo tratamento dos desastres mais proeminentes no país no segundo ano de governo: o descaso com as consequências da pandemia mundial e com os incêndios que atingiram a Amazônia e o Pantanal; o estilo rude de se relacionar com a imprensa e com grupos e minorias específicas; a desafeição à democracia e as manifestações de desprezo às instituições democráticas; as referências a Deus e à Bíblia nos discursos públicos; e a introdução de uma moral e uma ética religiosas na dinâmica pública são apenas alguns dos pontos controversos do atual governo, que mostram importante ressonância em segmentos da sociedade brasileira.

Voltamos, então, a um dos pontos apresentados no início deste texto: o papel da legitimidade na democracia, a crença consolidada de que a política democrática e as instituições que a sustentam são a forma mais apropriada para o sistema político se estruturar. O que a opinião pública revela sobre a democracia brasileira no período Bolsonaro?

Opinião e democracia

O alerta da recessão democrática vem sendo dado ao país desde meados da década de 2010. Depois de uma longa série de dados de opinião, iniciada em fins da década de 1980, caracterizada por uma tendência crescente da adesão à democracia, os dados coletados em 2014 mostraram uma significativa queda na preferência dos brasileiros pela democracia, assim como uma significativa queda na satisfação com o funcionamento do regime.[4] Ainda no início do período democrático, em 1989, pouco mais de 43% dos brasileiros afirmavam a predileção pelo regime democrático, chegando em 2010 a 78,4%. Em 2014, a

[4] Dados do Banco de Dados de Opinião do Centro de Estudos de Opinião Pública da Unicamp (Cesop), especialmente a Coleção Estudo Eleitoral Brasileiro (ESEB) (2002 a 2018). Disponível em: https://bit.ly/2W76b94. Acesso em: 13 dez. 2020.

preferência pela democracia caiu 13 pontos percentuais, chegando a 65,2%. Já em 2018, esse dado mostra um pequeno aumento, subindo para 68%. No caso da satisfação com o funcionamento democrático, porém, entre 2010 e 2014, a porcentagem de satisfeitos caiu 9,5 pontos, de 50,2% para 40,7%, e em 2018 a satisfação teve uma vertiginosa queda para 12,6%. Como vimos anteriormente, os baixos dados de avaliação e confiança no governo e no presidente para o período dos mandatos de Dilma e Temer (2014 a 2018) revelavam a forte desconfiança política e institucional que marcou as eleições daquele ano (Gráfico 1). Esse contexto marcado por crise política, forte polarização e profunda desconfiança institucional deixou o país exposto às possibilidades da política populista e abriu espaço para uma alternativa autoritária, estabelecida sobre os pilares do conservadorismo, da moralidade e da ordem.

As eleições presidenciais de 2018 trouxeram um importante impasse no processo de construção da democracia brasileira. Além de recuperar para a cena pública a extrema direita, defensora das práticas de tortura e da ditadura militar que vigorou entre 1964 e 1985, e de embasar sua candidatura em uma retórica ultraconservadora, com referências ultrapassadas ao comunismo, a valores morais e aos costumes, a candidatura de Bolsonaro ocupou espaço através das mídias eletrônicas divulgando uma política de confrontação própria da fórmula populista, o desapreço à política e às elites políticas, e constituiu um clima avesso à política institucional e às instituições democráticas.

É fato que o Brasil acompanha o ciclo de crise democrática que atinge as várias democracias representativas. Dados apresentados no Global Satisfaction with Democracy Report de 2020 apontam a forte tendência de insatisfação com a democracia, observada tanto em países com regimes democráticos consolidados, quanto em países com democracia em consolidação, como resultado do mau funcionamento das instituições, que não conseguem manter o Estado de direito de forma satisfatória, assim como não mostram capacidade de resposta às preocupações do público, como a garantia da segurança econômica e a elevação do padrão de vida para a grande maioria da sociedade (Foa; Klassen; Slade; Rand; Collins, 2020). As democracias enfrentam as consequências de uma crescente lacuna entre cidadãos e seus representantes eleitos; um crescimento significativo da volatilidade eleitoral e da fragmentação partidária; um cenário no qual os partidos tradicionais perdem terreno para partidos populistas à esquerda e à direita; e uma crise generalizada no campo dos valores e da cultura política. Além disso, sofrem os efeitos da implementação de políticas de contenção e de ajuste e a redefinição dos modelos de proteção social e de direitos, que têm resultado em uma onda de reações e manifestações autoritárias que revelam a ineficácia do sistema nas respostas às demandas e expectativas crescentes (Lürhmann; Lindberg, 2019; Repucci, 2020; Levitsky; Way, 2020). Em suma, as perdas da confiança institucional, do apoio aos partidos e aos políticos e da adesão às instituições democráticas sinalizam com clareza que a democracia está em crise (Przeworski, 2019).

Para as democracias recentes da terceira onda, contudo, essas condições negativas de funcionamento do sistema e as bases frágeis de adesão democrática potencializam o risco e suas consequências. Nesse sentido, a preocupação com o impacto do fenômeno populista é evidente, pois resulta do crescente fracasso dos partidos em seu papel de articulador da dimensão popular da democracia. Uma das consequências dessa dinâmica é a percepção das eleições como mecanismos sem efeitos práticos, ou com frágil eficácia, acompanhada de uma mobilização em torno de formas alternativas de deliberação, ou apoio a lideranças personalistas.

Os dados da opinião pública sobre a confiança nas instituições democráticas no Brasil são centrais para compreender esse cenário de desafeição à política democrática. Essas sempre foram avaliações baixas em todo o período democrático, mas as percepções públicas de que a política institucional e a corrupção caminham juntas levaram ao forte desapreço aos partidos e aos políticos. Os dados do Estudo Eleitoral Brasileiro (ESEB)5 mostram que entre 2010 e 2018 as avaliações positivas dos partidos diminuíram de aproximadamente 21% para 16%, e as avaliações do Congresso, de 25,3% para 18,3%. A pesquisa "A cara da democracia", realizada em 2019, no primeiro ano do governo Bolsonaro, mostra que apenas 22,4% dos indivíduos tinham interesse pela política, 39,4% consideravam que a democracia pode funcionar sem partidos, apenas 11,9% confiavam nos partidos e 52% afirmavam

[5] Banco de dados do estudo disponível em: https://www.cesop.unicamp.br. Acesso em 16 mar. 2021.

que a falta de adesão partidária devia-se à corrupção nessas instituições. Esse contexto frágil se completa com o dado de que apenas 12,7% de indivíduos confiam que as eleições no país sejam honestas, uma das principais indicações de que o sistema democrático vem perdendo sua legitimidade.

Alguns estudos apontam ainda que, apesar de a experiência com a democracia ao longo dos anos ter ampliado o mapa de referências dos cidadãos sobre o seu significado e suas práticas, como o exercício dos direitos e das liberdades, nos últimos anos houve um crescimento significativo do desconhecimento do próprio significado de democracia, desconhecimento de como ela se exerce e do que constitui a prática da cidadania e dos direitos (Meneguello, 2010; 2012; [s.d.]). O enfraquecimento da cognição sobre o fenômeno democrático sugere que, mesmo após a experiência de duas décadas de governos que viabilizaram avanços econômicos e sociais, e a implantação de políticas de acesso a direitos e benefícios ampliados e inclusivos, o funcionamento do sistema não foi suficiente para consolidar bases cognitivas amplas sobre a democracia entre os brasileiros. Dado da pesquisa realizada em fins de 2019 mostra que 34% das pessoas não sabem o que significa democracia. Em 2010 esse dado era de 25%.6

Apenas uma visão minimalista poderia considerar a democracia brasileira consolidada, sob o argumento procedimental da consumação da escolha através de eleições livres. Essa é uma concepção limitada do que significa o processo de consolidação democrática, do impacto político e social que as ditaduras militares tiveram nos países latino-americanos antes de seu ingresso na terceira onda de democratização, e dos efeitos que a guinada conservadora observada na região, desde fins da década de 2010, tem na economia, nas políticas públicas e no tecido social. Ademais, a atual crise política singular do caso brasileiro é exemplar para mostrar como processos de transição que não corrigem claramente o papel dos militares na política correm constante risco de retrocesso.

---

[6] Os dados referem-se à segunda onda da pesquisa de campo realizada em novembro de 2019 pelo Instituto da Democracia e da Democratização da Comunicação e à terceira onda do Estudo Eleitoral Brasileiro (ESEB), 2010, Cesop/Unicamp.

A democratização é um processo aberto, em permanente construção. A opinião pública nos dois anos do governo Bolsonaro revelou a existência de bases de apoio a um presidente autoritário, contornadas por baixos índices de satisfação e de adesão à democracia. Os dados de opinião não permitem predizer o desenrolar de nosso processo político, mas revelam que fomos muito otimistas com a consolidação democrática, e que esse terreno está bastante aberto aos seus inimigos.

Referências

66% SÃO contra posse de armas, e 70% rejeitam flexibilizar porte. *Datafolha*, São Paulo, 12 jul. 2019. Disponível em: https://bit.ly/2JVor2c. Acesso em: 5 nov. 2020.

9 ATAQUES de Bolsonaro a jornalistas – e quais os temas que levaram presidente a perder a linha. *BBC News*, 5 maio 2020. Disponível em: https://bbc.in/37nYB-Ms. Acesso em: 21 nov. 2020.

ABERS, R. N.; TATAGIBA, L. Institutional Activism: Mobilizing for Women's Health from Inside the Brazilian Bureaucracy. *In*: ROSSI, F. M.; BÜLOW, M. (Org.). *Social Movement Dynamics: New Perspectives on Theory and Research from Latin America*. London: Ashgate, 2015. p. 73-101.

ABERS, R.; SERAFIM, L.; TATAGIBA, L. Repertórios de interação estado-sociedade em um estado heterogêneo: a experiência na Era Lula. *Dados*, Rio de Janeiro, v. 57, n. 2, p. 325-357, 2014.

ABÍLIO, L. C. O Estado está se transformando em orientador da precarização do trabalho. *Revista IHU Online*, 17 jun. 2019. Entrevista concedida a Gabriel Brito. Publicada originalmente pelo Correio da Cidadania, em 13 de junho de 2019. Disponível em: https://bit.ly/2IqoEK3. Acesso em: 11 nov. 2020.

ABILIO, L. C. Uberização do trabalho: a era do nanoempreendedor de si? *In*: ENCONTRO ANUAL DA ANPOCS, 43., 2019. *Anais*... Disponível em: https://bit.ly/3rBiWXE. Acesso em: 09 mar. 2021.

ABRUCIO, F. L. A coordenação federativa no Brasil: a experiência do período FHC e os desafios do governo Lula. *Revista de Sociologia e Política*, n. 24, p. 41-67, 2005.

ABRUCIO, F. L. A dinâmica federativa da educação brasileira: diagnóstico e propostas de aperfeiçoamento. *In*: OLIVEIRA, R. P.; SANTANA, W. (Org.). *Educação e federalismo no Brasil: combater as desigualdades, garantir a diversidade*. Brasília: UNESCO, 2010. p. 39-70.

ABRUCIO, F. L. Contra a Escola sem Sentido. *In*: AÇÃO EDUCATIVA (Org.). *A ideologia do movimento Escola sem Partido: 20 autores desmontam o discurso*. São Paulo: Ação Educativa, 2016. v. 1. p. 60-63.

ABRUCIO, F. L. *et al.* Combate à COVID-19 sob o federalismo bolsonarista: um caso de descoordenação intergovernamental. *Revista Brasileira de Administração Pública – RAP*, v. 54, p. 663-677, 2020.

ABRUCIO, F. L.; SEGATTO, C. I. O Manifesto dos pioneiros e o federalismo brasileiro: percalços e avanços rumo a um sistema nacional de educação. *In*: CUNHA, C.; GADOTTI, M.; BORDIGNON, G.; NOGUEIRA, F. (Org.). *O Sistema Nacional de Educação: diversos olhares 80 anos após o Manifesto*. Brasília: Unesco, 2014. v. 1. p. 40-57, 2014.

"ACABEI com a Lava Jato porque não tem corrupção no governo", diz Bolsonaro. *DW Brasil*, 8 out. 2020. Disponível em: https://bit.ly/3lJqTqx. Acesso em: 16 out. 2020.

"ACABOU, porra!", diz Bolsonaro sobre ordem do STF para operação policial contra aliados. *G1*, Brasília, 28 maio 2020. Disponível em: https://glo.bo/3kfV-vP6. Acesso em: 15 out. 2020.

ADASCALITEI, D.; MORANO, C. P. Drivers and Effects of Labour Market Reforms: Evidence from a Novel Policy Compendium. *IZA Journal of Labor Policy*, v. 5, n. 15, 2016. Disponível em: https://bit.ly/35NN5dD. Acesso em: 29 out. 2020.

ADORNO, T. *Estudos sobre a personalidade autoritária*. São Paulo: Editora Unesp, 2019.

ADORNO, T. Teoria freudiana e o padrão da propaganda fascista. *In*: *Ensaios sobre psicologia social e psicanálise*. São Paulo: Editora Unesp, 2015.

AGOSTINI, R. WATERMAN, D. Presidente dos Correios é 3º militar demitido por Bolsonaro em uma semana. *Exame*, Brasília, 15 jun. 2019. Disponível em: https://bit.ly/3lJ1BIl. Acesso em: 5 dez. 2020.

AGUERO, F. The Military and the Limits to Democratization in South America. *In*: MAINWARING, S.; O'DONNELL, G.; VALENZUELA, J. S. (Ed.). *Issues in Democratic Consolidation: The New South American Democracies in Comparative Perspective*. Notre Dame: University of Notre Dame Press, 1992. p. 153-199.

ALA ideológica contra militares e Centrão: entenda a mais nova briga de militares dentro do governo. *Gazeta do Povo*, 24 out. 2020. Disponível em: https://bit.ly/2Was5Z6. Acesso em: 20 out. 2020.

ALBRIGHT, J. The Multidimensional Nature of Party Competition. *Party Politics*, v. 16, n. 6, 2010.

ALEGRETTI, L. Fim da Lava Jato? "Oposição do governo" e outros 3 fatores que explicam crise. *BBC*, 5 set. 2020. Disponível em: https://bbc.in/3g1OwIV. Acesso em: 21 nov.2020.

ALENCAR, G. Evangélicos e a nova direita no Brasil: os discursos conservadores do "neocalvinismo" e as interlocuções com a política. *Teoria e Cultura*, Juiz de Fora, v. 13, n. 2, dez. 2018.

ALMEIDA, A. *Governo presidencial condicionado: delegação e participação legislativa na Câmara dos Deputados*. 2018. Tese (Doutorado em Ciência Política) – Instituto de Estudos Sociais e Políticos, Universidade do Estado do Rio de Janeiro, Rio de Janeiro, 2018.

ALMEIDA, A. Relações Executivo-Legislativo e governabilidade à luz da crise da covid-19. Nota técnica n. 34. Brasília: IPEA; Diest, abr. 2020.

ALMEIDA, D. R. Com os olhos do "convertido". *A Terra é Redonda*, 25 maio 2020. Disponível em: https://bit.ly/3nguIUB. Acesso em: 11 nov. 2020.

ALMEIDA, D. R.; DOWBOR, M. Para além das fronteiras da especialização: pontes analítico-teóricas entre movimentos sociais e instituições participativas no Brasil em contexto de mudanças. *In*: BATISTA, M.; RIBEIRO, E.; ARANTES, R. (Org.). *As teorias e o caso*. São Paulo: Editora UFABC. No prelo.

ALMEIDA, F. Combate judicial à corrupção e democracia na América Latina. *In*: MADEIRA, L.; MARONA, M.; DEL RIO, A. (Org.). *Democracia e justiça na América Latina*. Rio de Janeiro: EdUerj. No prelo.

ALMEIDA, H. *et al.* Tweetocracia e o populismo 2.0 da direita: o caso do Brasil. *In*: ENCONTRO ANUAL DA ANPOCS, 43., out. 2019, Caxambu, MG. *Anais...* São Paulo, ANPOCS, 2019.

ALMEIDA, R. A visita de Francisco e a abertura do compasso. *Estudos de Religião*, v. 27, p. 297-303, 2013.

ALMEIDA, R. Bolsonaro presidente: evangélicos e conservadorismo na crise brasileira *Novos Estudos*, São Paulo, v. 38, n. 1, jan.-abr. 2019.

ALMEIDA, R. The Broken Wave: Evangelicals and Conservatism in the Brazilian Crisis. *Journal of Ethnographic Theory – HAU*, v. 10, n. 1, 2020.

ALMEIDA, R. Tradução e mediação: missões transculturais em terras indígenas. *In*: MONTERO, P. (Org.). *Deus na aldeia*. São Paulo: Globo, 2006.

ALMEIDA, R.; BARBOSA, R. J. Transmissão religiosa nos domicílios brasileiros. *In*: TEIXEIRA, F.; MENEZES, R. (Org.). *Religiões em movimento: o Censo de 2010*. Petrópolis: Vozes, 2015. p. 220-235.

ALVAREZ, S. E.; DAGNINO, Evelina; ESCOBAR, Arturo (Orgs.). *Cultura e política nos movimentos sociais latino-americanos (novas leituras)*. Belo Horizonte, Ed. UFMG, 2001.

ALVAREZ, S.; ESCOBAR, A. (Org.). *The Making of Social Movements in Latin America: Identity, Strategy, and Democracy*. Oxford: Westview Press, 1992.

AMADO, G. Governo Bolsonaro decreta sigilo sobre visitas no palácio do planalto. *Época*, 28 ago. 2019. Disponível em: https://glo.bo/39zVovW. Acesso em: 21 nov. 2020.

AMES, B. The Reverse Coattails Effect: Local Party Organization in the 1989 Brazilian Presidential Election. *American Political Science Review*, v. 88, n. 1, p. 95-111, Mar. 1994.

AMORIM NETO, O. Conversas: Octavio Amorim Neto e as Forças Armadas na política. *Meio*, 19 maio 2020. Entrevista concedida a P. Doria. Disponível em: https://bit.ly/3pxd3de. Acesso em: 10 out. 2020.

AMORIM NETO, O. Gabinetes presidenciais, ciclos eleitorais e disciplina legislativa no Brasil. *Dados: Revista de Ciências Sociais*, v. 43, n. 3, 2000.

AMORIM NETO, O. The Presidential Calculus: Executive Policy Making and Cabinet Formation in the Americas. *Comparative Political Studies*, v. 39, n. 4, p. 415-440, 2006.

AMORIM NETO, O.; ACÁCIO, I. De volta ao centro da arena: causas e consequências do papel político dos militares sob Bolsonaro. *Journal of Democracy em Português*, v. 9, n. 2, p. 1-29, 2020.

AMORIM NETO, O.; PIMENTA, G. A. The First Year of Bolsonaro in Office: Same Old Story, Same Old Song?. *Revista de Ciencia Política*, Santiago, v. 40, n. 2, p. 187-213, jun. 2020.

AMORIM, F. Bolsonaro aparece de surpresa em sessão de despedida de Toffoli no STF. *UOL*, Brasília, 9 set. 2020. Disponível em: https://bit.ly/35h8qfi. Acesso em: 17 out. 2020.

AMORIM, F.; BORGES, S. Ato contra STF e pró-intervenção tem Bolsonaro com criança e uso de cavalo. *UOL*, 31 maio 2020. Disponível em: https://bit.ly/2L0qId8. Acesso em: 21 nov. 2020.

ANDERSON, B. *Comunidades imaginadas*. São Paulo: Companhia das Letras, 2008.

ANDERSON, P. *As origens da pós-modernidade*. Rio de Janeiro: Jorge Zahar, 1999.

ANDRADE, H.; MAIA, G. Bolsonaro recebe apoio de grupo que diz representar 63% dos prefeitos. *UOL*, Rio de Janeiro, 23 dez. 2018. Disponível em: https://bit.ly/3kjfWdZ. Acesso em: 21 out. 2020.

ANDRADE, N. Aliança pelo Brasil quer acelerar coleta de assinaturas após mudança em entendimento do TSE. *O Globo*, Brasília, 30 out. 2020. Disponível em: https://glo.bo/3oubgEo. Acesso em: 6 dez. 2020.

ANKERSMIT, F. *Political Representation*. Stanford, CA: Stanford University Press, 2002.

APÓS exonerações no Ministério da Saúde, entidades manifestam apoio à saúde da mulher na pandemia. *Folha de S.Paulo*, São Paulo, 7 jun. 2020. Disponível em: https://bit.ly/38siTX0. Acesso em: 30 out. 2020.

ARANTES, R. B. Corrupção e instituições empíricas: uma análise conceitual e empírica. *In*: ENCONTRO DA ASSOCIAÇÃO BRASILEIRA DE CIÊNCIA POLÍTICA, 7., 2010, Recife. (Não publicado.)

ARANTES, R. B. Polícia Federal e construção institucional. *In*: AVRITZER, L.; FILGUEIRAS, F. (Org.). *Corrupção e sistema político no Brasil.* Rio de Janeiro: Civilização Brasileira, 2011a.

ARANTES, R. B. The Federal Police and the Ministério Público. *In*: POWER, T. J.; TAYLOR, M. M. (Ed.). *Corruption and Democracy in Brazil: The Struggle for Accountability*. Notre Dame: University of Notre Dame Press, 2011b. p. 184-217.

ARANTES, R. B.; MOREIRA, T. M. Q. Democracia, instituições de controle e justiça sob a *ótica* do pluralismo estatal. *Opinião Pública*, Campinas, v. 25, n. 1, p. 97-135, abr. 2019.

ARAS exclui nomes da Lava Jato em novo grupo de combate à corrupção do MPF. *Gazeta do Povo*, Curitiba, 6 ago. 2020. Disponível em: https://bit.ly/3ljWnTY. Acesso em: 7 out. 2020.

ARAS pede ao Supremo investigação de atos pró-intervenção militar. *Diário do Nordeste*, Fortaleza, 20 abr. 2020. Disponível em: https://bit.ly/32uaUFg. Acesso em: 7 out. 2020.

ARAÚJO, R. B. *Guerra e paz:* Casa grande & senzala *e a obra de Gilberto Freyre nos anos 30*. Rio de Janeiro: Editora 34, 1993. 315 p.

ARAUJO, S. M. V. G. Environmental Policy in the Bolsonaro Government: The Response of Environmentalists in the Legislative Arena. *Brazilian Political Science Review*, São Paulo, v. 14, n. 2, 2020.

ARCARY, V. *Um reformismo quase sem reformas: uma crítica marxista do governo Lula em defesa da revolução brasileira*. São Paulo: Sundermann, 2011.

ARGUELHES, D.; RIBEIRO, L. Ministrocracia: o Supremo Tribunal individual e o processo democrático brasileiro. *Novos Estudos CEBRAP*, v. 37, n. 1, p. 13-32, 2018.

ARNSTEIN, S. R. A Ladder of Citizen Participation. *JAIP*, v. 35, n. 4, p. 216-224, July 1969.

ARRETCHE, M. *Democracia, federalismo e centralização no Brasil*. Rio de Janeiro: Editora FGV; Editora Fiocruz, 2012.

ARRETCHE, M. Financiamento federal e gestão local de políticas sociais: o difícil equilíbrio entre regulação, responsabilidade e autonomia. *Ciência & Saúde Coletiva*, v. 8, p. 331-345, 2003.

ARRETCHE, M. Quem taxa e quem gasta: a barganha federativa na federação brasileira. *Revista de Sociologia e Política*, n. 24, p. 69-85, 2005.

ARRETCHE, M. T. S. (Org.). *Trajetórias da desigualdade: como o Brasil mudou nos* últimos *cinquenta anos*. São Paulo. Editora Unesp, 2015.

ARRETCHE, M. T. *Estado federativo e políticas sociais: determinantes da descentralização*. São Paulo: Revan, 2000.

ARRETCHE, M. *Democracia, federalismo e centralização no Brasil*. Rio de Janeiro: Editora Fiocruz, 2012.

ARTICULAÇÃO DE CARREIRAS PÚBLICAS PARA O DESENVOLVIMENTO SUSTENTÁVEL (ARCA). *Desmonte do Estado e subdesenvolvimento: riscos e desafios para as organizações e as políticas públicas federais*. Brasília: AfIPEA, 2019.

ARTIGO 19. Atualizando a censura: violência contra jornalistas e veículos de comunicação. Documento de análise. Set. 2020. Disponível em: https://bit.ly/2VPNdUk. Acesso em: 22 nov. 2020.

ARTURI, C. S. O debate teórico sobre mudança de regime político: o caso brasileiro. *Revista de Sociologia e Política*, n. 17, p. 11-31, 2001.

ASHWORTH, S. Electoral Accountability: Recent Theoretical and Empirical Work. *Annual Review of Political Science*, v. 15, p. 183-201, 2012.

AUERBACK, M. Why COVID-19 Is the Great Unequalizer: The Pandemic's Impact Is Being Experienced Disproportionately by Minorities and the Poor. *Real-World Economics Review*, v. 92, 29 jun. 2020.

AVELINO, G. BIDERMAN, C.; BARONE, L. Articulações intrapartidárias e desempenho eleitoral no Brasil. *Dados*, v. 55, n. 4, p. 987-1013, out.-dez. 2012.

BÄCHTOLD, F. Justiça Eleitoral copia Lava Jato para investigar casos de corrupção. *Folha de S.Paulo*, 3 maio 2019. Disponível em: https://bit.ly/2L2t9vN. Acesso em: 21 nov. 2020.

BAGGIO K. G. Atlas Network e o ultraneoliberalismo. *A Terra é Redonda*, 13 jun. 2020. Disponível em: https://bit.ly/2VMFupN. Acesso em: 7 dez. 2020.

BAKER, A.; AMES, B.; RENNÓ, L. *Persuasive Peers: Social Communication and Voting in Latin America*. Princeton: Princeton University Press, 2020.

BANCO CENTRAL DO BRASIL (BCB). Ata da 224ª Reunião do Comitê de Política Monetária (Copom) do Banco Central do Brasil. Brasília, 30-31 jul. 2019.

BARBOSA FILHO, N. H. De Dilma a Bolsonaro: la política económica de Brasil de 2011 a 2019. *El Trimestre Económico*, v. 87, n. 347, p. 597-634, 2020.

BARBOSA, L. M. O Congresso entre a fracionalização e a polarização. Núcleo de Estudos sobre o Congresso (NECON). Rio de Janeiro, nov. 2018. Disponível em: https://bit.ly/3fxFt2d. Acesso em: 25 nov. 2020.

BARBOSA, R. J.; PRATES, I. Efeitos do desemprego, do Auxílio Emergencial e do Programa Emergencial de Preservação do Emprego e da Renda (MP 936) sobre a renda, a pobreza e a desigualdade durante e depois da pandemia. Jun. 2020. Disponível em: https://ssrn.com/abstract=3630693. Acesso em: 24 jun. 2020.

BARONE, L. *Eleições, partidos e política orçamentária no Brasil: explorando os efeitos das eleições locais na política nacional*. 2014. Tese (Doutorado em Administração Pública e Governo) – Escola de Administração de Empresas em São Paulo, Fundação Getulio Vargas, São Paulo, 2014.

BARRUCHO, L. Coronavírus: os dados que põem em xeque a ideia de Bolsonaro de isolar idosos. *BBC News Brasil*, Londres, 25 mar. 2020. Disponível em: https://bbc.in/2GUkQjO. Acesso em: 12 nov. 2020.

BARTLETT, J. *The People vs Tech: How the Internet Is Killing Democracy (and How We Can Save It)*. London: Penguin, 2019.

BASTOS, C. P.; MARTINS, N.; DWECK, E. Taxa de juros zero: impactos e limites. Nota de Política Econômica. Grupo de Economia do Setor Público do Instituto de Economia da Universidade Federal do Rio de Janeiro. Rio de Janeiro: GESP IE/UFRJ, jul. 2020. Disponível em: https://bit.ly/3nSqrqH. Acesso em: 2 out. 2020.

BATTAGLINO, J. Políticos y militares en los gobiernos de la nueva izquierda sudamericana. *Politica y Gobierno*, v. 23 n. 1, p. 3-43, 2016.

BAULCH, E.; MATAMOROS-FERNÁNDEZ, A.; JOHNS, A. Introduction: Ten Years of WhatsApp: The Role of Chat Apps in the Formation and Mobilization of Online Publics. *First Monday*, v. 25, n. 1, 2020. Disponível em: https://bit.ly/3fQVO2j. Acesso em: 30 nov. 2020.

BAUMAN, Z.; BORDONI, C. *Estado de crise.* Rio de Janeiro: Zahar, 2016.

BEDNAR, J. *The Robust Federation.* Cambridge: Cambridge University Press, 2009.

BELLO, E.; BERCOVICI, G.; LIMA, M. M. B. O fim das ilusões constitucionais de 1988? *Direito e Práxis*, Rio de Janeiro, v. 10, n. 3, p. 1769-1811, 2019.

BELLUZZO, L. G. M.; GRAU, E. R. Direito e mídia no Brasil. *In*: FIOCCA, D.; GRAU, E. R. (Org.). *Debate sobre a Constituição de 1998.* São Paulo: Paz e Terra, 2001.

BENITES, A. Bolsonaro anuncia saída do PSL e seus planos de fundar sigla Aliança pelo Brasil. *El País*, 12 nov. 2019. Disponível em: https://bit.ly/33CvEeN. Acesso em: 21 nov. 2020.

BERMÚDEZ, A.; REZENDE, C.; MADEIRO, C. Brasil é o 7º país mais desigual do mundo, melhor apenas do que africanos. *UOL Notícias*, 9 dez. 2019. Disponível em: https://bit.ly/2UDS5LJ. Acesso em: 6 out. 2020.

BERSCH, K.; MICHENER, G. Identifying Transparency. *Information Polity*, v. 18, n. 3, p. 233-242, 2013.

BERSCH, K.; PRAÇA, S.; TAYLOR, M. M. State Capacity, Bureaucratic Politicization, and Corruption in the Brazilian State. *Governance*, v. 30, n. 1, p. 105-124, 2017.

BETIM, F. Do general Villas Boas à reserva, a ofensiva dos militares que querem voz na política. *El País*, São Paulo, 4 abr. 2018. Disponível em: https://bit.ly/2UwoiV1. Acesso em: 20 out. 2020

BIGNOTTO, N. *O Brasil à procura da democracia: da proclamação da República ao século XXI (1889-2018).* Rio de Janeiro: Bazar do Tempo, 2020.

BILENKY, T. A viagem do vagão. *Piauí*, mar. 2020. Disponível em: https://bit.ly/35guhTY. Acesso em: 10 nov. 2020.

BIROLI, F. Care and the New Patterns of Precarity. *In*: BAART, A.; HOFFMAN, J.; VOSMAN, F. (ed.). *The Ethics of Care: The State of the Art.* Oxford: Oxford University Press, 2020.

BIROLI, F. O rastro da onda: derrocada de direitos e moralismo compensatório. Blog da Boitempo, 20 out. 2017. Disponível em: https://bit.ly/2K6puwB. Acesso em: 12 nov. 2020.

BIROLI, F.; MACHADO, M. C.; VAGGIONE, J. M. *Gênero, neoconservadorismo e democracia*. São Paulo: Boitempo, 2020.

BITAR, S.; LOWENTHAL, A. (Ed.). *Democratic Transitions: Conversations with World Leaders*. Baltimore, MA: Johns Hopkins University Press, 2015.

BOLAÑO. C. Economia política da internet, mediação e jornalismo: para a crítica da comunicação e da tecnologia. *Revista Eptic*, v. 20, n. 3, set.-dez. 2018.

BOLAÑO, C.; BRITTOS, V. TV pública, políticas de comunicação e democratização: movimentos conjunturais e mudança estrutural. *Revista de Associação Brasileira de Pesquisadores em Comunicação e Política – Economía Política de las Tecnologías de laInformación y Comunicación*, v. 10, n. 3, 2008.

BOLSONARO afirma que lei deve ser temida por marginais e não pelo cidadão de bem. *Diário da Manhã*, 3 out. 2020a. Disponível em: https://bit.ly/38VzQcY. Acesso em: 13 out. de 2020.

BOLSONARO ameaça jornalista: "Minha vontade é encher tua boca na porrada". *G1*, 23 out. 2020b. Disponível em: https://glo.bo/2HdVLR2. Acesso em: 19 out. 2020.

BOLSONARO colocou em prática discurso contra direitos humanos, diz Anistia. *Exame*, 27 fev. 2020c. Disponível em: https://bit.ly/36LFY4N. Acesso em: 13 out. 2020.

BOLSONARO critica ação do STF e diz que tudo tem limite: "acabou, porra". *Uol Notícias*, São Paulo; Brasília, 28 maio 2020d. Disponível em: https://bit.ly/38Vmq0D. Acesso em: 13 out. 2020.

BOLSONARO culpa governadores e prefeitos por mortes pelo coronavírus. *Catraca Livre*, 29 abr. 2020e. Disponível em: https://bit.ly/3nfv0ef. Acesso em: 22 out. 2020.

BOLSONARO discursa em Brasília para manifestantes que pediam intervenção militar. *G1*, Brasília, 19 abr. 2020f. Disponível em: https://glo.bo/3ggXUsn. Acesso em: 5 dez. 2020.

BOLSONARO diz que Antifas são "marginais" e "terroristas". *G1*, 3 jun. 2020h. Disponível em: https://glo.bo/32T08so. Acesso em: 13 de out. 2020.

BOLSONARO diz que pede a "Deus que não tenhamos problemas nesta semana, porque chegamos no limite". *G1*, 3 maio 2020i. Disponível em: https://glo.bo/3napPwf. Acesso em: 15 out. 2020.

BOLSONARO diz ter mais poder que Maia por caneta para "fazer decreto". *Uol*, 29 maio 2019a. Disponível em: https://bit.ly/3mGbZ4Z. Acesso em: 5 dez. 2020.

BOLSONARO é o presidente que mais editou medidas provisórias nos primeiros 18 meses de governo. *Folha de S.Paulo*, São Paulo, 27 jun. 2020j. Disponível em: https://bit.ly/2Ukar3T. Acesso em: 30 out. 2020.

BOLSONARO faz insinuação sexual a repórter; jornal acusa quebra de decoro. *Veja*, 18 fev. 2020k. Disponível em: https://bit.ly/2UHdW4U. Acesso em: 21 out. 2020.

BOLSONARO faz piada sobre esposa de Macron. *Isto é*, 26 ago. 2019b. Disponível em: https://bit.ly/3fc0MpT. Acesso em: 19 out. 2020.

BOLSONARO mente e distorce informações pelo menos 15 vezes em discurso na ONU. *Congresso em Foco*, 22 set. 2020l. Disponível em: https://bit.ly/32Tl16M. Acesso em: 20 out. 2020.

BOLSONARO recebe medalha por ter salvo soldado de afogamento em 1978. *Uol Notícias*, 5 dez. 2018. Disponível em: https://bit.ly/2V7JCAo. Acesso em: 26 nov. 2020.

BOLSONARO responsabiliza governadores e prefeitos por combate à Covid-19. *O Tempo*, 8 jun. 2020m. Disponível em: https://bit.ly/38yA9Kr. Acesso em: 22 out. 2020.

BOLSONARO sugere "fazer cocô dia sim, dia não" para reduzir poluição ambiental. G1, Brasília, 09 ago. 2019c. Disponível em: http://glo.bo/3bPyRfg. Acesso em: 16 mar. 2021.

BOLSONARO veta filmes com temas LGBT. *Veja*, 17 ago. 2019d. Disponível em: https://bit.ly/3nCtao9. Acesso em: 24 de out. 2020.

BOLSONARO, J. Reunião ministerial de 22 de abril de 2020n. *Poder 360 – Youtube*, 23 maio 2020o. Disponível em: https://bit.ly/33QMN4p. Acesso em: 7 dez. 2020.

BOLSONARO, J. "E daí? Lamento. Quer que eu faça o quê?". *Uol – Youtube*, 28 abr. 2020p. Disponível em: https://bit.ly/3qx6Rmd. Acesso em: 7 dez. 2012.

BOLSONARO, J. O caminho da prosperidade: proposta de Plano de Governo. Eleições Presidenciais, 2018. Disponível em: https://bit.ly/2IIt5ov3. Acesso em: 22 set. 2020.

BOMFIM, C.; PALMA, G. Diretor-geral escolhe delegado Tácio Muzzi para superintendente da Polícia Federal no Rio. *G1*, 6 maio 2020. Disponível em: https://glo.bo/39A3Vit. Acesso em: 21 nov. 2020.

BORGES, A. Com Conama nas mãos, Salles aprova extinção de regras que protegiam manguezais. *Uol Notícias*, Brasília, 28 set. 2020. Disponível em: https://bit.ly/38VAd7h. Acesso em: 13 out. 2020.

BORGES, L. MP conclui denúncia de Flávio Bolsonaro e Queiroz por rachadinha. *Veja*, 28 set. 2020. Disponível em: https://bit.ly/37qXg7y. Acesso em: 21 nov. 2020.

BOSCHI, R. *A arte da associação: política de base e democracia no Brasil.* São Paulo: Vértice, 1987.

BOTTAN, N. L.; HOFFMANN, B.; VERA-COSSIO, D. A. The Unequal Impact of the Coronavirus Pandemic: Evidence from Seventeen Developing. *IDB Working Paper Series*, n. 1150, 2020.

BOVENS, M. Analysing and Assessing Accountability: A Conceptual Framework. *European Law Journal*, v. 13, n. 4, p. 447-468, 2007.

BRAGA, A. A. *et al.* Firearm Instrumentality: Do Guns Make Violent Situations More Lethal?. *Annual Review of Criminology*, v. 4, 2020.

BRAGA, C. A. P. As associações nacionais de municípios e a pandemia de Covid-19. *In*: *Os governos municipais frente ao coronavírus*. Juiz de Fora: Núcleo de Estudos sobre Política Local, 2020. Disponível em: https://tinyurl.com/y5ahxqvf. Acesso em: 10 out. 2020.

BRAGON, R.; MATTOSO, C. Presença de militares da ativa no governo federal cresce 33% sob Bolsonaro e mais que dobra em 20 anos. *Folha de S.Paulo*, Brasília, 18 jul. 2020. Disponível em: https://bit.ly/3mRUBdB. Acesso em: 6 dez. 2020.

BRANT, D. "Certas coisas não peço, eu mando", diz Bolsonaro sobre exoneração do diretor do Inpe. *Folha de S.Paulo*, 4 ago. 2019. Disponível em: https://bit.ly/3myzoFs. Acesso em: 21 nov. 2020.

BRASIL. Constituição (1988). *Constituição da República Federativa do Brasil*, 1988. Brasília: Senado Federal, Centro Gráfico, 1988.

BRASIL. *Lei Federal n.º 11.652*, de 7 de abril de 2008. Institui os princípios e objetivos dos serviços de radiodifusão pública explorados pelo Poder Executivo ou outorgados a entidades de sua administração indireta; autoriza o Poder Executivo a constituir a Empresa Brasil de Comunicação – EBC; altera a Lei n.º 5.070, de 7 de julho de 1966; e dá outras providências. Brasília, 2008. Disponível em: https://bit.ly/3lRJAYC. Acesso em: 20 nov. 2020.

BRASIL. *Lei Federal n.º 13.417*, de 1º de março de 2017. Altera a Lei n.º 11.652, de 7 de abril de 2008, que "Institui os princípios e objetivos dos serviços de radiodifusão pública explorados pelo Poder Executivo ou outorgados a entidades de sua administração indireta; autoriza o Poder Executivo a constituir a Empresa Brasil de Comunicação – EBC; altera a Lei n.º 5.070, de 7 de julho de 1966; e dá outras providências", para dispor sobre a prestação dos serviços de radiodifusão pública e a organização da EBC. Brasília, 2017 a. Disponível em: https://bit.ly/39OLVRy. Acesso em: 20 nov.2020.

BRASIL. Lei Federal n.º 13.467/2017, de 13 de julho de 2017. Instituiu a chamada Reforma Trabalhista. Altera a Consolidação das Leis do Trabalho (CLT), aprovada pelo Decreto-Lei n.º 5.452, de 1º de maio de 1943, e as Leis n.ºs 6.019, de 3 de janeiro de 1974, 8.036, de 11 de maio de 1990, e 8.212, de 24 de julho de 1991, a fim de adequar a legislação **às** novas relações de trabalho. Brasília, 2017b. Disponível em: http://bit.ly/3cvCHJy. Acesso em: 16 mar. 2021.

BRASIL. Medida Provisória n.º 744, de 1º de setembro de 2016. Altera a Lei n.º 11.652, de 7 de abril de 2008, que institui os princípios e objetivos dos serviços de radiodifusão pública explorados pelo Poder Executivo ou outorgados a entidades de sua administração indireta e autoriza o Poder Executivo a constituir a Empresa Brasil de Comunicação – EBC. Brasília, 2016. Disponível em: https://bit.ly/2IqqTxq. Acesso em: 20 nov. 2020.

BRASIL. Portaria n.º 2.282, de 27 de agosto de 2020. Dispõe sobre o Procedimento de Justificação e Autorização da Interrupção da Gravidez nos casos previstos em lei, no âmbito do Sistema Único de Saúde-SUS. Brasília, 2020.

BRASIL. Supremo Tribunal Federal (STF). *Diário Oficial, p. 195, 15 abr. 2020c. Disponível em: https://bit.ly/3trGwGQ. Acesso em: 16 mar. 2021.*

BRAVO, M. I. S.; PELAEZ, E. J.; MENEZES, J. S. B. A Saúde nos governos Temer e Bolsonaro: lutas e resistências. *SER Social*, v. 22, n. 46, p. 191-209. 2020.

BROLLO, F.; NANNICINI, T. Tying Your Enemy's Hands in Close Races: The Politics of Federal Transfers in Brazil. *American Political Science Review*, Cambridge, v. 106, n. 4, p. 742-761, Nov. 2012.

BRONZATTO, T. Bolsonaro desconfia de "infiltrados do PT" na equipe econômica. *Veja*, 27 set. 2020. Disponível em: https://bit.ly/3nCK5qM. Acesso em: 14 out. 2020.

BROWN, W. *In the Ruins of Neoliberalism: The Rise of Antidemocratic Politics in the West*. New York: Columbia University Press, 2019.

BROWN, W. *Nas ruinas do neoliberalismo: a ascensão da política antidemocrática no ocidente*. São Paulo: Politeia, 2019.

BRZEZINSKI, M. Income Inequality and the Great Recession in Central and Eastern Europe. *Elsevier*, v. 42, n. 2, p. 219-247, 2018.

BUCCI, E. *A forma bruta dos protestos: das manifestações de junho de 2013 à queda de Dilma Rousseff em 2016*. São Paulo: Companhia das Letras, 2016.

BUENO, N. S. Bypassing the Enemy: Distributive Politics, Credit Claiming, and Nonstate Organizations in Brazil. *Comparative Political Studies*, v. 51, n. 3, p. 304-340, Aug. 2017.

BURITY, J. El pueblo evangélico: construcción hegemónica, disputas minoritarias y reacción conservadora. *Encartes Antropológicos*, v. 3, p. 1-35, 2020.

CALGARO, F.; MAZUI, G. Bolsonaro diz que vai indicar ministro "terrivelmente evangélico" para o STF. *G1*, Brasília, 10 jul. 2019. Disponível em: https://glo.bo/3lhzd0J. Acesso em: 15 out. 2020.

CAMARGO, J. M. Flexibilidade e produtividade no mercado de trabalho brasileiro. *In*: *Flexibilidade do mercado de trabalho no Brasil.* Rio de Janeiro: Fundação Getulio Vargas, 1996.

CAMARGO, S. A discriminação da esquerda contra... Twitter, 24 out. 2020. Disponível em: https://bit.ly/2Jj95UN. Acesso em: 26 nov. 2020.

CAMPOS, L. A.; MACHADO, C. *Raça e eleições no Brasil.* Porto Alegre: Zouk, 2020.

CAMPOS, P. H. P. *A ditadura dos empreiteiros: as empresas nacionais de construção pesada, suas formas associativas e o Estado ditatorial brasileiro, 1964-1985*. 2012. Tese (Doutorado em História) – Instituto de Ciências Humanas e Filosofia, Universidade Federal Fluminense, Rio de Janeiro, 2012.

CANAL JORNAL O GLOBO. "Temos que distinguir militares do governo do Exército", General Villas Bôas. YouTube, 15 dez. 2019. Disponível em: https://bit.ly/3f5ECWr. Acesso em: 16 nov. 2020.

CANELLO, J. *Judicializando a federação? O Supremo Tribunal Federal e os atos normativos estaduais.* 2016. Tese (Doutorado em Ciência Política) – Instituto de Estudos Sociais e Políticos, Universidade do Estado do Rio de Janeiro, Rio de Janeiro, 2016.

CANELLO, J.; BARBOSA, L. M. O que a guerra de decretos diz sobre a relação entre Congresso e o Executivo? *Observatório do Legislativo Brasileiro (OLB)*, Rio de Janeiro, 5 set. 2019. Disponível em: https://bit.ly/2UZnrfE. Acesso em: 25 nov. 2020.

CANELLO, J.; GERSHON, D.; BARBOSA, L. M. Conflito e governismo em tempos de pandemia. *Observatório do Legislativo Brasileiro (OLB)/Congresso Remoto*, Rio de Janeiro, 7 jul. 2020a. Disponível em: https://bit.ly/33hoqwm. Acesso em: 25 nov. 2020.

CANELLO, J.; GERSHON, D.; BARBOSA, L. M. Um balanço do Senado remoto: temas e apoio ao governo. *Observatório do Legislativo Brasileiro (OLB)*, Rio de Janeiro, 28 out. 2020b. Disponível em: https://bit.ly/33lRAut. Acesso em: 25 nov. 2020.

CAPES. Pesquisas vão estudar situação das famílias brasileiras. Portal da Coordenação de Aperfeiçoamento de Pessoal de Nível Superior (CAPES). Brasília, 20 out. 2020. Disponível em: https://bit.ly/36vuVMT. Acesso em: 12 nov. 2020.

CAPIBERIBE, A. O avanço sobre povos indígenas isolados. *Uol, Brasília, 3 set. 2020. Disponível em: https://bit.ly/3gJlxKc. Acesso em: 13 dez. 2020.*

CARAM, B.; PUPO, F. Congresso aprova 1 em cada 3 medidas de Paulo Guedes em 2019. *Folha de S.Paulo*, São Paulo, 29 dez. 2019. Disponível em: https://bit.ly/38tIkHX. Acesso em: 30 out. 2020.

CARDOSO JR., J. C. *Brasil rumo à catástrofe: desmonte do Estado e condições para superação da crise*. Curitiba: Appris, 2020. No prelo.

CARLSON, J. Revisiting the Weberian Presumption: Gun Militarism, Gun Populism, and the Racial Politics of Legitimate Violence in Policing. *American Journal of Sociology*, v. 125, n. 3, p. 633-682, 2019.

CARNEIRO, R. A agenda econômica anacrônica do governo Bolsonaro. *Brazilian Keynesian Review*, v. 5, n. 1, p. 154-173, 2019.

CARREIRÃO, Y. S. O sistema partidário brasileiro: um debate com a literatura recente. *Revista Brasileira de Ciência Política*, v. 14, p. 255-295, 2014.

CARVALHO, D. "Fé não impede convivência", diz secretária da Família de Bolsonaro. *Folha de S.Paulo*, Brasília, 3 jan. 2019. Disponível em: https://bit.ly/36rQBtr. Acesso em: 12 nov. 2020.

CARVALHO, D. Mourão critica STF e diz que "Poderes têm que entender limite da responsabilidade de cada um". *Folha de S.Paulo*, Brasília, 4 maio 2020. Disponível em: https://bit.ly/2Ilrnoe. Acesso em: 15 out. 2020.

CARVALHO, D.; TEIXEIRA, M. General Heleno fala em "consequências imprevisíveis" se celular de Bolsonaro for apreendido. *Folha de S.Paulo*, Brasília, 22 maio 2020. Disponível em: https://bit.ly/35HIhX3. Acesso em: 16 out. 2020.

CARVALHO, L. P. A SPM e as políticas para mulheres no Brasil: saltos e sobressaltos em uma institucionalização das demandas das agendas feministas. *In*: MATOS, M.; ALVAREZ, S. (Org.). *O feminismo estatal participativo brasileiro*. Porto Alegre: Zouk, 2018. v. 1.

CARVALHO, L. *Valsa brasileira: do boom ao caos econômico*. São Paulo: Todavia, 2018.

CARVALHO, O. Gilberto Freyre: maior que a própria imagem. Website oficial Olavo de Carvalho, 25 dez. 1999. Disponível em: https://bit.ly/2JdyY8P. Acesso em: 26 nov. 2020.

CARVALHO, O. Mídia sem máscara. Facebook, set. 2013. Disponível em: https://bit.ly/3l2eVbW. Acesso em: 9 mar. 2021.

CARVALHO, O. O uso do palavrão. Facebook, 25 ago. 2015. Disponível em: https://bit.ly/36nRnHD. Acesso em: 6 nov. 2020.

CASANOVA, J. *Public religions in the modern world*. Chicago: The University of Chicago Press, 1994.

CASARA, R. A espetacularização do processo penal. *Revista Brasileira de Ciências Criminais*, n. 122, p. 309-318, 2016.

CASTEL, R. *A insegurança social: o que é ser protegido?* Petrópolis: Vozes, 2005.

CASTRO, C. Em campo com os militares. *In*: CASTRO, C.; LEIRNER, P. (Org.). *Antropologia dos militares: reflexões sobre pesquisa de campo*. Rio de Janeiro: Editora FGV, 2009. p. 13-30.

CASTRO, C.; MARQUES, A. *Missão Haiti: a visão dos force commanders*. Rio de Janeiro: Editora FGV, 2020.

CENEVIVA, R. *O nível de governo importa para a qualidade da política pública? O caso da Educação fundamental no Brasil*. 2012. Tese (Doutorado em Ciência Política) – Faculdade de Filosofia, Letras e Ciências Humanas, Universidade de São Paulo, São Paulo, 2012.

CENTRO DE ESTUDOS DE CONJUNTURA E POLÍTICA ECONÔMICA (CECON) – IE/UNICAMP. Impactos da MP 936/2020 no rendimento dos trabalhadores e na massa salarial. *Nota do Cecon*, n. 11, abr. 2020. Disponível em: https://bit.ly/2J5KiDU. Acesso em: 2 out. 2020.

CERQUEIRA, D.; MELLO, J. M. Evaluating a National Anti-Firearm Law and Estimating the Causal Effect of Guns on Crime. *Textos para Discussão*, Brasília: IPEA, n. 607, 2013.

CERQUEIRA, M. Várias formas de luta: a defesa da Constituição é uma delas. *In*: FIOCCA, D.; GRAU, E. R. (Org.). *Debate sobre a Constituição de 1998*. São Paulo: Paz e Terra, 2001.

CESARINO, L. Como vencer uma eleição sem sair de casa: a ascensão do populismo digital no Brasil. *Internet & Sociedade*, v. 1, n. 1, p. 91-120, 2020.

CHAGAS, V. A febre dos memes de política. *Revista FAMECOS*, v. 25, n. 1, p. 27025, 2018.

CHAGAS, V.; MODESTO, M.; MAGALHÃES, D. O Brasil vai virar Venezuela: medo, memes e enquadramentos emocionais no WhatsApp pró-Bolsonaro. *Esferas*, n. 14, 2019.

CHEIBUB, J. A.; PRZEWORSKI, A.; SAIEGH S. Governos de coalizão nas democracias presidencialistas e parlamentaristas. *Dados*, v. 45, n. 2, 2002.

CHIARETTI, Daniela. Desmatamento afeta imagem do país e causa preocupação. *Valor Econômico*, 22 ago. 2019. Disponível em: https://glo.bo/2ODJnxg. Acesso em 16 mar. 2021.

CHONG, D. Degrees of Rationality in Politics. *In*: HUDDY, L.; SEARS, D.; LEVY, J. (Org.). *The Oxford Handbook of Political Psychology*. 2nd ed. Oxford: Oxford University Press, 2013. p. 130-165.

CIMINI, F.; CARDOSO, D.; SOUZA, L. A captura silenciosa: como as elites econômicas reforçam o paradoxo de Robin Hood no sistema tributário brasileiro. *In*: ENCONTRO ANUAL DA ANPOCS, 43., 2019, Caxambú. *Anais*... Belo Horizonte: Centro de Desenvolvimento e Planejamento Regional da Universidade Federal de Minas Gerais (UFMG), 2019.

CINGOLANI, L. The Role of State Capacity in Development Studies. *Journal of Development Perspectives*, v. 2, n. 1-2, p. 88-114, 2018.

CINGOLANI, L. The State of State Capacity: A Review of Concepts, Evidence and Measures. United Nations University, Maastricht Economic and Social Research Institute on Innovation and Technology (MERIT), 2013.

CLARK, T. *The Limits of Judicial Independence*. Cambridge: Cambridge University Press, 2010.

CLUBE Militar convoca associados para atos contra o Congresso e STF. *O Estado de S. Paulo*, 11 mar. 2020. Disponível em: https://bit.ly/3lIaIdm. Acesso em: 20 out. 2020.

CNI/IBOPE. *Relatório CNI/IBOPE: Avaliação de Governo e Confiança no Presidente*. Mar. 2011. Disponível em: https://bit.ly/3mgAvbI. Acesso em: 13 dez. 2012.

CNT/MDA. Relatório CNT/MDA, Rodada 147. CNT/MDA, out. 2020. Disponível em: https://bit.ly/3qS2jXD. Acesso em: 13 dez. 2020.

COELHO, R. *Por um fio: o sofrimento do trabalhador na era do capitalismo flexível*. Jundiaí: Paco Editorial, 2013.

COLETTA, R. D.; CARAM, B.; URIBE, G. É guerra, tem que jogar pesado com governadores, diz Bolsonaro a empresários. *Folha de S.Paulo*, Brasília, 14 maio 2020. Disponível em: https://bit.ly/3lJD8Uj. Acesso em: 25 out. 2020.

COLOMBO, S. Bolsonaro diz que três empresas deixarão Argentina e, uma hora depois, apaga publicação. *Folha de S.Paulo*, Buenos Aires, 6 nov. 2019. Disponível em: https://bit.ly/38TVSwu. Acesso em: 21 out. 2020.

COMPARATO, F. K. C. Réquiem para uma Constituição. *In*: FIOCCA, D.; GRAU, E. R. (Org.). *Debate sobre a Constituição de 1998*. São Paulo: Paz e Terra, 2001.

CONFEDERAÇÃO NACIONAL DE MUNICÍPIOS. Nota de repúdio do movimento municipalista *às* declarações do presidente Jair Bolsonaro. Brasília, 29 abr. 2020. Disponível em: https://bit.ly/3eJfEf8. Acesso em: 22 out. 2020.

CONSELHO DE CONTROLE DAS ATIVIDADES FINANCEIRAS (COAF). Coaf em Números. 2020. Disponível em: http://fazenda.gov.br/orgaos/coaf. Acesso em: 21 nov. 2020.

CONSELHO NACIONAL DE SECRETARIAS MUNICIPAIS DE SAÚDE; FRENTE NACIONAL DE PREFEITOS. Nota sobre o programa Mais Médicos e a saída dos profissionais cubanos do país. Brasília, 14 nov. 2018. Disponível em: https://bit.ly/32Np9p5. Acesso em: 22 out. 2020.

COOPER, M. *Family Values: Between Neoliberalism and the New Social Conservatism*. New York: Zone Books, 2017.

COOPER, P. J. *By Order of the President: The Use and Abuse of Executive Direct Action*. Lawrence: University Press of Kansas, 2014.

CORRÊA, L. *et al.* Mapeamento dos países nas Cadeias Globais de Valor: uma análise dos fluxos de comércio e de renda de propriedade intelectual. *Nova Economia*, v. 30, n. 2, 2020.

COSTA, G. Auxílio emergencial: 65,3 milhões de brasileiros recebem a 4ª parcela. *Agência Brasil*, Brasília, 23 jul. 2020. Disponível em: https://bit.ly/3nI49bj. Acesso em: 13 out. 2020.

COSTA, R. Bolsonaro terá uma base consistente de 222 deputados e 23 senadores. *Correio Braziliense*, Brasília, 17 nov. 2017. Disponível em: https://bit.ly/2UcxrCb. Acesso em: 7 out. 2020.

COUTO, C. Governo-movimento. *O Estado de S. Paulo*, 12 jun. 2020. Disponível em: https://bit.ly/2Itboo9. Acesso em: 27 de out. 2020.

COUTO, C. G.; ARANTES, R. B. Constituição, governo e democracia no Brasil. *Revista Brasileira de Ciências Sociais*, v. 21, n. 61, p. 41-62, 2006.

CRUZ, C. Câmara Legislativa aprova projeto que proíbe nudez em exposições culturais públicas no DF. *G1*, Brasília, 19 ago. 2020. Disponível em: https://glo.bo/35JhLwM. Acesso em: 23 out. 2020.

CUCOLO, E. Socorro a estados e municípios teve distribuição desigual e sem relação com pandemia. *Folha de S.Paulo*, Brasília, 16 set. 2020. Disponível em: https://bit.ly/2UdMfQS. Acesso em: 22 out. 2020.

CUNHA, C. V.; LOPES, P. V. L. *Religião e política: uma análise da atuação de parlamentares evangélicos sobre direitos das mulheres e de LGBTs no Brasil*. Rio de Janeiro: Fundação Heinrich Böll, 2013.

CUNHA, M. *Do púlpito* às *mídias sociais: evangélicos na política e ativismo digital*. Curitiba: Prismas, 2017.

D'AGOSTINO, R.; OLIVEIRA, M. Por 10 votos a 1, STF define regra para que Coaf, Receita e MP compartilhem dados sigilosos. *G1*, 4 set. 2019. Disponível em: https://glo.bo/3mX7CTq. Acesso em: 21 nov. 2020.

D'ARAUJO, M. C. A persistente primazia política da corporação militar. *Revista Brasileira de Estudos de Defesa*, v. 3, n. 2, p. 41-54, 2016.

DA ROS, L. Accountability legal e corrupção. *Revista da CGU*, v. 11, n. 20, p. 1251-1275, 2019.

DA ROS, L.; TAYLOR, M. M. Checks and Balances: The Concept and Its Implications for Corruption. *In*: CONFERÊNCIA LAW AND SYSTEMIC CORRUPTION, 5-7 ago. 2020, São Paulo. (Não publicado.)

DA ROS, L.; TAYLOR, M. M. *Trapped by Corruption: Lessons from Democratic Brazil's Anticorruption Struggle*. Manuscrito.

DAGNINO, E. (Org.). *Sociedade civil e espaços públicos no brasil*. São Paulo: Paz e Terra, 2002.

DAGNINO, E.¿Sociedade civil, participação e cidadania: de que estamos falando? *In*: MATO, D. (Org.). *Políticas de ciudadanía y sociedad civil en tiempos de globalización*. Caracas: FACES; Universidad Central de Venezuela, 2004. p. 95-110.

DAGNINO, E.; OLVERA, A.; PANFICHI, A. *La disputa por la construcción democrática en América Latina*. México: Fondo de Cultura Económica; Ciesas, 2006.

D'AGOSTINO, R. Gilmar Mendes é escolhido relator do pedido no STF contra foro privilegiado para Flávio Bolsonaro. *G1*, 30 jun. 2020. Disponível em: https://glo.bo/3lja2Lb. Acesso em: 17 out. 2020.

DAHL, Robert. *Poliarquia: participação e oposição*. São Paulo: EDUSP, 1997.

DALTON, R. Party Representation Across Multiple Issue Dimensions. *Party Politics*, v. 23, n. 6, 2017.

DALTON, R.; FARRELL, D.; MCALLISTER, I. (Org.). *Political Parties and Democratic Linkage: How Parties Organize Democracy*. Oxford University Press, 2013.

DAMASCENO, V. Amazônia gera série de farpas trocadas entre Bolsonaro e Macron; entenda. *Uol*, São Paulo, 26 ago. 2019. Disponível em: https://bit.ly/2Jh8ALG. Acesso em: 1º dez. 2020.

DARDOT, P.; LAVAL, C. *A nova razão do mundo: ensaio sobre a sociedade neoliberal*. São Paulo: Boitempo, 2016.

DASGUPTA, K.; MURALI, S. Pandemic Containment and Inequality in a Developing Economy. *IIMB Working Paper*, n. 613, 2020.

DATAFOLHA mostra os brasileiros divididos sobre responsabilidade de Bolsonaro na pandemia. *Jornal Nacional*, 15 ago. 2020. Disponível em: https://glo.bo/3nIiO6k. Acesso em: 20 nov. 2020.

DATAFOLHA. *Relatório negociação de cargos. Renúncia/Impeachment*. Instituto Datafolha, 25-26 maio 2020. Disponível em: https://bit.ly/3gU7Ecx. Acesso em: 13 dez. 2020.

DATASENADO. A internet e as eleições brasileiras. Pesquisa de opinião pública nacional. Jun. 2009. Disponível em: https://bit.ly/2Vg5XMi. Acesso em: 30 nov. 2020.

DEBRUN, M. *A conciliação e outras estratégias*. São Paulo: Brasiliense, 1983.

DEPARTAMENTO INTERSINDICAL DE ASSESSORIA PARLAMENTAR (DIAP). *O novo Congresso Nacional em números – 2019-2023*. Brasília, 2018. Disponível em: https://bit.ly/35f3QOI. Acesso em: 18 out. 2020.

DEPARTAMENTO INTERSINDICAL DE ESTATÍSTICA E ESTUDOS SOCIOECONÔMICOS (DIEESE). A Reforma Trabalhista e os impactos para as relações de trabalho no Brasil. Nota Técnica, n.º 178, maio. 2017a. Disponível em: https://bit.ly/3nF3aby. Acesso em: 29 de out. 2020.

DEPARTAMENTO INTERSINDICAL DE ESTATÍSTICA E ESTUDOS SOCIOECONÔMICOS (DIEESE). *Índice* da Condição do Trabalho, n.º 4, 3º trimestre de 2019a. Disponível em: https://bit.ly/35NKekV. Acesso em: 29 out. 2020.

DEPARTAMENTO INTERSINDICAL DE ESTATÍSTICA E ESTUDOS SOCIOECONÔMICOS (DIEESE). O novo desmonte dos direitos trabalhistas: a MP 905/2019. Nota Técnica, n.º 215, nov. 2019b. Disponível em: https://bit.ly/3nJnGrF. Acesso em: 29 out. 2020.

DEPARTAMENTO INTERSINDICAL DE ESTATÍSTICA E ESTUDOS SOCIOECONÔMICOS (DIEESE). PEC 06/2019: a desconstrução da Seguridade Social. Nota Técnica, n. 203, mar. 2019c. Disponível em: https://bit.ly/3938Isl. Acesso em: 29 out. 2020.

DEPARTAMENTO INTERSINDICAL DE ESTATÍSTICA E ESTUDOS SOCIOECONÔMICOS (DIEESE). PEC 06/2019: como ficou a Previdência depois da aprovação da reforma no Senado Federal. Nota Técnica, n.º 214, nov. 2019d. Disponível em: https://bit.ly/3kQGfbH. Acesso em: 29 out. 2020.

DEPARTAMENTO INTERSINDICAL DE ESTATÍSTICA E ESTUDOS SOCIOECONÔMICOS (DIEESE). Reformas trabalhista e da previdência podem aumentar exclusão previdenciária e reduzir densidade contributiva Nota Técnica, n.º 207, jun. 2019e. Disponível em: https://bit.ly/37brziH. Acesso em: 29 out. 2020.

DEPARTAMENTO INTERSINDICAL DE ESTATÍSTICA E ESTUDOS SOCIOECONÔMICOS (DIEESE). Relações de trabalho sem proteção: de volta ao período anterior a 1930? Nota Técnica, n.º 179, maio 2017b. Disponível em: https://bit.ly/3pOlLnE. Acesso em: 29 de out. 2020.

DEPARTAMENTO INTERSINDICAL DE ESTATÍSTICA E ESTUDOS SOCIOECONÔMICOS (DIEESE). A reforma trabalhista sem fim e a "bolsa patrão" do Contrato Verde e Amarelo. Nota Técnica, n.º 221, fev. 2020a. Disponível em: https://bit.ly/3kR3nH8. Acesso em: 29 out. 2020.

DEPARTAMENTO INTERSINDICAL DE ESTATÍSTICA E ESTUDOS SOCIOECONÔMICOS (DIEESE). Medida Provisória 927: crise do coronavírus cai na conta do trabalhador. Nota Técnica, n.º 226, 23 mar. 2020b. Disponível em: https://bit.ly/3fke6sk. Acesso em: 29 out. 2020.

DEPARTAMENTO INTERSINDICAL DE ESTATÍSTICA E ESTUDOS SOCIOECONÔMICOS (DIEESE). Ocupados em home office: Brasil e Unidades da Federação. Dieese, jul. 2020c.

DEPARTAMENTO INTERSINDICAL DE ESTATÍSTICA E ESTUDOS SOCIOECONÔMICOS (DIEESE). Primeiros impactos da pandemia no mercado de trabalho. *Boletim Emprego em Pauta*, 29. jul. 2020d.

DIAMINT, R. A New Militarism in Latin America. *Journal of Democracy*, v. 26, n. 4, p. 155-168, out. 2015.

DIAS, T.; VON BÜLOW, M.; GOBBI, D. Populist Framing Mechanisms and the Rise of Right-wing Activism in Brazil. *Latin American Politics and Society*. No prelo.

DOIMO, A. M. *A vez e a voz do popular: movimentos sociais e participação política no Brasil pós-70*. Rio de Janeiro: Relume-Dumará, 1995.

DONOHUE, J. J.; ANEJA, A.; WEBER, K. D. Right⌧to⌧carry Laws and Violent Crime: A Comprehensive Assessment Using Panel Data and a State⌧level Synthetic Control Analysis. *Journal of Empirical Legal Studies*, v. 16, n. 2, p. 198-247, 2019.

DORIA, P. *Fascismo* à *brasileira*. São Paulo: Planeta, 2020.

DRAIBE, S. As políticas sociais no regime militar brasileiro: 1964-1984. *In*: SOARES, G. A. D.; D'ARAÚJO, M. C. (Org.). *21 anos de regime militar: balanços e perspectivas*. Rio de Janeiro: Editora FGV, 1994.

DURANTE ato contra STF e Congresso, Bolsonaro diz que povo está ao lado do governo. *Uol Notícias*, Brasília, 3 maio 2020. Disponível em: https://bit.ly/32W-CB9T. Acesso em: 13 out. 2020.

DWECK, E. Austeridade é a maior aliada do coronavírus no Brasil. Jacobin, 15 mar. 2020. Disponível em: https://bit.ly/2KuiABc. Acesso em: 2 out. 2020.

DWECK, E. Brasil em queda livre. *Jacobin Brasil*, 1ª edição especial, 10 mar. 2020. Disponível em: https://bit.ly/2J3JP50. Acesso em: 24 nov. 2020.

DWECK, E.; SILVEIRA, F. G.; ROSSI, P. *Austeridade e desigualdade social no Brasil. Economia para Poucos*. São Paulo: Autonomia Literária, 2018.

DYER, O. Covid-19: Brazil's President Rallies Supporters Against Social Distancing, *BMJ*, n. 369, Apr. 2020. Disponível em: https://bit.ly/3nrhrZv. Acesso em: 15 nov. 2020.

ÉBOLI, E. Em documento, Forças Armadas admitem pela primeira vez tortura e mortes durante ditadura. *O Globo*, Brasília, 20 set. 2014. Disponível em: https://glo.bo/32Kx8mH. Acesso em: 20 out. 2020.

EDUARDO, F. L. *Committed brokers: a união entre prefeitos e deputados no Brasil*. 2016. Tese (Doutorado em Ciência Política) – Faculdade de Filosofia e Ciências Humanas, Universidade Federal de Minas Gerais, Belo Horizonte, 2016.

"ELES estão abusando", diz Bolsonaro sobre investigações contra aliados. *CNN Brasil*, 17 jun. 2020. Disponível em: https://bit.ly/2UalAo6. Acesso em: 15 out. 2020.

ELEY, G. *Forjando a democracia*. São Paulo: Fundação Perseu Abramo, 2005.

EM PROTESTO de SP, maioria não tem partido, diz Datafolha. *Folha de S.Paulo*, São Paulo, 18 jun. 2013. Disponível em: https://bit.ly/2VJYMwd. Acesso em: 5

dez. 2020.

ENGESSER, S.; FAWZI, N.; LARSSON, A. O. Populist Online Communication: Introduction to the Special Issue, *Information, Communication & Society*, n. 4462, maio 2017. Disponível em: https://bit.ly/3qdqfo2. Acesso em: 30 nov. 2020.

EU QUERO que o povo se arme, diz Bolsonaro em trecho da reunião. *Bandnews*, 22 maio 2020. Disponível em: https://bit.ly/35pooE2. Acesso em: 5 nov. 2020.

EVANGELISTA, R.; BRUNO, F. WhatsApp and Political Instability in Brazil: Targeted Messages and Political Radicalisation. *Internet Policy Review*, v. 8, n. 4, Dec. 2019. Disponível em: https://bit.ly/3lmezvq. Acesso em: 30 nov. 2020.

FABRINI, F. Dodge compara STF a tribunal de exceção e vê inquérito das Fake News como ilegal. *Folha de S.Paulo*. São Paulo, 13 ago. 2019. Disponível em: https://bit.ly/3eMZnGg. Acesso: em 7 out. 2020.

FABRINI, F. Governo muda regras de atendimento **à** Lei de Acesso **à** Informação durante crise. *Folha de São Paulo*, 24 mar. 2020. Disponível em: https://bit.ly/2J-Siovo. Acesso em: 21 nov. 2020.

FABRINI, F.; CARAM, B. Governo decreta sigilo sobre estudos que embasam reforma da Previdência. *Folha de S.Paulo*, 21 abr. 2019. Disponível em: https://bit.ly/3mQQ8rF. Acesso em: 21 nov. 2020.

FABRINI, F.; MATTOSO, C. Decisão de Toffoli sobre Coaf trava ao menos 700 investigações na Justiça. *Folha de S.Paulo*, 26 out. 2019. Disponível em: https://bit.ly/3os1IK8. Acesso em: 21 nov. 2020.

FABRINI, F.; WIZIACK, J. TCU manda Saúde explicar distribuição de recursos contra Covid-19. *Folha de S.Paulo*, Brasília, 22 jul. 2020a. Disponível em: https://bit.ly/3llYoPM. Acesso em: 22 out. 2020.

FABRINI, F.; WIZIACK, J. TCU vê falta de critério do governo Bolsonaro no rateio de verbas para TVs. *Folha de S.Paulo*, 11 ago. 2020b. Disponível em: https://bit.ly/3os1WRu. Acesso em: 21 nov. 2020.

FAGUNDES, A. A Academia Nacional de Polícia e a formação de policiais federais no combate *à* corrupção: uma análise *à* luz do institucionalismo discursivo. ENCONTRO DA ASSOCIAÇÃO BRASILEIRA DE CIÊNCIA POLÍTICA, 12., 2020, on-line. *Anais...*, 2020. (Não publicado.)

FAGUNDES, A. Gestão estratégica, modernização e geração de valor: o caso do Departamento de Polícia Federal. *In*: ENCONTRO BRASILEIRO DE ADMINISTRAÇÃO PÚBLICA, 8., 2020, on-line, *Anais...*, 2020. (Não publicado.)

FAGUNDES, A.; PILAU, L. As adidâncias na Polícia Federal: entre articulação internacional e recurso de poder. *Fonte Segura*, 9-14 set. 2020. Disponível para assinantes em: https://bit.ly/3lndOTK. Acesso em: 6 nov. 2020.

FALCÃO, M,; VIVAS, F.; D'AGOSTINO, R. STF abre inquérito para investigar Weintraub por suposto racismo contra chineses. *G1*, 29 abr. 2020. Disponível em: https://glo.bo/2JkJ9Zi. Acesso em: 26 nov. 2020.

FAORO, R. *A república em transição: poder e direito na democratização brasileira*

(1982-1988). Rio de Janeiro: Record, 2018.

FARIA, F. Entenda decreto que põe fim a conselhos federais com atuação da sociedade. *Folha de S.Paulo*, 3 maio 2019. Disponível em: https://bit.ly/39NKnY0. Acesso em: 21 nov. 2020.

FARIAS, V. "Ustra era homem de honra que respeitava os direitos humanos dos seus subordinados", diz Mourão. *O Globo*, Brasília, 9 out. 2020. Disponível em: https://glo.bo/3nrVUzQ. Acesso em: 16 nov. 2020.

FARINOSI, Manuela; TRERE, Emiliano. Challenging mainstream media, documenting real life and sharing with the community: An analysis of the motivations for producing citizen journalism in a post-disaster city. *Global Media and Communication*, v. 10, n. 1, 2014, p. 73-92.

FELLET, J. Os 5 principais pontos de conflito entre governo Bolsonaro e indígenas. *BBC News Brasil*, Terra Indígena Capoto Jarina, 29 jan. 2020. Disponível em: https://bbc.in/38SsLK3. Acesso em: 16 nov. 2020.

FEDERAÇÃO NACIONAL DOS JORNALISTAS (FENAJ). Ano se encerra com 116 ataques de Bolsonaro a imprensa. Federação Nacional dos Jornalistas, 2 jan. 2020a. Disponível em: https://bit.ly/3gnn1tB. Acesso em: 10 nov. 2020.

FEDERAÇÃO NACIONAL DOS JORNALISTAS (FENAJ). Em nove meses, Bolsonaro cometeu 299 ataques ao jornalismo. Federação Nacional dos Jornalistas, 14 out. 2020b. Disponível em: https://bit.ly/2ImB6ea. Acesso em: 10 nov. 2020.

FERES JR., J. Cerco midiático: o lugar da esquerda na esfera "publicada". Friederich-Ebert-Stiftung, out. 2020a. Disponível em: https://bit.ly/36RfNLe. Acesso em: 10 nov. 2020.

FERES JR., J. O centrão e o PL das Fake News no Senado. *Observatório do Legislativo Brasileiro (OLB)/Congresso Remoto*, Rio de Janeiro, 3 ago. 2020b. Disponível em: https://bit.ly/3fCha33. Acesso em: 25 nov. 2020.

FERIGATO, S.; FERNANDEZ, M.; AMORIM, M.; AMBROGI, I.; FERNANDES, L.; PACHECO, R. The Brazilian Government's Mistakes in Responding to the COVID-19 Pandemic. *The Lancet*, Correspondence, v. PIIS0140-6736, n. 20, p. 32164, 2020. Disponível em: https://bit.ly/2UFFaZJ.Acesso em: 19 nov. 2020.

FERNANDES, F. *O negro no mundo dos brancos.* São Paulo: Global, 2007.

FERNANDES, T. *et al.* Gestão Bolsonaro muda lei, e assessores poderão impor sigilo de dados do governo. *Folha de S.Paulo*, 24 jan. 2019. Disponível em: https://bit.ly/3gjUq8l. Acesso em: 21 nov. 2020.

FERNANDES, T.; RANGEL, S. Bolsonaro anuncia Moro no "superministério" da Justiça e promete não interferir no combate à corrupção. *Folha de S.Paulo*, 1º nov. 2018. Disponível em: https://bit.ly/37WrNur. Acesso em: 21 nov. 2020.

FERNANDEZ, M. Como as políticas de saúde deveriam ser conduzidas na pandemia. *Nexo Jornal*, 22 maio 2020. Disponível em: https://bit.ly/36IEd8g. Acesso em: 30 out. 2020.

FERNANDEZ, M.; DANTAS, H. Brasil a la deriva: un país entre la pandemia de Covid-19 y la convulsión política. *In*: MARTÍ, S.; ALCÁNTARA, M. (Ed.). *Política y crisis en América Latina: Reacción e impacto frente a la COVID-19*. Madrid: Marcial Pons, 2020.

FERNANDEZ, M.; DANTAS, H.; BRUCE, G. ¿Cambios de rumbo? El Gobierno Bolsonaro y la realidad política de Brasil. *Revista Reflexión Política*, v. 22, n. 45, p. 44-52, 2020.

FERNANDEZ, M.; FERNANDES, L. M. M. Atenção Primária *à* Saúde no contexto municipal brasileiro e a crise da COVID-19. *In*: *Os governos municipais frente ao Coronavirus*. Juiz de Fora: Núcleo de Estudos sobre Política Local, 2020. Disponível em: https://bit.ly/2Ir1rrr. Acesso em: 10 out. 2020.

FERNANDEZ, M.; PINTO, H. Estratégia intergovernamental de atuação dos estados brasileiros: o Consórcio Nordeste e as políticas de saúde no enfrentamento à Covid-19. *Revista Saúde em Redes*, v. 6, Supl. 2, p. 7-21. Disponível em: https://bit.ly/2KnBytn. Acesso em: 19 nov. 2020.

FERRARI, H. Montezano diz que não há caixa-preta no BNDES e culpa legislação. *Poder 360*, 29 jan. 2020. Disponível em: https://bit.ly/3l2OcKI. Acesso em: 2 out. 2020.

FERRAZ, C.; FINAN, F. Electoral Accountability and Corruption: Evidence from the Audits of Local Governments. *American Economic Review*, v. 101, n. 4, p. 1274-1311, June 2011.

FERREIRA, L. B.; RAMOS, D. P.; SHANKLAND, A. Gestão, política e movimentos sociais no distrito sanitário especial indígena do Alto Rio Negro. *Novos Estudos CEBRAP*, v. 38, n. 2, p. 351-369, 2019.

FERREIRA, O. D. S. A Internacional de extrema-direita. *A Terra É Redonda*, 16 nov. 2019. Disponível em: https://bit.ly/2JHdIso. Acesso em: 7 dez. 2020.

FUNDAÇÃO GETULIO VARGAS (FGV). Diretoria de Análise de Políticas Públicas (DAPP). *Robôs, redes sociais e política no Brasil: estudo sobre interferências ilegítimas no debate público na web, riscos* à *democracia e processo eleitoral de 2018*. Rio de Janeiro: FGV/DAPP, 2017.

FIGUEIREDO, A. C.; LIMONGI, F. *Executivo e legislativo na nova ordem constitucional*. Rio de Janeiro: Editora FGV, 1999.

FILHO de Bolsonaro diz em vídeo "se quiser fechar o STF você não manda nem um jipe". *Congresso em Foco*, Brasília, 21 out. 2018. Disponível em: https://bit.ly/2UfLs1Y. Acesso em: 22 out. 2020.

FLAVIO BOLSONARO. Deputado Flávio Bolsonaro entrega medalha Tiradentes a Olavo de Carvalho. YouTube, 13 jul. 2012. Disponível em: https://bit.ly/35hli-lN. Acesso em: 19 out. 2020.

FOA, R.S.; KLASSEN, A.; SLADE, M.; RAND, A.; COLLINS, R. *The Global*

Satisfaction with Democracy Report 2020. Cambridge, UK: Centre for the Future of Democracy, jan. 2020.

FÓRUM BRASILEIRO DE SEGURANÇA PÚBLICA (FBSP). *Anuário Brasileiro de Segurança Pública – 2019. São Paulo: Fórum Brasileiro de Segurança Pública, 2019. Disponível em:* https://bit.ly/3kkdqnK. Acesso em: 5 nov. 2020.

FOUCAULT, M. *Segurança, território, população*. São Paulo: Martins Fontes, 2008.

FOX, J. A. Social Accountability: What Does the Evidence Really Say? *World Development*, v. 72, n. 1, p. 346-361, Aug. 2015.

FRANZESE, C.; ABRUCIO, F. L. Efeitos recíprocos entre federalismo e políticas públicas no Brasil: os casos dos sistemas de saúde, de assistência social e de educação. *In*: HOCHMAN, G.; FARIA, C. A. P. (Org.). *Federalismo e politicas públicas no Brasil*. Rio de Janeiro: Editora da Fiocruz, 2013. p. 361-386,

FRAZÃO, F. Apesar da CNBB, Renovação Carismática Católica diz que adeptos apoiam Bolsonaro. *Uol*, Brasília, 8 abr. 2020a. Disponível em: https://bit.ly/33KA6YY. Acesso em: 5 dez. 2020.

FRAZÃO, F. Bolsonaro eleva "penduricalhos" para atender militares. *O Estado de S. Paulo*, Brasília, 28 jun. 2020b. Disponível em: https://bit.ly/3f6hvef. Acesso em: 20 out. 2020.

FREEDEN, M. *Ideologies and Political Theory: A Conceptual Approach*. Oxford: Oxford University Press, 1996.

FREIRE, M. Bolsonaro oficializa general como vice: "Somos soldados do nosso Brasil". *Uol Notícias*, São Paulo, 5 ago. 2018. Disponível em: https://bit.ly/2Uz7ahj. Acesso em: 20 out. 2020.

FREITAS, A. *O presidencialismo da coalizão*. Rio de Janeiro: Fundação Konrad-Adenauer, 2016.

FRENTE NACIONAL DE PREFEITOS. Coronavírus e as cidades: nota oficial. Brasília, 14 abr. 2020. Disponível em: https://bit.ly/35iERtP. Acesso em: 22 out. 2020.

FREUD, S. Psicologia das massas e análise do eu. *In*: *O mal-estar na cultura e outros ensaios*. Belo Horizonte: Autêntica, 2020.

FREY, J. Marcha dos Prefeitos 2019: da bala de banana de Antonina ao entusiasmo com Paulo Guedes. *Gazeta do Povo*, Brasília, 11 abr. 2019. Disponível em: https://bit.ly/3pfmcXQ. Acesso em: 20 out. 2020.

FREYRE, G. *Casa-grande & senzala: formação da família brasileira sob o regime de economia patriarcal*. São Paulo: Global, 2003.

FREYRE, G. *O mundo que o português criou; aspectos das relações sociaes e de cultura do Brasil com Portugal e as colonias portuguesas*. Rio de Janeiro: J. Olympia, 1940.

FROTA depõe à PF e aponta relação de Eduardo Bolsonaro com fake news. *Webdiário*, 7 out. 2020. Disponível em: https://bit.ly/2KnnFeH. Acesso em: 24 out. 2020.

GALA, P. A China "destruiu" o Brasil? Aula disponível em site pessoal do professor Paulo Gala. Disponível em: https://bit.ly/3pfFexf. Acesso em: 26 out. 2020.

GALLETA, S.; GIOMMONI, T. The Effect of the 1918 Influenza Pandemic on Income Inequality: Evidence from Italy. *SSRN Papers*, Jul. 2020.

GALVÃO, A.; TATAGIBA, L. *Contradições do capitalismo e conflito distributivo: junho de 2013 à luz de uma abordagem integrada dos protestos.* No prelo.

GALVAO. D. Bolsonaro volta a festejar no Twitter queda nos índices de criminalidade. *Uol, São Paulo, 14 out. 2019. Disponível em: https://bit.ly/36zD3Mk. Acesso em: 5 nov. 2020.*

GANDRA, A. Por que um selo empresa amiga da família? *Migalhas*, 18 out. 2019. Disponível em: https://bit.ly/3ngftLq. Acesso em: 12 nov. 2020.

GARCIA, D. Pesquisa mostra que trabalho informal eleva contágio e morte por Covid-19 no Brasil. *Folha de S.Paulo*, São Paulo, 12 out. 2020. Disponível em: https://bit.ly/38AP4nD. Acesso em: 9 nov. 2020.

GAVENTA, J.; BARETT, G. Mapping the Outcomes of Citizen Engagement. *World Development*, v. 40, n. 12, p. 2399-2410, 2012.

GEISSER, V.; DABÈNE, O.; MASSARDIER, G. La démocratisation contre la démocratie. *In*: DABÈNE, O. *et al.* (Org.). *Autoritarismes démocratiques: démocraties autoritaires au XXI siècle.* Paris: Découverte, 2008. p. 7-26. (Recherches).

GENERAL Mourão liga índio à "indolência" e negro à "malandragem". *Exame*, 7 ago. 2018. Disponível em: https://bit.ly/3oO7Pc4. Acesso em: 13 dez. 2020.

GERBAUDO, P. Social Media and Populism: An Elective Affinity? Crosscurrents Special Section: Media and the Populist Moment. *Media, Culture & Society*, v. 40, n. 5, p. 745-753, 2018. Disponível em: https://bit.ly/3o8rnY7. Acesso em: 30 nov. 2020.

GERSHON, D.; BARBOSA, L. M. Balanço da agenda considerada urgente durante a pandemia. *Observatório do Legislativo Brasileiro (OLB)/Congresso Remoto*, Rio de Janeiro, 29 jul. 2020. Disponível em: https://bit.ly/2V4jW7R. Acesso em: 25 nov. 2020.

GERSHON, D.; MEIRELES, F.; FERES, J. Adesão da Câmara à chamada "pauta sobre costumes". *Observatório do Legislativo Brasileiro*, Rio de Janeiro, 2020. Disponível em: https://bit.ly/2IlVJqv. Acesso em: 16 out. 2020.

GHERMAN, M.; KLEIN, M. Entre "conversos" e "desconversos": o caso da influência da Nova Direita Brasileira sobre a comunidade judaica do Rio de Janeiro. *Estudios Sociales del Estado*, v. 5, n. 9, p. 101-123, 2019.

GIOVANELLA, L. *et al.* A provisão emergencial de médicos pelo Programa Mais Médicos e a qualidade da estrutura das unidades básicas de saúde. *Ciência & Saúde Coletiva*, Rio de Janeiro, v. 21, n. 9, p. 2697-2708, 2016.

GIRAUDY, A.; NIEDZWIECKI, S.; PRIBBLE, J. How Political Science Explains Countries' Reactions to COVID-19. *Americas Quarteley*, 30 Apr. 2020. Disponível em: https://bit.ly/2JNeeEY. Acesso em: 3 nov. 2020.

GODOI, R. *et al.* Letalidade policial e respaldo institucional: perfil e processamento dos casos de "resistência seguida de morte" na cidade de São Paulo. *Revista de Estudios Sociales*, n. 73, p. 58-72, 2020.

GOLDEN, M. A.; FISMAN, R. *Corruption: What Everyone Needs to Know.* Oxford: Oxford University Press, 2017.

GOMIDE, A. A.; PIRES, R. R. (Org.). *Capacidades estatais e democracia: arranjos institucionais de políticas públicas.* Brasília: IPEA, 2014.

GONÇALVES, C. Prefeitos de 400 cidades preparam apelos e sugestões para Bolsonaro. *Agência Brasil*, Brasília, 27 nov. 2018. Disponível em: https://bit.ly/3n7HOUb. Acesso em: 22 out. 2020.

GONZALEZ, L.; HASENBALG, C. A. *Lugar de negro.* Rio de Janeiro: Marco Zero, 1982.

GOVERNO Bolsonaro registra o pior índice de respostas pela Lei de Acesso à Informação da história. *Folha de S.Paulo*, 25 jul. 2020a. Disponível em: https://bit.ly/2INJBza. Acesso em: 16 out. 2020.

GOVERNO Bolsonaro tem aprovação de 40% e reprovação de 29%, diz pesquisa Ibope. *G1*, Brasília, 24 set. 2020b. Disponível em: https://glo.bo/35j1QoD. Acesso em: 11 nov. 2020.

GOVERNO brasileiro foge de perguntas e CIDH critica ataques de Bolsonaro à imprensa. *Arquivo 19, 06 mar. 2020c. D*isponível em: HTTPS://BIT.LY/3VQSC3B. ACESSO EM 13 MAR. 2021.

GRANER, F. Economistas contestam cálculo de "PIB do governo" feito pela SPE. *Valor Econômico*, Brasília, 11 dez. 2019. Disponível em: https://glo.bo/37btO5A. Acesso em: 2 out. 2020.

GRAU, E. R. G. As relações entre os poderes no décimo aniversário da Constituição de 1988. *In*: FIOCCA, D.; GRAU, E. R. (Org.). *Debate sobre a Constituição de 1998.* São Paulo: Paz e Terra, 2001.

GREEN, J. *The Eyes of the People: Democracy in an Age of Spectatorship.* New York: Oxford University Press, 2010.

GUADALUPE, J. L. P. Políticos evangélicos o evangélicos políticos? Los nuevos modelos de conquista política de los evangélicos. *In*: GUADALUPE, J. L. P.; GRUNDBERGER, S. (Org.). *Evangélicos y poder en América Latina.* Lima: Konrad Adenauer Stiftung, 2018.

GUASTI, P.; ALMEIDA, D. Claims of Misrepresentation: A Comparison of Germany and Brazil. *Politics and Governance*, v. 7, n. 3, p. 152-164, 2019.

GUERRA, R. Structural Reforms in the New Government. *PEX Special Report Series Brazilian Presidential Transition*, 2019. Disponível em: https://bit.ly/

3ghMW62. Acesso em: 5 dez. 2020.
GUGLIANO, Monica. Vou intervir! O dia em que Bolsonaro decidiu mandar tropas para o Supremo. *Piauí*, ago. 2020. Disponível em: https://bit.ly/3pqtyb8. Acesso em: 15 out. 2020.
GUIMARÃES, A. S. A. Ação afirmativa, autoritarismo e liberalismo no Brasil de 1968. *Novos Estudos CEBRAP*, n. 101, p. 2-25, 2015.
GUIMARÃES, A. S. A. Depois da democracia racial. *Tempo Social*, v. 18, n. 2, p. 269-87, 2006. Disponível em: https://bit.ly/369hYcN. Acesso em: 26 nov. 2020.
GUNTHER, R.; MONTERO, J. R. Legitimidade política em novas democracias. *Opinião Pública*, v. 9, n. 1, 2003.
GURZA LAVALLE, A. Democracia, representação e redes sociais. Constitucionalismo, 29 jan. 2019. Disponível em: https://bit.ly/2UoEebH. Acesso em: 11 nov. 2020.
GURZA LAVALLE, A. Representatividade e representação democrática: falso problema ou dualidade constitutiva. *In*: GURZA LAVALLE, A.; VITA, A.; ARAÚJO, C. (Org.). *O papel da teoria política contemporânea: justiça, Constituição, democracia e representação*. São Paulo: Alameda, 2015. p. 295-319.
GURZA LAVALLE, A. Sem pena nem glória. *Novos Estudos CEBRAP*, n. 66, p. 91-110, 2003.
GURZA LAVALLE, A.; CARLOS, E.; DOWBOR, M.; SZWAKO, J. *Movimentos sociais e institucionalização: políticas sociais, raça e gênero no Brasil pós-transição*. Rio de Janeiro: Eduerj, 2019a.
GURZA LAVALLE, A. CARLOS, E.; DOWBOR, M.; SZWAKO, J. Movimentos sociais, institucionalização e domínios de agência. *In*: *Movimentos sociais e institucionalização: políticas sociais, raça e gênero no Brasil pós-transição*. Rio de Janeiro: Eduerj, 2019b. p. 21-86.
GURZA LAVALLE, A.; SZWAKO, J. Sociedade civil, Estado e autonomia: argumentos, contra-argumentos e avanços no debate. *Opinião Pública*, v. 21, n. 1, p. 157-187, 2015.
HAAS, P. M. Introduction: Epistemic Communities and International Policy Coordination. *International Organization*, v. 46, n. 1, p. 1-35, 1992.
HABERMAS, J. A crítica neoconservadora da cultura nos Estados Unidos e na Alemanha. *In*: *A nova obscuridade*. São Paulo: Editora Unesp, 2015. p. 63-98.
HAECK, C.; LEFEBVRE, P. Pandemic School Closures May Increase Inequality in Test Scores. *Canadian Public Policy/Analyse de Politiques*, July 2020.
HARVEY, D. *Condição pós-moderna*. São Paulo: Loyola, 1992.
HARVEY, D. *O neoliberalismo: história e implicações*. São Paulo: Loyola, 2008.
HASSELL, J. What Can Data on Testing Tell Us About the Pandemic? *Our World in Data*, 13 Apr. 2020. Disponível em: https://bit.ly/3pHfwSz. Acesso em: 31 out. 2020.
HAUPT, A. Parties' Responses to Economic Globalization: What Is Left for the

Left and Right for the Right?. *Party Politics*, v. 16, n. 1, 2010.

HENRIQUES, R. P. O jornalismo declaratório e a objetividade jornalística. *In*: ENCONTRO NACIONAL DE PESQUISADORES EM JORNALISMO (SBPJOR), 18., 2020. *Anais*... Disponível em: https://bit.ly/37Dm78i. Acesso em: 16 nov. 2020.

HERDY, T. Bolsonaro defende porte de arma contra cidadãos "à margem da lei". *O Globo*, Curitiba, 10 maio 2019. Disponível em: https://glo.bo/36Lcynu. Acesso em: 10 out. 2020.

HERINGER, R. Promoção da igualdade racial no Brasil: 2001-2003. *Tempo & Presença*, p. 1-12 , 2003. Suplemento especial.

HOFMEISTER, N. *et al.* Sentenças de Sergio Moro na Lava Jato foram mais rápidas antes do impeachment de Dilma. *Agência Pública*, 17 fev. 2020. Disponível em: https://bit.ly/3gi4nmZ. Acesso em: 21 nov. 2020.

HOMERO, V. Dados oficiais de covid-2019 e de consórcio de imprensa variam menos de 1%. *Poder 360*, 14 ago. 2020. Disponível em: https://bit.ly/39Oi2Rx. Acesso em: 21 nov. 2020.

HOOGHE, L.; MARKS, G. N.; SCHAKEL, A. H. *The Rise of Regional Authority: A Comparative Study of 42 Democracies*. London: Routledge, 2010.

HUNTINGTON, S. P. *The Soldier and the State: The Theory and Politics of Civil-Military Relations.* Cambridge, MA: The Belknap Press of Harvard University Press, 1957.

INSTITUTO BRASILEIRO DE GEOGRAFIA E ESTATÍSTICA (IBGE). Indicadores mensais produzidos com informações do trimestre móvel terminado em dezembro de 2019. *Pesquisa Nacional por Amostra de Domicílios Contínua (PNAD Contínua).* Rio de Janeiro, 31 jan. 2020. Disponível em: https://bit.ly/392KIWo. Acesso em: 29 out. 2020.

INSTITUTO BRASILEIRO DE GEOGRAFIA E ESTATÍSTICA (IBGE). Sistema de Contas Nacionais Trimestrais – SCNT, 2020.

INÁCIO, M. Centro Presidencial en Brasil. *In*: ROCKMAN, B; LANZARO, J. (Org.). *Centros de gobierno: América Latina, Estados Unidos, Europa*. Madrid: Editorial Tecnos de Madrid, 2018a.

INÁCIO, M. Presidentially-led Coalitions: Portfolio Allocation in Brazil (1985-2016). *In*: CAMERLO, M.; MARTÍNEZ-GALLARDO (Ed.). *Government Formation and Minister Turnover in Presidential Cabinets*: Comparative Analysis in the Americas. London: Routledge, 2018b. p. 111-138.

INÁCIO, M.; FERNANDEZ, M. As políticas públicas na mira dos leais do presidente. *Nexo Jornal*, 18 jun. 2020. Disponível em: https://bit.ly/2YIhYN1. Acesso em: 30 out.2020.

INÁCIO, M.; LAMOUNIER, B. When the President Takes Us as Enemies!: Bureaucracies Resistant Tactics in Radicalized Policy Conflicts. Working Paper.

INÁCIO, M.; LLANOS, M. The Institutional Presidency from a Comparative Perspective: Argentina and Brazil since the 1980s. *Brazilian Political Science*

Review, v. 9, p. 39-64, 2015.

INSTITUTO DA DEMOCRACIA E DA DEMOCRATIZAÇÃO DA COMUNICAÇÃO (IDDC/INCT). Pesquisa "A cara da democracia: eleições 2020". Nov. 2020. Disponível em: https://bit.ly/38cBxki. Acesso em: 15 dez. 2020.

INGLEHART R. F., NORRIS, P. Trump, Brexit, and the Rise of Populism: Economic Have-nots and Cultural Backlash. *Harvard Kennedy School Faculty Research Working Paper Series*, 2016.

INTERNATIONAL LABOUR ORGANIZATION (ILO). ILO Monitor: Covid-19 and the World of Work. Update Estimates and Analysis. 2nd ed. 7 Apr. 2020.

INTERNATIONAL LABOUR ORGANIZATION (ILO). ILO Monitor: Covid-19 and the World of Work. Update Estimates and Analysis. 5th ed. 30 June 2020.

INSTITUTO DE PESQUISA ECONÔMICA APLICADA (IPEA). *Perfil das comunidades terapêuticas brasileiras*. Brasília: IPEA, 2017.

INSTITUTO DE PESQUISA ECONÔMICA APLICADA (IPEA); FÓRUM BRASILEIRO DE SEGURANÇA PÚBLICA (FBSP). *Atlas da Violência 2018*. Brasília; Rio de Janeiro; São Paulo: Instituto Econômico de Política Aplicada; Fórum Brasileiro de Segurança Pública, 2018. Disponível em: https://bit.ly/2JX-cVmV. Acesso em: 12 nov. 2020.

INSTITUTO DE PESQUISA ECONÔMICA APLICADA (IPEA); FÓRUM BRASILEIRO DE SEGURANÇA PÚBLICA (FBSP). *Atlas da Violência 2019*. Brasília; Rio de Janeiro; São Paulo: Instituto Econômico de Política Aplicada; Fórum Brasileiro de Segurança Pública, 2019. Disponível em https://bit.ly/38CPREk. Acesso em: 12 nov. 2020.

INSTITUTO DE PESQUISA ECONÔMICA APLICADA (IPEA); FÓRUM BRASILEIRO DE SEGURANÇA PÚBLICA (FBSP). *Atlas da violência no Brasil:* dados estatísticos. Brasília: Instituto Econômico de Política Aplicada; Fórum Brasileiro de Segurança Pública, 2020. Disponível em: https://bit.ly/3pqUs2k. Acesso em: 5 nov. 2020.

INSTITUTO IGARAPÉ; INSTITUTO SOU DA PAZ. Balanço preliminar das principais mudanças na política de controle de armas e munições no Brasil em 2019. *Rio de Janeiro: Instituto Igarapé; Instituto Sou da Paz, 2020. Disponível em:* https://bit.ly/3ltiPtX. Acesso em: 5 nov. 2020.

INSTITUTO SOU DA PAZ. *Onde mora a impunidade?* 3. ed. São Paulo: INSP, 2020. Disponível em: https://bit.ly/3pqWorA. Acesso em: 5 nov. 2020.

IRAJÁ, V.; QUINTINO, L. O risco de apagão estatístico e a reação de ex-presidentes do IBGE. *Veja*, 23 abr. 2020. Disponível em: https://bit.ly/2KdgQfw. Acesso em: 16 out. 2020.

JANNUZZI, P. Pobreza, desigualdade e mobilidade social no Brasil: dos avanços civilizatórios pós Constituição de 1988 aos prenúncios da barbárie liberal pós Golpe de 2016. *In*: CASTRO, A.; LEITE, A.; FERREIRA, M. *Polarizações polí-*

ticas e desigualdades socioeconômicas na América Latina e na Europa. João Pessoa: Editora UFPB, 2019.

JUNQUEIRA, C. Grupo de militares da reserva manifesta apoio a Heleno e fala em "guerra civil". *CNN Brasil*, 24 maio 2020. Disponível em: https://bit.ly/3lnc-GQ0. Acesso em: 15 out. 2020.

JUST, N.; LATZER, M. Governance by Algorithms: Reality Construction by Algorithmic Selection on the Internet. *Media, Culture & Society*, v. 39, n. 2, p. 238-258, 2017.

JUSTIÇA FEDERAL. Ação Civil Pública n.º 5019484-43.2020.4.02.5101/RJ. Rio de Janeiro, 28 mar. 2020. Disponível em: https://bit.ly/3rz5oM2. Acesso em: 9 mar. 2021.

KAHNEMAN, D. *Rápido e devagar: duas formas de pensar*. Tradução de Cássio de Arantes Leite. 2. ed. Rio de Janeiro: Objetiva, 2012.

KAPÁZ, C.; LACOMBE. V. Com Executivo ausente, Congresso dá prioridade à área social ao legislar na pandemia. *Folha de S.Paulo*, São Paulo, 4 set. 2020. Disponível em: https://bit.ly/3piMGrc. Acesso em: 30 out. 2020.

KERCHE, F. Autonomia e discricionariedade do Ministério Público no Brasil. *Dados*, v. 50, n. 2, p. 259-279, 2007.

KERCHE, F. *Virtude e limites: autonomia e atribuições do Ministério Público no Brasil*. São Paulo: Edusp, 2009.

KERCHE, F.; MARONA, M. Fiquem de olho no Procurador-Geral da República. *Folha de S.Paulo*, 12 maio 2020. Disponível em: https://bit.ly/3eMpkWc Acesso em: 7 out. 2020.

KERCHE, F.; OLIVEIRA, V.; COUTO, C. Os Conselhos Nacionais de Justiça e do Ministério Público no Brasil: instrumentos de accountability?. *Revista de Administração Pública (RAP)*, São Paulo, v. 54, n. 5, 2020.

KLITGAARD, R. *Controlling Corruption*. Berkeley: University of California Press, 1988.

KNIGHT, J. Knowledge Diplomacy. *British Council Discussion Paper*. 2018. Disponível em: https://bit.ly/2UeA6Lq. Acesso em: 26 out. 2020.

KORYBKO, A. *Guerras híbridas: das revoluções coloridas aos golpes*. São Paulo: Expressão Popular, 2018.

LACERDA, M. B. *O novo conservadorismo brasileiro: de Reagan a Bolsonaro*. Porto Alegre: Zouk, 2019.

LACLAU, E. *A razão populista*. São Paulo: Três Estrelas, 2013.

LACLAU, E. *On Populist Reason*. London: Verso, 2005.

LAGUNES, P. *et al.* Unkept Promises? Taking Stock of President Jair Bolsonaro's Actions on Corruption Control. *In*: CONFERÊNCIA LAW AND SYSTEMIC CORRUPTION, 5-7 ago. 2020, São Paulo. (Não publicado.)

LASCOUMES, P.; GALÉS, P. *Sociologia da ação pública.* Maceió: EdUFAL, 2012.

LAU, R.; PATEL, P.; FAHMY, D.; KAUFMAN, R. Correct Voting Across Thirty-Three Democracies: A Preliminary Analysis. *British Journal of Political Science*, v. 44, n. 2, p. 239-259, 2014. Disponível em: https://bit.ly/39wgyeo. Acesso em: 1º dez. 2020.

LAU, R.; REDLAWSK, D. Voting Correctly. *The American Political Science Review*, v. 91, n. 3, p. 585-598, 1997. Disponível em: https://bit.ly/39v1kpV. Acesso em: 5 nov. 2020.

LAVAL, C.; DARDOT, P. *A nova razão do mundo: ensaio sobre a sociedade neoliberal.* São Paulo: Boitempo, 2016.

LEALI, F. Governo amplia sigilo de pareceres e muda regras de transparência. *O Globo*, 8 jun. 2020. Disponível em: https://glo.bo/2Lgmka3. Acesso em: 21 nov. 2020.

LEHMANN, D. Gilberto Freyre: a reavaliação prossegue. *Horizontes Antropológicos*, v. 14, n. 29, p. 369-385, 2008. Disponível em: https://bit.ly/3q0XvyG. Acesso em: 26 nov. 2020.

LEIA a íntegra das declarações em que Sérgio Camargo, da Fundação Palmares, chama movimento negro de "escória maldita". *O Globo*, 4 jun. 2020a. Disponível em: https://glo.bo/3mNEiP4. Acesso em: 5 dez. 2020.

LEIA a íntegra das falas de Bolsonaro e ministros em reunião ministerial gravada. *Folha de S.Paulo*, São Paulo, 22 maio 2020b. Disponível em: https://bit.ly/3klFpU5. Acesso em: 11 nov. 2020.

LEITÃO, M. E o ministro da Defesa brasileiro? Também vai pedir desculpas ? *Veja*, Blog do Matheus Leitao, 12 jun. 2020. Disponível em: https://bit.ly/36EDPb8. Acesso em: 20 out. 2020.

LEITE, M. P. Da "metáfora da guerra" ao projeto de "pacificação": favelas e políticas de segurança pública no Rio de Janeiro. *Revista Brasileira de Segurança Pública*, v. 6, n. 2, 2012.

LEMGRUBER, J.; RIBEIRO, L.; MUSUMECI, L.; DUARTE, T. *Ministério Público: Guardião da democracia brasileira?.* Rio de Janeiro: CESeC, 2016.

LEVITSKY, S.; WAY. L. The New Competitive Authoritarianism. *Journal of Democracy*, v. 31, n. 1, p. 51-65, 2020.

LEVITSKY, S.; ZIBLATT, D. *How Democracies Die?* New York: Crown, 2018.

LEWIS, D. E. *The Politics of Presidential Appointments: Political Control and Bureaucratic Performance.* Princeton, NJ: Princeton University Press, 2008.

LIMA, F. Imprensa se deixou seduzir pela polarização da cloroquina. *Objethos: Observatório da Ética Jornalística*, Universidade Federal de Santa Catarina, 22 nov. 2020. Disponível em: https://bit.ly/33Tn9Mt. Acesso em: 2 nov. 2020.

LIMA, I. C. C.; LIMA, E. C. A. A retórica do "cidadão de bem", no discurso de Jair Bolsonaro: um presidenciável em construção. *Periódicus*, v. 1, n. 12, p. 404-428, 2020.

LIMA, J. Como o governo Bolsonaro trata a questão do HIV. *Nexo Jornal*, 6 fev. 2020. Disponível em: https://bit.ly/35zx6Qg. Acesso em: 16 nov. 2020.

LIMA, M. R. S.; ALBUQUERQUE, M. O estilo Bolsonaro de governar e a política externa. *Boletim OPSA*, v. 1, p. 15-21, jan.-mar. 2019.

LIMA, V. A. Perplexidade. *Carta Maior*, 13 maio 2020a. Disponível em: https://bit.ly/33OSwHK. Acesso em: 15 nov. 2020.

LIMA, V. A. Tradicionalismo: a extrema direita no poder. *Carta Maior*, 13 maio 2020b. Disponível em: https://bit.ly/2JW7cOk. Acesso em: 15 nov. 2020.

LINDBERG, S. I. Mapping Accountability: Core Concept and Subtypes. *International Review of Administrative Sciences*, v. 79, n. 2, p. 202-226, 2013.

LINDNER, J. Bolsonaro chama governadores e prefeitos de "projetos de ditadores nanicos". *Uol*, Brasília, 5 set. 2020. Disponível em: https://bit.ly/35hl3qH. Acesso em: 22 out. 2020.

LINDNER, Julia; SHORES, Nicholas; GALVÃO, Daniel. "Não consigo matar esse câncer chamado ONG", diz Bolsonaro. *O Estado de S.Paulo*, 3 set. 2020. 2020. Disponível em: http://bit.ly/3eMoxXw. Acesso em: 16 mar. 2021.

LINZ, J. Presidencialismo ou parlamentarismo: faz alguma diferença?. *In*: LAMOUNIER, B. (Org.) *A opção parlamentarista*. São Paulo: Sumaré, 1991.

LIPSET, S. M. Some Social Requisites of Democracy: Economic Development and Political Legitimacy. *American Political Science Review*, v. 53, n. 1, Mar. 1959.

LIS, L. Governo Bolsonaro mais que dobra número de militares em cargos civis, aponta TCU. *G1*, 17 jul. 2020. Disponível em: https://glo.bo/3nyFplH. Acesso em: 20 out. 2020.

LLANOS, M.; WEBER, C; HEYL, C; STROH, A. Informal Interference in the Judiciary in New Democracies: A Comparison of Six African and Latin American Cases. *Democratization*, v. 23, n. 7, p. 1236-1253, 2015.

LOBEL, F. Fim do DPVAT atinge empresa de Bivar, desafeto de Bolsonaro. *Folha de S.Paulo*, São Paulo, 12 nov. 2020. Disponível em: https://bit.ly/3pdsbMJ. Acesso em: 22 out. 2020.

LOCAL de reunião de comunistas: o que Bolsonaro e aliados já disseram sobre a ONU. *BBC*, 23 set. 2019. Disponível em: https://bbc.in/3lPRGBS. Acesso em: 12 out. 2020.

LOECK, J. Comunidades terapêuticas e a transformação moral dos indivíduos: entre o religioso-espiritual e o técnico-científico. *In*: SANTOS, M. P. (Org.). *Comunidades terapêuticas*: *temas para reflexão*. Rio de Janeiro: IPEA, 2018. p. 73-100.

LOPES, D. B. A indústria pagou o pato. *O Povo*, Fortaleza, 19 out. 2020a. Disponível em: https://bit.ly/3ljdbdY. Acesso em: 10 nov. 2020.

LOPES, D. B. A política externa da Madame Bovary. *O Povo*, Fortaleza, 9 out. 2019. Disponível em: https://bit.ly/35lP8FP. Acesso em: 10 nov. 2020.

LOPES, D. B. Brazilian Malaise in the "Asian Century". *The Diplomat*, Tóquio, 12 set. 2017. Disponível em: https://bit.ly/3phnEJi. Acesso em: 10 out. 2020.

LOPES, D. B. Candidato ao rebaixamento. *O Povo*, 21 set. 2020b. Disponível em: https://bit.ly/36mdjTN. Acesso em: 10 nov. 2020.

LOPES, D. B. Diplomacia do conhecimento. *O Povo*, 11 maio 2020c. Disponível em: https://bit.ly/2Ue3DVO. Acesso em: 10 nov. 2020.

LOPES, D. B. Embaixadores pavlovianos. *O Povo*, Fortaleza, 29 jun. 2020d. Disponível em: https://bit.ly/2JU31Tg. Acesso em: 10 nov. 2020.

LOPES, D. B. O chanceler de fato. *O Povo*, Fortaleza, 20 abr. 2020e. Disponível em: https://bit.ly/35h6Slt. Acesso em: 10 nov. 2020.

LOPES, D. B.; CARVALHO, T. Política externa ou campanha eleitoral por outros meios? *O Globo*, Rio de Janeiro, 26 jun. 2020. Disponível em: https://glo.bo/3neDK4D. Acesso em: 10 nov. 2020.

LOPES, N. "Laranjal" derrubou ministro, indiciou outro e pode gerar debandada do PSL. *Uol*, 10 set. 2019. Disponível em: https://bit.ly/37ESbsl. Acesso em: 21 nov. 2020.

LOPES, R; ONOFRE, R. Veja medidas do governo Bolsonaro que reduziram a transparência oficial. *Folha de S.Paulo*, 21 jun. 2020. Disponível em: https://bit.ly/3gqMYbF. Acesso em: 21 nov. 2020.

LOVEMAN, B. *For la Patria: Politics and the Armed Forces in Latin America*. Wilmington, Delaware: Rowman & Littlefield, 1999.

LUCAS, P. Disarming Brazil: Lessons and Challenges. *NACLA Report on the Americas*, v. 41, n. 2, p. 27-31, 2008.

LÜHRMANN, A.; LINDBERG, S. A Third Wave of Autocratization Is Here: What Is New About It? *Democratization*, v. 26, n. 7, p. 1095-1113, 2019.

LUPION, B. Como Bolsonaro vem atuando para facilitar o acesso a armas. *DW Brasil*, 27 ago. 2020. Disponível em: https://bit.ly/35IKx0n. Acesso em: 13 out. 2020.

LUSTIG, N.; PABON, V. M.; SANZ, F.; YOUNGER, S. D. The Impact of COVID-19 Lockdowns and Expanded Social Assistance on Inequality, Poverty and Mobility in Argentina, Brazil, Colombia and Mexico. *Working Paper*, 2020.

LYNCH, C. A utopia reacionária do governo Bolsonaro (2018-2020). *Insight Inteligência*, n. 89, 2020.

LYOTARD, J. François. *O pós-moderno*. Rio de Janeiro: José Olympio, 1986.

MACAULAY, F. Bancada da Bala: The Growing Influence of the Security Sector in Brazilian Politics. *In*: FOLEY, C. (Ed.). *In Spite of You: Bolsonaro and the New Brazilian Resistance*. New York: OR Books, 2020. p. 56-70.

MACHADO, J. A. A Covid-19 e o dilema do prisioneiro. *In*: *Os governos municipais frente ao coronavirus*. Juiz de Fora: Núcleo de Estudos sobre Política Local, 2020. Disponível em: https://bit.ly/3naTHsl. Acesso em: 10 out. 2020.

MACHADO, R. Senado aprova autonomia formal para o Banco Central. *Folha de S.Paulo*, 3 nov. 2020. Disponível em: https://bit.ly/3mQnzuh. Acesso em: 21 nov. 2020.

MACHADO, R.; FERNANDES, T. Ministério da Saúde recua e volta a divulgar **íntegra** de dados da Covid-19 após decisão do STF. *Folha de S.Paulo*, 9 jun. 2020. Disponível em: https://bit.ly/36OECat. Acesso em: 21 nov. 2020.

MACHADO. M. D. C. Religião e política no Brasil contemporâneo: uma análise dos pentecostais e carismáticos católicos. *Religião e Sociedade*, Rio de Janeiro, v. 35, n.2, p. 45-72, 2015.

MADEIRA, L. M. Institutionalisation, Reform and Independence of the Public Defender's Office in Brazil. *Brazilian Political Science Review*, v. 8, n. 2, p. 48-69, 2014.

MADEIRA, L. M.; GELISKI, L. O combate a crimes de corrupção pela Justiça Federal da Região Sul do Brasil. *Revista de Administração Pública*, v. 53, n. 6 p. 987-1010, 2019.

MADEIRA, L. M.; GELISKI, L.; DILL, A.; TRINDADE, K. Judicial Policy Diffusion: A Model to Analyse Specialised State Courts Fighting Organized Crime in Brazil. *Sociologies in Dialogue*, v. 5, p. 24-51, 2019.

MADEIRA, L.; GELISKI, L. An Analytical Model of the Specialized Anti-corruption Courts' Institutional Design in the Global South: Brazil and Indonesia in Comparative Perspective. *Dados*. No prelo.

MAGALHÃES, V. Bolsonaro quer acabar com "todo ativismo". *BR Político*, 7 out. 2018. Disponível em: https://bit.ly/330m5pE. Acesso em: 22 out. 2020.

MAGNO, L. *et al.* Desafios e propostas para ampliação da testagem e diagnóstico para COVID-19 no Brasil. *Ciência & Saúde Coletiva*, v. 25, n. 9, p. 3355-3364, set. 2020. Disponível em: https://bit.ly/35HLBSf. Acesso em: 19 nov. 2020.

MAHMOUD, D. B. *et al.* Drug Repurposing of Nitazoxanide: Can It Be an Effective Therapy for COVID-19?. *Journal of Genetic Engineering & Biotechnology*, v. 18, n. 35,vJuly 2020. Disponível em: https://bit.ly/3lMGlCu. Acesso em: 19 nov. 2020.

MAHONEY, J.; THELEN, K. *Explaining Institutional Change: Ambiguity, Agency, and Power*. New York: Cambridge University Press, 2010.

MAINWARING, S.; WELNA, C. (Ed.). *Democratic Accountability in Latin America*. Oxford: Oxford University Press, 2003.

MAIO, M. C. O Brasil no concerto das nações: a luta contra o racismo nos primórdios da Unesco. *História, Ciências, Saúde-Manguinhos*, v. 5, n. 2, p. 375-413, 1998. Disponível em: https://bit.ly/33j7GFd. Acesso em: 26 nov. 2020.

MAIR, P. Left and Right Orientations. *In*: DALTON, R. J.; KLINGEMANN, H.-D. (Ed.). *Handbook of Political Behavior*. Oxford: Oxford University Press, 2007.

MANDETTA revela em livro que Bolsonaro acreditava que Covid era "arma biológica da China para levar a esquerda ao poder". *O Cafezinho*, 25 set. 2020. Disponível em: https://bit.ly/3fjLGyD. Acesso em: 20 out. 2020.

MANDETTA, L. H. *Um paciente chamado Brasil: os bastidores da luta contra o coronavírus*. São Paulo: Objetiva, 2020.

MANIN, B. *The Principles of Representative Government*. Cambridge: Cambridge University Press, 1997.

MANIN, B.; PRZEWORSKI, A.; STOKES, S. Eleições e representação. *Lua Nova*, n. 67, p. 105-138, 2006. Disponível em: https://bit.ly/2VoSMZK. Acesso em: 1º dez. 2020.

MANIN, B.; PRZEWORSKI, A.; STOKES, S. Introduction. *In*: MANIN, B.; PRZEWORSKI, A.; STOKES, S. (Ed.). *Democracy, Accountability and Representation*. Cambridge: Cambridge University Press, 1999.

MARICATO, E. *et al. Cidades rebeldes: passe livre e as manifestações que tomaram as ruas do Brasil.* São Paulo: Boitempo, 2013.

MARIZ, R. Ministro da Saúde exonera autores de nota sobre acesso a aborto legal durante pandemia. *O Globo*, Rio de Janeiro, 5 jun. 2020. Disponível em: https://glo.bo/3n6d060. Acesso em: 4 nov. 2020.

MARONA, M.; KERCHE, F. From the Banestado Case to Operation Car Wash: Building an Anti-Corruption Institutional Framework in Brazil. *Dados*, Rio de Janeiro. No prelo.

MARQUES, I. Desinteresse na apreensão e desmonte na capacidade de controle: os números sobre armas de fogo. *In: FÓRUM BRASILEIRO DE SEGURANÇA PÚBLICA (FBSP). Anuário Brasileiro de Segurança Pública – 2020. São Paulo: Fórum Brasileiro de Segurança Pública, 2020. p. 222-227.*

MARQUES, J. Braço eleitoral da Lava Jato acelera investigações e dá resposta após "derrota" no Supremo. *Folha de S.Paulo*, 24 jul. 2020. Disponível em: https://bit.ly/2VMfUBn. Acesso em: 21 nov. 2020.

MARQUES, J. Modelo da PGR para substituir forças-tarefas da Lava Jato esbarra em estrutura. *Folha de S.Paulo*, 14 jan. 2021. Disponível em: https://bit.ly/3eqenf0. Acesso em: 9 mar. 2021.

MARTINS FILHO, J. R.; ZIRKER, D. The Brazilian Armed Forces after the Cold War: Overcoming the Identity Crisis. *In*: INTERNATIONAL CONGRESS OF THE LATIN AMERICAN STUDIES ASSOCIATION, 21., 1998, Chicago. *Proceedings...* Disponível em: https://bit.ly/3lFrPMS. Acesso em: 20 out.2020.

MARTINS, C. Z.; MARTINS, V. T. Z.; VALIM, R. *Lawfare: uma introdução.* São Paulo: Contracorrente, 2019.

MARTINS, H. A influência de Bolsonaro. *A Terra É Redonda*, 12 nov. 2020a. Disponível em: https://bit.ly/36TKCPz. Acesso em: 15 nov. 2020.

MARTINS, H. Helena Martins: grupos midiáticos tratam a pandemia como tragédia imprevisível. Objethos: Observatório da *Ética* Jornalística, Universidade Federal de Santa Catarina, 10 nov. 2020b Disponível em: https://bit.ly/36RixIw.

Acesso em: 10 nov. 2020.

MASCARO, A. L. *Crise e golpe*. São Paulo: Boitempo, 2018.

MASCARO, A. L. Dinâmica da crise e do golpe: de Temer a Bolsonaro. *Margem Esquerda*, São Paulo, n. 32, p. 25-32, 2019.

MASSUDA, A. *et al.* The Brazilian Health System at Crossroads: Progress, Crisis and Resilience. *BMJ Global Health*, v. 3, n. e000829, p. 1-8, 2018.

MASSUDA, A. Mudanças no financiamento da Atenção Primária à Saúde no Sistema de Saúde Brasileiro: avanço ou retrocesso? *Ciência & Saúde Coletiva*, v. 25, n. 4, p. 1181-1188, abr. 2020.

MATOS, V. *et al.* Ex-juiz Sergio Moro anuncia demissão do Ministério da Justiça e deixa o governo Bolsonaro. *G1*, 24 abr. 2020. Disponível em: https://glo.bo/3gl8P4c. Acesso em: 21 nov. 2020.

MATTOSO, C. BRAGON, R. Dodge segurou investigações sobre Bolsonaro enquanto articulava recondução. *Folha de S.Paulo*, São Paulo, 13 ago. 2019. Disponível em: https://bit.ly/36quLXd. Acesso em: 7 out. 2020.

MAZUI, G. Bolsonaro diz que ONGs podem estar por trás de queimadas na Amazônia para "chamar atenção" contra o governo. *G1*, Brasília, 21 ago. 2019a. Disponível em: https://glo.bo/38Zy62f. Acesso em: 13 out. 2020.

MAZUI, G. Bolsonaro diz que decisão de Moraes foi "política" e que vai recorrer da suspensão de Ramagem no comando da PF. *G1*, Brasília, 30 abr. 2020a. Disponível em: https://glo.bo/2JVQuPa. Acesso em: 15 out. 2020.

MAZUI, G. Com escolha de Braga Netto, só militares ocupam gabinetes de Ministros no Palácio. *G1*, Brasília, 13 fev. 2020b. Disponível em: https://glo.bo/3lCbwQQ. Acesso em: 20 out. 2020.

MAZUI, G. Heleno: eventual apreensão de celular de Bolsonaro pode ter "consequências imprevisíveis" para estabilidade do país. *G1*, Brasília, 22 maio 2020c. Disponível em: https://glo.bo/32vQtb4. Acesso em: 15 out. 2020.

MAZUI, G. Retrospectiva 2019: relembre o que marcou o primeiro ano do governo Bolsonaro. *G1*, Brasília, 27 dez. 2019b. Disponível em: https://glo.bo/36pV8xt. Acesso em: 1 dez. 2020.

MAZZA, L. O novo Posto Ipiranga. *Piauí*, 15 out. 2019. Disponível em: https://bit.ly/381molA. Acesso em: 13 dez. 2020.

MAZZUCATO, M.; KATTEL, R. COVID-19 and Public-sector Capacity. *Oxford Review of Economic Policy*, v. 36, n. 1, p. S256-S269, 2020.

MCADAM, D.; TARROW, S.; TILLY, C. The Dynamics of Contention. Cambridge: Cambridge University Press, 2001.

MCCONNELL, A.; 'T HART, P. Inaction and Public Policy: Understanding Why Policymakers "Do Nothing". *Policy Sciences*, v. 52, p. 645-661, 2019.

MCCUBBINS, M. D.; SCHWARTZ, T. Congressional Oversight Overlooked: Police Patrols versus Fire Alarms. *American Journal of Political Science*, v. 28, n. 1,

p. 165-179, 1984.

MECHKOVA, V.; LÜHRMANN, A.; LINDBERG, S. I. The Accountability Sequence: From De-jure to De-facto Constraints on Governments. *Studies in Comparative International Development*, v. 54, n. 1, p. 40-70, 2019.

MEDEIROS, M.; SOUZA, P. A estabilidade da desigualdade no Brasil entre 2006 e 2012: resultados adicionais. *Pesquisa e Planejamento Econômico*, Rio de Janeiro, v. 46, n. 3, 2016.

MEDEIROS, M.; SOUZA, P. *Gasto público, tributos e desigualdade de renda no Brasil*. Brasília: IPEA, 2013.

MEDEIROS, P. Bolsonaro diz que deputado é negro por demorar a nascer: "deu uma queimadinha". *Época*, 21 fev. 2020a. Disponível em: https://glo.bo/33if1oi. Acesso em: 26 nov. 2020.

MEDEIROS, P. MEC revoga portaria que acabava com incentivo a cotas para negros, indígenas e pessoas com deficiência na pós-graduação. *G1*, 23 jun. 2020b. Disponível em: https://glo.bo/3fGFgdg. Acesso em: 26 nov. 2020.

MEIRELES, F. *A política distributiva da coalizão*. 2019. Tese (Doutorado em Ciência Política) – Faculdade de Filosofia e Ciências Humanas, Universidade Federal de Minas Gerais, Belo Horizonte, 2016.

MEIRELES, F.; GERSHON, D.; BARBOSA, L. M. Como votaram os congressistas no primeiro ano do governo Bolsonaro. *Observatório do Legislativo Brasileiro (OLB)*, Rio de Janeiro, 28 jan. 2020. Disponível em: https://bit.ly/3661K48. Acesso em: 25 nov. 2020.

MELLO, I. Bolsonaro mudou LAI após fraude de assessora de Flávio para driblar pedido. *Uol Notícias*, Rio de Janeiro, 22 jun. 2020. Disponível em: https://bit.ly/35IqnU6. Acesso em: 16 ago. 2020.

MELLO, P. C. *A máquina do ódio: notas de uma repórter sobre fake news e violência digital*. São Paulo: Companhia das Letras, 2020.

MELO, C. A. B. Funerais da Constituição de 1988. *In*: FIOCCA, D.; GRAU, E. R. (Org.). *Debate sobre a Constituição de 1998*. São Paulo: Paz e Terra, 2001.

MELO, C. R. Por que chegamos a tanto e que importância isso tem? Considerações sobre a fragmentação partidária no Brasil. *In*: PERLIN, G.; SANTOS, M. L. (Org.). *Presidencialismo de coalizão em movimento*. Brasília: Câmara dos Deputados, Edições Câmara, 2019.

MELO, C. R.; CÂMARA, R. Estrutura da competição pela Presidência e consolidação do sistema partidário no Brasil. *Dados*, v. 55, n. 12, 2012.

MELO, C. R; SANTOS, M.; CÂMARA, R. What Can Ideology Tell Us? An Analysis of Deputies and Parties in the Brazilian, Chilean, and Uruguayan Legislatures. *In*: ALCANTARA, M.; MONTERO, M.; RIVAS, C. (Ed.). *Politics and Political Elites in Latin America*. Berlin: Springer, 2020.

MENDONÇA, R. F. Dimensões democráticas nas Jornadas de Junho: reflexões sobre a compreensão de democracia entre manifestantes de 2013. *Revista Brasileira de Ciências Sociais*, v. 33, n. 98, 2018.

MENEGUELLO, R. As bases do apoio ao regime democrático no Brasil e o papel dos programas sociais como intermediários do sistema. *In*: CONGRESSO DA LATIN AMERICAN STUDIES ASSOCIATION, 30., maio 2012, San Francisco. (Não publicado.)

MENEGUELLO, R. (2002). Aspects of Democratic Performance: Democratic Adherence and Regime Evaluation in Brazil. *International Review of Sociology*, v. 16, n. 3, p. 617-635, Nov. 2006.

MENEGUELLO, R. Cidadãos e política: diagnóstico da adesão democrática, comportamento e valores. *Textos para discussão CEPAL/IPEA*, Brasília, n. 8, 2010.

MENEGUELLO, R. Impasses à democracia brasileira. *In*: PROUDHOMME, J. F. (Ed.). *Gobernanza democrática y regionalismo en América Latina*. El Colegio de Mexico. No prelo.

MENEGUELLO, R. Opinión Pública. *In*: PEREDA, C. (Ed.) *Diccionario de Justicia*. Buenos Aires: Siglo XXI Editora Iberoamericana, 2017.

MEYERFELD, B. C'est un climat de chasse aux sorcières: dans le Brésil de Bolsonaro, le grand blues des diplomates. *Le Monde*, 4 févr. 2020. Disponível em: https://bit.ly/35fdAbx. Acesso em: 10 nov. 2020.

MILL, J. S. *A liberdade / Utilitarismo*. São Paulo: Martins Fontes, 2000.

MILTON, J. *Areopagítica* [1644]. Discurso pela liberdade de imprensa ao parlamento da Inglaterra. Rio de Janeiro: Topbooks, 1999.

MINISTÉRIO DA ECONOMIA. Nível de emprego formal celetista. Dez. 2019. Disponível em: https://bit.ly/3kYo8kg. Acesso em: 29 out. 2020.

MINISTÉRIO DA ECONOMIA. Secretaria de Política Econômica. Consolidação fiscal expansionista no Brasil. Nota Informativa, Brasília, 8 nov. 2019a. Disponível em: https://bit.ly/361zLCL. Acesso em: 2 out. 2020.

MINISTÉRIO DA ECONOMIA. Secretaria de Política Econômica. Retomada via setor privado. Nota Informativa, Brasília, 8 nov. de 2019b. Disponível em: https://bit.ly/33evMkt. Acesso em: 24 nov. 2020.

MINISTÉRIO DA MULHER, DA FAMÍLIA E DOS DIREITOS HUMANOS (MMFDH). Institucional. Família. Portal do Ministério da Mulher, da Família e dos Direitos Humanos, Brasília, 11 abr. 2019a. Disponível em: https://bit.ly/2JUV00c. Acesso em: 12 nov. 2020.

MINISTÉRIO DA MULHER, DA FAMÍLIA E DOS DIREITOS HUMANOS (MMFDH). Selo empresa amiga da família. Portal do Ministério da Mulher, da Família e dos Direitos Humanos, Brasília, 25 set. 2019b. Disponível em: https://bit.ly/38AiFNI. Acesso em: 12 nov. 2020.

MINISTÉRIO DA MULHER, DA FAMÍLIA E DOS DIREITOS HUMANOS (MMFDH). Eixos Temáticos. Observatório Nacional da Família. Portal do

Ministério da Mulher, da Família e dos Direitos Humanos, Brasília, 9 abr. 2019c. Disponível em: https://bit.ly/3lquVE1. Acesso em: 12 nov. 2020.

MINISTÉRIO DA MULHER, DA FAMÍLIA E DOS DIREITOS HUMANOS (MMFDH). Dez municípios aderem ao projeto Famílias Fortes. Portal do Ministério da Mulher, da Família e dos Direitos Humanos. Brasília, 7 out. 2020a. Disponível em: https://bit.ly/3kpDYnI. Acesso em: 12 nov. 2020.

MINISTÉRIO DA MULHER, DA FAMÍLIA E DOS DIREITOS HUMANOS (MMFDH). Cartilha sobre políticas públicas familiares. Portal do Ministério da Mulher, da Família e dos Direitos Humanos, Brasília, 2020b. Disponível em: https://bit.ly/3eV8e8x. Acesso em: 12 nov. 2020.

MINISTÉRIO DA MULHER, DA FAMÍLIA E DOS DIREITOS HUMANOS (MMFDH). Políticas públicas familiares. Portal do Ministério da Mulher, da Família e dos Direitos Humanos, Brasília, jul. 2020c. Disponível em: https://bit.ly/2UiTM0M. Acesso em: 12 nov. 2020.

MINISTÉRIO DA MULHER, DA FAMÍLIA E DOS DIREITOS HUMANOS (MMFDH). Simpósio discute regulamentação do ensino familiar no Brasil. Portal do Ministério da Mulher, da Família e dos Direitos Humanos, Brasília, 23 set. 2020d. Disponível em: https://bit.ly/3njAHbq. Acesso em: 12 nov. 2020.

MINISTÉRIO DA MULHER, DA FAMÍLIA E DOS DIREITOS HUMANOS (MMFDH). Mães unidas. Política para Mulheres. Portal do Ministério da Mulher, da Família e dos Direitos Humanos, Brasília, 21 maio 2020e. Disponível em: https://bit.ly/3pkoZ1U. Acesso em: 12 nov. 2020.

MINISTÉRIO DA SAÚDE. Despacho do Departamento de Ações Programáticas Estratégicas. Secretaria de Atenção *à* Saúde. Brasília, 3 maio 2019.

MINISTÉRIO DAS RELAÇÕES EXTERIORES DO BRASIL. Discurso do ministro Ernesto Araújo durante cerimônia de posse no Ministério das Relações Exteriores. Brasília, 2 jan. 2019. Disponível em: https://bit.ly/35eTBty. Acesso em: 10 nov. 2020.

MINISTRO da Educação diz que gays vêm de "famílias desajustadas" e que acesso à internet não é responsabilidade do MEC. *G1*, 24 set. 2020. Disponível em: https://glo.bo/3faWHIT. Acesso em: 15 out. 2020.

MINORIA participa, mas quem decide é maioria, diz Bolsonaro sobre Cultura. *Gazeta do Povo*, 21 maio 2020. Disponível em: https://bit.ly/32URCJo. Acesso em: 11 out. 2020.

MIRANDA, J. V. S. *et al. Composição e atuação da "Bancada da Bala" na Câmara dos Deputados.* 2019. Dissertação (Mestrado em Ciência Política) – Faculdade de Filosofia e Ciências Sociais, Universidade Federal de Minas Gerais, 2019.

MIZOTA, M.; DAIRTY JR., W. Coronavirus and Racial Wealth Inequality: How Will the COVID-19 Pandemic and Recession Affect the Racial Wealth Gap in the USA. *PUBPOL 490S Racial Wealth Gap*, 2020.

MOE, T. The Politicized Presidency. *In*: JOHN E. C.; PAUL E. P. (Ed.). *The New Direction in American Politics.* Washington, D.C.: The Brookings Institution; Princeton University Press, 1985.

MOFFITT, B. *The Global Rise of Populism: Performance, Political Style, and Representation.* Stanford, CA: Stanford University Press, 2016.

MONT'ALVERNE, C., MITOZO, I. Muito além da mamadeira erótica: as notícias compartilhadas nas redes de apoio a presidenciáveis em grupos de WhatsApp, nas eleições brasileiras de 2018. *In*: COMPOLÍTICA, 6, 2019, Brasília. *Anais do 8º Compolítica.* Brasília: Universidade de Brasília, 2019.

MONTEIRO, T. Comandante do Exército demite general que pediu "despertar de luta patriótica". *O Estado de S. Paulo,* Brasília, 29 out. 2015. Disponível em: https://bit.ly/38NyhOH. Acesso em: 20 out. 2020.

MONTENEGRO, L. M. B.; TELES, N. O.; SANTOS, R. H. Lei 11.652/2008 e o caráter público da Empresa Brasil de Comunicação: mudanças após a aprovação da Lei 13.417/2017. *In*: COMPOLÍTICA, 7., 2017, Porto Alegre. *Anais....* Disponível em: https://bit.ly/2MY74jj. Acesso em: 22 nov. 2020.

MONTENOVO, L.; JIANG, X.; ROJAS, F. L.; SCHMUTTE, I. M; SIMON, K. I.; WEINBERG, B. A.; WING. C. Determinants of Disparities in Covid-19 Job Losses. *NBER Working Paper*, n. 27132, May 2020.

MONTERO, P. Controvérsias religiosas e esfera pública: repensando as religiões como discurso. *Religião & Sociedade*, v. 32, p. 15-30, 2012.

MONTERO, P. Secularização e espaço público: a reinvenção do pluralismo religioso no Brasil. *Etnográfica*, Lisboa, v. 13, p. 7-16, 2009.

MORAES, R. F. Notas técnicas 16, 18, 19, 20 e 22. DINTE. Brasília: IPEA, 2020. Disponível em: https://bit.ly/3pevO59. Acesso em: 10 out. 2020.

MORETTI, B. *et al.* Mudar a política econômica e fortalecer o SUS para evitar o caos. Portal da Associação Brasileira de Saúde Coletiva, 30 mar. 2020. Disponível em: https://bit.ly/3m1RZt7.Acesso em: 2 out. 2020.

MORO diz que queda de homicídios no Brasil não é "coincidência". *Veja*, 16 maio 2019. Disponível em https://bit.ly/3pjLQLb. Acesso em: 5 nov. 2020.

MOURA, J. Procurador que coordenava Operação Greenfield deixa forca-tarefa e critica desmonte de estrutura pela PGR. *O Globo*, 4 de setembro de 2019. Disponível em: https://glo.bo/2VJWRrh. Acesso em: 21 nov. 2020

MOURÂO, H. "Não existe racismo no Brasil", diz Mourão após negro ser espancado e morto. *Uol*, 20 nov. 2020. Disponível em: https://bit.ly/346fbzq. Acesso em: 26 nov. 2020.

MPF pede à justiça que decida sobre afastamento de Ricardo Salles do Ministério do Meio Ambiente. Ministério Público Federal, Brasília, 23 set. 2020. Disponível em: https://bit.ly/3eI2Eqc. Acesso em: 7 out. 2020.

MPF processa ministro da Educação por sugerir a universidades federais do RN substituir terceirizados por alunos. *G1*, Natal, 30 maio 2019. Disponível em: https://glo.bo/38vLOKc. Acesso em: 7 out. 2020.

MUDDE, C.; KALTWASSER, C.R. *Populism: A Very Short Introduction*. New York: Oxford University Press, 2017.

MULIERI, A. Hasso Hofmann and the Polysemy of Representation. *Redescriptions: Political Thought Conceptual History and Feminist Theory*, v. 19, n. 2, p. 127-145, Aug. 2016.

MUNGIU-PIPPIDI, A. Corruption: Diagnosis and Treatment. *Journal of Democracy*, v. 17, n. 3, p. 86-99, 2006.

MUNGIU-PIPPIDI, A. *The Quest for Good Governance: How Societies Develop Control of Corruption*. Cambridge: Cambridge University Press, 2015.

MUNIZ, M. Damares Alves é acusada de "implodir" comitê de combate à tortura. *Veja*, 10 mar. 2020. Disponível em: https://bit.ly/37YIZPQ. Acesso em: 5 nov. 2020.

MUSSE, R. Crise e barbárie. *Folha de S.Paulo*, 23 set. 2007. Disponível em: https://bit.ly/36Q0fYb. Acesso em: 7 dez. 2020.

NASCIMENTO, A.; NASCIMENTO, E. L. Reflexões sobre o movimento negro no Brasil (1938-1997). *In*: GUIMARÃES, A. S. A.; HUNTLEY, L (Ed.). *Tirando a máscara: ensaios sobre o racismo no Brasil*. São Paulo: Paz e Terra, 2000. p. 203-234.

NASSIF, L. Os cabeças de planilha e a celebração do conhecimento irrelevante. *Jornal GGN*, 7 out. 2019. Disponível em: https://bit.ly/2HqEtQW. Acesso em: 29 out. 2020.

NASSIF-PIRES, L.; XAVIER, L L.; MASTERSON, T.; NIKIFOROS, M.; RIOS-VILA, F. Pandemic of Inequality. *Public Policy Brief*, n. 149, 2020.

NEMER, D. Grupos pró-Bolsonaro no WhatsApp não se desmobilizaram com a vitória. Pelo contrário, estão mais radicais, *The Intercept*, 24 ago. 2019. Disponível em: https://bit.ly/3gKrd72. Acesso em: 30 nov. 2020.

NEWELL, J. Gender Inequality in Italy at the Time of the Pandemic. *Contemporary Italian Politics*, v. 12, n. 3, p. 275-277, 2020.

NICOLAU, J. *O Brasil dobrou à direita: uma radiografia da eleição de Bolsonaro em 2018*. Rio de Janeiro: Zahar, 2020.

NISBET, R.*O Conservadorismo*. Lisboa. Editorial Estampa, 1987.

NOBRE, M. *Imobilismo em movimento: da abertura democrática ao governo Dilma*. São Paulo: Companhia das Letras, 2013.

NOGUEIRA, S. Agência Espacial Brasileira zera orçamento do Inpe para pesquisa em 2021. *Folha de S.Paulo*, São Paulo, 17 ago. 2020. Disponível em: https://bit.ly/3n8ycIM. Acesso em: 10 nov. 2020.

NORRIS, P. Varieties of populist parties. *Philosophy and Social Criticism*, n. 45, 2019.

NÓS temos é que desconstruir muita coisa, diz Bolsonaro durante jantar. *Valor*

Econômico, São Paulo, 18 mar. 2019. Disponível em: https://glo.bo/2L4TE3y. Acesso em: 6 dez. 2020.

NOVAES, L. M., *Disloyal Political Brokers and the Problem of Clientelistic Party Building*. Rio de Janeiro: EBAPE-FGV, 2015. Disponível em: https://bit.ly/3kj5hzY. Acesso em: 10 out. 2020.

NOZAKI, W. Um capitão entre generais: a presença dos militares no governo Bolsonaro. *In*: AZEVEDO, J. S. G. A; POCHMANN, M. (Org.). *Brasil: incertezas e submissão?*. São Paulo: Fundação Perseu Abramo, 2019.

NÚCLEO DE INFORMAÇÃO E COORDENAÇÃO DO PONTO BR (Ed.). *Pesquisa sobre o uso das tecnologias de informação e comunicação nos domicílios brasileiros: TIC Domicílios 2019*. São Paulo: Comitê Gestor da Internet no Brasil, 2020. Disponível em: https://bit.ly/3tv4Qrl. Acesso em: 16 mar. 2021.

OBSERVATÓRIO DO LEGISLATIVO BRASILEIRO (OLB). Como votaram os congressistas no primeiro ano do governo Bolsonaro? 2020a. Disponível em: https://bit.ly/2JRdZJ3. Acesso em: 15 out. 2020.

OBSERVATÓRIO DO LEGISLATIVO BRASILEIRO (OLB). Conflito e governismo no Congresso em tempos de pandemia. 2020b. Disponível em: https://bit.ly/2JYCDI1. Acesso em: 15 out.2020.

O'DONNELL, G. Delegative Democracy. *Journal of Democracy*, v. 5, n. 1, p. 55-69, 1995.

O'DONNELL, G. Horizontal Accountability in New Democracies. *Journal of Democracy*, v. 9, n. 3, p. 112-126, 1998.

OLIVEIRA, I. Nova política de educação especial propõe separação de alunos. *Correio Braziliense*, 2 out. 2020. Disponível em: https://bit.ly/2IOoEnM. Acesso em: 2 out. 2020.

OLIVEIRA, M.; D'AGOSTINO, R. Núcleo de Inteligência vai apurar 25 mil indícios de irregularidade em contas de campanhas. *G1*, 12 nov. 2018. Disponível em: https://glo.bo/2JL1eQu. Acesso em: 21 nov. 2020.

OLIVEIRA, R. Ha-Joon Chang: "O Brasil está experimentando uma das maiores desindustrializações da história da economia". *El País*, 15 jan. 2018. Disponível em: https://bit.ly/32ye8HR. Acesso em: 10 nov. 2020.

OLIVEIRA, V. E. Poder judiciário: árbitro dos conflitos constitucionais entre estados e União. *Lua Nova*, São Paulo, n. 78, p. 223-250, 2009.

ONGS, índios, Inpe, governadores, Di Caprio: veja quem já foi acusado por Bolsonaro de ligação com queimadas e desmatamento. *G1*, 30 set. 2020. Disponível em: https://glo.bo/2USNbdX. Acesso em: 20 out. 2020.

OREIRO, J. L. Não, a economia brasileira não se recuperou da crise de 2014-2016 e talvez nunca se recupere. Blog José Luis Oreiro, 1 fev. 2010. Disponível em: https://bit.ly/3kR55s2. Acesso em: 29 de out. 2020.

ORGANIZAÇÕES repudiam fala de Bolsonaro contra ativismos. *Folha de*

S.Paulo, 12 out, 2018. Disponível em: http://bit.ly/3qQizHu. Acesso em: 16 mar. 2021.

ORTEGA, P. *et al.* Organização criminosa, peculato por 1.803 vezes e 263 atos de lavagem: veja todas as imputações a Flávio Bolsonaro, Queiroz e mais 15 pelas "rachadinhas" na Alerj. *O Estado de São Paulo*, 16 nov. 2020. Disponível em: https://bit.ly/3lROuor. Acesso em: 21 nov. 2020.

OS 9 ATAQUES de Bolsonaro contra a imprensa. *Época*, 24 ago. 2020. Disponível em: https://glo.bo/3lNEpd0. Acesso em: 24 out. 2020.

OS PEDIDOS de impeachment de Bolsonaro. *Agência Pública*, 2020. Disponível em: https://bit.ly/2IMOFUw. Acesso em: 13 dez. 2020.

PACHECO, R. Pastores "defensores da família" desprezaram as 100 mil mortes por covid-19. *Uol*, 9 ago. 2020a. Disponível em: https://bit.ly/33Iq5LN. Acesso em: 5 dez. 2020.

PACHECO, R. Quem são os evangélicos calvinistas que avançam silenciosamente no governo Bolsonaro. *The Intercept Brasil*, 4 fev. 2020b. Disponível em: https://bit.ly/2VHN7xV. Acesso em: 5 dez. 2020.

PARA União dos Juristas Católicos de São Paulo, acolher a ADPF 442 é um "aborto jurídico". *Portal do Supremo Tribunal Federal*, 6 ago. 2018. Disponível em: https://bit.ly/2UmDl3C. Acesso em: 12 nov. 2020.

"PARTICIPAÇÃO da indústria na economia brasileira sobe para 22%", diz CNI. *Agência de Notícias CNI*, 19 mar. 2019. Disponível em: https://bit.ly/35gWZ7r. Acesso em: 26 de outubro de 2020.

PASSARELLI, V. CPI da Lava Toga: o que **é** e qual seu objetivo? *O Estado de São Paulo*, 13 set. 2019. Disponível em: https://bit.ly/3oxylX4. Acesso em: 21 nov. 2020.

PASSOS, A. M. *The Military Mystique: Democracies and the War on Crime in Brazil and Mexico.* 2018. Tese (Doutorado em Ciência Política) – Centre de Recherches Internationales, Sciences Po Paris, Paris, 2018.

PASTORE, J. *Flexibilização dos mercados de trabalho e contratação coletiva.* São Paulo: LTr, 1994.

PAULANI, L. Bolsonaro, o ultraliberalismo e a crise do capital. *Margem Esquerda*, São Paulo, n. 32, p. 48-56. 2019.

PEKNY, A. C. *et al. Controle de armas no Brasil: o caminho a seguir.* São Paulo: Friedrich Ebert Stiftung (FES), 2015.

PEREIRA, D.; MATTOS, M.; BORGES, L. A mais recente teoria da conspiração criada por Bolsonaro. *Veja*, 8 maio 2020. Disponível em: https://bit.ly/3fbhjdy. Acesso em: 21 out. 2020.

PEREIRA, E. Como o governo sabota estados e municípios. Associação Brasileira de Municípios, 8 maio 2020. Disponível em: https://bit.ly/3n8Jywo. Acesso em: 22 out. 2020.

PEREIRA, M. *Um confronto no presidencialismo de coalizão: os resultados do confronto entre o movimento LGBT e o movimento cristão pró-vida e pró-familia (2003-2014)*. 2018. Tese (Doutorado em Sociologia) – Instituto de Filosofia e Ciências Humanas, Universidade Federal do Rio Grande do Sul, Porto Alegre, 2018.

PETHERICK, A.; GOLDSZMIDT, R.; KIRA, B.; BARBERIA, L. As medidas governamentais adotadas em resposta ao COVID-19 no Brasil atendem aos critérios da OMS para flexibilização de restrições?. *BSG Working Paper Series*, 2020. Disponível em: https://bit.ly/3ljrZJA. Acesso em: 10 out. 2020.

PGR recorre de decisão do STF e quer acesso a dados da Lava Jato. *Carta Capital*, São Paulo, 8 ago. 2020. Disponível em: https://bit.ly/32v1Gst. Acesso em: 7 out. 2020.

PICCI, L. *Reputation-Based Governance.* Palo Alto: Stanford University Press, 2011.

PIERUCCI, A. F. As bases da nova direita. *Novos Estudos CEBRAP*, n. 19, p. 26-45, 1987.

PIERUCCI, A. F. Liberdade de cultos na sociedade de serviços. *In*: PIERUCCI, A.; PRANDI, R. (Org.). *A realidade social das religiões no Brasil.* São Paulo: Hucitec, 1996.

PIERUCCI, A.; PRANDI, R.; MARIANO, R. O envolvimento dos pentecostais na eleição de Collor. *Novos Estudos CEBRAP*, São Paulo, n. 34, p. 92-106, 1992.

PINHO, J. A. G.; SACRAMENTO, A. R. S. Accountability: já podemos traduzi-la para o português? *Revista de Administração Pública*, v. 43, n. 6, p. 1343-1368, 2009.

PIRES, B. Advogados propõem mudanças que esvaziam lei de lavagem de dinheiro. *O Estado de São Paulo*, 27 out. 2020. Disponível em: https://bit.ly/2VJ6G98. Acesso em: 21 nov. 2020.

PIRES, R. R.; LOTTA, G.; OLIVEIRA, V. E. (Org.). *Burocracia e políticas públicas no Brasil: interseções analíticas.* Brasília: IPEA; Enap, 2018.

PITKIN, H. *The Concept of Representation*. Berkeley, CA: University of California Press, 1967.

PMDB. Uma ponte para o futuro. Brasília: Fundação Ulysses Guimarães, 29 out. 2015. Disponível em: https://bit.ly/37MkGnU. Acesso em: 7 dez. 2020.

POCHMANN, M. *Nova classe média? O trabalho na base da pirâmide social brasileira.* São Paulo: Boitempo, 2012.

POLÍCIA Federal aponta Carlos Bolsonaro como articulador do gabinete do ódio. *Consultor Jurídico*, 25 abr. 2020. Disponível em: https://bit.ly/3fbns9E. Acesso em: 23 out. 2020.

POLÍCIA FEDERAL. Nota à Imprensa, 6 jul. 2017. Disponível em: https://bit.ly/36meDpE. Acesso em: 10 nov. 2020.

PORTO, M., NEVES, D.; LIMA, B. Crise hegemônica, ascensão da extrema direita e paralelismo político: Globo e Record nas eleições presidenciais de 2018. *Revista Compolítica*, v. 10, n. 1, p. 5-33, maio 2020. Disponível em: https://bit.

ly/3lqRKqq. Acesso em: 30 nov. 2020.

POWER, T. J.; TAYLOR, M. M. (Org.). *Corruption and Democracy in Brazil: The Struggle for Accountability.* Notre Dame: University of Notre Dame Press, 2011.

POWER, T.; ZUCCO JR., C. (Org.). *O Congresso por ele mesmo: autopercepções da classe política brasileira.* Belo Horizonte: Editora UFMG, 2011.

PRAÇA, S.; FREITAS, A.; HOEPERS, B. A rotatividade dos servidores de confiança no governo federal brasileiro, 2010-2011. *Novos Estudos CEBRAP*, n. 94, p. 91-107, nov. 2012.

PRATES, I.; BARBOSA, R. The Impact of COVID-19 in Brazil: Labour Market and Social Protection Responses. *The Indian Journal of Labour Economics*, v. 63, n. 4, 2020. Disponível em: https://bit.ly/2GNNOBT. Acesso em: 9 nov. 2020.

PRESIDÊNCIA DA REPÚBLICA. Discurso do Presidente da República, Jair Bolsonaro, durante Cerimônia de Posse no Congresso Nacional. Portal da Presidência da República. Brasília, 1º jan. 2019. Disponível em: https://bit.ly/2I-v0BtT. Acesso em: 12 nov. 2020.

PRESIDENTE Bolsonaro discursa durante manifestação no QG do Exército em Brasília. YouTube, 19 abr. 2020. Disponível em https://youtu.be/67-rr0Hwjuk. Acesso em: 3 fev. 2021.

PRONER, C. *et al.* (Org.) *A resistência ao golpe de 2016.* Bauru: Canal 6, 2016.

PRZEWORSKI, A. *Crises of Democracy.* Cambridge: Cambridge University Press. 2019.

PRZEWORSKI, A.; STOKES, S.; MANIN, B. (Ed.). *Democracy, Accountability, and Representation.* Cambridge: Cambridge University Press, 1999.

QUASE 400 armas foram roubadas do Fórum de Guarujá, segundo o TJ. *G1*, Santos, 6 jun. 2017. Disponível em: https://glo.bo/38K8zKa. Acesso em: 05 nov. 2020.

"QUEM quer sair do Acordo de Paris é porque nunca exportou" – Diz diretor executivo da ABAG. *Estadão Conteúdo*, 11 jan. 2019. Disponível em: http://glo.bo/2Noq4aV. Acesso em: 16 mar. 2021.

RAMALHO, J. R. Trabalho, direitos sociais e sindicatos na Constituição de 1988: duas décadas de acirrada disputa política. *In*: OLIVEN, R. G.; RIDENTI, M.; BRANDÃO, G. M. (Org.). *A Constituição de 1988 na vida brasileira.* São Paulo: Hucitec; ANPCS; Ford Foundation, 2008. p. 133-151.

RAMOS, A. G. *Introdução crítica à sociologia brasileira.* Rio de Janeiro: Editora da UFRJ, 1995.

RECONDO, F.; WEBER, L. *Os onze: O STF, seus bastidores e suas crises.* São Paulo: Companhia das Letras, 2019.

REDE DE POLÍTICAS PÚBLICAS E SOCIEDADE. Falta de coordenação entre governo federal e estados enfraquece a política de distanciamento social. *Boletim n.º*

4, 30 abr. 2020. Disponível em: https://bit.ly/36Oy5vw. Acesso em: 19 nov. 2020.

REDE DE POLÍTICAS PÚBLICAS E SOCIEDADE. Leitos de UTI Covid-19: lacunas, inconsistência e disparidades marcam os dados apresentados pelo governo federal e pelos estados, com prejuízo para a população e para avaliação das medidas de combate *à* pandemia. *Boletim n.º 9*, 5 jun. 2020. Disponível em: https://bit.ly/3pJgOMY. Acesso em: 19 nov. 2020.

REDUÇÃO do valor do auxílio emergencial leva 75% a comprarem menos comida. Poder 360, 22 dez. 2020. Disponível em: http://bit.ly/38KHRR3. Acesso em 16 mar. 2021.

RENNÓ, L. The Bolsonaro Voter: Issue Positions and Vote Choice in the 2018 Brazilian Presidential Elections. *Latin American Politics and Society*, v. 62, n. 3, p. 1, 2020.

REPUCCI, S. The Freedom House Survey for 2019: The Leaderless Struggle for Democracy. *Journal of Democracy*, v. 31, n. 2, p. 137-151, 2019.

REZENDE, F. C. Convergências e controvérsias sobre a mudança institucional: modelos tradicionais em perspectiva comparada. *Revista de Sociologia e Política*, v. 20, n. 41, p. 37-51, 2012.

REZENDE, L. Censura inédita na Escola Superior de Guerra e carta de Heleno mostram a falta de apreço dos militares pela democracia. *The Intercept Brasil*, 26 maio 2020. Disponível em: https://bit.ly/36BONxY. Acesso em: 20 out. 2020.

RIBEIRO, J. "Vamos fuzilar a petralhada", diz Bolsonaro em campanha no Acre. *Exame*, 3 set. 2018a. Disponível em: https://bit.ly/35JcncN. Acesso em: 14 out. 2020.

RIBEIRO, J. Bolsonaro quer tipificar invasão de propriedade por MST e MTST como prática terrorista. *O Globo*, 21 maio 2018b. Disponível em: https://glo.bo/3kJRnHp. Acesso em: 12 out. 2020.

RIBEIRO, S.C. A pedagogia da repetência. *Revista Estudos Avançados*, São Paulo, v. 5, n. 12, maio-ago. 1991.

RICCI, R. Lulismo: *Da era dos movimentos sociais à ascensão da nova classe média brasileira.* Rio de Janeiro: Contraponto, 2013.

RIOS, A. Religiões de matriz africana são alvos de 59% dos crimes de intolerância. *Correio Braziliense*, 11 nov. 2019. Disponível em: https://bit.ly/3nCsgrL. Acesso em: 22 out. 2020.

RIOS, F. Antirracismo, movimentos sociais e Estado (1985-2016). *In*: LAVALLE, A. G.; CARLOS, E. *et al.* (Ed.). *Movimentos sociais e institucionalização: políticas sociais, raça e gênero no Brasil pós-transição.* Rio de Janeiro: EdUERJ, 2019. p. 255-284.

RIOS-FIGUEROA, J. Institutions for Constitutional Justice in Latin America. *In*: HELMKE, G.; RÍOS-FIGUEROA, J. (Ed.). *Courts in Latin America*. Cambridge: Cambridge University Press, 2011. p. 27-54.

ROBERTO NETTO, P. STF derruba restrições de MP de Bolsonaro à Lei de Acesso à Informação. *Uol Notícias*, São Paulo, 30 abr. 2020. Disponível em: https://bit.ly/3kFcGJT. Acesso em: 16 out. 2020.

ROBERTO NETTO, P.; MACEDO, F. 2020. Lava Jato SP renuncia. *O Estado de São Paulo*, 2 set. 2020. Disponível em: https://bit.ly/33MeriU. Acesso em: 21 nov. 2020.

ROCHA, C. *"Menos Marx, mais Mises": uma gênese da nova direita brasileira (2006-2018).* 2019. Tese (Doutorado em Ciência Política) – Faculdade de Filosofia, Letras e Ciências Humanas, Universidade de São Paulo, São Paulo, 2019.

ROCHA, C. L. A. Constituição e ordem econômica. *In*: FIOCCA, D.; GRAU, E. R. (Org.). *Debate sobre a Constituição de 1998*. São Paulo: Paz e Terra, 2001.

ROCHA, C; MEDEIROS, J. "Vão todos tomar no...": a política de choque e a esfera pública. *Horizontes ao Sul*, 27 abr. 2020. Disponível em: https://bit.ly/3li-PIJS. Acesso em: 26 out. 2020.

ROCHA, M. Iniciativa de Aras acaba na prática com a Lava Jato no STJ, dizem investigadores. *Folha de S.Paulo*, São Paulo, 4 set. 2020a. Disponível em: https://bit.ly/2JWhyhd. Acesso em: 7 out. 2020.

ROCHA, M. PGR muda de ideia e agora não vê provas contra Arthur Lira, líder do centrão na Câmara. *Folha de S.Paulo*, 30 set. 2020b. Disponível em: https://bit.ly/39NNiQs. Acesso em: 21 nov. 2020.

ROCHA, M. V. R. *Institucionalização e desinstitucionalização de mecanismos de accountability burocrático: análise do caso da Controladoria-Geral do Município de São Paulo.* 2020. Tese (Doutorado em Políticas Públicas) – Universidade Federal do Rio Grande do Sul, Porto Alegre, 2020.

ROCHA, M.; ONOFRE, R. Apoiado por Aras, **órgão** central de combate **à** corrupção enfrenta resistências em forças-tarefas. *Folha de S.Paulo*, 30 jun. 2020. Disponível em: https://bit.ly/39PYegj. Acesso em: 21 nov. 2020.

RODRIGUES, A. R. M.; CAVALCANTE, A. E. S.; VIANE, A. B. Mortalidade materna no Brasil entre 2002-2017: análise temporal. *Revista Tendências da Enfermagem Profissional*, v. 11, n. 1, p. 3-9, 2019.

RODRIGUES, M. Após reduzir boletim diário, governo Bolsonaro retira dados acumulados da Covid-19 do site. *G1*, 6 jun. 2020. Disponível em: https://glo.bo/3qDokcK. Acesso em: 21 nov. 2020.

ROGGEBAND, C.; KRIZSÁN, A. Reversing Gender Policy Progress: Patterns of Backsliding in Central and Eastern European New Democracies. *European Journal of Gender and Politics*, v. 1, n. 3, p. 367-385, 2018.

ROSANVALLON, P. *Counter-democracy: Politics in an Age of Distrust: 7.* Cambridge: Cambridge University Press, 2008.

ROSANVALLON, P. *Democratic Legitimacy:* Impartiality, Reflexivity and Proximity. Princeton: Princeton University Press, 2011.

ROSE-ACKERMAN, S.; PALIFKA, B. *Corruption and Government: Causes, Consequences, and Reform.* 2nd ed. Cambridge: Cambridge University Press, 2016.

ROSENBERG, G. *The Hollow Hope: Can Courts Bring About Social Change?*. Chicago: The University of Chicago Press, 2008.

ROSSI, P.; DWECK, E. Impactos do novo regime fiscal na saúde e educação. *Cadernos de Saúde Pública*, v. 32, p. e00194316, 2016.

ROTHENBURG, D. Tarcísio e Marinho: dois ministros para elevar a popularidade de Bolsonaro. *Correio Braziliense*, 31 jul. 2020. Disponível em: https://bit.ly/3oMxbXB. Acesso em: 13 dez. 2020.

ROUQUIÉ, A. *O Estado Militar na América Latina.* São Paulo: Alfa-Ômega, 1984.

RUBINI, L. Dealing with COVID-19 Across countries. *Research Gate Technical Report*, jun. 2020.

RUNCIMAN, David. *Como a democracia chega ao fim.* São Paulo: Todavia, 2018.

SADER, E. *Quando novos personagens entraram em cena: experiências, falas e lutas dos trabalhadores da Grande São Paulo, 1970-80.* Rio de Janeiro: Paz e Terra, 1988.

SADER, E. Quando novos personagens entraram em cena: experiências, falas e lutas dos trabalhadores da Grande São Paulo, 1970-80. Rio de Janeiro: Paz e Terra, 1995.

SADI, A.; PARREIRA, M. Aras pede a Fachin para suspender tramitação do inquérito das Fake News. *G1*, Brasília, 27 maio 2020. Disponível em: https://glo.bo/3eJqYYG. Acesso em: 7 out. 2020.

SAES, D. A questão da "transição" do regime militar à democracia no Brasil. *In*: *A república do capital: Capitalismo e processo político no Brasil.* São Paulo: Boitempo, 2001.

SAID, F. Ex-aliados de Bolsonaro mostram como funciona o Gabinete do **Ódio.** *Congresso em Foco*, 28 maio 2020. Disponível em: https://bit.ly/3n3uQqE. Acesso em: 21 nov. 2020.

SALDAÑA, P. Novo presidente da Capes defende criacionismo em "contraponto à teoria da evolução". *Folha de S.Paulo*, Brasília, 24 jan. 2020. Disponível em: https://bit.ly/3lu1oJG. Acesso em: 12 nov. 2020.

SALDAÑA, P. Weintraub reivindica liberdade de expressão ao ser processado, mas processa quem o critica. *Folha de S.*, Brasília, 8 jun. 2020. Disponível em: https://bit.ly/32YE4g6. Acesso em: 24 out. 2020.

SALLES, J. M. A morte e a morte: Jair Bolsonaro entre o gozo e o tédio. *Revista Piauí*, jul. 2020. Disponível em: https://bit.ly/3lbdxT5. Acesso em: 26 nov. 2020.

SAMARCO, C.; LOPES, E. Projeto que revoga Lei de Anistia fez Jobim ameaçar se demitir. *O Estado de S. Paulo*, 30 dez. 2009. Disponível em: https://bit.ly/3lC-2vXL. Acesso em: 20 out. 2020.

SANDIM, T. Da vulnerabilidade institucional à institucionalização das vulnerabilidades. *In*: CARDOSO JR., J. C. (Org.). *Desmonte do Estado e subdesenvol-*

vimento: riscos e desafios para as organizações as políticas públicas federais. Brasília: AfIPEA, 2019.

SANJURJO, D. The Brazilian Disarmament Statute. *In*: *Gun Control Policies in Latin America*. London: Palgrave Macmillan, 2020. p. 123-170.

SANTIAGO, A.; VON BÜLOW, M.; DIAS, T. S.; GOMES, A. Foi ou não golpe? As disputas por significados do impeachment de Dilma Rousseff no Twitter. *In*: MAIA, R.; PRUDENCIO, K.; VIMIEIRO, A. C. (Org.). *Democracia em ambientes digitais: eleições, esfera pública e ativismo*. Salvador: EDUFBA, 2018. p. 225-256.

SANTOS, F. *O poder legislativo no presidencialismo de coalizão*. Belo Horizonte: Editora UFMG, 2003.

SANTOS, F.; GERSHON, D. O processo legislativo na deliberação remota. *Observatório do Legislativo Brasileiro (OLB)/Congresso Remoto*, Rio de Janeiro, 15 jun. 2020. Disponível em: https://bit.ly/3qbmW0L. Acesso em: 25 nov. 2020.

SANTOS, J.; FREITAS, M.; ALDÉ, A.; SANTOS, K.; CUNHA, V. WhatsApp, política mobile e desinformação: a hidra nas eleições presidenciais de 2018. *Comunicação & Sociedade*, v. 41, n. 2, p.307-334, 2019.

SANTOS, W. *et al.* Avaliação do Programa Mais Médicos: relato de experiência. *Saúde em Debate*, v. 43, n. 120, p. 256-268. 2019.

SANTOS, W. G. *Cidadania e justiça: a política social na ordem brasileira*. Petrópolis: Campus, 1979.

SASSINE, V. Com desgaste na relação, governo Bolsonaro demite 1 militar de alta patente por mês. *Folha de S.Paulo*, Brasília, 8 nov. 2020. Disponível em: https://bit.ly/3or60BE. Acesso em: 5 dez. 2020.

SAWARD, M. *The Representative Claim*. Oxford: Oxford University Press, 2010.

SCHATTSCHNEIDER, E. *Party Government*. New York: Farrar and Rinehart, 1942.

SCHEDLER, A. Conceptualizing Accountability. *In*: SCHEDLER, A.; DIAMOND, L. J.; PLATTNER, M. F. (Ed.). *The Self-Restraining State: Power and Accountability in New Democracies*. Boulder: Lynne Rienner, 1999.

SCHIFF, R. L. Civil-Military Relations Reconsidered: A Theory of Concordance. *Armed Forces & Society*, v. 22, n. 1, p. 7-24, 1995.

SCHMITT, C. *O conceito do político. Rio de Janeiro: Vozes, 1992.*

SCHMITTER, P.; KARL, T. L. What Democracy Is… and Is Not. *Journal of Democracy*, v. 2, n. 3, p. 75-88, 1991.

SCHREIBER, M. "E daí?" Quem **é** Alexandre Ramagem, o amigo da família Bolsonaro que comandará a PF. ***Época***, 28 abr. 2020. Disponível em: https://glo.bo/2VOvvAC. Acesso em: 21 nov. 2020

SCHUQUEL, T. Bolsonaro sobre Covid-19: "Coloca vovô e vovó no canto e é isso". *Metrópoles*, 8 abr. 2020. Disponível em: https://bit.ly/2UpHkMA. Acesso em: 12 nov. 2020.

SCHWARCZ, L. M. Bolsonaro e seu reino: retóricas visuais de poder. *Revista de Fotografia Zum*, 6 jul. 2020. Disponível em: https://bit.ly/3lnkcdK. Acesso em: 11 nov. 2020.

SCHWARCZ, L. M. *Sobre o autoritarismo brasileiro*. São Paulo: Companhia das Letras, 2019.

SCHWARCZ, L. M.; STARLING, H. *Brasil: uma biografia*. São Paulo: Companhia das Letras, 2015.

SECRETÁRIO de Assuntos Estratégicos da Presidência da República pede demissão. *Gazetaweb*, 4 nov. 2019. Disponível em: https://glo.bo/2IEK5Y6. Acesso em: 20 out. 2020.

SEM segurança, Globo e *Folha* não cobrirão mais Bolsonaro no Alvorada. *Catraca Livre*, 23 maio 2020. Disponível em: https://bit.ly/3pROx6W. Acesso em: 24 out. 2020.

SENADO FEDERAL. Comissão Parlamentar Mista de Inquérito – Fake News. Disponível em: https://bit.ly/3mfhnuR. Acesso em: 21 nov. 2020.

SÉRGIO Camargo, presidente da Fundação Palmares, chama movimento negro de "escória maldita" em reunião. *G1*, 2 jun. 2020. Disponível em: https://glo.bo/2IMEgrK. Acesso em: 15 out. 2020.

SERGIO Moro pede demissão do Ministério da Justiça e denuncia interferência política na PF. *Uol*, São Paulo, 24 abr. 2020. Disponível em: https://bit.ly/3nbcJif. Acesso em: 7 out. 2020.

SERRANO, P. Bolsonarismo fardado e de toga são dois braços do autoritarismo. *Carta Capital*, São Paulo, 29 jun. 2020. Disponível em: https://bit.ly/2JWivGn. Acesso em: 30 set. 2020.

SETO, Guilherme. Bolsonaro diz que pretende acabar com "ativismo ambiental xiita" se for presidente. *Folha de S.Paulo*, 9 out. 2018. Disponível em: http://bit.ly/3lo5K5O. Acesso em 16 mar. 2021.

SHALDERS, A.; MAGENTA, M. Pego com dinheiro nas nádegas, Chico Rodrigues está no "top 10" de senadores com mais emendas liberadas em 2020. *BBC*, 15 out. 2020. Disponível em: https://bbc.in/2Hdmygj. Acesso em: 17 out. 2020.

SHARE, D.; MAINWARING, S. Transições pela transação: a democratização no Brasil e na Espanha. *Dados*, v. 29, n. 2, p. 207-235, 1986.

SILVA, A. L. N. *Os Estados Importam! Determinantes da Cooperação Subnacional nas políticas de Educação e Saúde no Brasil*. 2020. 324 p. Tese (Doutorado em Administração Pública e Governo) – Escola de Administração de Empresas de São Paulo, Fundação Getulio Vargas, São Paulo, 2020.

SILVA, F. A. B.; CARDOSO JR., J. C. Assédio institucional no setor público e o processo de desconstrução da democracia e do republicanismo no Brasil de Bolsonaro. *Cadernos da Reforma Administrativa*, Brasília, v. 12, set. 2020.

SILVA, J. A. S. A Constituição e a estrutura de poderes *In*: FIOCCA, D.; GRAU,

E. R. (Org.). *Debate sobre a Constituição de 1998*. São Paulo: Paz e Terra, 2001.

SILVERIA, E. Reacionarismo católico ontem, hoje e sempre... Os vencidos do catolicismo na modernidade. *Revista Eclesiástica Brasileira*, Petrópolis, v. 79, n. 314, p. 541-570, set.-dez. 2019.

SINGER, A. *O lulismo em crise: um quebra-cabeça do período Dilma (2011-2016)*. São Paulo: Companhia das Letras, 2018.

SINGER, A.; LOUREIRO, I. (Org.). *As contradições do lulismo: a que ponto chegamos?*. São Paulo: Boitempo, 2016.

SINGER, P.; BRANT, V. C. (Org.). *São Paulo: o povo em movimento*. Petrópolis: Vozes; CEBRAP, 1980.

SINTOMER, Y. Les sens de la représentation politique: usages et mésusages d'une notion. *Raisons Politiques*, v. 50, n. 2, p. 13-34, 2013.

SKIDMORE, T. E. *Black into White: Race and Nationality in Brazilian Thought*. New York,: Oxford University Press, 1974.

SMALLMAN, S. C. Shady Business: Corruption in the Brazilian Army Before 1954. *Latin American Research Review*, v. 32, n. 3, p. 39-62, 1997.

SOARES, J. Voltas às aulas no País e acesso à web não são temas do MEC, diz ministro. *O Estado de S. Paulo*, Brasília, 24 set. 2020. Disponível em: https://bit.ly/36UvAsE. Acesso em: 8 dez. 2020.

SOARES, L. E. *Desmilitarizar: segurança pública e direitos humanos*. São Paulo: Boitempo, 2019.

SOLANO, E.; ORTELLADO, P.; RIBEIRO, M. 2016, o ano da polarização? *Análise*, São Paulo, n. 22, p. 1-20, mar. 2017.

SOUTO MAIOR, J. L. A "reforma" trabalhista gerou os efeitos pretendidos. Blog do Jorge Luiz Souto Maior, 12 maio 2019. Disponível em: https://bit.ly/3qAXJwB. Acesso em: 7 dez. 2020.

SOUZA, A.; BRÍGIDO, C. "Cortina de fumaça", "deplorável" e "futricas rasteiras", diz Marco Aurélio sobre vídeo de Bolsonaro. *O Globo*, Brasília, 29 out. 2019. Disponível em: https://glo.bo/38YZugO. Acesso em: 21 out. 2020.

SOUZA, C. Coalizões eleitorais e ajuste fiscal nos estados brasileiros. *Revista Brasileira de Ciências Sociais*, v. 22, n. 63, p. 31-53, 2007.

SOUZA, C. Coordenação, uniformidade e autonomia na formulação de políticas públicas: experiências federativas no cenário internacional e nacional. *Cadernos de Saúde Pública*, Rio de Janeiro, v. 35, p. 1-14, jun. 2019.

SOUZA, C. Regras e contexto: as reformas da Constituição de 1988. *Dados*, Rio de Janeiro, v. 51, n. 4, p. 791-823, 2008.

SOUZA, M. *et al.* Reductions in Firearm-related Mortality and Hospitalizations in Brazil After Gun Control. *Health Affairs*, v. 26, n. 2, p. 575-584, 2007.

SOUZA, M.; TRIBOLI, P. Augusto Heleno nega qualquer possibilidade de novo AI-5. Câmara dos Deputados, 6 nov. 2019. Disponível em: https://bit.ly/2IHEa4w. Acesso em: 20 out. 2020.

SOUZA, R. Alexandre de Moraes suspende nomeação de Ramagem para diretor-geral da PF. *Correio Braziliense*, 29 abr. 2020. Disponível em: https://bit.ly/3ow3ppX. Acesso em: 21 nov. 2020.

SOUZA, R. Artistas reclamam ao STF que Decreto de Bolsonaro é censura. *Correio Braziliense*, 5 nov. 2019. Disponível em: https://bit.ly/32Tgtxe. Acesso em: 23 out. 2020.

SPERB, P. Estratégia de Bolsonaro faz com que pareça falar sempre a verdade, diz cientista político. *Folha de S.Paulo*, São Paulo, 15 set. 2020. Disponível em: https://bit.ly/3lnky44. Acesso em: 11 nov. 2020.

SUDRÉ, Lu. "Escolhi esperar". Damares assume incentivo à abstinência sexual na adolescência como política pública. Brasil de Fato, São Paulo, 10 jan. 2020. Disponível em: http://bit.ly/30NYI0X. Acesso em: 16 mar. 2021.

SUPREMO TRIBUNAL FEDERAL. Ministro assegura que estados, DF e municípios podem adotar medidas contra pandemia. STF, 8 abr. 2020. Disponível em: https://bit.ly/3lceoVj. Acesso em: 9 mar. 2021.

SZABÓ, I.; RISSO, M. *Segurança pública para virar o jogo.* São Paulo: Companhia das Letras, 2018.

SZWAKO, J. L.; ARAUJO, R. Quando novos conceitos entram em cena: história intelectual do "populismo" e sua influência na gênese do debate brasileiro sobre movimentos sociais. *Estudos Históricos*, v. 32, n. 67, p. 469-499, 2019.

SZWAKO, J.; GURZA LAVALLE, A. "Seeing Like a Social Movement": institucionalização simbólica e capacidades estatais cognitivas. *Novos Estudos CEBRAP*, v. 38, n. 2, p. 411-434, 2019.

SZWAKO, J. O "mau desempenho" de Lugo: gênero, religião e contramovimento na última destituição presidencial paraguaia. *Opinião Pública*, v. 20, n. 1, p. 132-55, 2014.

TAIAR, E. Agenda 2030 da ONU contém nefasta ideologia de gênero e aborto, diz Bolsonaro. *Valor Econômico*, Brasília, 31 dez. 2019. Disponível em: https://glo.bo/3ni2cSK. Acesso em: 12 nov. 2020.

TALENTO, A. Em comissão na Câmara, advogados propõem amenizar lei da lavagem de dinheiro. *O Globo*, 27 out. 2020. Disponível em: https://glo.bo/39JdI5Y. Acesso em: 21 nov. 2020

TAMAKI, E. R.; FUKS, M. Populismo nas eleições presidenciais de 2018: uma análise dos discursos de campanha de Bolsonaro, *Lua Nova*, n. 109, p.103-127, jun. 2020. Disponível em: https://bit.ly/33uKEeG. Acesso em: 30 nov. 2020.

TAN, P. T. Myth, Power, and Gun-Related Intimate Partner Violence Against Women. *In*: TEAYS, W. (Ed.). *Analyzing Violence Against Women.* Springer: Cham, 2019. p. 177-188.

TATAGIBA, L. Crossroads of Brazilian Democracy: Dynamics of Social

Mobilization During the Left Turn Cycle. *In*: FERRERO, J. P.; NATLUCCI, A.; TATAGIBA, L. (Org.). *Socio-political Dynamics within the Crisis of the Left*. London; New York: Rowman & Littlefield, 2019. p. 37-64.

TATAGIBA, L.; GALVÃO, A. Os protestos no Brasil em tempos de crise (2011-2016). *Opinião Pública*, n. 25, p. 63-97, 2019.

TAYLOR, M. M. Alcançando a accountability: uma abordagem para o planejamento e implementação de estratégias anticorrupção. *Revista da CGU*, v. 11, n. 20, p. 1311-1330, 2019.

TEIXEIRA, M. Em decisão judicial, Fux, do STF, diz que Forças Armadas não são poder moderador. *Folha de S.Paulo*, Brasília, 12 jun. 2020. Disponível em: https://bit.ly/36JQdGP. Acesso em: 20 out. 2020.

TEIXEIRA, M.; ROCHA, M. Em 1 ano na PGR, Aras move uma ação contra Bolsonaro e se alinha ao governo mais de 30 vezes. *Folha de S.Paulo*, São Paulo, 27 set. 2020. Disponível em: https://bit.ly/3eS0F2z. Acesso em: 7 out. 2020.

TEMÓTEO, A. "BNDES vai focar em órgãos públicos e coordenar privatizações", diz Montezano. *Uol*, Brasília, 16 jul. 2019. Disponível em: https://bit.ly/33fEY86. Acesso em: 24 nov. 2020.

TILLY, C. *Contentious Performances*. New York: Cambridge University Press, 2008.

TILLY, C. *Democracia*. Petrópolis: Vozes, 2013.

TILLY, C. *Regimes and Repertoires*. Chicago: University of Chicago Press, 2006.

TILLY, C. *The Politics of Collective Violence*. New York: Cambridge University Press, 2003.

TILLY, C.; WOOD, L. *Los movimentos sociales, 1768-2008: desde sus orígenes a facebook*. Barcelona: Crítica, 2010.

TODOS PELA EDUCAÇÃO. *Execução Orçamentária do Ministério da Educação*. São Paulo, 2020.

TORRES, E.; MARTINS, N. O projeto de autonomia do Banco Central: independência dos políticos ou da democracia? *Le Monde Diplomatique Brasil*, Observatório da Economia Contemporânea, 26 abr. 2019. Disponível em: https://bit.ly/33g1bTn. Acesso em: 24 nov. 2020.

TRAUMANN, T. A cortina de fumaça de Bolsonaro. *Veja*, 22 out. 2020. Disponível em: https://bit.ly/39375ea. Acesso em: 21 out. 2020.

TRIBUNAL DE CONTAS DA UNIÃO. Memorando n.º 57/2020-Segecex, 17 jul. 2020. Disponível em: https://bit.ly/3mM1vRE. Acesso em: 5 dez. 2020.

TRIBUNAL SUPERIOR ELEITORAL. TSE detecta 3,7 mil desempregados que fizeram doações a candidatos. Brasília, 27 out. 2020. Disponível em: https://bit.ly/39NOeUY. Acesso em: 21 nov. 2020.

TRISOTTO, F. Renda Brasil de Guedes depende do fim de abono salarial e seguro-defeso. Não será simples. *Gazeta do Povo*, 19 ago. 2020. Disponível em:

https://bit.ly/3lLDzNB. Acesso em: 12 out. 2020.

UNGAR, M. The Armed Arena: Arms Trafficking in Central America. *Latin American Research Review*, v. 55, n. 3, 2020.

UNIVERSIDADE FEDERAL DE MINAS GERAIS (UFMG). PRILA – Projeto Presidência Institucional em Perspectiva Comparada, 2020. Disponível em: https://bit.ly/2JDwscq. Acesso em: 5 dez. 2020.

URBINATI, N. *Me the People: How Populism Transforms Democracy*. Cambridge, MA: Harvard University Press, 2019.

URIBE, G. Governo Bolsonaro sanciona transferência do COAF para o Banco Central. *Folha de S.Paulo*, 7 de janeiro de 2020. Disponível em: https://bit.ly/37BHoPK. Acesso em: 21 nov. 2020.

URIBE, G; CHAIB, J. Bolsonaro diz que "ainda" não considera decretar estado de sítio por coronavírus. *Folha de S.Paulo*, Brasília, 20 mar. 2020. Disponível em: https://bit.ly/. Acesso em: 13 out. 2020.

VARGAS, M. Na mira de Guedes, Farmácia Popular atende 21 milhões de pessoas. *UOL Economia*, Brasília, 25 ago. 2020. Disponível em: https://bit.ly/35GiYoy. Acesso em: 13 out. 2020.

VARSORI, A. "The Elite Troops of Trafficking". An Assessment of the Phenomenon of Military-trained Gang Members in Rio de Janeiro. *Small Wars & Insurgencies*, 17 Aug. 2020.

VEIGA, Luciana Fernandes; DUTT-ROSS, Steven; MARTINS, Flávia Bozza. Os efeitos da economia e da Operação Lava-Jato na popularidade da Presidente Dilma Rousseff no período pré-impedimento. *Rev. Sociol. Polit.*, Curitiba , v. 27, n. 72, e002, 2019. Disponível em: http://bit.ly/3qX3rI5. Accesso em8 mar. 2021

VENAGLIA, G.; LIMA, K. Augusto Aras: "É hora de corrigir rumos para que o lavajatismo não perdure". *CNN Brasil*, Brasília, 28 jul. 2020. Disponível em: https://bit.ly/2JMpPUK. Acesso em: 7 out. 2020.

VIANA, N.; NEVES, R. O FBI e a Lava Jato. *Agência Pública/The Intercept Brasil*, 1º jul. 2020. Disponível em: https://bit.ly/3gm3Gcc. Acesso em: 7 dez. 2020.

VIDAL, G. Ações cívicas das Forças Armadas. *Revista A Defesa Nacional*, v. III, p. 35-40, maio-jun. 1967.

VIEIRA, M. *Reclaiming Representation: Contemporary Advances in the Theory of Political Representation.* New York: Routledge, 2017.

VIEIRA, O. V. *A batalha dos poderes: da transição democrática ao mal-estar constitucional.* São Paulo: Companhia das Letras, 2018.

VILA-NOVA, C. Ministra Damares Alves agiu para impedir aborto em criança de 10 anos. *Folha de S.Paulo*, São Paulo, 20 set. 2020. Disponível em: https://bit.ly/3kqFeXJ. Acesso em: 12 nov. 2020.

VILAS BÔAS, B. IBGE: renda dos 1% mais ricos é 33,7 vezes a dos 50% mais pobres. *Valor Econômico*, Rio de Janeiro, 6 maio 2020. Disponível em: https://glo.

bo/3lFn2Lf. Acesso em: 13 out. 2020.

VILELA, C.; VAZ, C.; BUSTAMANTE, J. Levantamento e análise de medidas econômicas adotadas durante a pandemia da Covid-19. *Nota de Política Econômica*, Rio de Janeiro, jun. 2020. Disponível em: https://bit.ly/377KKcP. Acesso em: 24 nov. 2020.

VILICIC, F. Golden shower e a cortina de fumaça no Twitter. *Veja*, 8 mar. 2019. Disponível em: https://bit.ly/2IFfzO9. Acesso em: 20 out. 2020.

VILLA, R. D.; PASSOS, A. M. Engagement of Former Peacekeepers in Brazilian Politics (2012-2020). 2020. Manuscrito.

VIVAS, F. "Estado é laico, mas esta ministra é terrivelmente cristã", diz Damares ao assumir Direitos Humanos. *TV Globo*, Brasília, 2 jan. 2019. Disponível em: https://glo.bo/3eT9edl. Acesso em: 12 nov. 2020.

VON BÜLOW, M.; VILAÇA, L.; ABELIN, P. Varieties of Digital Activist Practices: Students and Mobilization in Chile. *Information Communication & Society*, v. 22, n. 12, p. 1770-1788, 2019.

WARNER, M. *Publics and Counterpublics*. New York: Zone Books, 2002.

WATERMAN, D.; BEHNKE, E. Bolsonaro é o presidente com mais vetos derrubados pelo Congresso. *O Estado de S. Paulo*, São Paulo, 13 ago. 2020. Disponível em: https://bit.ly/3nfMreZ. Acesso em: 30 out. 2020.

WEFFORT, F. *Por que democracia?*. São Paulo: Brasiliense, 1984.

WEFHORST, H. G.; KESSENICH, E.; GEVEN, S. The Digital Divide in Online Education: Inequality in Digital Preparedness of Students and Schools before the Start of the COVID-19 Pandemic. *SocArXiv Papers*, 2020. Disponível em: https://bit.ly/32s2sXd. Acesso em: 9 nov. 2020.

WELLE, A. *et al.* Reforma trabalhista e financiamento da Previdência Social: simulação dos impactos da pejotização e da formalização *In*: KREIN, J. D.; GIMENEZ, D. M.; SANTOS, A. L. (Org.). *Dimensões críticas da reforma trabalhista no Brasil.* Campinas: Curt Nimuendajú, 2018.

WETERMAN, D. "Por que manter índios em reservas como se fossem animais em zoológicos?", diz Bolsonaro. *O Estado de S.Paulo*, 30 nov. 2018. Disponível em: http://bit.ly/3bSVOys. Acesso em: 6 mar. 2021.

WHITE, M. Clicktivism Is Ruining Leftist Activism. *The Guardian*, 12 Aug. 2010. Disponível em: https://bit.ly/39zhM8V. Acesso em: 30 nov. 2020.

WHITEHEAD, L. *Democratization. Theories and Experiences*. Oxford: Oxford University Press, 2000.

ZAVERUCHA, J. *Rumor de sabres: controle civil ou tutela militar? Um estudo comparativo das transições democráticas no Brasil, na Argentina e na Espanha.* São Paulo: Ática, 1994a.

ZAVERUCHA, J. *Rumor de sabres: tutela militar ou controle civil?*. São Paulo: Ática, 1994b.

ZUCCO, C. Bolsonaro e a ilusão dos 30%. *Revista Piauí*, 16 jul. 2020. Disponível em: https://bit.ly/35xn1Du. Acesso em: 15 nov. 2020.

ZUCCO, C. Ideology or What? Legislative Behavior in Multiparty Behavior Settings. *The Journal of Politics*, v. 71, n. 3, 2009.

Sobre os autores

Adrian Gurza Lavalle | Doutor em Ciência Política pela Universidade de São Paulo (USP). Professor do Departamento de Ciência Política da mesma instituição. Pesquisador do Centro de Estudos da Metrópole (CEM) e do Centro Brasileiro de Análise e Planejamento (CEBRAP). Bolsista de Produtividade do CNPq. Coordenador do Núcleo Democracia e Ação Coletiva (NDAC). Coorganizador da obra *Movimentos sociais e institucionalização: políticas sociais, raça e gênero no Brasil pós-transição* (EdUERJ, 2018). ID Lattes: 9538177722637331.

Ana Paola Amorim | Doutora em Ciência Política pela Universidade Federal de Minas Gerais (UFMG). Pesquisadora do Centro de Estudos Republicanos Brasileiros (Cerbrás/UFMG). Coautora de *A corrupção da opinião pública: uma defesa republicana da liberdade de expressão* (Boitempo, 2013). ID Lattes: 4085796032473286.

Anaís Medeiros Passos | Doutora em Ciência Política pela SciencesPo, em Paris. Professora da Universidade Federal de Santa Catarina (UFSC). Pesquisadora do Núcleo de Estudos em Comportamento e Instituições Políticas e do Instituto de Memória e Direitos Humanos da Universidade Federal de Santa Catarina (NECIP/IMDH/UFSC). Pós-doutoranda do Núcleo de Pesquisa em Relações Internacionais da Universidade de São Paulo (NUPRI/USP). ID Lattes: 6169446732393142.

Andréa Lucas Fagundes | Doutoranda do Programa de Pós-Graduação em Políticas Públicas pela Universidade Federal do Rio Grande do Sul (PPGCP/UFRGS). Bolsista pela Coordenação de Aperfeiçoamento de Pessoal de Nível Superior (CAPES). Mestre em Sociologia pela Universidade Federal do Rio Grande do Sul (UFRGS). ID Lattes: 1761468933171302.

Camila Rocha de Oliveira | Doutora em Ciência Política pela Universidade de São Paulo (USP). Pesquisadora do Centro Brasileiro de Análise e Planejamento (CEBRAP). Ganhadora dos prêmios de Melhor Tese de Doutorado da Associação Brasileira de Ciência Política (ABCP) (2017-2019) e de Tese Destaque da USP (2020). Coorganizadora do livro *As direitas nas redes e nas ruas: a crise política brasileira* (Expressão Popular, 2019). ID Lattes: 4229835492372257.

Carlos Ranulfo Melo | Doutor em Sociologia e Política pela Universidade Federal de Minas Gerais (UFMG). Professor Titular do Departamento de Ciência Política da mesma instituição. Autor de *Retirando as cadeiras do lugar: migração partidária na Câmara dos Deputados (1985-2002)* (Editora UFMG, 2004), coautor de *Governabilidade e representação política na América do Sul* (Unesp/Konrad-Adenauer, 2004), e coeditor de *La democracia brasileña: balance y perspectivas para el siglo XXI* (Ediciones Universidad de Salamanca , 2008). ID Lattes: 2313459995776080.

Celina Souza | Ph.D. em Ciência Política pela London School of Economics and Political Science (LSE). Pesquisadora visitante do Instituto de Estudos Sociais e Políticos da Universidade do Estado do Rio de Janeiro (IESP/UERJ) e professora do Programa de Pós-Graduação em Ciência Política da Universidade Federal do Estado do Rio de Janeiro (UNIRIO). Bolsista de Produtividade do CNPq e autora de *Constitucional Engineering in Brazil: The Politics of Federalism and Decentralization* (Macmillan/St. Martin's Press, 1997). ID Lattes: 5422025168210583.

Cláudio Gonçalves Couto | Doutor em Ciência Política pela Universidade de São Paulo (USP), Professor Adjunto do Departamento de Gestão Pública da Fundação Getúlio Vargas (EAESP/FGV), bolsista de Produtividade do CNPq, Secretário Executivo da Associação Nacional de Pós-Graduação e Pesquisa em Ciências Sociais (ANPOCS) (2014-2016), autor da obra *Sistema de governo e políticas públicas* (Enap, 2019). Produtor do canal do YouTube *Fora da política não há salvação*. ID Lattes: 3248653062660478.

Dawisson Belém Lopes | Doutor em Ciência Política pelo Instituto de Estudos Sociais e Políticos da Universidade do Estado do Rio de Janeiro (IESP/UERJ). Professor Associado do Departamento de Ciência Política da Universidade Federal de Minas Gerais (UFMG). Bolsista de Produtividade do CNPq. Pesquisador sênior do Centro Brasileiro de Relações Internacionais (CEBRI) e *fellow* não residente do Global Peace

Institute (GPI), em Londres. Coorganizador da *Coleção Desafios Globais* (Editora UFMG, 2021). ID Lattes: 2002314936671237.

Débora Françolin Quintela | Mestra em Ciência Política pela Universidade de Brasília (UnB) e doutoranda no Instituto de Ciência Política da Universidade de Brasília (IPOL/UnB). ID Lattes: 5838188933335953.

Débora Rezende de Almeida | Doutora em Ciência Política pela Universidade Federal de Minas Gerais (UFMG). Professora Associada do Instituto de Ciência Política da Universidade de Brasília (IPOL/UnB). Bolsista de Produtividade do CNPq. Cocoordenadora do Grupo de Pesquisa Resocie. Autora de *Representação além das eleições: repensando as fronteiras entre Estado e sociedade* (Paco Editorial, 2015). ID Lattes: 7594564368472785.

Esther Dweck | Doutora em Economia pela Universidade Federal do Rio de Janeiro (UFRJ). Professora Associada do Instituto de Economia e coordenadora do Grupo de Economia do Setor Público (GESP/IE) da mesma instituição. Coorganizadora dos livros *Economia para poucos: impactos sociais da austeridade e alternativas para o Brasil* (Autonomia Literária, 2018) e *Economia pós-pandemia: desmontando os mitos da austeridade fiscal e construindo um novo paradigma econômico no Brasil* (Autonomia Literária, 2020). ID Lattes: 1323386172917627.

Esther Solano | Doutora em Ciências Sociais pela Universidad Complutense de Madrid. Professora da Universidade Federal de São Paulo (UNIFESP). Organizadora de livros como *O ódio como política: a reinvenção das direitas no Brasil* (Boitempo, 2018) e *Brasil em Colapso* (Editora UNIFESP, 2019). ID Lattes: 2371993297389684.

Fabiano Santos | Doutor em Ciência Política pelo Instituto Universitário de Pesquisas do Rio de Janeiro (IUPERJ), com estágio pós-doutoral em Ciência Política na Universidade da Califórnia em San Diego (UCSD). Professor Associado do Instituto de Estudos Sociais e Políticos da Universidade do Estado do Rio de Janeiro (IESP/UERJ). Coordenador do Observatório do Legislativo Brasileiro (OLB/UERJ), e subcoordenador do Instituto da Democracia e Democratização da Comunicação (INCT). Bolsista de Produtividade do CNPq. Coautor de *Fundamentos informacionais do presidencialismo de coalizão* (Appris, 2011) e *Poder de agenda* (ENAP, 2018). ID Lattes: 3534868879163140.

Fábio Kerche | Doutor em Ciência Política pela Universidade de São Paulo (USP). Professor da Universidade Federal do Estado do Rio de Janeiro (UNIRIO) e colaborador do Programa de Pós-Graduação em Ciência Política do Instituto de Estudos Sociais e Políticos da Universidade Estadual do Rio de Janeiro (IESP/UERJ). Autor de *Virtude e limites: autonomia e atribuições do Ministério Público no Brasil* (EDUSP, 2009) e coorganizador de *Operação Lava-Jato e a democracia brasileira* (Contracorrente, 2018). ID Lattes: 2915744801959590.

Fernando Luiz Abrucio | Doutor em Ciência Política pela Universidade de São Paulo (USP). Professor e pesquisador da Escola de Administração de Empresas de São Paulo da Fundação Getúlio Vargas (EAESP/FGV). Foi pesquisador visitante do Massachusetts Institute of Technology (MIT). Coordenou o GT Poder Político e Controles Democráticos da Associação Nacional de Pós-Graduação e Pesquisa em Ciências Sociais, entre 2005 e 2006, e entre 2013 e 2015. Foi Secretário Adjunto da Associação Brasileira de Ciência Política (ABCP) (2001-2002) e exerceu o cargo de presidente da Associação Nacional de Ensino e Pesquisa do Campo de Pública (ANEPCP) em 2015. Ganhou o Prêmio Moinho Santista de Melhor Jovem Cientista Político brasileiro em 2001. Publicou 55 artigos em revistas acadêmicas, 19 livros como autor ou editor e 71 capítulos de livros. É articulista político do jornal *Valor Econômico* e membro do Conselho de Governança do Todos Pela Educação. ID Lattes: 7585916430082392.

Flávia Biroli | Doutora em História pela Universidade Estadual de Campinas (Unicamp). Professora do Instituto de Ciência Política da Universidade de Brasília (IPOL/UnB). Bolsista de Produtividade do CNPq. Foi presidenta da Associação Brasileira de Ciência Política (ABCP) (2018-2020), editora da *Revista Brasileira de Ciência Política* (2009-2017) e editora associada da revista *Politics & Gender* (2019-2020). Foi pesquisadora visitante na Universidade Oxford e integrante do grupo internacional de especialistas que preparou os relatórios da Commission on the Status of Women da ONU, em 2019 e 2020. É autora de diversos livros sobre gênero, meios de comunicação e democracia no Brasil, entre eles *Gênero e desigualdades: limites da democracia no Brasil* (Boitempo, 2018) e *Gênero, neoconservadorismo e democracia* (Boitempo, 2020). ID Lattes: 8594255215633547.

Flavio Fontanelli | Doutor em Administração Pública pela Escola Brasileira de Administração Pública da Fundação Getúlio Vargas (EBAPE/FGV) e mestre em Administração pela Universidade Federal da Bahia (UFBA).

Coautor de *Capacidade estatal e burocrática em implementação de políticas e atuação de gestores públicos: experiências recentes das políticas de redução das desigualdades* (IPEA, 2020). ID Lattes: 6234138923523911.

Frederico A. Barbosa da Silva | Doutor em Sociologia pela Universidade de Brasília (UnB). Técnico de planejamento e pesquisa do Instituto de Pesquisa Econômica Aplicada (Ipea). Professor do Programa de Pós-Graduação em Direito e Políticas Públicas no Centro Universitário de Brasília (UniCEUB). ID Lattes: 2088412607903653.

José Celso Cardoso Jr. | Doutor em Desenvolvimento pelo Instituto de Economia da Universidade Estadual de Campinas (Unicamp). Técnico de planejamento e pesquisa do Instituto de Pesquisa Econômica Aplicada (Ipea). Atualmente, exerce a função de presidente da Associação dos Funcionários do Ipea e do Sindicato Nacional dos Servidores do Ipea (AfIPea-Sindical). ID Lattes: 8073331679965690.

José Szwako | Doutor em Sociologia pela Universidade Estadual de Campinas (Unicamp). Professor e pesquisador do Instituto de Estudos Sociais e Políticos da Universidade Estadual do Rio de Janeiro (IESP/UERJ) e bolsista Prociência da mesma instituição. Pesquisador do Centro Brasileiro de Análise e Planejamento (CEBRAP). Coorganizou a obra *Movimentos sociais e institucionalização: políticas sociais, raça e gênero no Brasil pós-transição* (Eduerj, 2018). ID Lattes: 4951620543771934.

Kathryn Hochstetler | Professora e chefe do Departamento de Desenvolvimento Internacional na London School of Economics (LSE). Entre muitas publicações sobre a política ambiental brasileira, destacam-se os livros *Political Economies of Energy Transition: Wind and Solar Power in Brazil and South Africa* (Cambridge University Press, 2020) e *Greening Brazil: Environmental Activism in State and Society* (Duke University Press, 2007).

Leonardo Avritzer | Doutor em Sociologia Política pela New School for Social Research. Professor Titular do Departamento de Ciência Política da Universidade Federal de Minas Gerais (UFMG). Bolsista de Produtividade do CNPq. Foi presidente da Associação Brasileira de Ciência Política (ABCP) entre 2012 e 2016. É membro do Conselho Consultivo da International Political Science Association (IPSA). Publicou *A moralidade da democracia* (Perspectiva, 1996), *Democracy and the public space in Latin*

America (Princeton University Press, 2002) e *O pêndulo da democracia* (Todavia, 2019). ID Lattes: 7269081571624734.

Leonardo Martins Barbosa | Doutor em Ciência Política pelo Instituto de Estudos Sociais e Políticos da Universidade do Estado do Rio de Janeiro (IESP/UERJ) e pesquisador sênior do Observatório do Legislativo Brasileiro (OLB/UERJ). ID Lattes: 7264146411460868.

Ligia Mori Madeira | Doutora em Sociologia pela Universidade Federal do Rio Grande do Sul (UFRGS), professora do Departamento de Ciência Política e coordenadora do Programa de Pós-Graduação em Políticas Públicas e do Núcleo de Estudos em Direitos, Instituições e Políticas Públicas (NEDIPP) da mesma instituição. Bolsista de Produtividade do CNPq. Coorganizou as obras *Violências e mundialização: políticas, polícias e penas* (Tomo Editorial, 2016) e *Justiça e democracia na América Latina: para onde vamos?* (EdUERJ, 2021). ID Lattes: 6468093522228177.

Lucas Magalhães | Mestre em Ciência Política pela Universidade Federal de Minas Gerais (UFMG). Graduado em Direito pela Escola Superior Dom Helder Câmara. Pesquisador do Observatório da Justiça no Brasil e na América Latina (OJb-AL/UFMG). Servidor do Poder Judiciário do Estado de Minas Gerais. ID Lattes: 9584189422011921.

Luciana Fernandes Veiga | Doutora em Ciência Política pelo Instituto Universitário de Pesquisas do Rio de Janeiro (IUPERJ), com estágio pós-doutoral no Center for the Study of Democracy (CSD) da Universidade da Califórnia. Professora associada do Programa de Pós-Graduação em Ciência Política e do Departamento de Estudos Jurídicos da Universidade Federal do Estado do Rio de Janeiro (UNIRIO). Bolsista de Produtividade do CNPq. Presidenta da Associação Brasileira de Ciência Política (ABCP) (2020-2022). Coorganizadora do livro *A Constituição de 88: trinta anos depois* (Editora UFPR, 2018). ID Lattes: 6225554673074879.

Luciana Tatagiba | Doutora em Ciências Sociais pela Universidade Estadual de Campinas (Unicamp) com estágio pós-doutoral na University of Bradford. Professora Livre Docente do Departamento de Ciência Política da Universidade Estadual de Campinas (Unicamp) e coordenadora do Núcleo de Pesquisa em Participação, Movimentos Sociais e Ação Coletiva (NEPAC) da mesma instituição. Foi Diretora Adjunta da Associação Brasileira de Ciência Política (ABCP), entre 2018 e 2020. Coorganizadora de *Mulheres,* *poder e Ciência Política: debates e trajetórias* (Editora da Unicamp, 2020) e de *Socio-political Dynamics within the Crisis of the Left* (Rowman & Littlefield Publishers, 2019). ID Lattes: 1131994029298592.

Luciano Da Ros | Doutor em Ciência Política pela University of Illinois, Chicago. Professor Adjunto do Departamento de Sociologia e Ciência Política da Universidade Federal de Santa Catarina (UFSC). Pesquisador no Grupo de Pesquisa Instituições Políticas Comparadas na Universidade Federal do Rio Grande do Sul (IpoC/UFRGS) e no Núcleo de Estudos em Comportamento e Instituições Políticas na Universidade Federal de Santa Catarina (NECIP/UFSC). ID Lattes: 5400805067316634.

Ludmila Ribeiro | Doutora em Sociologia pelo Instituto Universitário de Pesquisas do Rio de Janeiro (IUPERJ). Professora Associada no Departamento de Sociologia, na Faculdade de Filosofia e Ciências Humanas (Fafich), e pesquisadora no Centro de Estudos de Criminalidade e Segurança Pública (CRISP), ambos na Universidade Federal de Minas Gerais (UFMG). Bolsista de Produtividade do CNPq. Coautora de *Nem preso, nem livre: a audiência de custódia em Belo Horizonte como reposta ao encarceramento provisório em massa* (Letramento/Casa do Direito, 2020). ID Lattes: 3513195789991271.

Luiz Augusto Campos | Doutor em Sociologia pelo Instituto de Estudos Sociais e Políticos da Universidade do Estado do Rio de Janeiro (IESP/UERJ). Professor de Sociologia e Ciência Política na mesma instituição. Editor chefe da revista *Dados*. Coordenador do Grupo de Estudos Multidisciplinares da Ação Afirmativa (GEMAA). Bolsista de Produtividade do CNPq. Coautor de *Raça e Eleições no Brasil* (Zouk, 2020). ID Lattes: 7225759728395382.

Magna Inácio | Doutora em Ciência Política pela Universidade Federal de Minas Gerais (UFMG). Professora Associada do Departamento de Ciência Política e pesquisadora do Centro de Estudos Legislativos da mesma instituição (CEL). Foi Professora Visitante na Universidade Stanford, em 2019. Bolsista de Produtividade do CNPq, nível 2. Editora do blog *Pex network*. Coorganizadora de *Legislativo brasileiro em perspectiva comparada* (Editora UFMG, 2009) e *Elites parlamentares na América Latina* (Fino Traço, 2009). ID Lattes: 3137727272142712.

Maria de Fátima Lage Guerra | Doutora em Demografia pelo Centro de Desenvolvimento e Planejamento Regional (Cedeplar) da Universidade

Federal de Minas Gerais (UFMG). Economista e Técnica do Departamento Intersindical de Estatística e Estudos Socioeconômicos (DIEESE). ID Lattes: 1819008310203286.

Marisa von Bülow | Doutora em Ciência Política pela Johns Hopkins University. Professora do Instituto de Ciência Política da Universidade de Brasília (IPOL/UnB). É autora, entre outros, de *Social Movement Dynamics: New Perspectives on Theory and Research from Latin America* (coorganizado com Federico Rossi) (Routledge, 2015), e *Building Transnational Networks: Civil Society and the Politics of Trade in the Americas* (Cambridge University Press, 2010). ID Lattes: 3477606685746067.

Marjorie Marona | Doutora em Ciência Política e professora da Universidade Federal de Minas Gerais (UFMG). Coordenadora do Observatório da Justiça no Brasil e na América Latina (OJb-AL) e pesquisadora do Instituto da Democracia e Democratização da Comunicação (INCT/IDDC). Secretária Executiva da Associação Brasileira de Ciência Política (ABCP), entre 2020 e 2022. Coorganizadora de *Justiça e democracia na América Latina* (Eduerj, 2021), *Justiça no Brasil: às margens da democracia* (Arraes, 2018) e *O constitucionalismo democrático latino-americano em debate: soberania, separação de poderes e sistema de direitos* (Autêntica, 2017). ID Lattes: 0414801887136245.

Marta Mendes da Rocha | Doutora em Ciência Política pela Universidade Federal de Minas Gerais (UFMG). Professora do Departamento de Ciências Sociais da Universidade Federal de Juiz de Fora (UFJF) e coordenadora do Núcleo de Estudos sobre Política Local (NEPOL) na mesma instituição. Coorganizadora de *Eleições, partidos e representação política nos municípios brasileiros* (Editora UFJF, 2014). Entre seus artigos, estão *Clientelism and Local Politics: Interactions Between Municipal Councilors and Voters in the State of Minas Gerais* (Brazilian Political Science Review, 2019) e *Governismo local: relação executivo e legislativo no estado de Minas Gerais* (Opinião Pública, 2021). ID Lattes: 0776980035751855.

Matthew M. Taylor | Doutor em Ciência Política pela Georgetown University. Professor da School of International Service da American University, em Washington, Estados Unidos. Autor de *Decadent Developmentalism* (Cambridge University Press, 2020), *Judging Policy* (Stanford University Press, 2008) e coorganizador de *Corruption and Democracy in Brazil: The Struggle for Accountability* (University of Notre Dame Press, 2011). ID Lattes: 4602352302748006.

Max Stabile | Doutorando no Programa de Pós-Graduação em Ciência Política da Universidade de Brasília (IPOL/UnB). Diretor executivo do Instituto Brasileiro de Pesquisa e Análise de Dados (IBPAD). Coorganizador de *Monitoramento e pesquisa em mídias sociais: metodologias, aplicações e inovações* (Uva Limão, 2016). ID Lattes: 6759604068165629.

Michelle Fernandez | Doutora em Ciência Política pela Universidad de Salamanca, na Espanha. Professora e pesquisadora no Instituto de Ciência Política da Universidade de Brasília (IPOL/UnB) e pesquisadora colaboradora do Instituto Aggeu Magalhães (Fiocruz). Coorganizadora da obra *Ouvidoria do SUS: a voz do cidadão e resultados de pesquisas* (Editora UFPE, 2019). ID Lattes: 2265169231859319.

Natália Sátyro | Doutora em Ciência Política pelo Instituto Universitário de Pesquisas do Rio de Janeiro (IUPERJ). Professora Associada do Departamento de Ciência Política da UFMG. Coordenadora do Grupo Interdisciplinar de Pesquisa em Gestão, Práticas e Políticas Públicas (GIPP), desde 2015, e cocoordenadora do Research Committee 39 "Welfare State and Developing Societies" da International Political Science Association (IPSA) (2014-2021). Pesquisadora do Centro Interinstitucional de Análise de Políticas Sociais (CIAPSoc/UFMG). Editora da seção "Governança e Políticas Públicas" da revista *Sociologia & Política*. É uma das organizadoras do livro *Latin American Social Policy Developments in the Twenty-First Century* (Palgrave Macmillan, 2021), sua mais recente publicação. ID Lattes: 4329421622864014.

Oswaldo E. do Amaral | Doutor em Ciência Política pela Universidade Estadual de Campinas (Unicamp), professor de Ciência Política e diretor do Centro de Estudos de Opinião Pública (CESOP) da mesma instituição. Bolsista de Produtividade do CNPq. Foi Professor Visitante na Universidad de Salamanca e pesquisador visitante nas universidades Oxford e Notre Dame. Coorganizador de *A Constituição de 88: trinta anos depois* (Editora UFPR, 2018). ID Lattes: 6622034231367623.

Rachel Meneguello | Doutora em Ciências Sociais pela Universidade Estadual de Campinas (Unicamp). Professora Titular em Ciência Política e pesquisadora do Centro de Estudos de Opinião Pública (CESOP) da mesma instituição. Bolsista de Produtividade do CNPq. Autora de *Política em São Paulo: uma análise da dinâmica político-partidária no estado* (Editora Unicamp, 2020); *Aspects of Democratic*

Performance: Democratic Adherence and Regime Evaluation in Brazil (International Review of Sociology, 2002) e *Partidos conservadores no Brasil contemporâneo* (Paz e Terra, 2000). ID Lattes: 2236330132553226.

Regina Coeli Moreira Camargos | Doutora em Ciência Política pela Universidade Federal de Minas Gerais (UFMG). Consultora de educação sindical da Federação Nacional das Associações do Pessoal da Caixa Econômica Federal (Fenae). Economista do Departamento Intersindical de Estatística e Estudos Socioeconômicos (DIEESE) (1993-2018). Coorganizadora de *As novas bases da cidadania: políticas sociais, trabalho e previdência social* (Fundação Perseu Abramo, 2010). ID Lattes: 1846541179701776.

Ricardo Fabrino Mendonça | Doutor em Comunicação Social pela Universidade Federal de Minas Gerais (UFMG) e professor do Departamento de Ciência Política da mesma instituição. Pesquisador dos Institutos Nacionais de Ciência e Tecnologia (INCT) em Democracia Digital e do MARGEM – Grupo de Pesquisa em Democracia e Justiça da UFMG. Bolsista do CNPq e da FAPEMIG. Autor de artigos em periódicos nacionais e internacionais, incluindo *Science*; *Political Studies*; *International Journal of Press/Politics*; *BLAR*; *Representation*; *Constellations*; *Critical Policy Studies*; *Dados*; *Opinião Pública*; *RSP*; *RBCS* e *RBCP*. Editou livros pela Routledge, Editora UFMG, Edufba e Autêntica. ID Lattes: 2011077236634286.

Ricardo Musse | Doutor em Filosofia pela Universidade de São Paulo (USP) e professor no Departamento de Sociologia da mesma instituição. Autor de *Émile Durkheim: Fato Social e divisão do trabalho* (Ática, 2007). ID Lattes: 9708299330201081.

Ronaldo de Almeida | Doutor em Ciência Social pela Universidade de São Paulo (USP). Professor Livre-docente do Departamento de Antropologia da Universidade Estadual de Campinas (Unicamp) e pesquisador do Centro Brasileiro de Análise e Planejamento (CEBRAP). Publicou, em coautoria com Rodrigo Toniol, *Conservadorismos, fascismos e fundamentalismos: análises conjunturais* (Editora da Unicamp, 2018) e *A Igreja Universal e seus demônios: um estudo etnográfico* (Terceiro Nome, 2009). ID Lattes: 7468384882562917.

Valéria Oliveira | Doutora em Sociologia pela Universidade Federal de Minas Gerais (UFMG). Professora Adjunta do Departamento de

Ciências Aplicadas à Educação (DECAE), na Faculdade de Educação (FaE), e pesquisadora do Centro de Estudos de Criminalidade e Segurança Pública (CRISP) e do Núcleo de Pesquisas em Desigualdades Escolares (Nupede) na mesma instituição. Coorganizou *Espaços periféricos: política, violência e território nas bordas da cidade* (EdUFSCar, 2020). ID Lattes: 0194919460905610.

Vanessa Elias de Oliveira | Doutora em Ciência Política pela Universidade de São Paulo (USP). Professora Associada e coordenadora da Pós-Graduação em Políticas Públicas da Universidade Federal do ABC (UFABC). Bolsista de Produtividade do CNPq. Organizadora de *Judicialização de Políticas Públicas* (Fiocruz, 2019) e coorganizadora de *Burocracia e Políticas Públicas no Brasil: intersecções analíticas* (Ipea, 2018). ID Lattes: 4500064778115550.

Este livro foi composto com tipografia Adobe Garamond Pro
e impresso em papel Off-White 70 g/m² na Formato Artes Gráficas.